ATC 자격증
프로젝트 따라하기 1급·2급

손미나 저

www.kuhminsa.co.kr

머리말

　현대 사회에서 국가의 국력은 산업 발전도에 의해 결정된다 해도 과언이 아닙니다. 산업 발전의 요소에는 여러 가지가 있으나 첨단 산업의 비중이 가장 크다고 할 수 있기 때문에 오늘날의 산업 정보 분야는 체계적인 전문 인력의 양성과 함께 이용 기술의 축적 방향으로 사회 구조 자체가 변화되어 가고 있는 실정입니다.

　80년대 말부터 AutoCAD 교육을 받은 학습자들에 대한 평가의 필요성이 대두되기 시작하였습니다. 많은 사람들이 3차원 시험인 AutoCAD 1급 시험과 2차원 시험인 AutoCAD 2급 시험에 응시하고 있으며 AutoCAD 기능인정시험은 필기와 실기로 이루어진 3차원 시험인 AutoCAD 1급 시험과 2차원 시험인 AutoCAD LT 기능인정시험과 AutoCAD 2급 기술자격시험으로 이루어지고 있습니다.

　기술자격시험은 매월 2회 (주)eATC에서 시험이 실시되고 있습니다.

　이 책의 구성은 ATC 시험에 관련된 기본적인 명령어와 AutoCAD의 환경설정을 응시생이 하나하나 따라할 수 있도록 다루고 있으며 또한 기초 개념이 형성된 후 쉽게 자유자재로 사용할 수 있게끔 순서대로 따라할 수 있도록 명령어 위주로 설명되어 있고 명령어와 관련된 실력 문제, 실습도면을 단계적으로 다루었기 때문에 ATC에 대한 거부감이 사라질 수 있을 것입니다. AutoCAD는 기초적인 개념파악부터 제대로 해야 복잡한 설계도면도 빠르고 쉽게 그릴 수 있기 때문에 차근차근 기초부터 배워나가는 것이 중요합니다. AutoCAD를 어렵게 생각하는 이유는 주로 순서대로 실행하지 않을시에 실행이 되지 않기 때문이므로 책을 보며 순서대로 따라하면서 AutoCAD를 활용하면 한 번에 자격증을 합격할 수 있을 것입니다.

　ATC 시험은 많이 연습하지 않으면 낯설어 작도할 엄두를 낼 수 없기 때문에 이 책에 나와있는 예제를 기본으로 많이 따라 작도해봐야 한 번에 합격할 수 있습니다. 기본 AutoCAD를 다룰 줄 안다면 100% 실기시험이므로 다른 시험보다 쉽게 자격증을 취득할 수 있을 것입니다.

　끝으로 "ATC 자격증 프로젝트 따라 하기-1급·2급"을 집필하는데 도움을 주신 도서출판 구민사 조규백 대표님과 주위분들께 감사드립니다.

손미나

질문하세요!　cafe.naver.com/cadlove7778

CHAPTER 01

AutoCAD ATC 자격증 개요

01	AutoCAD ATC(Autodesk Training Center) 자격증이란?	12
02	AutoCAD 2급 기술자격시험	13
03	시험 정보 및 시험 일정 확인 방법	14
04	시험 접수 순서	28

CONTENTS

CHAPTER 02

AutoCAD ATC 시험 관련 명령어 이해

01	삼각투상법의 이해	32
02	생각해 보기	33
03	시험 문제를 작도하기 전 설정 방법	34
04	AutoCAD ATC 관련 기초 명령어 익히고 넘어가기	43

CHAPTER 03

AutoCAD ATC 타원에 대한 이해

01	보는 시점에 따른 타원 이해 하기	80
02	타원 작도시 찾는 방법(★★★★)	81
03	타원 관련된 기초 예제 따라 하기	82

CHAPTER 04

기초 명령어 설명

01 시험 문제를 작도하기 전 설정 방법 — 132

02 ATC를 작도 후 Layout(배치)영역 설정 방법 — 138

03 배치 전 설정 방법 — 139

04 Layout 배치 방법 — 140

05 ATC 치수선 뽑는 방법 — 150

06 AutoCAD 2급 시험 예제 치수선 뽑기 따라 하기 — 166

CHAPTER 05

AutoCAD ATC 2급 완벽대비

01 AutoCAD ATC 따라 하기(2007.1.13-1) — 178

02 AutoCAD ATC 따라 하기(2009.8.8) — 203

CONTENTS

03 AutoCAD ATC 따라 하기(2007.11.24) — 231

04 AutoCAD ATC 따라 하기(2009.6.13) — 248

05 AutoCAD ATC 따라 하기(2009.12.12) — 255

06 AutoCAD ATC 따라 하기(2010.2.6) — 275

07 AutoCAD ATC 따라 하기(2007.9.8) — 316

08 AutoCAD ATC 따라 하기(2010.1.23) — 338

CHAPTER 06

ATC 정답 확인 및 체크할 점

01 정답 확인 방법 — 380

02 시험 제출하기 전 체크할 점 — 384

CHAPTER 07

AutoCAD ATC 1급 기본개념 이해하기

00	AutoCAD ATC 1급 기본개념 이해하기	396
01	시작하기 및 구성	398
	예상 및 기출문제 풀어보기	409
02	객체 작성	411
	예상 및 기출문제 풀어보기	420
03	객체 편집	423
	예상 및 기출문제 풀어보기	441
04	문자 작성 및 편집	444
	예상 및 기출문제 풀어보기	450
05	치수 기입 및 편집	452
	예상 및 기출문제 풀어보기	459
06	블록의 속성 및 외부참조	460
	예상 및 기출문제 풀어보기	464

CONTENTS

07 배치와 플로팅 — 466
예상 및 기출문제 풀어보기 — 472

08 시험 접수 방법 — 474
예상 및 기출문제 풀어보기 — 477

CHAPTER 08

AutoCAD ATC 1급 완벽대비(실습 문제)

00 ATC 1급 시험에 자주 쓰이는 명령어 정리 — 482

01 ATC 1급 무조건 따라 하기 — 508

02 ATC 1급 무조건 따라 하기 — 515

03 ATC 1급 무조건 따라 하기 — 524

04 ATC 1급 무조건 따라 하기 — 528

05 ATC 1급 무조건 따라 하기 — 543

06 AutoCAD 1급 시험 답안 입력 방법 — 550

CHAPTER 01

| 01 | AutoCAD ATC(Autodesk Training Center) 자격증이란?
| 02 | AutoCAD 2급 기술자격시험
| 03 | 시험 정보 및 시험 일정 확인 방법
| 04 | 시험 접수 순서

AutoCAD ATC 자격증 개요

01 AutoCAD ATC(Autodesk Training Center) 자격증이란?

한국 ATC 협회는 CAD/Computer Graphic 소프트웨어 회사인 Autodesk사의 국내 협회입니다. Autodesk사는 자사의 기준을 만족시키는 교육기관을 ATC 즉, Autodesk Training Center로 인증해주고 있습니다.
현재 ATC로 등록된 대부분의 업체는 컴퓨터 관련 교육기관들이며 전국적으로 약 500여 곳이 운영되고 있습니다.

1 시험의 유래

국내외 시장에서 AutoCAD는 이미 단순한 소프트웨어의 차원을 넘어 모든 CAD의 표준이 되어가고 있습니다. 국내외 2,000여 곳이 넘는 사설 교육기관과 학교를 비롯한 다수의 공 교육기관에서 배출되는 인원도 연간 수만여 명에 달하고 있습니다. 80년대 말부터 AutoCAD 교육을 받은 학습자들에 대한 평가의 필요성이 대두되기 시작했습니다. 이러한 교육시장의 요구에 따라 (주)엠듀에서는 오랜 준비기간을 거쳐 1994년 11월 AutoCAD 기능인정시험을 전국적으로 실시하게 되었습니다. 짧은 홍보기간과 초기의 낮은 인지도에도 불구하고 첫 시험에 501명의 수험생이 응시하였습니다. AutoCAD 기능인정시험은 필기와 실기로 이루어진 3차원 시험입니다.
그러나 AutoCAD의 2차원 부분만을 공부하는 많은 사람들의 요구와 3차원 시험의 낮은 합격률로 인하여, 1997년 1월부터 2차원 시험인 AutoCAD LT 기능인정시험과 3차원 시험인 AutoCAD 기능인정시험으로 분리하여 실시하게 되었습니다.
그 후 AutoCAD 기능인정시험은 2000년 4월부터 그 명칭이 AutoCAD 2급 기술자격시험(2차원 시험인 AutoCAD LT 기능인정시험)과 AutoCAD 1급 기술자격시험(3차원 시험인 AutoCAD 기능인정시험)으로 변경되었습니다. 현재 기술자격시험 응시생은 연 12,000여명을 넘고 있습니다. (주)엠듀의 기술자격시험은 매월 2회 실시되고 있습니다.

2 시험의 내용

AutoCAD 기술자격시험은 AutoCAD S/W의 명령어를 이용하여 2차원 또는 3차원 물체를 작성하는 시험으로, 본 시험의 특징은 어느 특정한 과목(예, 기계 또는 건축)에 치중하지 않고 설계도면의 기초지식인 삼각법, 2차원 도면의 가독성 및 3차원 물체의 투시설정을 바탕으로 2차원 및 3차원 도면의 작업능력과 S/W의 사용법을 측정하며 부가적으로 기본 운용체제를 다룰 줄 알아야 하는 S/W운용에 대한 지식을 평가하는 것입니다.

3 시험의 종류

AutoCAD 2급 기술자격시험
AutoCAD 1급 기술자격시험
AutoCAD 공인강사자격
※ WWW.EATC.CO.KR 참조 ※

02 AutoCAD 2급 기술자격시험

1 AutoCAD 2급 기술자격시험

- 응시 자격 : 자격 제한 없음
- 시험 일정 : 2주에 한 번(격주 토요일) 3회
- 시험 시간 : 실기만 90분
- 시험 장소 : 전국 고사장
- 시험 문제 : 2차원 도면 작성, AutoCAD 각종 설정
- 합격 기준 : 100점 만점의 60점 이상
  (A등급 100~90점, B등급 89~80점, C등급 79~70점, D등급 69~60점)

2 AutoCAD 1급 기술자격시험

- 응시 자격 : AutoCAD 2급 기술자격시험 합격자
- 시험 일정 : 2주에 한 번(격주 토요일) 3회
- 시험 시간 : 실기 90분
- 시험 장소 : 전국 고사장
- 실기시험 : AutoCAD를 이용하여 2차원 도면과 그에 해당하는 3차원 물체를 Solid Modeling 또는 Surface Modeling을 이용하여 작성합니다.
- 합격 기준 : 실기 60점 이상 취득
  (A등급 100~90점, B등급 89~80점, C등급 79~70점, D등급 69~60점)

3 AutoCAD 공인강사 자격

- 응시 자격 : AutoCAD 1급 기술자격시험 합격자
- 시험 자격 : 수시
- 접수 방법 : 서류 전형
- 제출 서류 : AutoCAD 1급 기술 자격증 사본/공인 강사 신청서, 이력서, 자기소개서, 재직증명서, 국민연금 또는 의료보험 납입서(재직 기간내)

03 시험 정보 및 시험 일정 확인 방법

1 ATC 공식사이트 공식 홈페이지 주소

WWW.EATC.CO.KR

공식 홈페이지에 접속해 시험 일정과 방법을 확인할 수 있습니다.

2 AutoCAD 2급의 경우 "온라인 접수방법"을 선택한 뒤 수험번호와 비밀번호, 인증번호를 예시대로 입력 후 동영상 설명을 확인할 수 있습니다.

01 실기시험보는 방법익히기 클릭

02 예시 수험번호, 비밀번호, 인증번호 입력

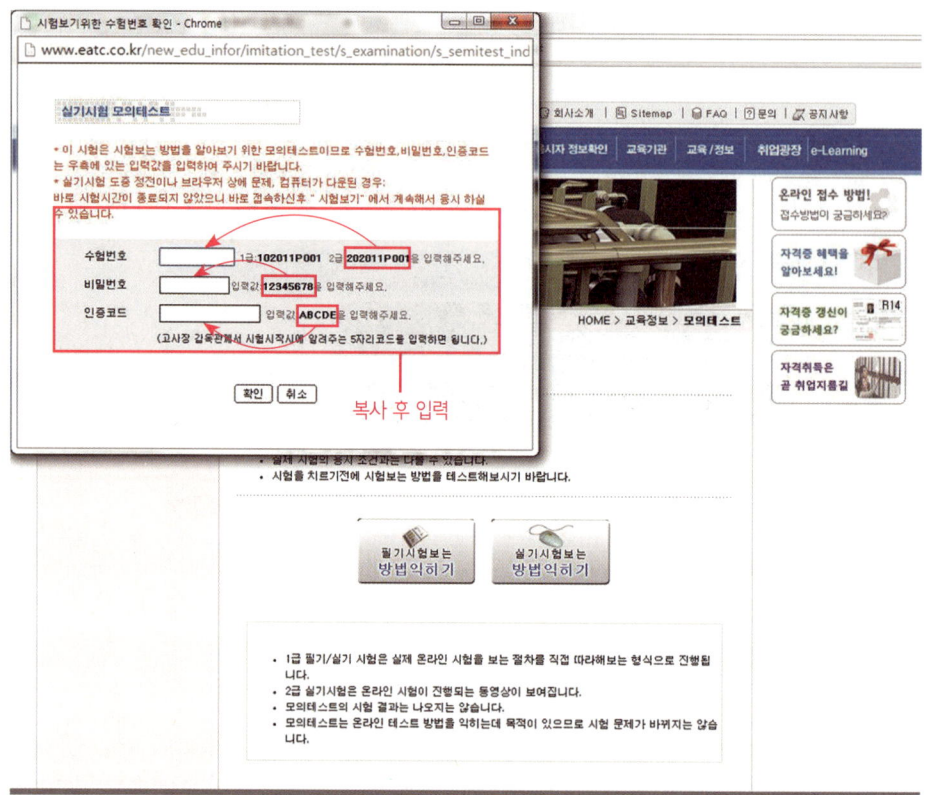

03 확인 클릭

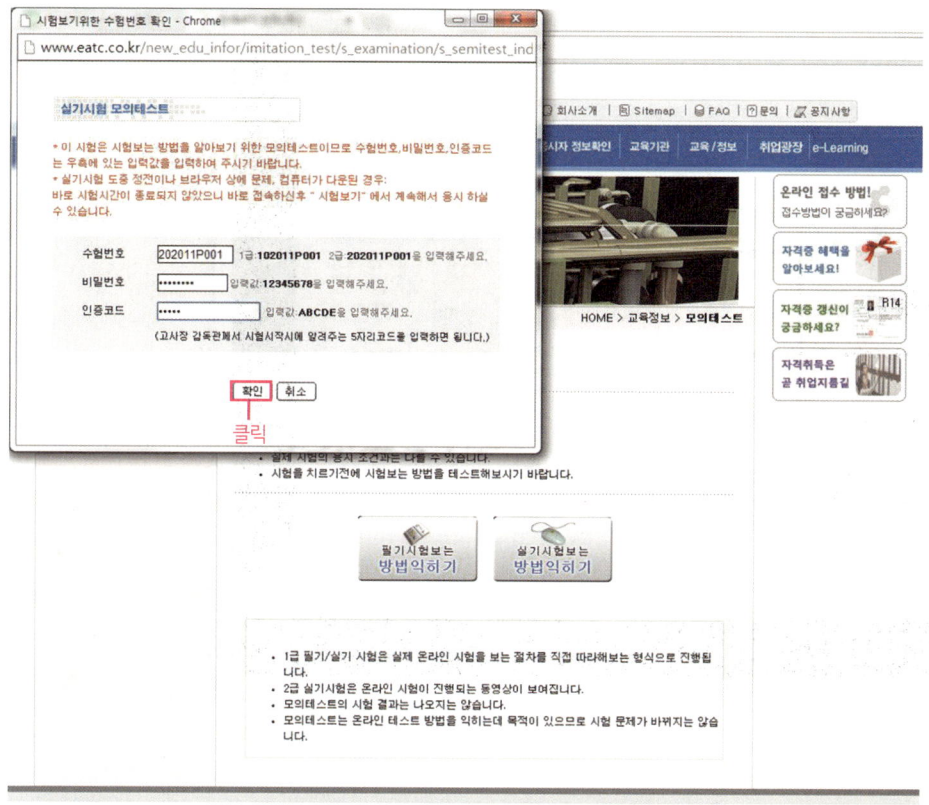

04 동영상을 통해 시험에 대한 정보를 확인할 수 있습니다.

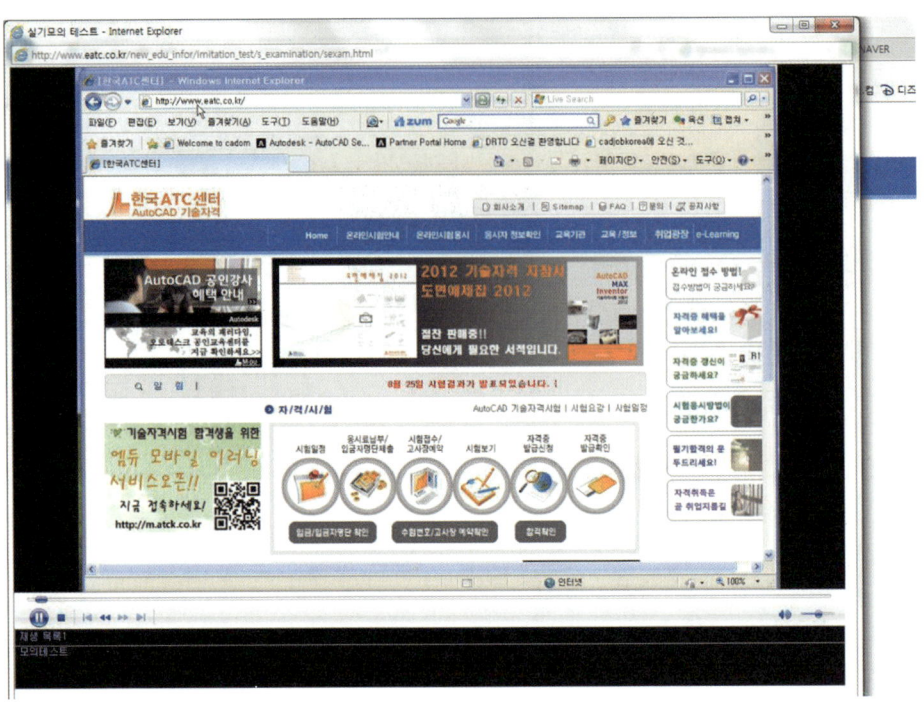

3 시험 응시 전 응시조건을 읽어보고 연습할 때 감점사항과 의무사항을 주의하며 연습하도록 합니다.

실기시험 응시조건 확인

ATC 자격시험 AutoCAD 응시조건

[응시 조건]
도면이 미완성된 경우 실격 처리 되며, 저장된 내용이 없을 시에는 포기로 간주한다. 의무사항과 감점 및 실격 사항에서 언급하지 않은 내용은 임의로 작성하되, 일반적인 상식에 따른다. 시험 채점 기준은 의무사항과 감점 및 실격사항에 의거하여, 총 100점 중 60점 이상이면 합격이다.

[시험 방법]
1. 감독관의 안내에 따라 ATC 자격시험 응시조건을 확인한다.
2. 선택한 응시버전으로 프로그램을 실행하고, 마우스와 키보드의 상태 등을 확인하고 옵션, 환경설정 등을 점검한다.
3. 감독관의 시험시작 안내에 따라 수험번호, 비밀번호, 인증코드를 입력하고 로그인을 한다.
4. 템플릿 파일을 바탕화면에 다운받은 후 본인의 수험번호로 파일명을 수정한다.
5. (2.번에서) 실행한 프로그램에서 파일 열기로 바탕화면에 수험번호로 저장된 템플릿 파일을 연다.
6. 자동 저장 시간(Savetime)을 5분으로 설정한 후 최초 저장을 한다. (Savetime 설정을 해 놓더라도 시험 중에 저장을 자주 하는 것이 좋다.)
7. 최종파일을 저장하고 제출하기 버튼을 클릭하여 제출 후 시험 종료버튼을 눌러 시험을 최종 종료한다. (시험 종료버튼을 누르면 더 이상 시험 응시가 불가능하다.)
8. 바탕화면의 파일은 삭제하지 않고 퇴실한다.

응시생은 로그인, 인터넷 또는 프로그램 다운, 마우스, 키보드 미작동 등과 같이 시험내용과 다른 사유로 인한 문제에 대해 질문과 요청을 할 수 있다.
단, 프로그램 명령어 및 옵션 설정에 관련된 사항은 시험에서 평가되는 사항 중의 일부분이므로 이에 관해서는 질문할 수 없으며 감독관 또한 답변을 줄 수 없다.

[권 고 사 항]
- 작도한 도면은 바탕화면에 저장해야 하며 시험 종료 후에도 삭제하면 안 된다. (정답파일은 가지고 갈 수 없으며 도면유출 시 실격사유에 해당된다)
- 시험 시간 안에 파일을 제출해야 하며 감독관의 동의 없이 임의로 연장시간을 사용한 경우 답안 작성 여부에 관계없이 실격 처리된다.
- 파일 제출 전 파일의 내용을 반드시 확인한다. 응시생이 제출한 파일에 내용이 없는 경우 실격 처리되며 한국ATC센터 (주)에서 책임지지 않는다.

아래와 같이 제출한 경우 파일내용이 없을 수 있다
1. 작업파일을 다른 경로로 저장하고, 초기에 바탕화면에 있던 파일을 제출한 경우
2. 자동저장 기능이 바탕화면에 생성한 파일에 덮어씌우는 기능으로 잘못 이해하여 저장되지 않은 파일을 제출한 경우
3. 바탕화면에 파일을 만들고 처음에 저장한 다음 제출하기 전 완성된 도면을 저장하지 않고 제출한 경우

[의 무 사 항]
- 모든 색상과 선 종류는 Layer에서 제어한다.
- 하나의 직선 혹은 원호(타원호)는 1개의 객체로 이루어져야 한다.
- 제출 File의 이름은 수험번호와 동일하며, 바탕화면에 저장한 후 반드시 온라인상으로 파일을 제출해야 한다.
  (예) 수험번호가 22051P1218인 경우 제출 File의 이름은 22051P1218.DWG
- 도면 자동 저장 시간 Savetime을 5분으로 설정한다.
- 도면의 모든 객체(치수기입포함)는 반드시 모형공간(Tilemode=1)에서 작도(1Unit=1mm)하며, 외곽선, 표제란, 제목(Text)들은 도면(배치)공간에서 Layer '0'번으로 작성한다.

- 도면의 모든 객체(치수기입포함)는 반드시 모형공간(Tilemode=1)에서 척도(1Unit=1mm)하며, 외곽선, 표제란, 제복(Text)들은 도면(배치)공간에서 Layer '0'번으로 작성한다.

[감 점 사 항]
- 위치틀림 (24점) - 위치틀림이란 주어진 치수가 틀렸거나 연관점을 유추하는데서 잘못 따온 경우를 말한다. / 불필요한 객체넘음 (16점) - 객체 작성을 위한 45도 보조선과 자르기(TRIM)가 덜 된 객체를 말한다. / Linetype불량 (16점) - 외형선을 숨은선이나 중심선으로 그리거나 그 반대의 경우를 말한다. / 선 연결 상태 불량 (8점) / 선 겹침(중복) - 선 중복은 외형선, 숨은선, 중심선끼리 중복을 말한다. (8점)
- 도면의 표제란(A)에는 수험번호를 입력하며(4점), 외곽선(B)은 치수에 맞게 작성한다.(4점) 도면과 관련이 없는 객체들은 작성하지 않는다.
- Layer는 외형선(Model, 7), 중심선(Center, 3), 숨은선(Hidden, 2), 치수기입(Dim, 1), Mview로 생성된 창(Mview, 4)를 생성하고, 이외의 모든객체는 Layer '0'번으로 작성한다(20점)
  [설명 : 용도(생성할 Layer의 이름, Color번호)] [Linetype은 각 도면층의 용도에 맞게 도면층 특성에서 설정한다.]
- 화면구성은 도면의 개수만큼 생성하며 도면의 크기에 맞게 조절하고(10점), 그 창은 동결시킨다.(5점)
- 출력도면에 명시된 축척은 Zoom배율을 이용하여 각 도면에 적용시킨다.(10점)
- 치수기입은 출제도면에 나타난 만큼, 똑 같은 형태로 Dim변수를 조절하여 작성한다.(20점)
- 제출상태는 출제도면에 명시된, 용지크기(5점)와 도면공간상태(5점)를 유지하고, 도면은 전체적으로 균형배치한다. (Layout)(12점)
- Line type은 LTscale을 조절하여, 출제도면과 같이 실선과 구분되어 보이게 한다.(Lts)(5점)

[실 격 사 항]
아래 사항에 해당되는 경우 실격 처리된다.
- 모든 객체를 도면(배치)공간에서 작성한 경우
- MVIEW를 사용하지 않은 경우
- 선이 한 개라도 누락된 경우
- 치수기입이 50% 미만인 경우
- 제공된 템플릿 파일을 사용하지 않은 경우
- 배치공간을 작성하지 않은 경우 (배치공간에서 작성해야 하는 부분까지 모두 모형공간에 작도한 경우도 포함)
- 제출한 파일의 도면의 내용이 없거나 미완성인 경우
- 본인 파일 또는 문제도면을 외부로 유출할 경우 (합격 후에도 발각 시에는 바로 실격처리 됨)
- 타인의 답안을 몰래 제출 하는 경우
- 본인의 작성 된 답안을 타인에게 제공하는 경우 (두 개의 파일 모두 실격 처리)
- 시험 도중에 시험장소를 벗어난 경우 (포기로 간주)
- 감독관의 동의 없이 임의로 연장시간을 사용한 경우

[부 정 행 위]
다음의 행위는 부정행위로 간주되며 2회 이상 적발 시 실격처리 됩니다.
- www.eatc.co.kr(시험보기 페이지)와 응시프로그램 외에 다른 창을 열어 놓거나 실행한 경우 (메신저에 접속되어 있는 것이 발각될 경우)
- 시험 보기 페이지에 자, 신분증, 종이, 손 등 기타 응용프로그램 창 또는 도구를 이용하여 화면에 대어보고 작도 하는 경우
- 타인과 대화를 하며 시험을 치르는 행위
- AutoCAD 2급 시험에서 3D로 작도 하는 행위
- AutoCAD 내에 답안 이미지를 부착 후 작도 하는 경우
- 휴대폰을 포함한 전자기기 사용 하는 경우

[시스템결함 시 보상방법]
- 수험자는 한국ATC센터에서 실시하는 ATC 자격시험이 인터넷 기반 환경에서 진행되는 시험임을 인지한다.
- 시험 당일 또는 이전에, 예상치 못한 시스템 상의 오류나 시험 센터의 사정으로 인해 해당 시험 진행이 불가능한 경우 한국ATC센터에서는 응시료의 전액 환불 또는 시험연기(다음 회 차)로 보상하며 응시료 이외의 항목은 보상 책임이 없다. (단, 결시자는 해당 없음.)

☐ 응시조건을 읽었으며 내용에 동의합니다.

실기시험 수험번호확인

4 ATC시험은 100% 컴퓨터로 치루는 시험이므로 출제 문제는 다음과 같이 진행합니다.

01 "템플릿 받기" 버튼을 선택하여 템플릿을 바탕화면에 **수험번호**로 저장합니다.

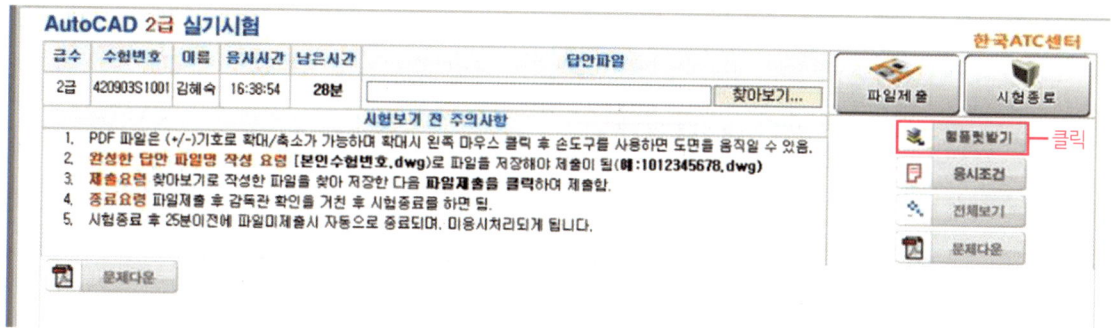

02 AutoCAD 프로그램에서 바탕화면에 저장한 템플릿을 불러옵니다.

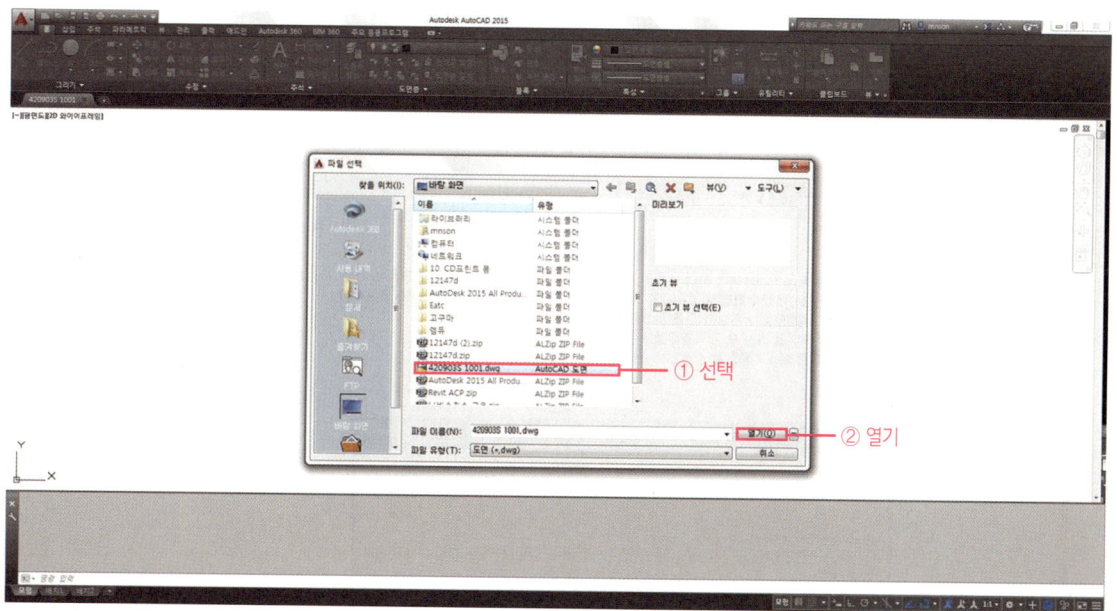

03 "응시조건"을 선택해 확인합니다.

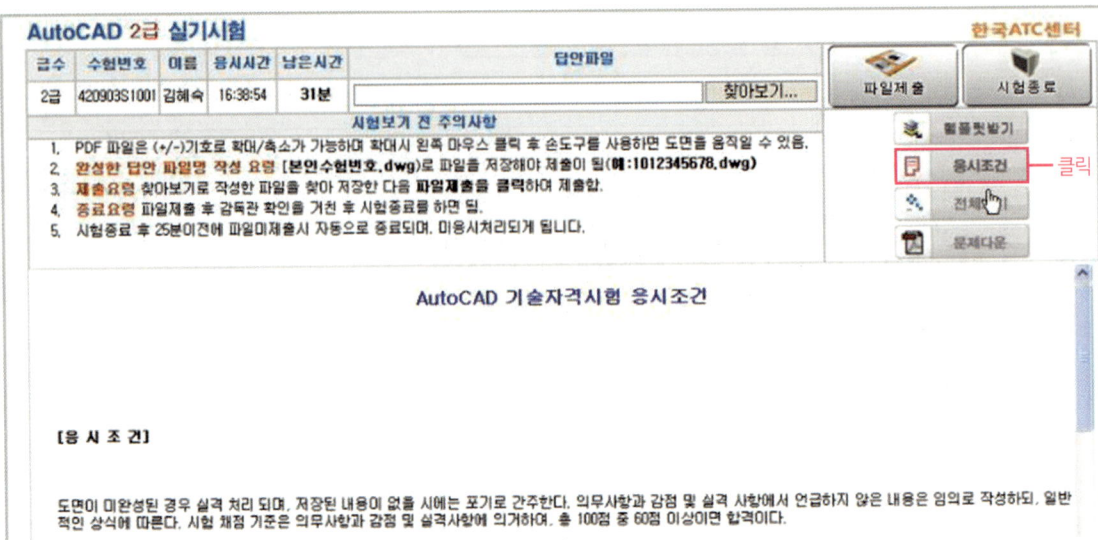

04 "문제다운"을 선택해 파일을 바탕화면에 저장합니다.(★★파일이름 "본인 수험번호.dwg"★★)

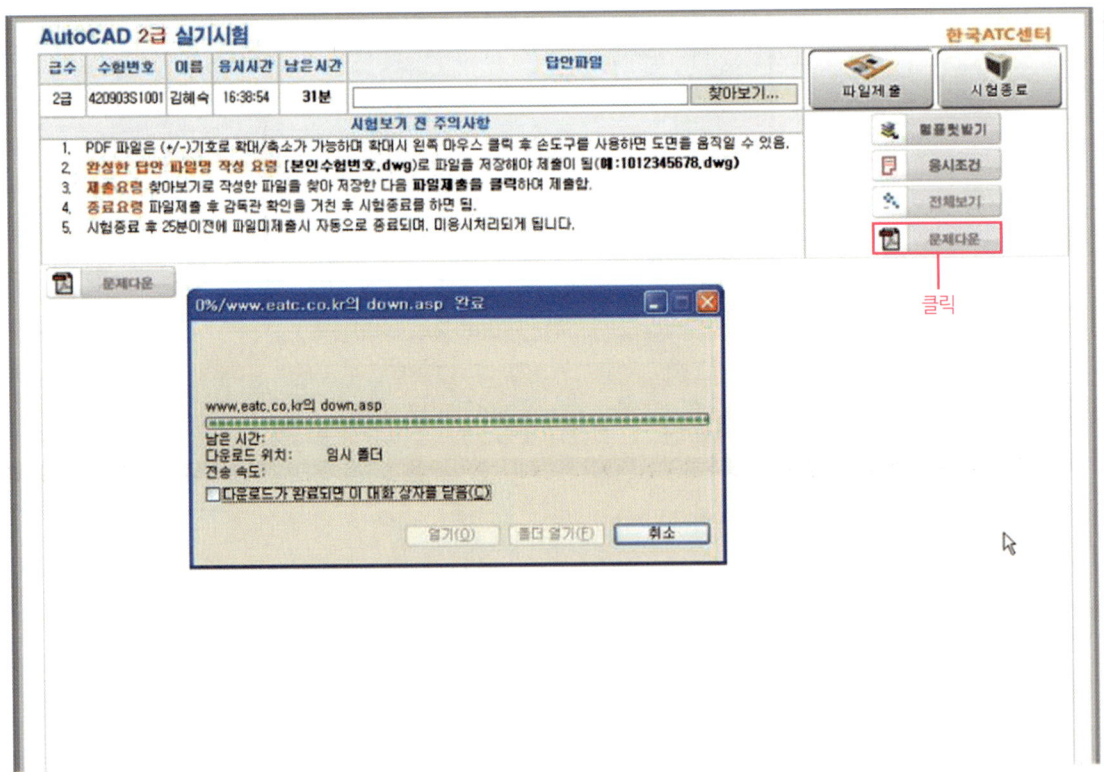

05 출제된 시험문제와 캐드 프로그램을 반으로 줄여 작도할 준비를 합니다.

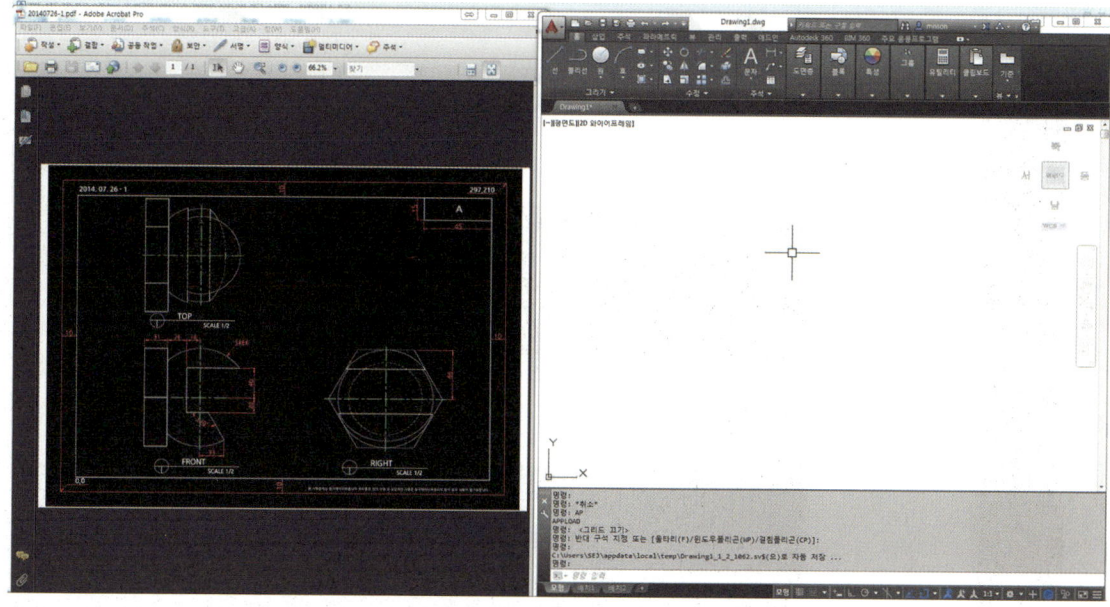

〈응시문제〉　　　　　　　　〈Auto CAD〉

06 작업영역에 View Cube의 체크를 제거하고 작업 영역을 평면으로 설정합니다.

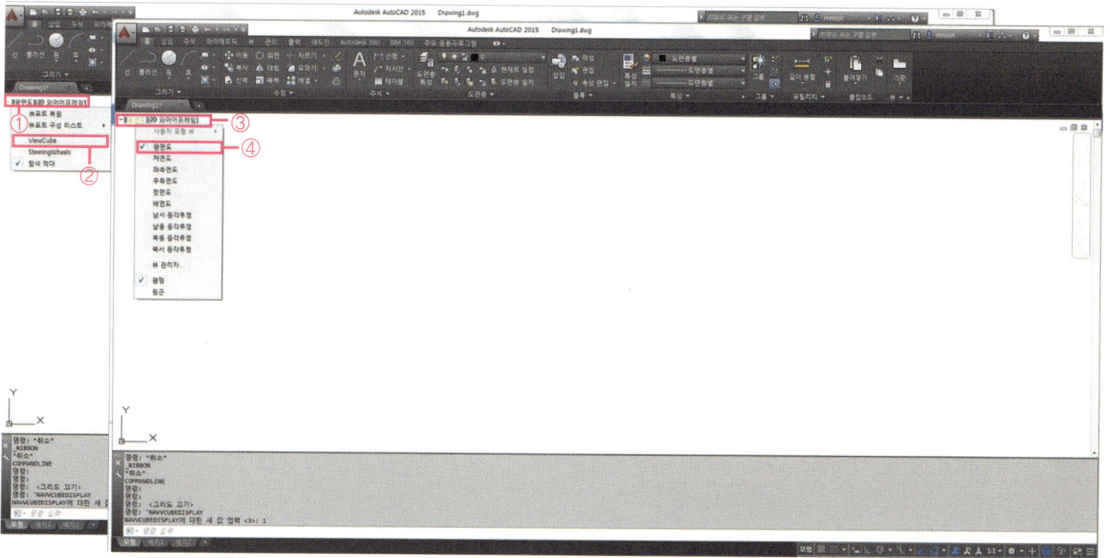

07 출제 도면 작도 후 완성된 파일을 저장합니다.

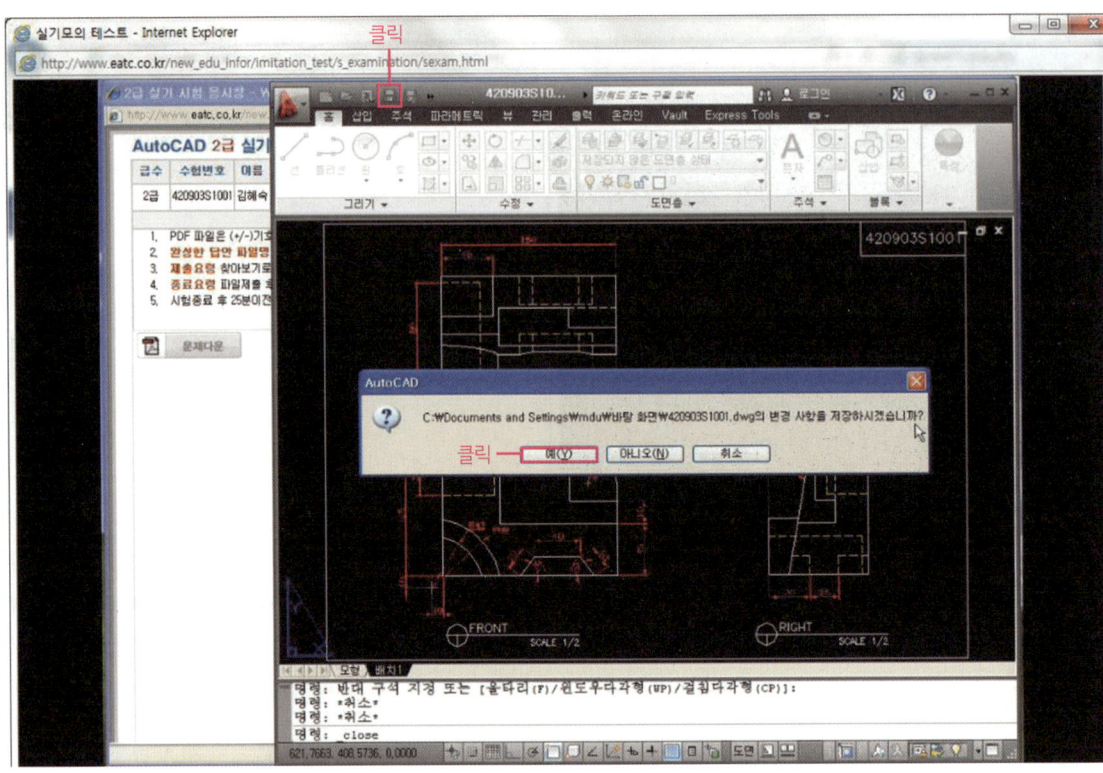

08 작도한 파일을 선택하기 위해 "찾아보기" 버튼을 클릭합니다.

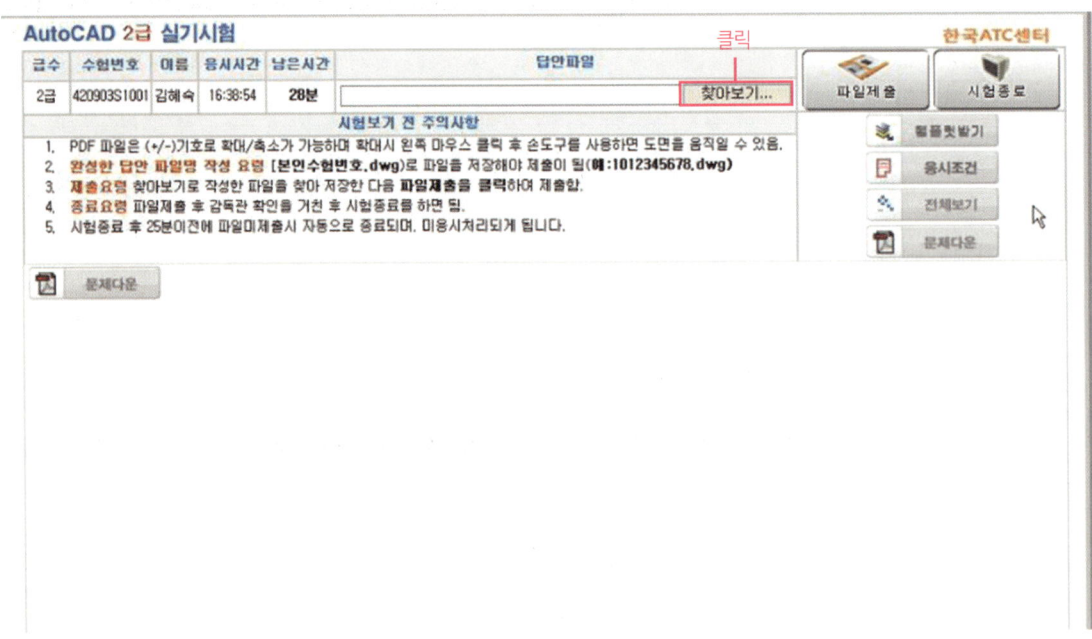

09 바탕화면에 저장된 파일을 선택 후 "열기" 버튼을 클릭합니다.

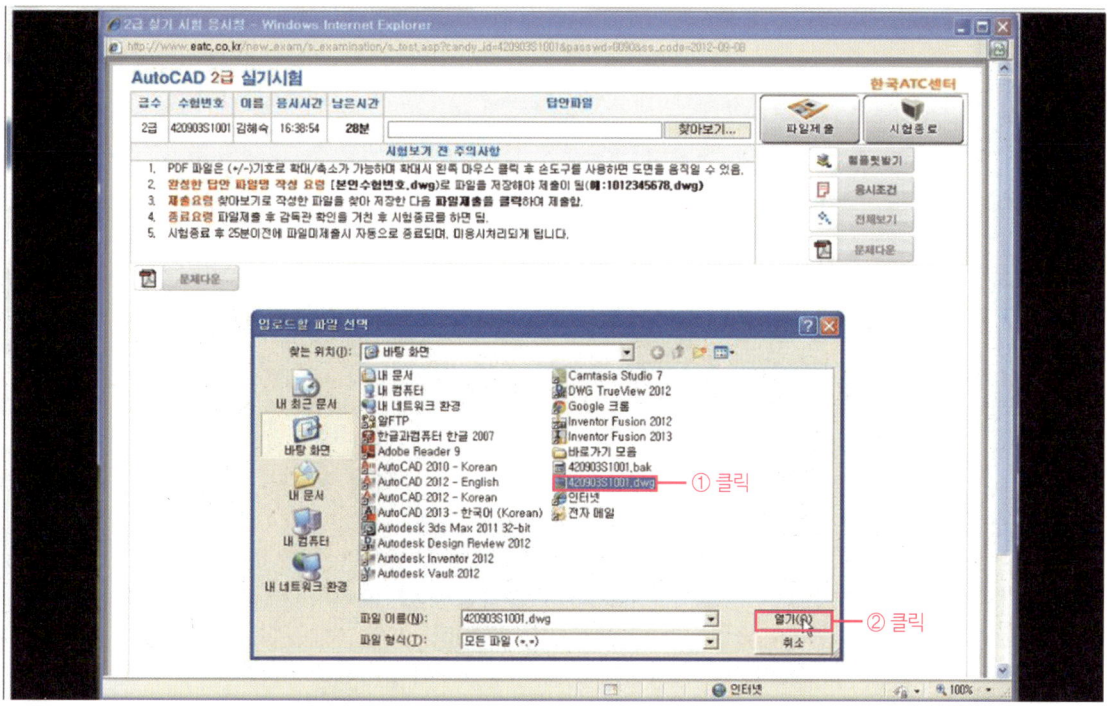

10 파일이 전송되는 것을 확인할 수 있습니다.

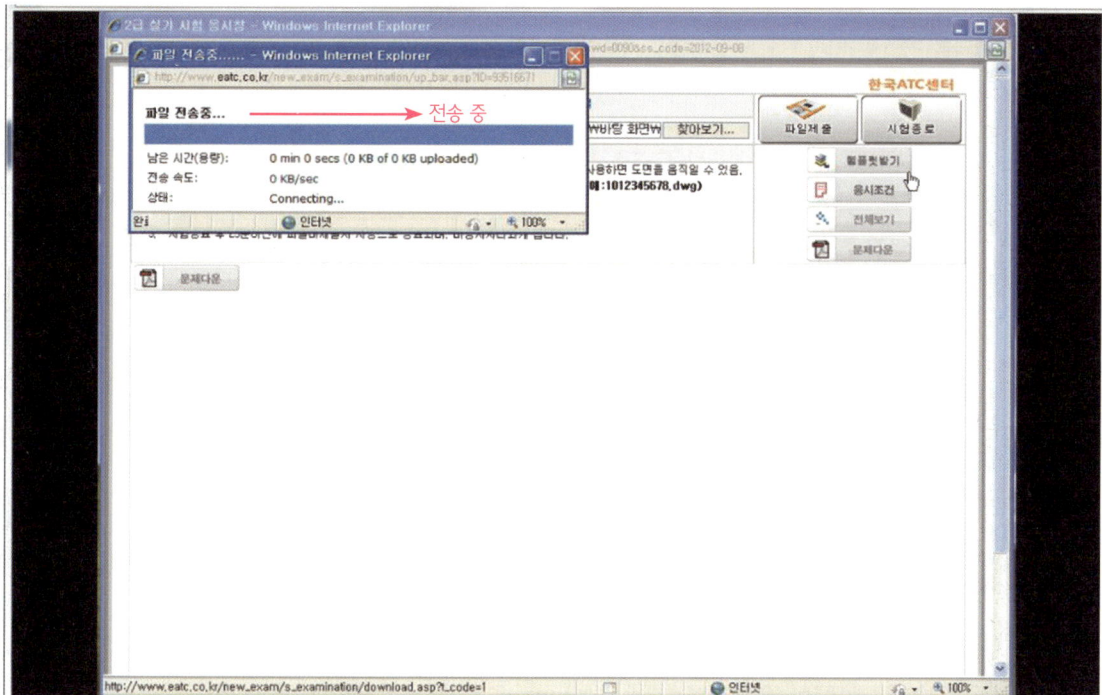

11 업로드된 파일이 맞는지 확인합니다.

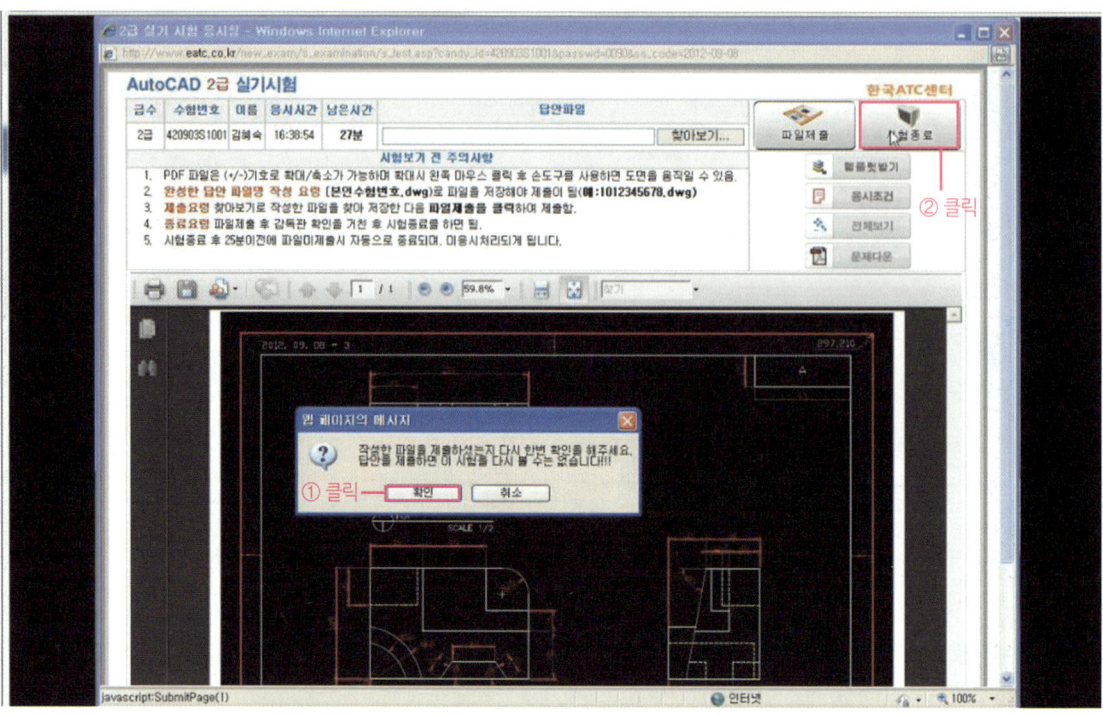

12 시험 종료를 선택합니다.

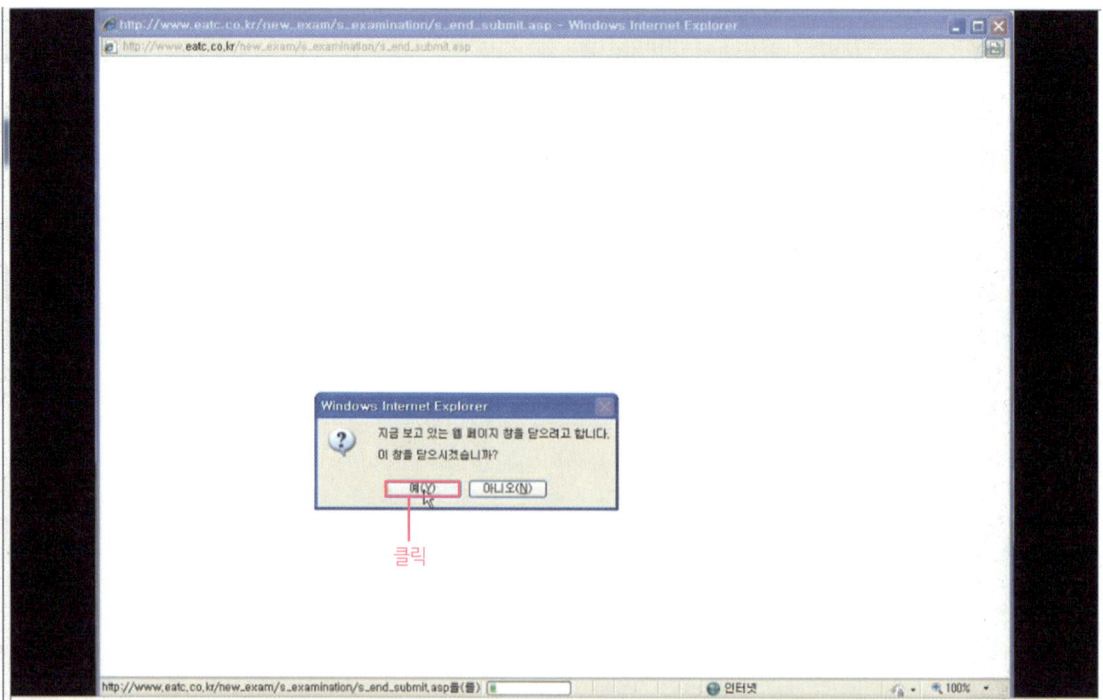

13 시험 완료창이 뜬 걸 확인하고 마치면 됩니다.

04 시험 접수 순서

정기시험은 매달 격주로 2회 시행됩니다.

AutoCAD 2급, 1급 → On-Line 접수 AutoCAD 공인강사 → Off-Line 접수합니다.

접수한 시험일자와 응시자 성명, 주민등록번호를 기입한 후 고사장을 검색하여 예약합니다.

최소 10분 전에 도착하여 시험에 응시하도록 합니다.
시험 합격 여부 확인은 "응시자 정보 확인"부분에서 응시자 확인 후 시험 정보를 확인할 수 있습니다.

CHAPTER 02

| 01 | 삼각투상법의 이해
| 02 | 생각해 보기
| 03 | 시험 문제를 작도하기 전 설정 방법
| 04 | AutoCAD ATC 관련 기초 명령어 익히고 넘어가기

AutoCAD ATC
시험 관련 명령어 이해

01 삼각투상법의 이해

삼각 투상법이란?

하나의 객체를 세면(평면, 정면, 측면)에서 봤을 때 시점을 말합니다.

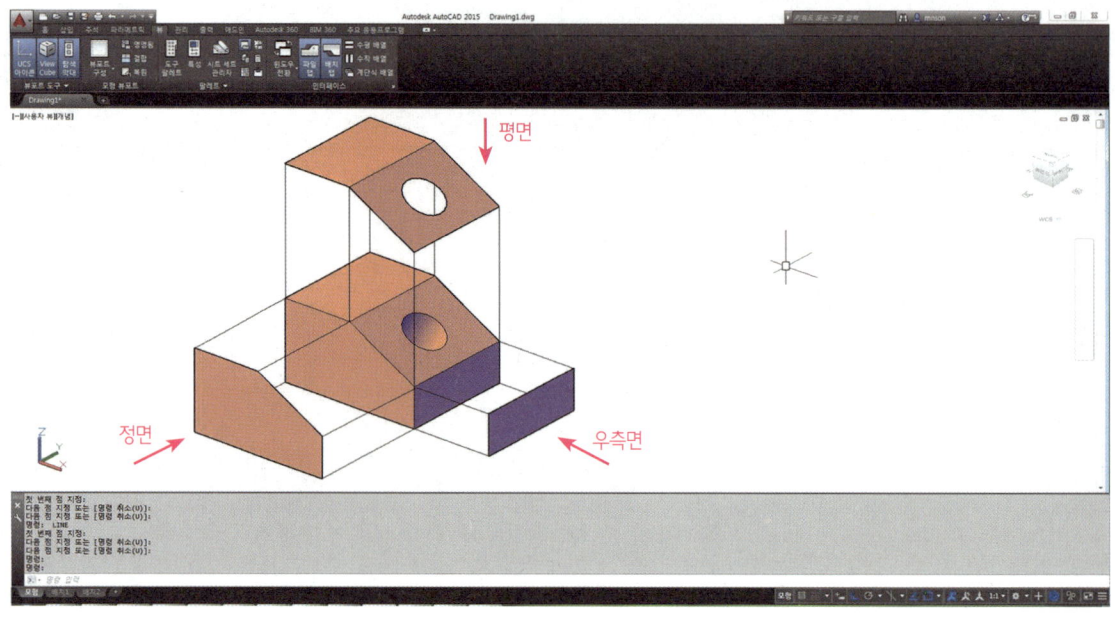

시험 문제는 세면 중 하나의 거리 값만 나오기 때문에 삼각 투상법을 이해해야만 완성할 수 있습니다. 처음에는 어려울 수 있지만 많은 예제를 연습하면 유형이 비슷하기 때문에 많이 연습할수록 도움이 됩니다.

위에서 본 시점(TOP View)	정면에서 본 시점(Front View)	우측에서 본 시점(Right View)

02 생각해 보기

다음과 같은 객체가 있습니다.
삼각 투상법으로 그렸을 때 어떤 모양의 모습이 보일지 생각해봅니다.

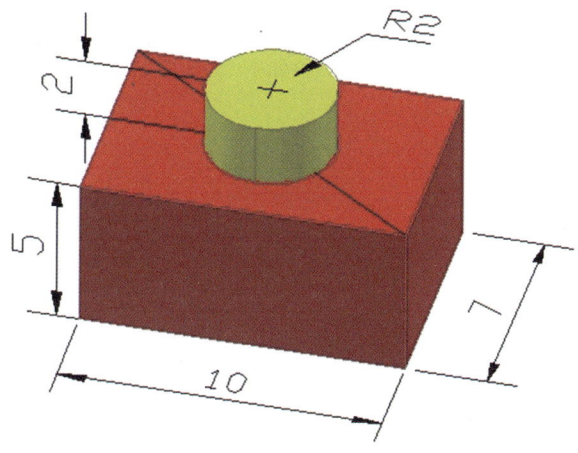

비슷하게라도 작도했다면, 성공!!

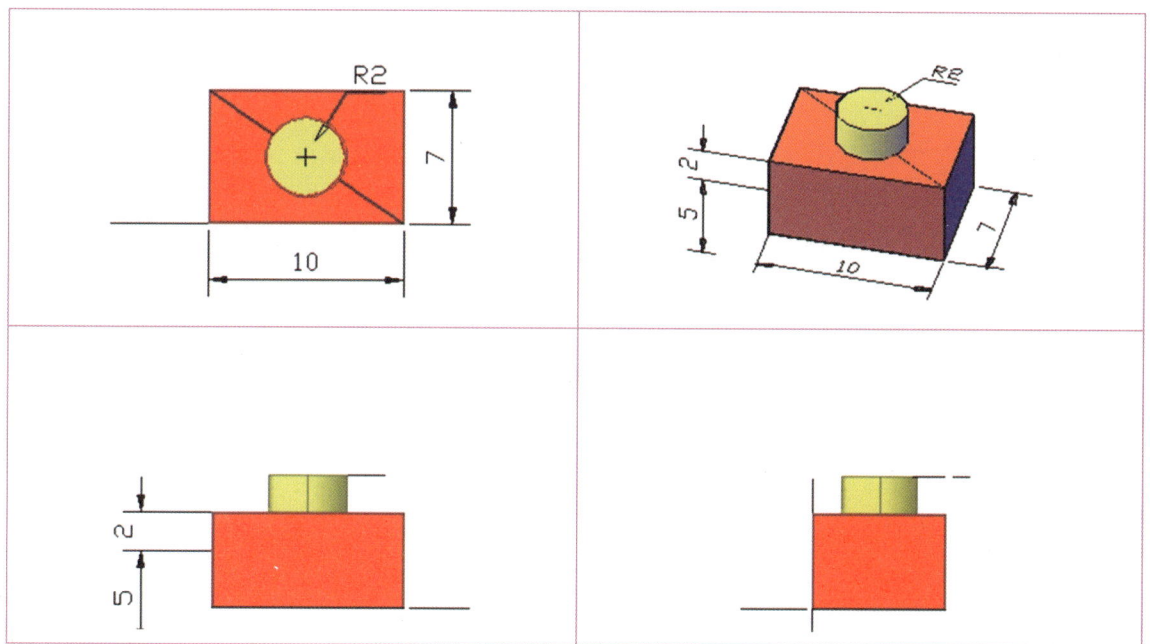

03 시험 문제를 작도하기 전 설정 방법

1 도면 작업영역 설정하기

ATC 도면 사이즈는 A4(297×210)입니다.

시험문제의 SCALE값이 1/2일 경우 ⊕ TOP SCALE 1/2 A4 사이즈에 곱하기 2를 해줘야 합니다.

> 예) 297×210
>
> Scale 1/2 나온 경우 limits – 594×420
> Scale 1/3 나온 경우 limits – 891×630
>
>
> **명령 : limits ↵**
> 모형 공간 한계 재설정 :
> 왼쪽 아래 구석 지정 또는 [켜기(ON)/끄기(OFF)] ⟨0.0000, 0.0000⟩ : 0, 0 ↵
> 오른쪽 위 구석 지정 ⟨12.0000, 9.0000⟩ : 594, 420 ↵
>
>
> **명령 : z ↵ ZOOM**
> 윈도우 구석을 지정, 축척 비율(nX 또는 nXP)을 입력, 또는
> [전체(A)/중심(C)/동적(D)/범위(E)/이전(P)/축척(S)/윈도우(W)/객체(O)] ⟨실시간⟩ : a ↵

2 Layer(도면층) 만들기

도면층 순서는 상관이 없습니다.

〈Auto CAD 도면층 이미지〉

Layer이름	선색상	선종류	선모양	사용 선
Center	3	Center	————-———	중심선
Hidden	2	HiddenX2	————————	은선(숨은선)
Mview	4	continuous	———————	배치 할때
Model	7	Continuous	———————	외곽선
dim	1	continuous	———————	치수선

〈도면층 설명〉

3 치수선 설정하기

01 명령 : ddim(DIMSTYLE)

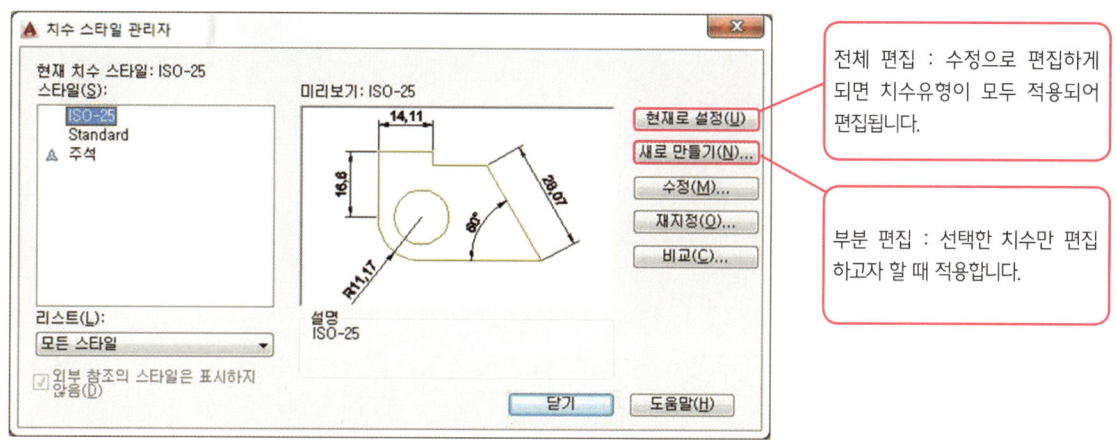

전체 편집 : 수정으로 편집하게 되면 치수유형이 모두 적용되어 편집됩니다.

부분 편집 : 선택한 치수만 편집하고자 할 때 적용합니다.

치수선 설정 시 "수정" 버튼으로 전체편집한 후 부분적으로 편집하고자 할 때 "재지정"을 선택해 편집해줍니다.
ATC 작도시 "수정"과 "재지정" 설정하는 방법을 잘 알아둬야 합니다.(시험에 많이 사용!!)

02 선 탭

치수선과 치수보조선의 유형과 길이를 수정할 수 있습니다.

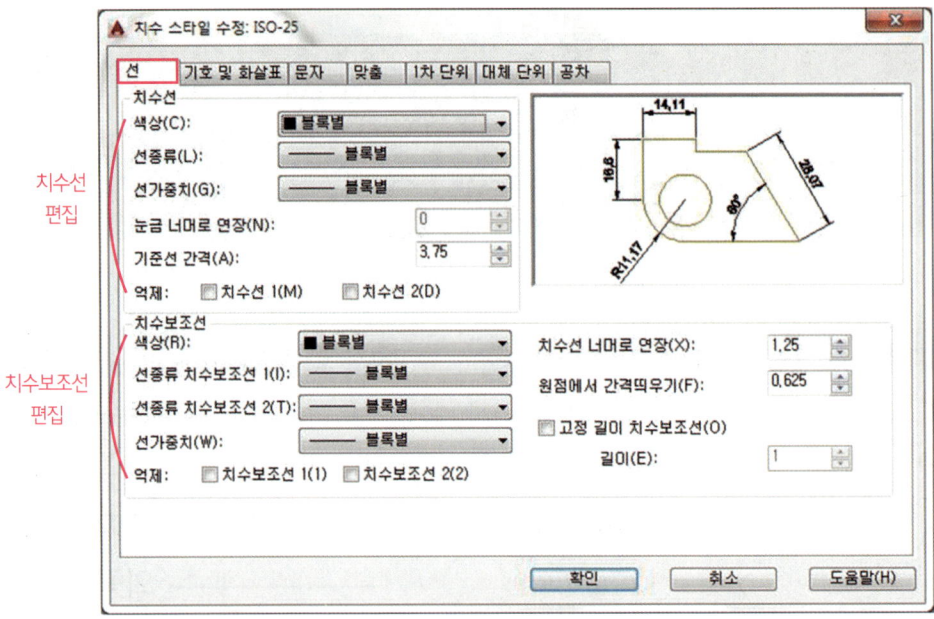

03 기호 및 화살표 탭

화살촉의 유형과 사이즈를 수정할 수 있습니다.

🔍 ATC시험 작도시 중심 표식을 "없음"으로 설정합니다.

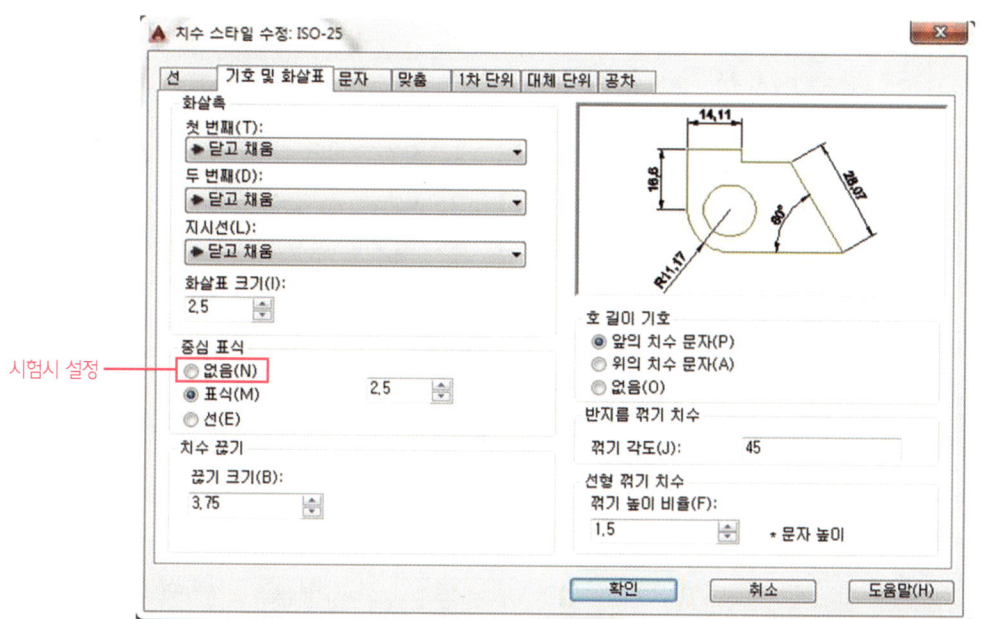

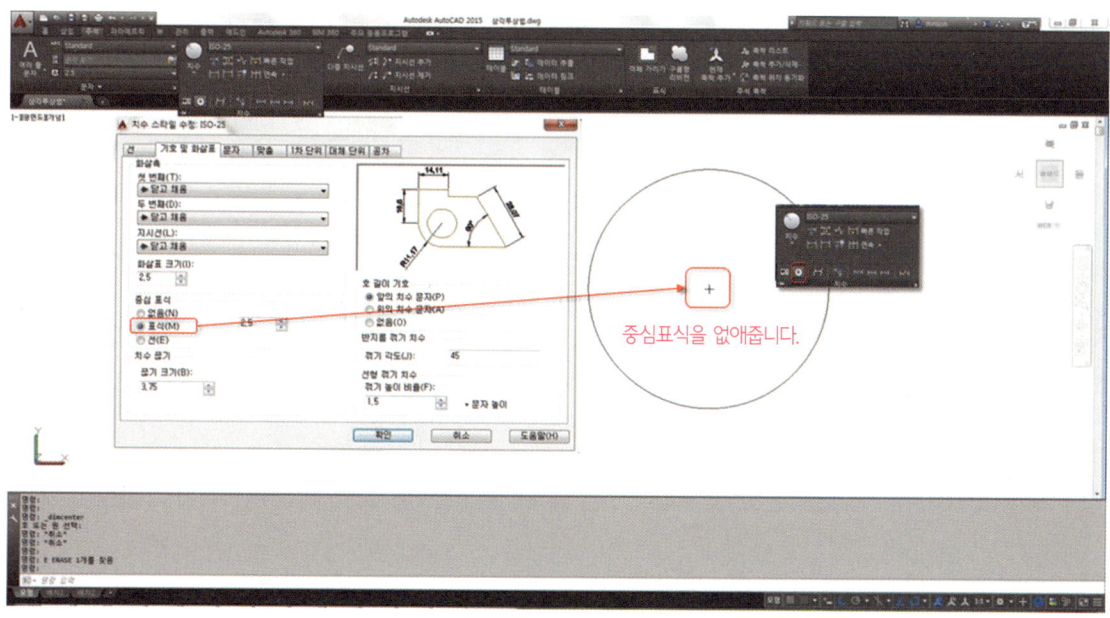

04 문자 탭

치수 문자에 대한 유형과 배치를 설정할 수 있습니다.

🔍 ATC시험 작도시 문자 배치의 수직을 "위"로 설정하고 문자 정렬에 "ISO 표준"을 선택합니다.

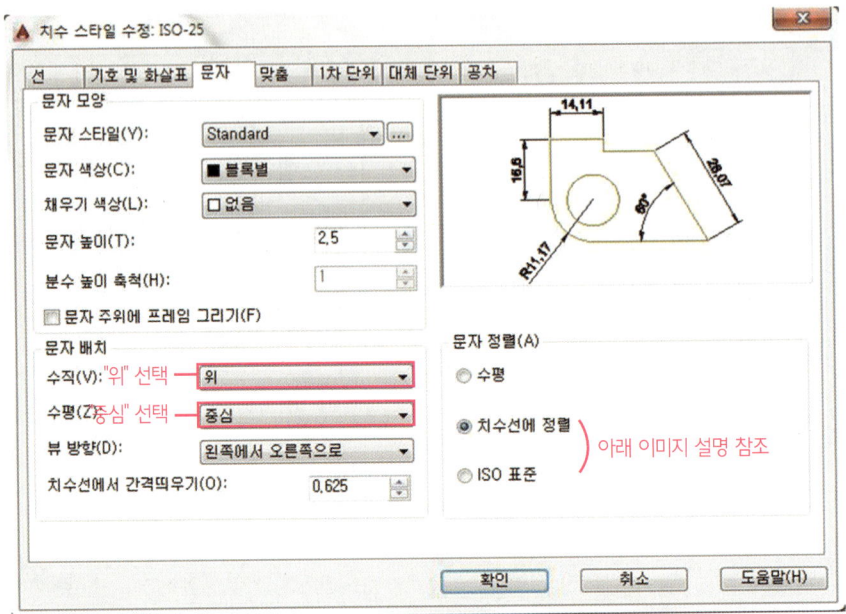

1) 문자 배치

2) 문자 정렬

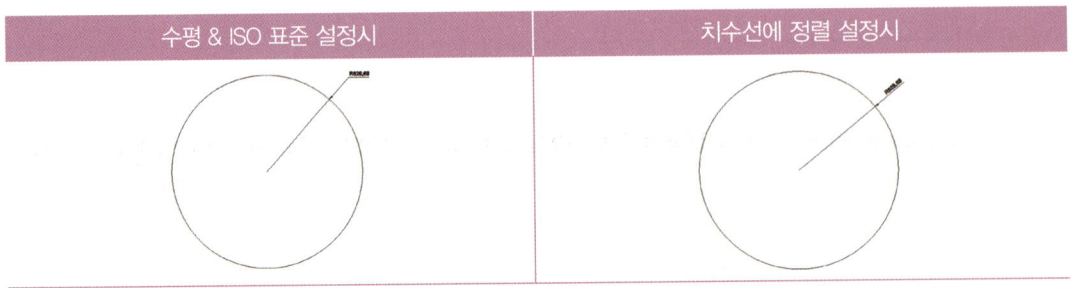

05 맞춤 탭

전체 축척 설정 값을 입력해 도면 SCALE값에 맞게 설정합니다.

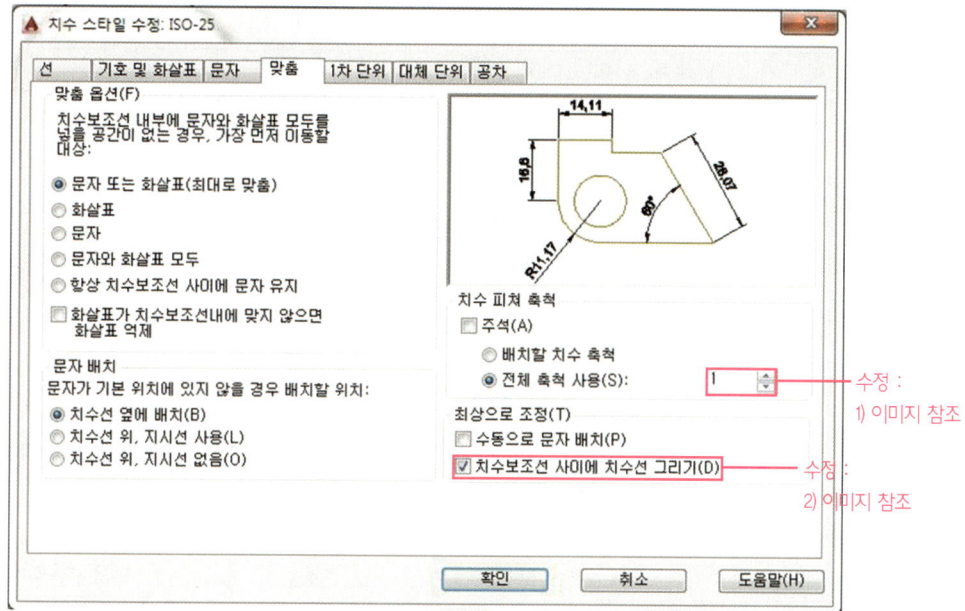

1) 치수 피쳐 축척

치수선의 문자크기나 화살표 사이즈, 떨어지는 간격은 같은 비율로 조절하기 어렵기 때문에 전체 축척 SCALE값으로 조정합니다.

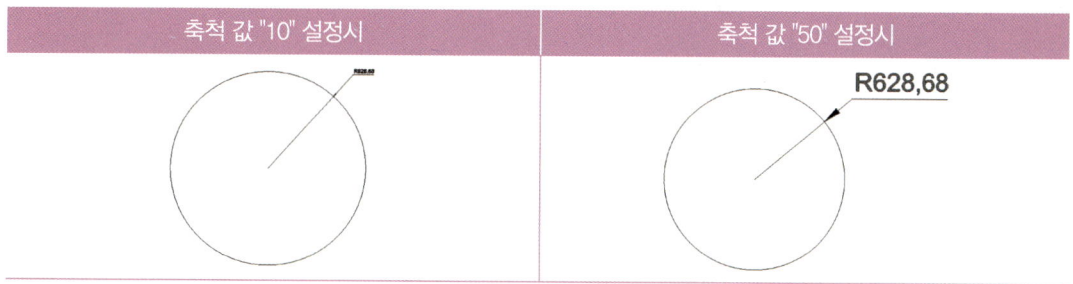

2) 최상으로 조정

원의 지름과 반지름 치수 방식은 시험에서 어떤 치수스타일이 나올지 모르기 때문에 시험에 맞게 다음과 같이 설정합니다.

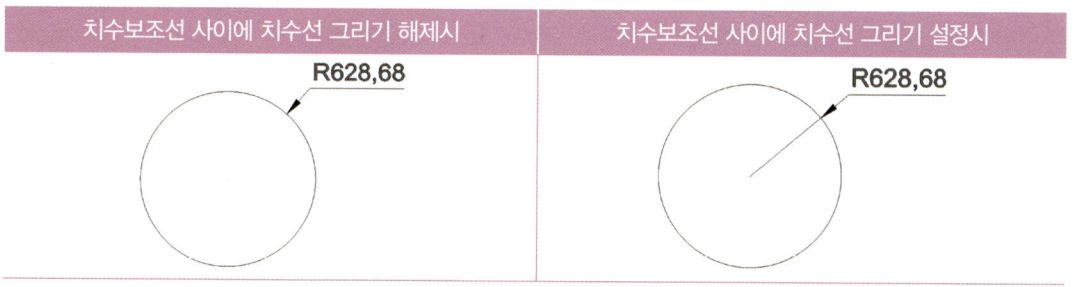

06 1차 단위

정밀도를 "0"으로 선택해 소수점 뒷자리가 나오지 않도록 설정합니다.

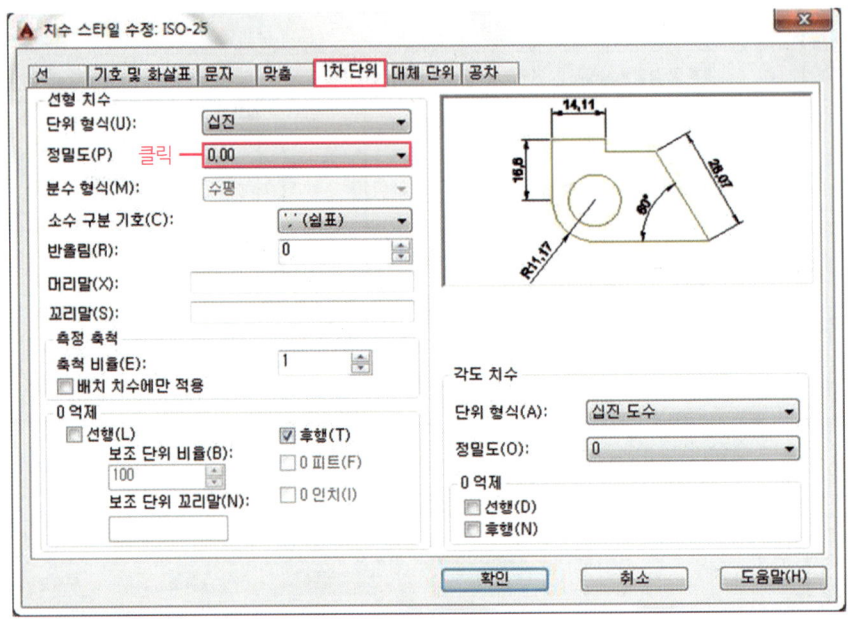

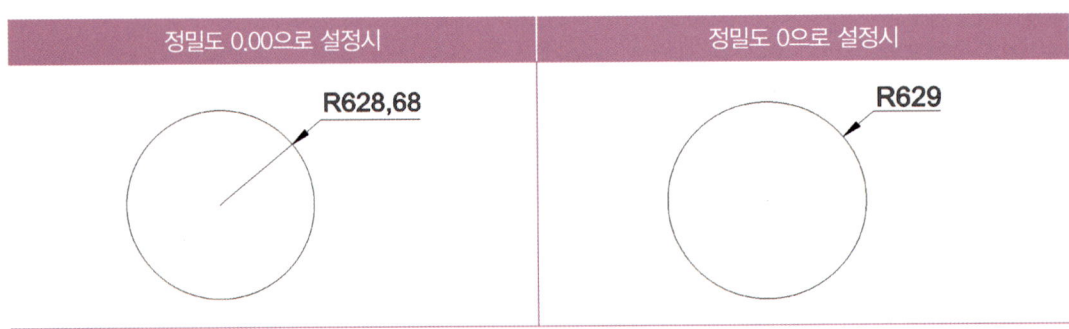

07 치수선 배치 후 수정할 부분은 Edit(ed)명령으로 편집

🔎 시험문제의 치수를 임의로 수정하면 안됩니다.

> 명령 : ED ↵ TEXTEDIT
> 주석 객체 선택 : 치수 문자 선택

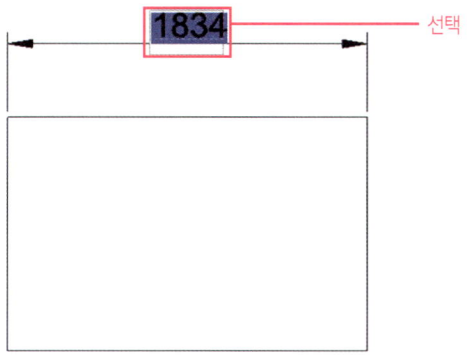

08 화살표 반전시키기

🔎 ATC 시험시 치수화살표를 반전 설정할 수 있어야 합니다.

1) 수정할 치수 선택 → 파란점에 마우스를 올려놓습니다.
    단축메뉴창이 뜹니다. → 화살표 반전을 선택합니다.

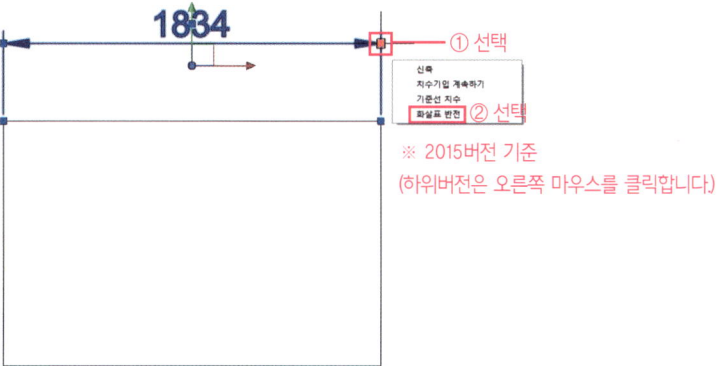

2) 화살표가 밖으로 반전된 것을 확인할 수 있습니다.

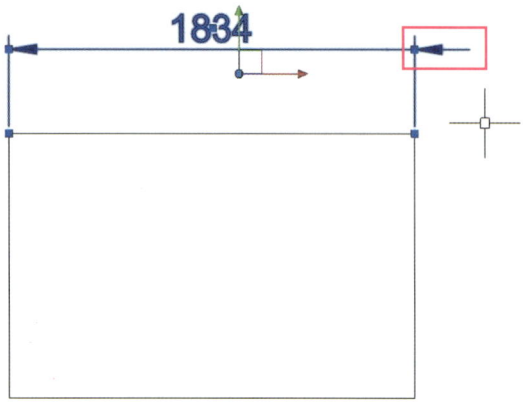

> **TIP** 알아두면 도움이 되는 명령어
>
> 치수 문자 작성시 %%c를 입력하면 다음 표식으로 변환됩니다.
>
> | | | |
> |---|---|---|
> | %%C → 지름 표시 | %%D → 각도 표시 | %%P → 오차범위 표시 |

AutoCAD ATC 관련 기초 명령어 익히고 넘어가기

1 기본 익히기

01 OPEN

기존 도면을 로드할 수 있습니다.

명령 : open ↵

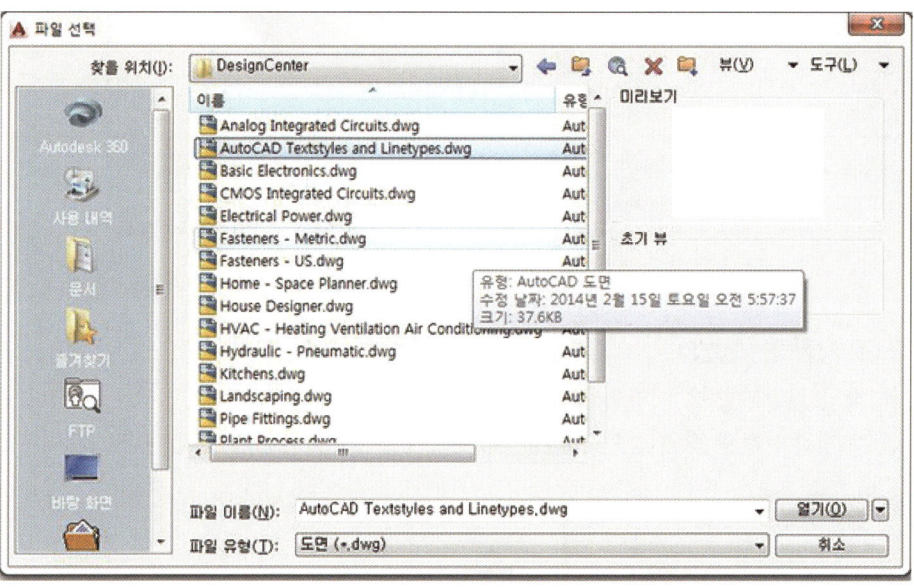

02 SAVE

현재 작업 중인 도면을 저장하는 명령으로 확장자는 .dwg입니다.

명령 : save ↵

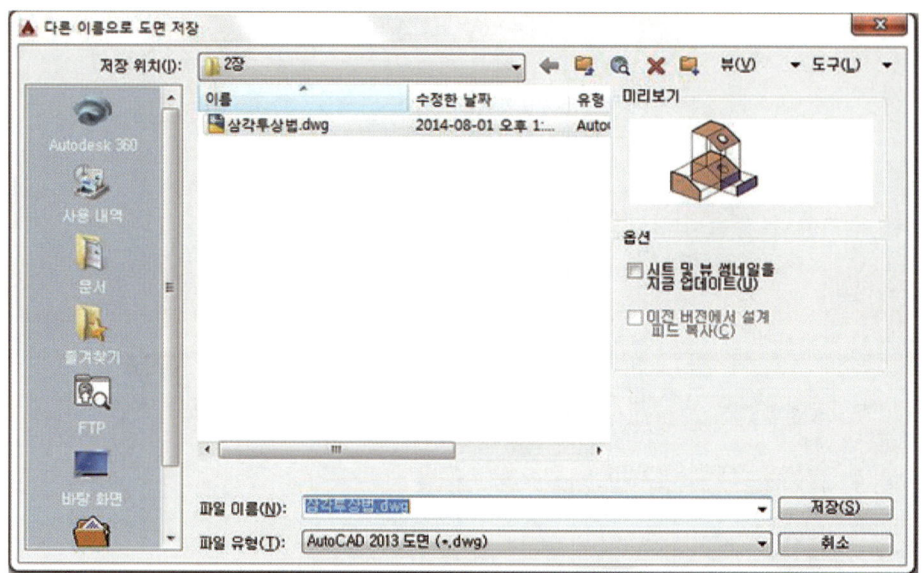

03 메뉴 선택으로 저장하는 방법

저장 : 현재 작업 중인 도면을 저장합니다.

다른 이름으로 저장 : 현재 작업 중인 도면을 새로운 파일명으로 추가 저장합니다.

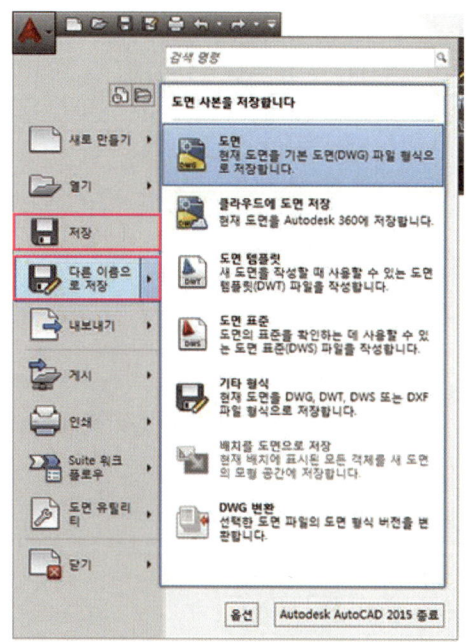

04 상태표시줄

① ORTHO(F8)

- 직교모드 : 많이 쓰이는 기능으로 모델링 작업시 수직이나 수평으로 움직여지는 기능. 즉, 직선으로 그리거나, 객체를 평행이동 또는 수직이동 시킬 때 매우 용이합니다.

② OSNAP(F3)

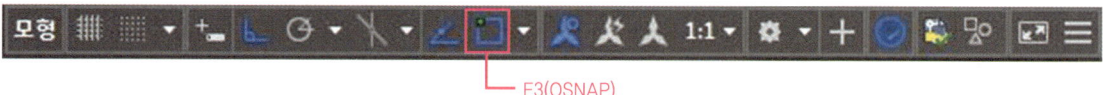

- Object Snap : 물체의 snap을 잡아주는 명령어로, 객체의 정확한 위치를 잡고자할 때 사용하면 편리합니다.

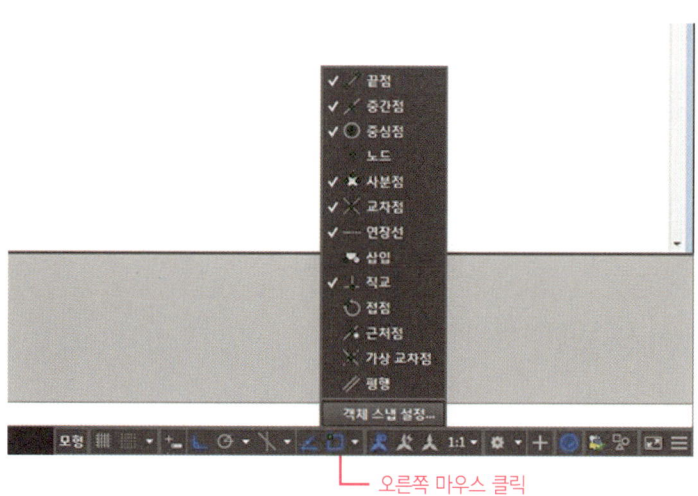

마우스를 갖다 놓은 상태에서 오른쪽 마우스 클릭하여 설정을 선택하면 아래와 같은 대화상자가 나오면 원하는 osnap을 체크하여 사용할 수 있습니다.

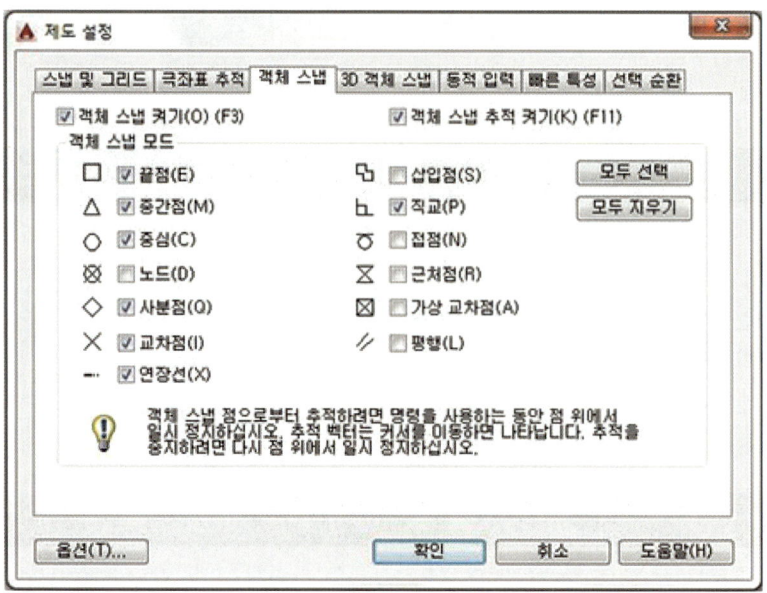

2 그리기와 지우기 명령

AutoCAD 명령 중 도면을 그릴 때 사용하는 명령으로 많이 사용되기 때문에 반복적인 사용으로 숙달시키는 것이 좋습니다.

01 LINE(단축키 : l)

선 그리는 명령어 : CAD에서는 가장 기본적으로 그리는 명령어가 LINE입니다.

명령 : line ↵

아래의 화면과 같이 이어지는 선을 긋고자 한다면 다음과 같습니다.

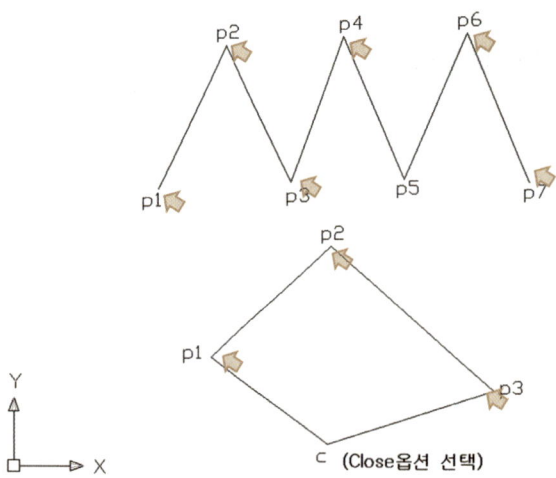

02 ERASE(단축키 : e)

도면 작성 중 그림이 잘못되었거나 수정할 부분에 대해 선을 지웁니다.

> 명령 : erase ↵
> 객체 선택 :   … 1 Found 객체를 선택한다.
> 객체 선택 :   … 더 이상 선택할 객체가 없으면 ↵ 키를 누른다.
> 명령 :

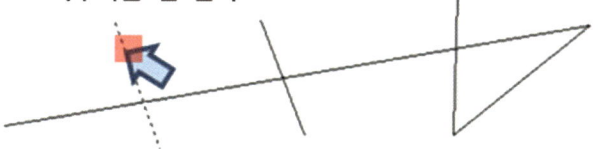

> **TIP** 객체 빠르게 선택하기
>
> 하나하나 선택해도 좋지만 선택하고자 하는 객체가 많은 경우 지우거나 복사하고자 할 때 잘 알아두면 속도를 높일 수 있습니다.

1) 세로 선 선택을 빠르게 하려면?(오른쪽에서 왼쪽)

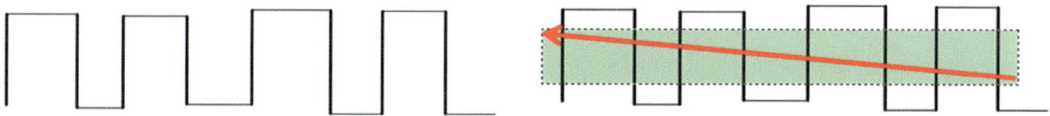

위와 같이 오른쪽에서 왼쪽으로 객체를 잡게 되면 걸쳐있는 선까지 잡히므로 세로선만 빠르게 선택할 수 있습니다.

2) 가로 선 선택을 빠르게 하려면?(왼쪽에서 오른쪽)

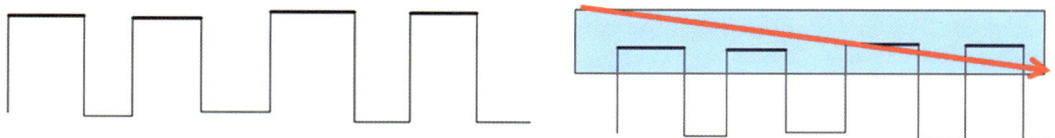

위와 같이 왼쪽에서 오른쪽으로 드래그하여 선택하게 되면 영역 안에 다 포함된 객체만 선택이 되므로 가로선만 빠르게 선택할 수 있습니다.

3 기본 그리는 명령어

01 XLINE(단축키 : xl)

양쪽 방향으로 무한히 연장된 선을 그어줍니다.

명령 : xline ↵

아래의 화면과 같이 선을 긋고자 한다면 다음과 같습니다.

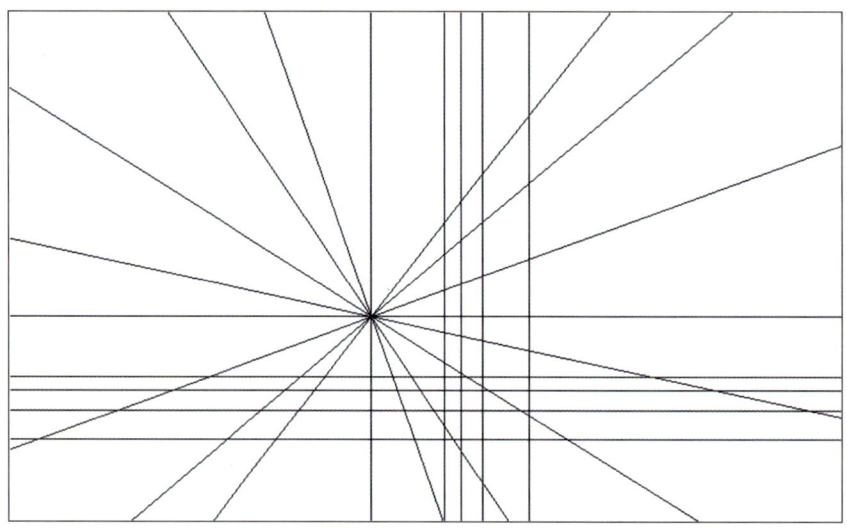

방법 1 작업 도면에서 마우스를 이용하는 경우

명령 : xline ↵
xl XLINE 점을 지정 또는 [수평(H)/수직(V)/각도(A)/이등분(B)/간격띄우기(O)] :
　　　　　　　　　　　　　　　　　　　　　　　　　　… 시작점을 선택
통과점 지정 :　　　　　　　　　… 연장선의 방향을 지정하는 두 번째 점을 선택
통과점 지정 :　　　　　　　　　… 연장선의 방향을 지정하는 두 번째 점을 선택
통과점 지정 :　　　　　　　　　　　　　　　　　　　　　… ↵ 키를 누른다.
명령 :

원하는 선을 모두 그린 후 마우스의 오른쪽 버튼을 클릭하면 실행이 중지되면서 빠져 나옵니다.

방법 2 옵션을 이용하는 경우

▶ 수평선
수평으로 연장선을 긋습니다.

```
명령 : xl XLINE ↵
점을 지정 또는 [수평(H)/수직(V)/각도(A)/이등분(B)/간격띄우기(O)] : h ↵
```

▶ 수직선
수직으로 연장선을 긋습니다.

```
명령 : xl XLINE ↵
점을 지정 또는 [수평(H)/수직(V)/각도(A)/이등분(B)/간격띄우기(O)] : v ↵
```

▶ 각도선
지정한 각도를 연장선으로 긋습니다. 기준선은 0도로 계산합니다. References는 그려져 있는 선을 기준으로 새로운 각을 이용하고, Enter angle는 기본 각도계를 기준으로 합니다.

```
명령 : xl XLINE ↵
점을 지정 또는 [수평(H)/수직(V)/각도(A)/이등분(B)/간격띄우기(O)] : a ↵
X선의 각도 입력 (0) 또는 [참조(R)] : 45 ↵
```

방법 3 각도 쉽게 찾아내는 XL의 활용

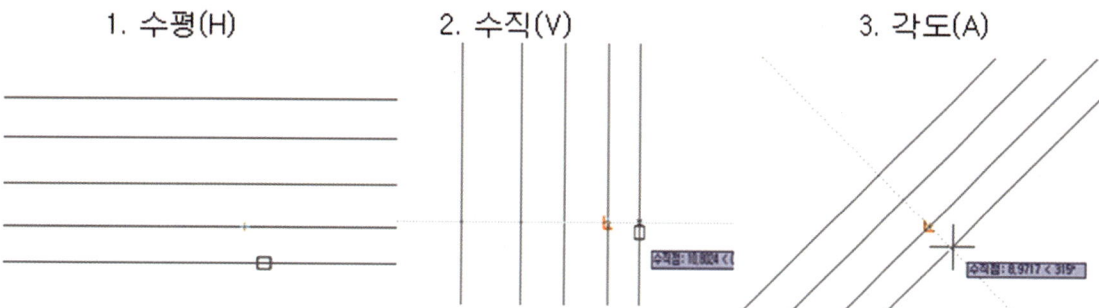

xline을 잘 활용하여 쉽게 각도를 찾아낼 수 있습니다.

위의 라인을 기준으로 25°의 선을 긋고자 한다면 다음과 같습니다.

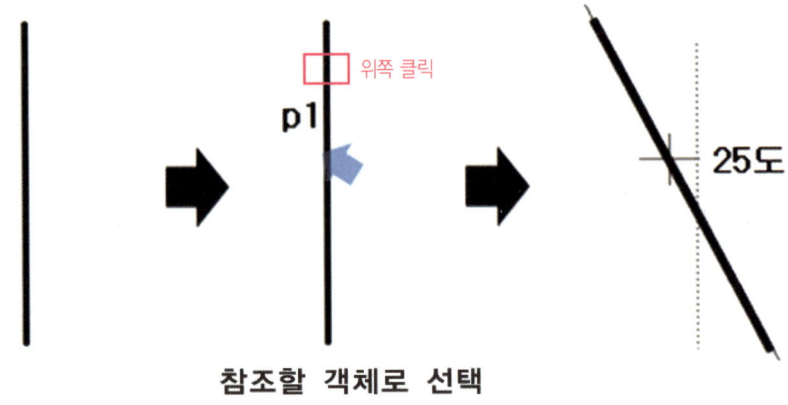

참조할 객체로 선택

```
명령 : xl XLINE ↵
점을 지정 또는 [수평(H)/수직(V)/각도(A)/이등분(B)/간격띄우기(O)] : a ↵
X선의 각도 입력 (0) 또는 [참조(R)] : r ↵
선 객체 선택 : p1 세로선 선택
X선의 각도 입력 〈0〉 : 25 ↵
```

참조한 객체를 기준으로 25°의 선을 뽑아낼 수 있습니다.

따라하기

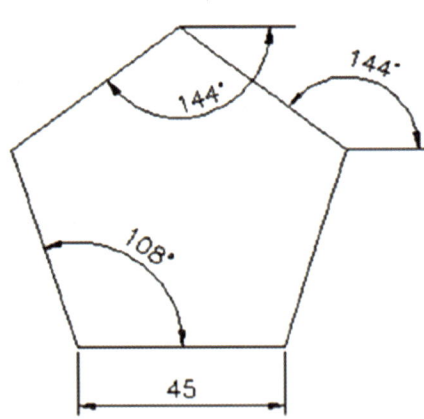

```
명령 : l LINE
첫 번째 점 지정 : p1
다음 점 지정 또는 [명령 취소(U)] : 45
```

```
다음 점 지정 또는 [명령 취소(U)] :
명령 : LINE 첫 번째 점 지정 :
다음 점 지정 또는 [명령 취소(U)] : @45 < 108
명령 : xl XLINE 점을 지정 또는 [수평(H)/수직(V)/각도(A)/이등분(B)/간격띄우기(O)] : a
X선의 각도 입력 (0) 또는 [참조(R)] : r
선 객체 선택 :
X선의 각도 입력 <0> : 108
명령 : xl XLINE점을 지정 또는 [수평(H)/수직(V)/각도(A)/이등분(B)/간격띄우기(O)] : a
X선의 각도 입력 (0) 또는 [참조(R)] : r
선 객체 선택 :
X선의 각도 입력 <0> : 90
명령 : o OFFSET
현재 설정 : 원본 지우기=아니오  도면층=원본  OFFSETGAPTYPE=0
간격띄우기 거리 지정 또는 [통과점(T)/지우기(E)/도면층(L)] <1.0000> : 45
```

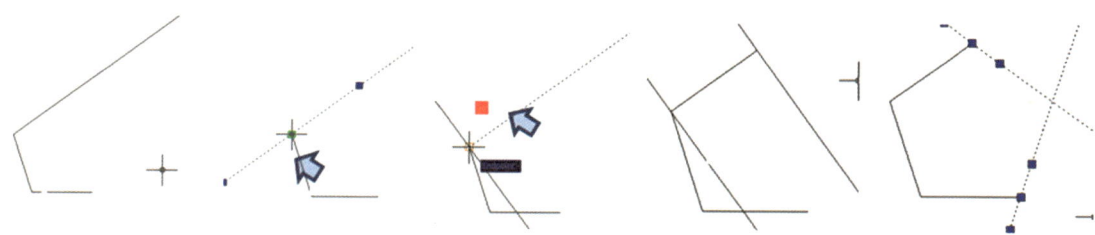

02 각도계

AutoCAD에서 기본적인 각도의 개념은 시계 반대 방향으로 증가하며 0도는 시작점으로 3시, 90도는 12시, 180도는 9시, 270도는 6시 방향입니다. (−)값을 입력하면 시계 반대 방향으로 각도가 다음과 같이 부여됩니다.

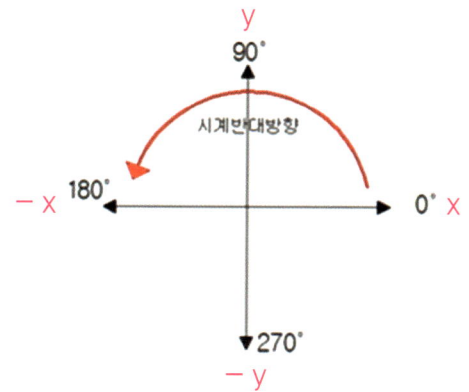

03 CIRCLE(c)

정원을 그립니다. 원을 그리는 방법은 총 6가지가 있습니다. 6가지를 잘 알아둬야만 실무도면을 그릴때나 시험을 볼 때 적절한 방법으로 그릴 수 있습니다.

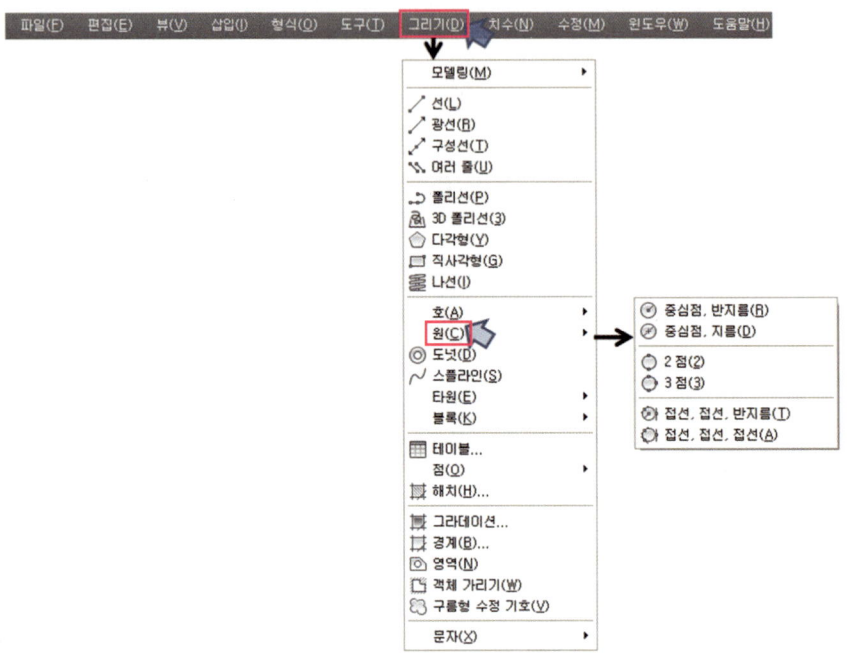

> **TIP**
> Radius는 반지름. Diameter는 지름을 의미합니다. 도면상에 R이라고 붙으면 반지름. Ø가 붙으면 지름입니다.
>
>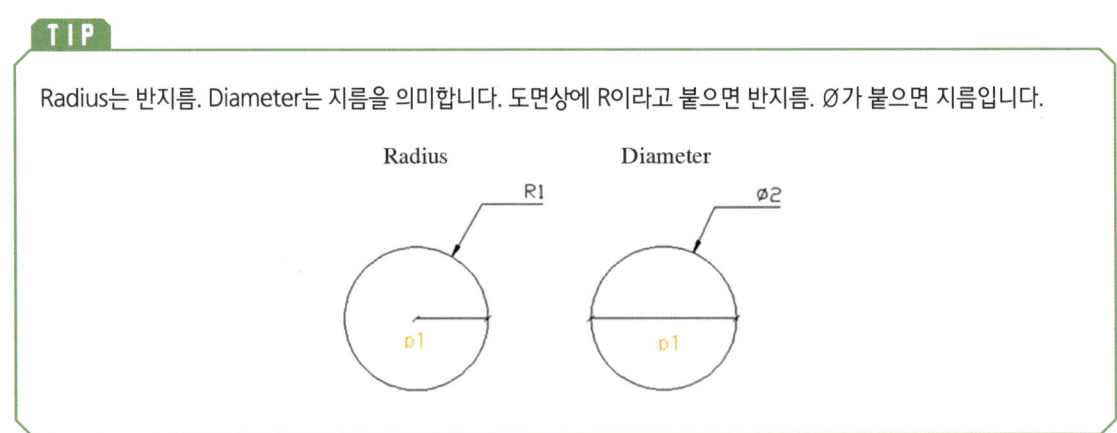

1) 중심과 반지름을 이용하는 방법

명령 : circle ↵
원에 대한 중심점 지정 또는 [3점(3P)/2점(2P)/Ttr – 접선 접선 반지름(T)] :
　　　　　　　　　　　　　　　　　　　　　　　　　　　　　… 원의 중심점 선택
원의 반지름 지정 또는 [지름(D)] 〈0.5000〉 : 0.5 ↵
　　　　　　　　　　　　　　　　　　　　　　　　　　　　　… 반지름 입력

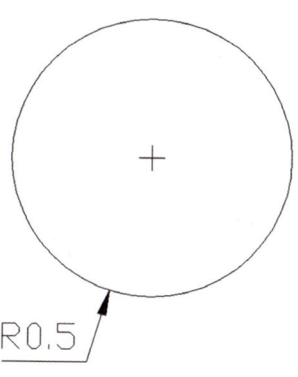

2) 중심과 지름을 이용하는 방법

명령 : circle ↵
원에 대한 중심점 지정 또는 [3점(3P)/2점(2P)/Ttr – 접선 접선 반지름(T)] :
　　　　　　　　　　　　　　　　　　　　　　　　　　　　　… 원의 중심을 선택
원의 반지름 지정 또는 [지름(D)] 〈272.6892〉 : d ↵   … 원의 지름을 지정함
d 원의 지름을 지정함 〈545.3784〉 : 1 ↵   　　　　　　　… 지름을 입력

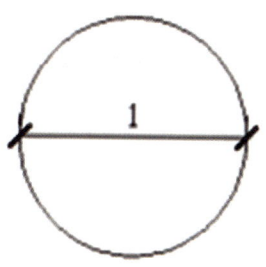

3) 두 점을 이용하는 방법

명령 : circle ↵
원에 대한 중심점 지정 또는 [3점(3P)/2점(2P)/Ttr – 접선 접선 반지름(T)] : 2p ↵
　　　　　　　　　　　　　　　　　　　　　　　　　　　　　… 2점 선택
원 지름의 첫 번째 끝점을 지정 : p1　　　　　　　　… 원의 첫 번째 점 지정
원 지름의 두 번째 끝점을 지정 : p2　　　　　　　　… 원의 끝점 지정

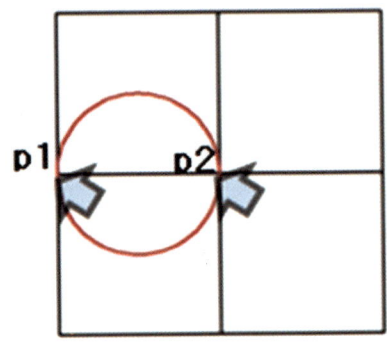

4) 세 점을 이용하는 방법

명령 : circle ↵
원에 대한 중심점 지정 또는 [3점(3P)/2점(2P)/Ttr – 접선 접선 반지름(T)] : 3p ↵
　　　　　　　　　　　　　　　　　　　　　　　　　　　　　… 3점 선택
원 위의 첫 번째 점 지정 :　　　　　　　　　　　　　… 1p 선택
원 위의 두 번째 점 지정 :　　　　　　　　　　　　　… 2p 선택
원 위의 세 번째 점 지정 :　　　　　　　　　　　　　… 3p 선택

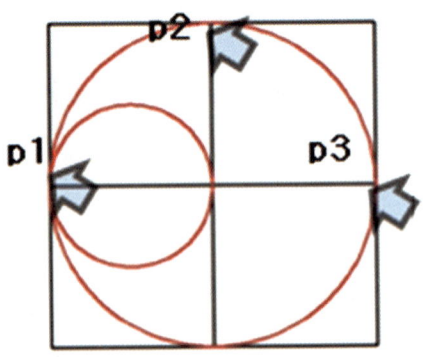

5) 두 접선과 반지름을 이용하는 방법(T)

> 명령 : circle ↵
> 원에 대한 중심점 지정 또는 [3점(3P)/2점(2P)/Ttr – 접선 접선 반지름(T)] : t ↵
> ⋯ 중심점을 선택
> 원의 첫 번째 접점에 대한 객체위의 점 지정 :   ⋯ p1 지점을 선택
> 원의 두 번째 접점에 대한 객체위의 점 지정 :   ⋯ p2 지점을 선택
> 원의 반지름 지정 〈423.6099〉 : 1 ↵   ⋯ 반지름 값 입력
> 명령 :

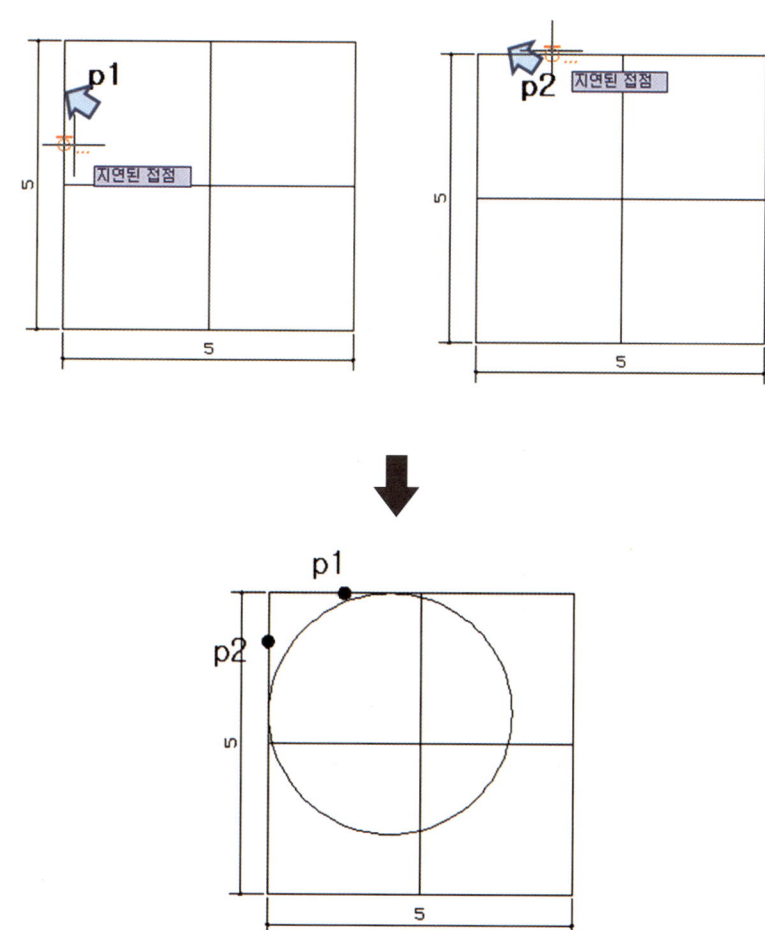

위의 명령어를 구사하기 위해서는 먼저 인접한 두 개의 접점을 선택하여 실습하도록 하여야 합니다.

연습하기

아래 예제와 같이 p1, p2선을 그어보고 두 선이 만나는 R1인 원을 그려봅시다.

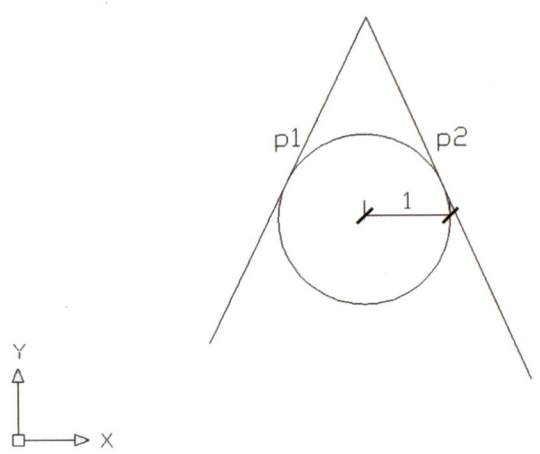

6) 세 접선을 이용하는 방법(옵션에 없으므로 직접 만들어줘야 합니다.)

아래 예제와 같이 세 점이 지나면서 반지름 값을 모를 경우 사용할 수 있습니다.

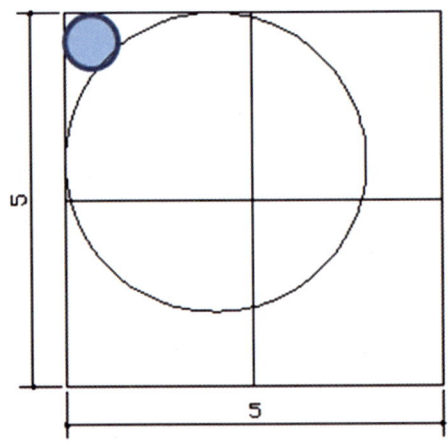

명령 : c CIRCLE ↵
원에 대한 중심점 지정 또는 [3점(3P)/2점(2P)/Ttr – 접선 접선 반지름(T)] : 3p ↵
원 위의 첫 번째 점 지정 : 〈객체스냅 켜기〉 tan 입력한 후 → p1
원 위의 두 번째 점 지정 : tan 입력한 후 → p2
원 위의 세 번째 점 지정 : tan 입력한 후 → p3

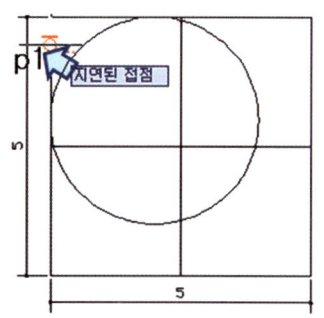 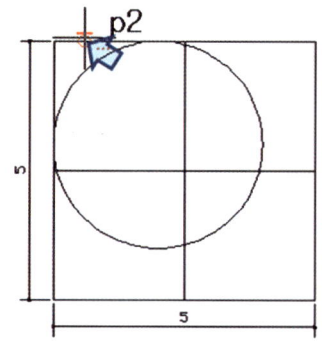 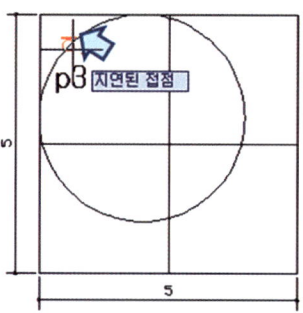

> **TIP** Circle을 작도할 때 설정하면 편리한 OSNAP

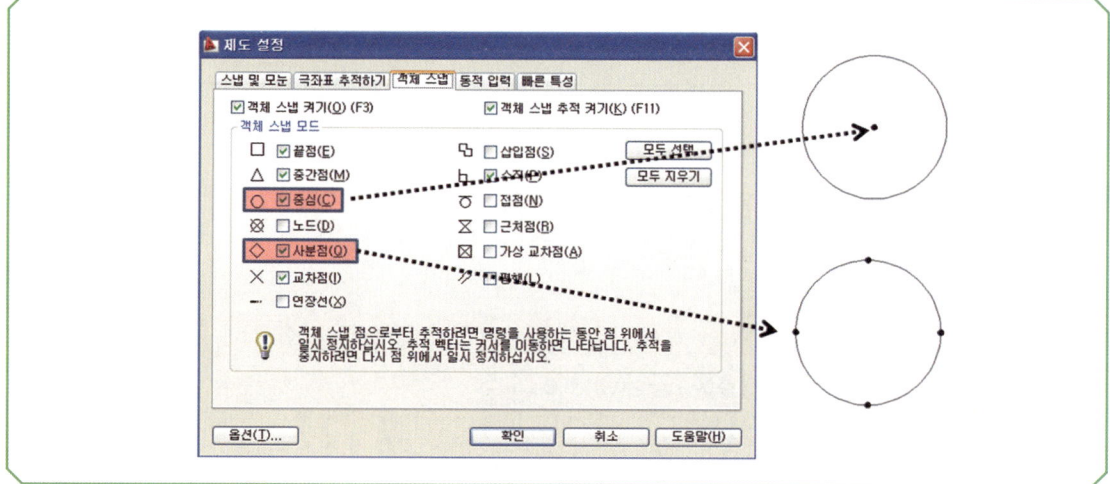

04 ELLIPS(el)

타원을 그립니다.

1) 3점을 이용한 타원 그리기

두 점(p1, p2)을 선택하여 지름을 선택하고 다른 점(p3)을 선택하면 됩니다.

```
명령 : el ELLIPSE ↵
타원의 축 끝점 지정 또는 [호(A)/중심(C)] :                    … p1 지점을 선택
축의 다른 끝점 지정 : 10 ↵                                    … p2 지점을 선택
다른 축으로 거리를 지정 또는 [회전(R)] : 2.5 ↵                … p3 높이 지점을 선택
명령 :
```

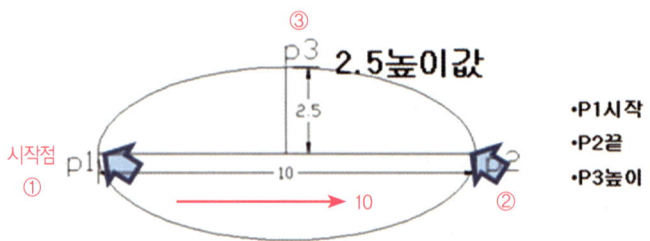

> **TIP** 호(A) / 중심(C)
>
> Arc : 호 형태의 타원을 그립니다.
> Center : 중심점을 기준으로 타원을 그립니다.

2) 중심점을 먼저 선택하여 타원 그리기

🔸 ATC시 많이 사용

```
명령 : el ELLIPSE ↵
타원의 축 끝점 지정 또는 [호(A)/중심(C)] : c ↵
타원의 중심 지정 : p1 중심점
축의 끝점 지정 : p2 끝점
다른 축으로 거리를 지정 또는 [회전(R)] : p3 높이
```

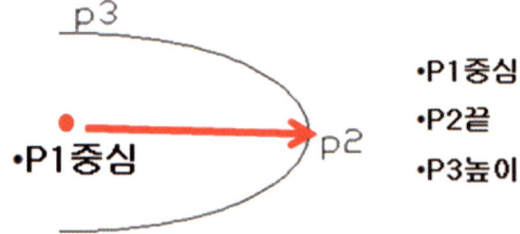

4 편집 방법

01 COPY(단축키 : co, cp)

객체를 복사하는 명령어입니다.

```
명령 : copy ↵
객체 선택 :                                    … 복사할 객체를 선택하면 실선이 점선으로 바뀐다.
객체 선택 : ↵
기본점 지정 또는 [변위(D)/모드(O)] 〈변위(D)〉 : p1        … 기준을 잡을 점을 선택
두 번째 점 지정 또는 [종료(E)/명령취소(U)] 〈종료〉 : p2    … 갖다 놓을 위치를 선택 ↵
명령 :
```

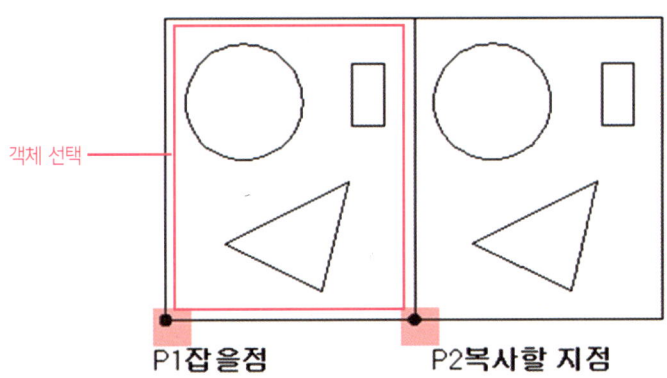

02 MOVE(단축키 : M)

이동 명령은 COPY 명령과 순서가 똑같습니다. 도면 위에 그려진 객체를 원하는 위치로 이동시키는 명령으로 사용은 다음과 같습니다.

```
명령 : move ↵                                                              … 또는 M
객체 선택 :                                    … 이동할 객체를 선택하면 실선이 점선으로 바뀐다.
객체 선택 : ↵
기본점 지정 또는 [변위(D)/모드(O)] 〈변위(D)〉 :              … 기준 잡을 점을 선택
두 번째 점 지정 또는 [종료(E)/명령취소(U)] 〈종료〉 :          … 갖다 놓을 위치를 선택 ↵
명령 :
```

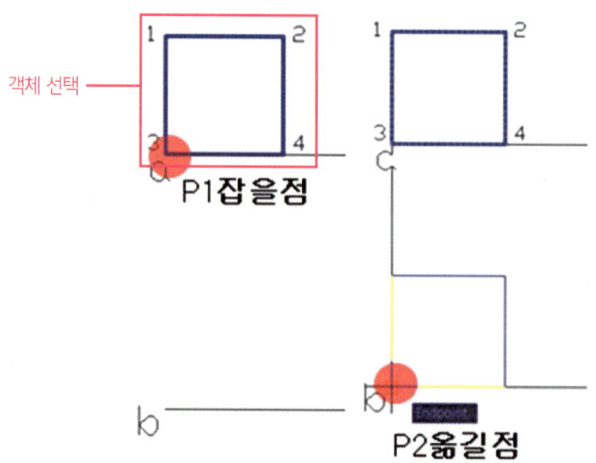

03 ROTATE(단축키 : RO)

도면 위에 그려진 객체를 절대 각도로 지정한 기준점 중심으로 원하는 각도만큼 회전시키는 명령으로 사용 방법을 보면 다음과 같습니다.

명령 : rotate ↵
객체 선택 : ··· 회전시킬 객체를 선택 ↵
기본점 지정 또는 [변위(D)/모드(O)] 〈변위(D)〉 : ··· 객체의 회전할 기준점 지정
회전 각도 지정 또는 [복사(C)/참조(R)] 〈0〉 270 ↵ ··· 각도 값 설정
명령 :

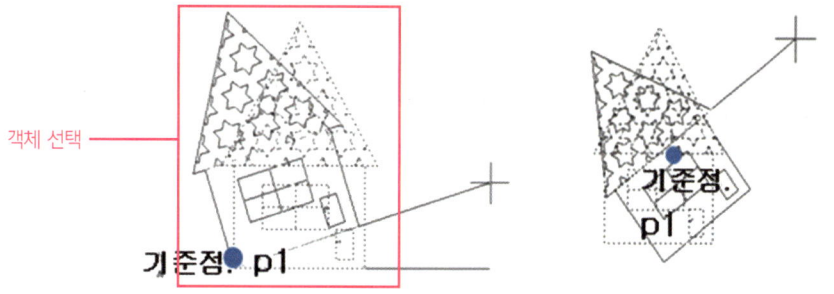

기준점의 위치에 따라 회전 중심 값이 달라집니다.

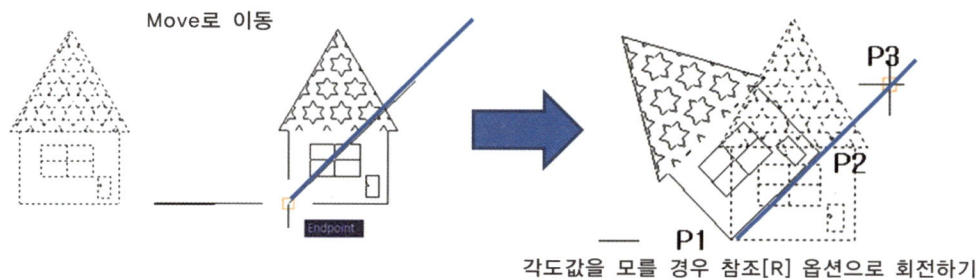

각도값을 모를 경우 참조[R] 옵션으로 회전하기

> 명령 : ro ROTATE ↵
> 객체 선택 : 회전하고자 하는 객체 선택
> 기준점 지정 : p1 기준점 지정
> 회전 각도 지정 또는 [복사(C)/참조(R)] <0> : r
> 참조 각도를 지정 <0> : 기준점 p1 지정
> 두 번째 점을 지정 : 기준으로 잡을 p2 지정
> 새 각도 지정 또는 [점(P)] <0> : p3 회전하고자 하는 새로운 위치 지정

① Rotation angle : 객체를 회전시킵니다.
② Reference : 임의의 각을 사용자가 필요한 각도만큼 회전시킵니다.

04 MIRROR

객체를 기준선 반대방향으로 거울에 비추듯 복사하거나 옮기는 명령어입니다.

> 명령 : MI ↵ MIRROR
> 객체 선택 : 대칭복사할 객체를 선택합니다. ↵ 반대 구석 지정 : 5개를 찾음
> 대칭선의 첫 번째점 지정 : 기준점을 지정합니다.
> 대칭선의 두 번째점 지정 : 두 번째 기준점을 지정합니다.
> 원본 객체를 지우시겠습니까 ↵ [예(Y)/아니오(N)] <N> : N ↵

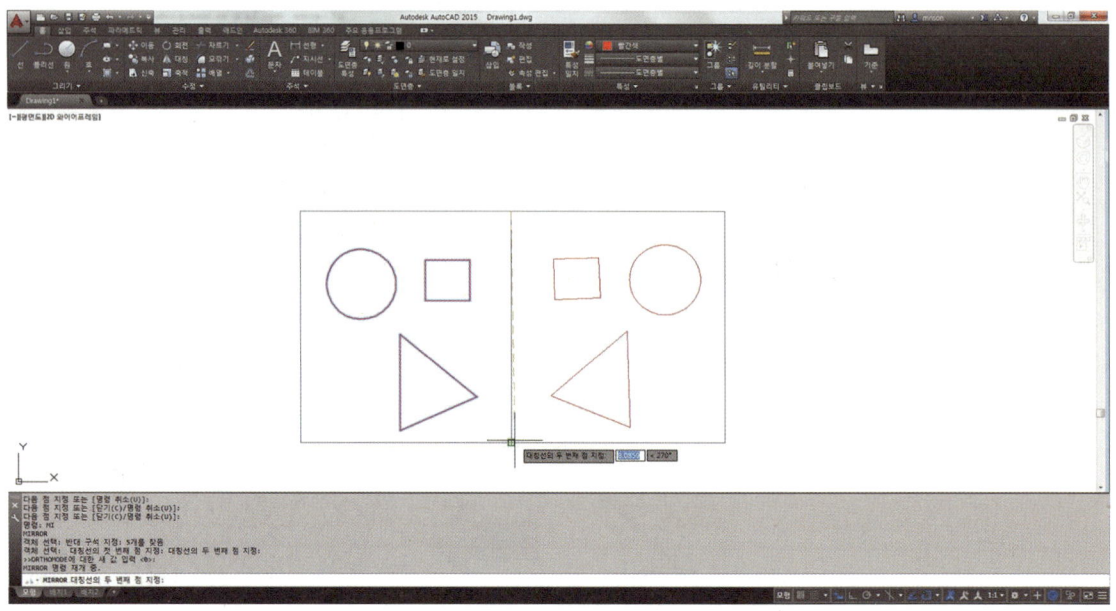

05 SCALE(단축키 : SC)

도면 위에 그려진 객체를 축소하거나 확대합니다.

명령 : scale ↵
객체 선택 : ... 확대 축소할 객체를 선택
객체 선택 : ↵
기본점 지정 또는 [변위(D)/모드(O)] 〈변위(D)〉 : ... p1점인 기준을 선택
축척 비율 지정 또는 [복사(C)/참조(R)] 〈10.0000〉 : 0.5
... 기준으로부터 객체가 반으로 축소됨
명령 :

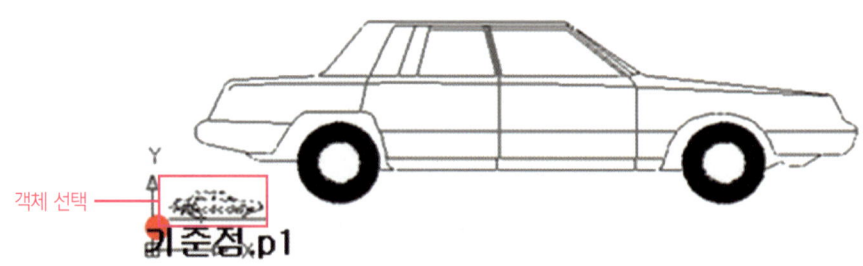

위의 명령에 사용된 메뉴의 기능을 보면 Scale factor은 일반적인 스케일로서 모든 크기를 확대하거나 축소하며, Reference는 참고적으로 객체의 크기를 정확히 모를 때 이용합니다.

06 OFFSET(단축키 : O)

작성된 도형의 선, 호, 원호, Xline, Ray 등 선택된 객체에 대하여 지정한 간격이나 선택한 점을 통과하여 다른 객체를 만드는 것으로 사용 방법을 보면 다음과 같습니다.

```
명령 : offset ↵
간격 띄우기 거리 지정 또는 [통과점(T)/지우기(E)/도면층(L)] <1.0000> : 50 ↵
간격 띄우기 할 객체 선택 또는 [종료(E)/명령취소(U)] <종료> :            … p1 객체를 선택
간격 띄우기 할 면의 점 지정 또는 [종료(E)/다중(M)/명령취소(U)] :
                                                   … p2 옮기고자 하는 위치 선택
간격 띄우기 할 객체 선택 또는 [종료(E)/명령취소(U)] <종료> :            … p2 객체를 선택
간격 띄우기 할 면의 점 지정 또는 [종료(E)/다중(M)/명령취소(U)] :
                                                   … p3 옮기고자 하는 위치 선택
명령 :
```

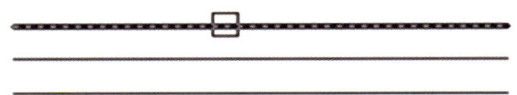

연습하기

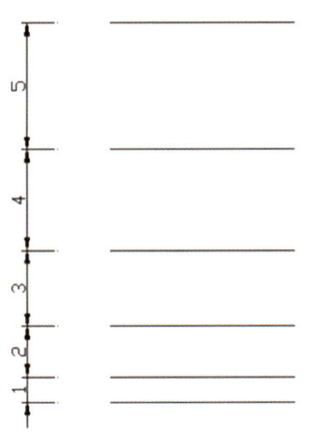
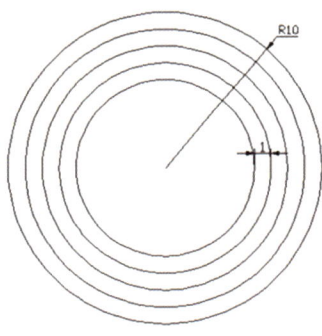

원의 중심으로 평행 복사된다.

> **TIP**
>
> 방향을 찍을 때 osnap에 의해 다른 방향이 정확하게 안 찍히면 선이 겹쳐질 수 있으니 OSNAP 잡히지 않도록 간격을 띄어서 방향을 찍어줍니다.
>
>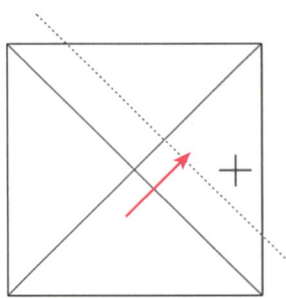

07 TRIM(단축키 : TR)

작성된 도면의 필요없는 도형 또는 객체를 잘라내는 것으로 사용 방법을 보면 다음과 같습니다.

🔑 상대객체를 먼저 선택한 후, 엔터를 반드시!!
   지우고자 하는 개체 선택!!

```
명령 : trim ↵
현재 설정값 : 투영=UCS 모서리=없음
절단 모서리 선택                                              … 상대객체 ①
객체 선택 또는 〈모두 선택〉 상대객체 ①
객체 선택 : 지우려는 객체 선택. 지우려는 객체 ②
```

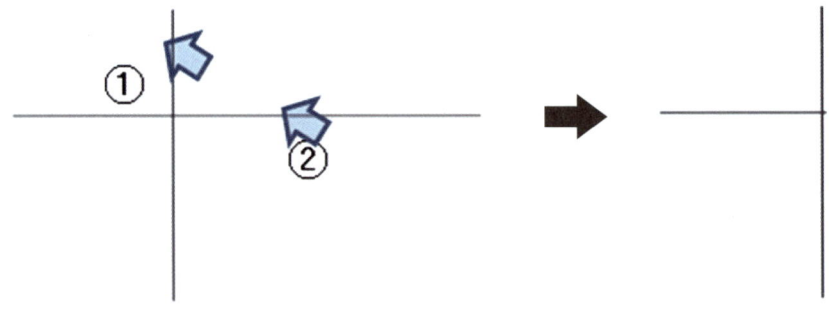

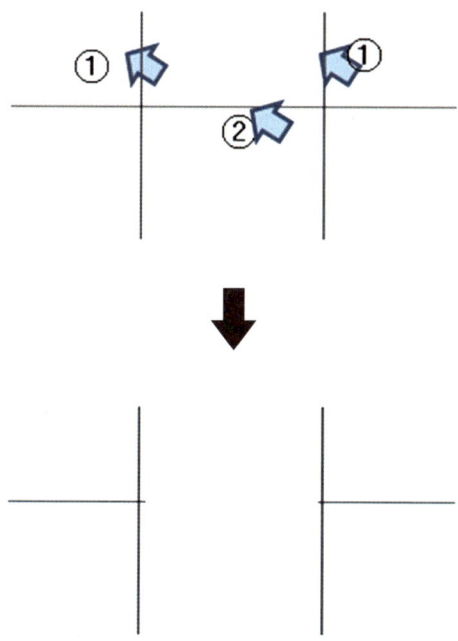

위의 명령에서 p2, p3는 잘라내고자 하는 선을 선택하는 것이 아니고, 잘라내고자 하는 대상에 대해 교점을 이루고 있는 p1객체를 선택합니다. 그리고 p2, p3 잘라내고자 하는 선을 선택하는 것이고, 사용된 명령어의 기능을 보면 다음과 같습니다.

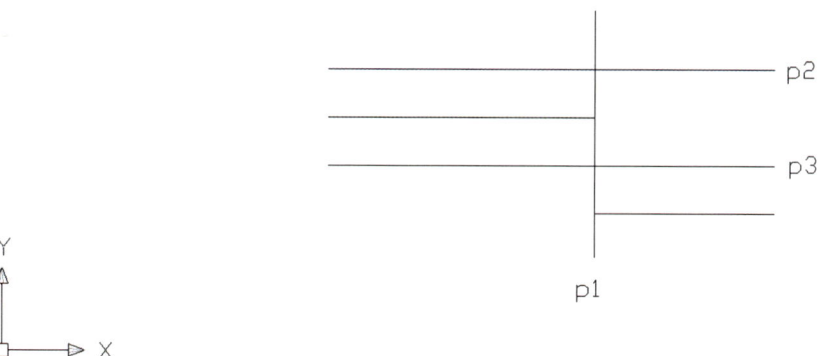

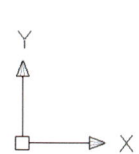

08 EXTEND(단축키 : ex)

Trim의 반대되는 기능으로 서로 떨어져 있는 객체를 다른 객체의 경계선까지 연장시켜 연결시키는 것으로 사용 방법은 다음과 같습니다.

> 명령 : extend ↵
> 현재 설정값 : 투영=UCS 모서리=없음
> 경계 모서리 선택

```
객체 선택 :
연장할 객체 선택 또는 Shift키를 누른 채 선택하여 자르기 또는
[울타리(F)/걸치기(C)/프로젝트(P)/모서리(E)/명령취소(U)] :
                                    … p1 연장선에 닿고자하는 객체를 선택
객체 선택 :
연장할 객체 선택 또는 Shift키를 누른 채 선택하여 자르기 또는
[울타리(F)/걸치기(C)/프로젝트(P)/모서리(E)/명령취소(U)] :
                                    … 연장하고자 하는 객체를 선택 p2, p3
명령 :
```

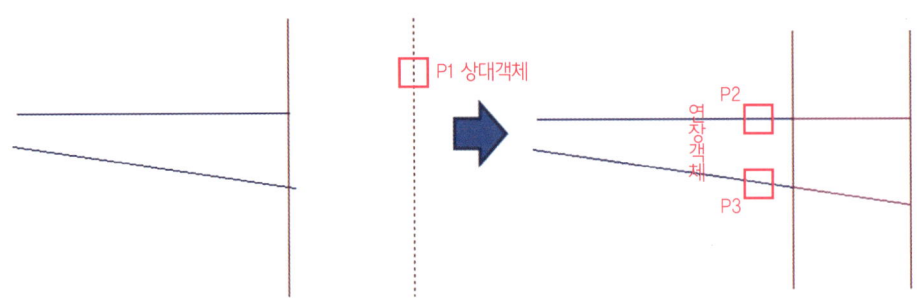

위의 명령에서 p1은 연장선에 닿고자 하는 위치이며, p2, p3은 떨어져있던 선이 확장되어 p1의 연장선에 닿게 됩니다. 위의 명령에 사용된 기능을 보면 Project는 None의 평면에 일치하는 경우에만 연장선을 그리고, UCS는 현재 UCS에 일치하는 것만 연장선을 그리며, View는 현재 보이는 방향에서만 연장선을 그립니다.

09 BREAK(단축키 : BR)

작성된 도면의 도형에 대하여 단일 객체의 일부분을 잘라내는 것으로 사용 방법은 다음과 같습니다.

```
명령 : break ↵
객체 선택 :                          … 객체를 선택하면서 끊어질 시작점을 선택
Specify second break point or [First point] :        … p1에서 p2까지 잘라냄
명령 :
```

위의 명령에서 사용된 기능을 보면 First는 Break의 시작점을 옮기는 것으로 다음과 같이 표시됩니다.

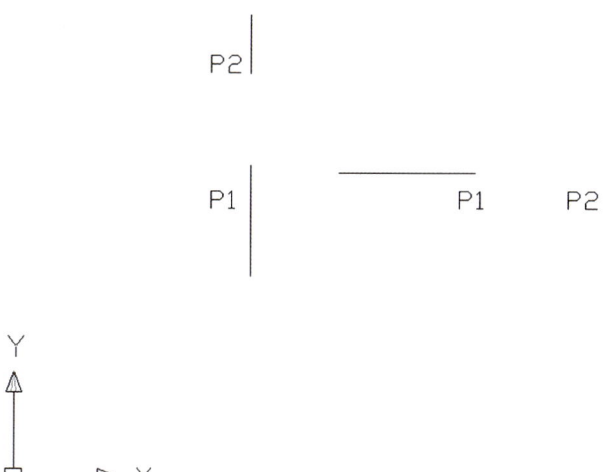

옵션 설명

위의 명령에서 사용된 기능을 보면 첫 번째 지정점은 끊는 위치의 시작점을 옮기는 것으로 다음과 같이 표시됩니다.

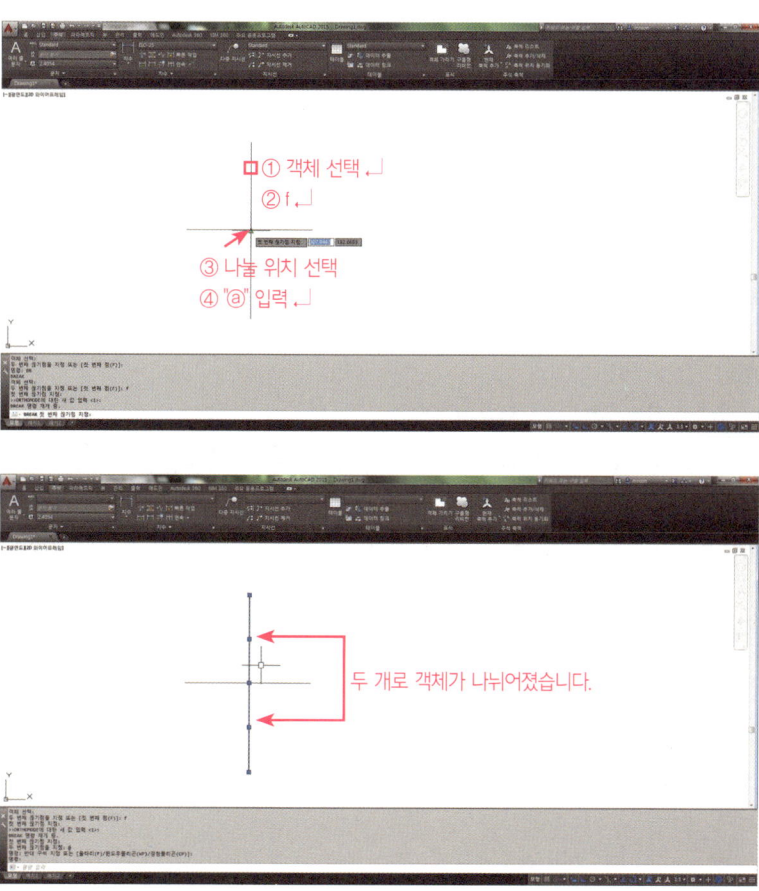

```
명령 : BR ↵
BREAK
객체 선택 :
두 번째 끊기점을 지정 또는 [첫 번째 점(F)] :                         … p2 끊을 점
명령 : BREAK
```

```
객체 선택 :
두 번째 끊기점을 지정 또는 [첫 번째 점(F)] :
명령 : BR ↵
BREAK
객체 선택 :                                                   … 끊을 객체 선택
두 번째 끊기점을 지정 또는 [첫 번째 점(F)] : f ↵

첫 번째 끊기점 지정 :                                          … 나눌위치 지점 p3
〉〉ORTHOMODE에 대한 새 값 입력 〈1〉 :
BREAK 명령 재개 중

첫 번째 끊기점 지정 :
두 번째 끊기점을 지정 : @ ↵
```

10 FILLET(단축키 : f)

작성된 도면의 두 도면 객체의 모서리 부분에 대하여 지정한 값의 반지름을 갖는 호로 연결시켜 주는 것으로 사용 방법은 다음과 같습니다.

```
명령 : fillet ↵
현재 설정값 : 모드=TRIM   반지름=0.0000
첫 번째 객체 선택 또는 [명령취소(U)/폴리선(P)/반지름(R)/자르기(T)/다중(M)] : r ↵
                                                          … 모깍기 할 반지름 지정
첫 번째 객체 선택 또는 [명령취소(U)/폴리선(P)/반지름(R)/자르기(T)/다중(M)] :
                                                          … p1 모서리 선택
두 번째 객체 선택 또는 Shift키를 누른 채 선택하여 구석 적용 :        … p2 모서리 선택
명령 : ↵
```

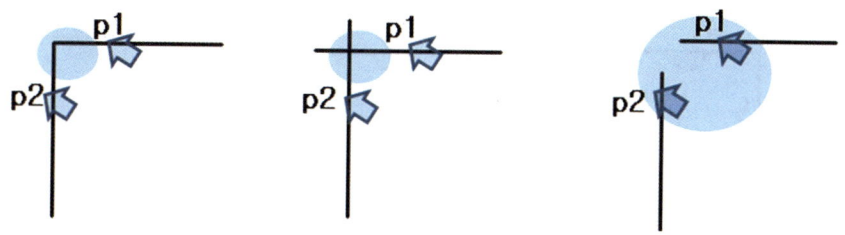

위의 명령에서 사용된 기능을 보면 Polyline는 모서리를 한 번에 처리할 수 있고, Radius는 모서리 반지름이고, Trim은 Fillet을 사용한 후 선택여부를 결정합니다.

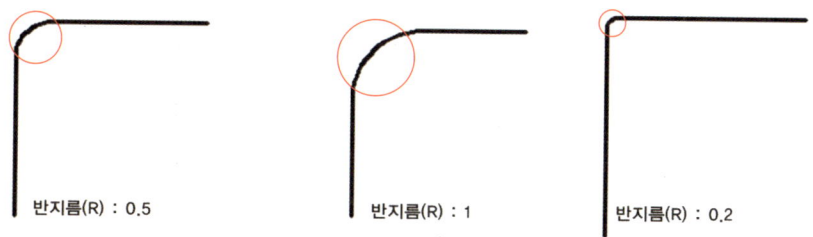

위의 예제와 같이 편집해봅니다.

11 CHAMFER(단축키 : cha)

작성된 도면에 대한 2개의 교차된 직선을 만나는 점에서 지정한 길이만큼 잘라 45도 모따기를 수행하는 것으로 사용 방법은 다음과 같습니다.

```
명령 : chamfer ↵
(NOTRIM 모드) 현재 모따기 거리1=0.1000, 거리2=0.2000
첫 번째 선 선택 또는 [명령취소(U)/폴리선(P)/거리(D)/각도(A)/자르기(T)/메서드(E)/다중(M)] : d ↵
첫 번째 모따기 거리 지정 〈10.0000〉 : 30 ↵                    … 거리값 지정
두 번째 모따기 거리 지정 〈15.0000〉 : 40 ↵                    … 두 번째 거리값 지정
명령 :
(NOTRIM 모드) 현재 모따기 거리1=0.1000, 거리2=0.2000
첫 번째 선 선택 또는 [명령취소(U)/폴리선(P)/거리(D)/각도(A)/자르기(T)/메서드(E)/다중(M)] :
                                                          … p3
두 번째 선 선택 또는 Shift 키를 누른 채 선택하여 구석 적용 :      … p4
명령 :
```

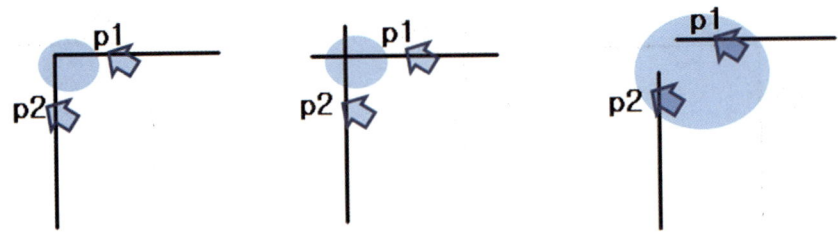

위의 명령에 사용된 기능을 보면 Polyline은 모따기를 한 번에 수행하고, Distance는 모따기에 대한 거리를 의미합니다. Angle은 모따기의 각도이며 Trim은 모따기를 수행하고 난 후 선택한 객체의 여부를 결정하고, Method는 현재 설정된 기본 값을 설정합니다.

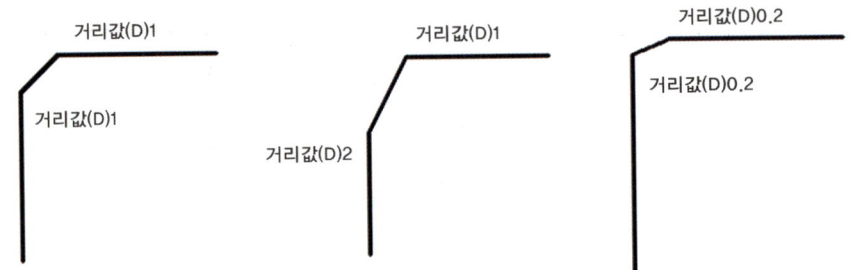

위의 예제와 같이 거리 값을 주어 편집해봅니다.

> **TIP** 원본 객체 편집
>
>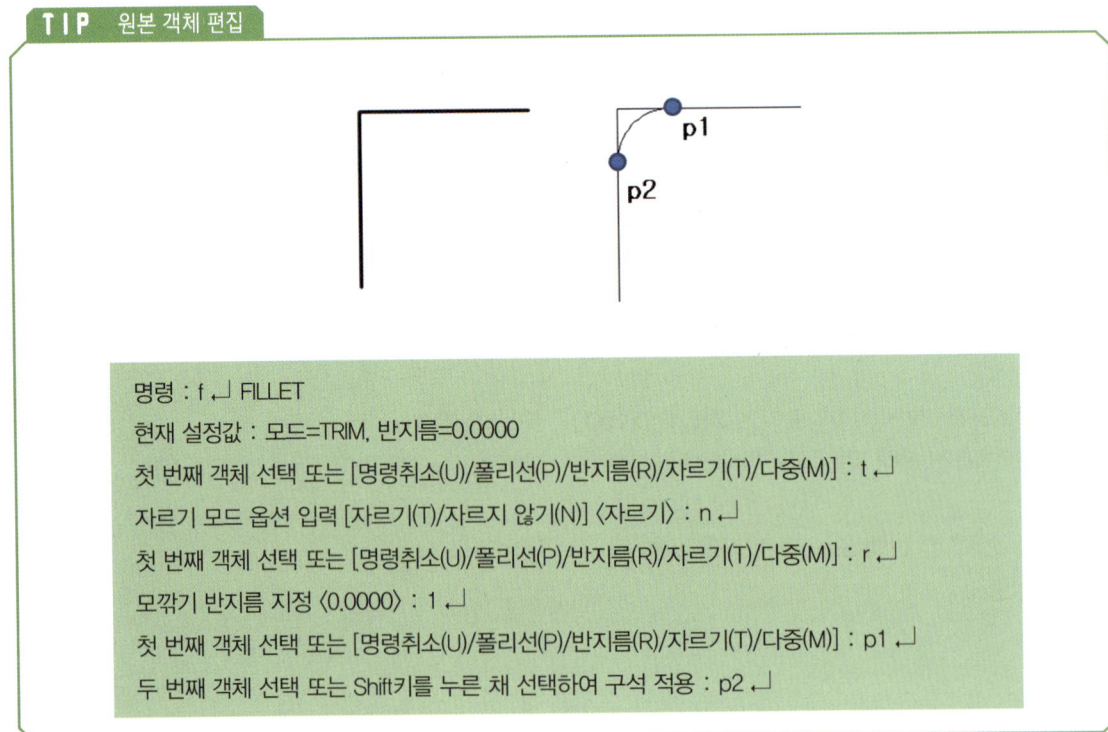
>
> ```
> 명령 : f ↵ FILLET
> 현재 설정값 : 모드=TRIM, 반지름=0.0000
> 첫 번째 객체 선택 또는 [명령취소(U)/폴리선(P)/반지름(R)/자르기(T)/다중(M)] : t ↵
> 자르기 모드 옵션 입력 [자르기(T)/자르지 않기(N)] <자르기> : n ↵
> 첫 번째 객체 선택 또는 [명령취소(U)/폴리선(P)/반지름(R)/자르기(T)/다중(M)] : r ↵
> 모깎기 반지름 지정 <0.0000> : 1 ↵
> 첫 번째 객체 선택 또는 [명령취소(U)/폴리선(P)/반지름(R)/자르기(T)/다중(M)] : p1 ↵
> 두 번째 객체 선택 또는 Shift키를 누른 채 선택하여 구석 적용 : p2 ↵
> ```

12 LTSCALE(LTS)

AutoCAD에서 도면을 작성할 때 선의 종류를 구별하여 작성하였지만 도면의 축적에 따라 화면이나 플로터로 출력시켜보면 선이 구별되지 않고 실선으로 나타납니다. 이 경우 선의 척도를 설정하여 원하는 선을 출력시키는 것으로 사용 방법을 보면 다음과 같습니다.

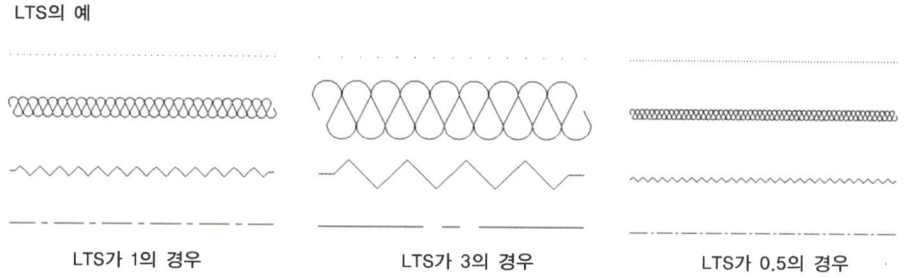

```
명령 : ltscale ↵
LTSCALE 새로운 선종류 축척 비율 입력 ⟨1.0000⟩ :
```

도면 전체에 대한 모든 선들의 크기를 조절하기 때문에 1보다 큰 값을 입력하면 파선 같은 선에 대해서는 선의 길이가 길어지고, 0에서 1사이의 값을 입력하면 선의 길이가 짧아집니다.

13 LENGTHEN(len)

AutoCAD에서 도면을 작성할 때 객체의 길이와 호에 대한 사이각을 변경시키는 것으로 사용 방법을 보면 다음과 같습니다.

```
명령 : lengthen ↵
객체 선택 또는 [증분(DE)/퍼센트(P)/합계(T)/동적(DY)] : de ↵
증분 길이 입력 또는 [각도(A)] ⟨0.0000⟩ : 5 ↵                    … 거리값
객체 선택 또는 [명령 취소(U)] : 연장할 부분                      … p1을 선택
명령 :
```

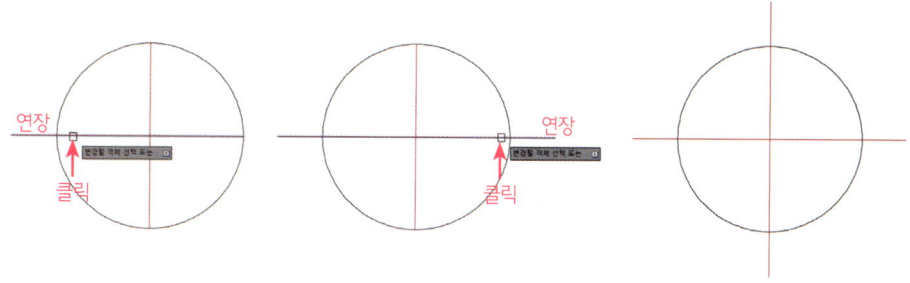

호도 연장이 가능합니다.

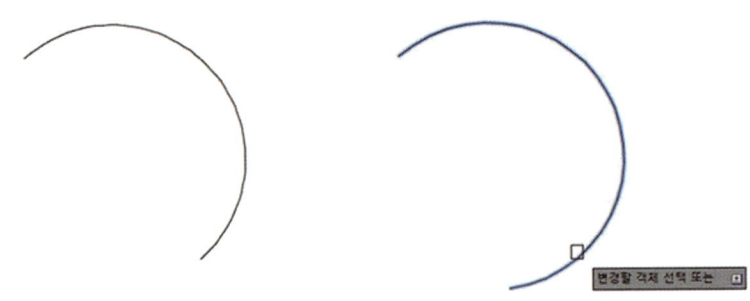

5 활용 명령어

01 PEDIT(단축키 : PE)

도면 작성시 Pline으로 그려진 객체들을 편집하는 것으로 사용 방법을 보면 다음과 같습니다.

> 명령 : pedit ↵
> 옵션 입력 [열기(O)/결합(J)/폭(W)/정점 편집(E)/맞춤(F)/스플라인(S)/비곡선화(D)/선종류생성(L)/명령 취소(U)] :

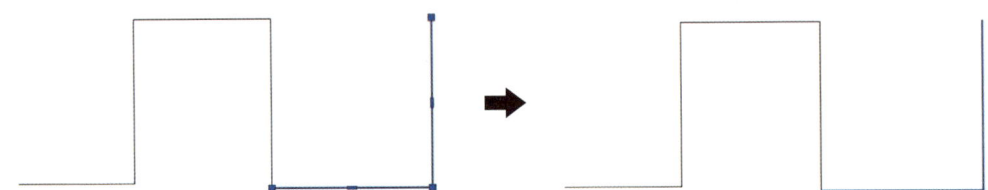

🔍 Join : 서로 다른 객체인 선과 호를 연결해 줍니다.

02 STRETCH(단축키 : S)

객체를 신축성있게 늘리거나 줄이는 명령으로 작성된 도면의 객체 중 선택된 객체들의 부분만 이동하는 것으로 사용 방법을 보면 다음과 같습니다.

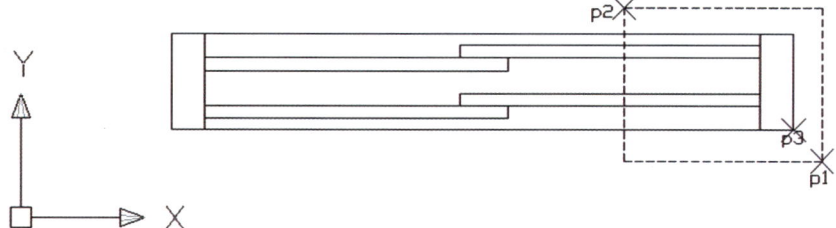

```
명령 : stretch ↵
걸침 윈도우 또는 걸침 다각형만큼 신축할 객체 선택
객체 선택 : p1에서 p2로 드래그해서 선택
기준점 지정 또는 [변위(D)] 〈변위〉 :                      … p3 기준점 선택
두 번째 점 지정 또는 〈첫 번째 점을 변위로 사용〉 :        … 늘리고자 하는 부분점 선택
객체 선택 :                                              … 마우스 우측 버튼을 누른다.
```

03 MATCHPROP(ma)

도면 작성시 사용자가 지정한 하나의 객체가 가지고 있는 속성을 다른 객체에 복사하는 것으로 사용 방법을 보면 다음과 같습니다.

```
명령 : matchprop ↵
원본 객체를 선택하십시오 :                                … 소스 개체를 선택
대상 객체를 선택 또는 [설정값(S)] :
```

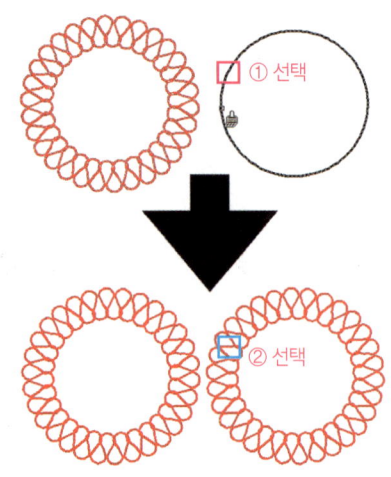

6 조회 명령

01 LIST(LI)

지정한 도면 객체의 데이터 베이스 정보를 조사합니다.

명령 : list ↵
객체 선택 : … 선을 선택
객체 선택 : … 마우스 우측 버튼을 클릭한다.
명령 :

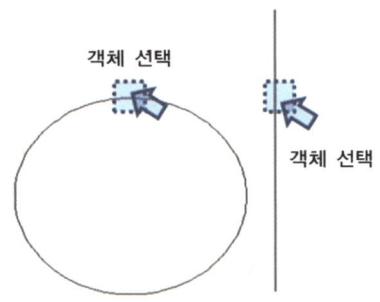

객체 정보 창이
열립니다.

위의 화면에 대한 내용을 구체적으로 분석하여 보면 다음과 같습니다.

객체 선택 :

　　　원　　　도면층 : "0"
　　　　　　공간 : 모형 공간
　　　　　핸들 = 7a4
　　중심 점, X=1111.7093 Y=1212.3808 Z=0.0000
　　　　　반지름　50.0000
　　　　　원주　314.1593
　　　　　면적　7853.9816

7 Layer 개념 파악하기

AutoCAD의 도면 작성에서 레이어란 투명한 종이로 생각할 수 있고, 도면 작성시 선의 형태를 외형선, 중심선, 해칭선, 문자 등으로 구별하여 용도에 따라 굵은 실선, 중간 실선, 가는 실선, 가는 일점 쇄선, 가는 이점 쇄선 등으로 구별됩니다. 이와 같이 AutoCAD에서 레이어 층을 이용하여 도면 작성을 편리하게 작업할 수 있으며, 잘 분리된 도면을 출력, 편집할 때 매우 유용합니다.

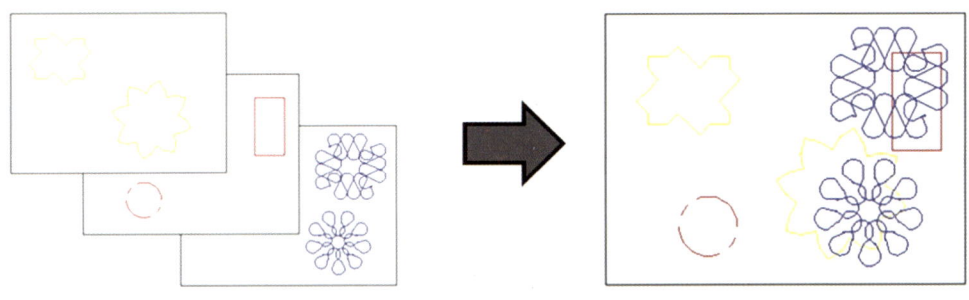

도면층에 쓰이는 용도에 따라 속성을 나눌 수 있다.
색상이나 선 종류 굵기 편집하기도 용이하다.

투명 도면층이라고 생각하면 편하겠다.

명령 : layer ↵

또는 아래 화면과 같이 도면층 특성 버튼을 클릭하여도 좋습니다.

그림 1) Layer 도구 막대

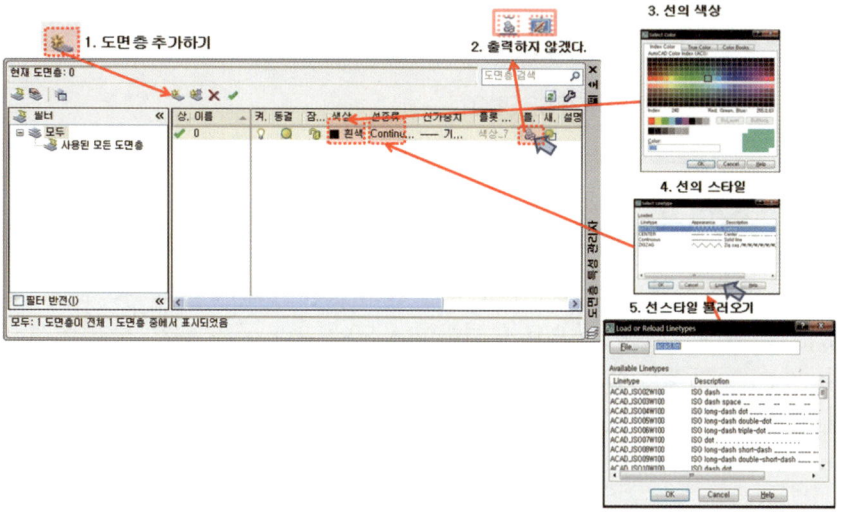

그림 2) Layer 대화상자

Layer를 실행하면 위와 같은 대화상자가 뜹니다.

그림 3) Layer생성 버튼

왼쪽에 불꽃 버튼을 클릭하게 되면 새로운 Layer 1이라는 도면층이 만들어집니다.
용도에 맞게 이름을 주어야만 도면층을 손쉽게 찾아서 편집할 수가 있습니다. 도면층 별로 색상, 선의 종류, 선의 굵기를 지정한 후 ↵ 버튼을 누르면 바로 적용이 됩니다.

❈ 버튼을 누르면 아래와 같은 화면이 생성됩니다. 로드 버튼을 누르면

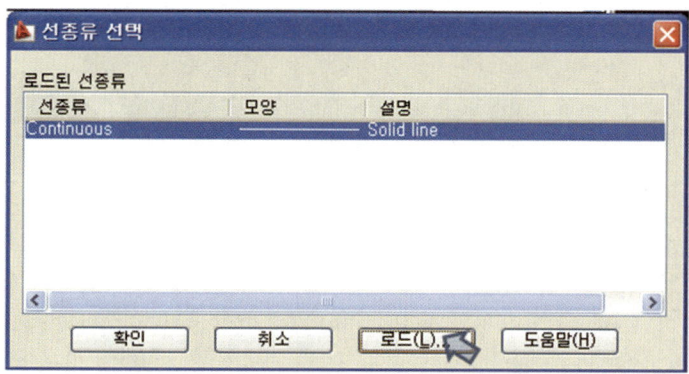

아래와 같은 대화상자가 뜨는데 여기서 사용하고자 하는 선을 선택한 후 확인을 눌러서 불러올 수가 있습니다.

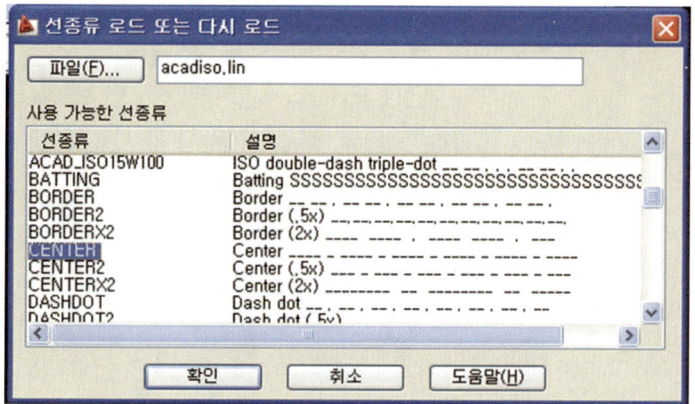

그림 4) 선의 종류 선택 창

CHAPTER 3

|01| 보는 시점에 따른 타원 이해 하기

|02| 타원 작도시 찾는 방법(★★★★★)

|03| 타원 관련된 기초 예제 따라 하기

AutoCAD ATC
타원에 대한 이해

01 보는 시점에 따른 타원 이해 하기

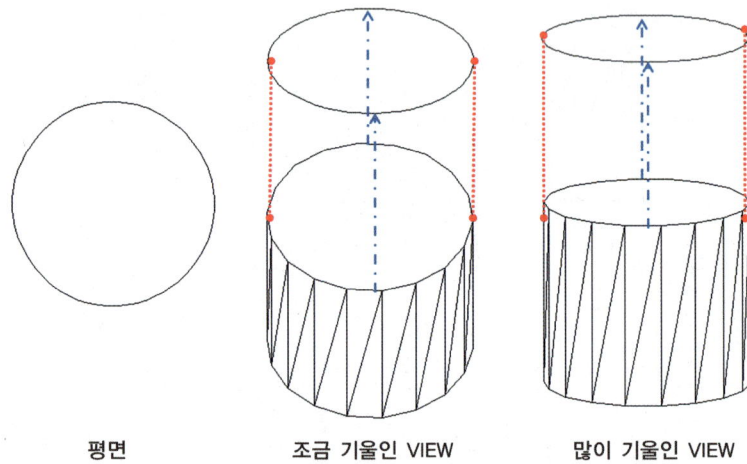

평면　　조금 기울인 VIEW　　많이 기울인 VIEW

위의 이미지와 같이 정원(Circle)의 경우 기울어 보일 경우 타원으로 보이며 기울기에 따라 타원의 높이가 달라지는 것을 확인할 수 있습니다.
여기서 높이는 달라지지만 양쪽 끝의 사이즈는 고정인 것을 알 수 있습니다.

ATC 2급 시험은 위와 같이 정원의 조건을 주고 기울기 값에 따라 타원을 뽑는 문제가 종종 나오므로 위의 개념을 파악해야 합니다.
이해하고 작도하면 쉽게 완성할 수 있습니다.

02. 타원 작도시 찾는 방법(★★★★★)

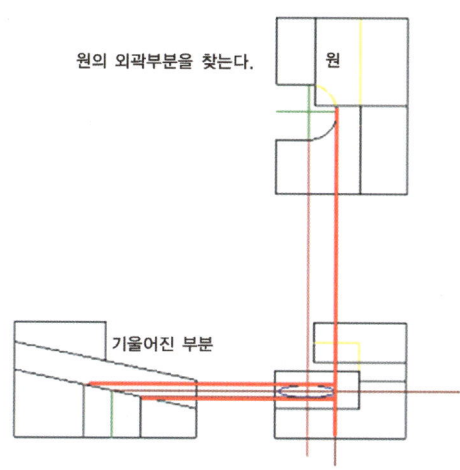

위의 예제와 같이 정원의 조건을 주고 정면과 같이 기울어진 부분으로 우측면도에 뽑아낸 타원을 작도하는 문제의 경우

01 중심선을 찾은 뒤 뽑습니다.

02 외곽부분을 찾은 뒤 뽑습니다.

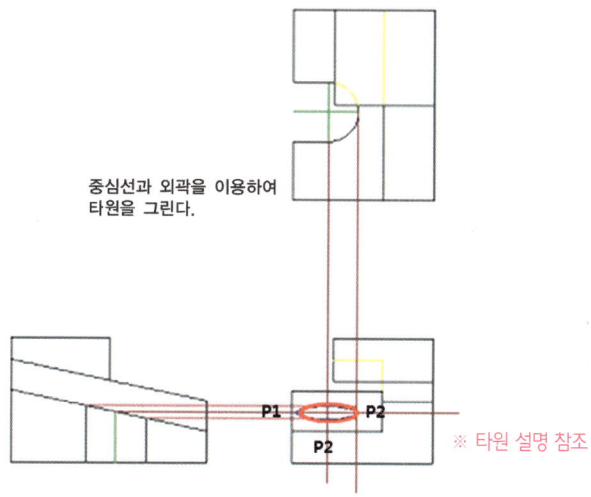

03 뽑은 선을 기준으로 잡은 뒤 위와 같이 타원을 작도합니다.

03 타원 관련된 기초 예제 따라 하기

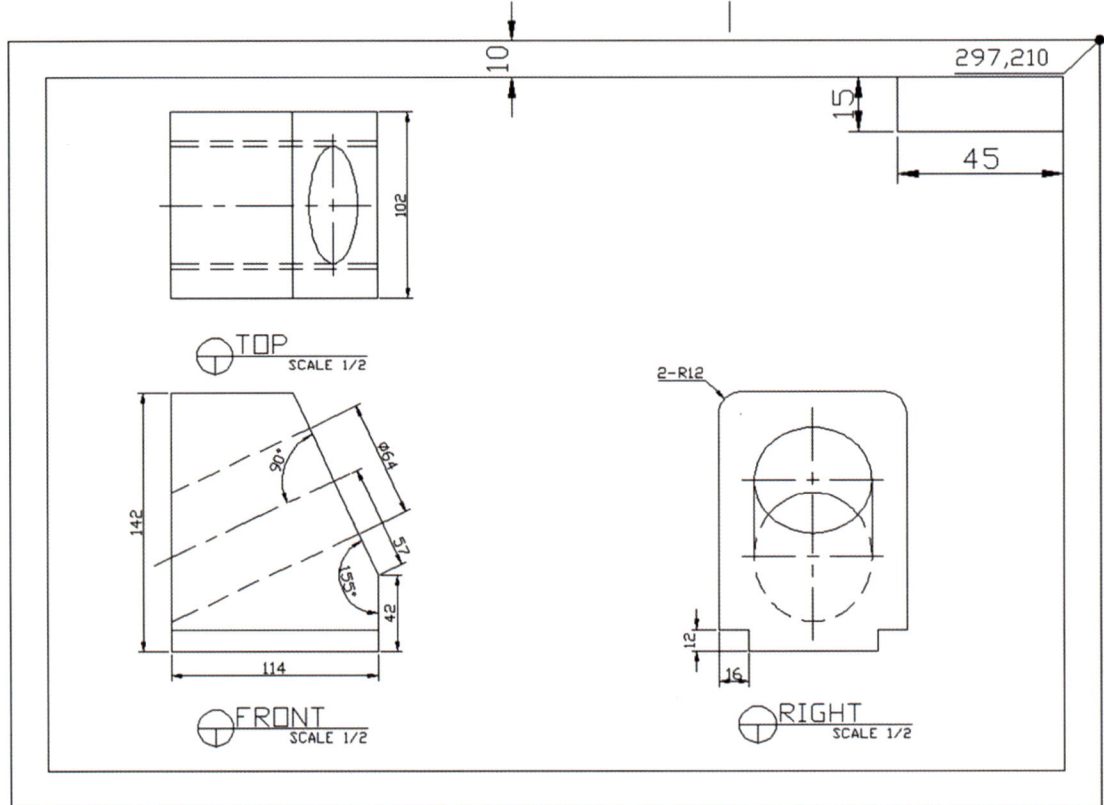

01 Limits로 작업영역을 설정해준 후 Layer를 도면층 조건에 맞게 설정합니다.
(★★ 도면 작업영역 설정하기/p.26 참조)

02 "Model" 도면층을 선택합니다.

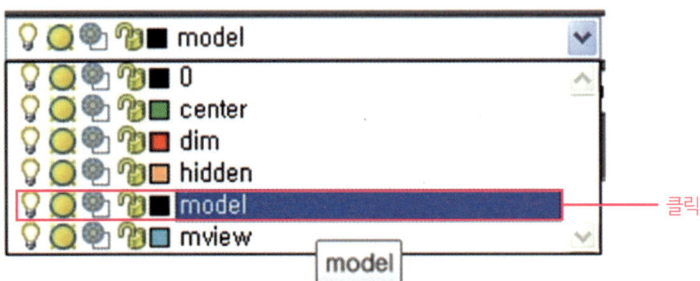

03 정면(Front)의 외곽을 그려주기 위해 @114, 142인 사각형을 작도합니다.

명령 : rec ↵

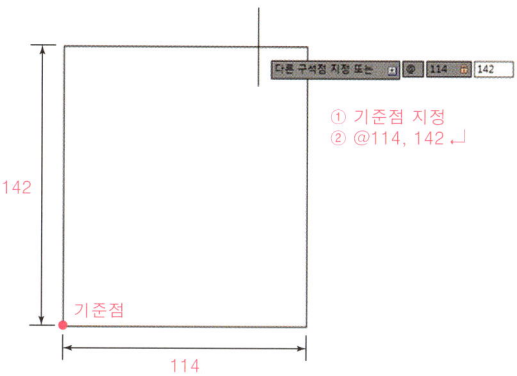

04 우측면도(Right)를 작도하기 위해 정면의 끝점에 위치한 부분에서 @102, 142인 사각형을 작도합니다.

명령 : rec ↵

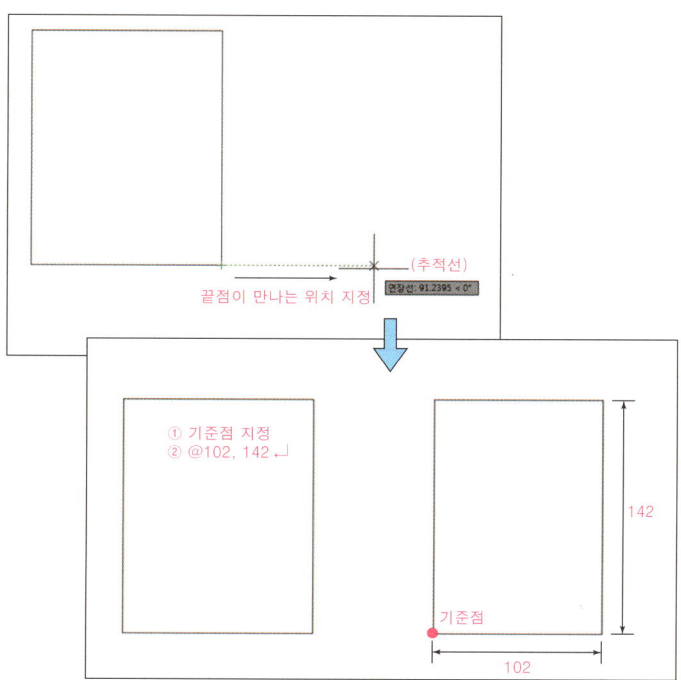

> **TIP**
> 추적선 설정하기 → 화면 하단에 OTRACK(F11 기능키) 설정

05 평면(Top)을 그려주기 위해 사각형 명령어를 입력한 상태에서 정면과 끝점이 만나는 위치에 @114, 102인 사각형을 그립니다.

명령 : rec ↵

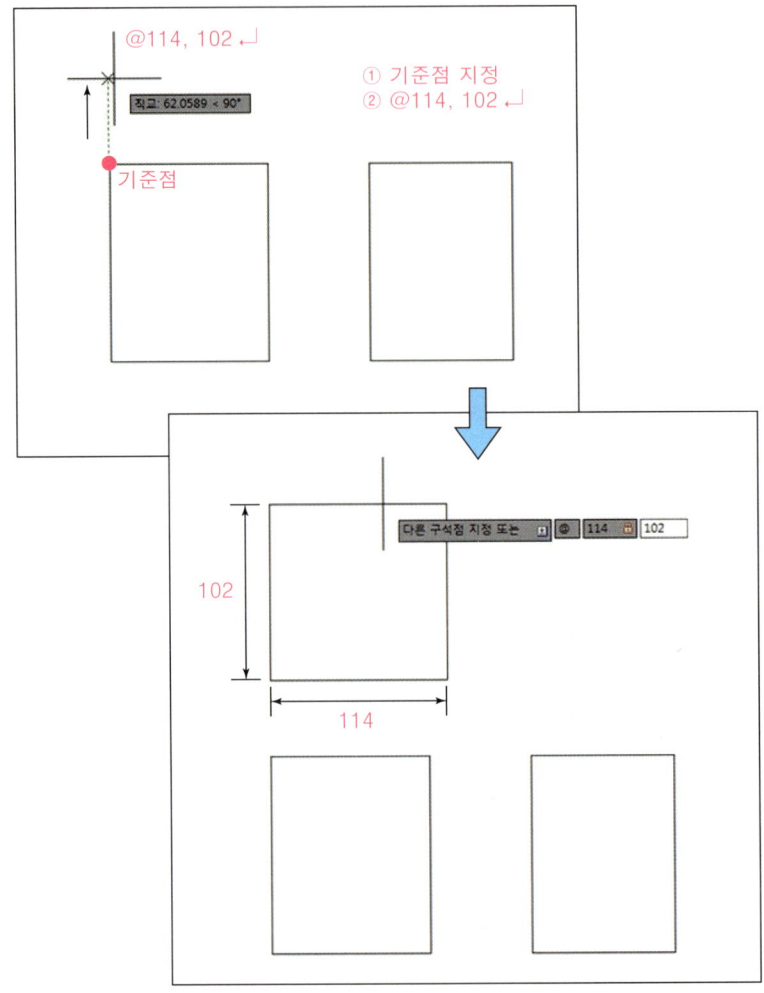

06 편집을 하기 위해 분해명령으로 3개의 객체를 분해시킵니다.

명령 : explod ↵

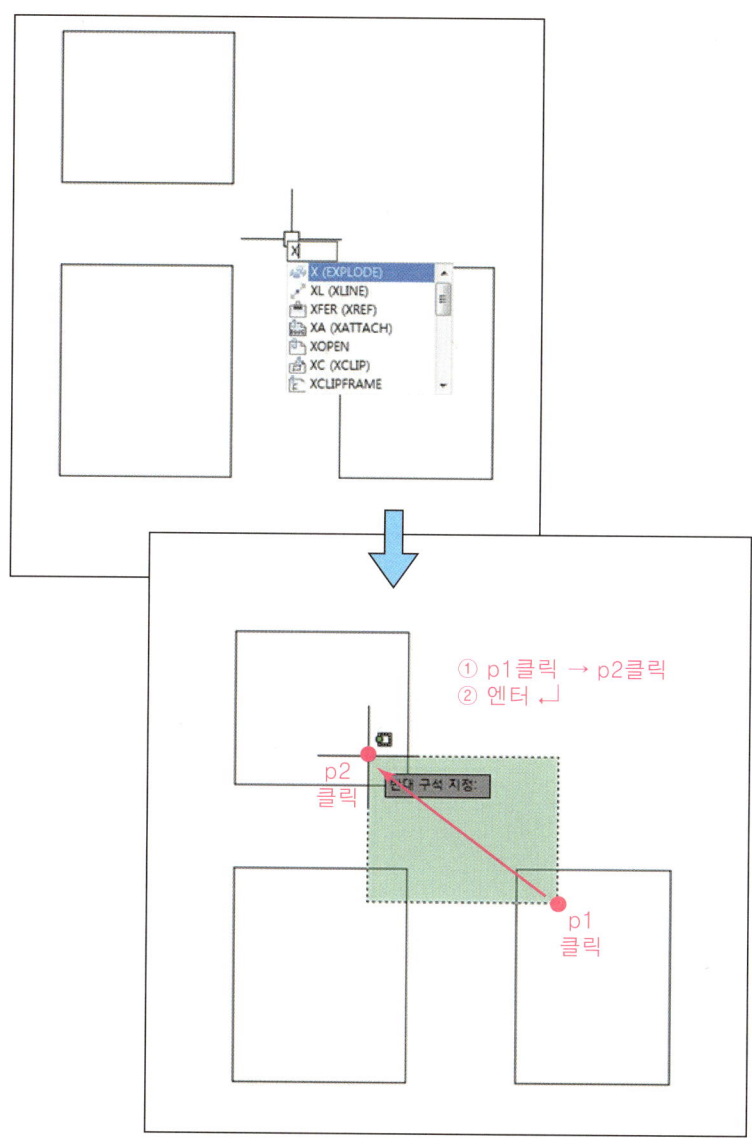

07 정면의 각도선의 위치를 잡기 위해 거리값 "42" 간격을 띄어줍니다.

명령 : o ↵
42 ↵

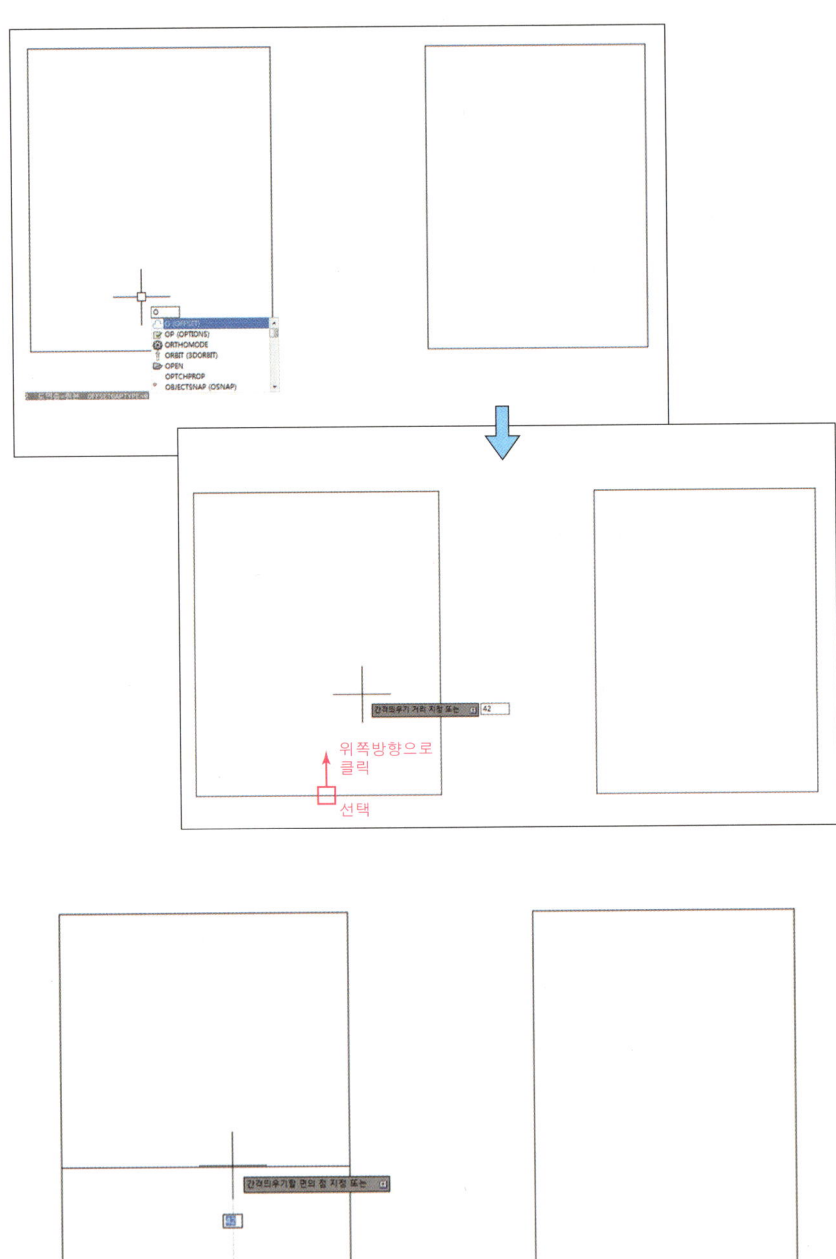

08 선택된 객체를 참조객체로 선택하여 각도 값이 −155도인 선을 뽑아 42 띄운 위치에 찍어줍니다.

명령 : xl ↵
각도 옵션 선택 : a ↵

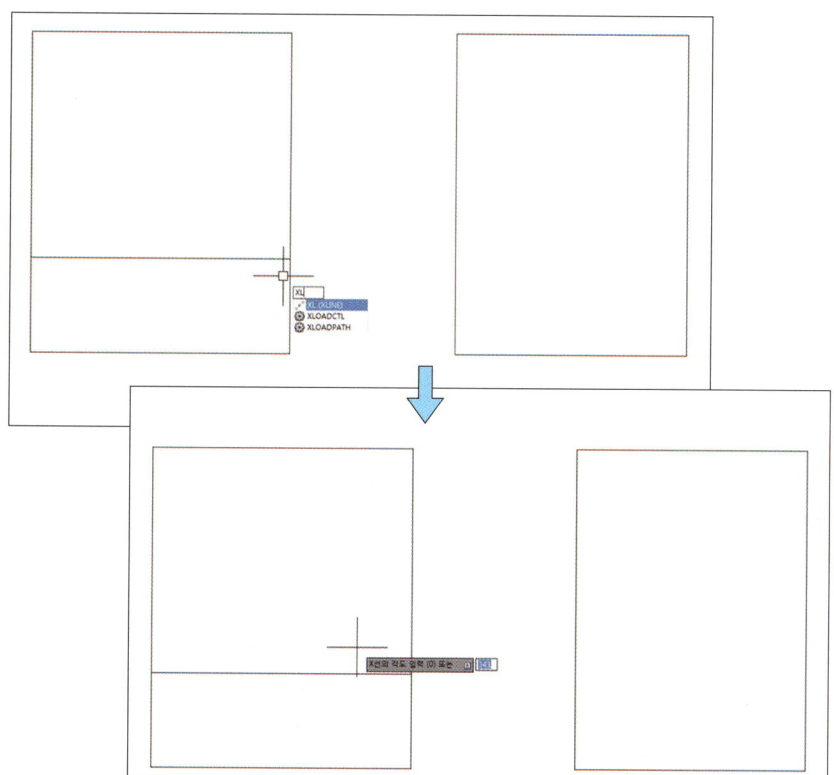

참조선 선택 옵션 : r ↵
참조 객체 선택

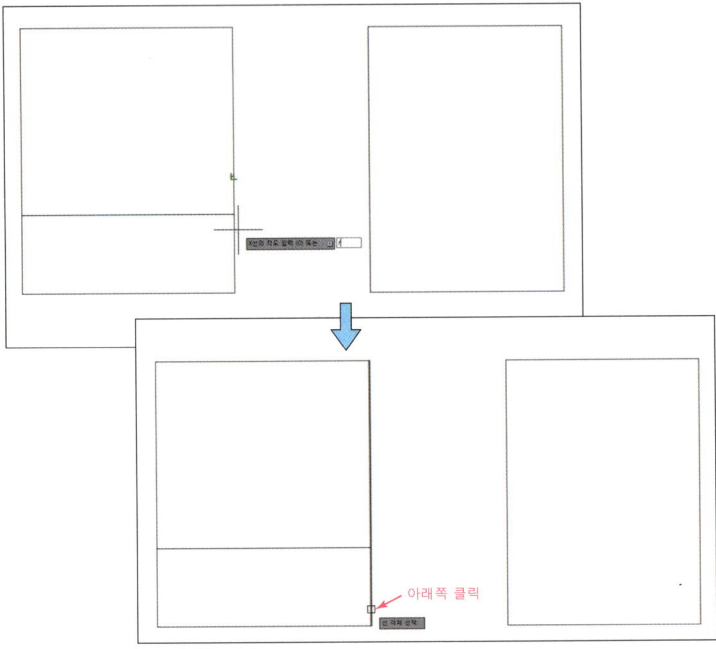

각도 입력 : -155 ↵

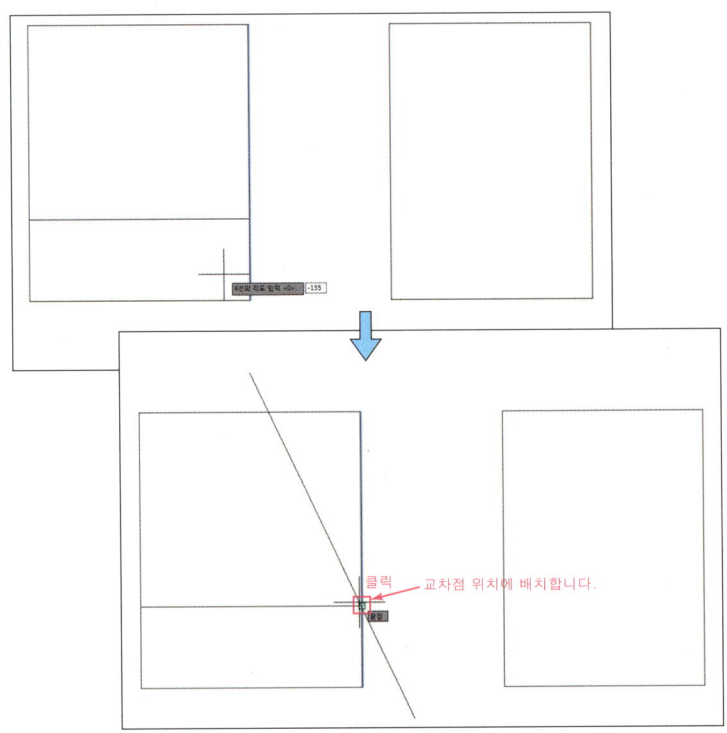

09 불필요한 객체는 지우고 선을 정리합니다.

명령 : f ↵

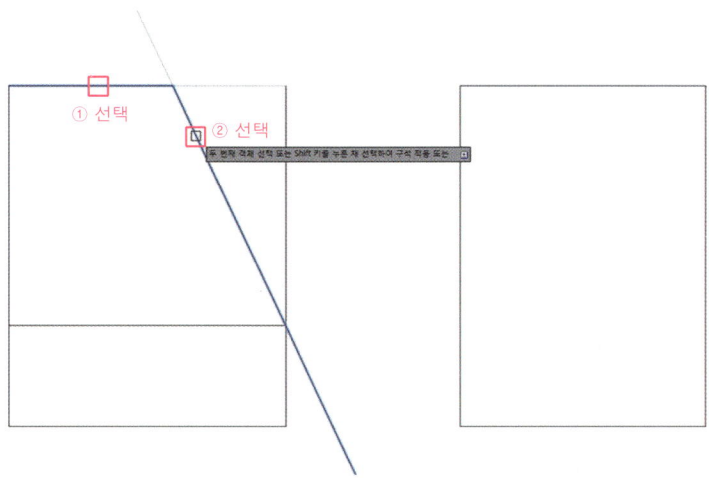

10 불필요한 객체는 지우고 선을 정리합니다.

명령 : f ↵

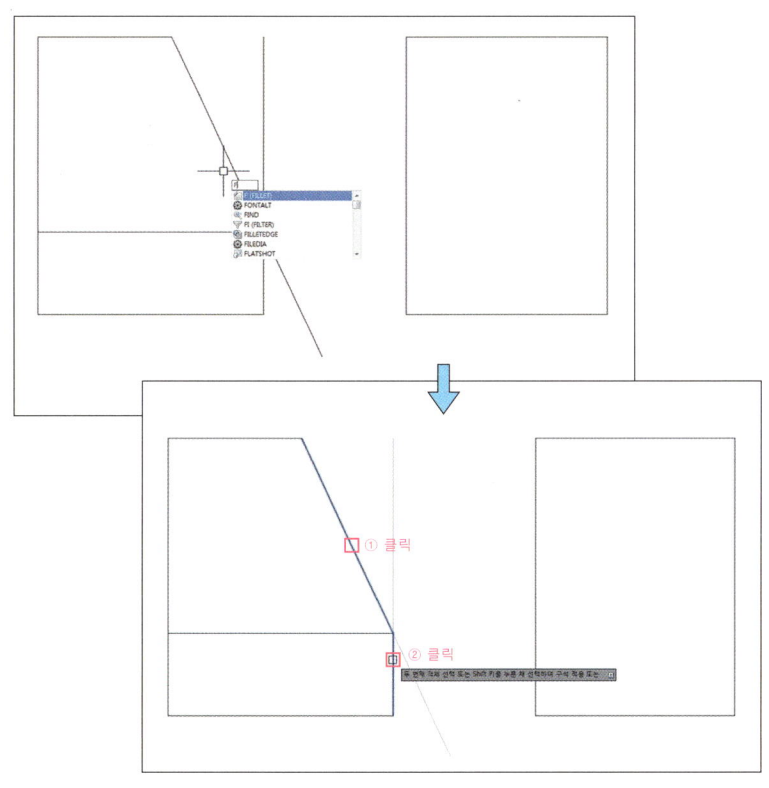

11 불필요한 선을 지워줍니다.

명령 : e ↵

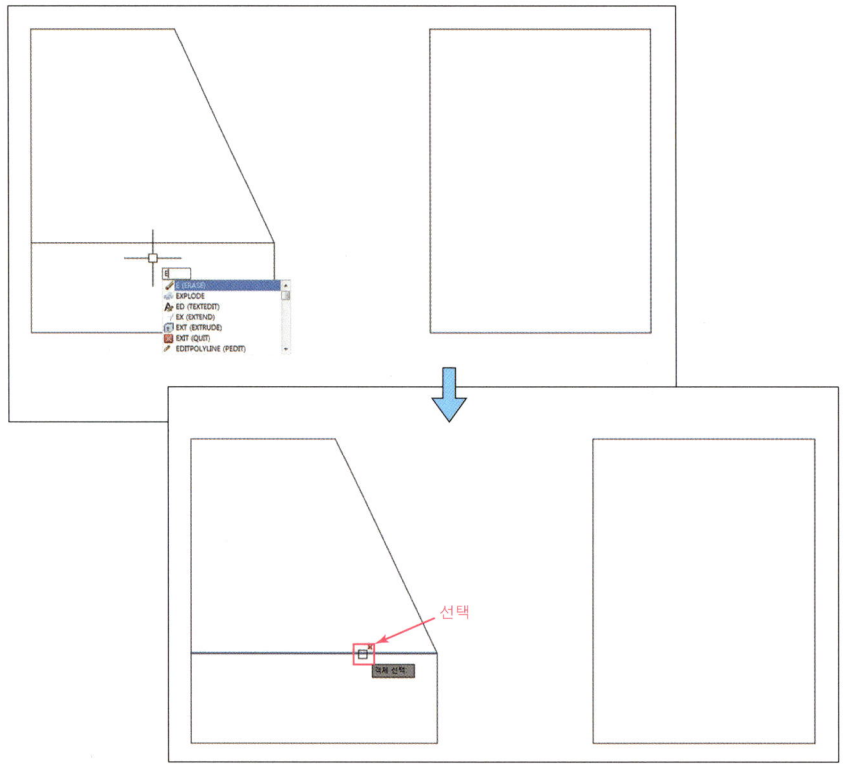

12 정면과 우측면도는 가로선이 같으므로 아래서 위쪽으로 12간격으로 평행복사해줍니다.

```
명령 : o ↵
12 ↵
```

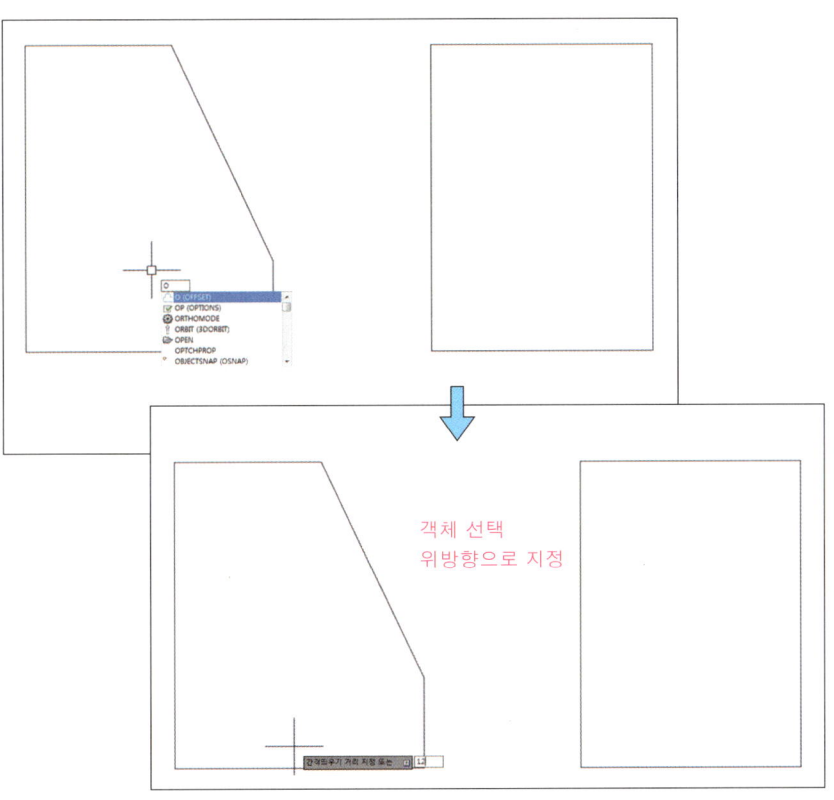

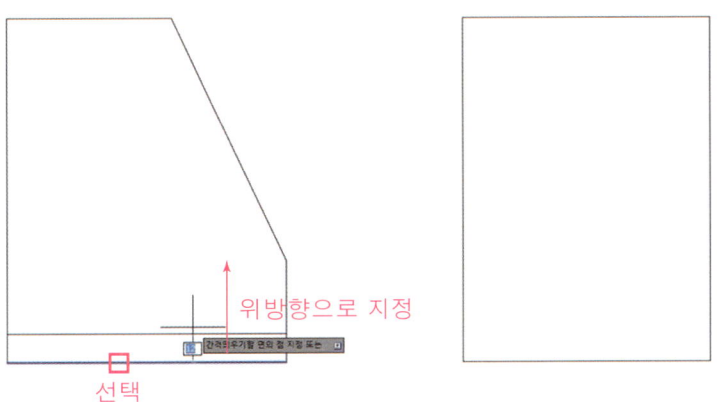

13 참조선으로부터 90도 각도선을 뽑은 뒤 기준점에 배치합니다.

```
명령 : xl↵
a↵
r↵
```

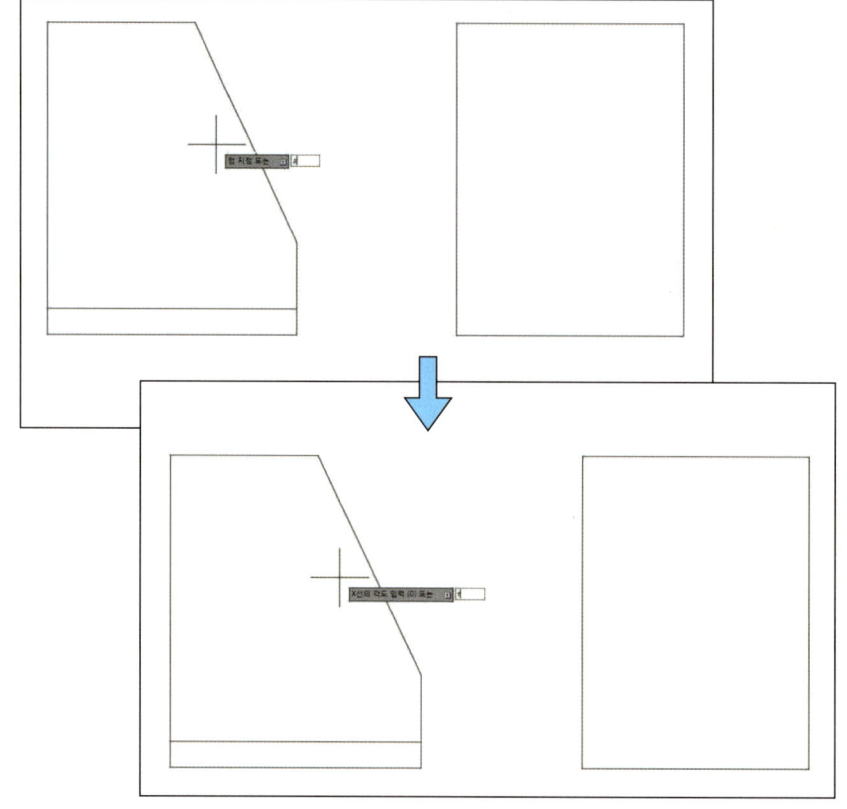

14 위와 같이 왼쪽 예제에서 선택된 객체를 기준으로 90도 각도선을 뽑은 뒤 오른쪽 예제의 끝점에 클릭합니다.

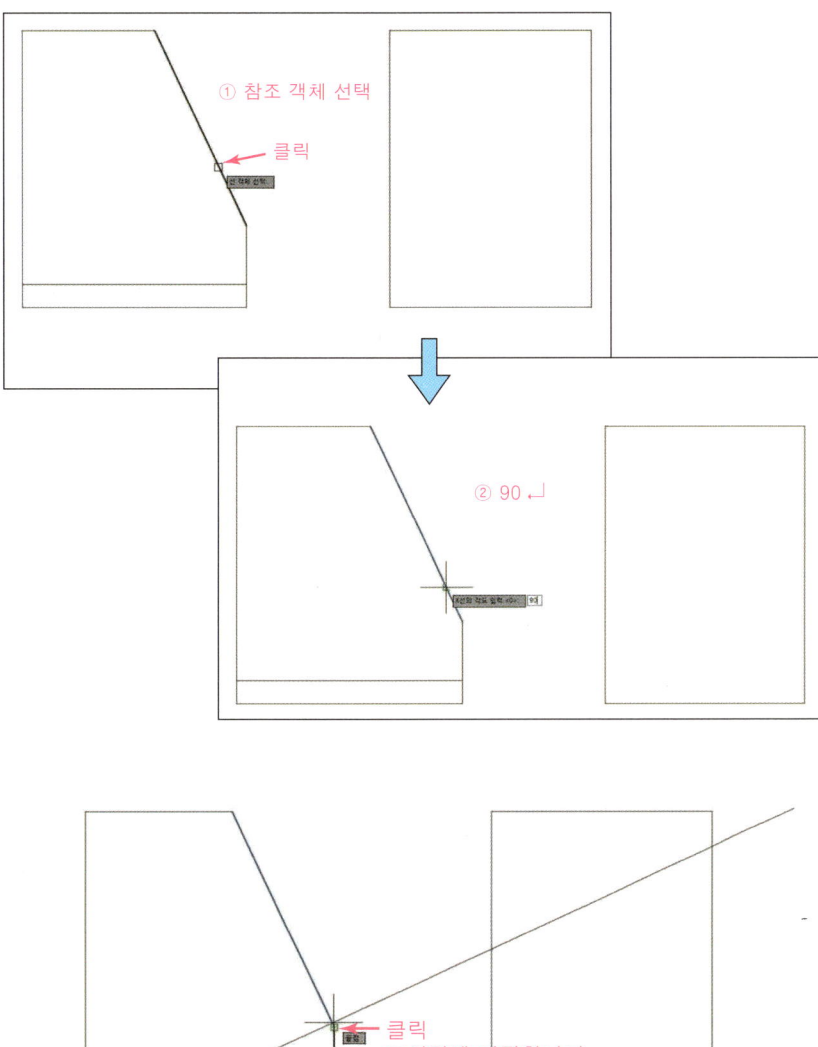

15 시험 조건에 맞게 거리 값 "57"만큼 평행복사합니다.

명령 : o ↵
57 ↵

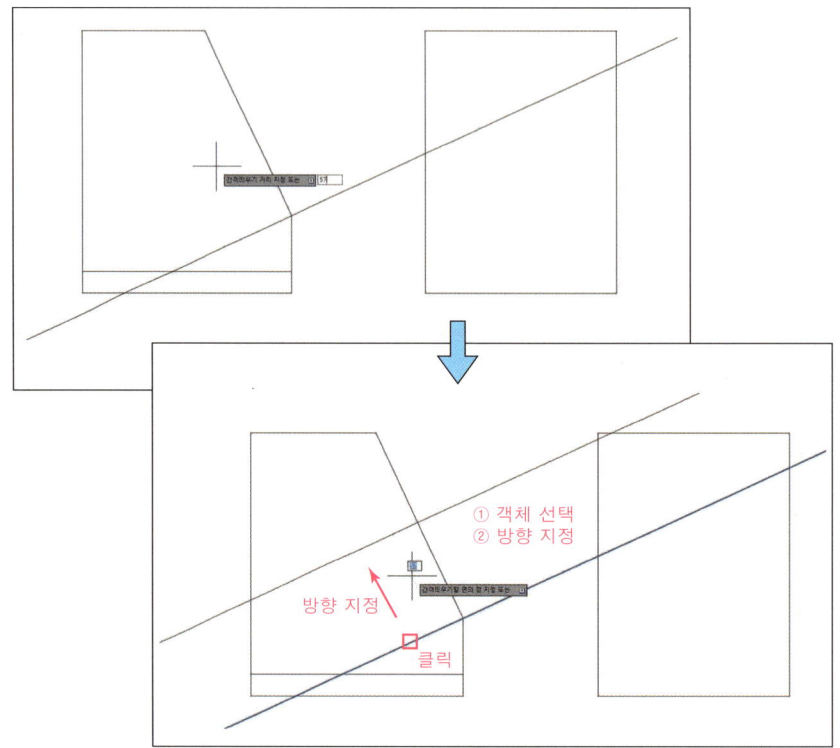

16 복사한 객체를 기준으로 양쪽으로 "32"씩 평행복사를 해줍니다.
(시험 예제를 보면 지름표시로 Ø있으므로 위의 32한 값은 정원이라는 것을 알 수 있습니다.)

명령 : o ↵
32 ↵

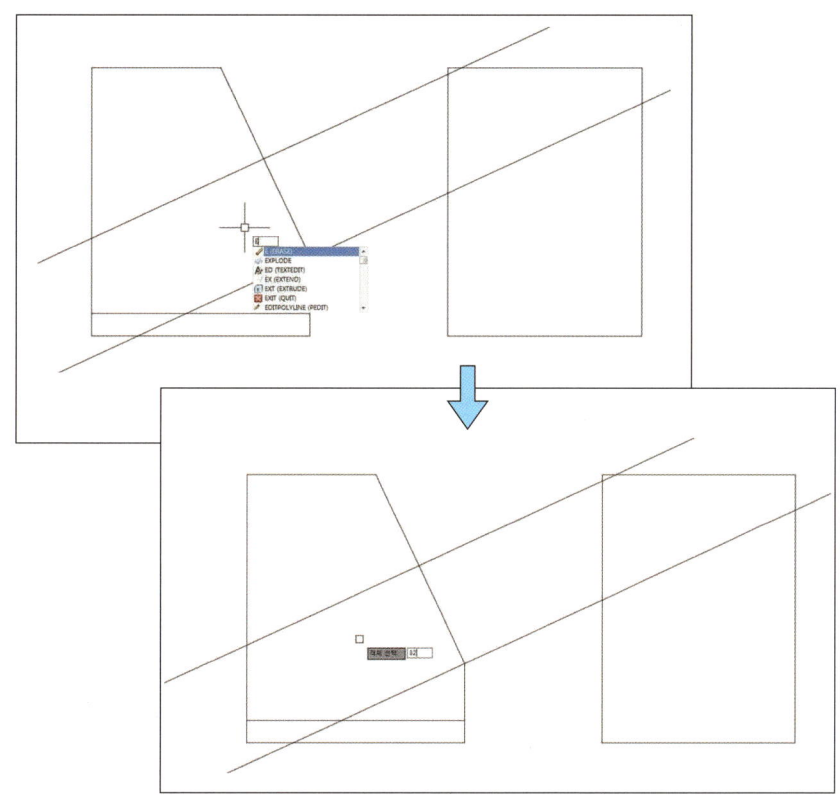

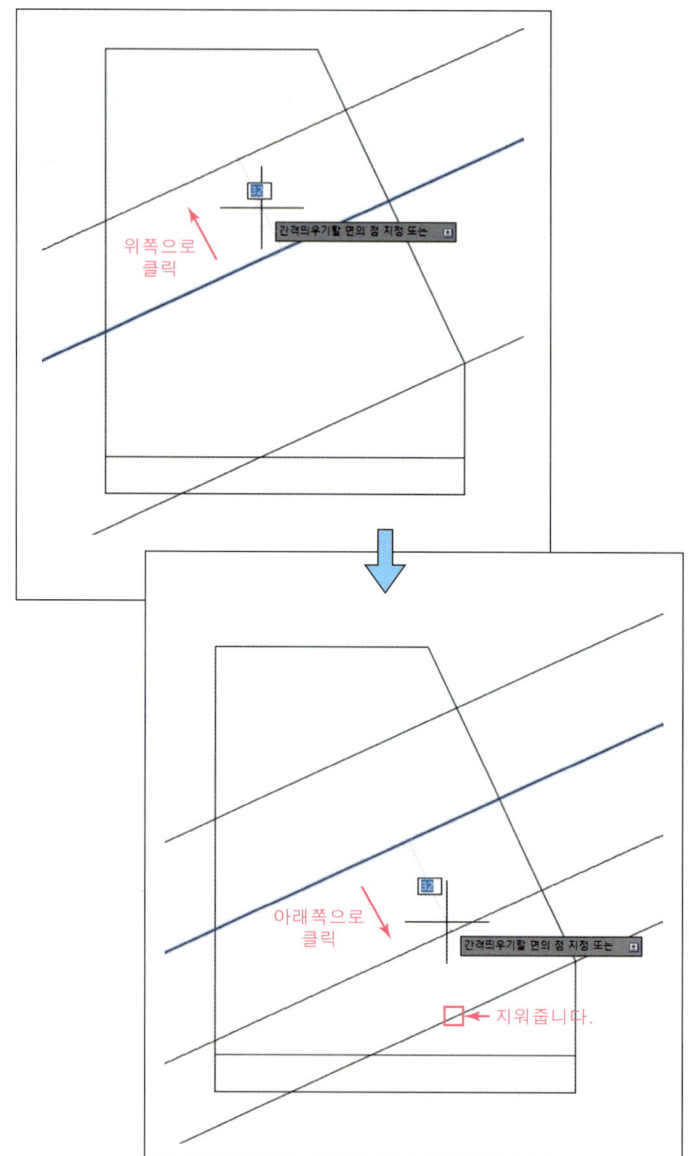

17 잔여선을 절단하여 정리해줍니다.

명령 : tr ↵

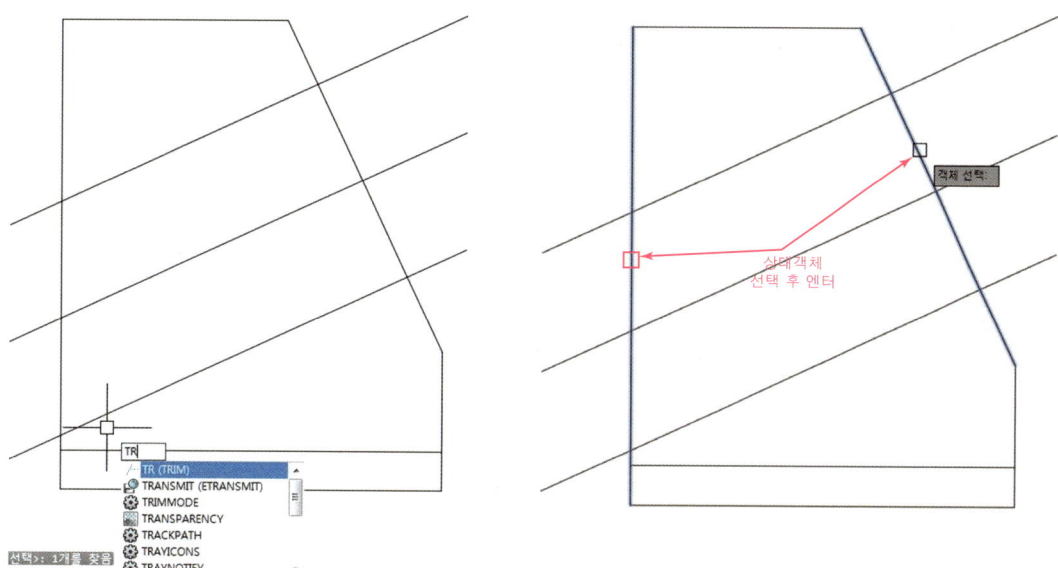

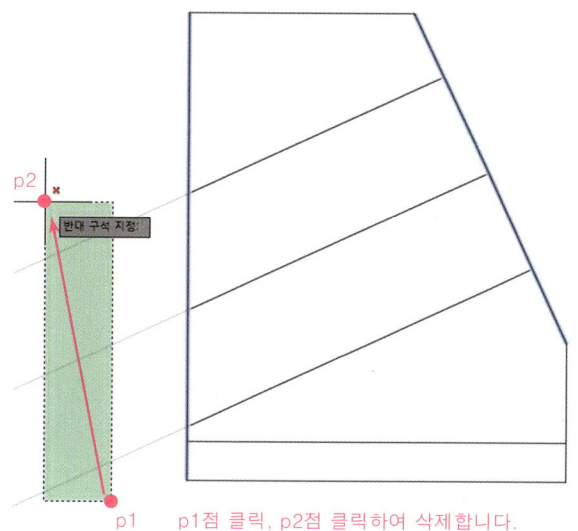

p1점 클릭, p2점 클릭하여 삭제합니다.

18 선을 Center와 Hidden 도면층으로 변환시켜줍니다.

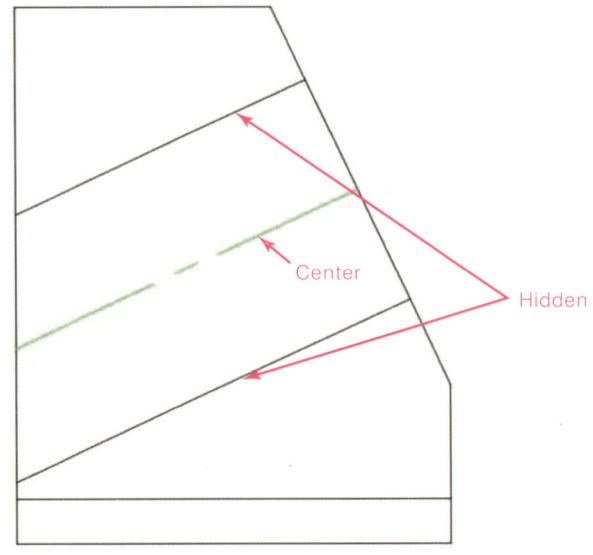

19 중심선의 중심을 기준으로 잡고 SCALE값을 1.2를 주어 양쪽으로 튀어나오게 해줍니다.

명령 : Scale ↵
중심클릭 ↵
1.2 ↵

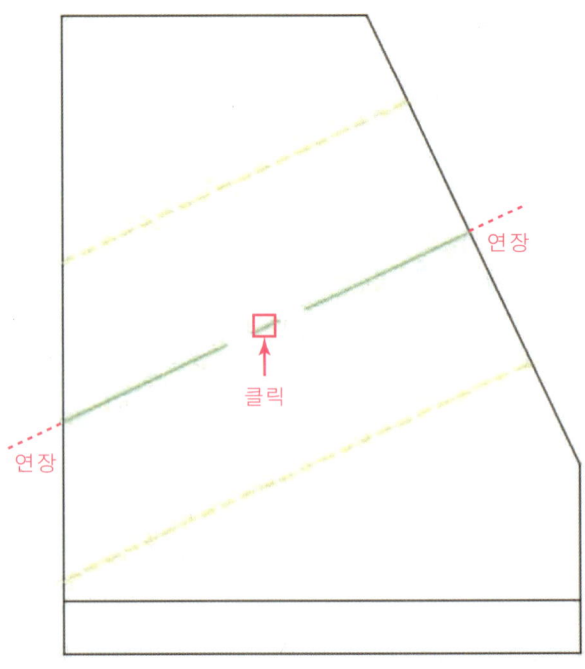

20 정면 중심의 위치를 뽑아 우측면도에 뽑아줍니다.

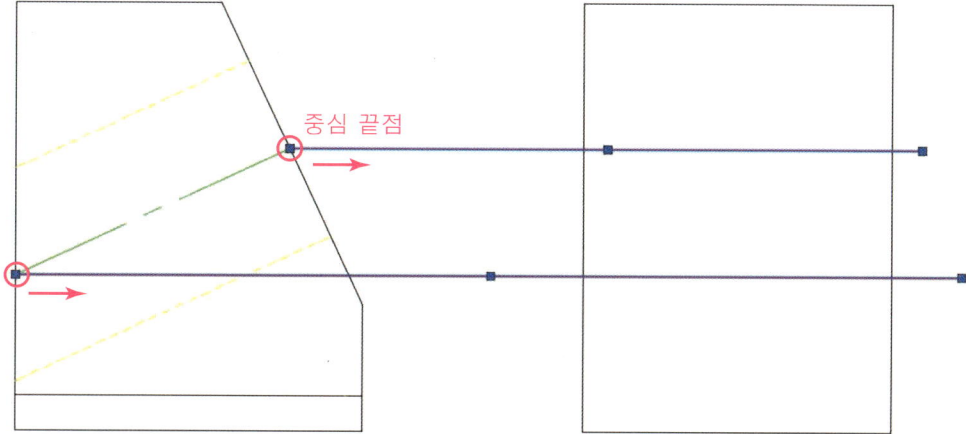

21 뽑은 선은 Center 도면층으로 변환해줍니다.

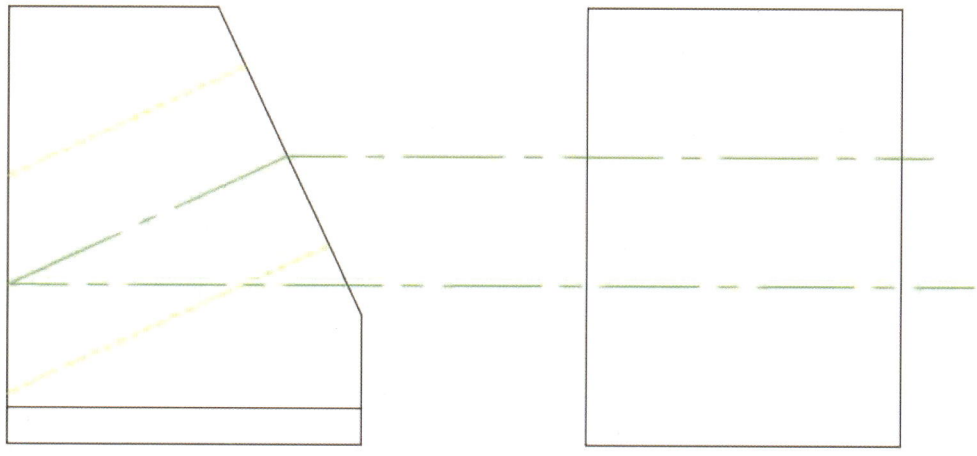

22 정면의 기울어진 부분이 우측면도에서 보이는 시점이므로 기울어진 부분의 끝점을 연결합니다.

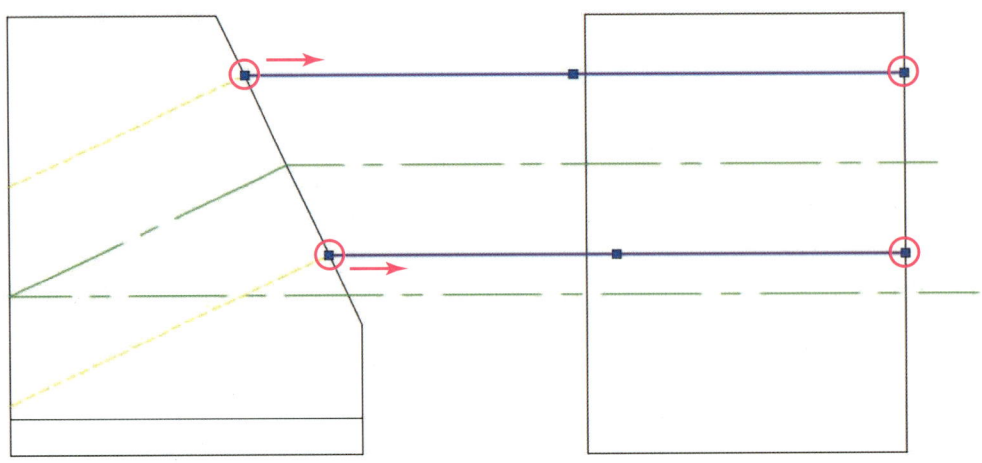

23 우측면도에 중심선을 작도합니다.

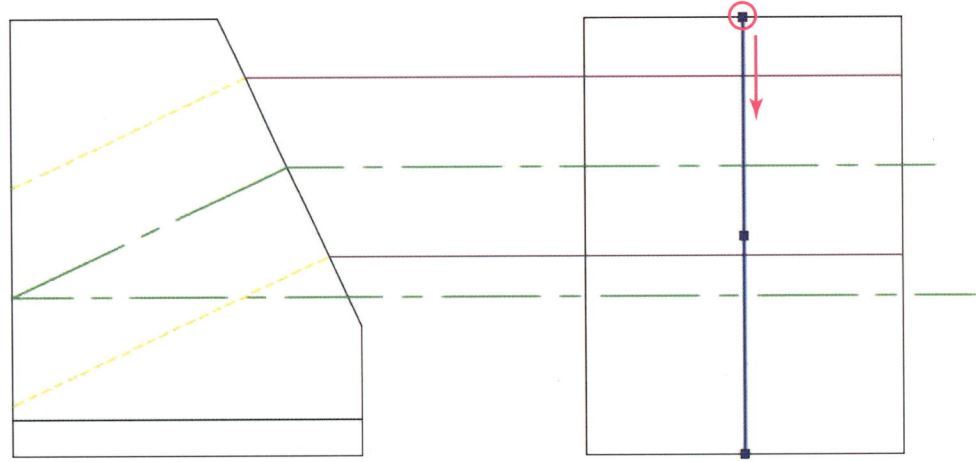

24 우측면도 중심에서 양쪽 "32" 거리 값만큼 평행복사해줍니다.
(정원을 기울이면 기울이는 끝점은 변하지만 양쪽 사이즈는 변하지 않으므로 정원의 사이즈만큼 평행복사합니다.)

명령 : o ↵
32 ↵

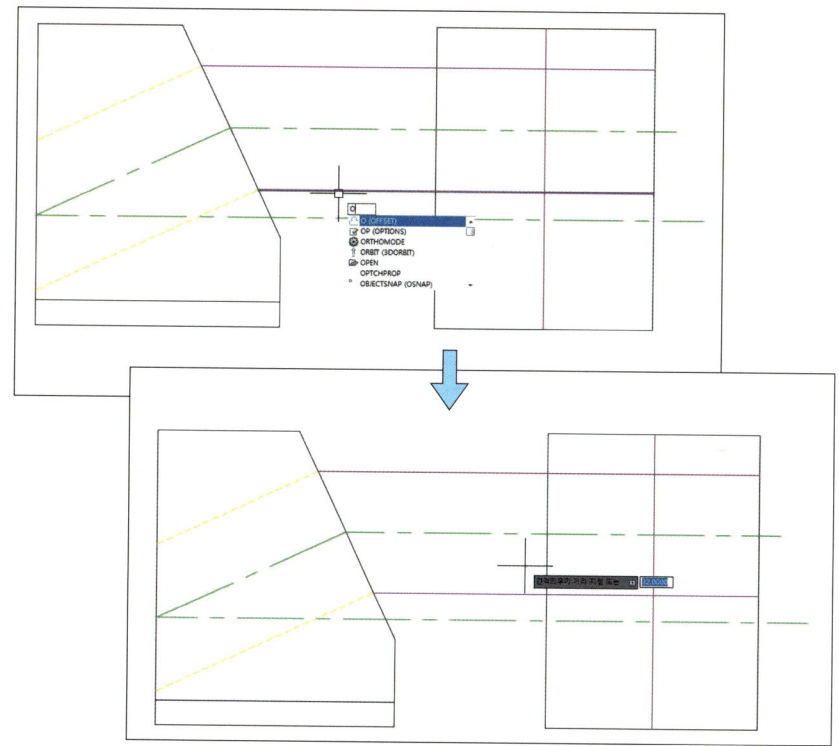

명령 : 32 ↵
32 ↵

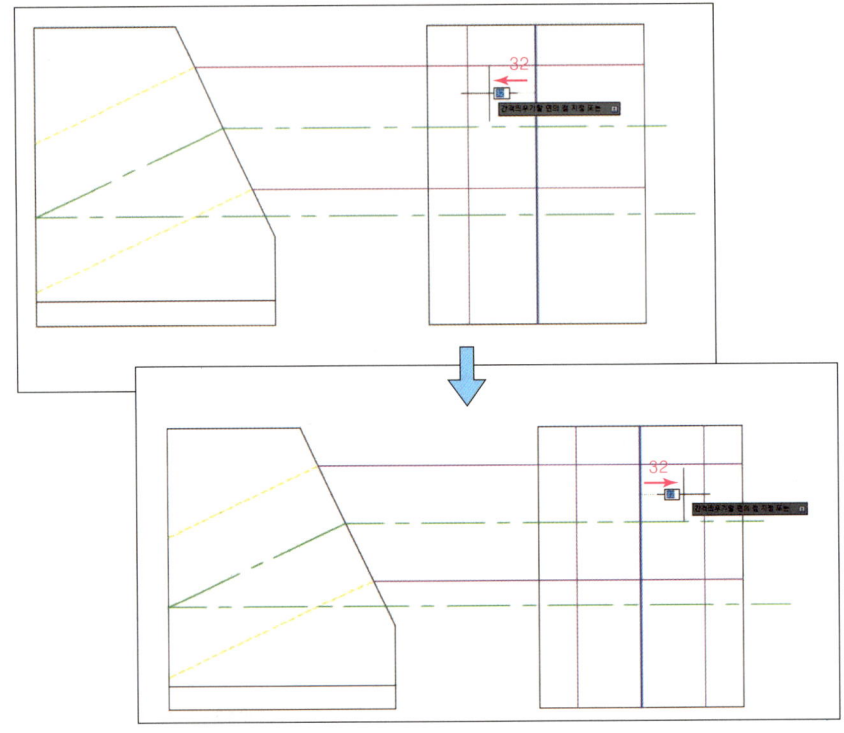

25 아래와 같이 P1, P2, P3점이 만나는 타원을 작도해줍니다.

명령 : el ↵

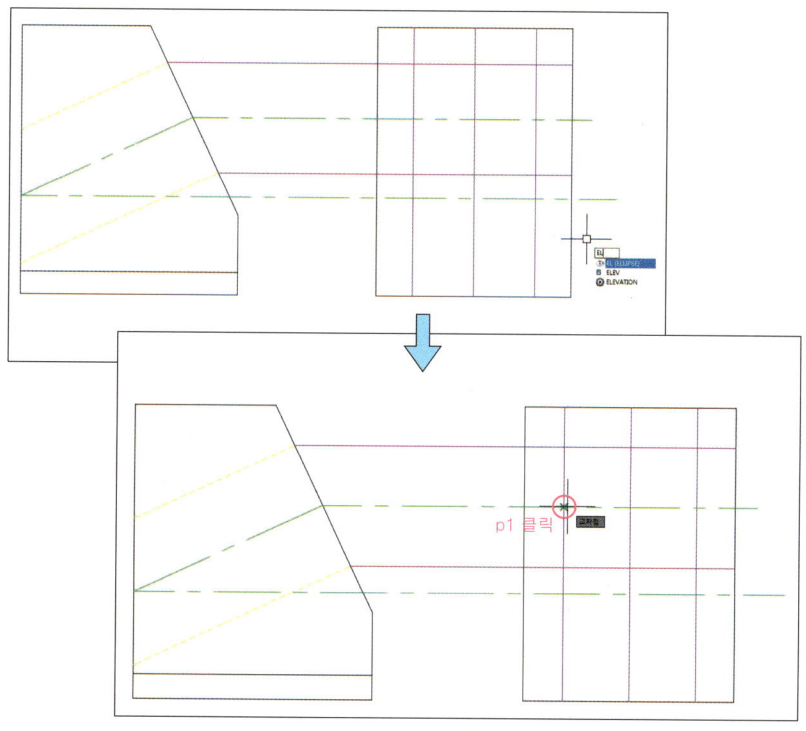

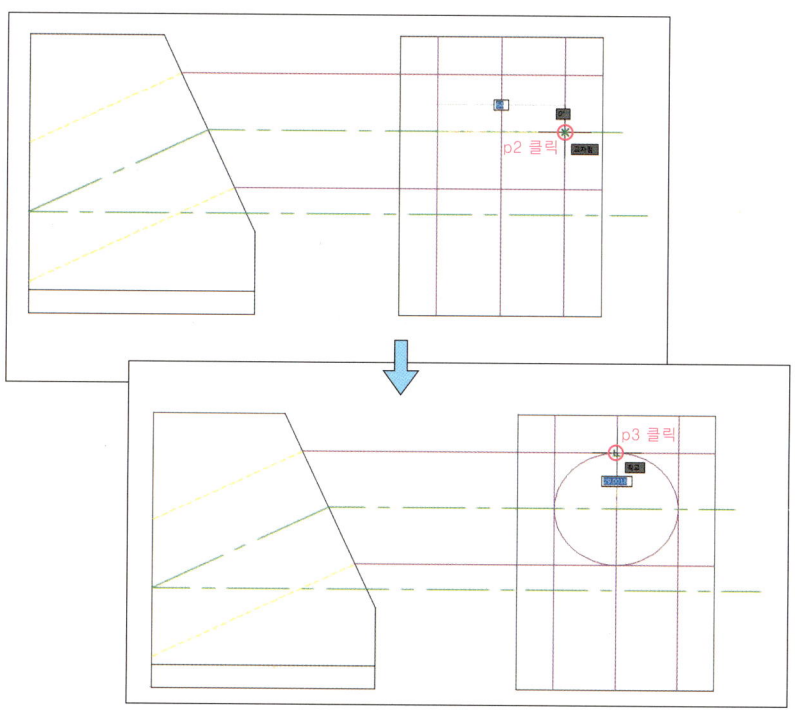

26 도면층의 속성을 복사합니다. (machpropertise 명령어)

명령 : ma ↵

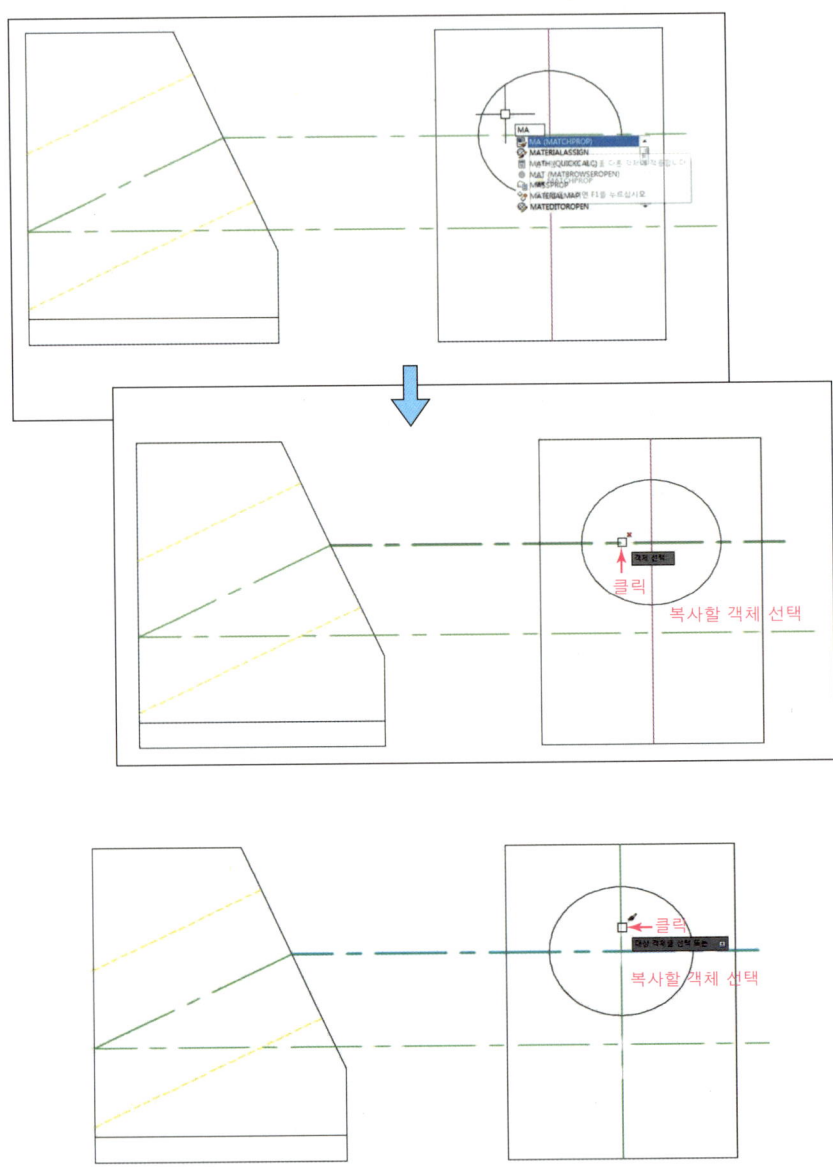

27 뒤쪽 원의 끝점을 뽑아 우측면도 수직점에 뽑아줍니다.

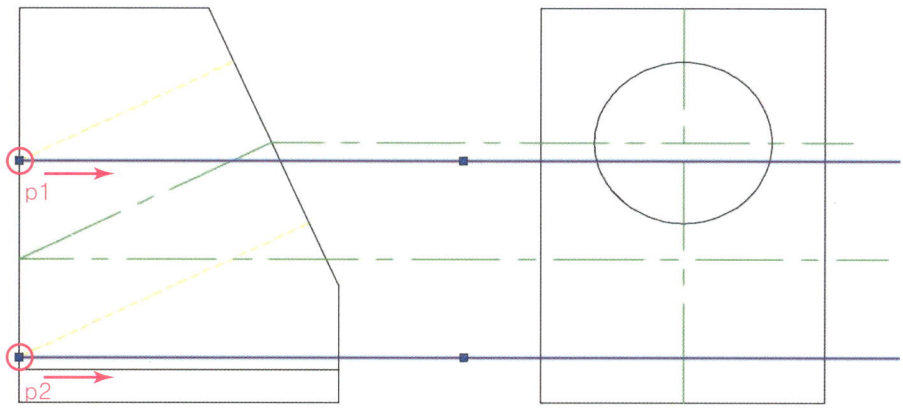

28 아래와 같이 P1, P2, P3점이 만나는 타원을 작도합니다.

명령 : el ↵
p1 클릭

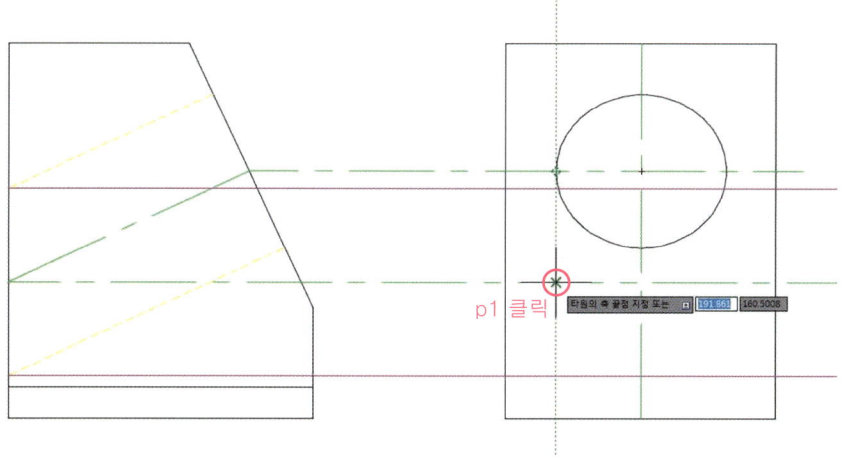

명령 : 64 ↵

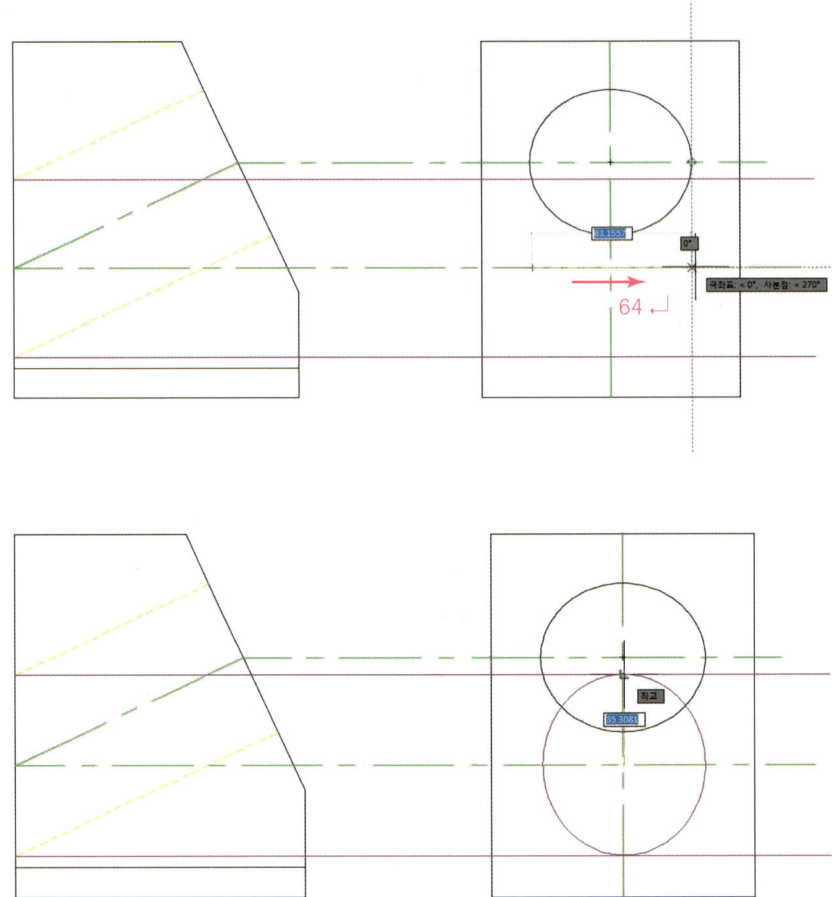

29 도면층을 구분하기 위해 타원을 교차점 기준으로 절단합니다.

명령 : tr ↵

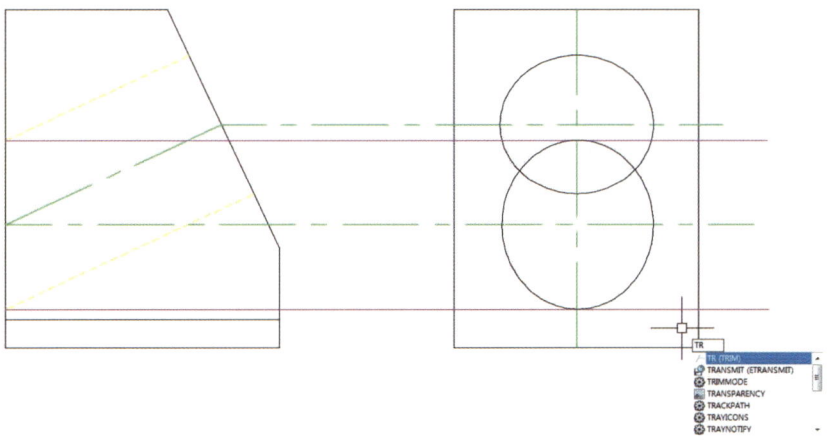

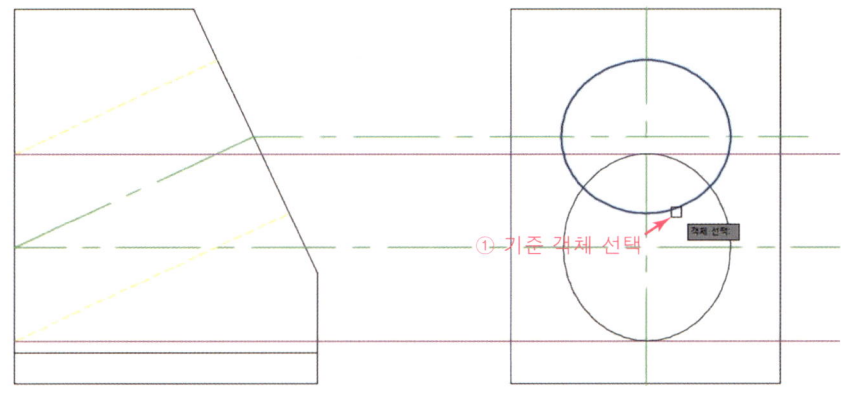

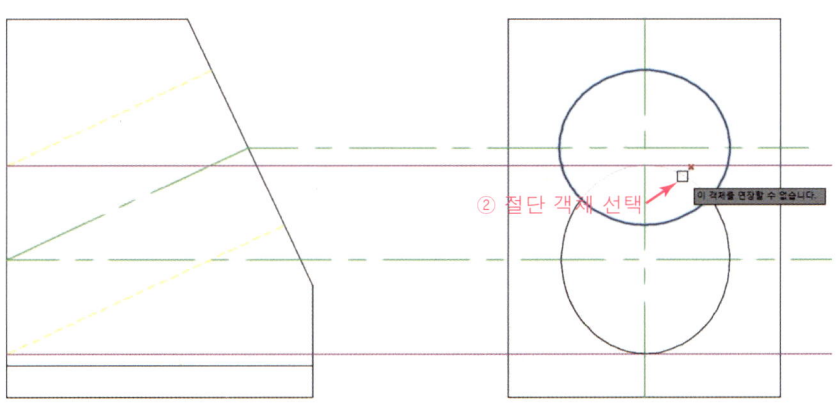

30 Model 도면층을 구분하기위해 타원을 중복으로 작도합니다.

명령 : el ↵

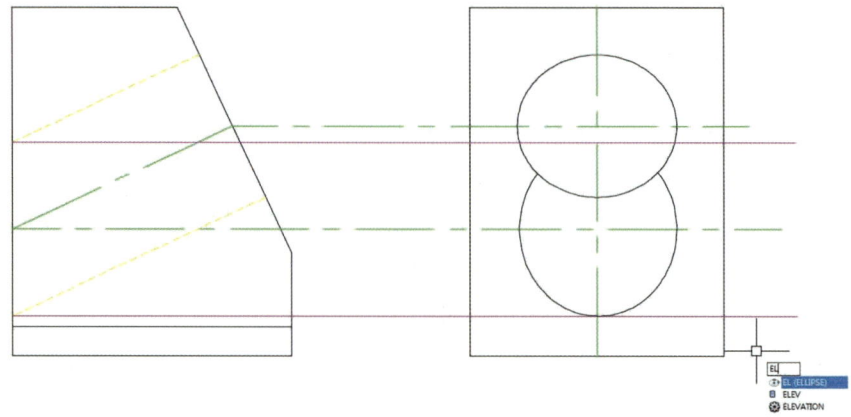

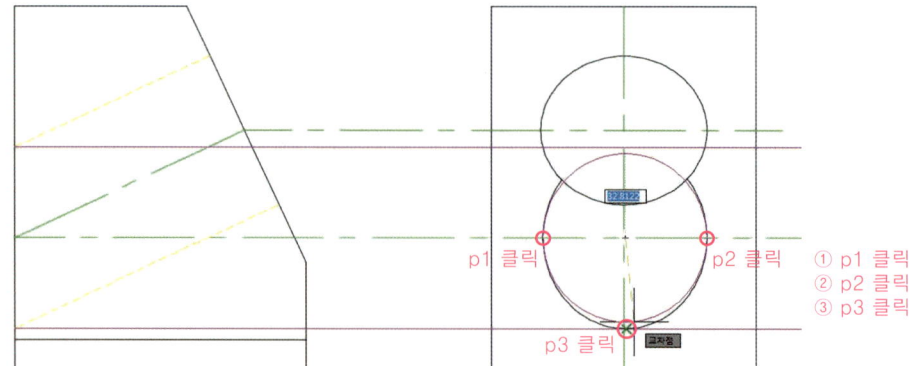

① p1 클릭
② p2 클릭
③ p3 클릭

31 속성복사 명령을 이용하여 도면층을 설정합니다.

명령 : ma ↵

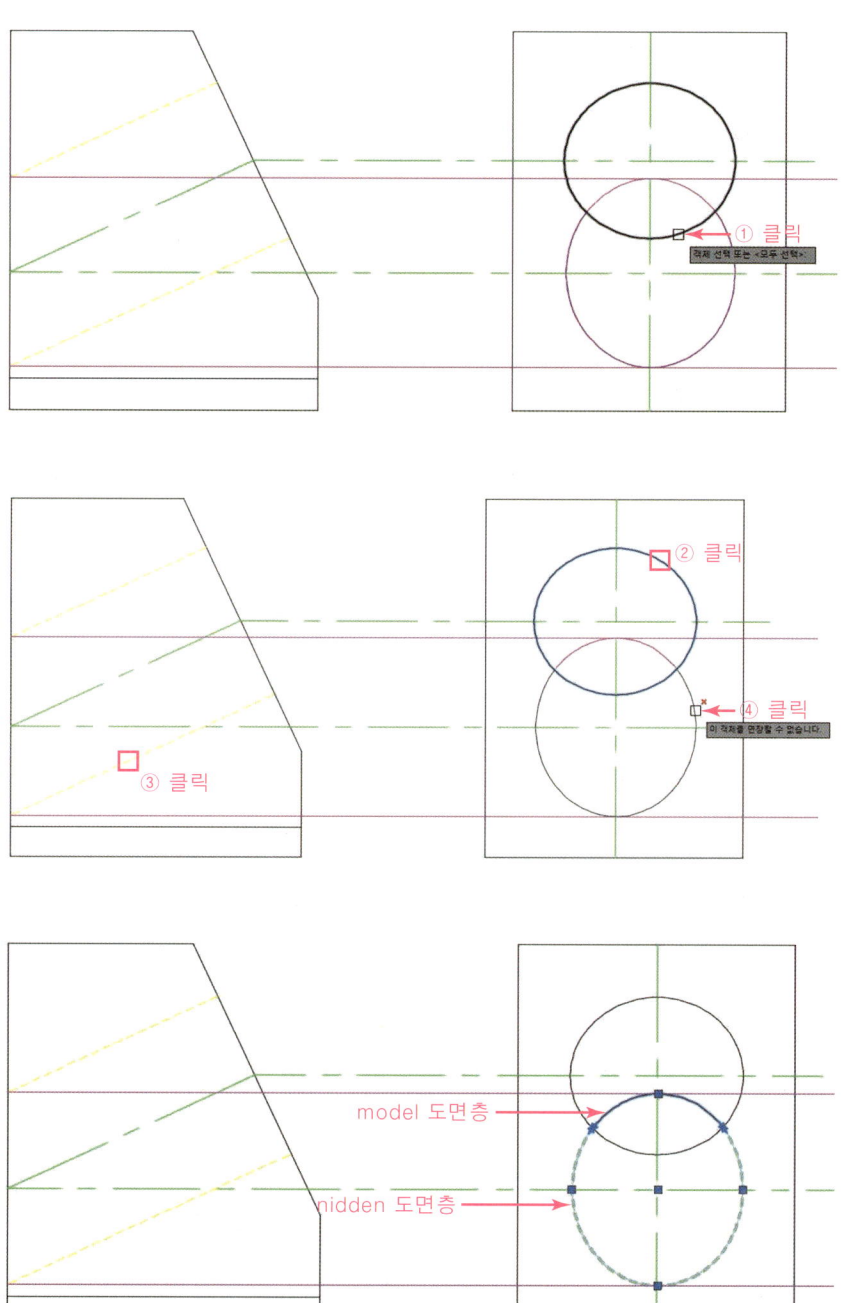

32 잔여선을 절단합니다.

명령 : tr ↵

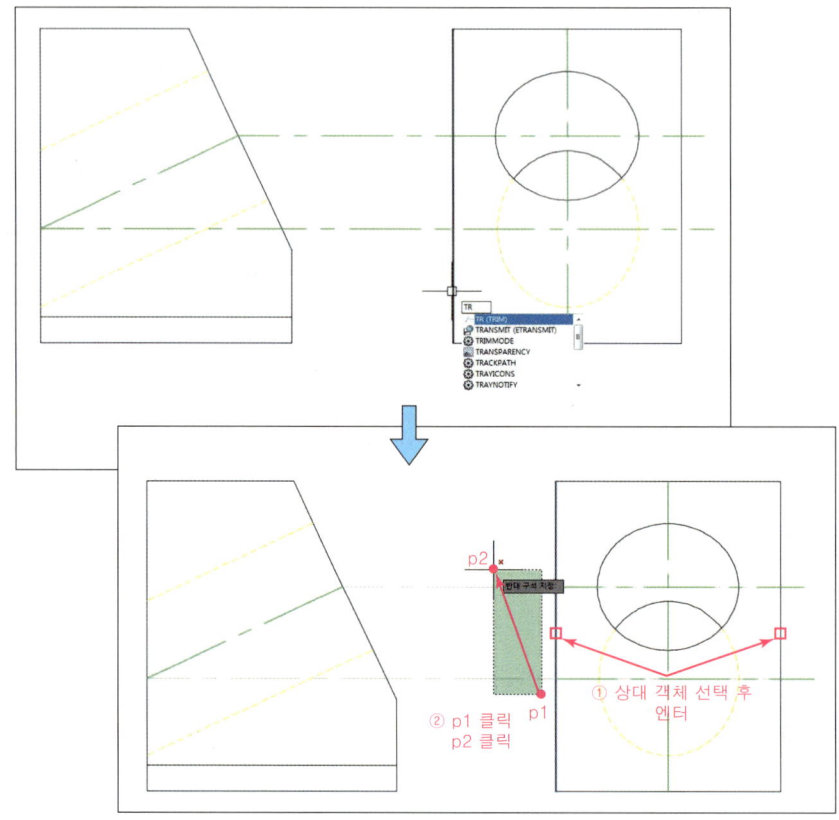

33 모서리를 라운딩해줍니다.

명령 : f ↵

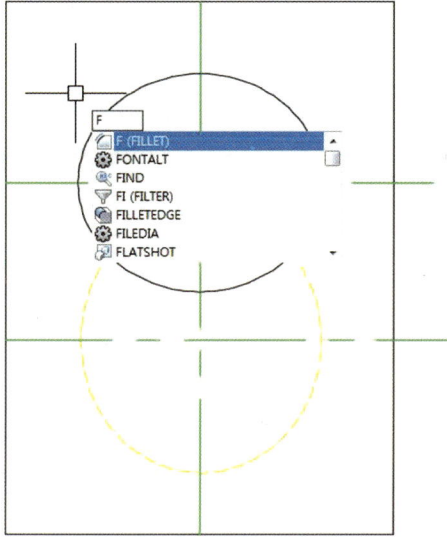

명령 : r ↵

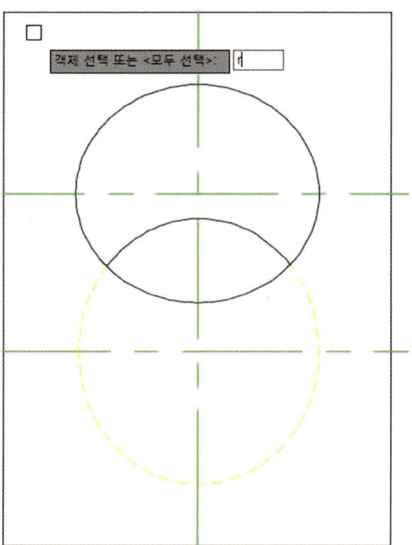

명령 : 12 ↵

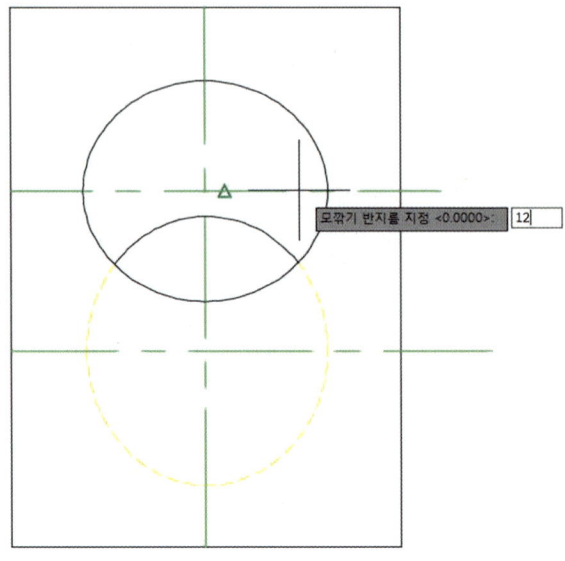

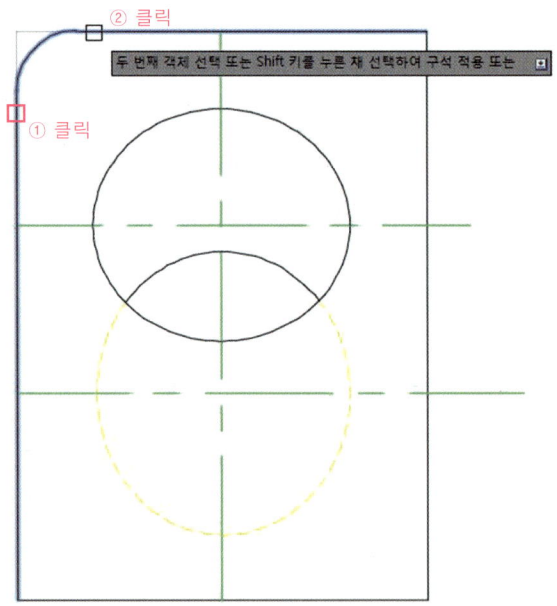

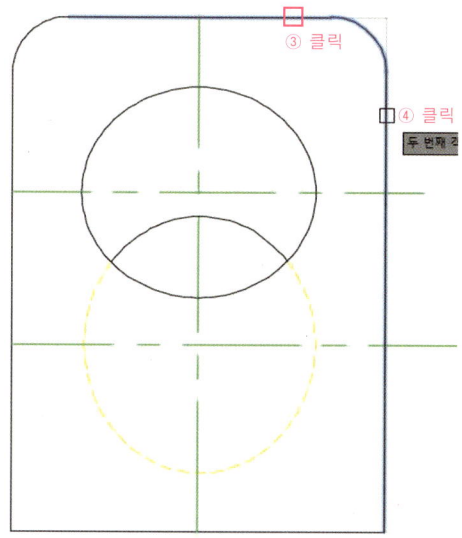

34 우측면도의 치수 조건에 맞게 양쪽부분을 16, 12 간격으로 평행복사합니다.

명령 : o ↵

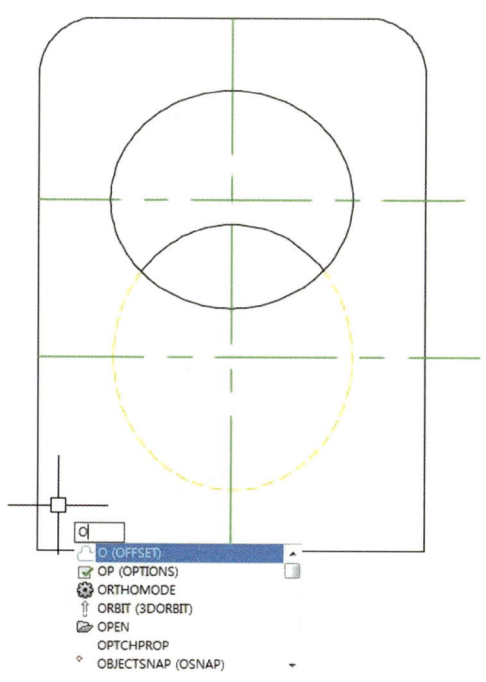

명령 : 16 ↵

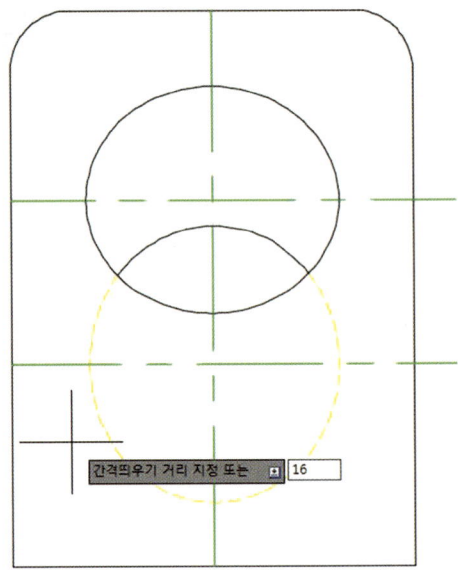

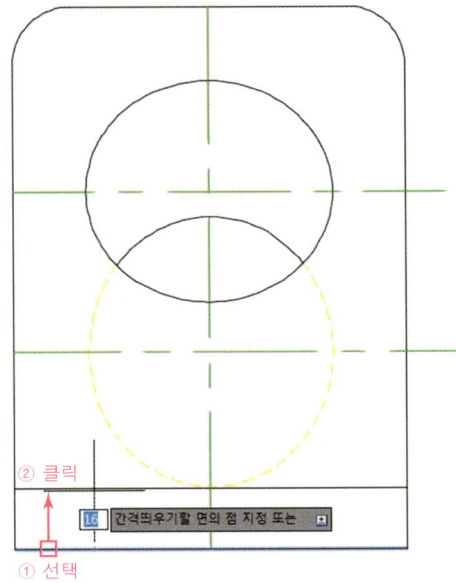

명령 : 12↵

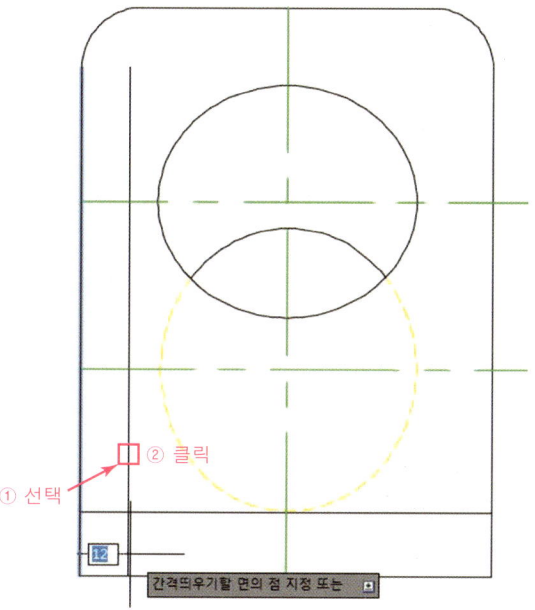

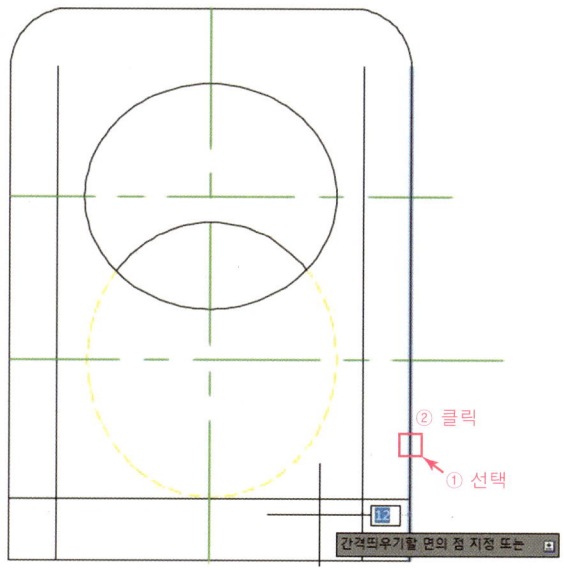

35 불필요한 잔여선을 절단합니다.

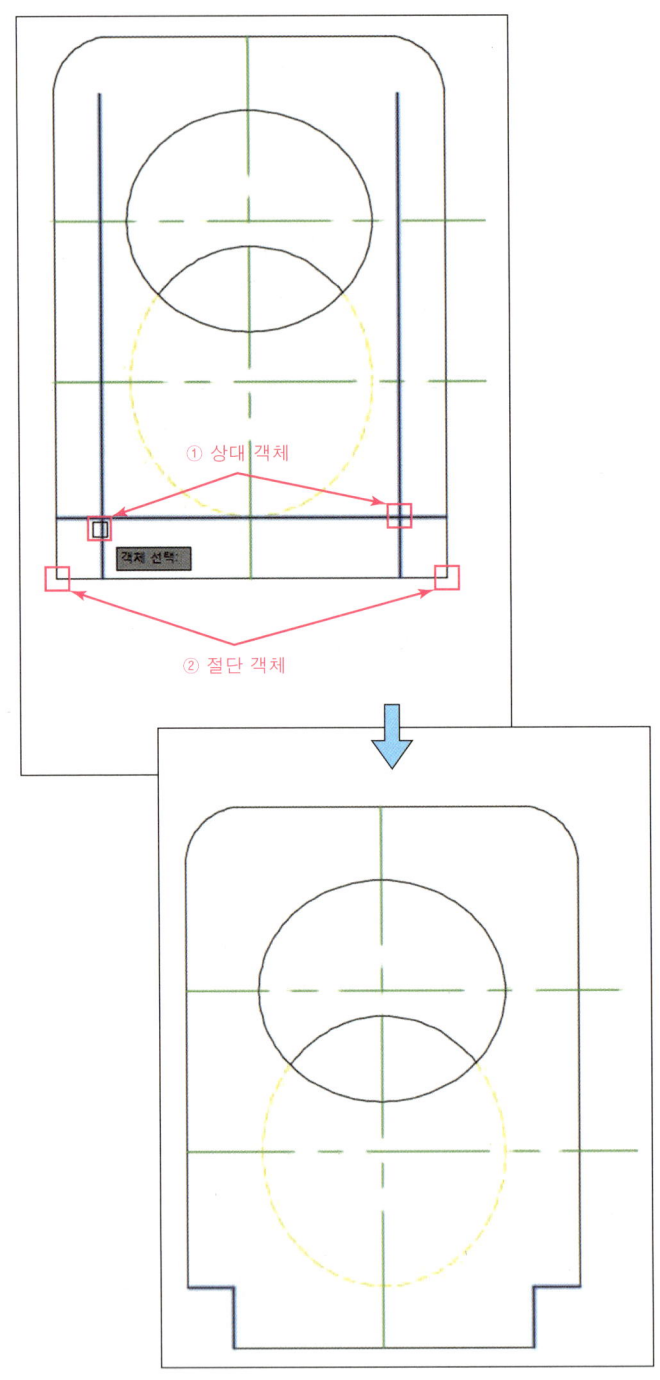

36 은선을 작도합니다.

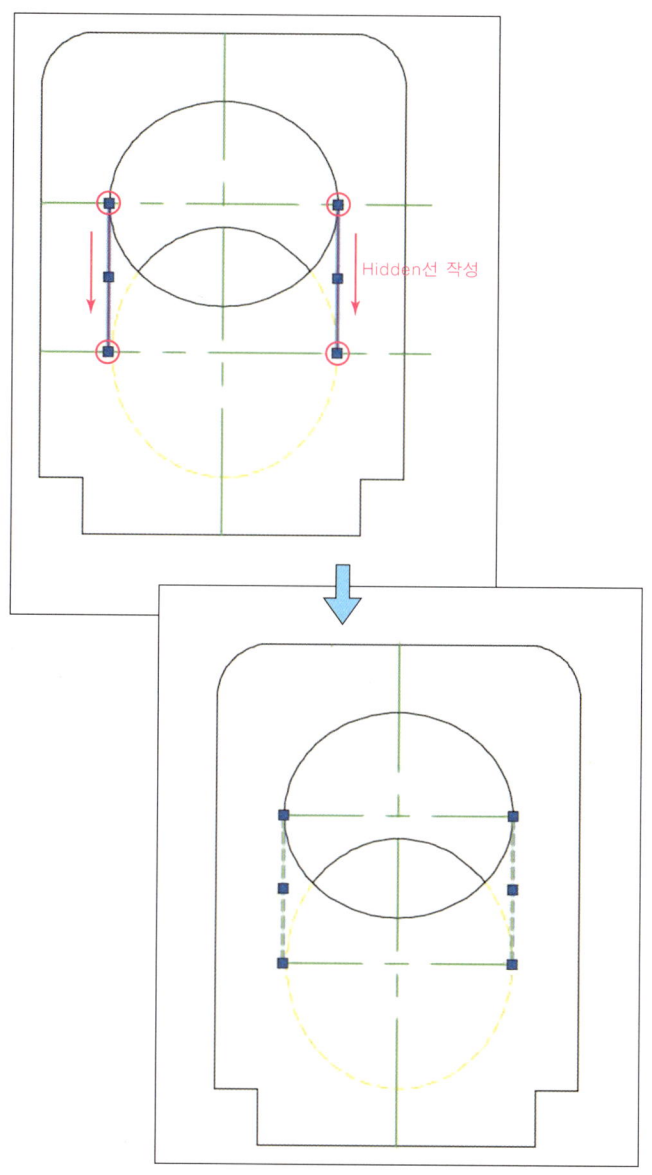

37 기준선 작도하기
평면도의 끝점과 우측면도의 끝점을 뽑아줍니다.

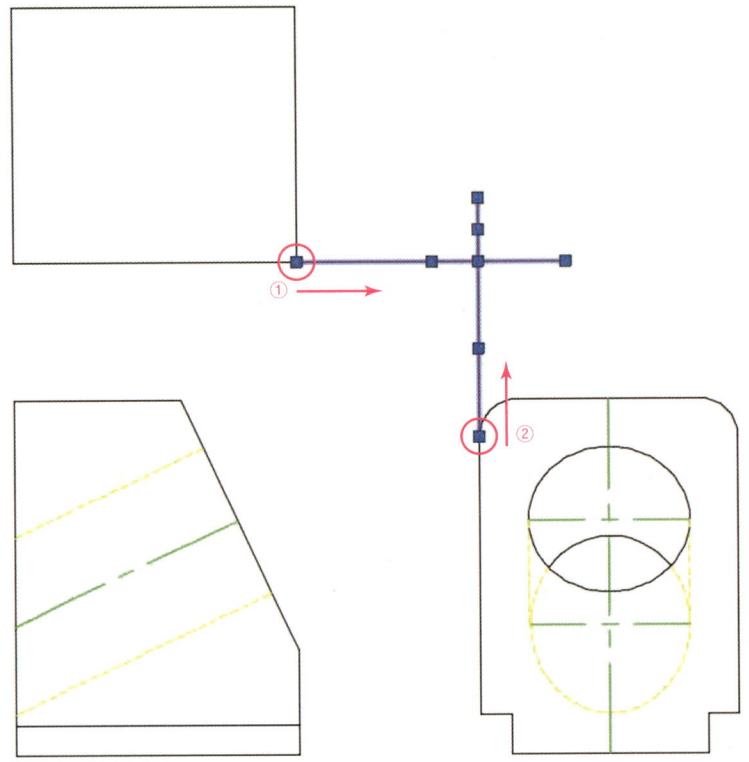

각도선을 뽑아줍니다.

명령 : xl ↵

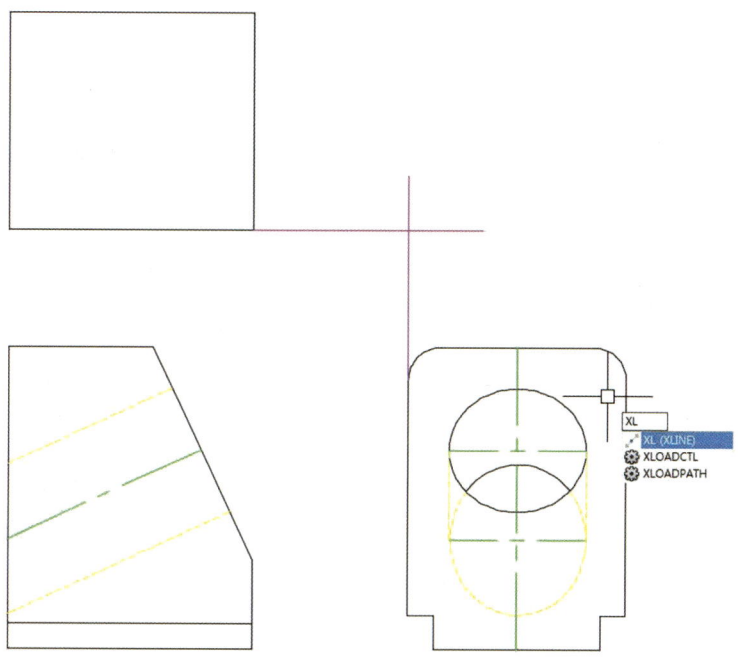

명령 : a ↵

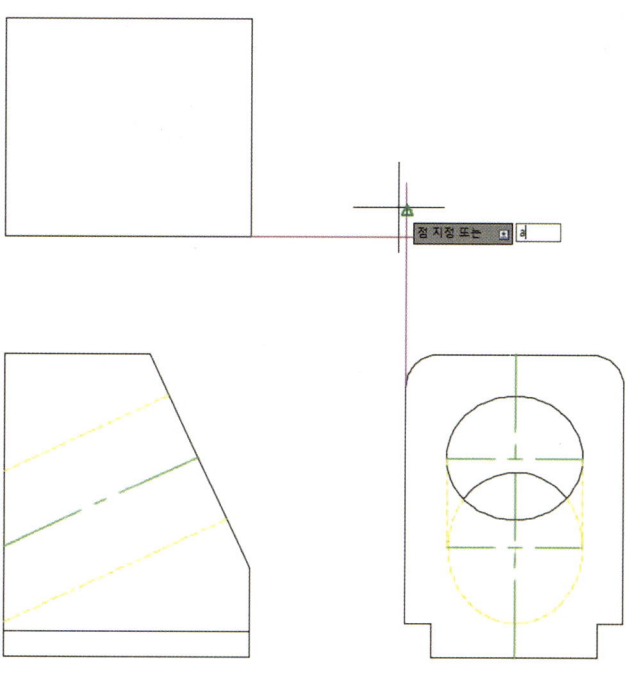

명령 : 45 ↵

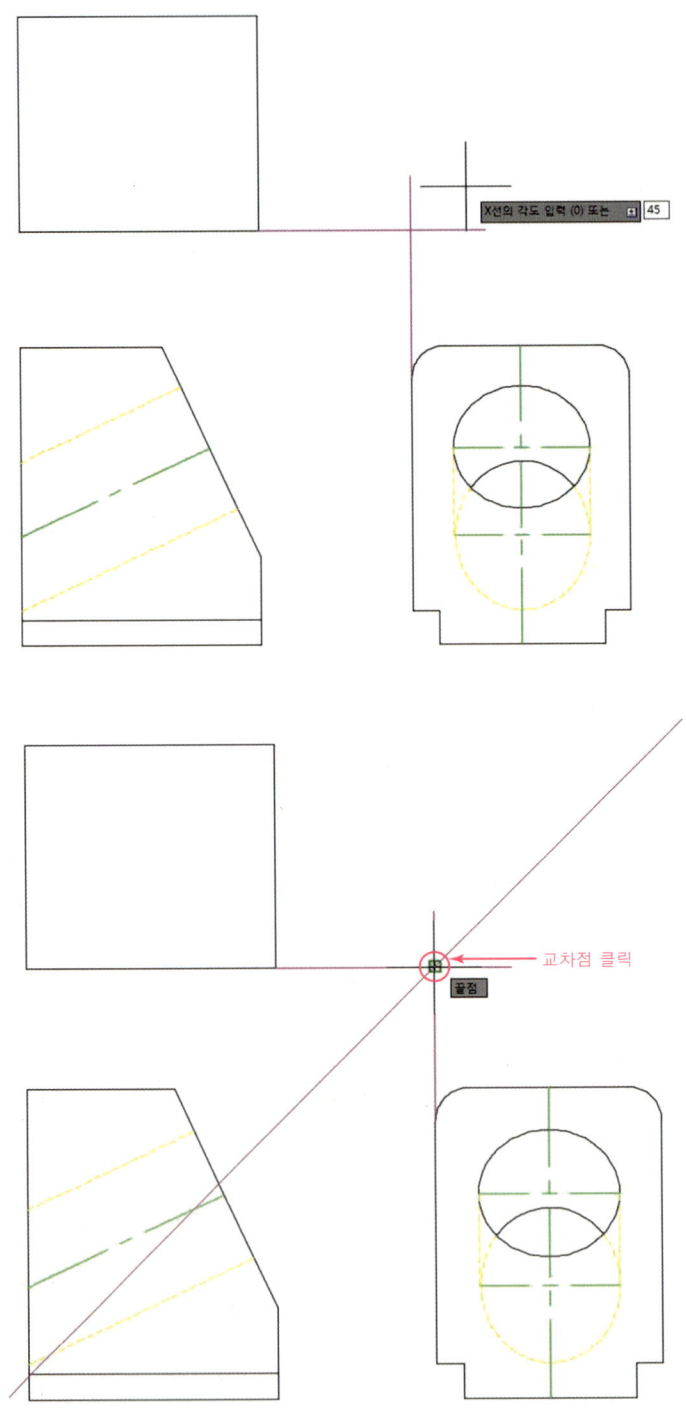

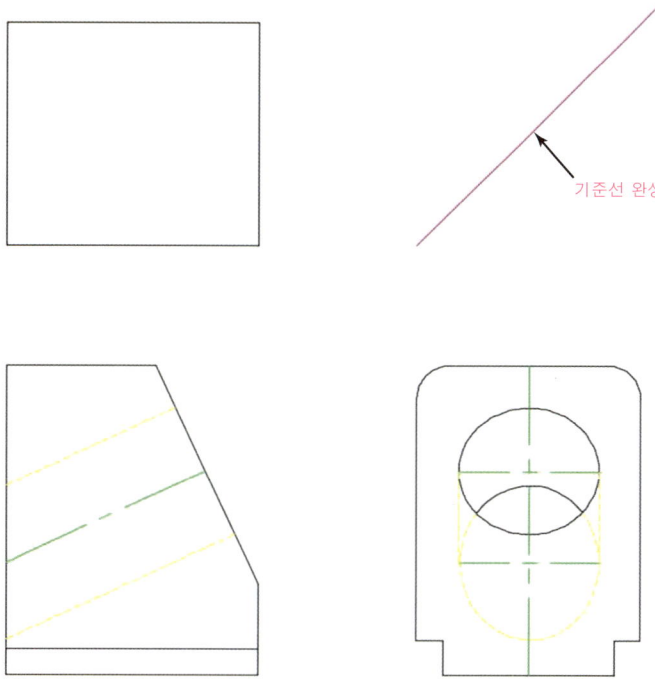

38 기준선에서 교차되는 위치를 뽑아 평면도를 완성할 수 있습니다.

1) 평면의 중심 위치 잡는 방법

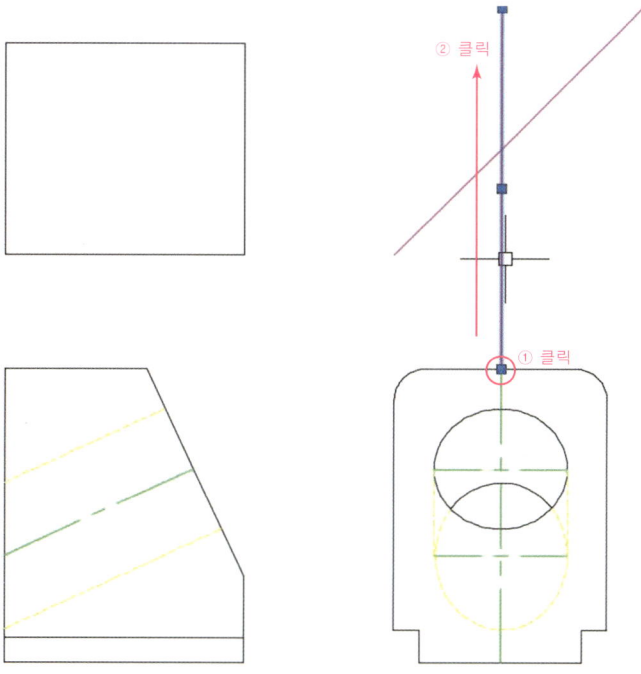

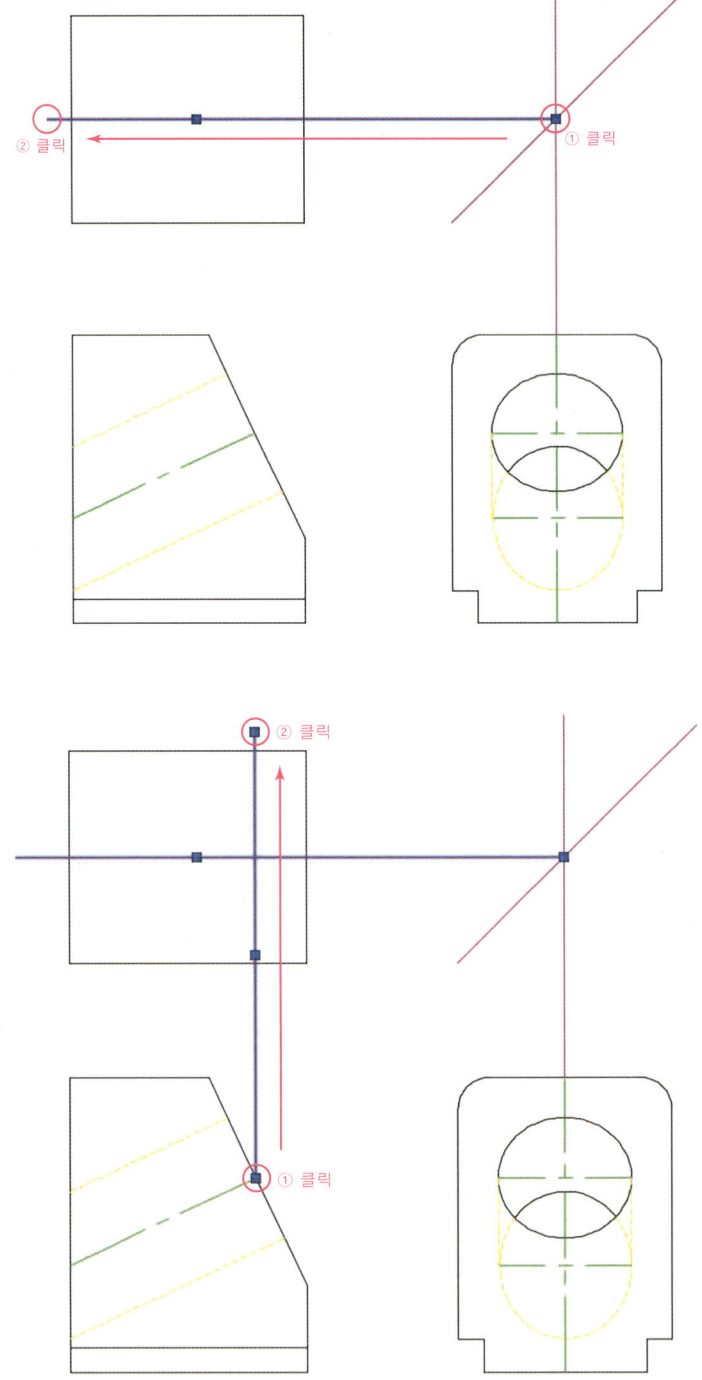

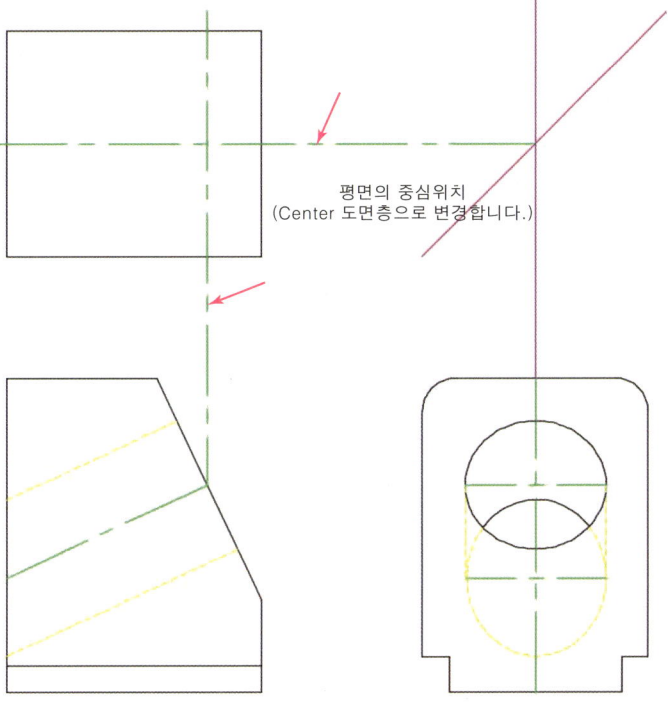

2) 타원의 외곽 뽑는 방법

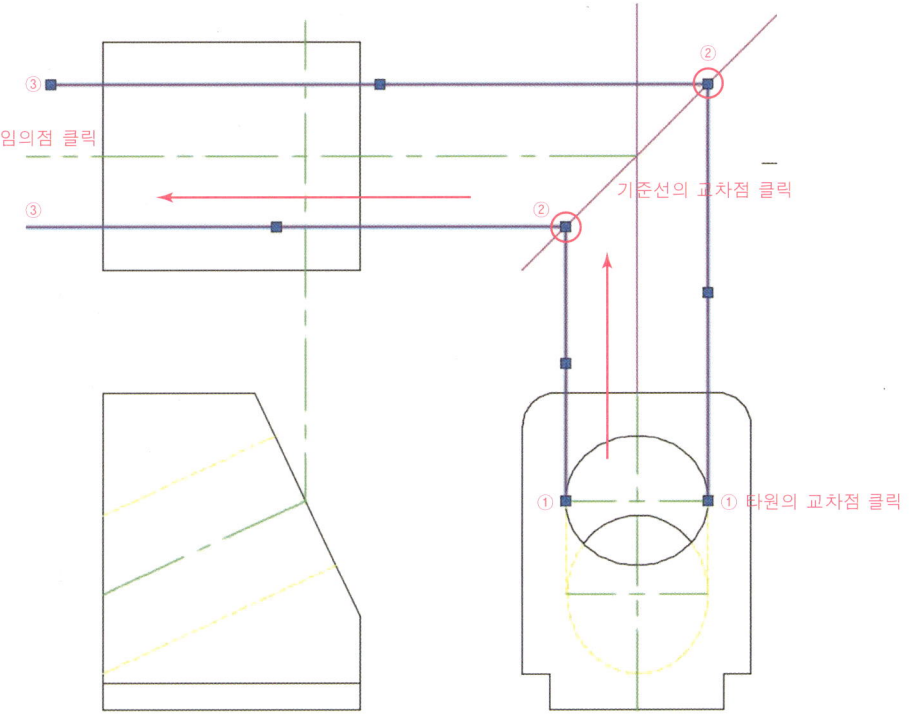

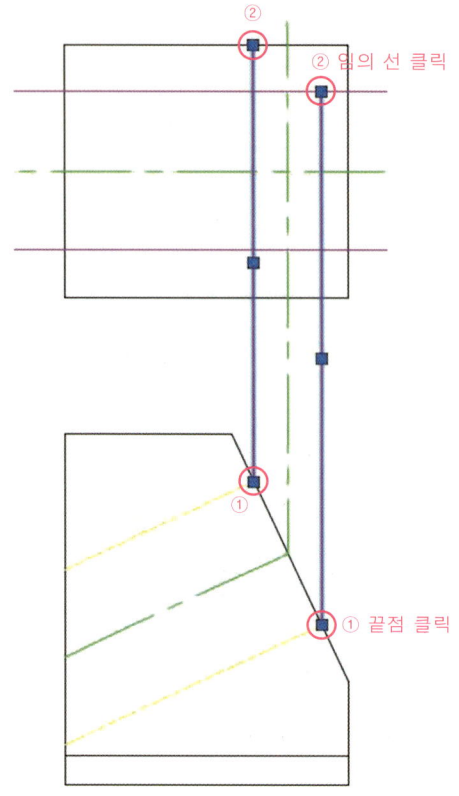

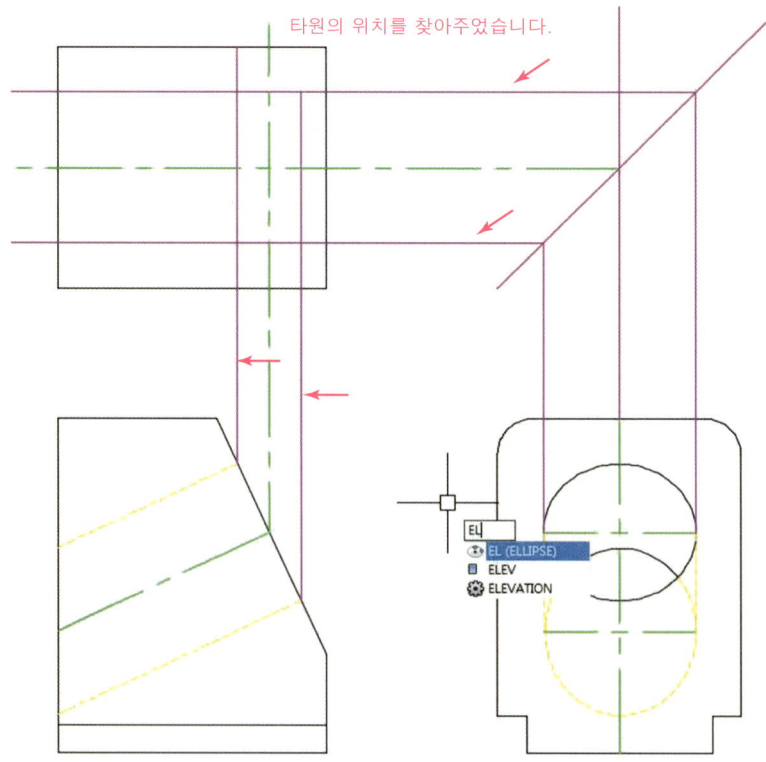

타원의 위치를 찾아주었습니다.

39 세 점을 지정하여 타원을 작도합니다.

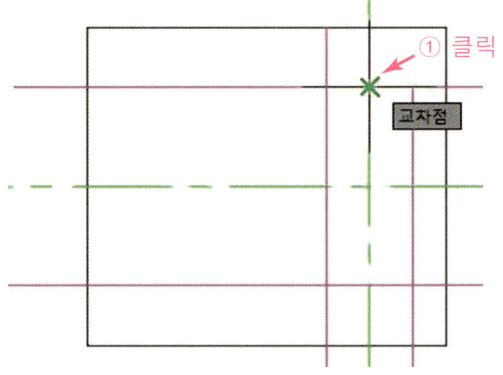

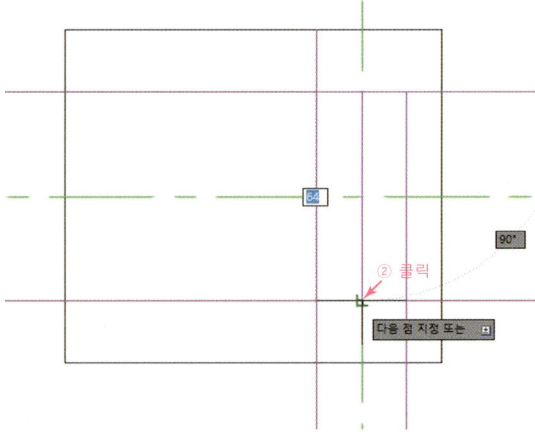

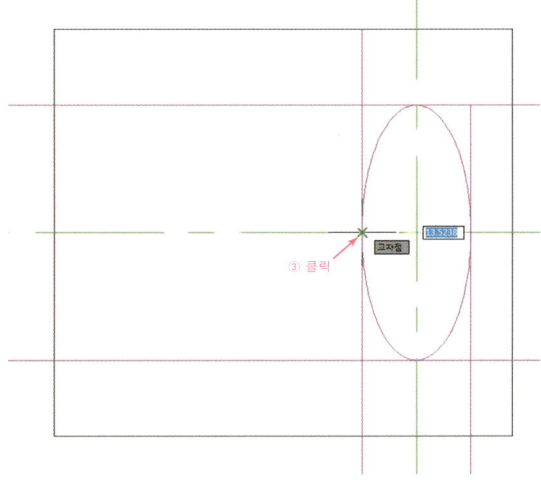

40 잔여선을 정리합니다.

명령 : tr ↵

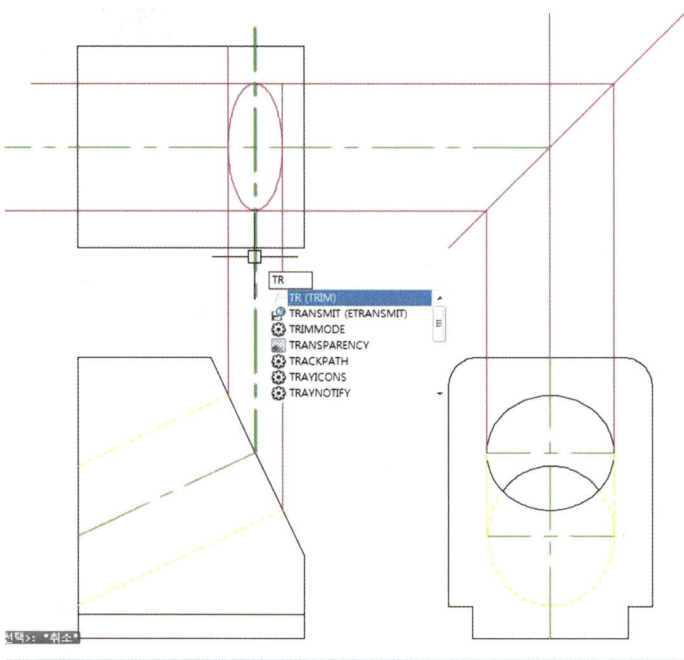

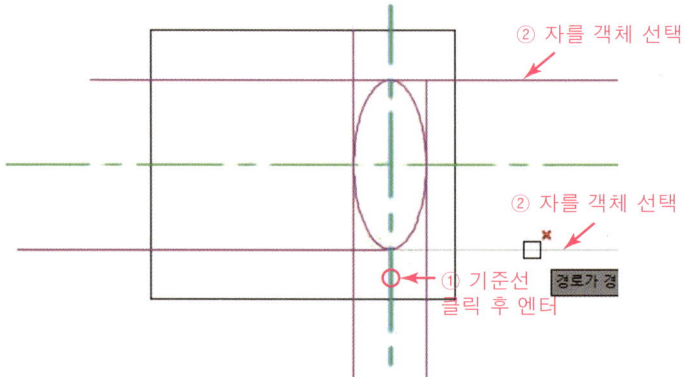

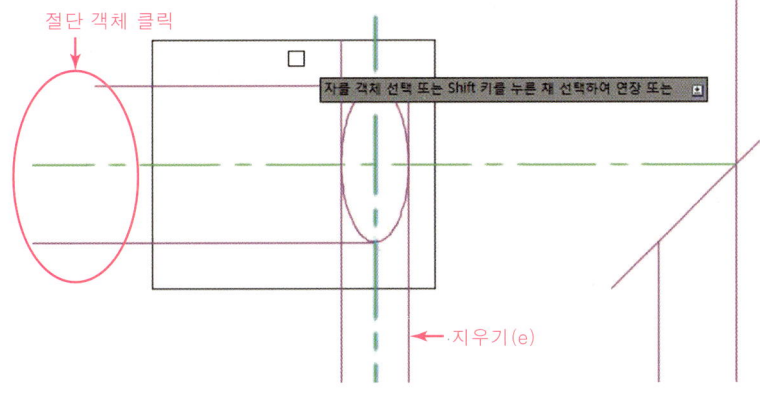

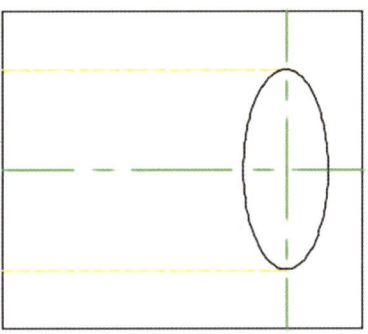

41 우측면도의 끝점을 뽑아 작도합니다.

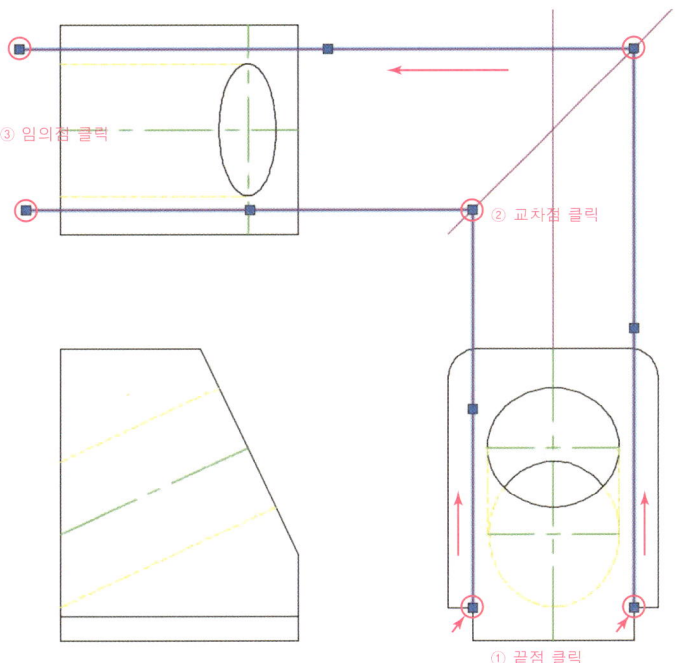

42 평면뷰의 잔여선을 절단 후 "Hidden" 도면층으로 변환합니다.

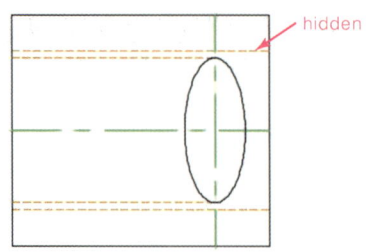

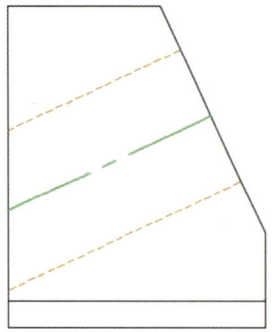 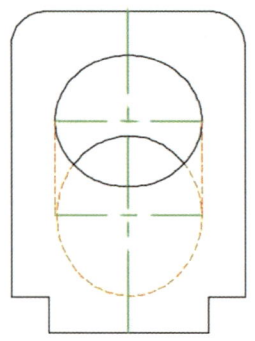

43 정면뷰의 모서리 끝점을 뽑은 뒤 잔여선을 정리합니다.

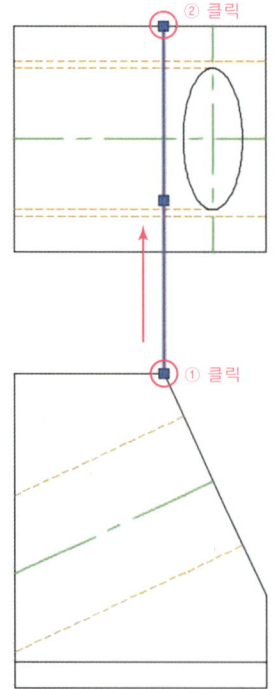 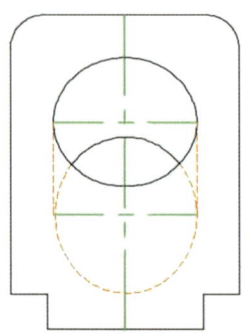

44 완성!!
수고하셨습니다.

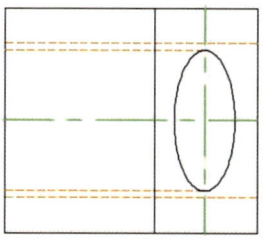

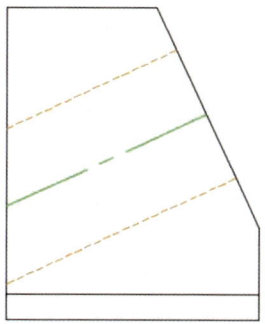
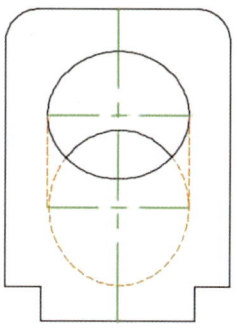

CHAPTER 04

01	시험 문제를 작도하기 전 설정 방법
02	ATC를 작도 후 Layout(배치)영역 설정 방법
03	배치 전 설정 방법
04	Layout 배치 방법
05	ATC 치수선 뽑는 방법
06	AutoCAD 2급 시험 예제 치수선 뽑기 따라 하기

기초
명령어 설명

01 시험 문제를 작도하기 전 설정 방법

1 도면 작업 영역 설정 방법

ATC 도면 사이즈는 A4(297×210)입니다.

시험문제에 SCALE 값이 1/2의 경우  A4 사이즈에 곱하기 2를 해줘야 합니다.

예) 297×210
Scale 1/2 나온 경우 limits – 594×420
Scale 1/3 나온 경우 limits – 891×630

명령 : limits ↵
모형 공간 한계 재설정 :
왼쪽 아래 구석 지정 또는 [켜기(ON)/끄기(OFF)] 〈0.0000, 0.0000〉 : 0, 0 ↵
오른쪽 위 구석 지정 〈12.0000, 9.0000〉 : 594, 420 ↵

명령 : z ↵ ZOOM
윈도우 구석을 지정, 축척 비율 (nX 또는 nXP)을 입력, 또는
[전체(A)/중심(C)/동적(D)/범위(E)/이전(P)/축척(S)/윈도우(W)/객체(O)] 〈실시간〉 : a ↵

2 Layer (도면층 만들기)

```
~ center      green   CENTER
◆ hidden      yellow  HIDDENX2
~ dim         red     Continuous
~ mview       cyan    Continuous
~ model       white   Continuous
```

도면층의 순서는 상관없습니다.

Layer이름	선색상	선종류	선모양	사용 선
Center	3	Center	—·—·—	중심선
Hidden	2	HiddenX2	— — — —	은선(숨은선)
Mview	4	continuous	————	배치 할때
Model	7	Continuous	————	외곽선
dim	1	continuous	————	치수선

3 치수선 설정하기

01 명령 : DIMSTYLE(ddim)

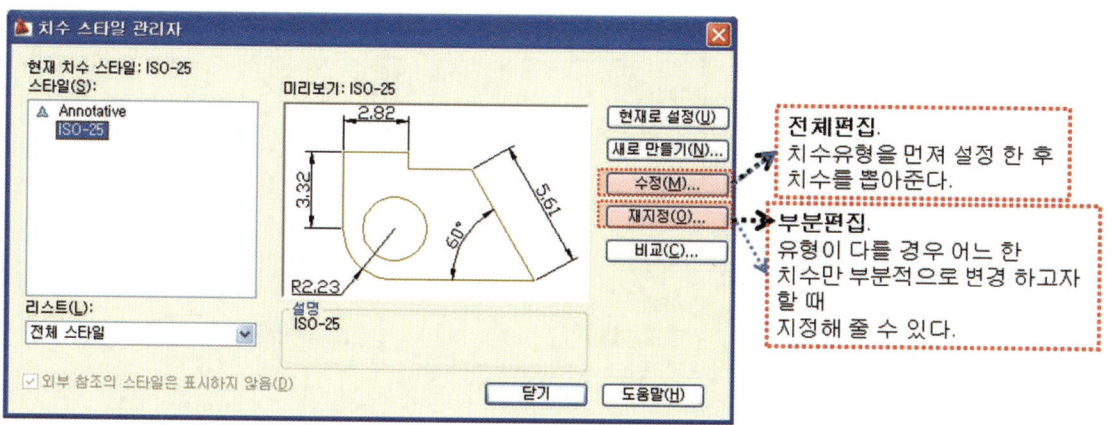

전체편집.
치수유형을 먼저 설정 한 후
치수를 뽑아준다.

부분편집.
유형이 다를 경우 어느 한
치수만 부분적으로 변경 하고자
할 때
지정해 줄 수 있다.

치수선을 설정할 때 처음 설정은 수정을 선택해 전체 편집 설정한 후 부분적으로 편집하고자 할 때 재지정을 선택해 편집합니다.
ATC에서 간혹 치수선의 설정방식이 다르게 표현되는 부분이 있기 때문에 이때 재지정을 선택하여 부분적으로 편집해야합니다.

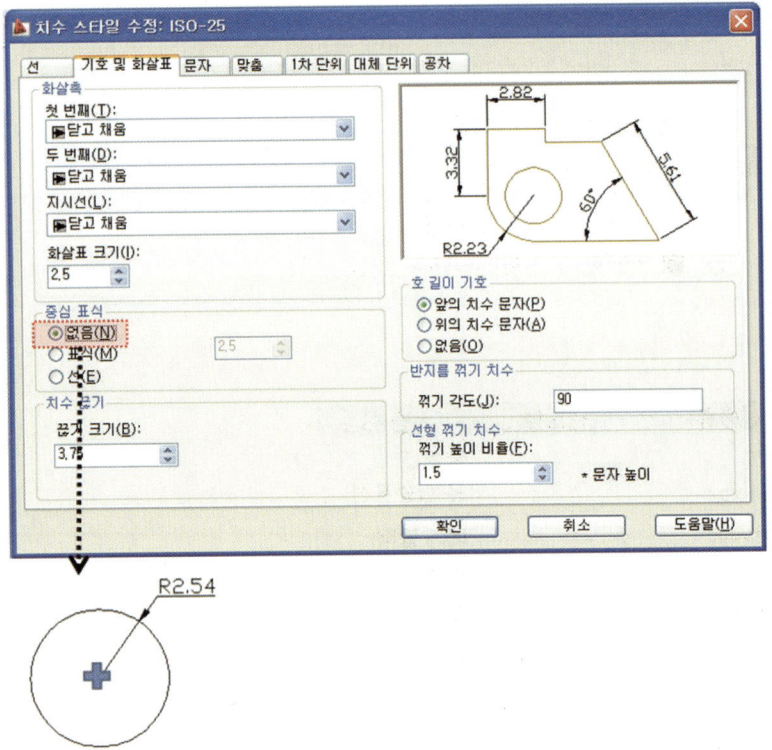

중심이 표식을 없애준다.

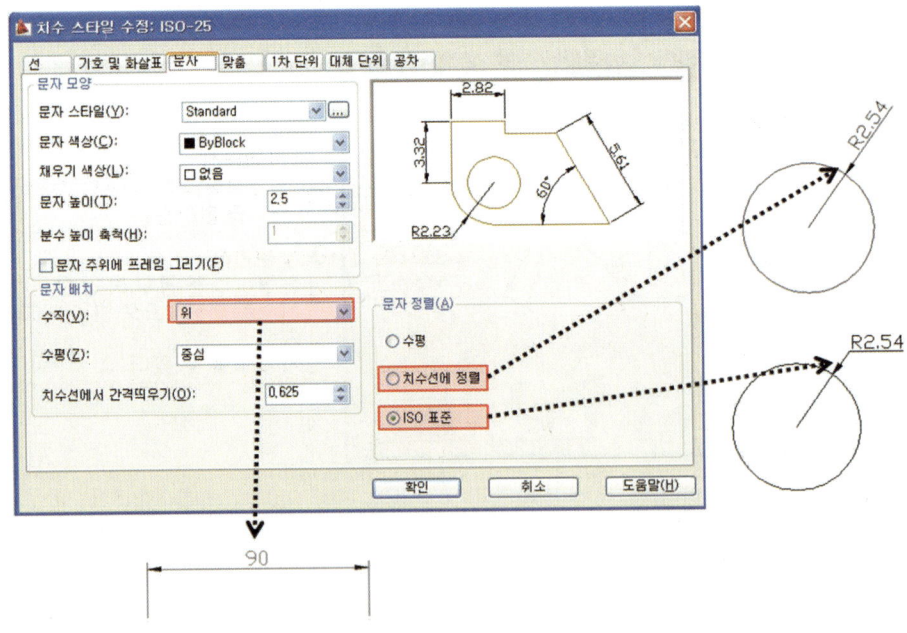

02 치수의 문자는 위에 올라와 있으므로 수직에 "위"를 선택하여 치수 문자가 위에 배치하도록 설정합니다.

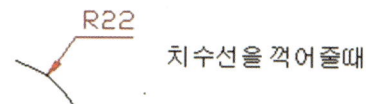

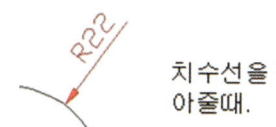

원의 지름이나, 반지름의 치수 방식은 시험에서 치수스타일이 어떤 것이 나올지 모르기 때문에 시험에 맞게 다음과 같이 설정합니다.

치수선이 곧게 쭉 뻗어 있으면 치수선에 정렬을 선택합니다.

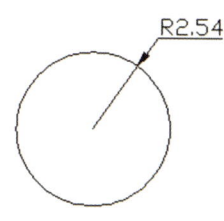

다음과 같이 치수선이 꺾여져 나와있으면 ISO 표준을 선택합니다.

03 치수선의 문자크기나 화살표 사이즈, 띄어지는 간격을 같은 비율로 조절 방법

🔍 맞춤 탭 → 전체 축적 SCALE값 조정(시험 예제의 사이즈에 맞게 조절해줄 수 있습니다.)

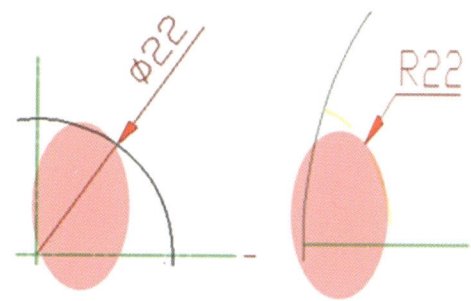

반지름이나 지름을 뽑을 때 치수 보조선 설정 방법

맞춤 탭 → 치수보조선 사이에 치수선 그리기를 체크

시험문제의 유형을 보고 알맞은 방법을 설정합니다.

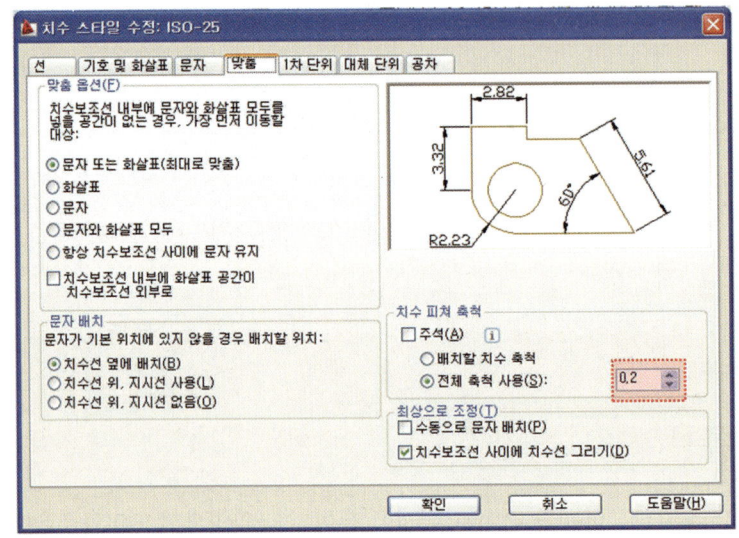

04 정밀도를 "0"을 선택하여 소수점 뒷자리가 나오지 않도록 합니다.

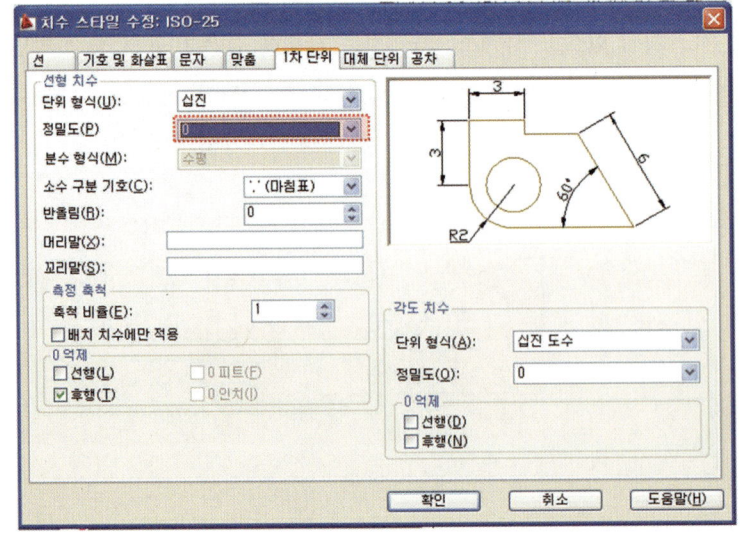

05 치수선을 뽑은 뒤 수정할 부분을 Edit(ed) 명령으로 설정합니다.

> 명령 : ed DDEDIT

편집할 치수문자를 선택하면 다음과 같이 대화상자가 나타납니다.
치수 문자를 편집할 수 있지만 사이즈를 임의로 변경하면 감점 처리됩니다.

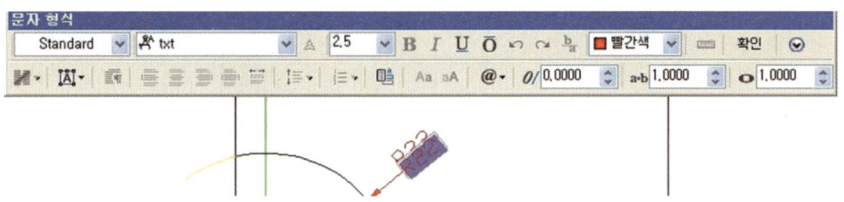

06 화살표 반전 방법

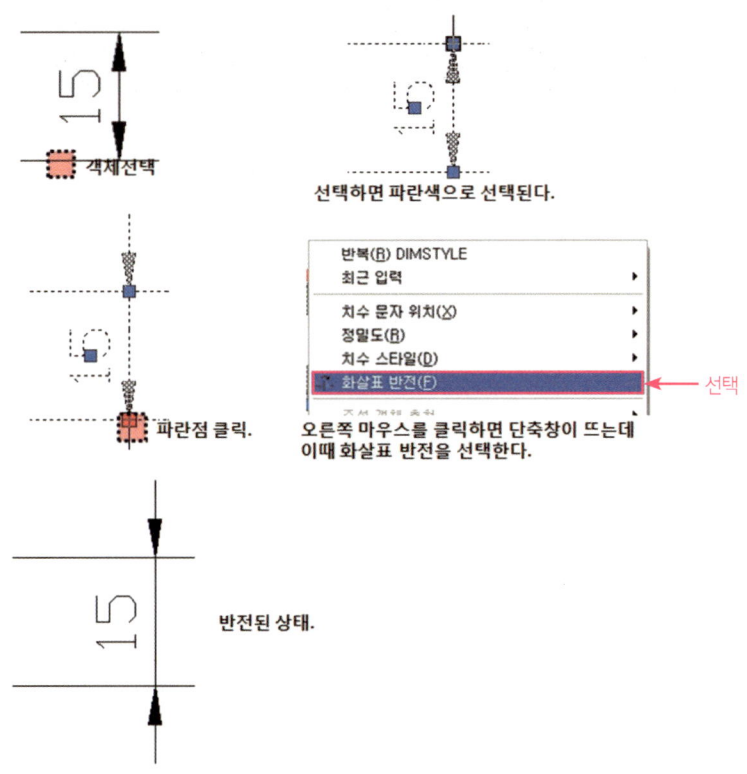

> **TIP** 알아두면 좋은 방법
>
> 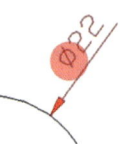 %%C를 입력하면 다음과 같이 지름 표시로 변환됩니다.
>
> 50° %%D를 입력하면 다음과 같이 각도 표시로 변환됩니다.
>
>  %%P를 입력하면 다음과 같이 오차범위 표시로 변환됩니다.

02 ATC를 작도 후 Layout(배치)영역 설정 방법

1 용어 정리

01 Mview(mv)
- Model View(모델 영역)에서 작업한 객체를 Layout영역으로 가져오는 명령어입니다.

02 Layout 영역
- 종이 공간 "PS(paper space)" : 외곽 편집만 되며 내부 객체는 선택되지 않습니다.
- 모델 공간 "MS(model space)" : 모델공간에서 작업했던 작업영역 내부로 들어와 편집이 됩니다.

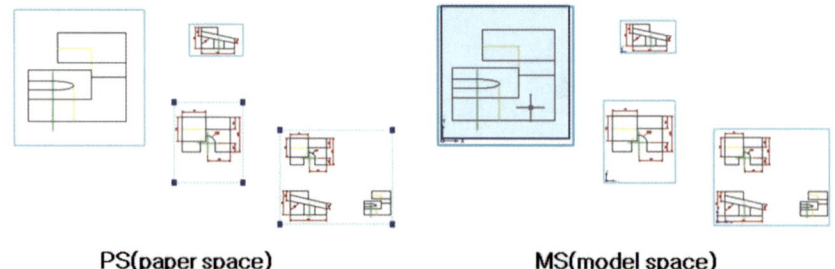

PS(paper space)   MS(model space)

위와 같이 Layout공간에서 mview(mv)로 불러와 두 가지 공간으로 PS공간과, MS공간으로 나뉩니다.

03 배치 전 설정 방법

AutoCAD에는 Model(작업 공간)과 Layout(배치 공간)에 있습니다.
Model 공간에서 작도하며, 작도 후 Layout 공간에서 배치합니다.

1 배치 탭 선택

\모형 /배치1 /배치2 /

> **TIP** 탭이 보이지 않는 경우
>
> 도구 → 옵션(단축키 : op) → 화면표시 탭 → 배치 요소 영역 → 배치 및 모형 탭 표시 체크, 나머지는 해제합니다.

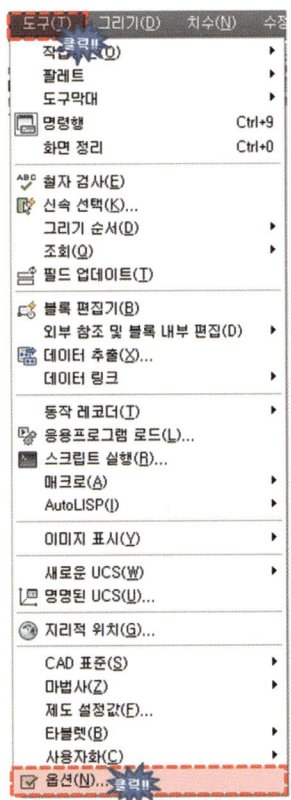
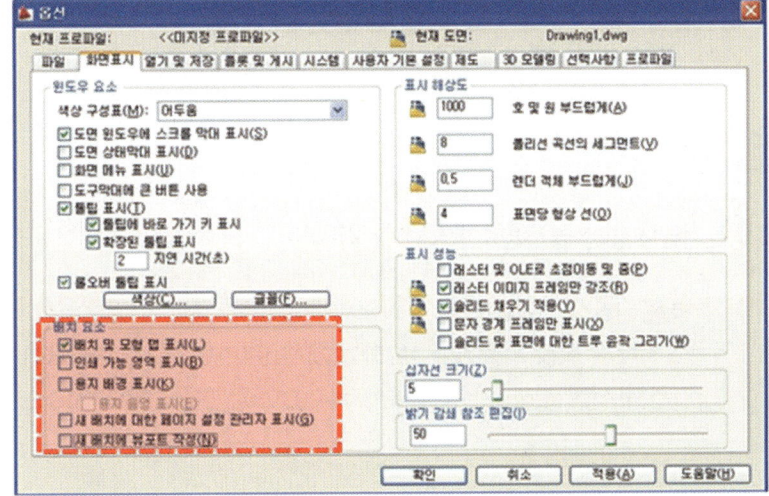

04 Layout 배치 방법

1 작업영역을 설정합니다.

명령 : limits ↵
모형 공간 한계 재설정 :
왼쪽 아래 구석 지정 또는 [켜기(ON)/끄기(OFF)] <0.0000, 0.0000> : 0, 0 ↵ (시작점을 지정 합니다.)
오른쪽 위 구석 지정 <420.0000, 297.0000> : 297, 210 ↵ (A4값 그대로)

명령 : z ZOOM ↵
윈도우 구석을 지정, 축척 비율(nX 또는 nXP)을 입력, 또는
[전체(A)/중심(C)/동적(D)/범위(E)/이전(P)/축척(S)/윈도우(W)/객체(O)] <실시간> : a ↵

2 "0"번 Layer를 선택합니다.

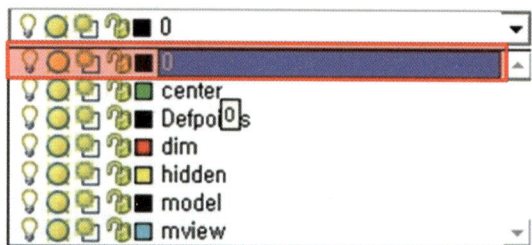

3 도곽 그려주기

01 Rectangle(rec) 명령어로 297×210(A4)의 사각형을 그려줍니다.

명령 : rec ↵ RECTANG
첫 번째 구석점 지정 또는 [모따기(C)/고도(E)/모깎기(F)/두께(T)/폭(W)] : 0, 0 ↵
다른 구석점 지정 또는 [영역(A)/치수(D)/회전(R)] : 297, 210 ↵

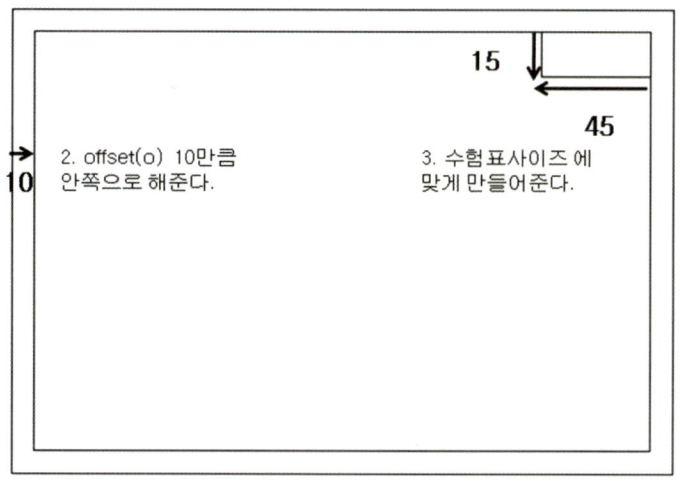

02 안쪽으로 offset(o)을 10만큼 띄어줍니다.

03 Explode(x) 명령으로 분해 후 수험표 사이즈에 맞게 설정합니다.
offset(o)으로 15, 45만큼 띄운 뒤 절단합니다.

🔧 시험에 사이즈가 달라지면 그 사이즈에 맞게 변경합니다.

4 수험번호 입력해주기

Mtext(mt) 명령을 입력합니다.
P1점과 P2점을 클릭해 영역을 설정합니다.

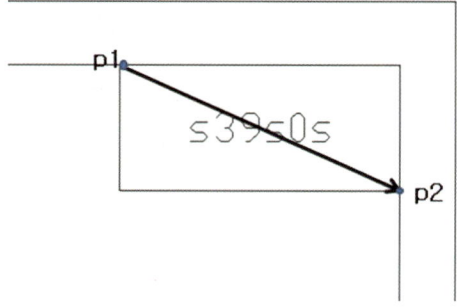

수험번호 입력 후 가운데 정렬을 선택합니다.

글씨 사이즈를 알맞은 사이즈로 입력합니다. (약 4.5 정도가 적당합니다.)

5 Mview (mv) 설정 방법

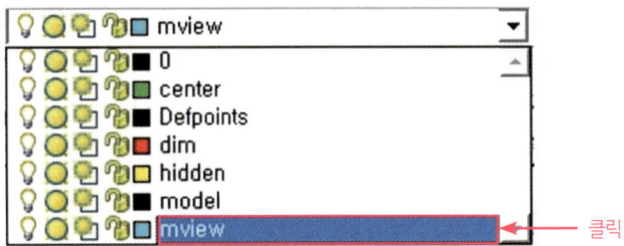

Mview 도면층을 선택합니다.

명령 : mv ↵ MVIEW
뷰포트 구석 지정 또는
[켜기(ON)/끄기(OFF)/맞춤(F)/음영플롯(S)/잠금(L)/객체(O)/다각형(P)/복원(R)/도면층(LA)/2/3/4] 〈맞춤(F)〉
: 3 ↵
뷰포트 정렬 입력
[수평(H)/수직(V)/위(A)/아래(B)/왼쪽(L)/오른쪽(R)] 〈오른쪽(R)〉 : r ↵
첫 번째 구석 점 지정 또는 [맞춤(F)] 〈맞춤〉 : P1 클릭
반대 구석 지정 : P2 클릭

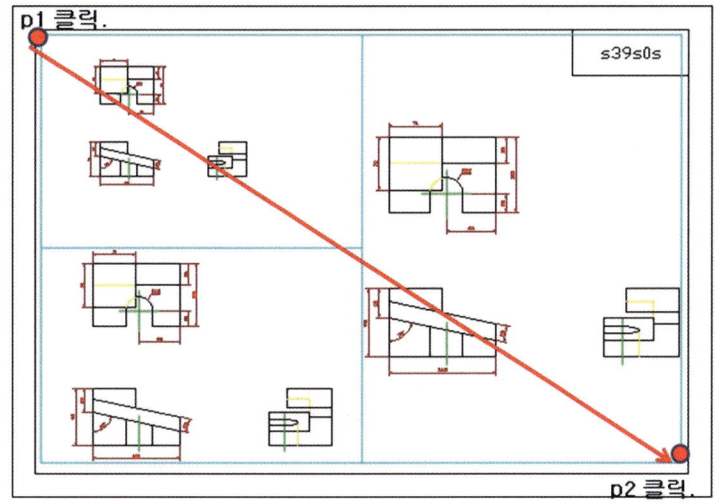

영역에 모델 뷰 3개가 생성되었습니다.

6 스케일 값 설정 방법

도구 막대에서 뷰포트를 선택합니다.

위와 같은 도구 막대가 나타납니다.
SCALE조정은 PS 공간에서 가능합니다.

01 PS 공간으로 전환

> 명령 : ps ↵

02 P1점에서 P2점 방향으로 드래그하여 세 개의 객체를 선택합니다.

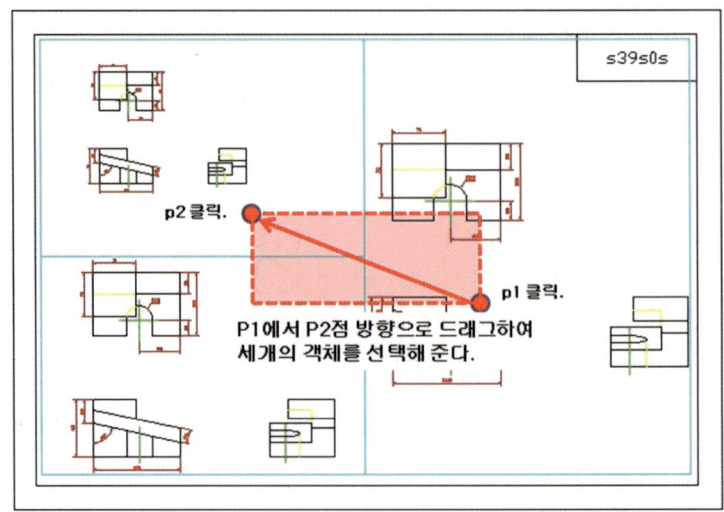

03 뷰포트 도구 막대에서 스케일 값을 선택합니다.

예) SCALE 1/2인 경우

맞춤 축척 옆 화살표를 선택한 뒤 주어진 조건에 맞는 SCALE 값을 설정합니다.

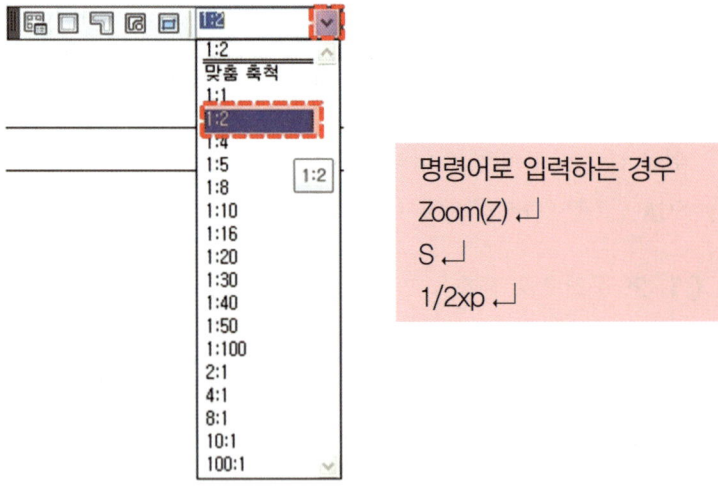

선택하면 Mview로 가져왔던 객체들이 크기에 맞게 변합니다.

> **TIP**
> Mview영역의 MS 공간에서 임의로 휠을 굴려 사이즈를 어느 정도 맞게 설정하면 조절하기 편합니다.

7 정렬 맞추기

mvsetup명령으로 정렬을 맞출 수 있습니다. 정렬이 맞지 않으면 감점됩니다.
정렬을 맞추기 위해 먼저 PS 공간으로 전환해야 합니다.(★★중요!!★★)

> 명령 : ps ↵
> 명령 : mvsetup ↵
> 옵션 입력 [정렬(A)/뷰포트 작성(C)/뷰포트 축척(S)/옵션(O)/제목 블록(T)/명령 취소(U)] : a ↵
> 옵션 입력 [각도(A)/수평(H)/수직 정렬(V)/뷰 회전(R)/명령 취소(U)] : v ↵
> 기준점 지정 : 세로 기준점을 선택합니다.

TIP
이때 ONSAP이 꺼지므로 OSNAP 버튼을 눌러 기준을 잡고자 하는 점을 체크하여 설정합니다.

01 Top의 기준점 클릭

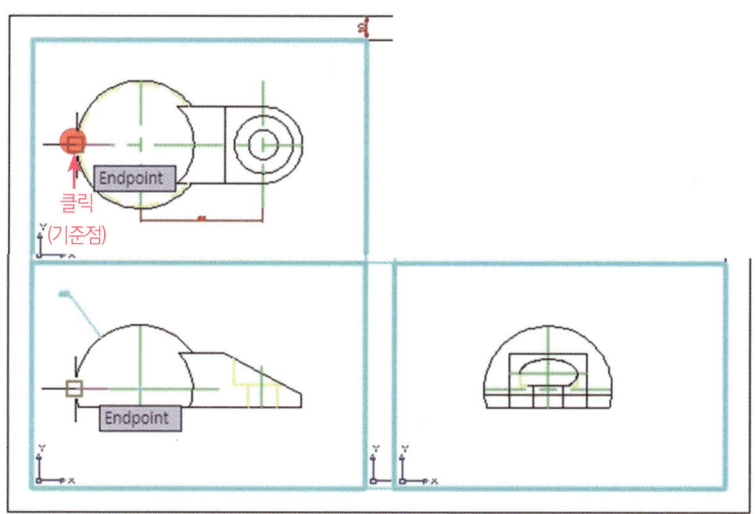

02 Front의 맞추고자 하는 점 클릭(순서는 상관없습니다.)

먼저 클릭한 기준점으로부터 두 번째 찍은 점의 영역이 정렬되는 것을 확인할 수 있습니다. 수평 정렬을 맞춥니다.

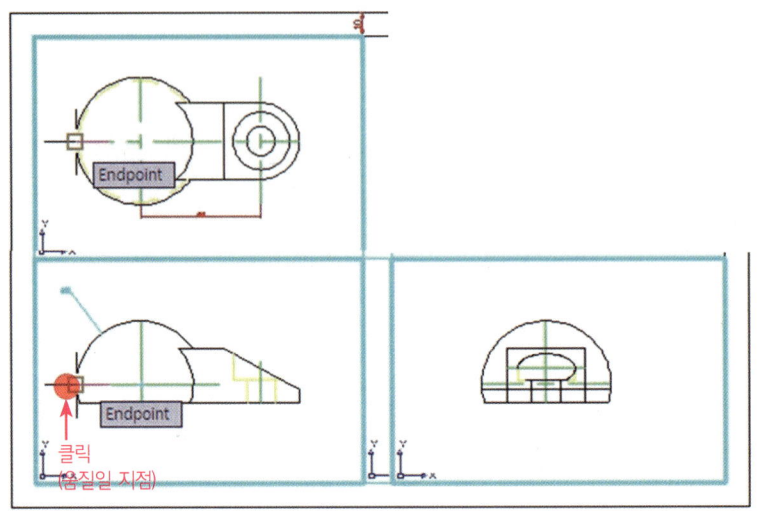

옵션 입력 [각도(A)/수평(H)/수직 정렬(V)/뷰 회전(R)/명령 취소(U)] : h ↵

03 Front영역의 가로 기준점을 클릭합니다.

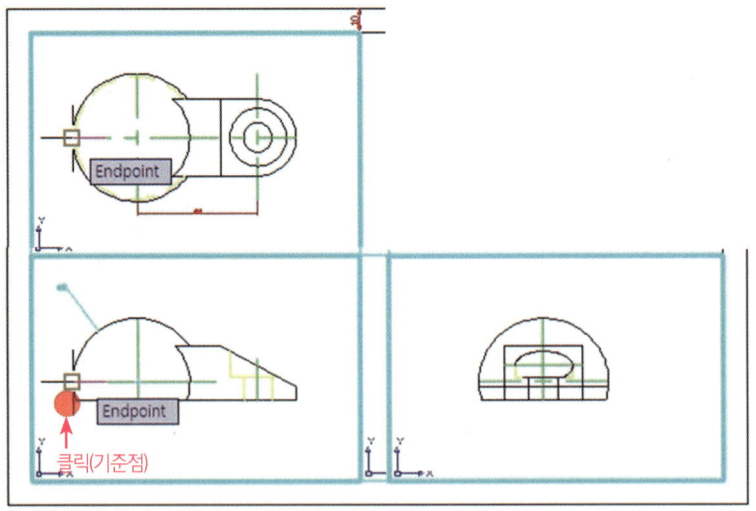

04 Right영역의 맞추고자 하는 점을 클릭합니다. (순서는 상관없습니다.)

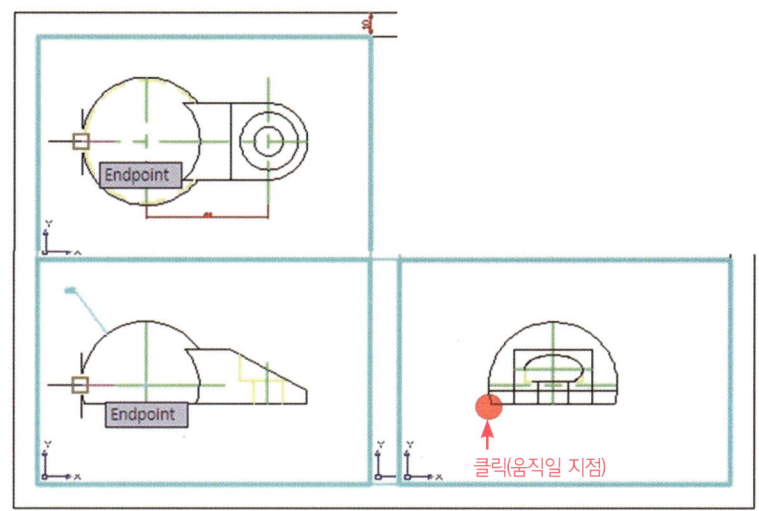

05 정렬을 맞춘 뒤 움직이면 처음부터 다시 작업해야 하므로 PS 공간으로 바로 전환합니다.

> 명령 : ps PSPACE ↵

8 글씨 입력하기

"0"번 도면층을 선택합니다.

 (예시)

01 TOP 작성 방법

Dtext(de)명령으로 시작점을 지정 후 문자의 높이 값은 알맞은 크기로 설정합니다. (약 5 정도)

> 명령 : dt ↵ TEXT
> 문자의 시작점 지정 또는 [자리맞추기(J)/스타일(S)] : 글씨를 입력하려는 시작점 클릭
> 높이 지정 ⟨2.5000⟩ : 5 ↵
> 문자의 회전 각도 지정 ⟨0⟩ : 0 ↵
> 글씨 입력 : TOP ↵ ↵ (엔터 두 번 한다.)

02 SCALE 작성 방법

Dtext(de)명령으로 시작점을 지정 후 문자의 높이 값은 알맞은 크기로 설정합니다.(약 2.5 정도)

> 명령 : dt ↵ TEXT
> 문자의 시작점 지정 또는 [자리맞추기(J)/스타일(S)] : 글씨를 입력하려는 시작점 클릭
> 높이 지정 〈2.5000〉 : 2.5 ↵
> 문자의 회전 각도 지정 〈0〉 : 0 ↵
> 글씨 입력 : SCALE ↵ ↵ (엔터 두 번 한다.)

03 배치 방법

새로 다시 작성하려면 오래 걸리므로 Move(m)명령으로 제안된 크기에 배치 후 Copy(co)명령으로 나머지 영역으로 복사합니다.

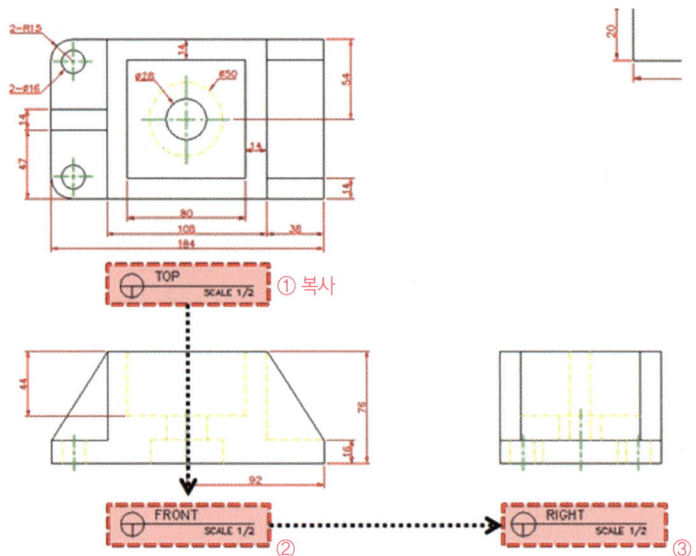

> **TIP**
> Edit(ed)명령으로 TOP을 FRONT와 RIGHT로 편집합니다.

9 Mview 도면층 동결 방법

동결 메뉴를 선택합니다.

> **TIP** 알아두면 도움이 되는 명령어
>
> 동결설정은 선택 중일 경우 실행이 되지 않으므로 다른 도면층으로 선택 후(0, model과 같은) 설정해야 합니다.

10 작업 후 봐줘야 할 체크 리스트

01 정렬은 잘 맞았는가.(xline으로 확인해 봅니다.)

02 균형 배치는 하였는가.(균형이 잘 이루어졌는지 여부도 점수에 포함됩니다.)

03 시험 조건에 맞게 치수선은 뽑았는가.(치수선이 시험과 동일한지 확인합니다.)

04 "0"과 "Model" 도면층은 구분을 잘하여 뽑았는가.(색상이 같으므로 반드시 확인합니다.)

05 ATC 치수선 뽑는 방법

도구막대의 빈 공간에 오른쪽 마우스를 클릭하여 "AutoCAD → 치수"버튼을 선택하여 위와 같은 치수도구 막대를 불러옵니다.

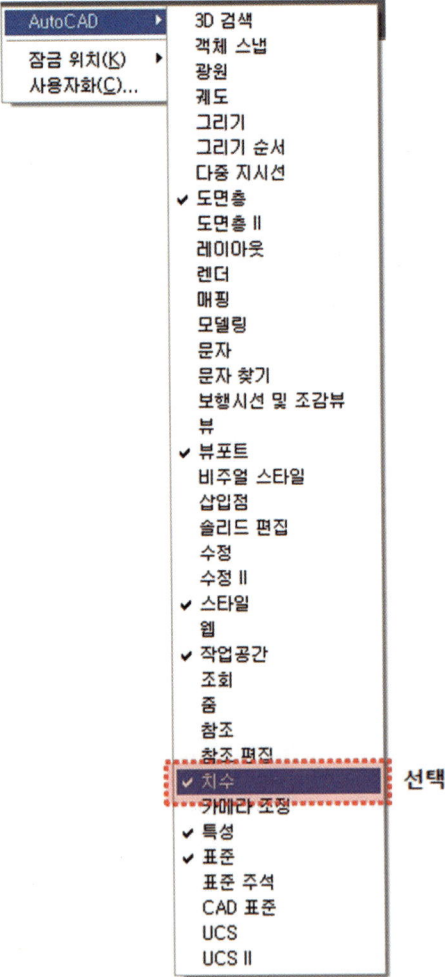

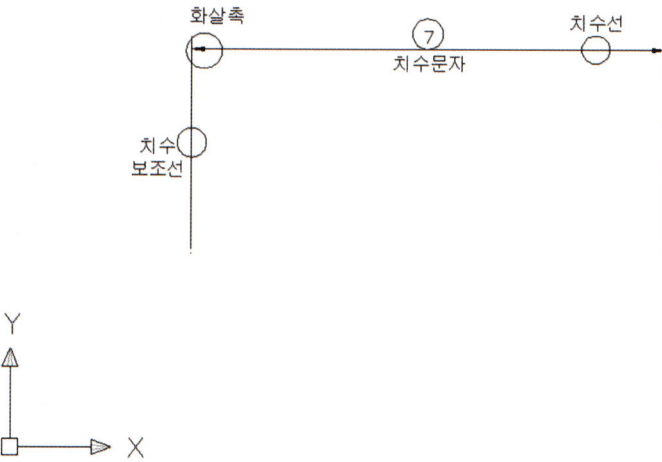

치수선을 뽑았을 때 치수보조선, 화살촉, 치수문자, 치수선으로 구성되어 있습니다.

01 DIM(ddim)

도면 작성시 치수 기입 모드에 접근시키는 방법으로 화면 하단의 명령 라인에서 다음과 같이 입력합니다.

명령 : ddim ↵

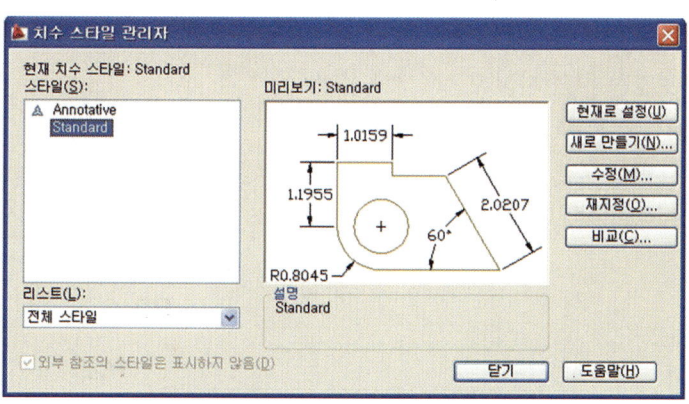

명령어를 입력하면 위와 같은 대화상자가 나타납니다.

02 DIMLINEAR

도면 작성시 가로와 세로에 대한 치수를 기입합니다.

명령 : dimlinear ↵
첫 번째 치수보조선 원점 지정 또는 〈객체 선택〉 : … p1
비 연관 치수가 작성됨 : … p2
치수선의 위치 지정 또는
[여러 줄 문자(M)/문자(T)/각도(A)/수평(H)/수직(V)/회전(R)] : … 높이 값 입력

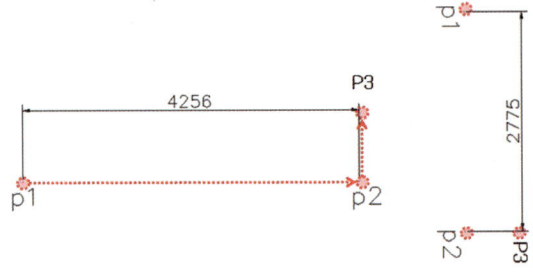

03 DIMALIGNED

도면 작성시 치수 기입 모드에서 정렬된 직선 치수를 기입합니다.

명령 : dimaligned ↵
첫 번째 치수보조선 원점 지정 또는 〈객체 선택〉 : … p1
비 연관 치수가 작성됨 : … p2
치수선의 위치 지정 또는
[여러 줄 문자(M)/문자(T)/각도(A)] : … 1 치수 기입 위치를 설정

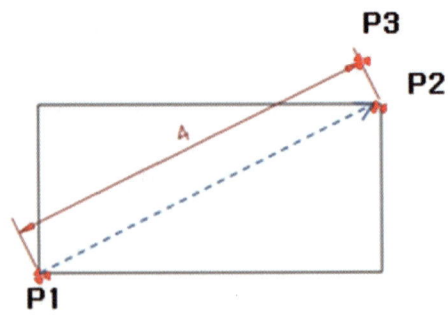

- Mtext : 치수 문자를 문장 단위로 사용할 때 이용합니다.
- Text : 새로운 글씨를 입력할 수 있습니다.
- Angle : 치수 문자에 대한 각도를 조절할 수 있습니다.

04 DIMANGULAR

도면 작성시 치수 기입 모드에서 각도 치수를 기입합니다.

> 명령 : dimangular ↵
> 호, 원, 선을 선택하거나 〈정점 지정〉 :   … p1
> 두 번째 선 선택 :   … p2
> 두 번째 선 선택
> 치수 호 선의 위치 지정 또는 [여러 줄 문자(M)/문자(T)/각도(A)/사분점(Q)] :   … p3

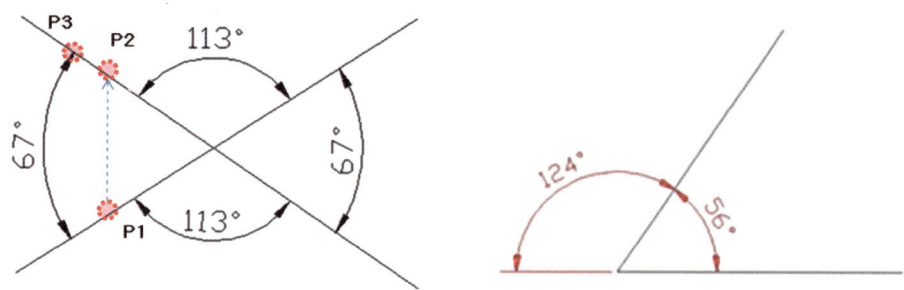

아래의 예제 도면의 치수를 뽑아낼 수 있습니다.

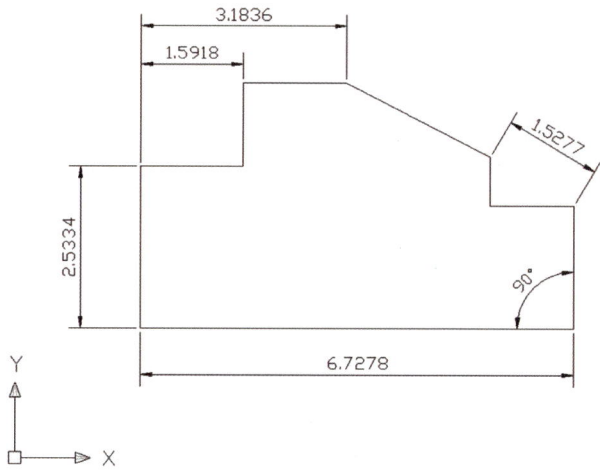

05 DIMBASELINE

도면 작성시 다중치수 기입으로 이전 치수 또는 치수의 기준선으로부터 연속적인 치수를 기입합니다.

1) 직선인 경우

```
명령 : dimlinear ↵
첫 번째 치수보조선 원점 지정 또는 〈객체 선택〉 :                      … p1
비 연관 치수가 작성됨 :                                             … p2
치수선의 위치 지정 또는
[여러 줄 문자(M)/문자(T)/각도(A)/수평(H)/수직(V)/회전(R)] :        … p3 위치 설정
치수 문자 = 111.9181
명령 : dimbaseline ↵
두 번째 치수보조선 원점 지정 또는 [명령 취소(U)/선택(S)] 〈선택(S)〉 :  … p4
치수 문자 = 256.9181
두 번째 치수보조선 원점 지정 또는 [명령 취소(U)/선택(S)] 〈선택(S)〉 :  … p5
```

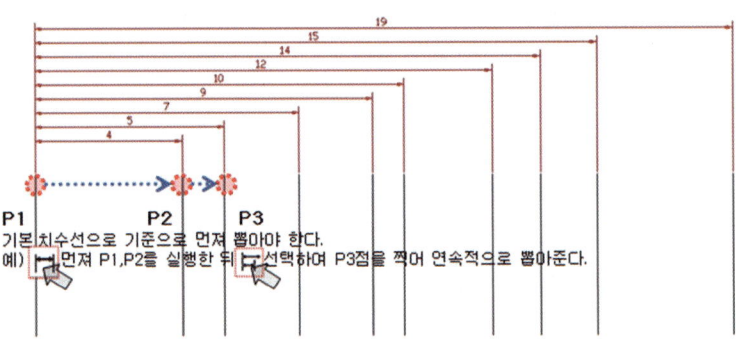

- Horizontal : 치수를 가로 형식으로 작성합니다.
- Vertical : 치수를 세로 형식으로 작성합니다.
- Rotated : 치수선에 대한 각도를 조절합니다.

2) 원인 경우

06 DIMCENTER

도면 작성시 원 또는 호의 중심점을 표시해주는 명령으로 어떤 방법으로 표시할 것인지와 크기를 어느 정도로 할 것인지에 대해 지정합니다.

명령 : dimcen ↵
DIMCEN에 대한 새 값 입력 〈2.5000〉 : 5 … 중심에 대한 표시를 지정
명령 : dimcenter ↵
호 또는 원 선택 : … P1, P2, P3, P4

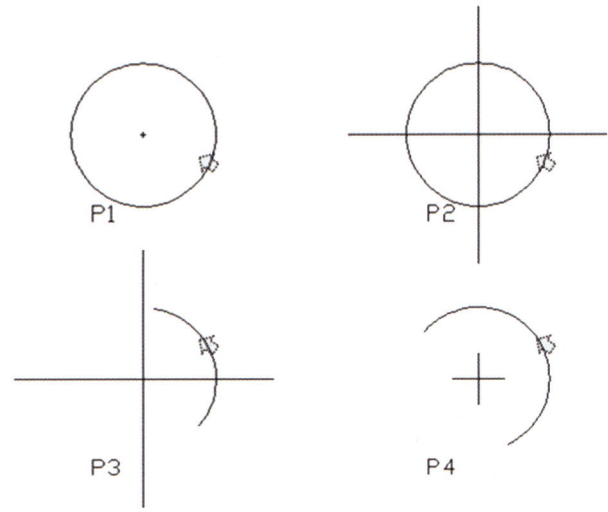

07 DIMRADIUS와 DIMDIAMETER

도면 작성시 원이나 호의 반지름과 지름에 대한 치수를 기입합니다.

명령 : dimradius ↵
호 또는 원 선택 : … p1
치수 문자 : 95

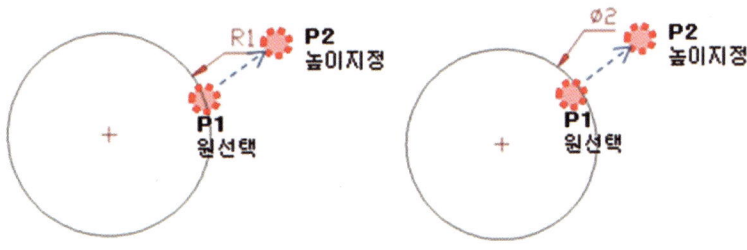

08 DIMCONTINUE

도면 작성시 평행하게 연속된 치수를 기입할 때 사용합니다.

> 명령 : dimcontinue ↵
> 두 번째 치수보조선 원점 지정 또는 [명령 취소(U)/선택(S)] 〈선택(S)〉 : … p1
> 치수 문자 = 7

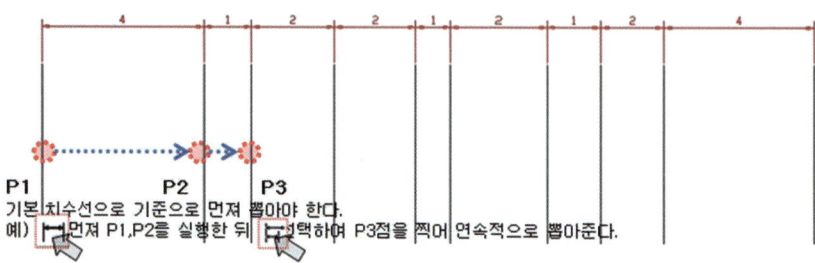

09 DIMORDINATE

도면 작성시 원점으로부터 거리를 치수로 지정하는 명령으로 UCS 아이콘을 객체의 특정위치로 이동한 후 특정 점을 선택하여 치수를 기입합니다.

> 명령 : dimordinate ↵
> 피쳐 위치를 지정 : … p1 원의 중심을 선택
> 지시선 끝점을 지정 또는 [X데이텀(X)/Y데이텀(Y)/여러 줄 문자(M)/문자(T)/각도(A)] : x
> … 좌표값 입력
> 지시선 끝점을 지정 또는 [X데이텀(X)/Y데이텀(Y)/여러 줄 문자(M)/문자(T)/각도(A)] :
> … p2
> 치수 문자 = 180
> 명령 : dimordinate ↵
> 피쳐 위치를 지정 : … p3
> 지시선 끝점을 지정 또는 [X데이텀(X)/Y데이텀(Y)/여러 줄 문자(M)/문자(T)/각도(A)] : y
> … 좌표값 입력
> 지시선 끝점을 지정 또는 [X데이텀(X)/Y데이텀(Y)/여러 줄 문자(M)/문자(T)/각도(A)] :
> … p4
> 치수 문자 = 180
> 명령 :

10 DIMOVERRIDE 재지정(O)...

도면 작성시 치수에 대한 시스템 변수를 다시 지정합니다.

```
명령 : dimoverride ↵
재지정할 치수 변수 이름 입력 또는 [재지정 지우기(C)] : dimasz
                                              … 화살표의 크기를 조정
치수 변수에 대한 새로운 값 입력 ⟨2.5000⟩ : 7 ↵
재지정할 치수 변수 이름을 입력 : dimexo       … 치수선이 객체와 떨어지는 값을 조절
치수 변수에 대한 새로운 값 입력 ⟨2.5000⟩ : 7 ↵
재지정할 치수 변수 이름을 입력 :
객체 선택 :                                   … p1 임의 위치 설정
반대 구석 지정 :                              … p2
객체 선택 : ↵
명령 :
```

위의 명령은 도면의 치수선에 표시되는 화살표의 크기를 조절하는 것으로 아래의 도면에서 먼저 Dimlinear 명령을 이용하여 치수선을 그어 놓은 후 Dimoverride 명령을 이용하여 치수선 양쪽의 화살표 크기를 조절할 수 있습니다. 위에서 제공되는 화살표의 기본 값은 2.5000인데, 7과 5로 그 값을 지정하였습니다.

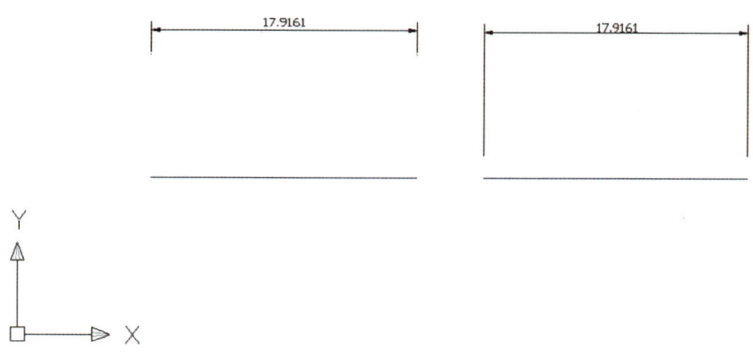

> **TIP** 알아두면 좋은 포인트
>
> %%c   ➡   ∅
> %%d   °
> %%p   ±

11 DIMTEDIT

도면 작성시 치수 문자의 위치에 대한 이동과 회전을 시킬 수 있습니다.

```
명령 : dimtedit ↵
치수 편집의 유형 입력 [홈(H)/새로 만들기(N)/회전(R)/기울기(O)] <홈(H)> : r
                                                              … 회전선택
치수 문자에 대한 각도를 지정 : 45                              … 회전할 각도 선택
객체 선택 :                                                    … 회전시킬 치수선택 1개를 찾음
객체 선택 :


명령 : dimtedit ↵
치수 편집의 유형 입력 [홈(H)/새로 만들기(N)/회전(R)/기울기(O)] <홈(H)> : o
                                                              … 치수보조선 기울기 선택
객체 선택 : 1개를 찾음                                          … 수정할 치수선 선택
객체 선택 :
기울기 각도 입력 (없는 경우 ENTER키) : 45                      … 회전시킬 각도 선택
```

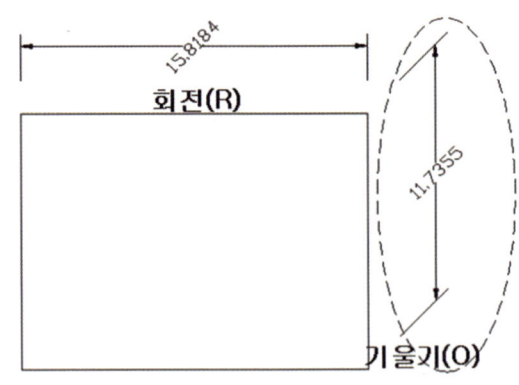

위의 경우 치수 문자를 왼쪽으로 맞추는데, 사용되는 명령어의 기능을 보면 다음과 같습니다.

- Left : 도면 작성에서 치수 문자를 왼쪽을 기준으로 맞춥니다.
- Right : 도면 작성에서 치수 문자를 오른쪽 기준으로 맞춥니다.

- Center : 도면 작성에서 치수 문자를 중심을 기준으로 맞춥니다.
- Home : 도면 작성에서 치수문자를 처음 상태로 되돌립니다.
- Angle : 도면 작성시 치수문자를 각도로 조정합니다.
- Hor : 치수를 수평으로 기입합니다.
- Ver : 치수를 수직으로 기입합니다.
- Ali : 기울어진 도면의 치수를 기입합니다.
- Base : 이전에 기입된 치수를 기준으로 층을 쌓듯이 기입합니다.
- Con : 이전에 기입된 치수를 기준으로 옆으로 기입합니다.
- Rot : 지정된 각도에 따라 치수를 기입합니다.
- Ang : 각도에 관련된 치수를 기입합니다.
- Dia : 원이나 호에 대한 지름 치수를 기입합니다.
- Rad : 원이나 호에 대한 반지름 치수를 기입합니다.
- Cen : 원이나 호의 중심을 표시합니다.
- Lea : 지시선을 기입합니다.
- Sta : 치수 기입에 대한 변수를 보여줍니다.
- Style : 치수 기입에 대한 글씨체를 선택합니다.
- Undo : 입력된 치수를 취소시킵니다.
- Exit : 치수 명령 상태인 Dim을 빠져 나옵니다.

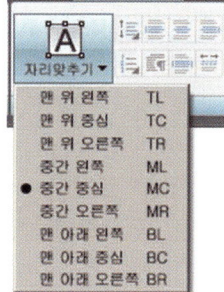

12 LEADER

도면 작성시 지시선 치수를 기입하는데, 치수가 아니라 어떤 부분에 지시 사항을 입력하고 싶을 때 사용하는 지시선과 주석을 입력할 수 있도록 해줍니다.

```
명령 : leader ↵
지시선 시작점 지정 :                                                      … p1
다음점 지정 :                          … p2 Line 명령과 동일한 방법으로 선을 그리면 된다.
다음 점 지정 또는 [주석(A)/형식(F)/명령 취소(U)] 〈주석(A)〉 :                      … p3
다음 점 지정 또는 [주석(A)/형식(F)/명령 취소(U)] 〈주석(A)〉 : a
주석 문자의 첫 번째 행 입력 또는 〈옵션〉 :                        … leader란 임의 문자 입력
주석 문자의 다음 행을 입력 : ↵
명령 :
```

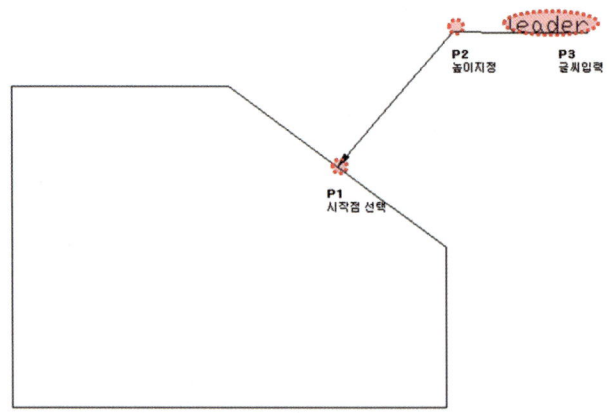

도면 작성시 치수에 대한 여러 가지 스타일을 작성할 수 있도록 해줍니다. AutoCAD에서 치수 유형이란 사용자의 다양한 작업 환경에 맞추어 작업할 수 있도록 하는 것으로 사용자가 작업할 때마다 치수 변수를 수정하여 작업을 하게 되면 시간이 많이 걸리게 됩니다. 이 경우 치수 유형을 미리 만들어 놓고 사용할 수 있도록 하는 기능을 말합니다.

13 DIMSTYLE

도면 작성시 명령 라인에서 치수에 대한 유형을 작성한 후 Dim 그룹을 만들어 놓고 사용자가 필요로 하는 부분을 수정할 수 있습니다.

명령 : dimstyle ↵

다음의 화면이 구성됩니다. 이 경우 여러 경우의 치수 유형을 만들어 놓고 사용자의 작업 환경에 따라 불러와서 사용할 수 있습니다.

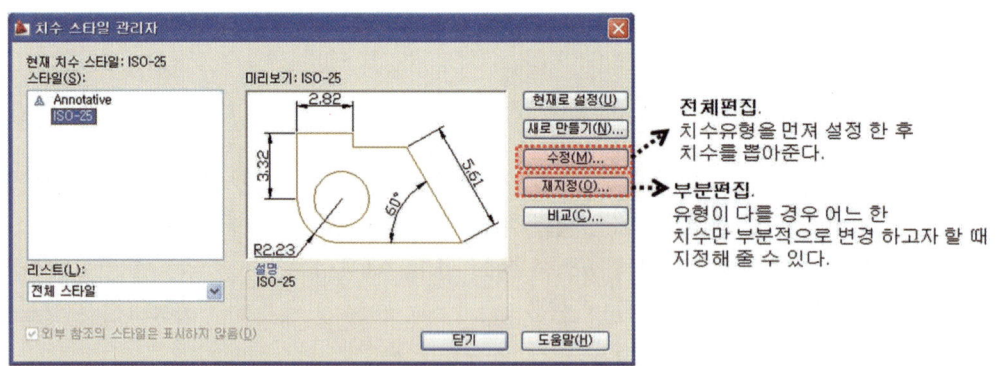

명령 : ddim ↵

위의 명령어를 입력하면 다음의 화면이 구성되고, 각 메뉴를 보면 다음과 같습니다.

- 현재 치수 스타일 : Standard 현재 사용 중인 치수 유형을 보여줍니다.
- 스타일 : 치수 유형을 조절합니다.

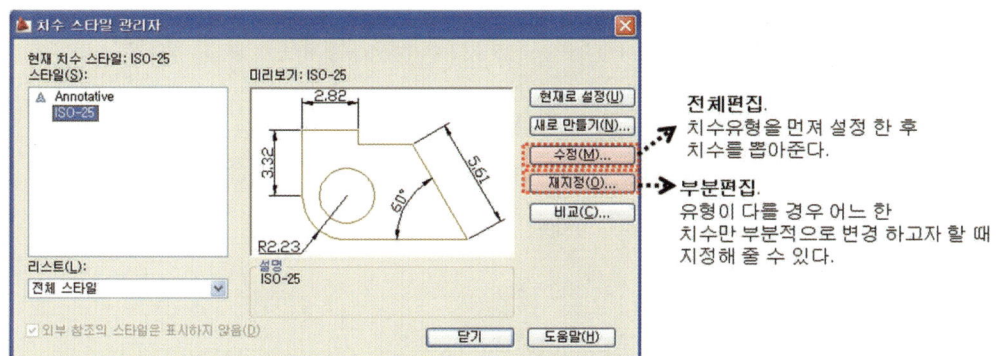

- 리스트 : 현재 저장되어 있는 치수 유형을 보여줍니다.
- 외부 참조의 스타일은 표시하지 않음 : 외부 참조된 도면의 치수 유형은 보이지 않습니다.
- 미리보기 : 현재 설정되어 있는 치수 유형의 상태를 시각적으로 보여줍니다.
- 설명 : 치수 유형에 대한 간단한 설명을 보여줍니다.
- 현재로 설정 : List안에 있는 다양한 치수 유형 중에서 사용할 치수 유형을 선택합니다.
- 새로 만들기 : 새로운 치수 유형을 조절합니다.
- 수정 : 만들어진 치수 유형을 편집합니다.
- 재지정 : 부분적인 치수 변수를 조절합니다.
- 비교 : 다양한 치수 유형을 서로 비교합니다.

새로 만들기〈N〉을 선택하면 다음의 화면이 구성됩니다.

- **새 스타일 이름** : 새로운 치수 유형에 대한 이름을 저장합니다.
- **시작** : 새로 만들어지는 치수 유형과 유사한 형태를 선택하여 수정을 쉽게할 수 있도록 합니다.
- **사용** : 사용하고자 하는 치수의 형태를 조절합니다.

〈Modify〉을 선택하면 다음의 화면이 구성됩니다.

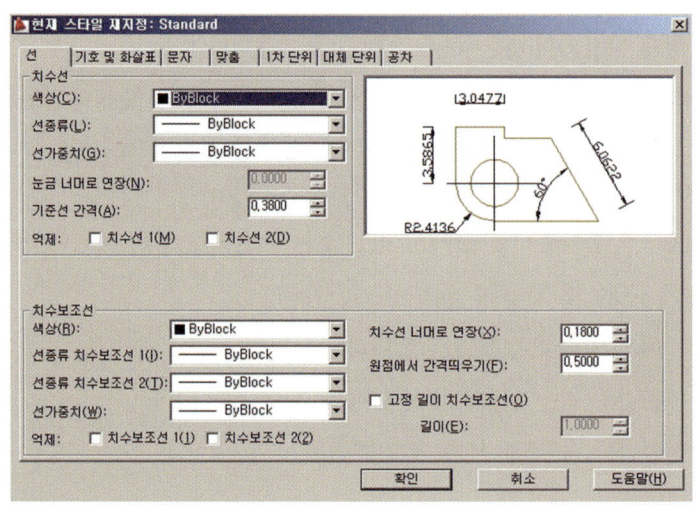

- **치수선** : 치수에 대한 사항을 조절합니다.
- **색상** : 치수선의 색상을 조절합니다.
- **선종류** : 치수선의 스타일을 조절합니다.
- **선가중치** : 치수선의 두께를 조정합니다.
- **눈금 너머로 연장** : 화살표의 모양을 티크 형식으로 바꾸었을 때 치수선이 치수 보조선을 벗어나는 길이를 조절합니다.
- **기준선 간격** : 치수를 쌓을 때의 간격을 조절합니다. 연속 치수 기입 방법 중 Baseline의 연속 높이 값을 의미합니다.

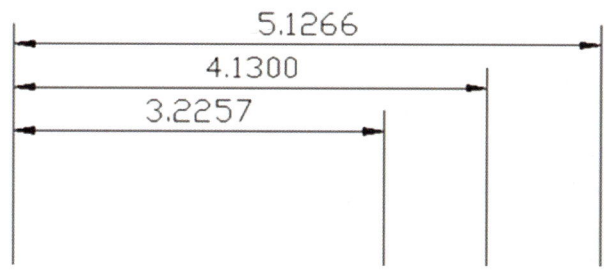

- **억제** : 치수 문자의 간격이 좁을 때 체크해 주면 치수선을 없애줍니다.
- **치수보조선** : 치수보조선에 대한 사항을 조절합니다.
- **색상** : 치수보조선의 색상을 조절합니다.
- **선 종류 치수보조선 1, 2** : 치수보조선의 선의 스타일을 조절합니다.
- **선 가중치** : 치수보조선의 선의 굵기를 조절합니다.
- **억제** : 치수보조선의 표현을 조절합니다.
- **치수선 너머로 연장** : 치수보조선의 치수선까지의 넘어가는 길이를 조절합니다.

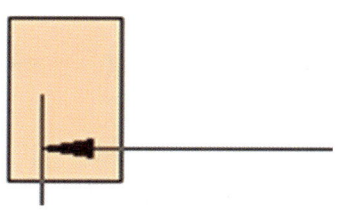

- **원점에서의 간격띄우기** : 치수보조선이 객체와 띄어지는 간격을 조절합니다.

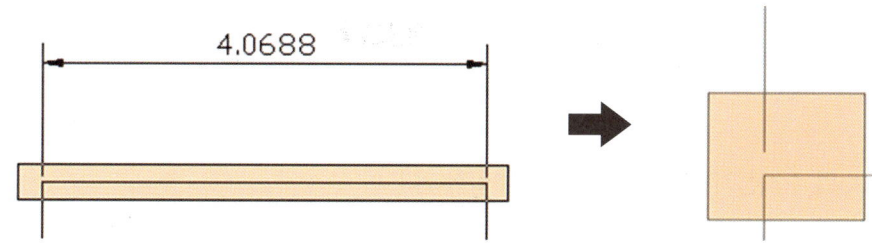

- **고정 길이 치수보조선** : 알아두면 좋은 기능으로 치수보조선의 길이를 고정화시켜 깔끔하게 표현할 수 있습니다.
- **길이** : 고정화 시킬 길이 값을 조절할 수 있습니다.

14 AutoCAD 2급 시험에 자주 나오는 치수선 뽑는 방법(★★중요!!★★)

1) ⊢⊣ 치수선(수직수평선을 선택합니다.)

2) 뽑고자 하는 시작점을 클릭합니다.

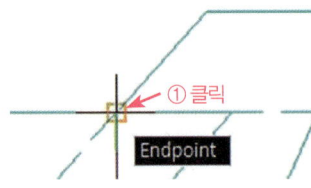

3) 뽑고자 하는 끝점을 클릭합니다.

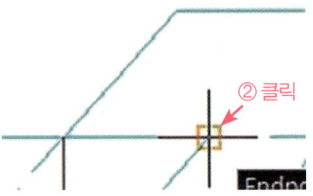

4) [여러 줄 문자(M)/문자(T)/각도(A)/수평(H)/수직(V)/회전(R)] : r ↵
   옵션에 회전(r)을 선택합니다.

5) 치수보조선의 각도 값을 주기 위해 각도를 가진 시작점을 클릭합니다.

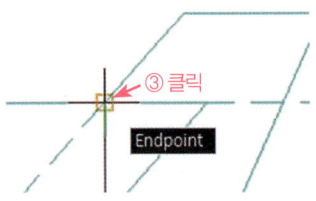

6) Osnap의 수직점인 90도의 위치에서 클릭합니다.

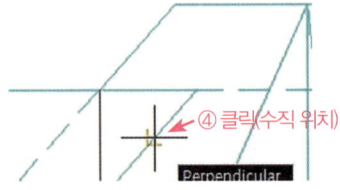

7) 치수선의 높이 값을 설정해줍니다.

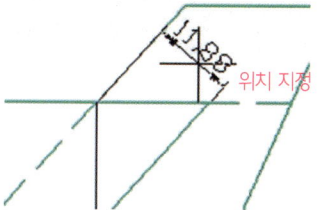

8) 완성

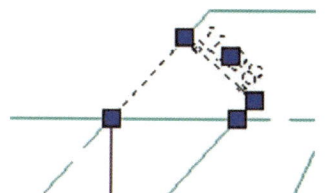

AutoCAD 2급 시험 예제 치수선 뽑기 따라 하기

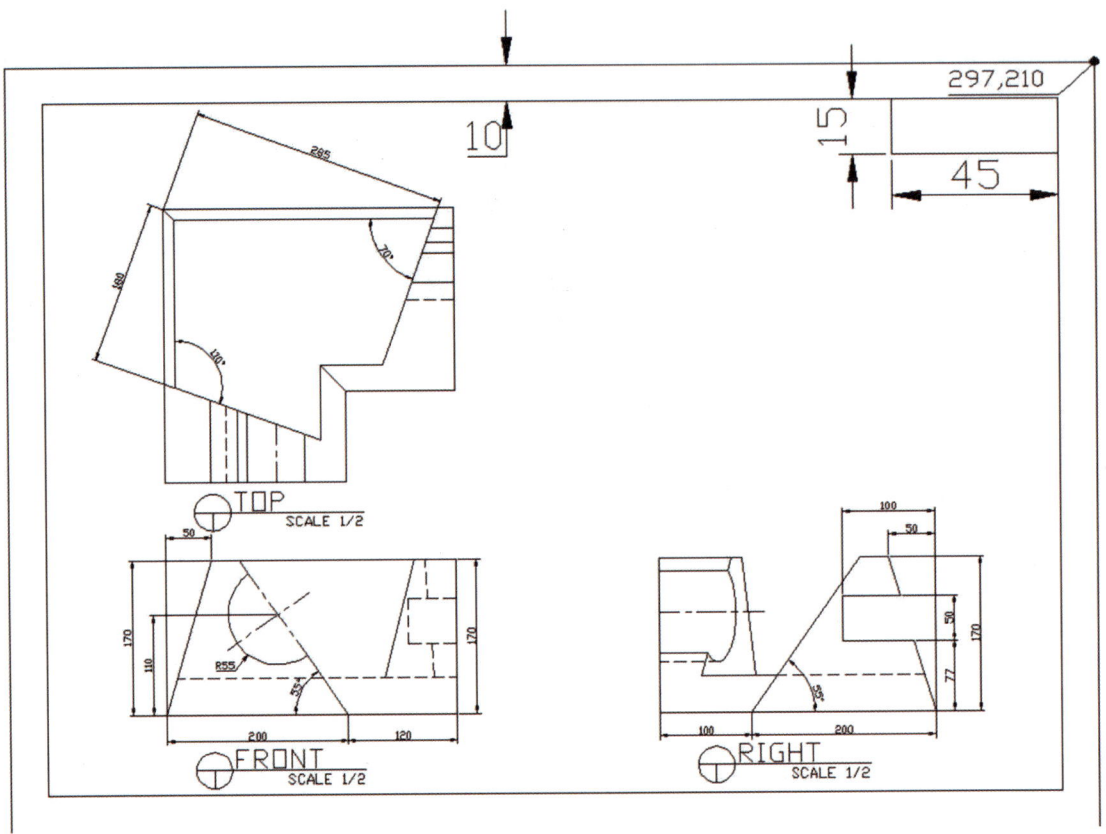

위의 예제와 같이 치수선을 뽑아 보도록 하겠습니다.

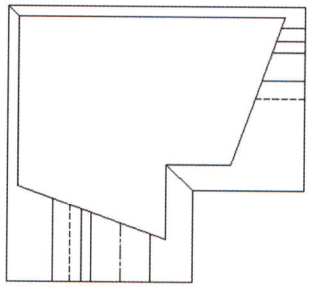

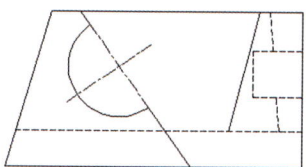 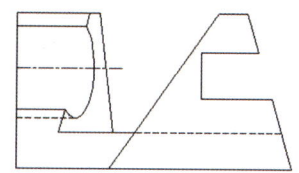

01 시험조건에 맞게 작도된 도면이 있습니다.

    💡 🟡 🧭 🔄 ■ dim   도면층 중 치수선을 뽑기 위한 dim 도면층을 선택합니다.

02 |H| 선형 치수선을 선택합니다.

03 치수선을 뽑기 위한 끝점인 P1점과 P2점을 클릭합니다.

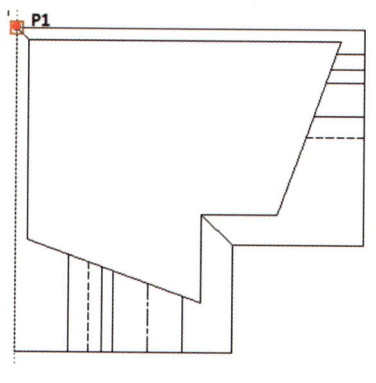 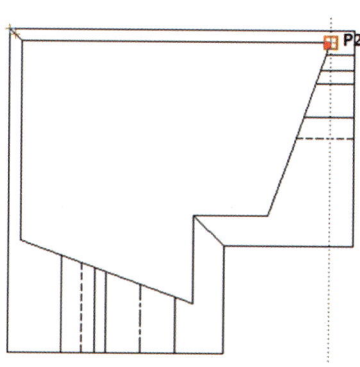

04 다음과 같이 치수선이 나타나는 것을 확인할 수 있습니다. 높이 값을 선택하기 전에
[여러 줄 문자(M)/문자(T)/각도(A)/수평(H)/수직(V)/회전(R)] : r 옵션에서 회전(R)을 선택합니다.

명령 : r ↵

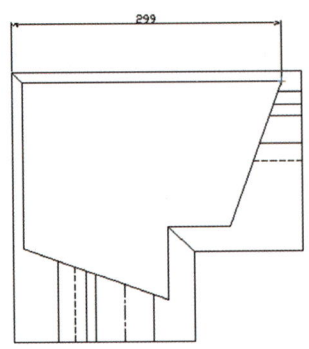

05 치수보조선을 주어진 조건대로 회전시키기 위해 P1점과 P2점을 클릭합니다.(각도를 모르기 때문에 마우스로 클릭해서 설정할 수 있습니다.)

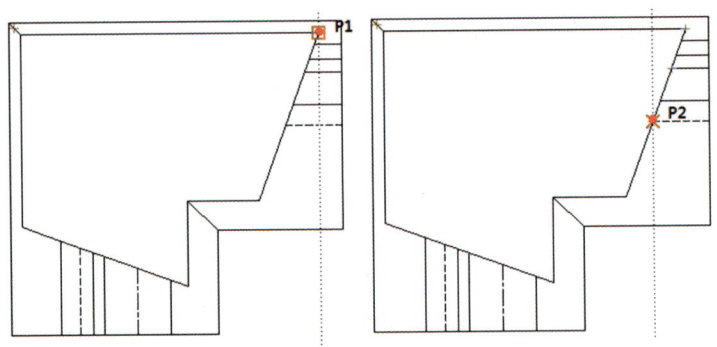

06 완성

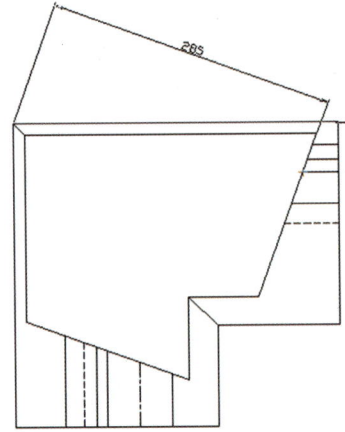

07 |H| 선형 치수선을 선택합니다.

08 치수끝이 위치하고자 하는 P1점과 P2점을 클릭하여 위치를 지정해줍니다.

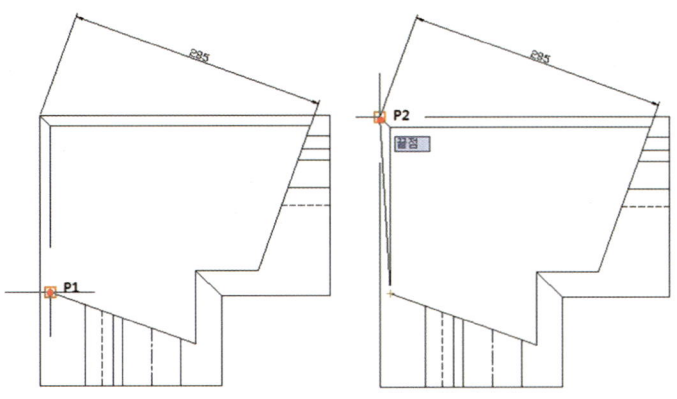

09 다음과 같이 치수선이 나오는데 높이 값을 지정하기 전에
[여러 줄 문자(M)/문자(T)/각도(A)/수평(H)/수직(V)/회전(R)] : r 회전(R) 옵션을 선택합니다.

명령 : r↵

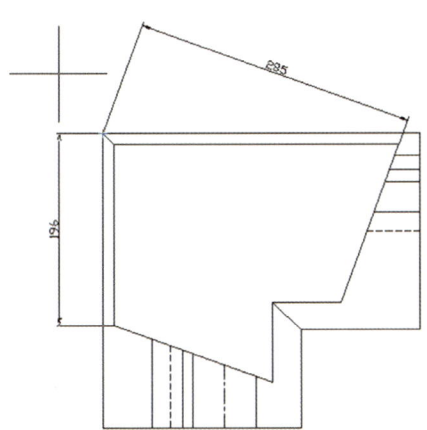

10 치수보조선을 회전하기 위해 P1점과 P2점을 순서대로 클릭해줍니다.

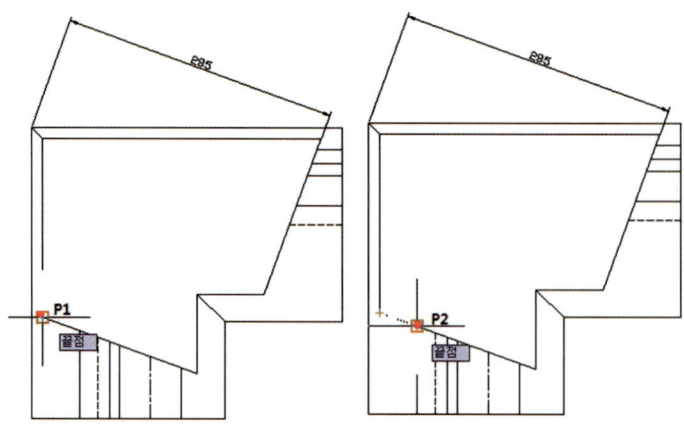

11 높이 값을 출제 시험과 유사하게 지정해줍니다.

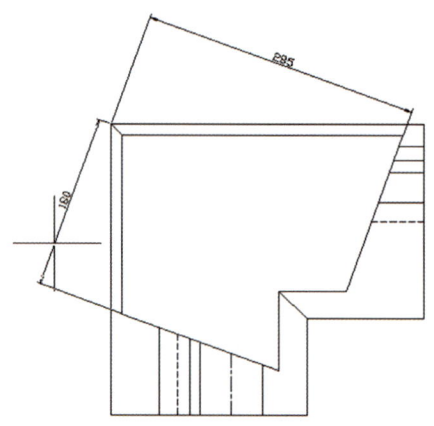

12 각도 치수를 선택해줍니다.

13 P1점과 P2점을 선택합니다.

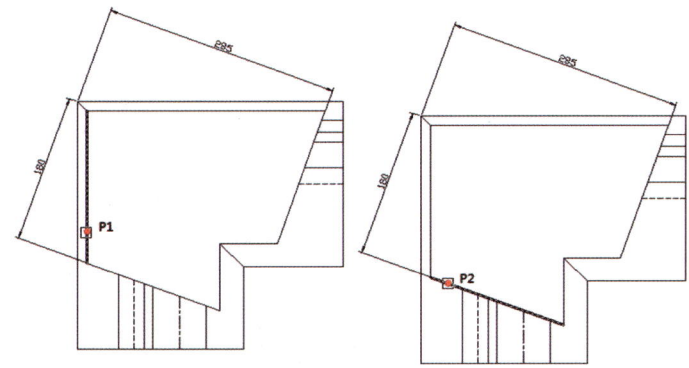

14 다음과 같이 각도치수선이 나옵니다. 높이 값을 시험 예제와 유사하게 지정해줍니다.

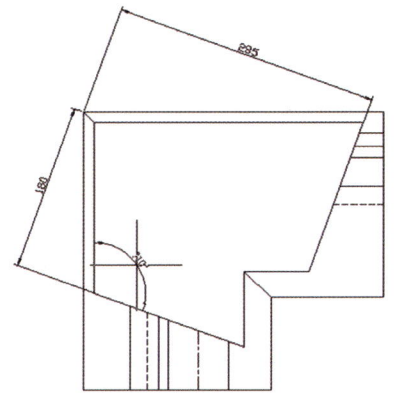

15 회전 치수 도구 막대를 선택합니다.

16 각도 값을 뽑을 위치인 P1점과 P2점을 클릭합니다.

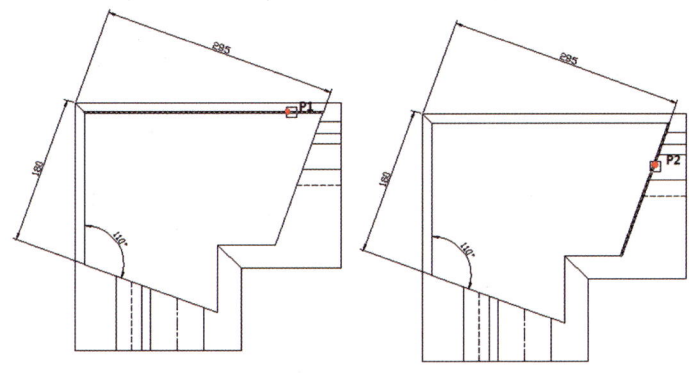

17 완성

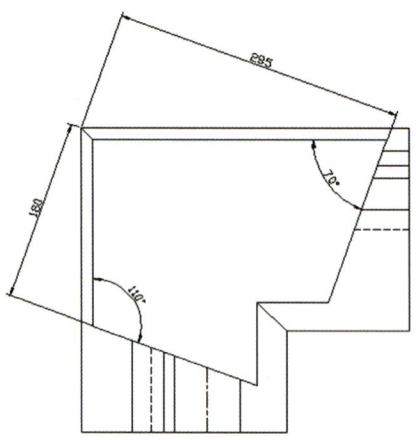

18 선형 치수 도구막대를 선택합니다.

19 치수를 뽑기 위해 끝점인 P1점과 P2점을 순서대로 클릭합니다.

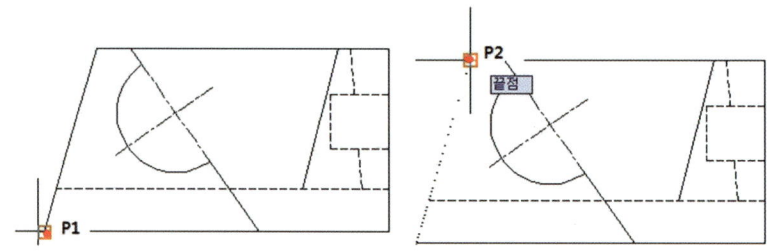

20 마우스를 위로 틀어 높이 값을 지정하여 완성시켜줍니다.

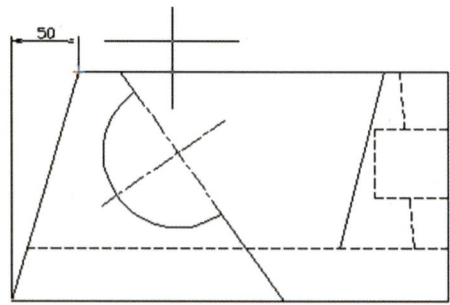

21 선형 치수 도구막대를 선택합니다.

22 치수를 뽑기 위해 끝점인 P1점과 P2점을 순서대로 클릭합니다.

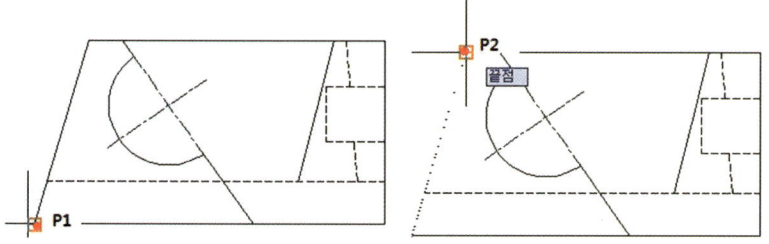

23 마우스를 왼쪽으로 틀어 치수를 뽑아줍니다.

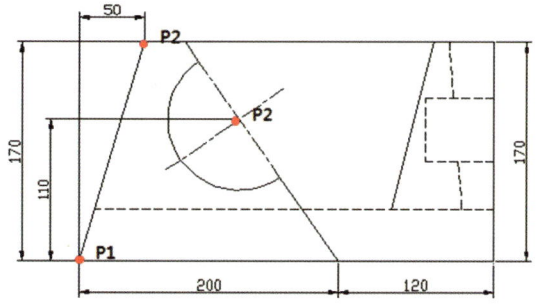

24 우측면도도 아래와 같은 방법으로 치수선을 뽑아줍니다.

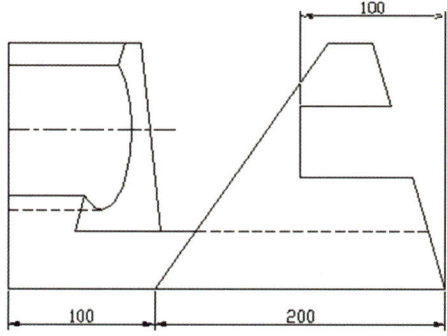

25 각도 치수를 뽑은 경우 시험에 종종 정렬 상태를 변환시켜야 하는 경우가 있습니다.

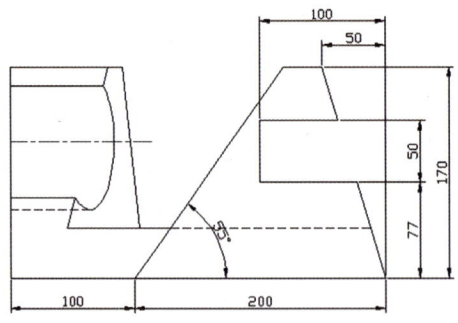

26 치수(N) → 문자정렬(X) → 오른쪽으로(R) → 를 선택하여

각도선의 치수 문자를 선택해줍니다.

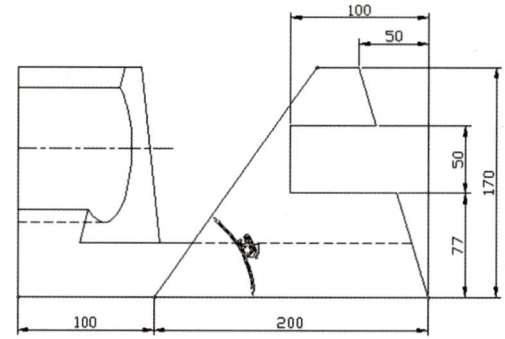

다음과 같이 치수 문자가 오른쪽 정렬이 된 것을 확인할 수 있습니다.

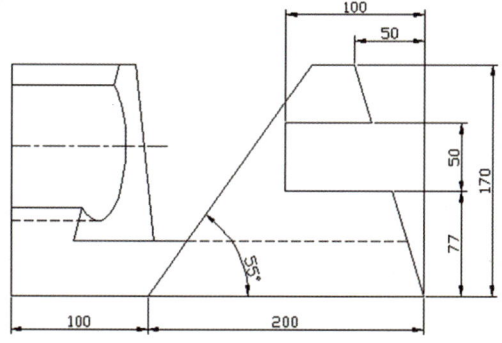

27 치수선 뽑기 완성

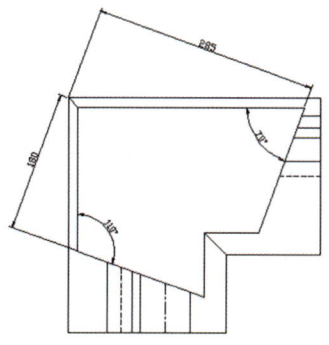

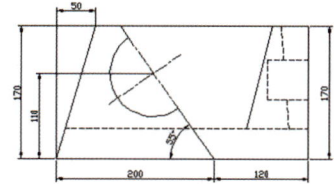
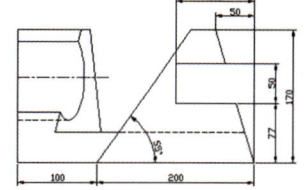

CHAPTER 05

| 01 | AutoCAD ATC 따라 하기(2007.1.13-1)
| 02 | AutoCAD ATC 따라 하기(2009.8.8)
| 03 | AutoCAD ATC 따라 하기(2007.11.24)
| 04 | AutoCAD ATC 따라 하기(2009.6.13)
| 05 | AutoCAD ATC 따라 하기(2009.12.12)
| 06 | AutoCAD ATC 따라 하기(2010.2.6)
| 07 | AutoCAD ATC 따라 하기(2007.9.8)
| 08 | AutoCAD ATC 따라 하기(2010.1.23)

AutoCAD ATC
2급 완벽대비

01 AutoCAD ATC 따라 하기(2007.1.13-1)

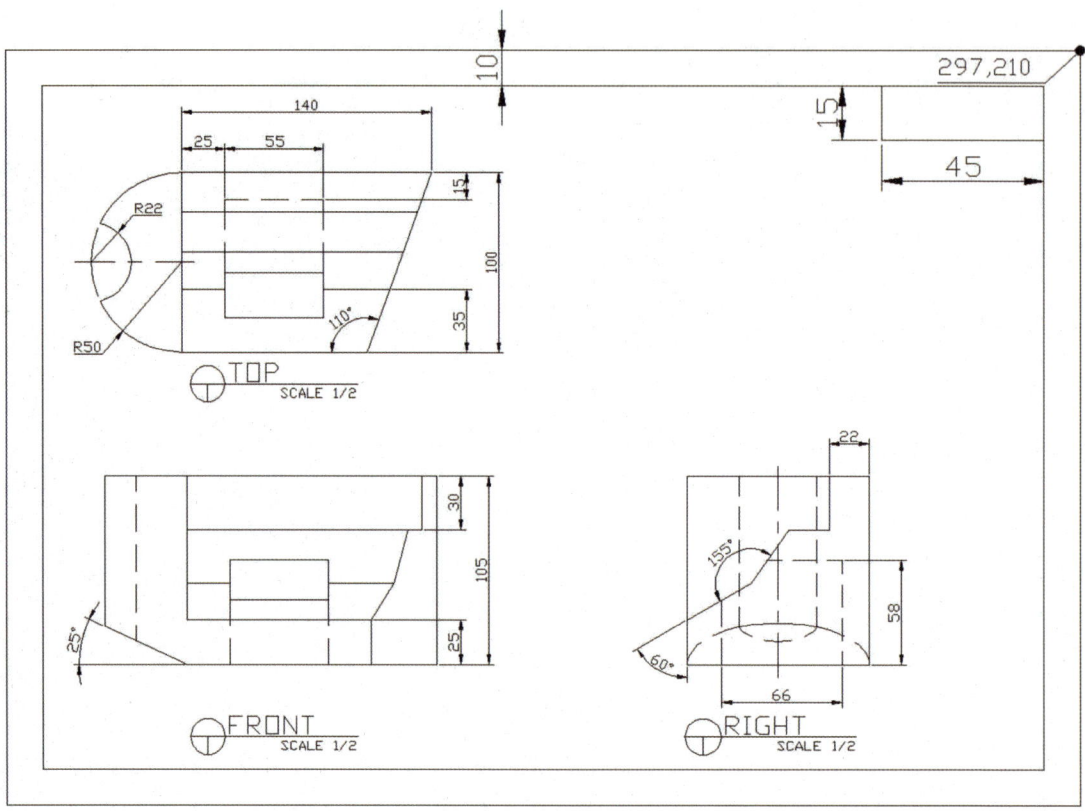

01 Limits명령으로 작업영역을 설정해준 후 Layer 도면층 조건에 맞게 설정합니다.

02 작도 전 "Model" 도면층을 선택합니다.

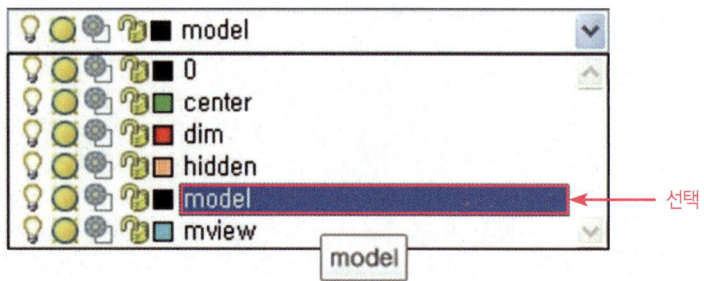

03 사각형을 @140, 100인 직사각형을 작도합니다.

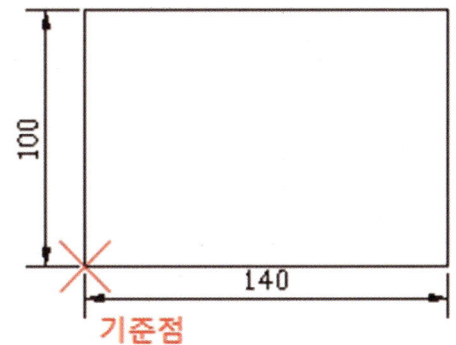

명령 : rec ↵
RECTANG
첫 번째 구석점 지정 또는 [모따기(C)/고도(E)/모깎기(F)/두께(T)/폭(W)] : 기준점 클릭
다른 구석점 지정 또는 [영역(A)/치수(D)/회전(R)] : @140, 100 ↵

> **TIP**
> 사각형 작도시 "@"를 입력해야 상대좌표로 사각형을 작도할 수 있습니다.

04 좌측의 중심점을 기준으로 반지름이 50인 원을 작도합니다.

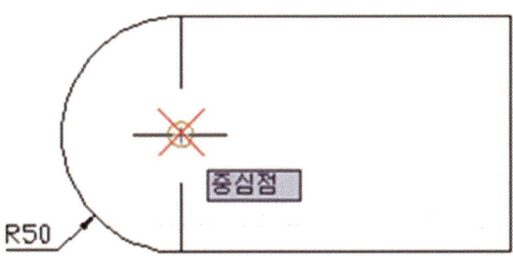

명령 : CIRCLE ↵
원에 대한 중심점 지정 또는 [3점(3P)/2점(2P)/Ttr - 접선 접선 반지름(T)] : 중심점 클릭
원의 반지름 지정 또는 [지름(D)] 〈5.0000〉 : 50 ↵

05 작도한 원의 사분점 기준에서 "22" 반지름 값인 원을 작도합니다.

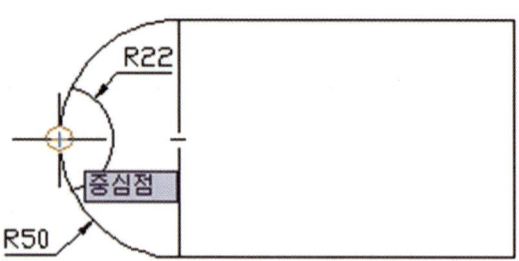

명령 : c ↵
CIRCLE 원에 대한 중심점 지정 또는 [3점(3P)/2점(2P)/Ttr – 접선 접선 반지름(T)] : 사분점 지정
원의 반지름 지정 또는 [지름(D)] <50.0000> : 22 ↵

06 중심선 작도 후 "Center" 도면층으로 변경합니다.

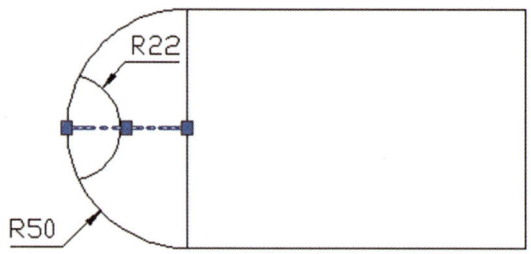

07 LENGTHEN(len) 명령을 이용해 거리 값 지정 후 중심선을 늘립니다.

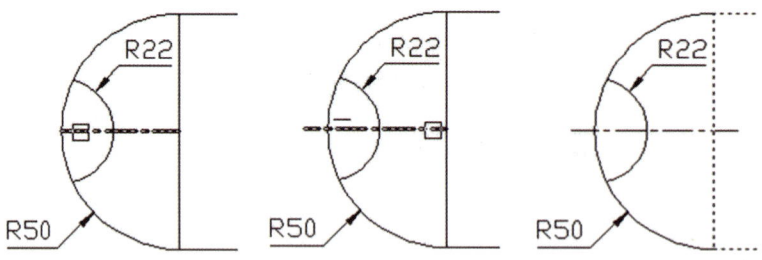

명령 : len ↵ LENGTHEN
객체 선택 또는 [증분(DE)/퍼센트(P)/합계(T)/동적(DY)] : de ↵
증분 길이 입력 또는 [각도(A)] <0.0000> : 10 ↵
증분 할 위치를 클릭하면 입력한 값만큼 증분된다.

08 사각형을 선택해 분해합니다.

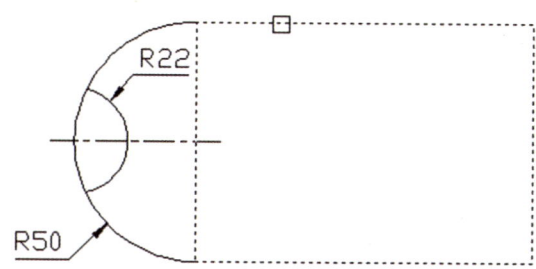

명령 : x ↵ EXPLOD
객체 선택 : 1개를 찾음 ↵

09 Xline(xl)을 이용해 각도를 뽑아줍니다.

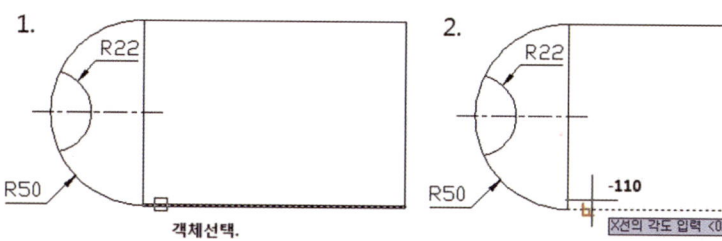

명령 : xl ↵ XLINE
점을 지정 또는 [수평(H)/수직(V)/각도(A)/이등분(B)/간격띄우기(O)] : a ↵
X선의 각도 입력 (0) 또는 [참조(R)] : r ↵
선 객체 선택 : "왼쪽 1번 예제"에 있는 가로선 클릭
X선의 각도 입력 〈0〉 : -110 ↵

10 XLine으로 뽑은 각도선을 모서리에 지정 후 객체를 수정합니다.

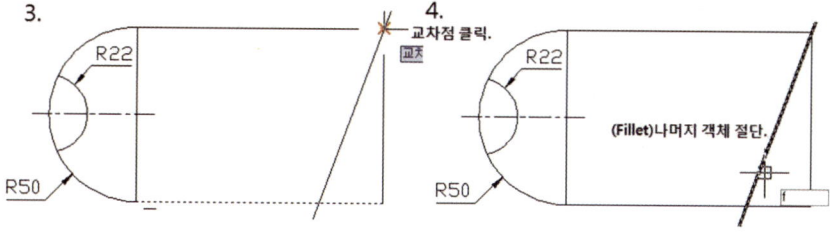

오른쪽 상단 모서리에 지정 후 외곽선을 정리합니다.

11 다음과 같이 OFFSET(o)하여 간격을 띄어줍니다.

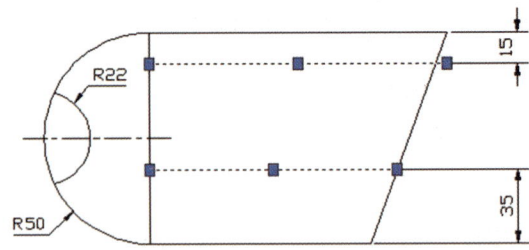

명령 : o ↵ OFFSET
현재 설정 : 원본 지우기=아니오 도면층=원본 OFFSETGAPTYPE=0
간격띄우기 거리 지정 또는 [통과점(T)/지우기(E)/도면층(L)] <55.0000> : 35 ↵
명령 : OFFSET ↵
현재 설정 : 원본 지우기=아니오 도면층=원본 OFFSETGAPTYPE=0
간격띄우기 거리 지정 또는 [통과점(T)/지우기(E)/도면층(L)] <35.0000> : 15 ↵

12 다음과 같이 OFFSET(o)하여 간격을 띄어줍니다.

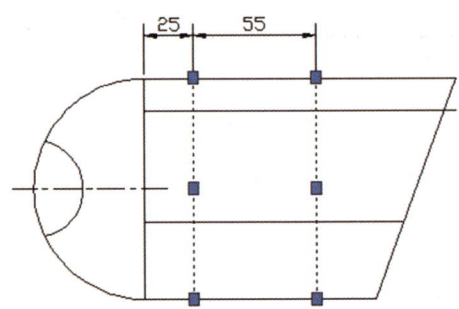

명령 : o ↵ OFFSET
현재 설정 : 원본 지우기=아니오 도면층=원본 OFFSETGAPTYPE=0
간격띄우기 거리 지정 또는 [통과점(T)/지우기(E)/도면층(L)] <55.0000> : 22 ↵
명령 : OFFSET ↵
현재 설정 : 원본 지우기=아니오 도면층=원본 OFFSETGAPTYPE=0
간격띄우기 거리 지정 또는 [통과점(T)/지우기(E)/도면층(L)] <35.0000> : 55 ↵

13 외곽을 절단하여 정리합니다.

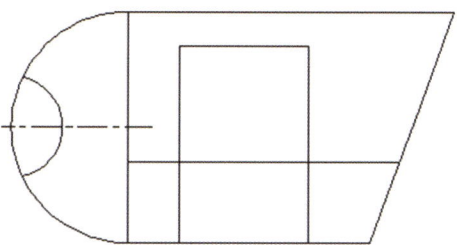

14 Front View부분을 작도하기 위해 Line(l)명령어 입력 후 왼쪽 끝점을 모서리에 갖다댄 뒤 아래로 향하면 추적선이 생성됩니다. Top View의 시작점을 지정합니다.

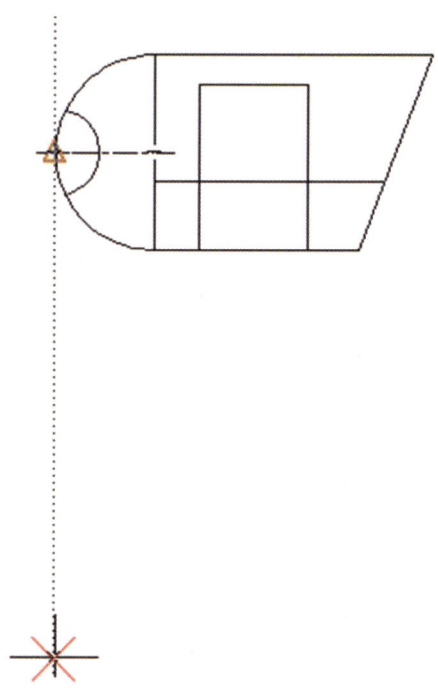

TIP

TRACK(추적) 버튼이 켜 있어야 합니다.

15 Front View에 @190, 105인 사각형을 작도합니다.

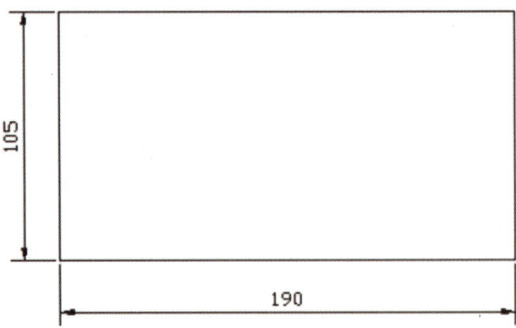

> 명령 : rec ↵ RECTANG
> 첫 번째 구석점 지정 또는 [모따기(C)/고도(E)/모깎기(F)/두께(T)/폭(W)] : 기준점 클릭
> 다른 구석점 지정 또는 [영역(A)/치수(D)/회전(R)] : @190, 105

16 Top View에 다음과 같이 선을 내려 수직점을 찾아줍니다.

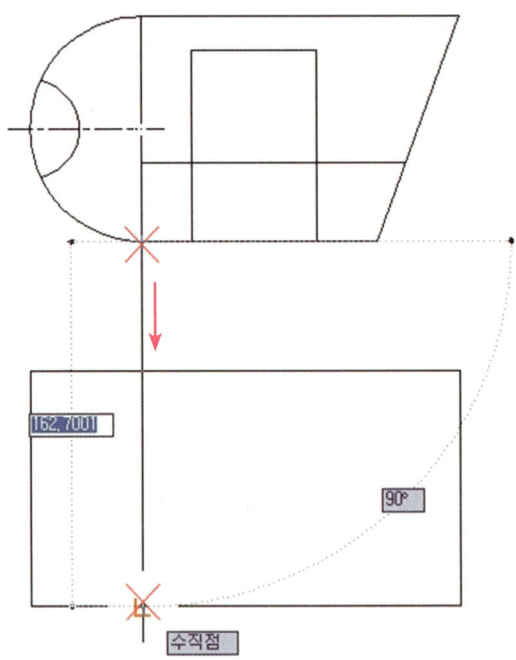

17 사각형을 분해합니다.

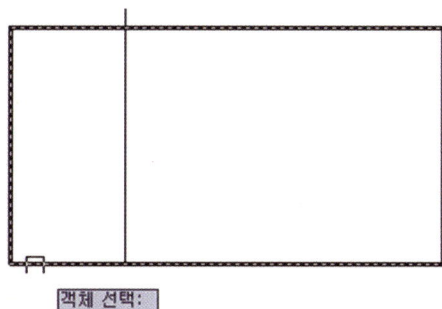

```
명령 : X ↵ EXPLODE
객체 선택 : 1개를 찾음 ↵
```

18 다음 순서대로 Xline으로 −25도인 선을 뽑아줍니다.

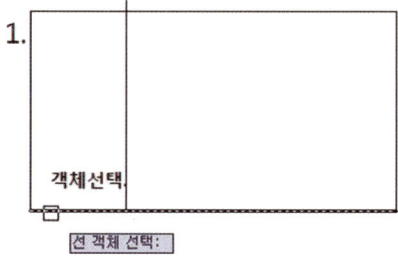

```
명령 : XL ↵ XLINE
점 지정 또는 [수평(H)/수직(V)/각도(A)/이등분(B)/간격띄우기(O)] : a ↵
X선의 각도 입력 (0) 또는 [참조(R)] : r ↵
선 객체 선택 : "왼쪽 1 예제 이미지" 왼쪽 하단 객체 선택
X선의 각도 입력 〈0〉 : −25 ↵
```

19 교차점에 각도선을 지정한 뒤 Fillet으로 객체를 정리합니다.

명령 : f ↵

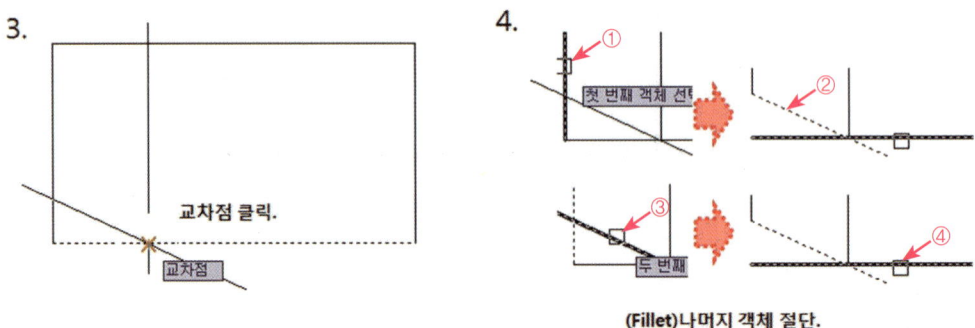

20 Line(l)으로 P1점에서 P2점으로 선을 작도합니다.

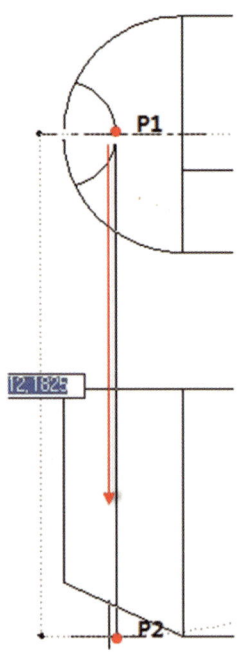

명령 : L ↵ LINE
첫 번째 점 지정 : P1점 클릭
다음 점 지정 또는 [명령 취소(U)] : P2점 클릭

21 작도한 선을 "hidden" 도면층으로 변경합니다.

22 Offset명령을 이용해 간격을 25, 30 값으로 띄어줍니다.

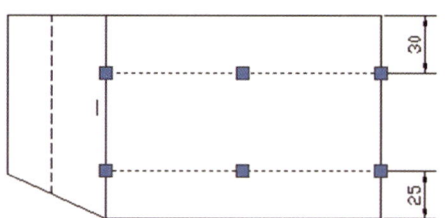

명령 : O ↵ OFFSET
현재 설정 : 원본 지우기=아니오 도면층=원본 OFFSETGAPTYPE=0
간격띄우기 거리 지정 또는 [통과점(T)/지우기(E)/도면층(L)] ⟨1.0000⟩ : 25 ↵
명령 : O ↵ OFFSET
현재 설정 : 원본 지우기=아니오 도면층=원본 OFFSETGAPTYPE=0
간격띄우기 거리 지정 또는 [통과점(T)/지우기(E)/도면층(L)] ⟨25.0000⟩ : 35 ↵

23 위와 같은 방법으로 기준점을 잡아 Right View의 기준점을 잡고 사각형을 작도합니다.

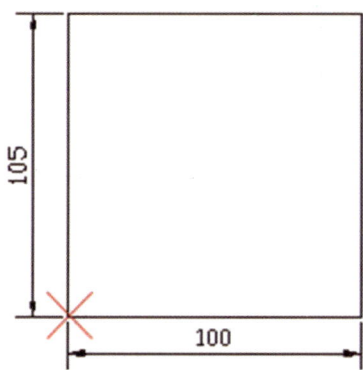

명령 : REC ↵ RECTANG
첫 번째 구석점 지정 또는 [모따기(C)/고도(E)/모깎기(F)/두께(T)/폭(W)] : 기준점 지정
다른 구석점 지정 또는 [영역(A)/치수(D)/회전(R)] : @100, 105

24 편집을 위해 작도한 사각형을 분해합니다.

명령 : X ↵ EXPLODE
객체 선택 : 1개를 찾음

25 아래와 같이 "22" 값으로 거리를 띄어줍니다.

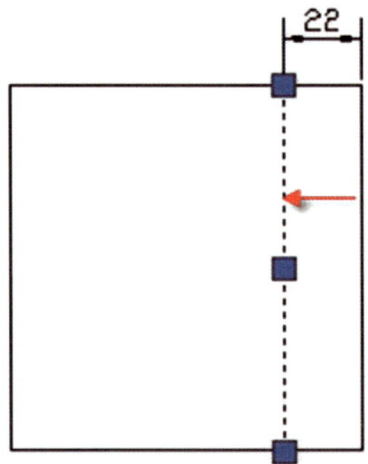

명령 : OFFSET ↵
현재 설정 : 원본 지우기=아니오 도면층=원본 OFFSETGAPTYPE=0
간격띄우기 거리 지정 또는 [통과점(T)/지우기(E)/도면층(L)] <35.0000> : 22 ↵
간격띄우기할 객체 선택 또는 [종료(E)/명령 취소(U)] <종료> : 복사할 객체 선택

26 Front View의 P1점을 잡고 Right View의 수직 위치에 선을 뽑아줍니다.

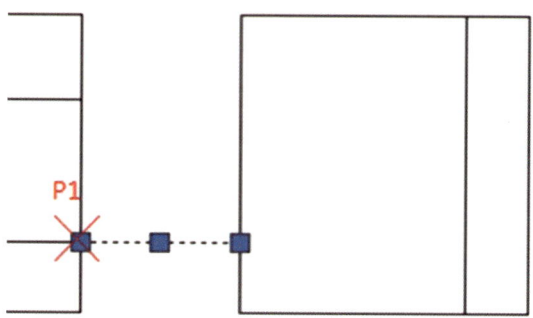

27 Xline으로 각도를 뽑아줍니다.

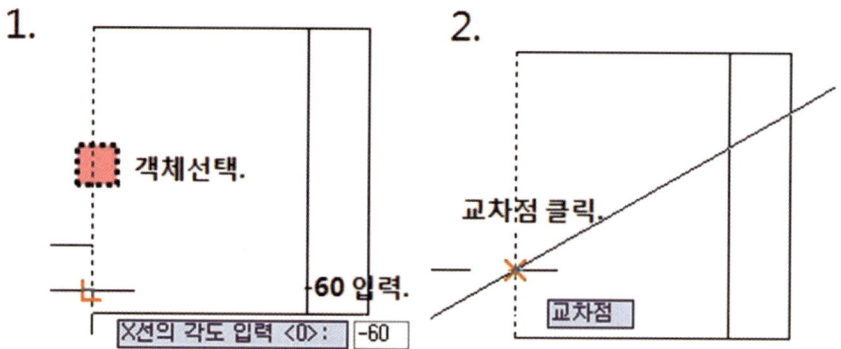

명령 : XL ↵ XLINE
점 지정 또는 [수평(H)/수직(V)/각도(A)/이등분(B)/간격띄우기(O)] : a ↵
X선의 각도 입력 (0) 또는 [참조(R)] : r ↵
선 객체 선택 : "왼쪽 이미지 1번" 객체 선택
X선의 각도 입력 ⟨0⟩ : −60
2번의 교차점을 지정한다.

28 Top View의 P1위치에서 Right View의 수직 위치에 선을 뽑아줍니다.

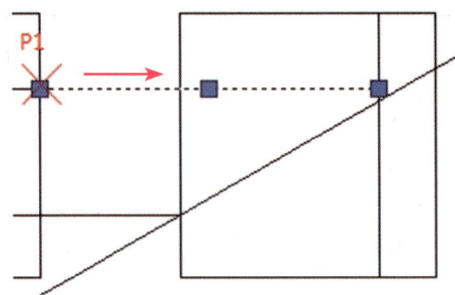

29 다음과 같이 Top View와 Right View의 끝점이 만나는 45도의 기준선을 작도합니다.

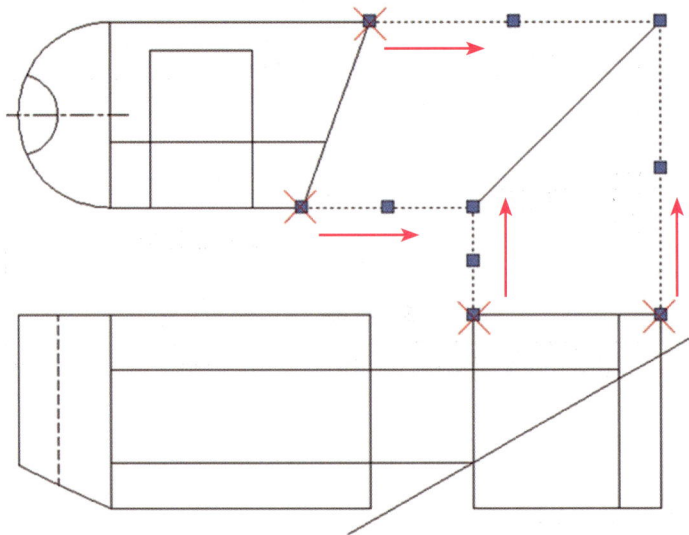

30 다음과 같이 Top View의 P1위치에서 뽑은 선의 기준점을 내려줍니다.

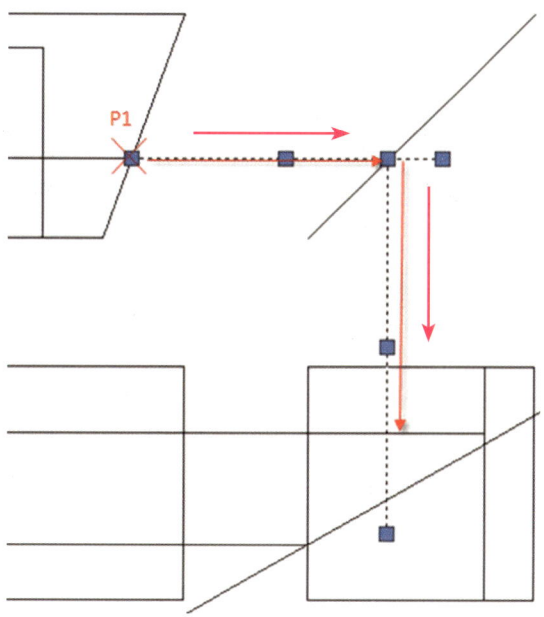

31 Xline(xl)으로 -155각도를 뽑은 뒤 "30번" 설명에서 뽑은 기준선 위치에서 교차점을 배치합니다.

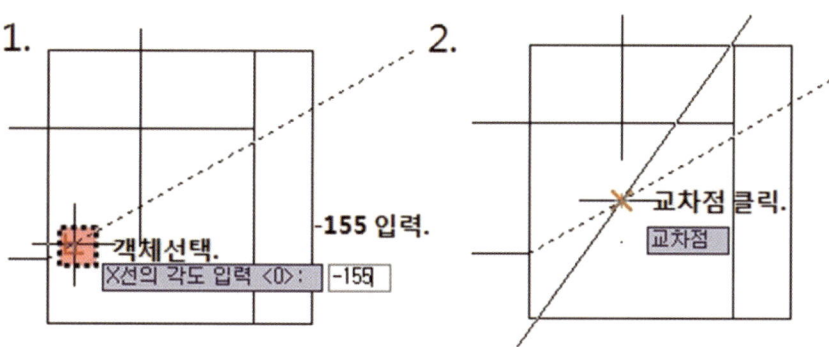

명령 : XL ↵ XLINE
점 지정 또는 [수평(H)/수직(V)/각도(A)/이등분(B)/간격띄우기(O)] : a ↵
X선의 각도 입력 (0) 또는 [참조(R)] : r ↵
선 객체 선택 : "왼쪽 1번 이미지"의 객체를 선택한다.
X선의 각도 입력 〈0〉 : -155 ↵
2번 이미지 교차점에 배치한다.

32 Fillet(f) 명령을 활용해 선을 정리합니다.

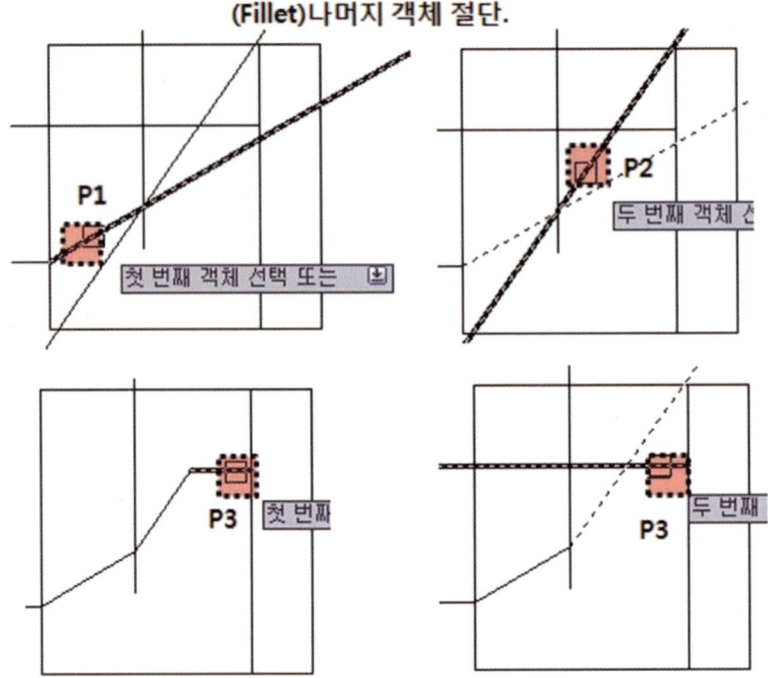

33 Top View의 중심선의 기준을 뽑아 Right View의 중심선을 찾아줍니다.

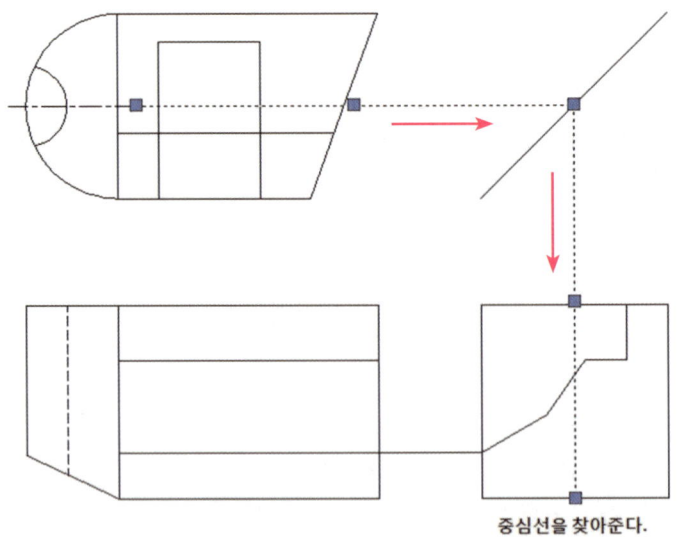

34 Top View의 원의 절단 위치를 뽑아 Right View의 선을 찾아줍니다.

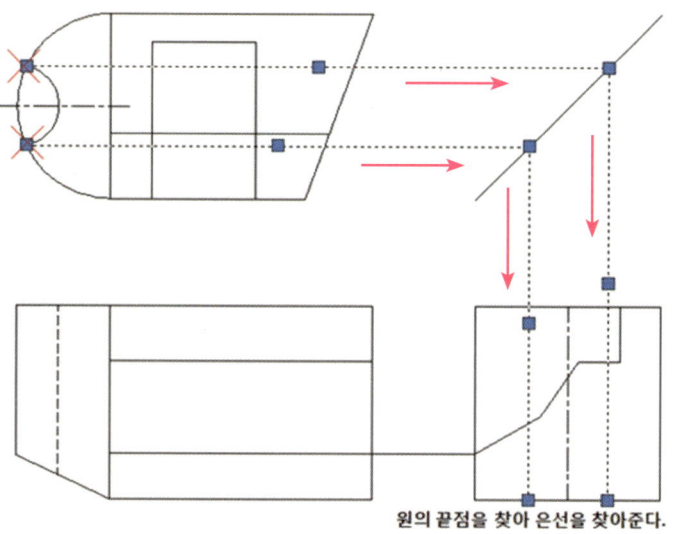

원의 끝점을 찾아 은선을 찾아준다.

35 Fillet(f) 명령어를 이용해 Front View의 선을 정리합니다.

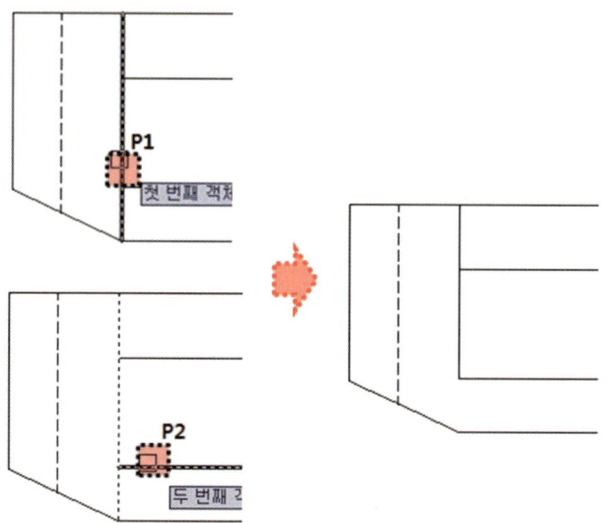

36 Front View의 P1점 기준으로 Right View의 위치를 찾아줍니다.

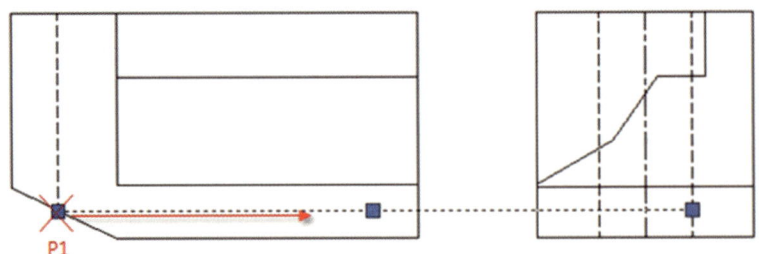

37 P1, P2, P3점을 순서대로 지정해 타원을 작도합니다.

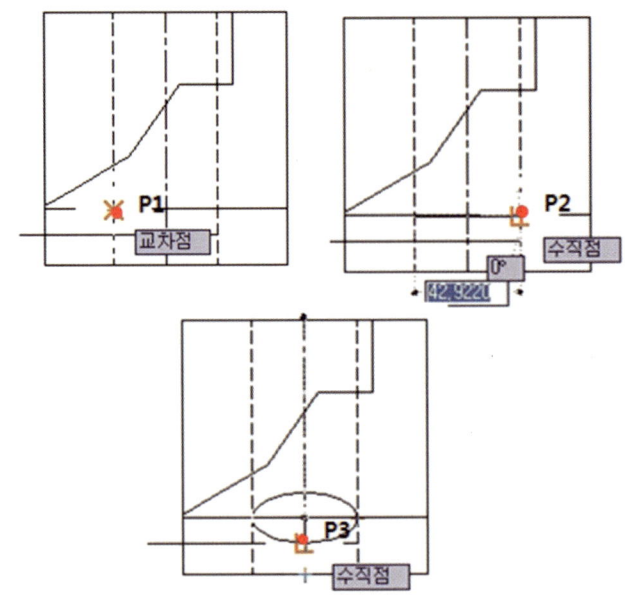

명령 : el ↵ ELLIPSE
타원의 축 끝점 지정 또는 [호(A)/중심(C)] : P1점 클릭
축의 다른 끝점 지정 : P2점 클릭
다른 축으로 거리를 지정 또는 [회전(R)] : P3점 클릭

38 Trim(tr) 명령으로 기준선으로부터 타원의 윗부분을 절단합니다.

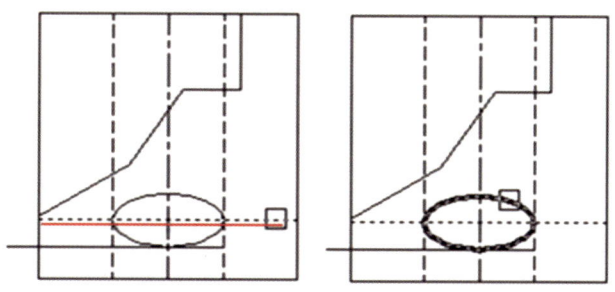

```
명령 : TR ↵ TRIM
현재 설정 : 투영=UCS  모서리=없음
절단 모서리 선택
기준선 선택
객체 선택 또는 〈모두 선택〉 : 타원의 윗부분 선택
1개를 찾음
```

39 P1, P2, P3순으로 타원을 작도합니다.

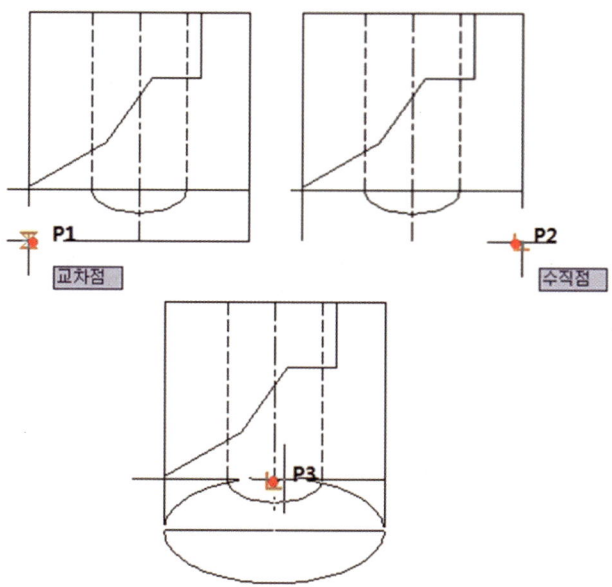

```
명령 : el ↵ ELLIPSE
타원의 축 끝점 지정 또는 [호(A)/중심(C)] : P1점 클릭
축의 다른 끝점 지정 : P2점 클릭
다른 축으로 거리를 지정 또는 [회전(R)] : P3점 클릭
```

40 Top부와 같이 오른쪽에서 부터 "12" 값으로 Offset합니다. 순차적으로 "66" 만큼 Offset 합니다. 순차적으로 "66"만큼 Offset합니다. 작성후 잔여선을 이미지와 같이 절단합니다.

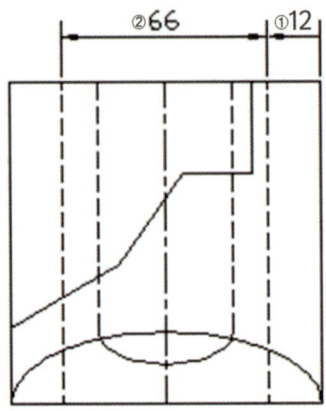

41 Offset(o) 명령어를 이용해 "58" 값으로 평행복사합니다.

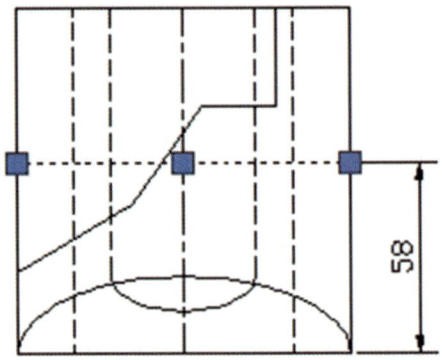

42 다음과 같이 선을 정리합니다.

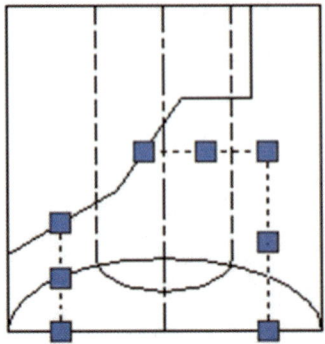

43 Top View에서 Front View의 선을 뽑아줍니다.

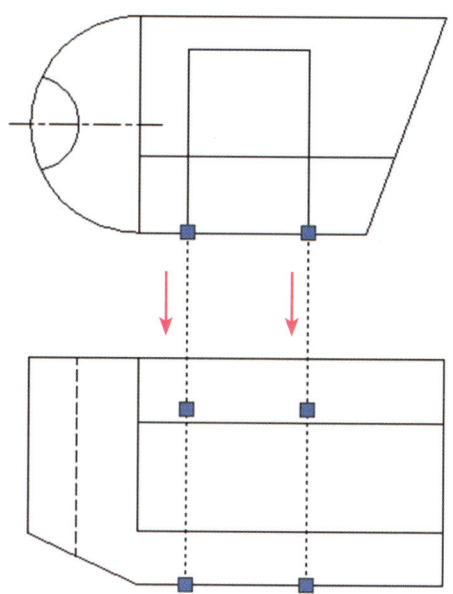

44 Right View에서 Front View의 위치를 뽑아줍니다.

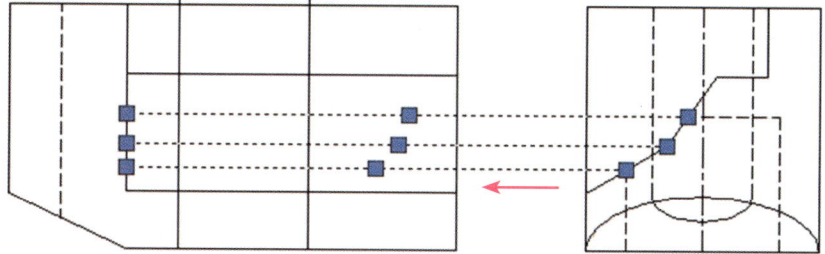

45 Fillet(f) 명령으로 다음과 같이 선을 정리합니다.

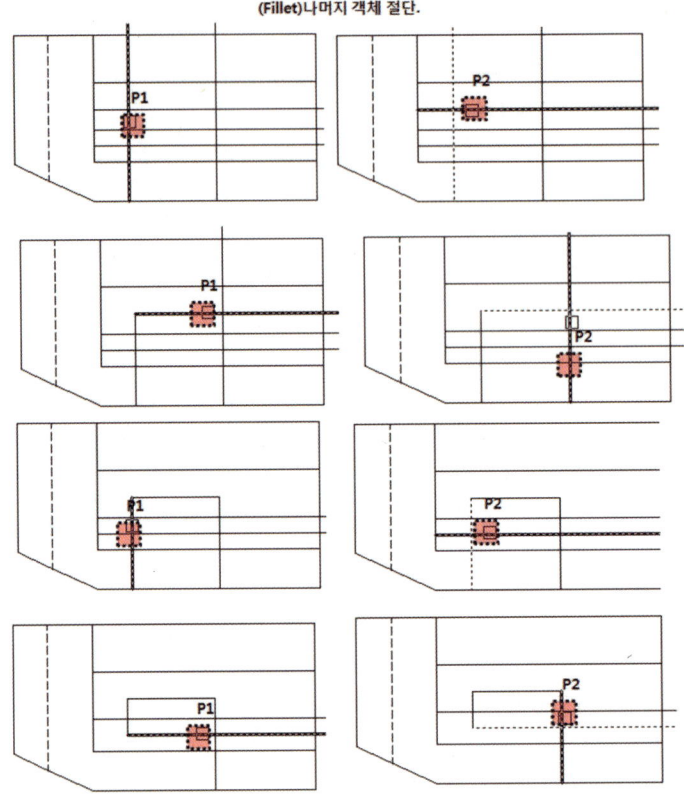

46 Front View의 선을 작도 후 "hidden" 도면층으로 설정합니다.

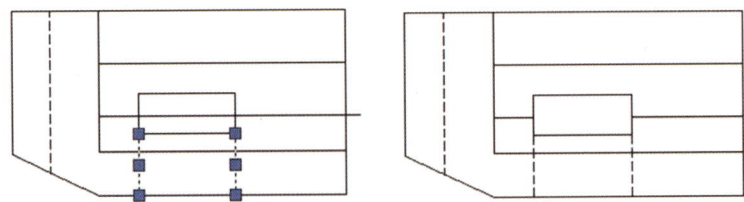

47 Right View에서 Top View의 위치선을 뽑아줍니다.

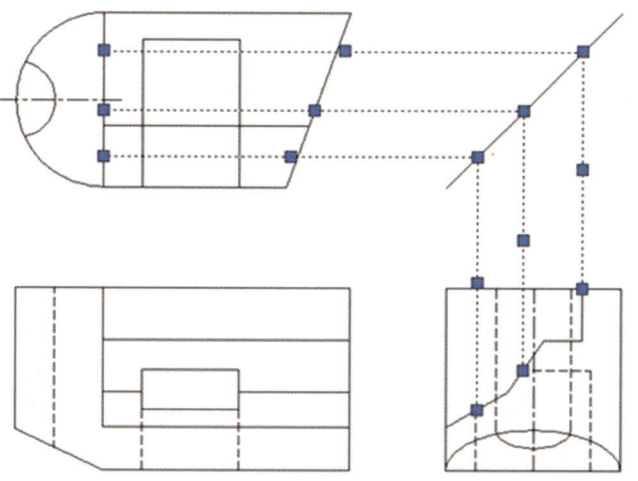

Right부분에서 선을 뽑아주기

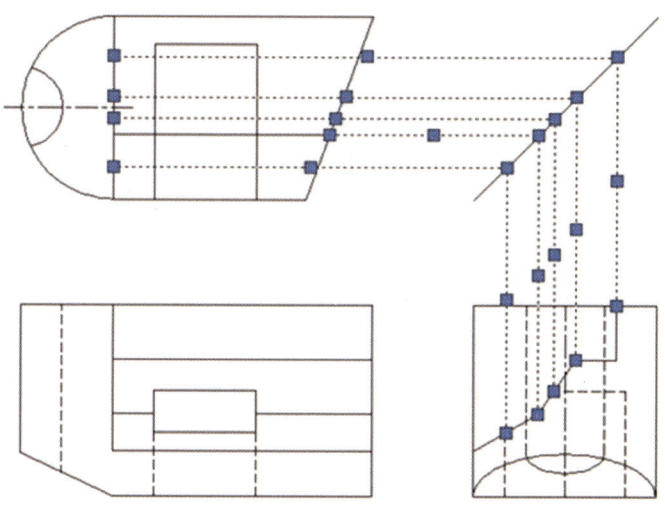

TOP부분에서 선을 뽑아주기

48 Fillet(f)으로 다음과 같이 선을 절단합니다.

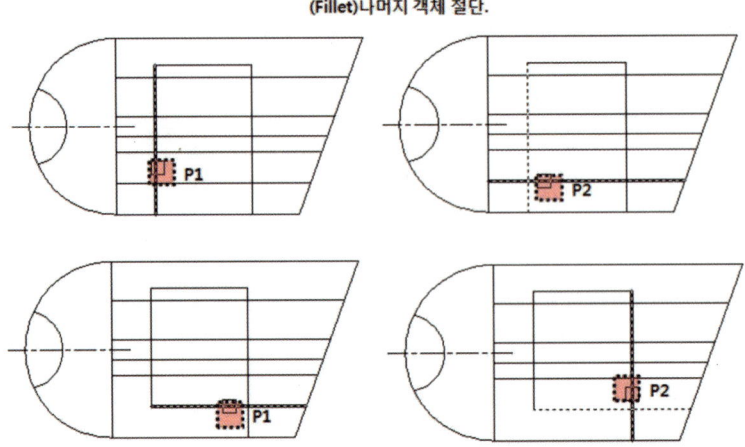

49 Top View부분을 위와 같이 Hidden선으로 변경합니다.

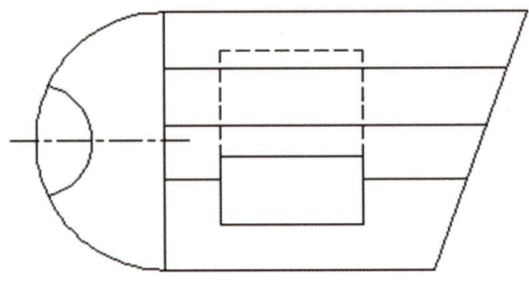

50 다음과 같이 Top View부분에서 Front View의 위치를 뽑기 위해 P1, P2, P3, P4, P5, P6, P7, P8 점의 위치를 뽑아줍니다.

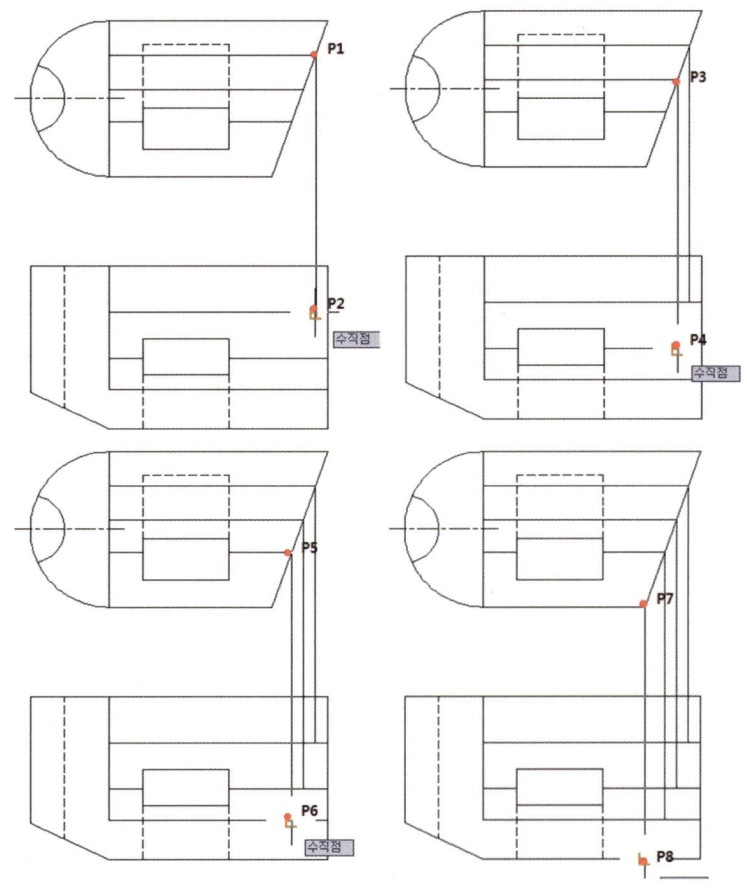

51 뽑은 Front View의 P1, P2, P3점을 Trim(tr)으로 오른쪽 이미지와 같이 정리합니다.

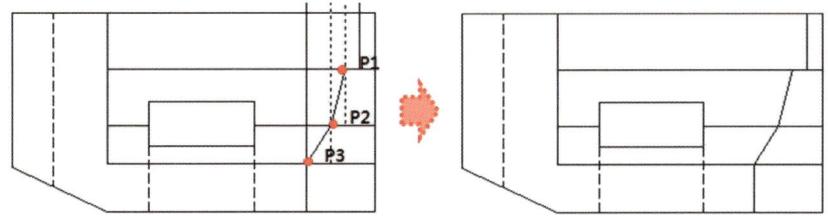

52 작도 후 빠진 객체와 도면층을 확인합니다.

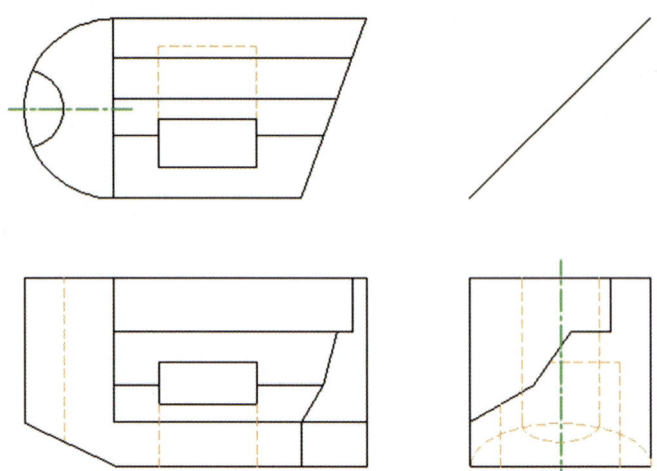

02 AutoCAD ATC 따라 하기(2009.8.8)

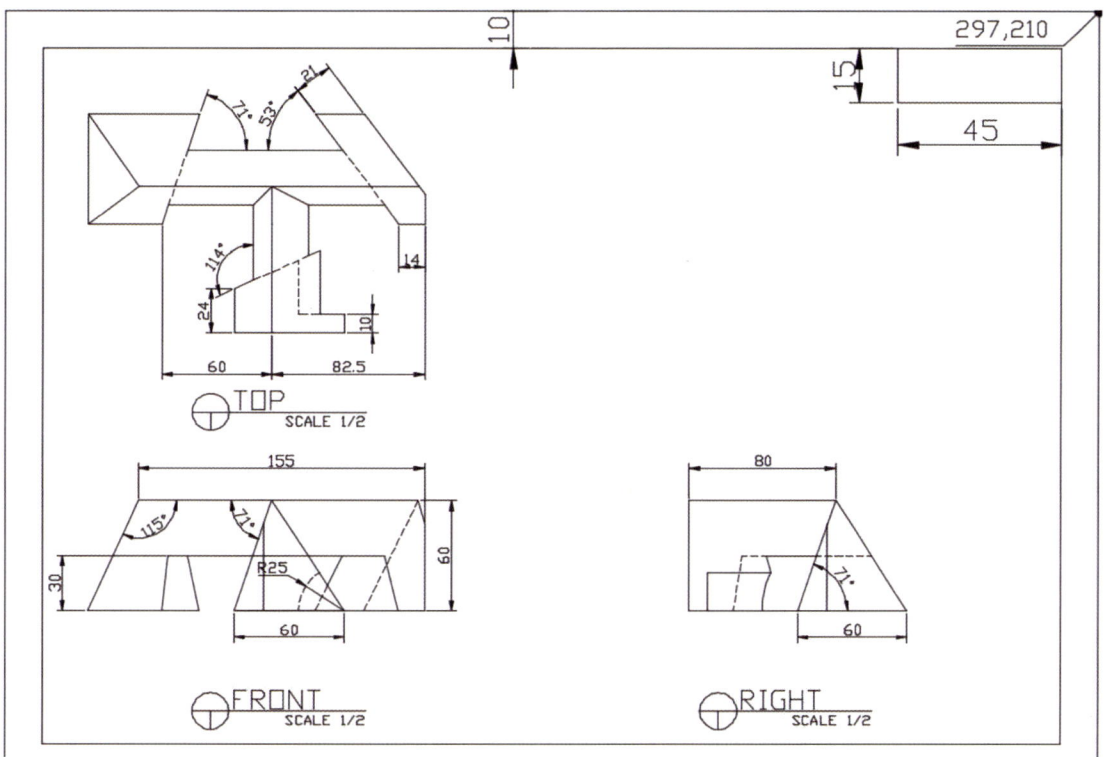

01 Limits 명령으로 작업영역을 설정해준 후 Layer 도면층 조건에 맞게 설정합니다.

02 작도 전 "Model" 도면층을 선택합니다.

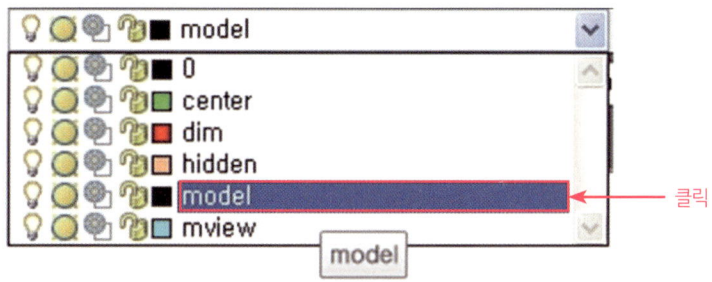

03 Front View의 사각형을 작도합니다. (@155, 60)

명령 : REC ↵ RECTANG
첫 번째 구석점 지정 또는 [모따기(C)/고도(E)/모깎기(F)/두께(T)/폭(W)] : 시작점 지정
다른 구석점 지정 또는 [영역(A)/치수(D)/회전(R)] : @155, 60 ↵

04 작성한 사각형을 편집할 수 있도록 분해합니다.

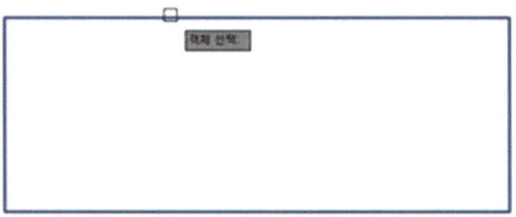

명령 : X ↵ EXPLODE
객체 선택 : 1개를 찾음   … 객체 선택 ↵

05 각도 값 −115각도인 선을 왼쪽 위 모서리에 배치합니다.

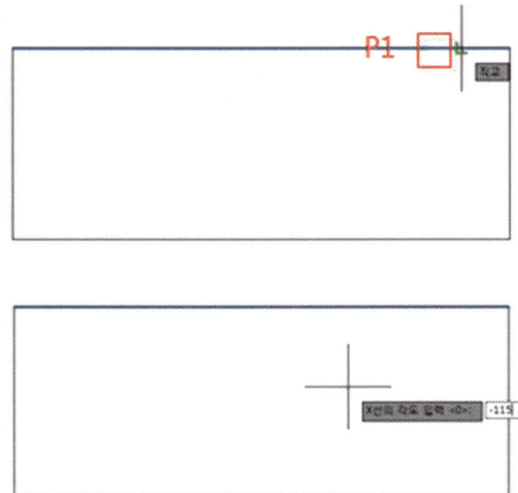

```
명령 : XL ↵ XLINE
점 지정 또는 [수평(H)/수직(V)/각도(A)/이등분(B)/간격띄우기(O)] : a ↵
X선의 각도 입력 (0) 또는 [참조(R)] : r ↵
선 객체 선택 : P1점의 위치 클릭
X선의 각도 입력 〈0〉 : −115
```

06 뽑은 각도 선을 P1점 위치에 배치합니다.

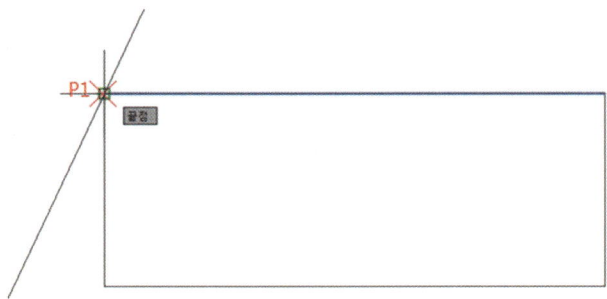

07 Fillet(f) 명령으로 객체를 정리합니다.

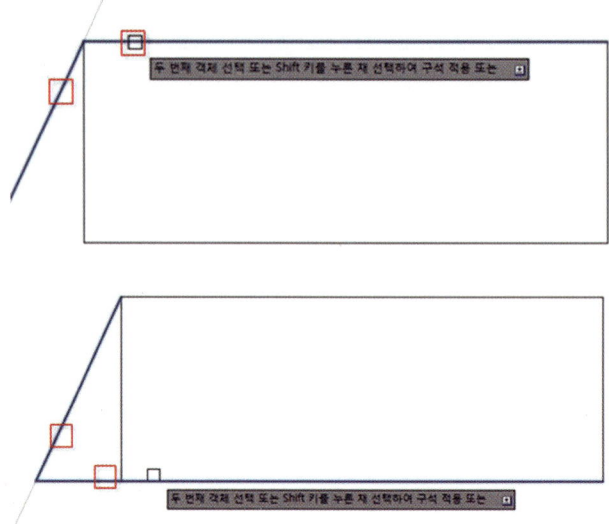

> 명령 : F ↵ FILLET
> 현재 설정 : 모드=자르기 반지름=0.0000
> 정리할 객체 외곽 선택

08 Top View의 외곽을 작도하기 위해 Front View의 모서리 지점을 뽑아 외곽을 작도합니다.

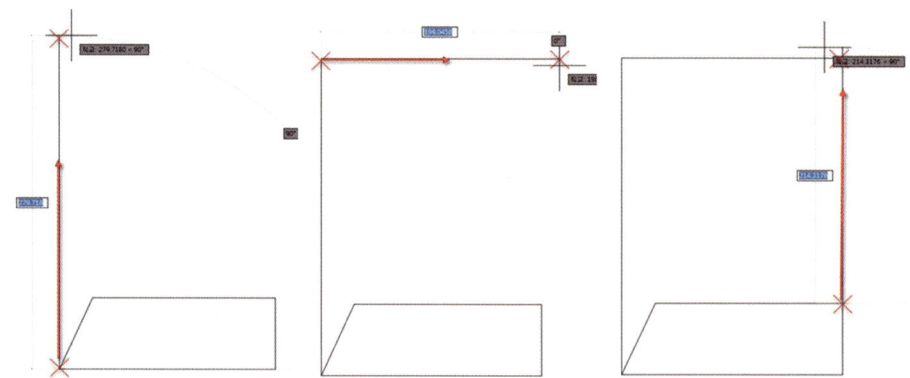

09 Right View의 외곽을 작도하기 위해 Front View의 모서리 지점을 뽑아 외곽을 작도합니다.

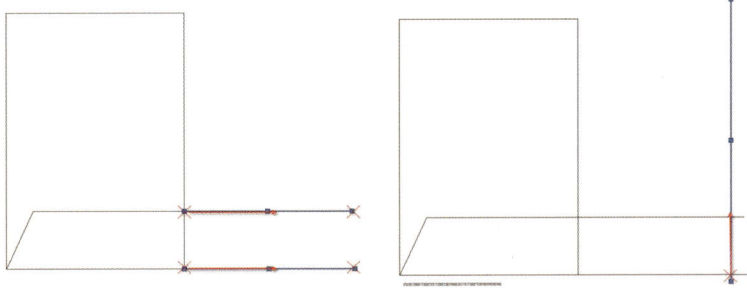

10 기준선을 뽑기 위해 Top View의 외곽과 Right View의 외곽을 뽑아 만나는 지점을 찾아줍니다.

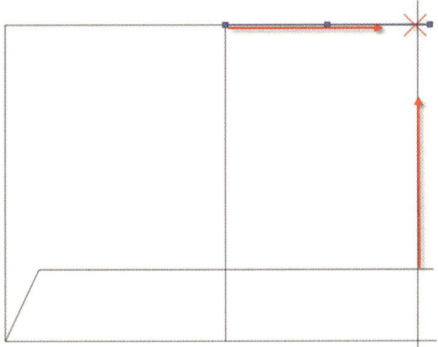

11 뽑은 기준 위치에 Xline명령으로 "45"도 각도 값을 가진 선을 배치합니다.

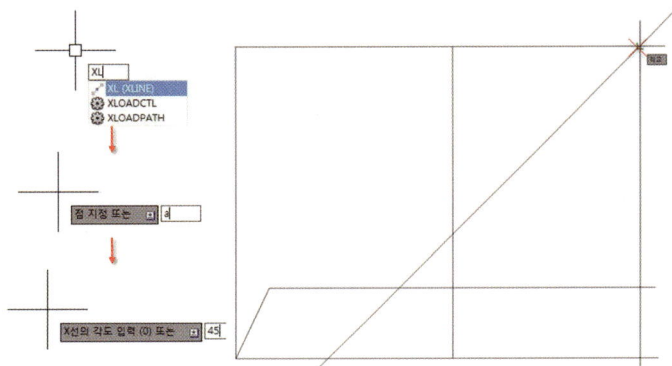

12 Trim 명령으로 잔여선을 정리합니다.

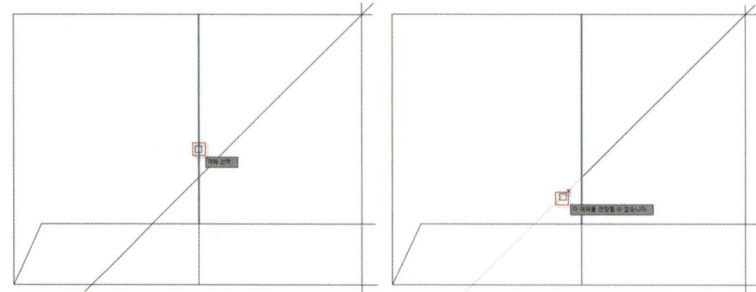

13 Fillet(f) 명령으로 Right View의 외곽을 정리합니다.

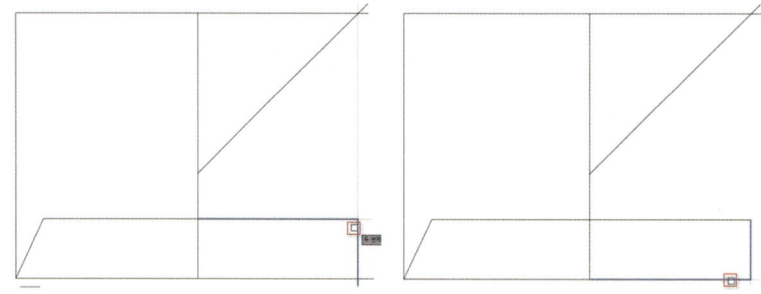

14 Top View 오른쪽 위치에서 "82.5" 거리 값만큼 평행복사합니다.

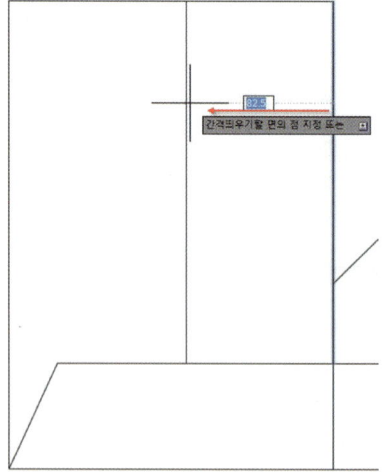

15 Front View의 삼각형을 작도하기 위해 Xline 명령의 옵션을 이용해 "71" 각도선을 뽑아줍니다.

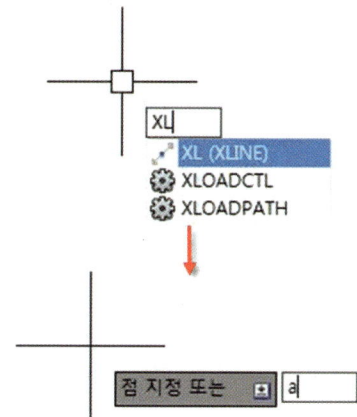

명령 : XL ↵ XLINE
점 지정 또는 [수평(H)/수직(V)/각도(A)/이등분(B)/간격띄우기(O)] : a ↵
X선의 각도 입력 (0) 또는 [참조(R)] : r ↵

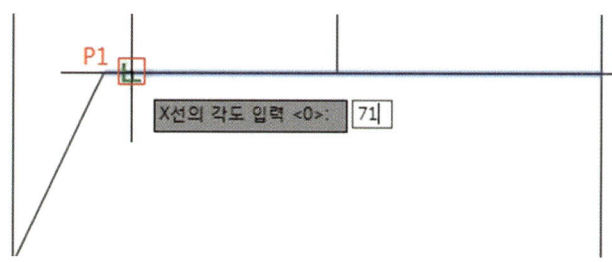

선 객체 선택 : P1점의 위치 클릭
X선의 각도 입력 〈0〉 : 71

16 뽑은 각도선을 P1점에 배치합니다.

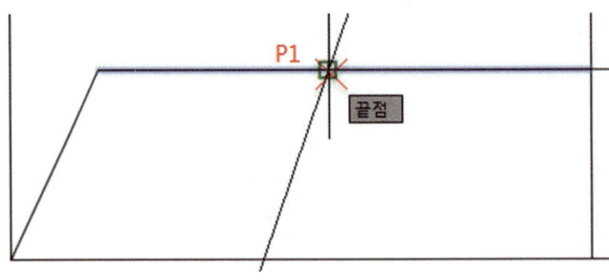

17 P1점의 선을 뽑은 뒤 거리 값 "60"만큼 평행복사를 진행합니다.

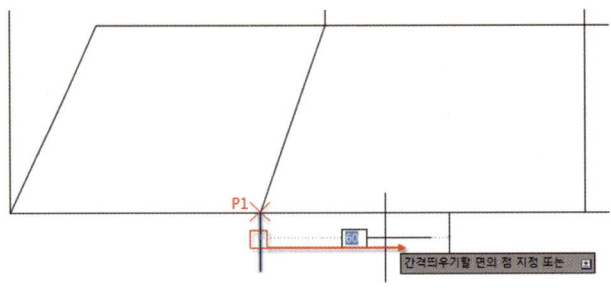

18 삼각형을 완성합니다.

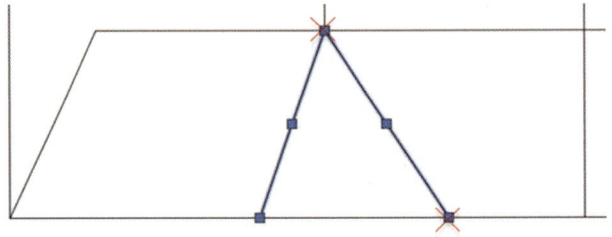

19 작도한 삼각형을 Right View에 복사합니다.

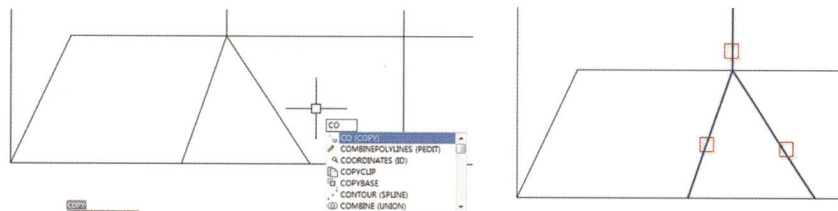

명령 : CO ↲ COPY
객체 선택 : 1개를 찾음, 총 3개   ... 오른쪽 이미지와 같이 객체를 선택한다.

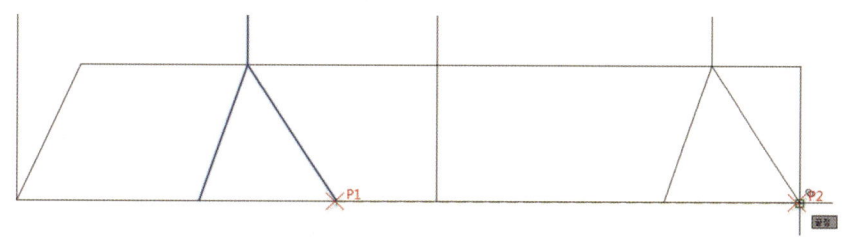

🔍 기준점 P1점 클릭 ➔ 이동 복사할 위치 P2점 클릭

20 P1점의 선에서 거리 값 "80"만큼 평행복사합니다.

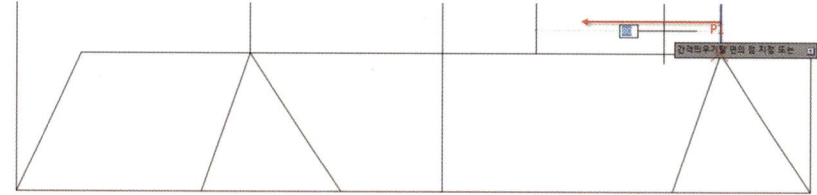

21 Fillet(f) 명령을 이용해 Right View의 외곽을 정리합니다.

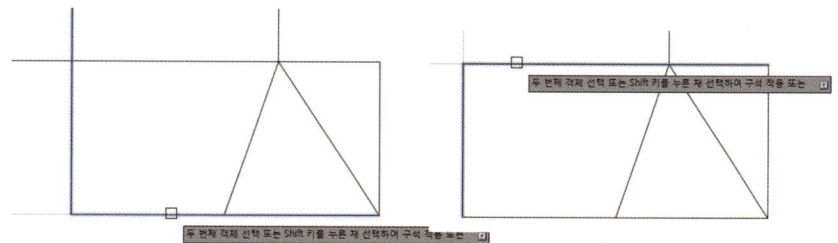

22 Right View의 외곽에서 Top View의 외곽을 뽑아줍니다.

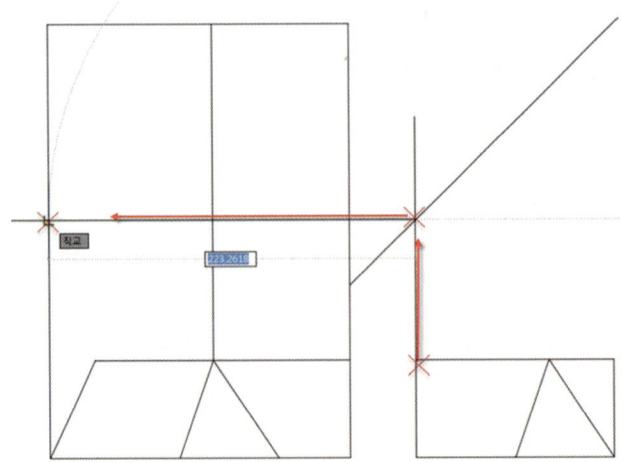

🔸 뽑은 뒤 Top View의 외곽을 정리합니다.

23 Top View의 P1선에서 거리 값 "60"만큼 평행복사를 진행합니다.

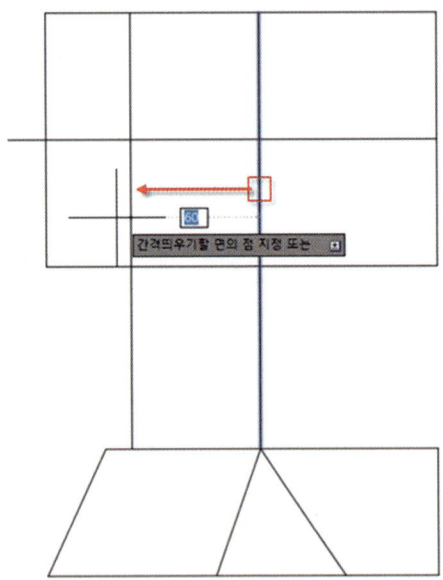

24 Top View에서 P1점의 위치를 참조 위치로 지정하여 "71" 각도 값을 가진 선을 뽑아줍니다.

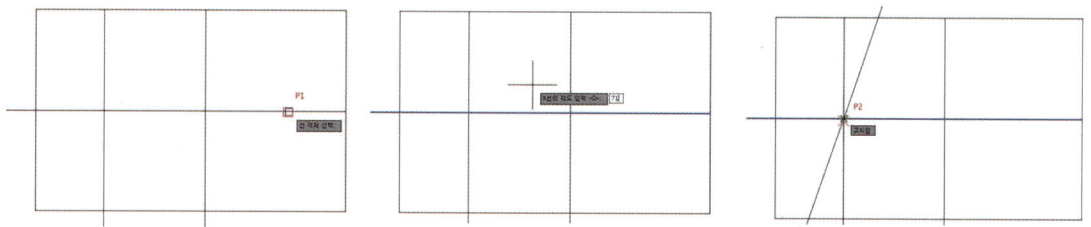

명령 : XL ↵ XLINE
점 지정 또는 [수평(H)/수직(V)/각도(A)/이등분(B)/간격띄우기(O)] : a ↵
X선의 각도 입력 (0) 또는 [참조(R)] : r ↵
선 객체 선택 : P1점의 위치 클릭
X선의 각도 입력 〈0〉 : 71
P2점 위치에 배치한다.

25 Top View의 오른쪽 객체에서 거리 값 "14"만큼 평행복사를 진행합니다.

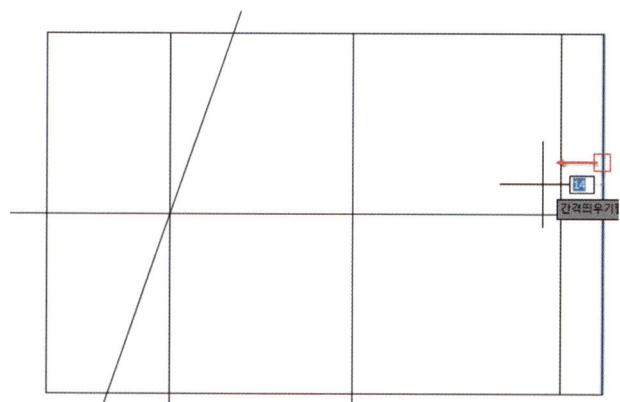

명령 : OFFSET ↵
현재 설정 : 원본 지우기=아니오 도면층=원본 OFFSETGAPTYPE=0
간격띄우기 거리 지정 또는 [통과점(T)/지우기(E)/도면층(L)] 〈14.0000〉 : 14 ↵
간격띄우기할 객체 선택 또는 [종료(E)/명령 취소(U)] 〈종료〉 : 객체 선택
복사할 방향 지정

26 Xline 명령을 이용해 각도 값을 뽑아줍니다.

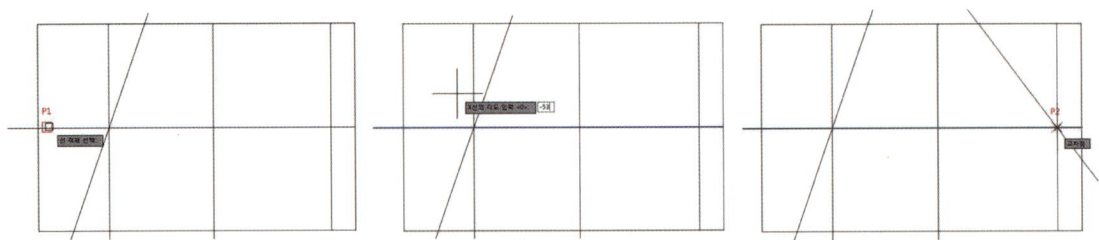

```
명령 : XL ↵ XLINE
점 지정 또는 [수평(H)/수직(V)/각도(A)/이등분(B)/간격띄우기(O)] : a ↵
X선의 각도 입력 (0) 또는 [참조(R)] : r ↵
선 객체 선택 : P1점의 위치 클릭
X선의 각도 입력 〈0〉 : -53
P2점 위치에 배치한다.
```

27 각도 값을 뽑은 선으로부터 거리 값 "21"만큼 평행복사를 진행합니다.

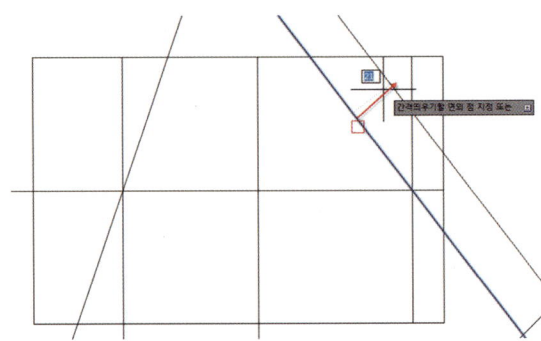

28 Trim(tr) 명령을 이용해 잔여선을 절단합니다.

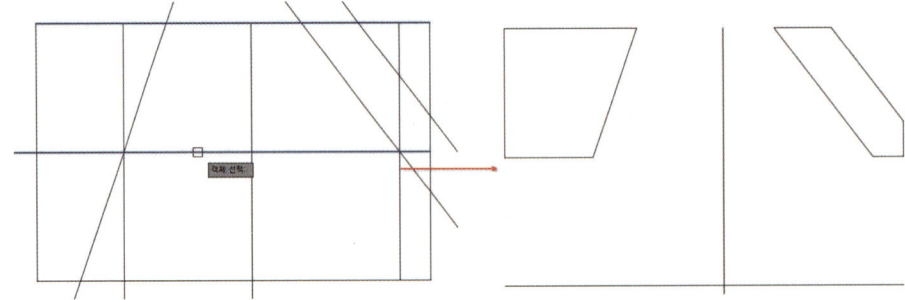

29 Front View의 하단 객체에서 거리 값 "30"만큼 평행복사를 진행합니다.

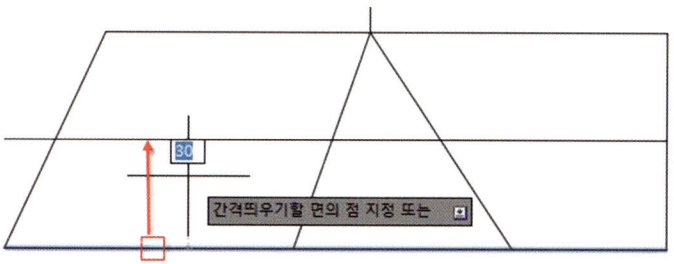

30 P1점의 위치에서 Right View의 위치를 뽑아줍니다.

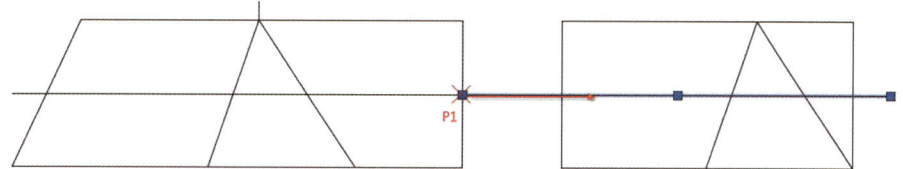

31 Right View의 P1점의 교차점에서 기준선까지 선을 뽑아줍니다.

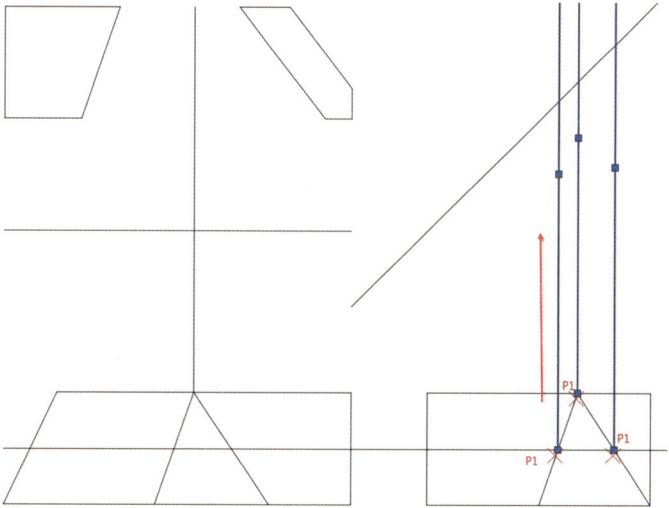

32 기준점에서 만나는 교차점에서 Top View의 위치까지 선을 뽑아줍니다.

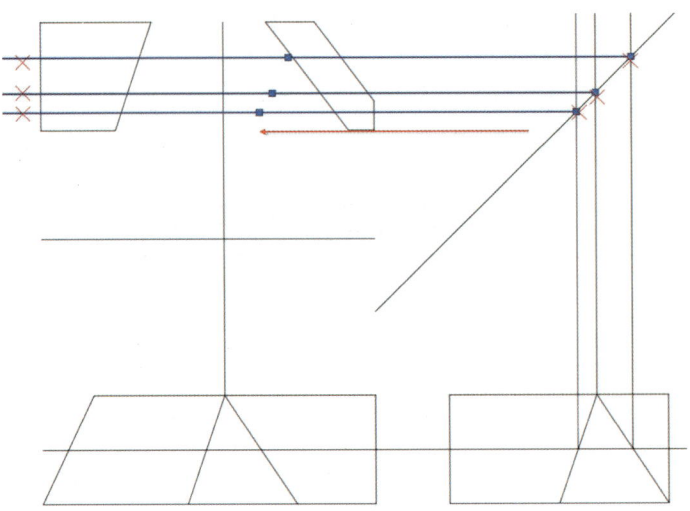

33 Front View의 모서리 점에서 Top View의 위치를 뽑아줍니다.

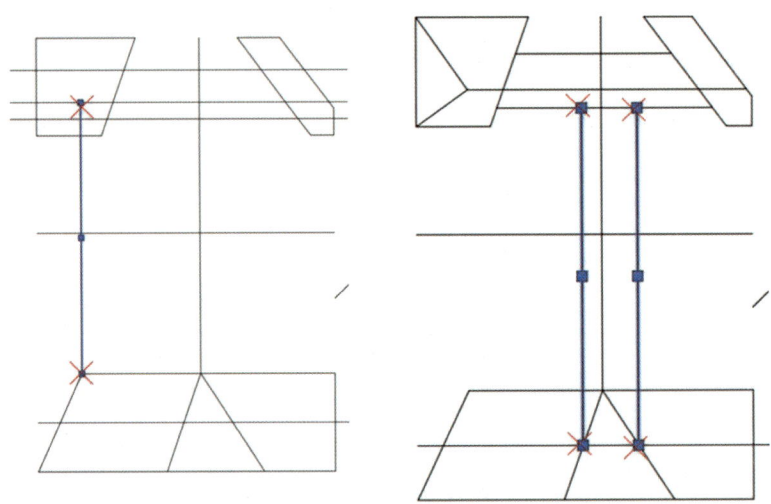

34 뽑은 선으로부터 아래 이미지와 같이 선을 작도합니다.

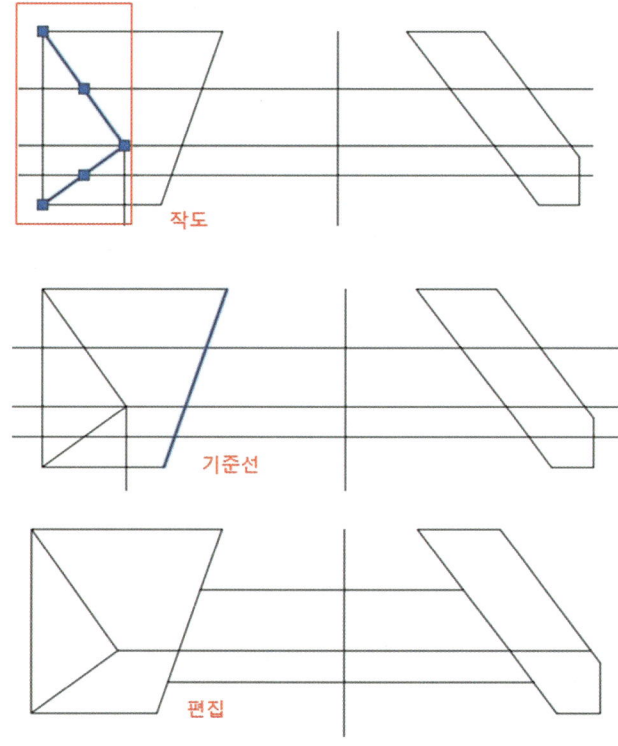

35 Top View에서 만나는 지점에서 선을 작도합니다.

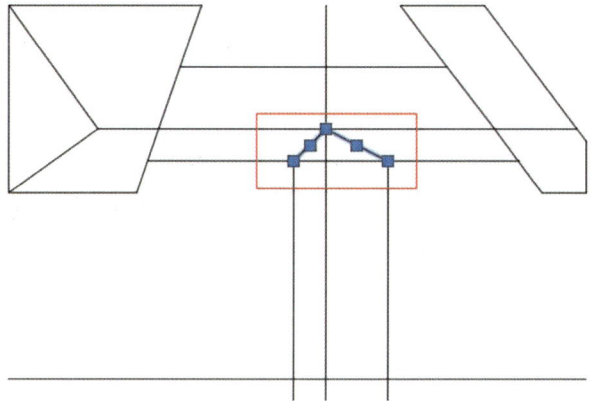

36 Front View의 P1점에서 Top View의 위치를 찾아줍니다.

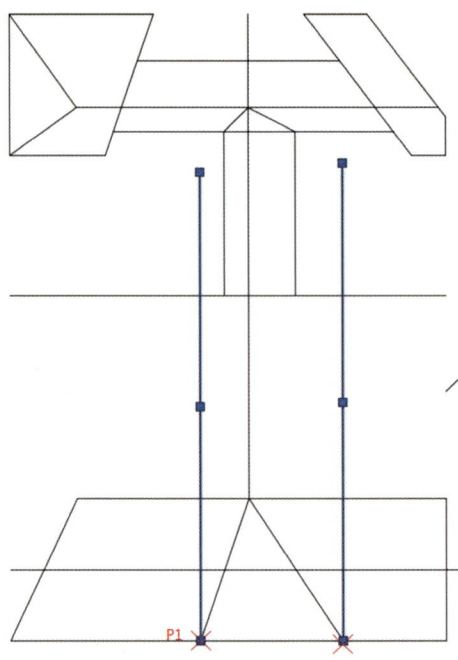

37 Top View의 하단 객체에서 거리 값 "24"만큼 평행복사를 진행합니다.

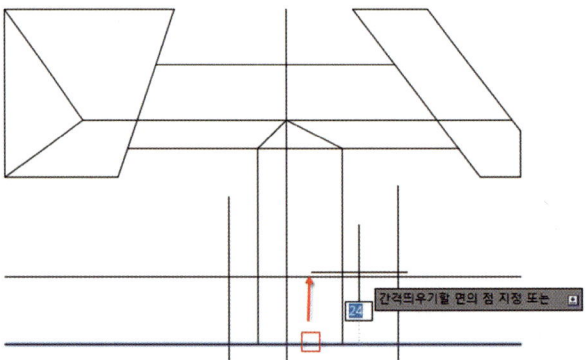

38 Xline명령을 이용해 각도 값을 뽑아줍니다.

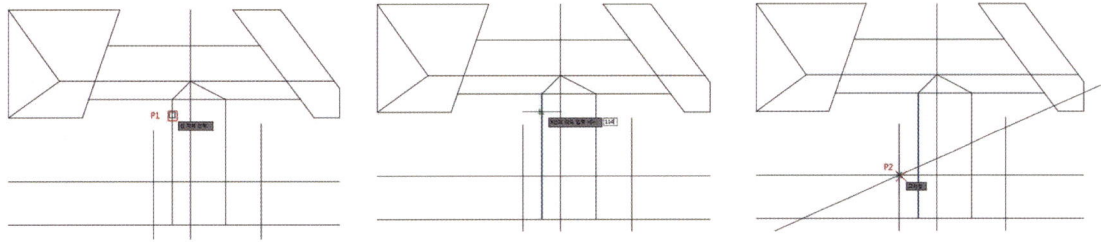

명령 : XL ↵ XLINE
점 지정 또는 [수평(H)/수직(V)/각도(A)/이등분(B)/간격띄우기(O)] : a ↵
X선의 각도 입력 (0) 또는 [참조(R)] : r ↵
선 객체 선택 : P1점의 위치 클릭
X선의 각도 입력 〈0〉 : 134
P2점 위치에 배치한다.

39 TopView의 잔여선을 정리합니다.

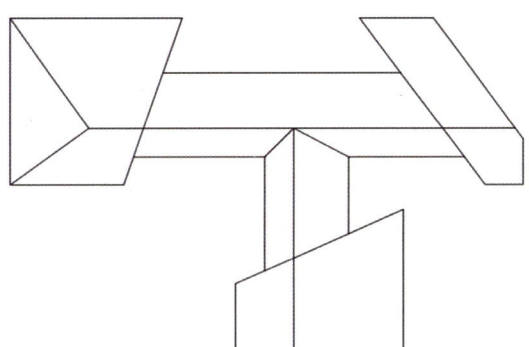

40 선의 구분을 하기 위해 Break(br) 명령으로 선을 끊습니다.

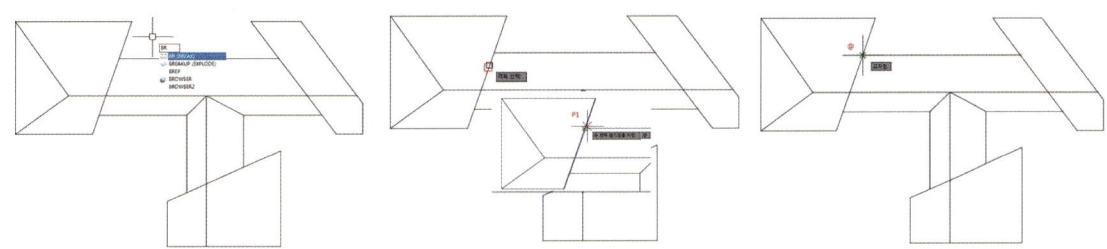

> 명령 : BR ↵ BREAK
> 객체 선택 : 끊을 위치를 선택한다.
> 두 번째 끊기점 지정 또는 [첫 번째 점(F)] : f ↵
> 첫 번째 끊기점 지정 : P1점을 클릭한다.
> 두 번째 끊기점 지정 : @ ↵

41 끊은 선을 "hidden" 도면층으로 변경합니다.

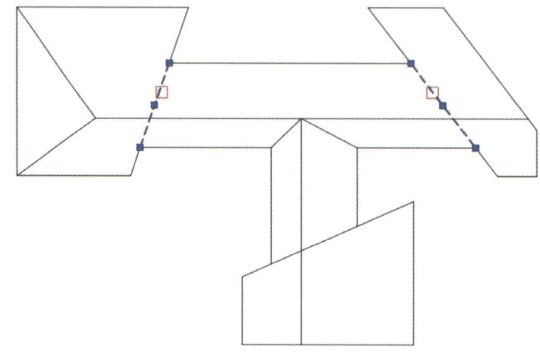

42 Top View의 P1점에서 Front View의 P2점의 위치까지 선을 작도합니다.

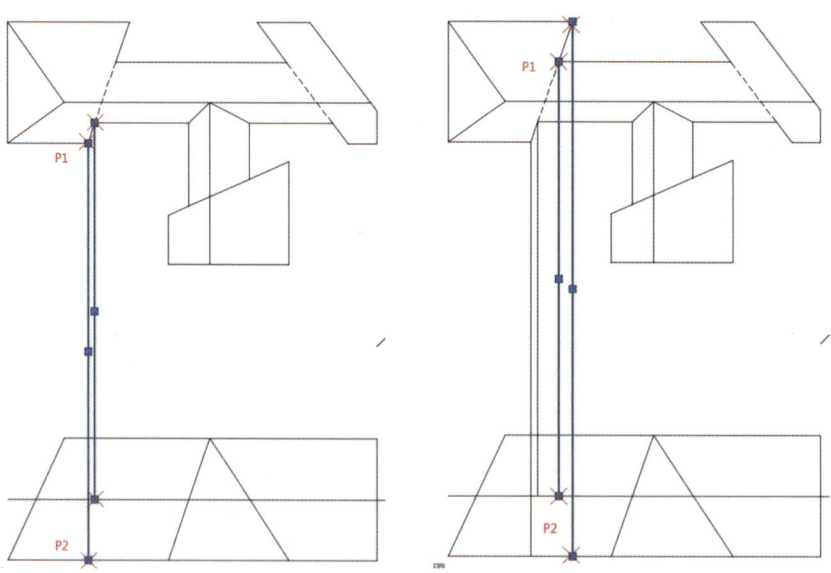

43 Front View의 뽑은 선에 만나는 선을 작도합니다.

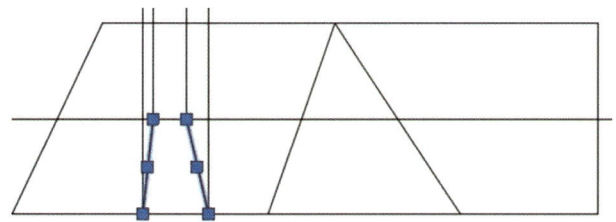

44 같은 방법으로 Top View에서 Front View점을 뽑아줍니다.

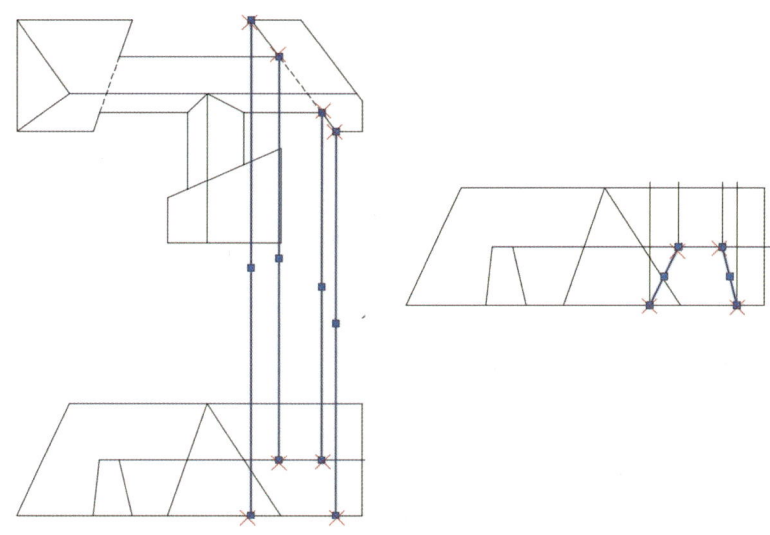

45 Front View의 원을 작도합니다.

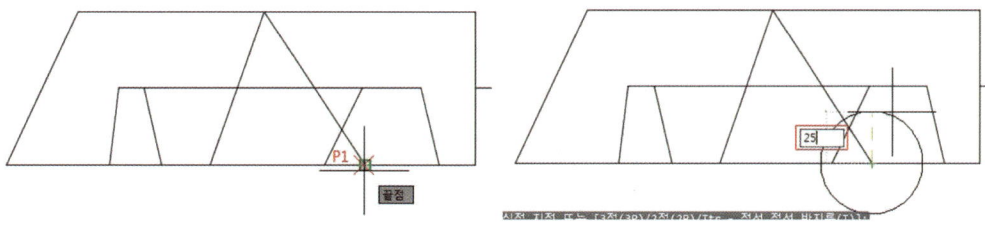

명령 : C ↵ CIRCLE
원에 대한 중심점 지정 또는 [3점(3P)/2점(2P)/Ttr − 접선 접선 반지름(T)] : P1점 클릭
원의 반지름 지정 또는 [지름(D)] : 25 ↵

46 Right View의 타원을 작도하기 위해 Front View에서 작도한 원의 중심점과 사분점을 뽑아 위치를 찾아줍니다.

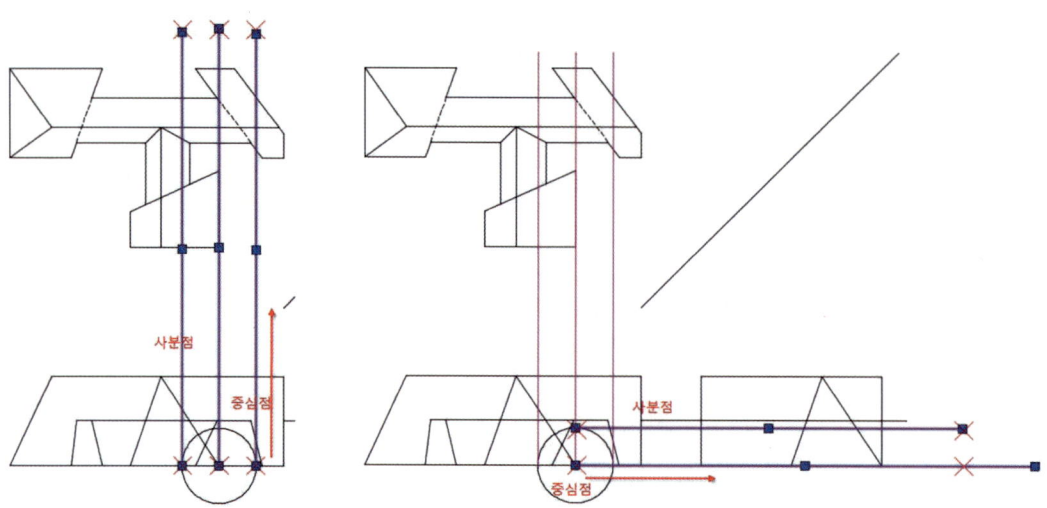

👉 위의 이미지와 같이 중심점과 사분점의 위치를 Top View와 Right View의 위치를 뽑아줍니다.

47 Top View의 뽑은 점을 기준선까지 작도 후 Right View의 위치를 찾아줍니다.

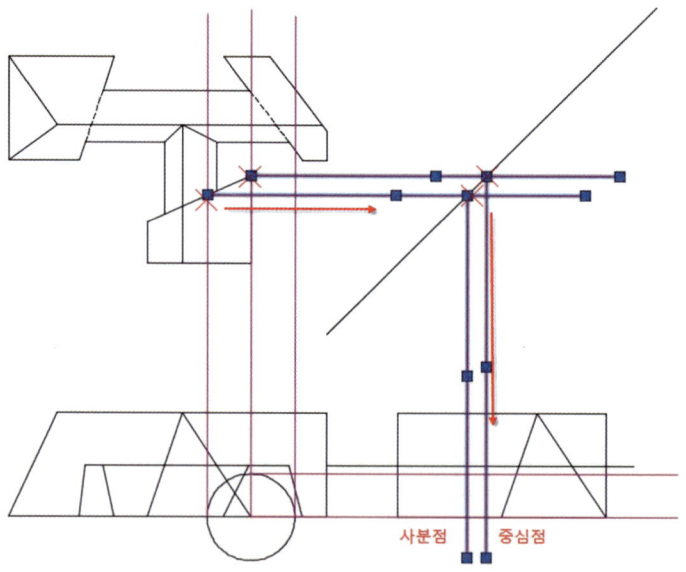

48 Right View의 중심점과 사분점이 만나는 타원을 P1, P2, P3순으로 작도합니다.

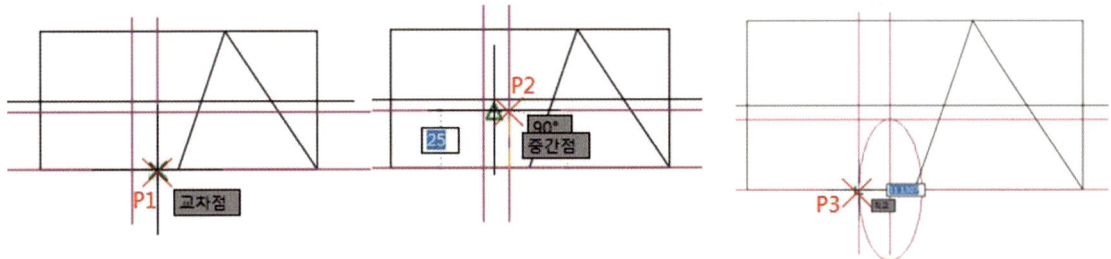

```
명령 : EL ↵ ELLIPSE
타원의 축 끝점 지정 또는 [호(A)/중심(C)] : c ↵
타원의 중심 지정 : P1점 클릭
축의 끝점 지정 : P2점 클릭
다른 축으로 거리를 지정 또는 [회전(R)] : P3점 클릭
```

49 작도한 타원을 제외한 선은 지워줍니다.

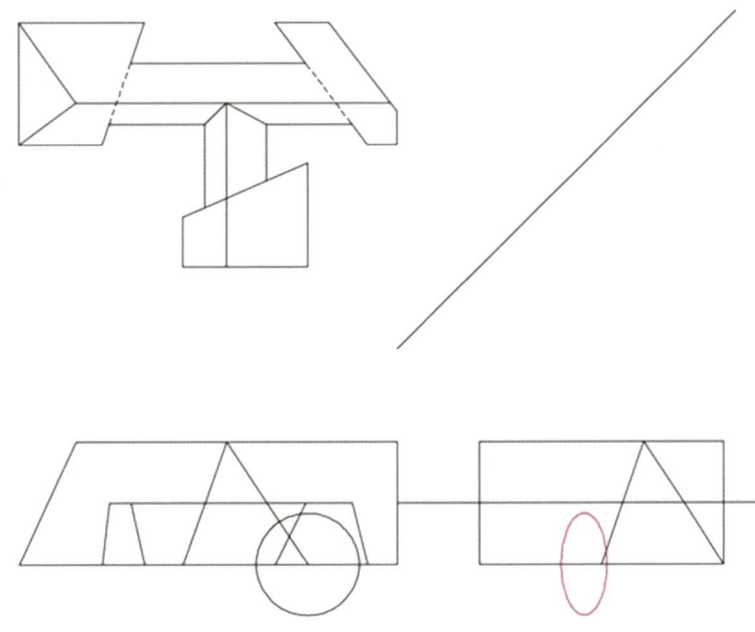

50 Front View의 원을 절단 기준선으로부터 나머지 객체를 절단합니다.

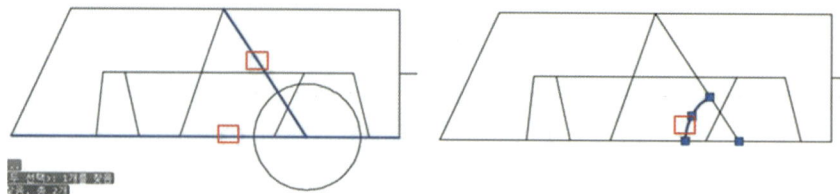

51 P1, P2의 객체를 Break(br) 명령어를 활용하여 분리한 후 "hidden" 도면층으로 설정합니다.

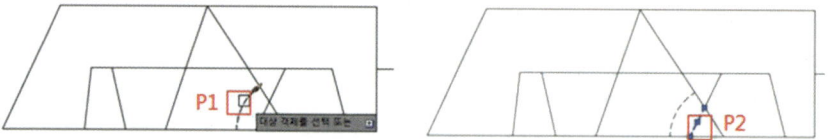

52 Top View 하단에서 거리 값 "10"만큼 평행복사합니다. 그 후 Front View의 원의 사분점의 선을 Top View로 작도합니다.

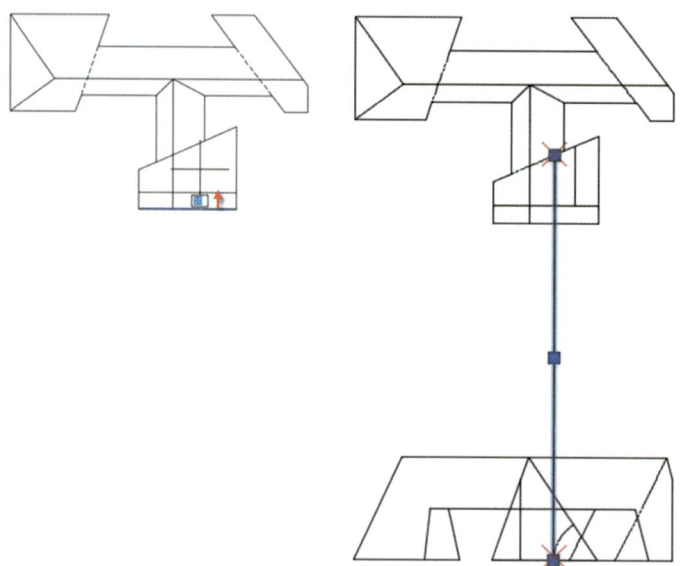

명령 : O ↵ OFFSET
현재 설정 : 원본 지우기=아니오 도면층=원본 OFFSETGAPTYPE=0
간격띄우기 거리 지정 또는 [통과점(T)/지우기(E)/도면층(L)] 〈1.0000〉 : 10 ↵

53 다음과 같이 잔여선을 정리합니다.

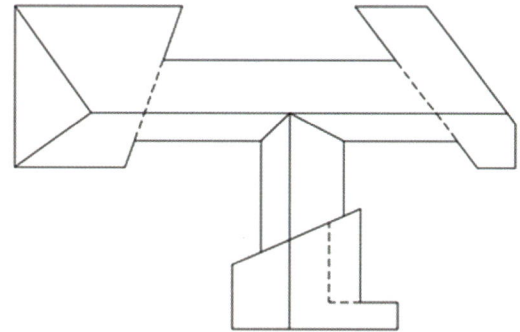

54 Right View의 위치를 찾아줍니다.

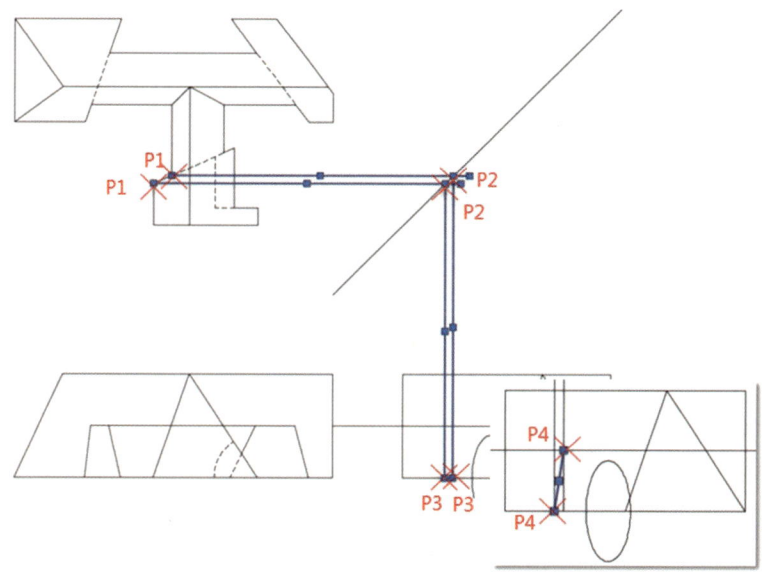

🔍 Top View의 P1점에서 P2의 기준선까지 선을 작두 후 Right View의 P3까지 선을 그려줍니다. 그 후 P4의 선을 이어 완성합니다.

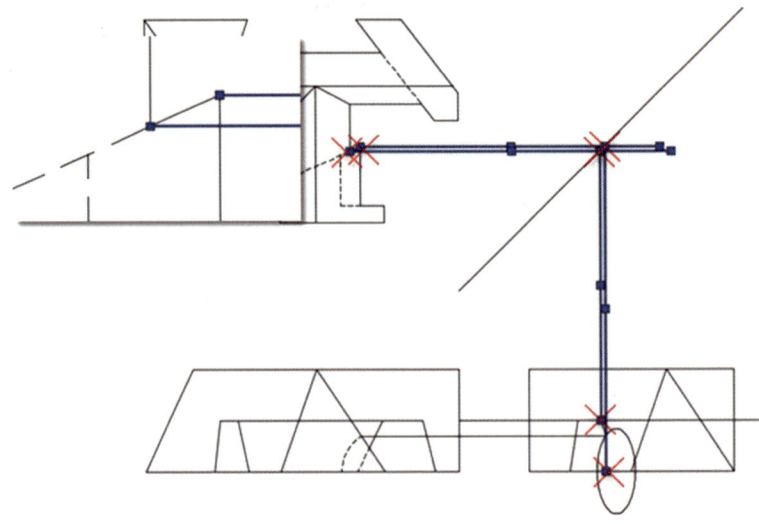

🔍 위와 같은 방법으로 위치를 찾아줍니다.

55 Front View의 P1점에서 Right View의 P2점까지 선을 작도하면 만나는 교차점을 확인할 수 있습니다.

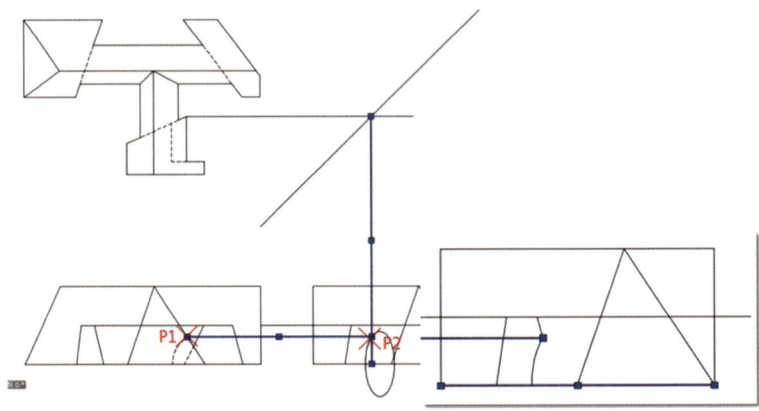

🔍 위치 확인 후 잔여선을 정리합니다.

56 Top View 위치의 선을 Right View에 작성합니다.

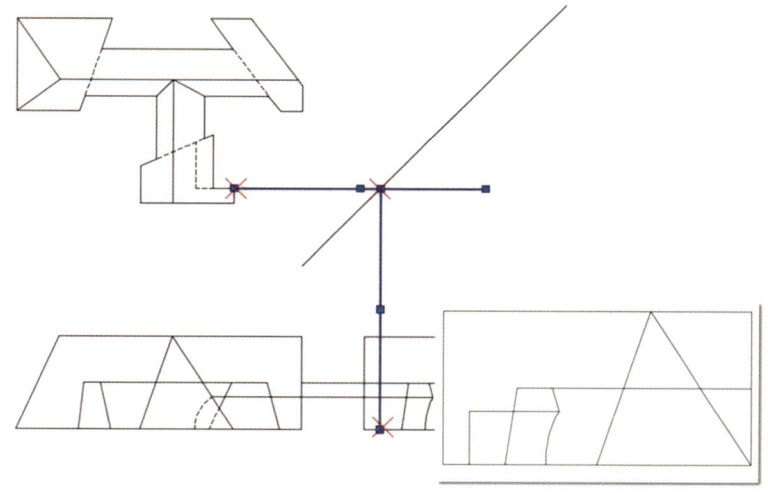

🔍 위치 확인 후 잔여선을 정리합니다.

57 Right View의 도면층을 적용하기 위해 Break(br) 명령으로 분리 후 "hidden" 도면층으로 적용합니다.

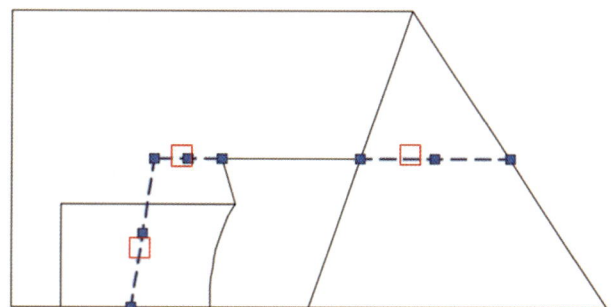

58 Top View의 P1점 위치에서 Right View의 P2점 위치로 작도합니다.

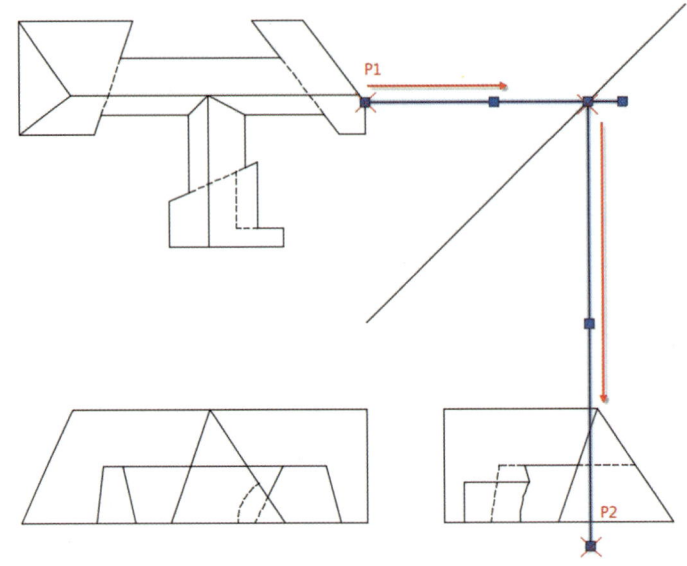

59 Right View의 잔여선 정리 후 P1점에서 P2점 순서대로 작도합니다.

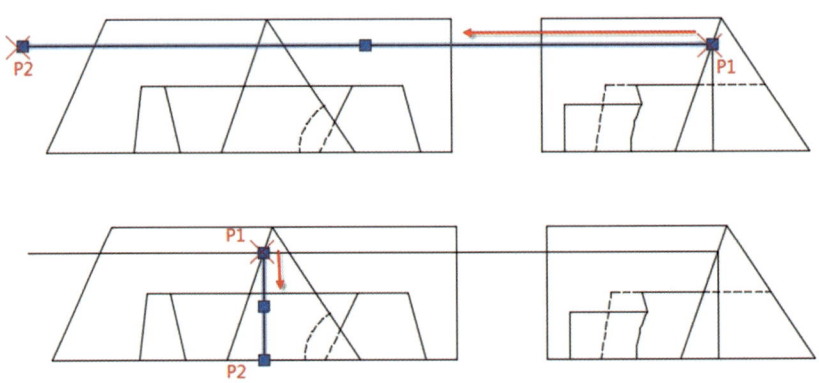

Front View도 같은 방법으로 선을 작도합니다.

60 Front View의 선을 작도하기 위해 Top View, Right View에서 선을 뽑아줍니다.

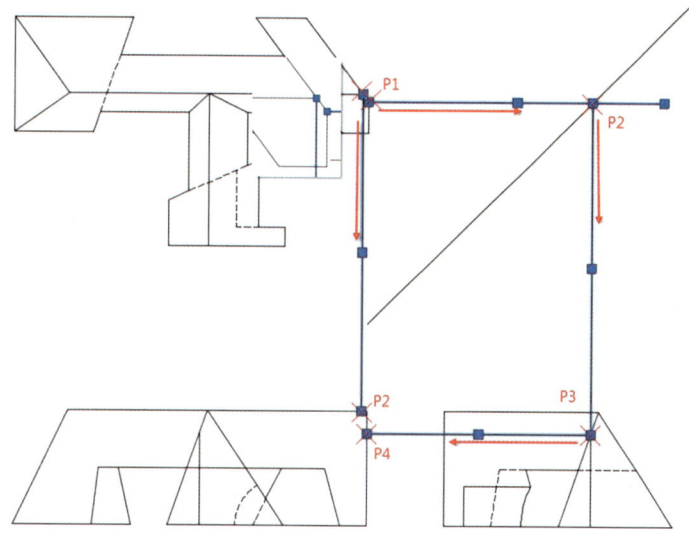

> P1, P2, P3, P4순으로 선을 작도합니다.

61 Front View의 찾은 지점에 P1, P2순서로 선을 작도합니다.

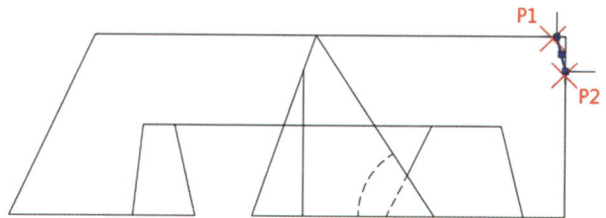

62 작도 후 다음과 같이 선을 정리합니다.

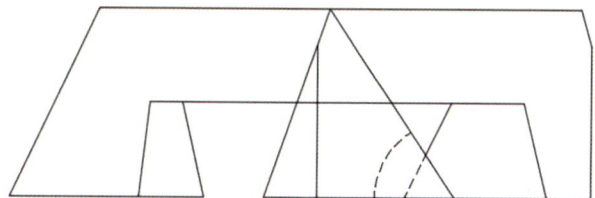

63 완성

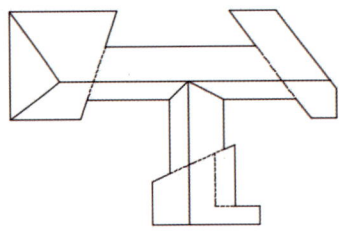

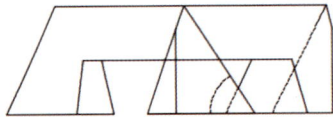 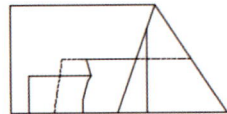

🔍 잔여선이나 수정사항은 없는지 확인합니다.

AutoCAD ATC 따라 하기(2007.11.24)

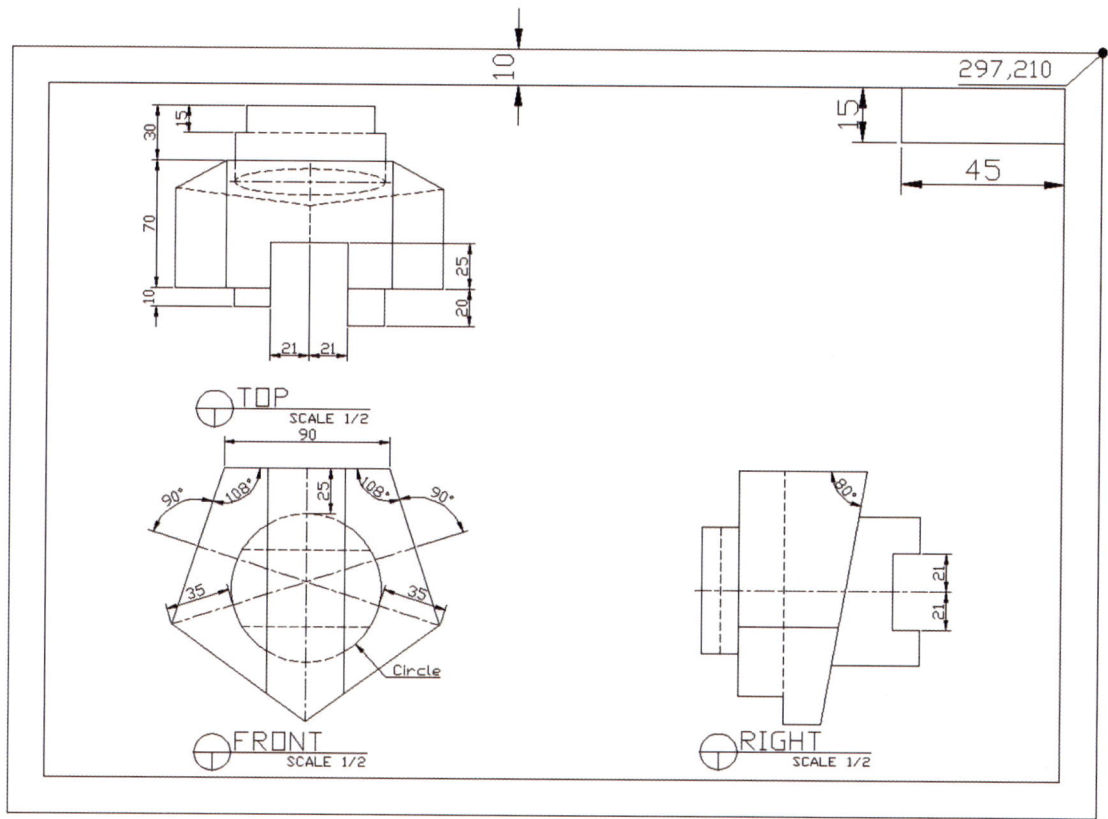

01 Limits명령으로 작업영역을 설정해준 후 Layer 도면층 조건에 맞게 설정합니다.

02 작도 전 "Model" 도면층을 선택합니다.

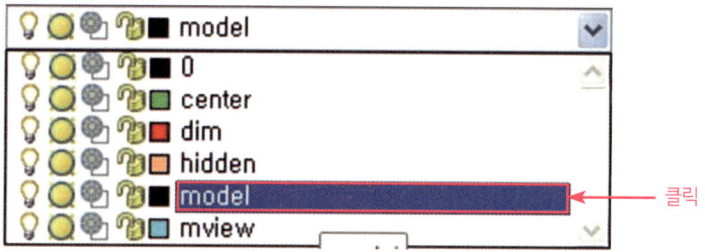

03 Polygon(pol) 명령으로 거리 값 "90"인 오각형을 작도합니다.

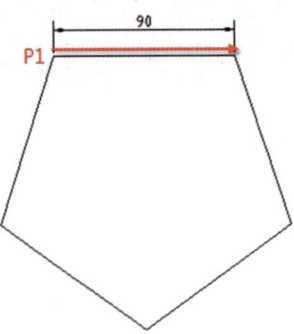

명령 : pol ↵ POLYGON
면의 수 입력 〈4〉 : 5 ↵
다각형의 중심을 지정 또는 [모서리(E)] : e ↵
모서리의 첫 번째 끝점 지정 : P1점에서 오른쪽 방향으로 마우스를 향하게 한다.
모서리의 두 번째 끝점 지정 : 90 ↵

04 아래와 같이 선을 작도합니다.

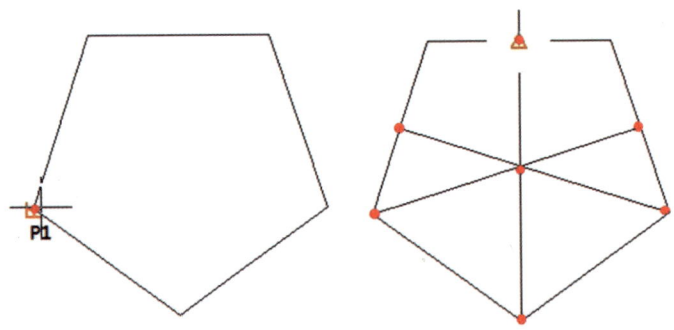

명령 : Line(l) ↵
P1점 클릭
오른쪽 이미지와 같이 선(line)을 작도한다.
작도한 선은 "Center" 도면층으로 변경한다.

05 Xline 명령에서 참조 객체 기준으로 "90도"인 각도선을 뽑아준 뒤 교차점에 배치합니다.

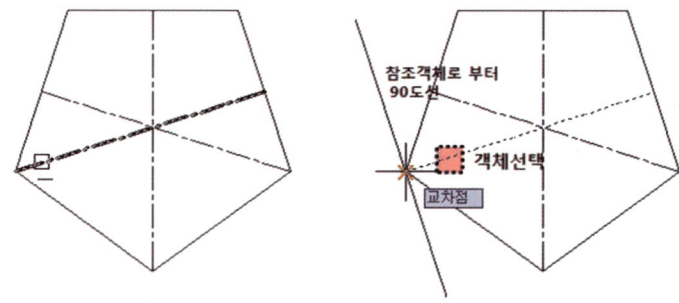

명령 : xl ↵ Xline
a ↵ Angle
참조 객체 선택(왼쪽 이미지 참조)
"90" ↵ 뽑고자 하는 각도 값 입력
모서리 교차점 지정

06 작성한 Xline선을 아래 이미지와 같은 거리 값으로 띄어줍니다.

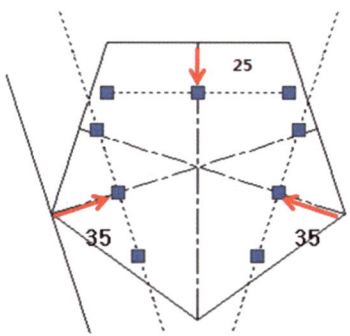

명령 : o ↵ Offset
25 ↵ 평행 복사할 거리 값 입력
객체 선택
복사할 방향 값 입력

o ↵ Offset
35 ↵ 평행 복사할 거리 값 입력
객체 선택
복사할 방향 값 입력

07 Circle 명령으로 접점 Osnap을 활용해 P1, P2, P3가 만나는 원을 그려줍니다.

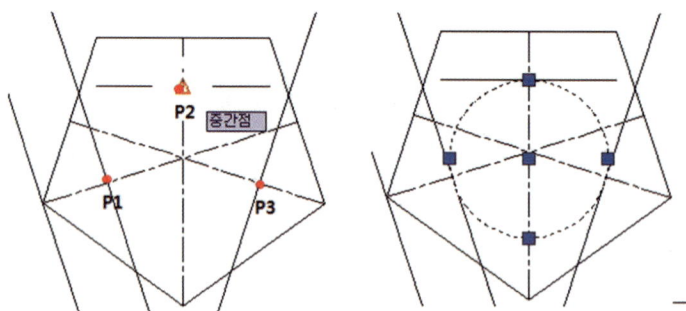

명령 : CIRCLE ↵
원에 대한 중심점 지정 또는 [3점(3P)/2점(2P)/Tr - 접선 접선 반지름(T)] : 3p ↵
원 위의 첫 번째 점 지정 : tan ↵ P1점 클릭
원 위의 두 번째 점 지정 : tan ↵ P2점 클릭
원 위의 세 번째 점 지정 : tan ↵ P3점 클릭

08 P1, P2가 만나는 선을 작도 후 "Center" 도면층으로 변경합니다.

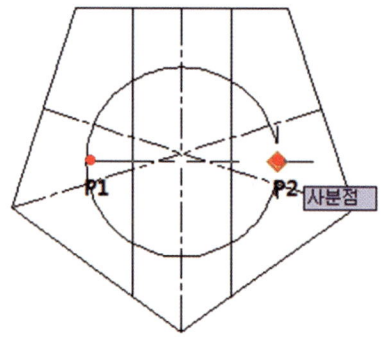

09 Front View의 외곽을 뽑기 P1점에서 Top View의 P2점으로 선을 뽑아 외곽을 작성합니다.

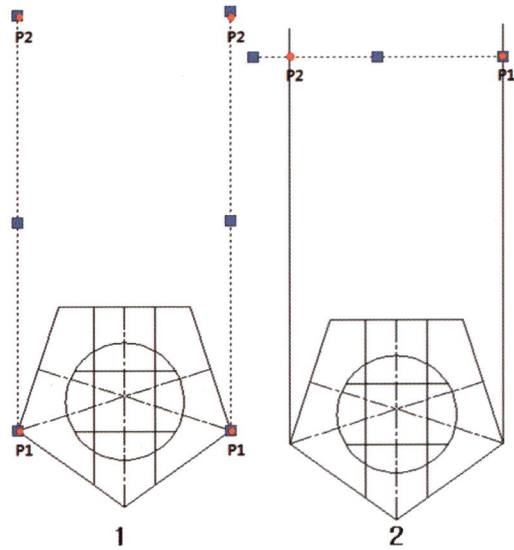

10 Fillet 명령으로 P1, P2순으로 선택해 선을 정리합니다.

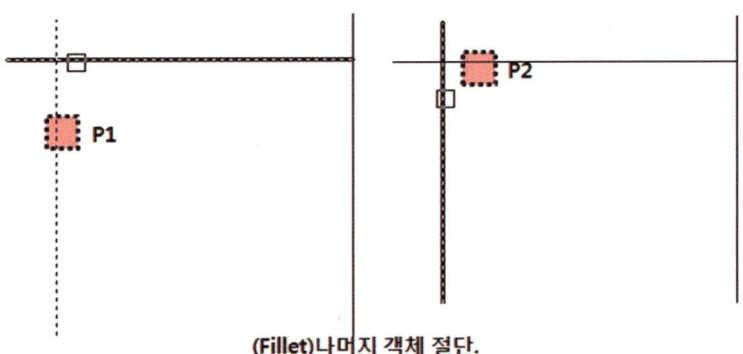

(Fillet)나머지 객체 절단.

명령 : f ↵ Fillet ↵
P1 위치 클릭
P2 위치 클릭

11 위에서 아래로 30, 70, 10, 10 거리 값만큼 Offset합니다.

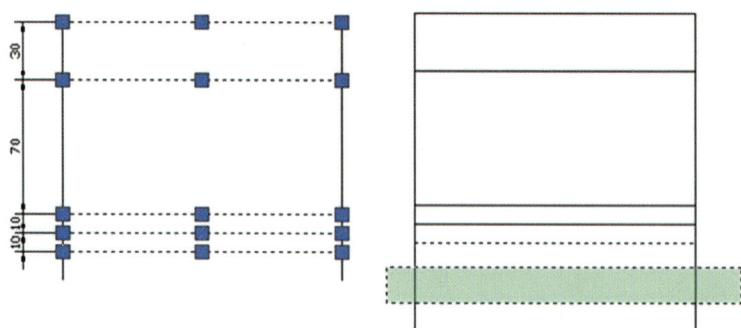

Offset 후 Trim으로 잔여선을 정리합니다.

12 Front View 중심에서 Top View의 중심선을 뽑아줍니다.

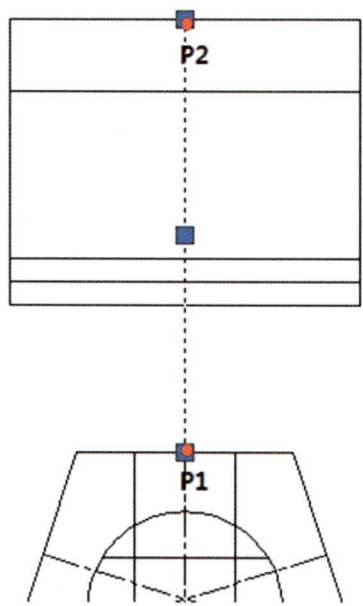

13 아래와 같이 Offset 명령으로 거리 값을 뽑아준 뒤 잔여선을 절단합니다

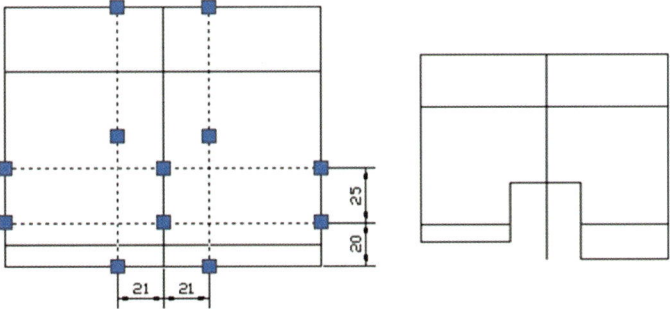

14 Front View부분의 끝점에서 Top View부분의 위치를 찾아줍니다.

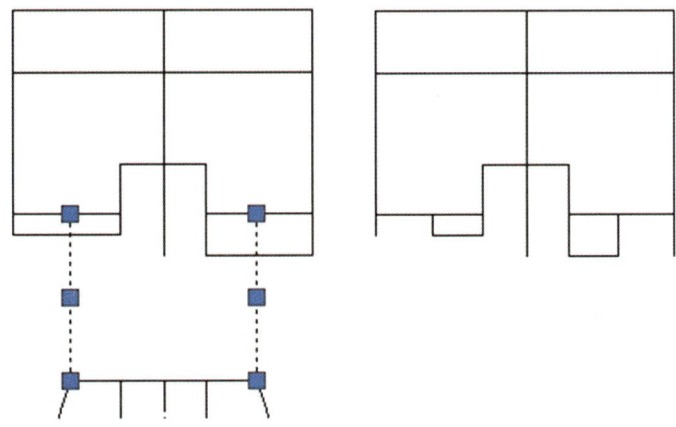

작도 후 선을 정리합니다.

15 Top View의 상단에서 아래로 "15" 거리 값만큼 평행복사 후 Front View에 위치를 뽑아 작도합니다.

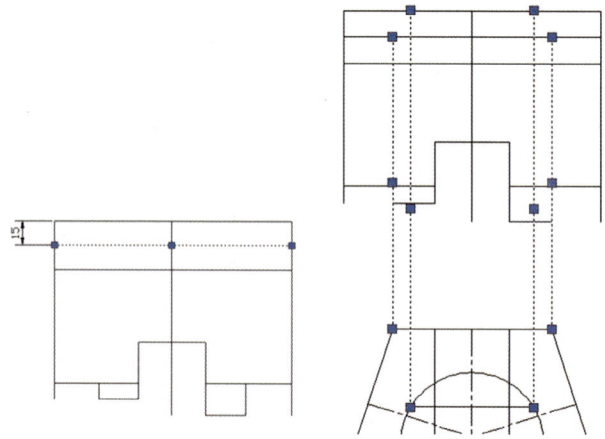

16 다음과 같이 잔여선을 정리합니다.

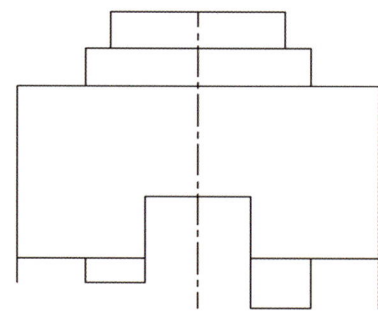

17 Right View의 외곽을 찾기 위해 Front View의 끝점을 뽑아줍니다.

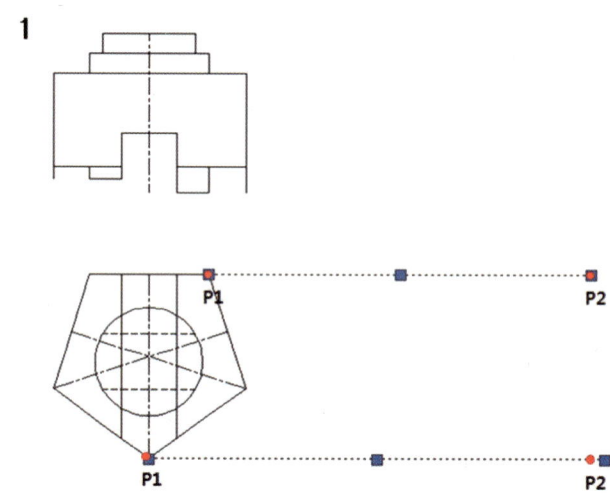

18 기준선을 뽑기 위해 Top View의 상단 끝점을 뽑아 임의에 위치에서 아래로 선을 내려줍니다.

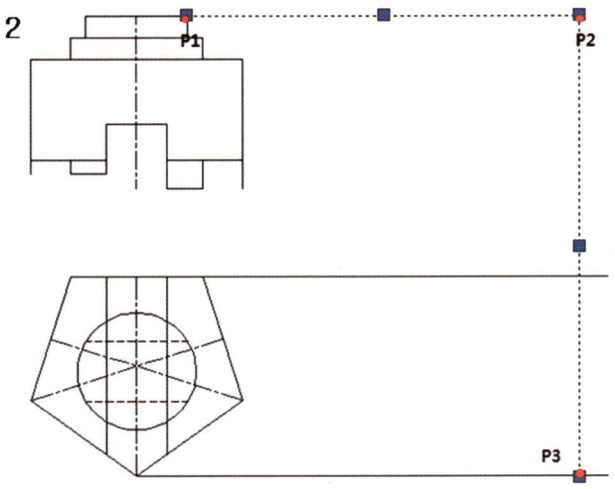

교차하는 P2점 위치에서 Xline 명령을 이용해 45도 선을 뽑아줍니다.

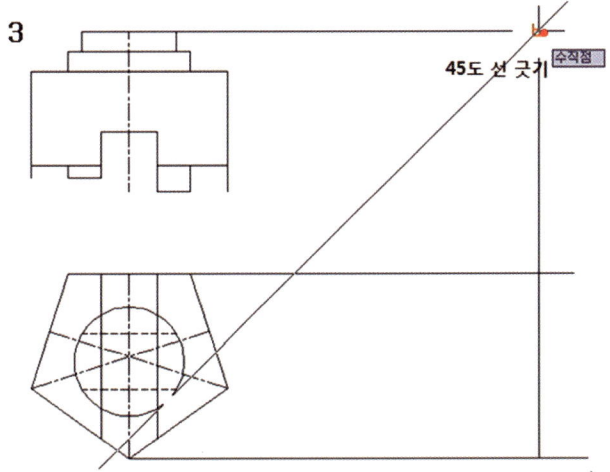

명령 : xl ↵ Xlne
a ↵ Angle
45 ↵

19 Top View 하단 끝점을 뽑아 기준선 교차점 P2에서 Right View의 외곽을 뽑아줍니다.

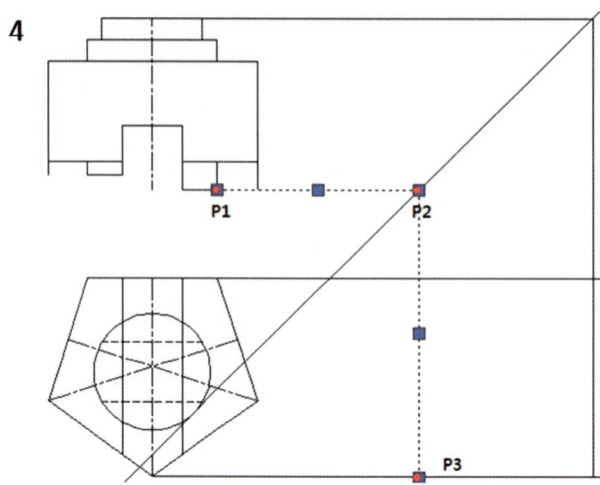

20 불필요한 선을 정리합니다.

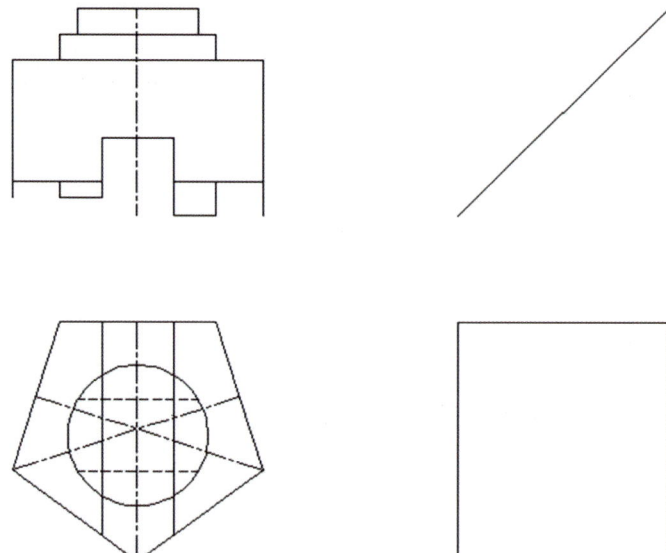

21 Top View의 P1점에서 기준선 교차점에서 Right View P2점을 뽑아줍니다.

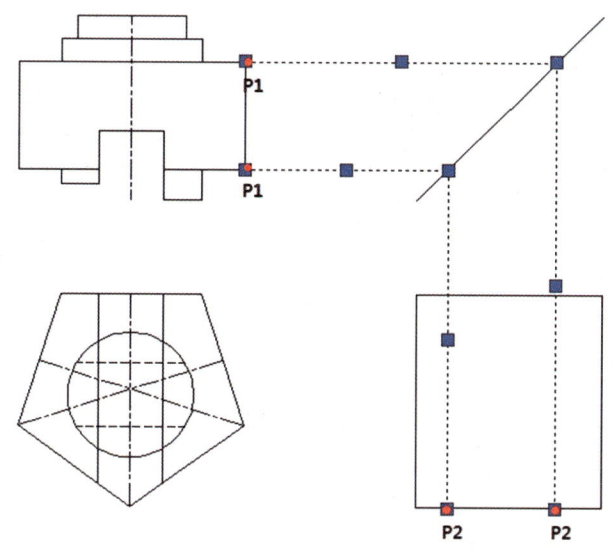

22 80도(180도 기준) 선을 뽑아 P1점에 배치합니다.

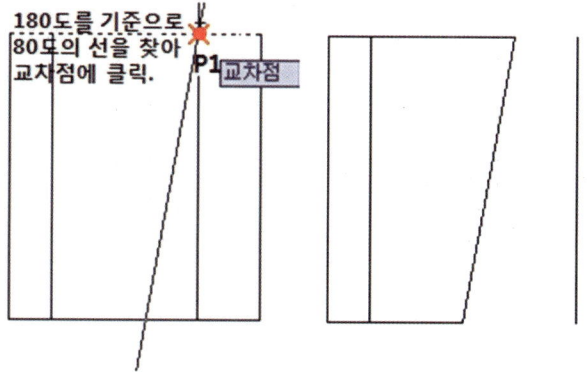

오른쪽 이미지와 같이 선을 정리합니다.

23 Front View의 끝점 위치에서 Right View의 위치를 찾아줍니다.

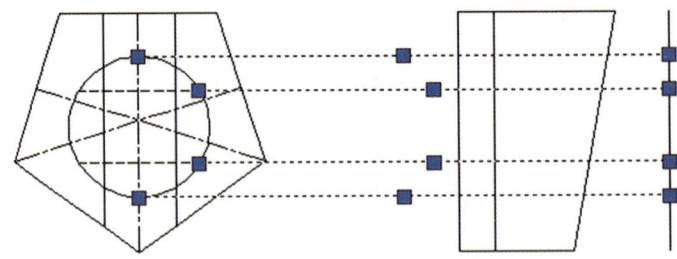

24 Top View의 두 번째(상단기준) 선의 끝점을 뽑아 Right View의 위치를 찾아줍니다.

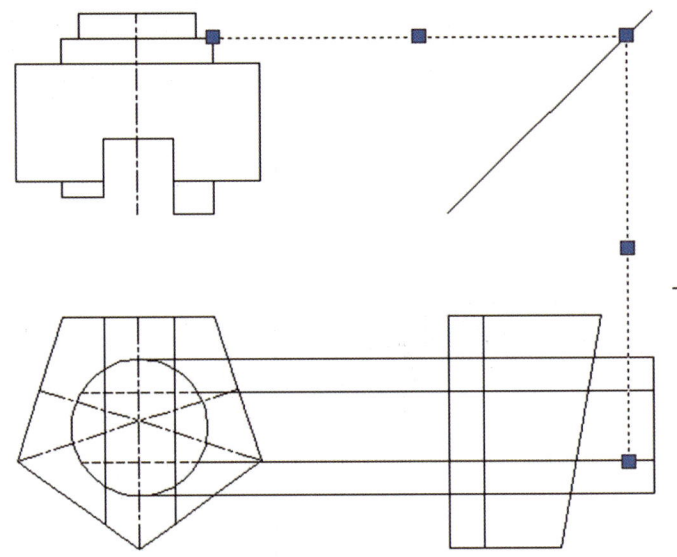

25 위와 같이 선의 위치를 뽑아줍니다.

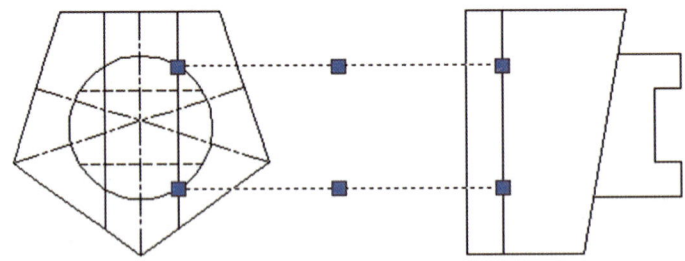

26 Top View의 끝점을 뽑아 Right View의 숨은선을 뽑아줍니다.

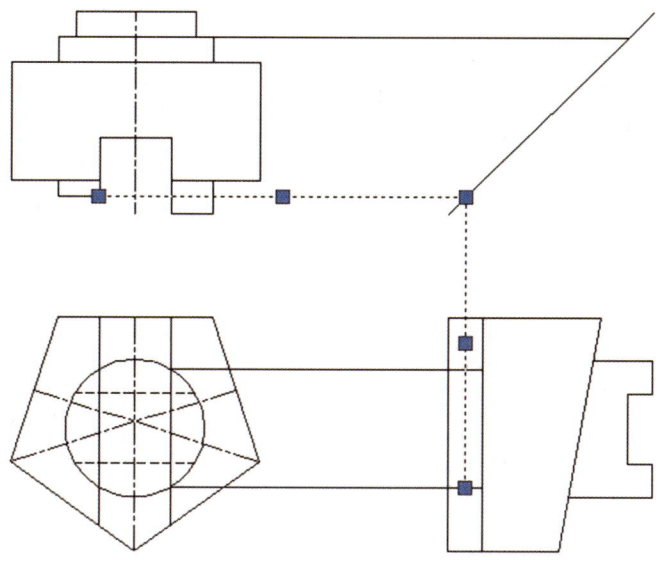

27 작도한 선을 "hidden" 도면층으로 변경합니다.

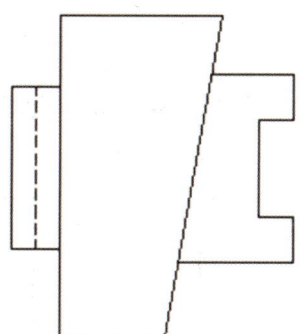

28 Front View의 모서리 P1점에서 P2점 방향으로 선을 뽑은 뒤 정리합니다.

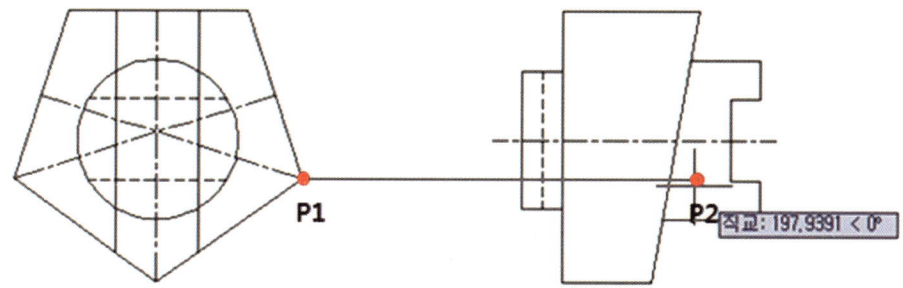

29 Right View에서 Top View의 선을 찾아줍니다.

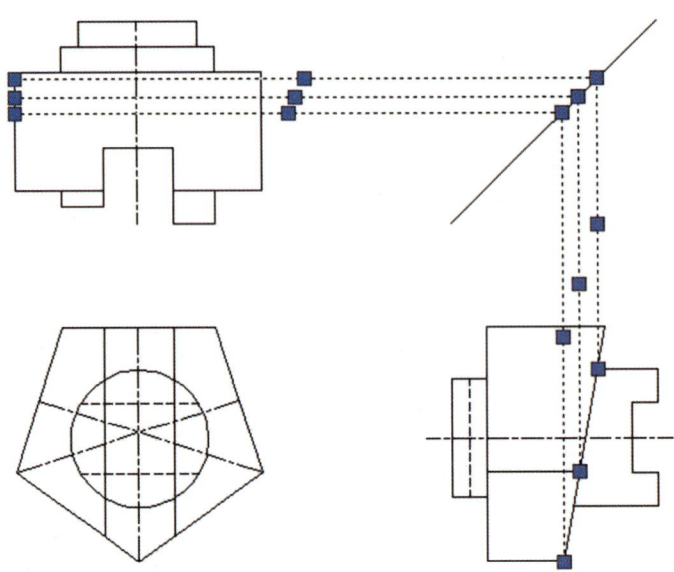

30 아래 이미지와 같이 굵은 선을 작도합니다.

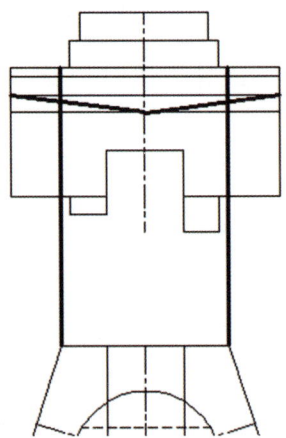

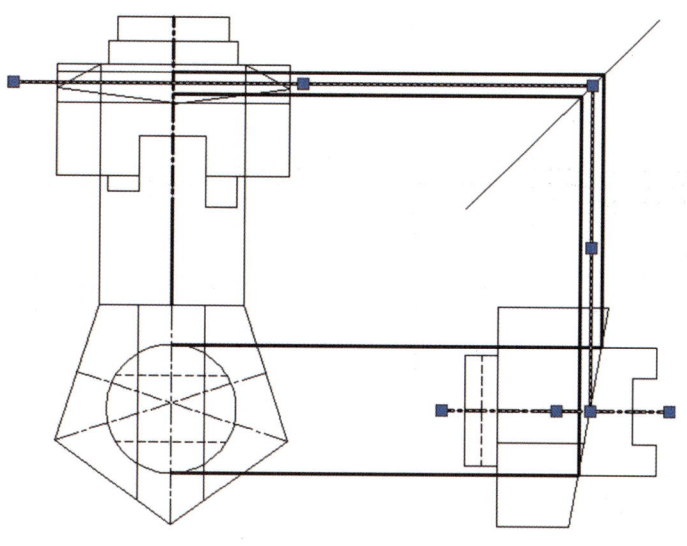

31 Top View의 타원을 작도하기 위해 Front View원의 사분 점의 위치를 찾아줍니다.

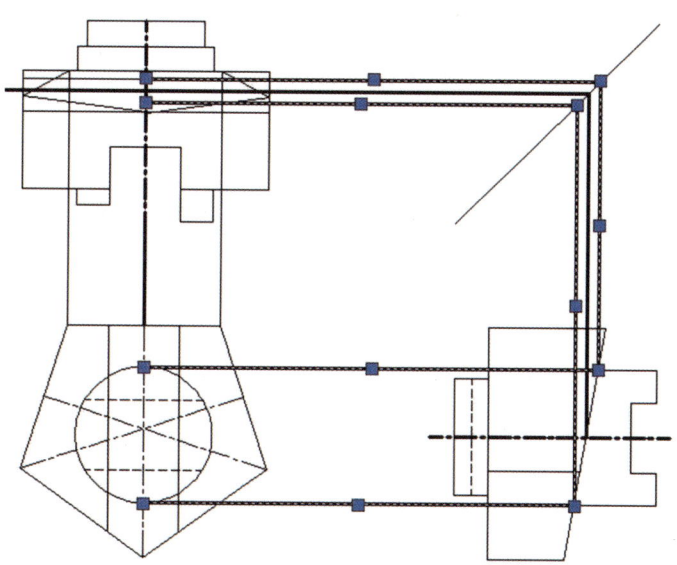

32 타원 명령으로 P1점(시작점), P2점(끝점), P3점(높이) 순서대로 작도합니다.

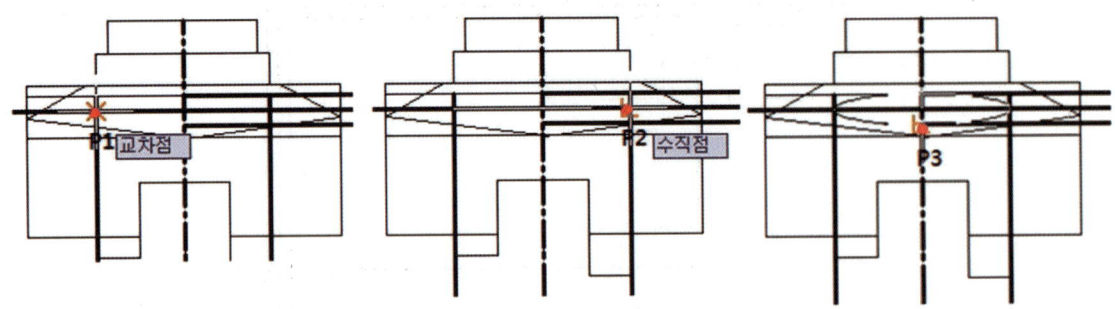

> 명령 : el ↵ ELLIPSE
> 타원의 축 끝점 지정 또는 [호(A)/중심(C)] : P1 클릭
> 축의 다른 끝점 지정 : P2 클릭
> 다른 축으로 거리를 지정 또는 [회전(R)] : P3 클릭

33 Top View부분의 잔여선을 정리합니다.

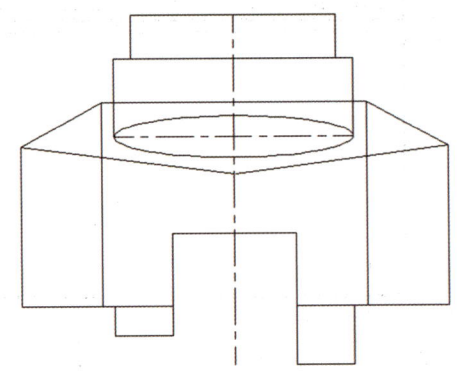

34 완성

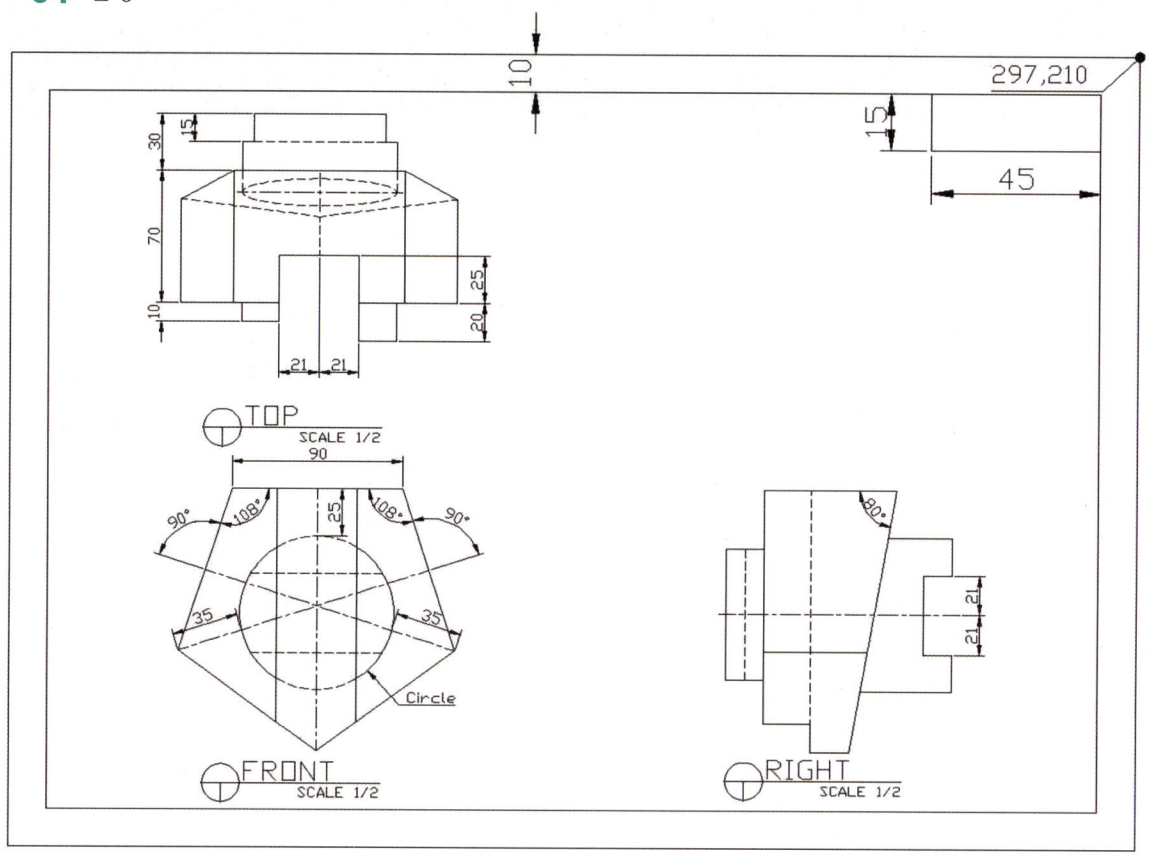

🔍 잔여선과 수정할 점은 없는지 확인합니다.

AutoCAD ATC 따라 하기(2009.6.13)

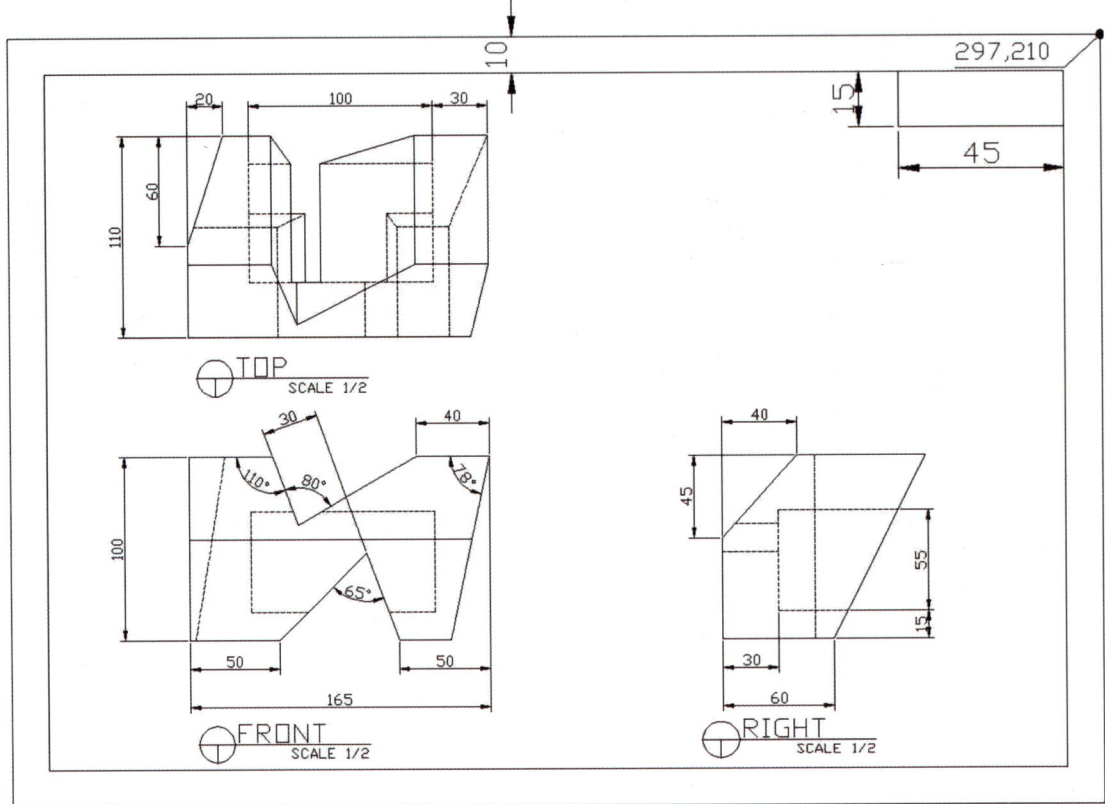

01 Limits명령으로 작업영역을 설정해준 후 Layer 도면층 조건에 맞게 설정합니다.

02 작도 전 "Model" 도면층을 선택합니다.

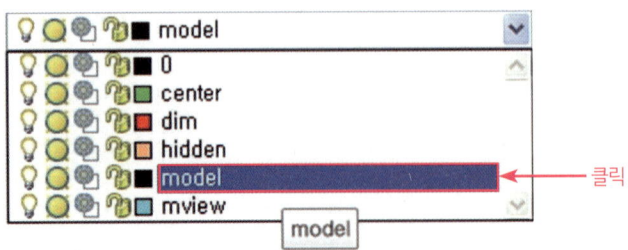

03 외곽 작성하기 위해 Rectangle(rec)명령을 이용해 작성합니다.

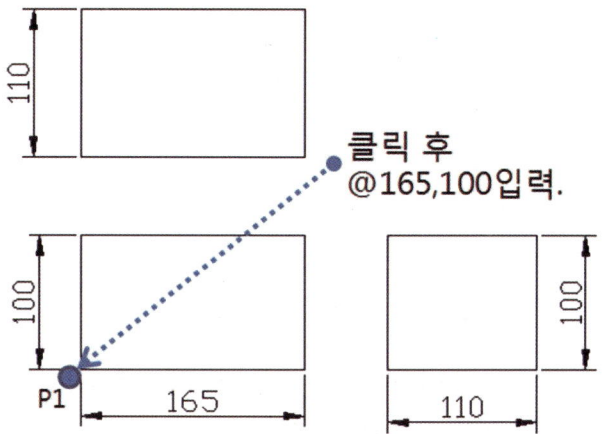

명령 : rec ↵ RECTANG
첫 번째 구석점 지정 또는 [모따기(C)/고도(E)/모깎기(F)/두께(T)/폭(W)] : P1점 클릭
다른 구석점 지정 또는 [영역(A)/치수(D)/회전(R)] : @165, 110

04 사각형을 이용해 작도하기 위해 X(explode)로 분해합니다.

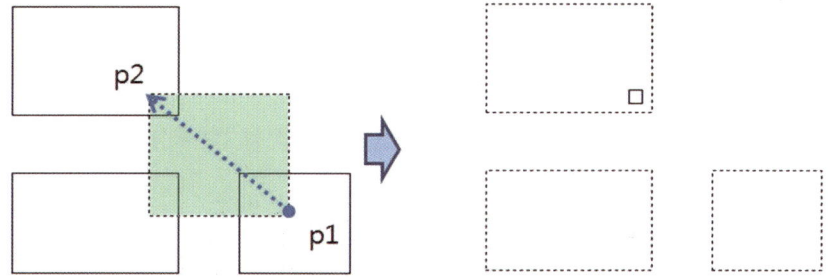

명령 : x ↵ EXPLODE
분해하고자 하는 객체 선택 P1점 클릭, P2 방향으로 드래그 클릭

05 순서대로 각도선을 찾아 하나하나 뽑아줍니다.

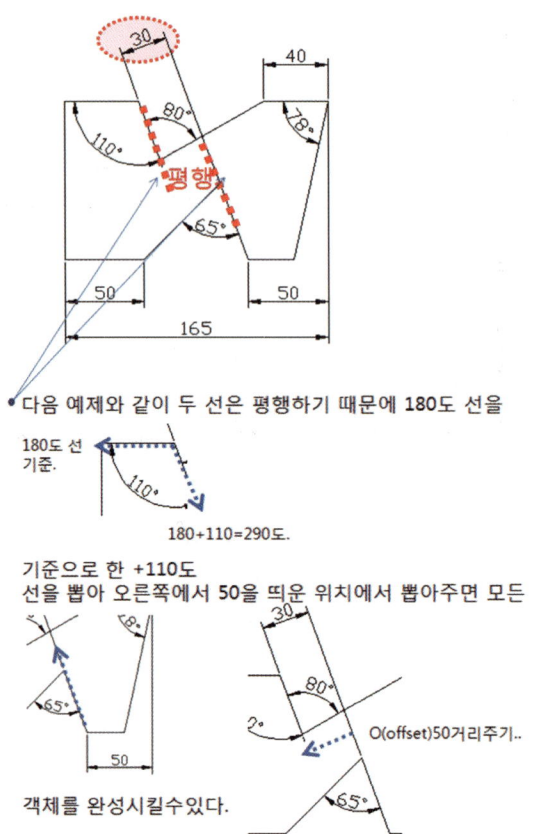

06 치수선이 나와 있는데로 TOP과 RIGHT부분의 간격대로 선을 뽑아 정리합니다.

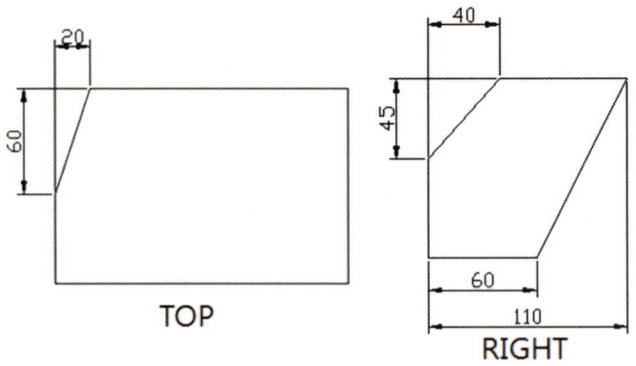

07 Right의 선을 다음과 같이 뽑아줍니다.

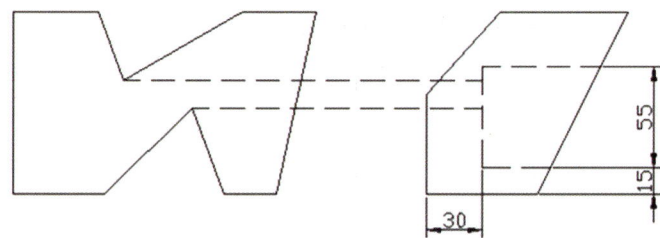

08 외곽의 끝점이 만나는 45도의 기준선을 잡아줍니다.

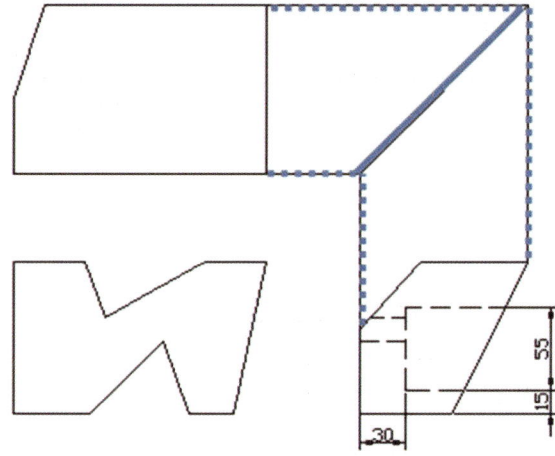

09 TOP의 위치를 뽑아서 RIGHT를 완성시킵니다.

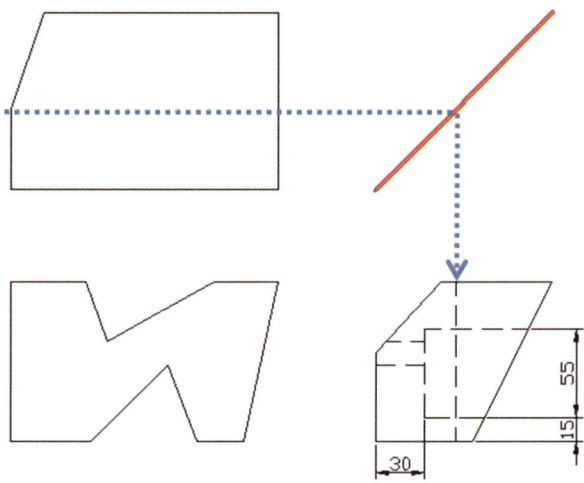

10 다음 표시된 부분을 기준으로 Front부분의 hidden을 찾아줍니다.

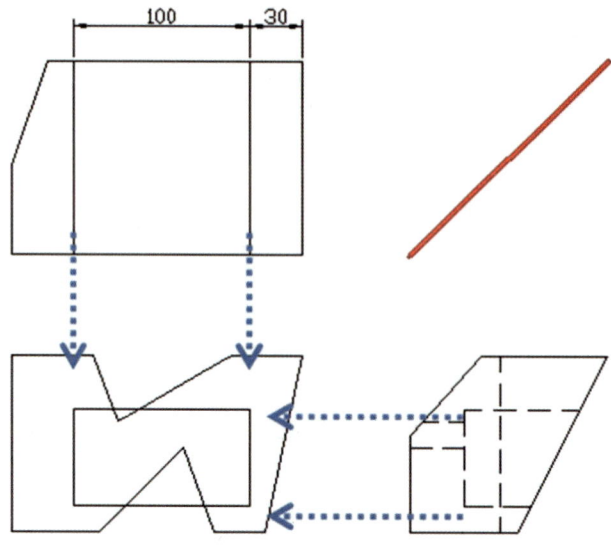

11 다음과 같이 선을 추적하여 작도합니다.

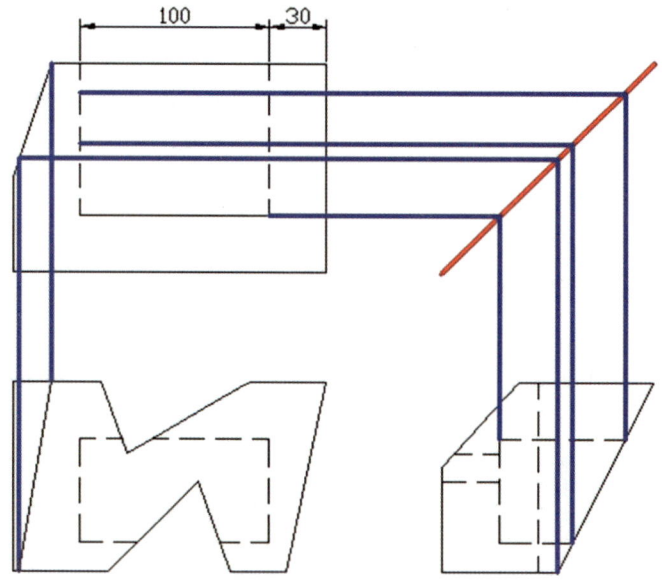

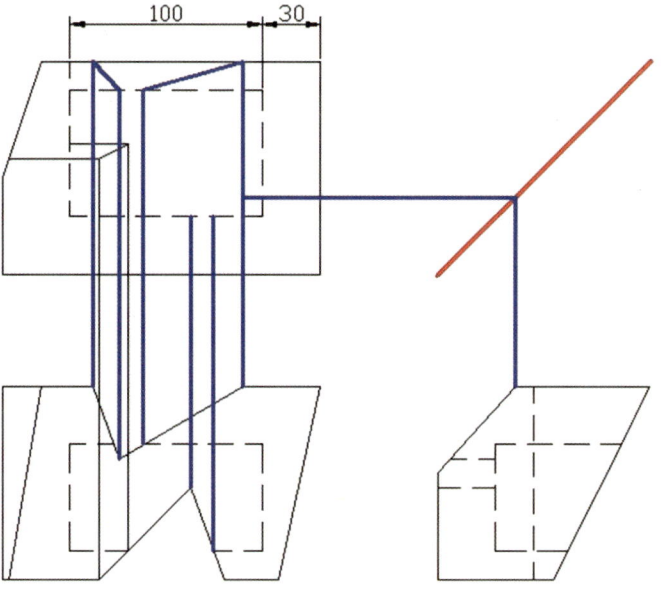

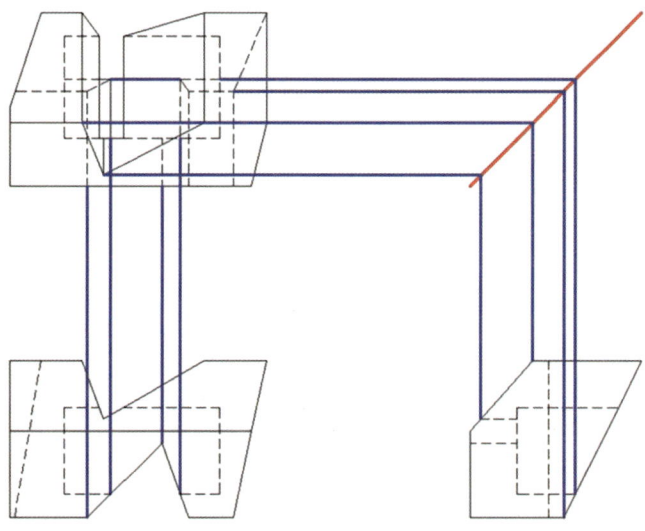

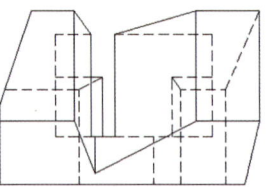

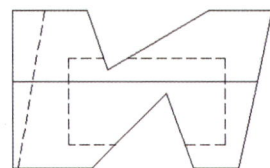
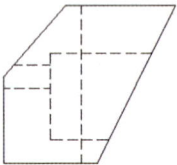

12 완성

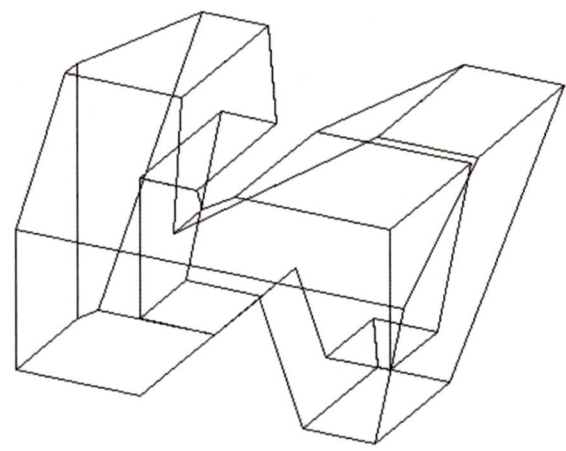

AutoCAD ATC 따라 하기(2009.12.12)

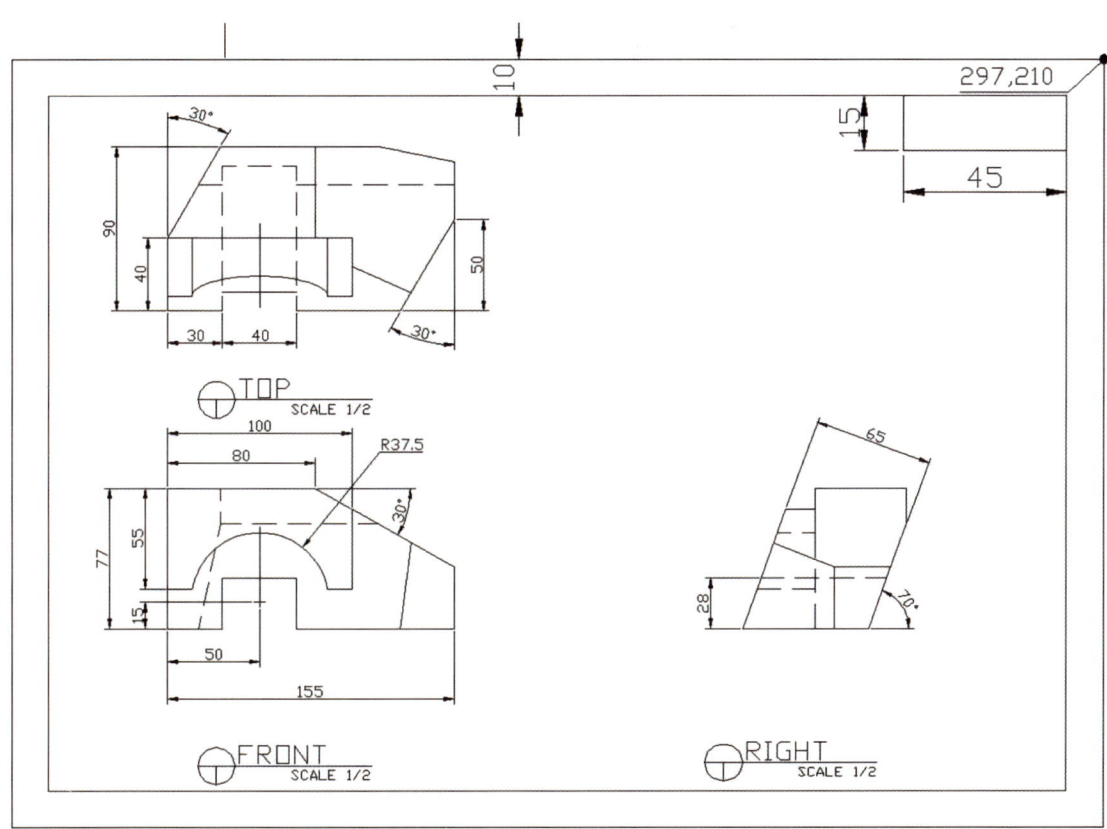

01 Limits명령으로 작업영역을 설정해준 후 Layer 도면층 조건에 맞게 설정합니다.

02 작도 전 "Model" 도면층을 선택합니다.

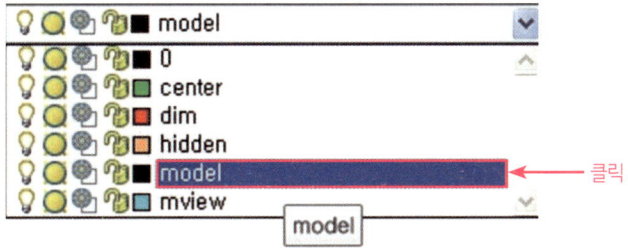

03 TOP View영역에 @155, 77인 사각형을 작도합니다.

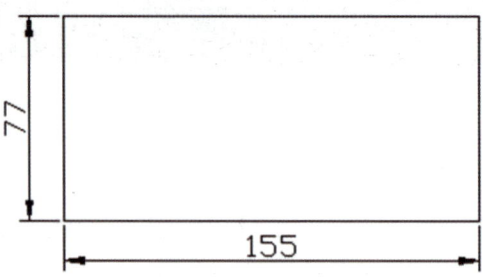

> 명령 : REC ↵ RECTANG
> 첫 번째 구석점 지정 또는 [모따기(C)/고도(E)/모깎기(F)/두께(T)/폭(W)] : 기준점 클릭
> 다른 구석점 지정 또는 [영역(A)/치수(D)/회전(R)] : @155, 77 ↵

04 Front View의 끝점에서 Top View의 외곽을 작도합니다.

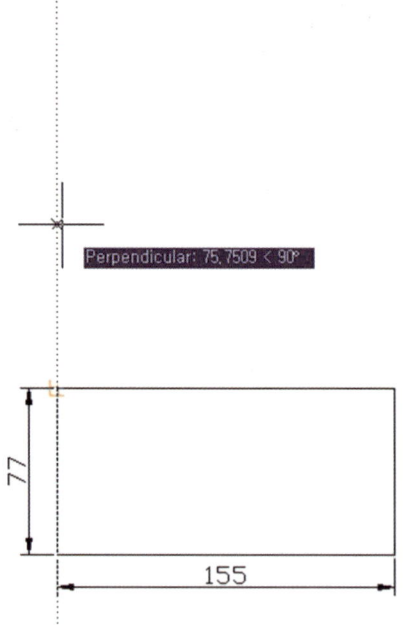

TIP

추적버튼을 선택합니다.

05 Top View의 위치에서 @155, 90인 사각형을 작도합니다.

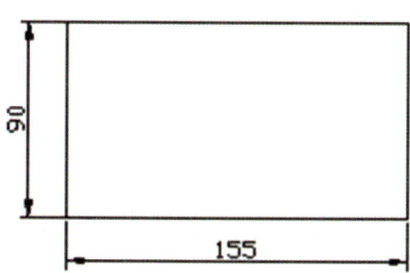

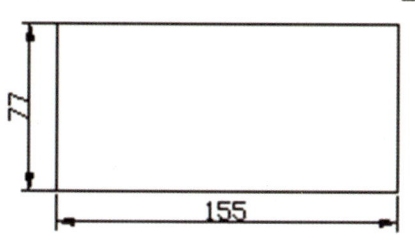

```
명령 : REC ↵ RECTANG
첫 번째 구석점 지정 또는 [모따기(C)/고도(E)/모깎기(F)/두께(T)/폭(W)] : 기준점 클릭
다른 구석점 지정 또는 [영역(A)/치수(D)/회전(R)] : @155, 90 ↵
```

06 Front View 부분의 끝점 위치에서 Right View의 외곽을 잡아줍니다.

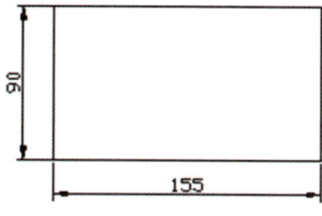

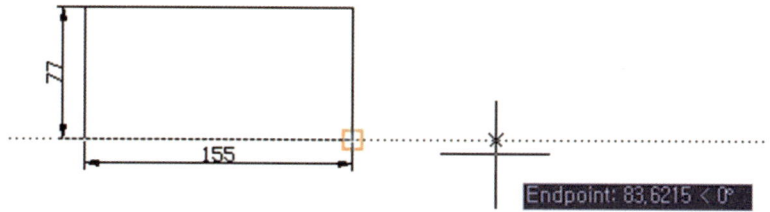

07 Right View 부분 기준점에서 @90, 77인 사각형을 작도합니다.

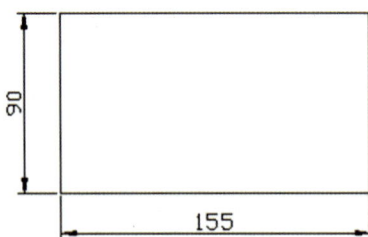

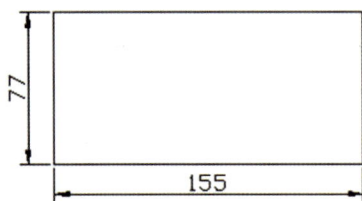 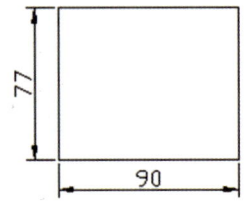

08 편집을 하기 위해 Explode(x)로 분해합니다.

09 거리값 "80"인 선을 평행복사 후 "-30도"의 선을 배치합니다.

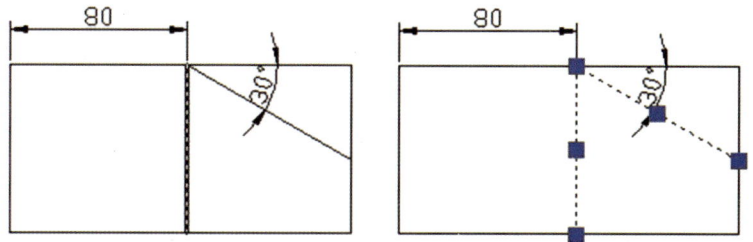

10 작도 후 아래 이미지와 같이 잔여선을 정리합니다.

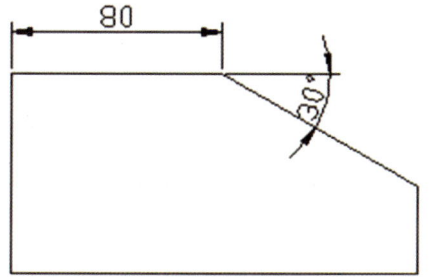

11 Right View 끝점에 70도인 선을 배치 후 Offset 명령으로 거리 값 "65"만큼 평행복사합니다.

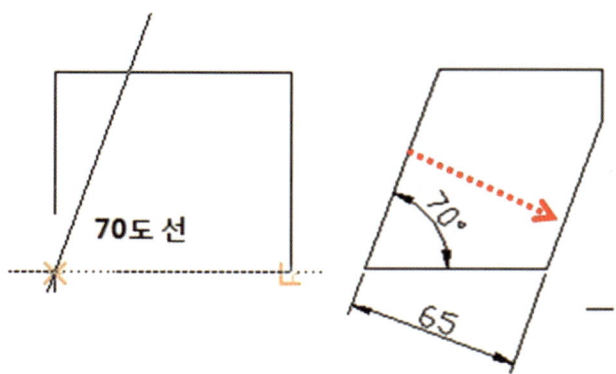

12 Front View부분의 모서리의 끝점을 뽑아 Right View의 위치를 찾아줍니다.

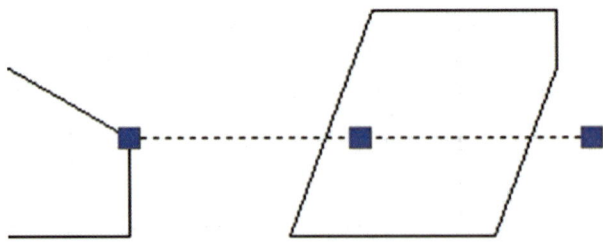

13 뽑은 선의 잔여선을 다음 이미지와 같이 정리합니다.

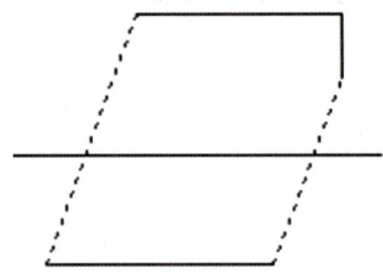

14 다음과 같이 기준선을 찾아줍니다.

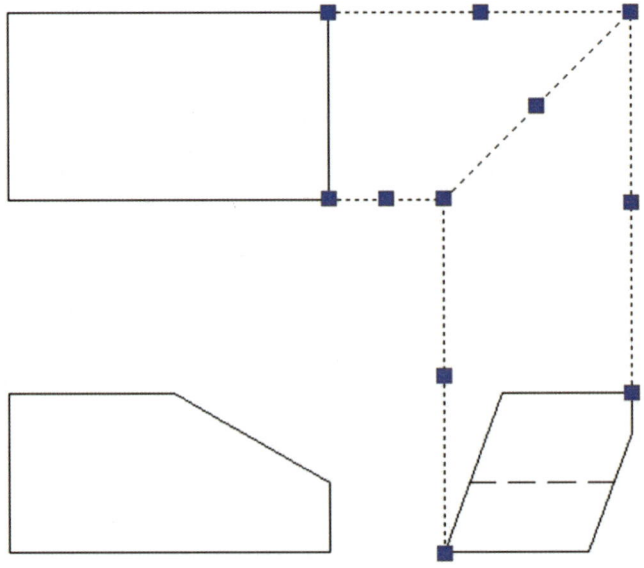

15 다음과 같이 기준선을 찾아줍니다.

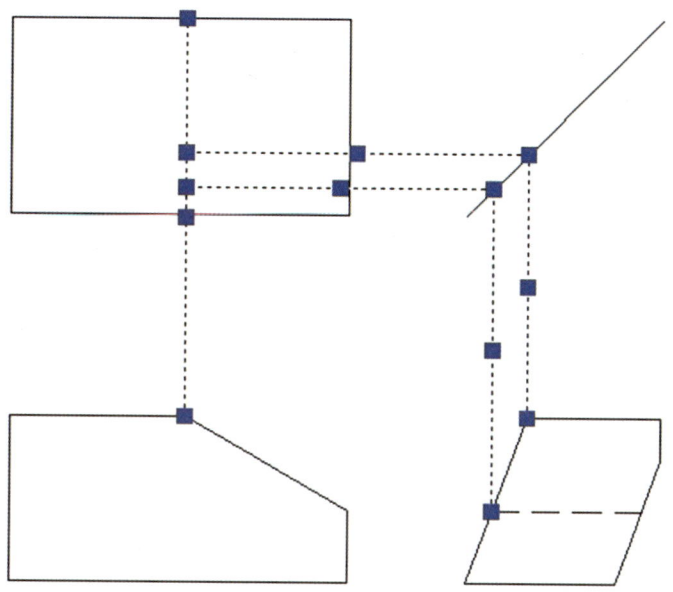

16 이미지와 같이 P1, P2가 만나는 선을 연결합니다.

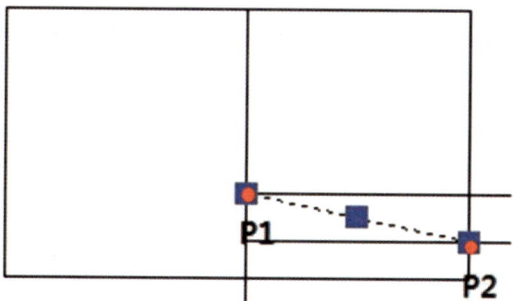

17 Right View P1점에서 P2점 방향으로 선을 뽑아줍니다.

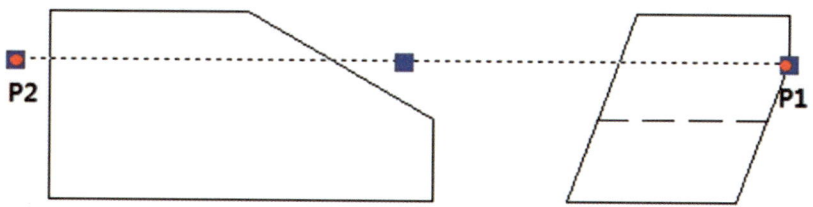

18 이미지와 같이 끝점이 만나는 TOP View의 위치를 찾아줍니다.

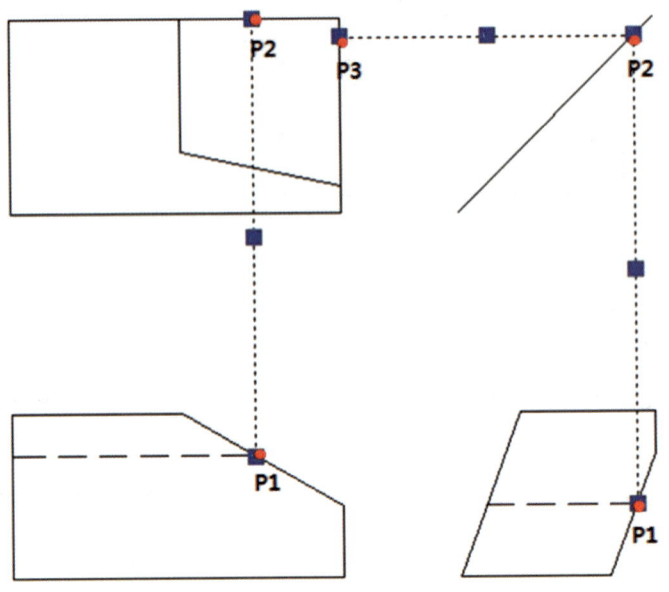

19 선을 연결합니다.

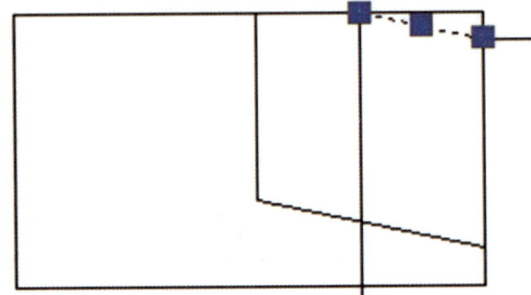

20 Right View의 P1점에서 P2점까지 선을 작도 후 교차점에서 P3점이 만나는 선을 뽑아줍니다.

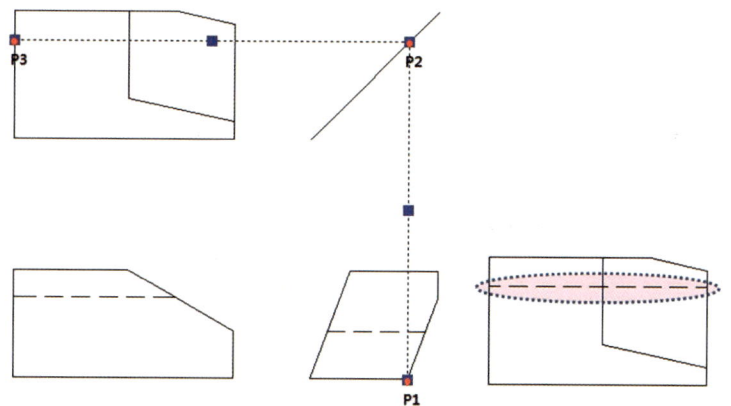

뽑은 선을 정리 후 "hidden" 도면층으로 변경합니다.

21 거리 값 "50"만큼 평행복사 후 240도 선을 뽑아 배치합니다.(270-30=240)

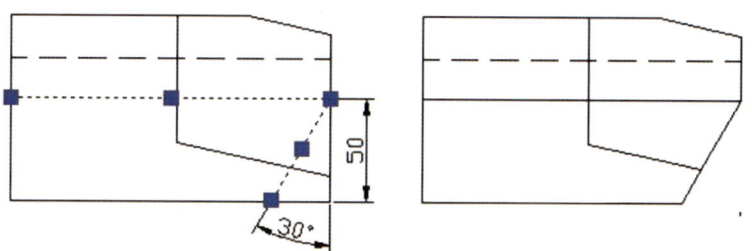

명령 : XLINE ↵
점 지정 또는 [수평(H)/수직(V)/각도(A)/이등분(B)/간격띄우기(O)] : a ↵
X선의 각도 입력 (0) 또는 [참조(R)] : 240 ↵

22 위와 같이 치수를 뽑아줍니다.

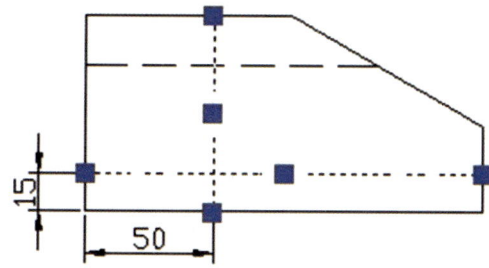

23 위와 같이 치수를 뽑아줍니다.

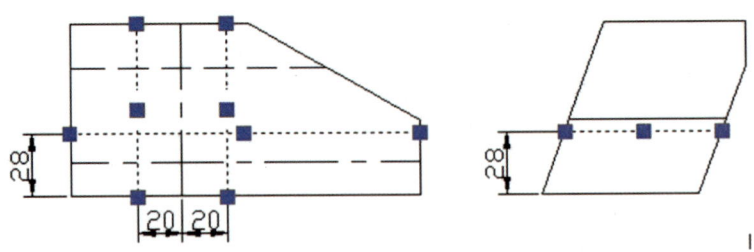

24 뽑은 선으로부터 잔여선을 정리합니다.

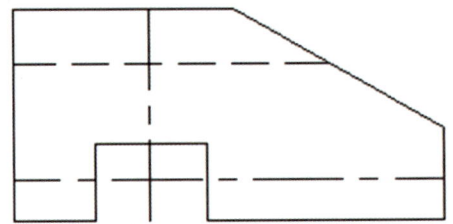

25 Center 교차점 위치에서 반지름 값이 "37.5" 원을 작도합니다.

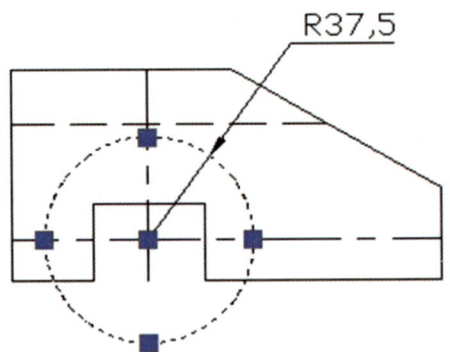

26 아래 이미지와 같이 평행복사한 선을 뽑아줍니다.

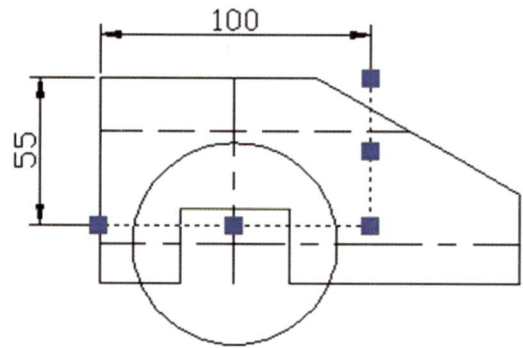

27 잔여선을 정리합니다.

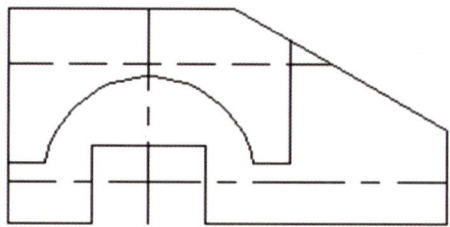

28 P1점에 위치에서 P2점의 선을 뽑아줍니다.

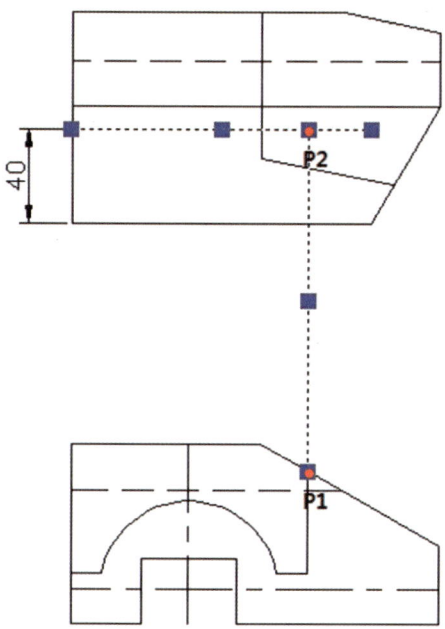

29 뽑은 선을 기준으로 안쪽 객체는 절단합니다.

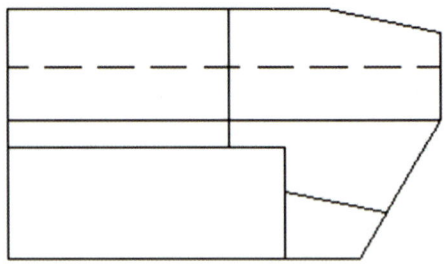

30 Front View의 끝점에서 Front View의 위치를 찾아줍니다.

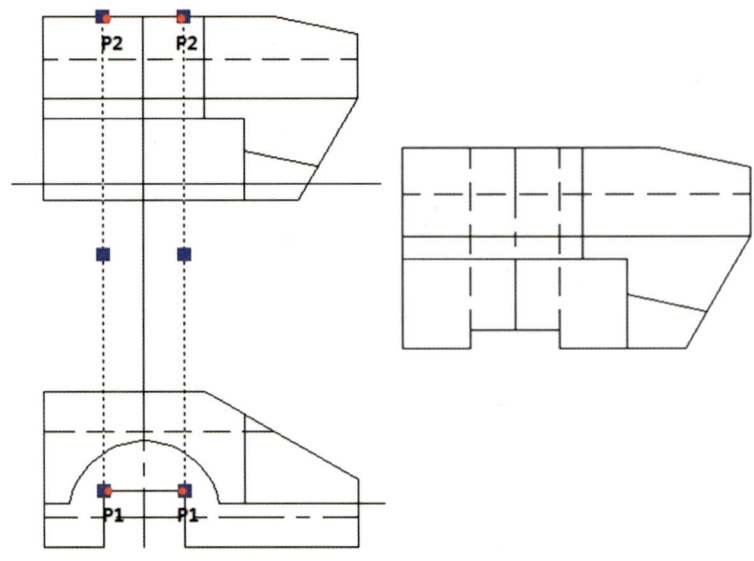

🔍 잔여선을 오른쪽 이미지와 같이 정리합니다.

31 P1, P2, P3, P4의 순서대로 선을 뽑아줍니다.

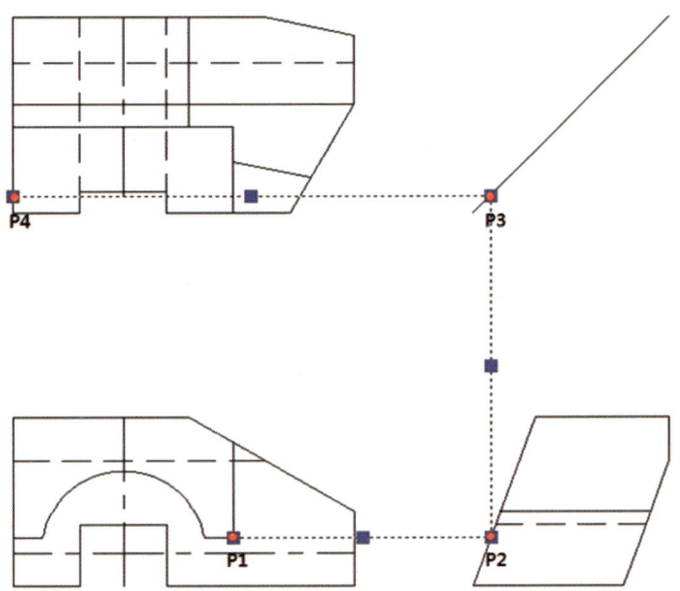

32 타원을 작도하기 위해 원을 다시 작도합니다.

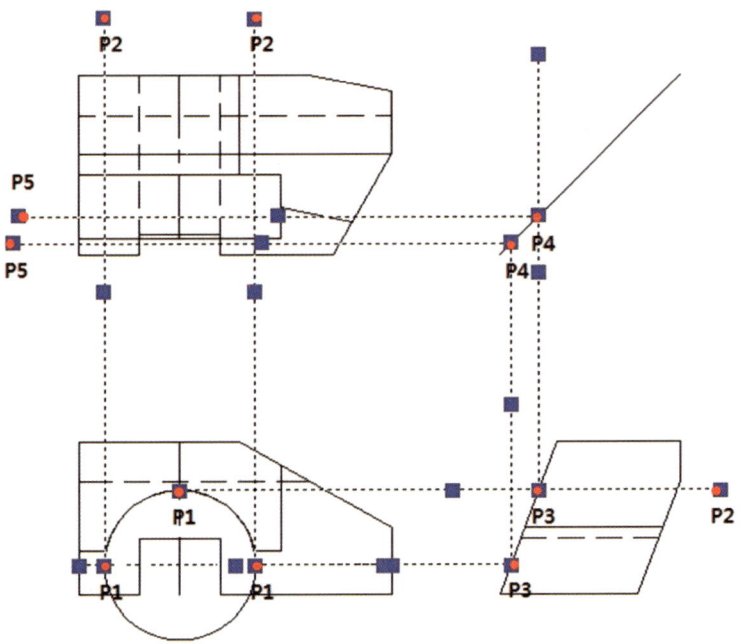

원의 중심점과 사분점의 위치를 뽑아줍니다.

33 P1, P2, P3 순서대로 타원을 작도합니다.

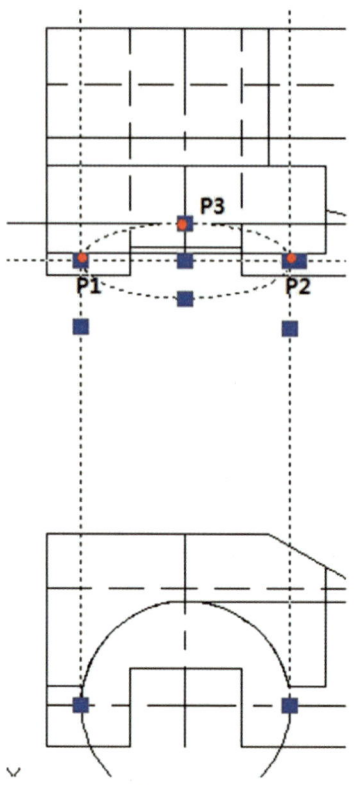

명령 : EL ↵ ELLIPSE
타원의 축 끝점 지정 또는 [호(A)/중심(C)] : P1점 클릭(시작점 지정)
축의 다른 끝점 지정 : P2점 클릭(다른 점 지정)
다른 축으로 거리를 지정 또는 [회전(R)] : (마지막 점 지정)

34 아래 이미지와 같이 선의 위치를 찾아줍니다.

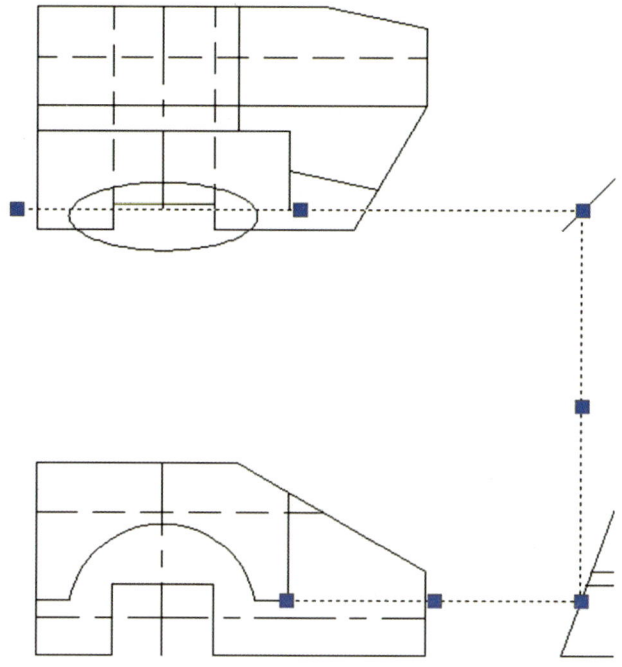

35 뽑아준 선을 기준으로 타원의 아래쪽을 절단합니다.

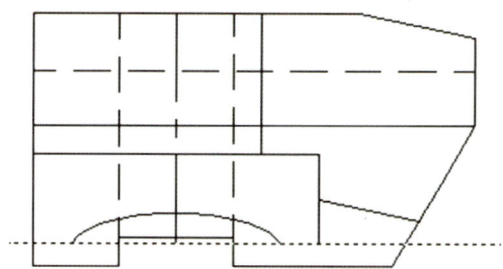

36 잔여선을 정리합니다.

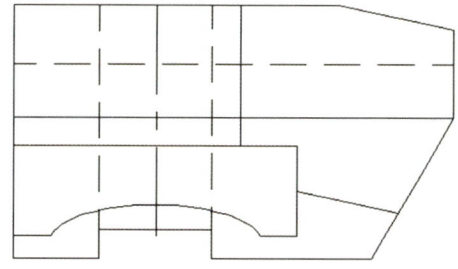

37 타원의 끝나는 위치에서 P1점에서 P2점의 선을 연결합니다.

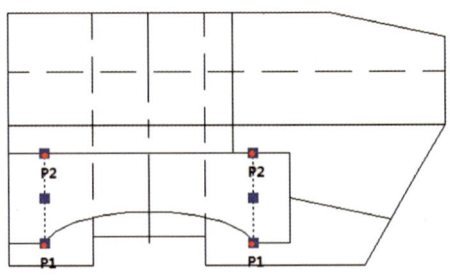

38 P1, P2, P3 순서대로 Right View의 선을 뽑아줍니다.

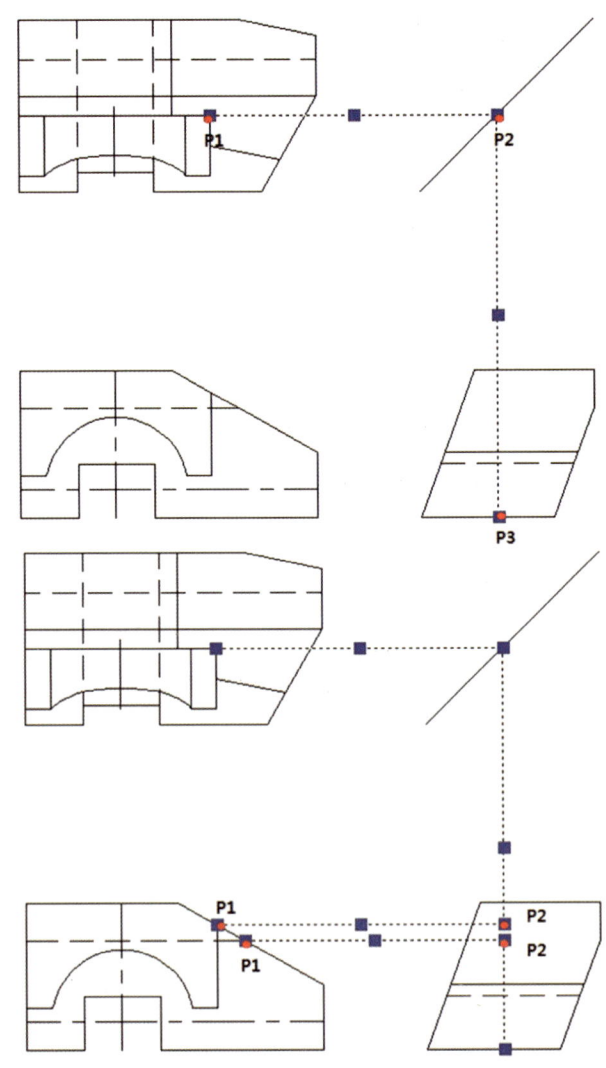

39 잔여선을 정리합니다.

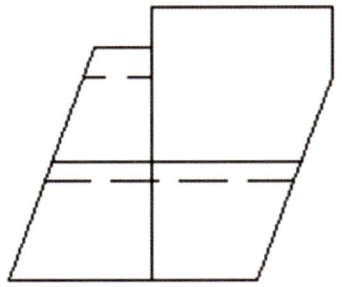

40 Top View의 P1점에서 Front View의 P2점의 위치를 뽑아줍니다.

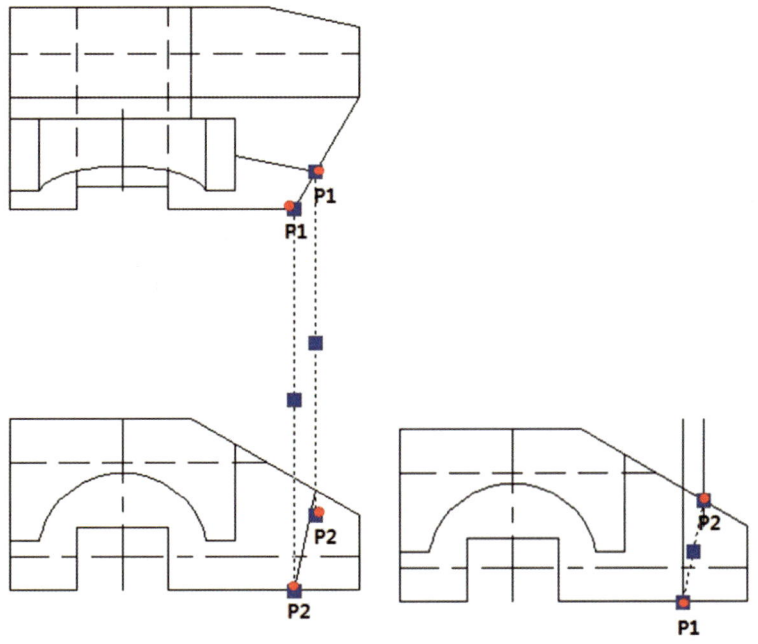

P1점과 P2점이 만나는 선을 연결합니다.

41 Right View의 선을 뽑기 위해 Top View점과 Front View점의 선을 연결합니다.

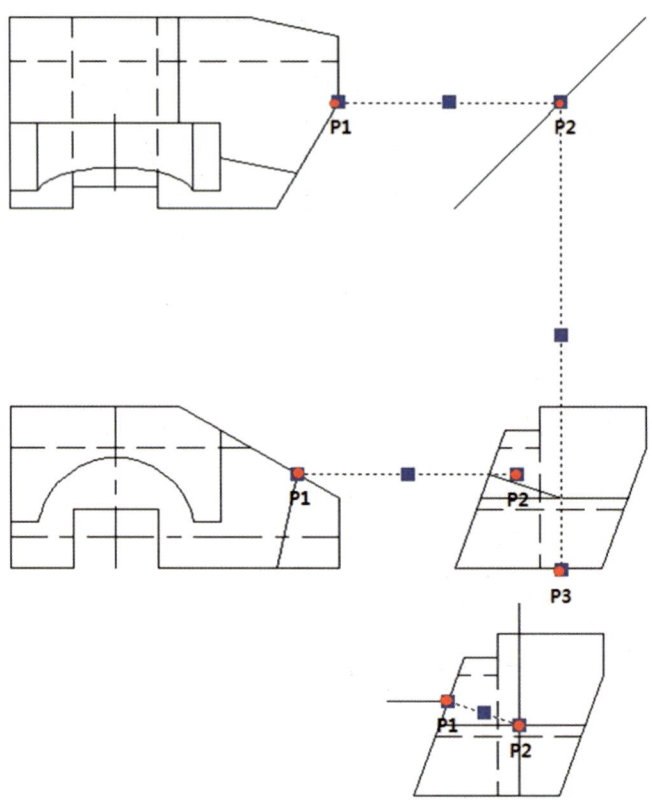

🔍 뽑아낸 선을 연결 후 잔여선은 정리합니다.

42 위와 같은 방법으로 P1, P2점 순서대로 선을 작도합니다.

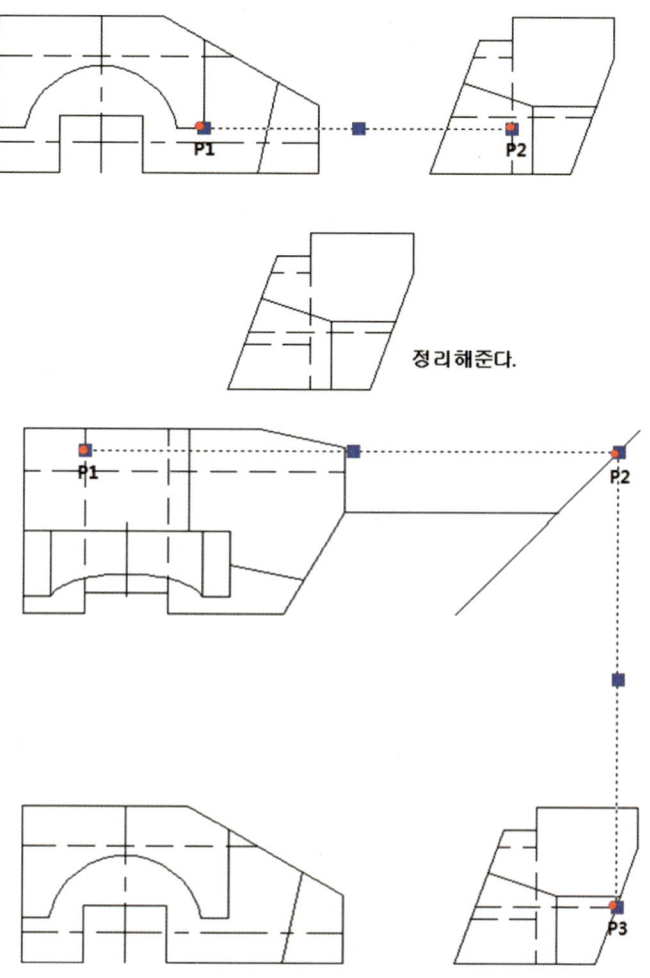

43 Front View에서 각도선 "60도"(90-30=60)을 뽑아 배치합니다.

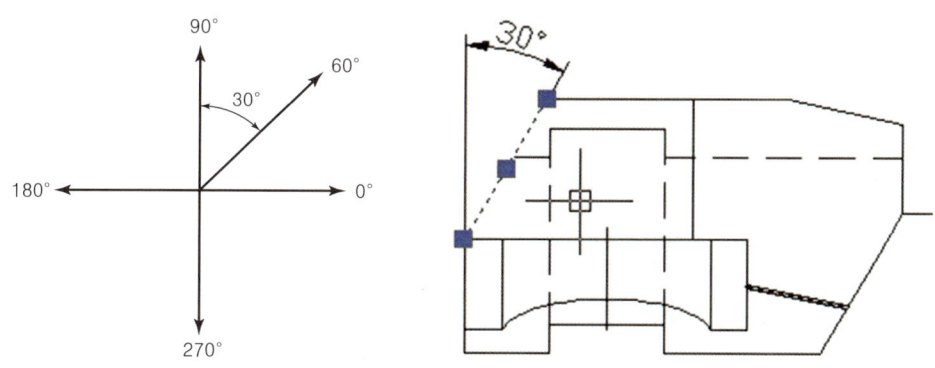

44 P점의 순서대로 선을 뽑아줍니다.

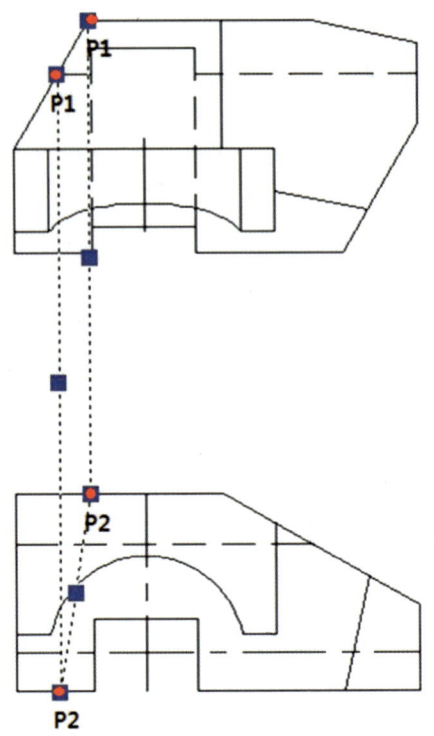

45 완성

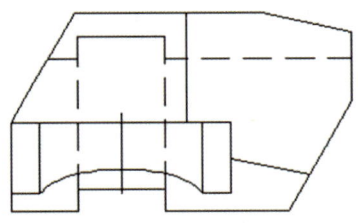

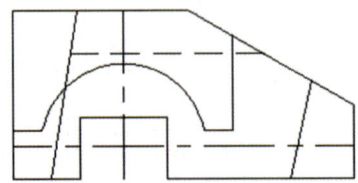
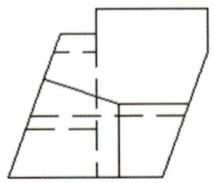

AutoCAD ATC 따라 하기(2010_2_6)

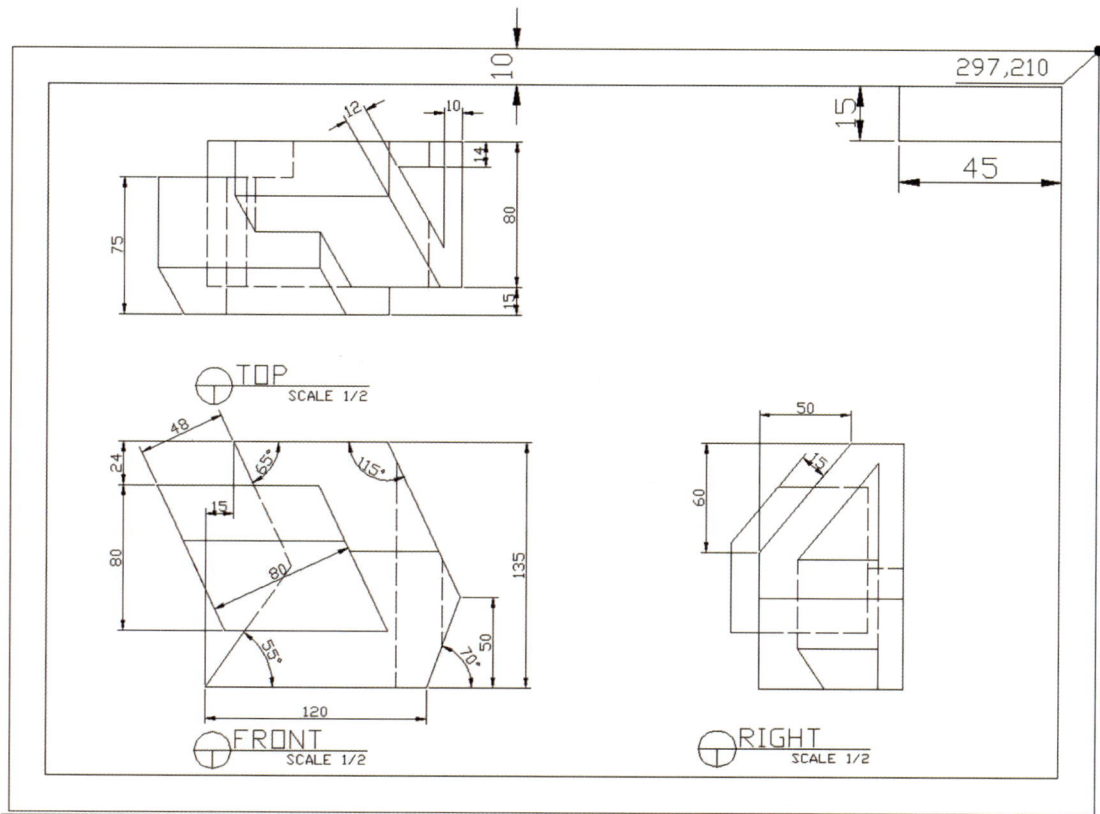

01 Limits 명령으로 작업영역을 설정해준 후 Layer 도면층 조건에 맞게 설정합니다.

02 작도 전 "Model" 도면층을 선택합니다.

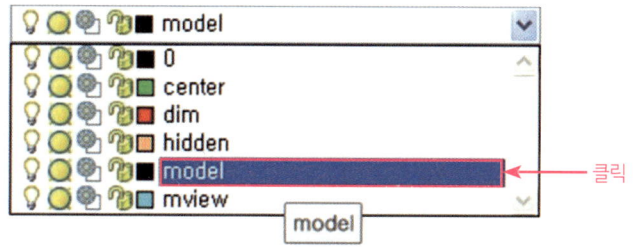

03 거리 값 "120"인 선을 작성합니다.

04 작성한 선을 "135" 거리 값만큼 평행복사(Offset)합니다.

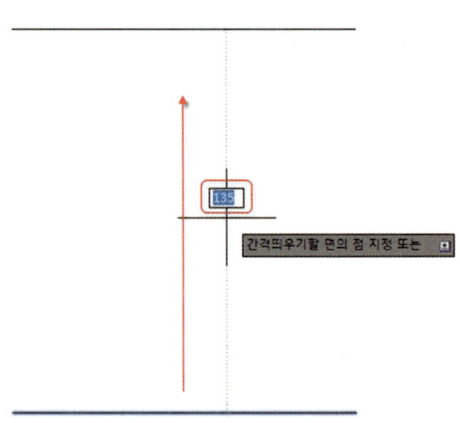

05 같은 방법으로 "50" 거리 값만큼 평행복사(Offset)합니다.

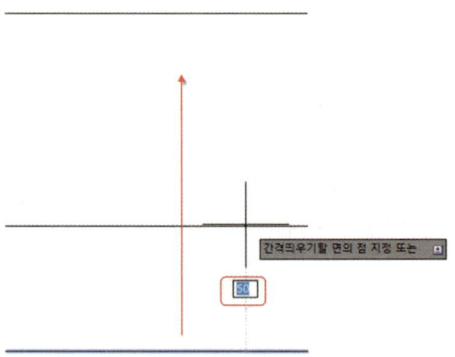

06 Xline(xl)명령을 이용해 각도 값을 뽑아줍니다.

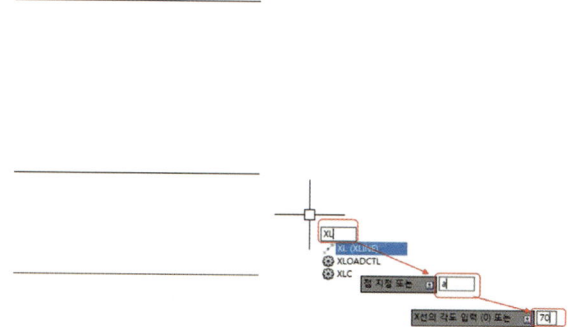

07 각도 "70" 선을 오른쪽 하단 모서리에 지정합니다.

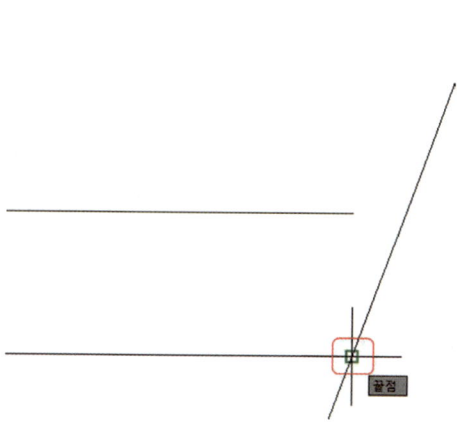

08 연장 명령을 이용해 선을 연장합니다.

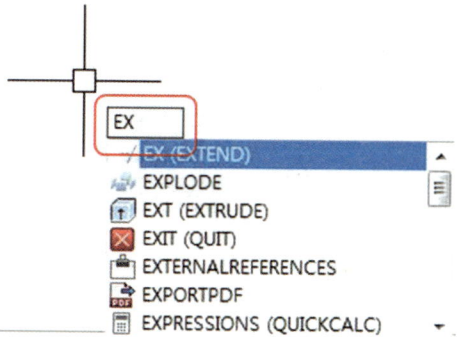

명령어를 입력합니다.

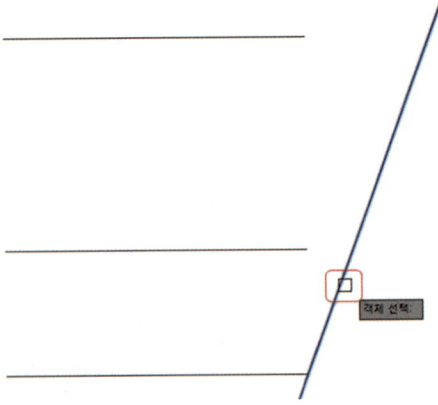

🔍 연장할 위치를 가진 상대 객체 선택을 합니다.

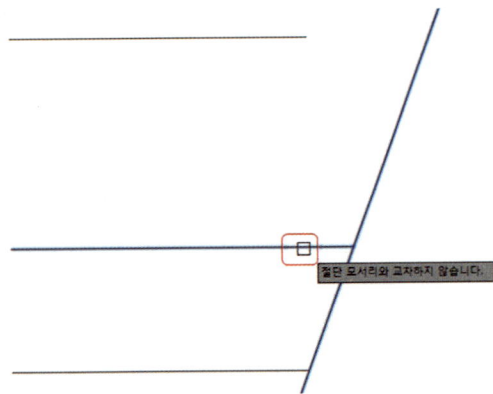

🔍 연장할 객체 선택하면 상대 객체만큼 연장됨을 확인할 수 있습니다.

09 Xline 명령을 이용해 각도 값을 구합니다.

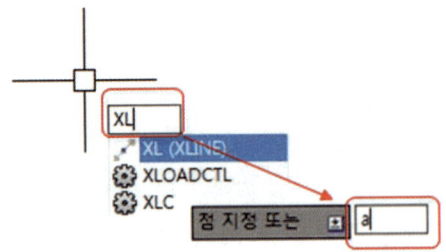

🔍 명령어를 순서대로 입력합니다.

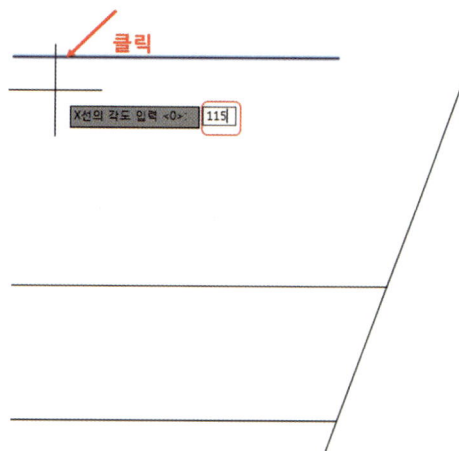

🔍 참조 객체(왼쪽지점) 선택 후 "115" 값을 입력합니다.

10 참조한 객체로부터 나온 선이 생성되었습니다. 아래 이미지와 같이 P1점의 교차지점에 배치합니다.

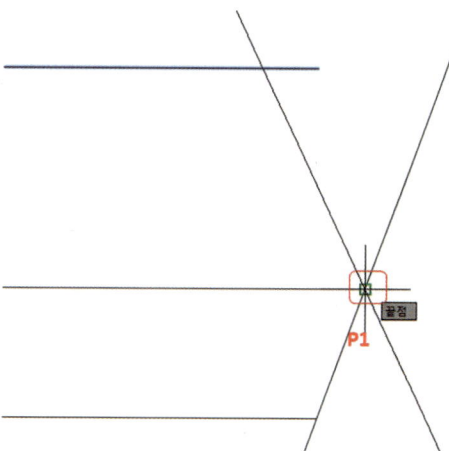

11 잔여선을 정리합니다.

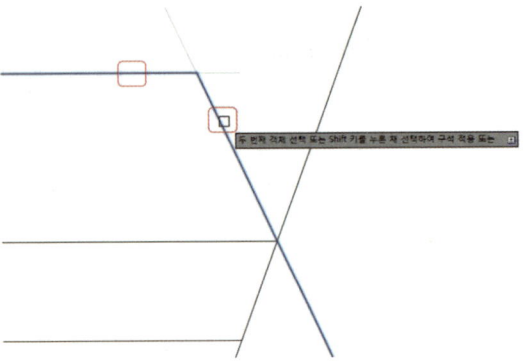

명령 : Fillet(f) ↵

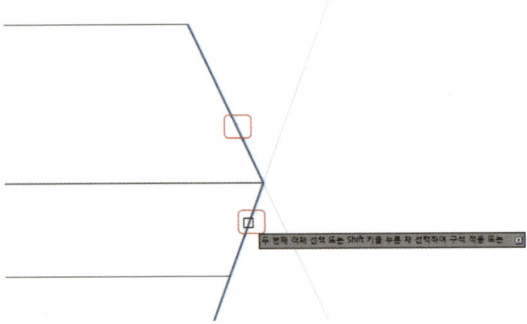

정리할 외곽영역을 선택합니다.

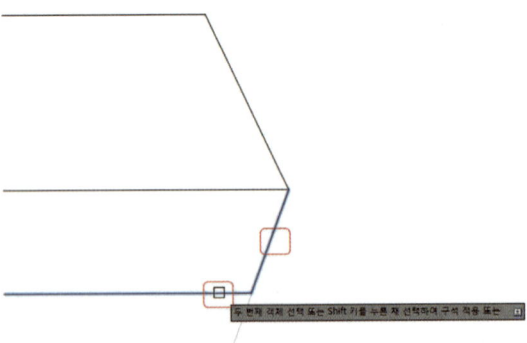

12 Xline 명령을 이용해 각도 값을 구합니다.

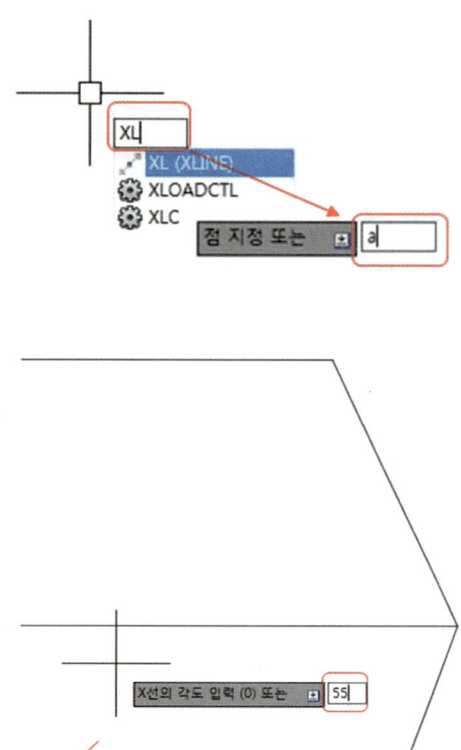

> 참조할 객체를 선택 후 "55" 각도 값을 입력합니다.

13 뽑은 객체를 이미지와 같이 P1점에 배치합니다.

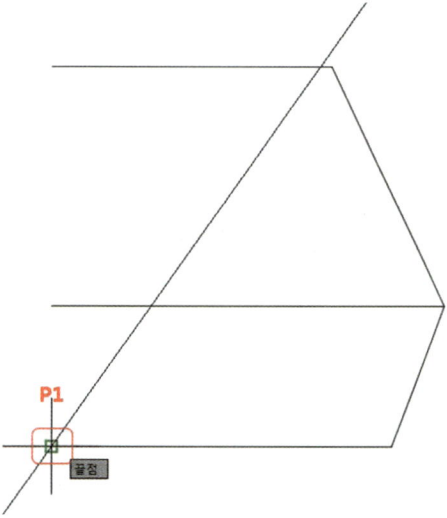

14 모서리에서 선을 작성한 뒤 거리 값 "15"만큼 객체를 평행하게 복사합니다.

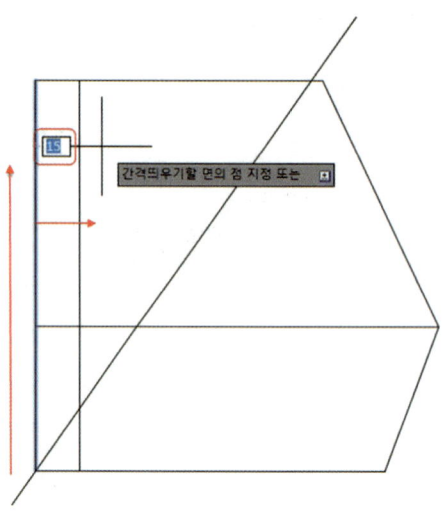

15 Xline 명령으로 참조 객체를 작성합니다.

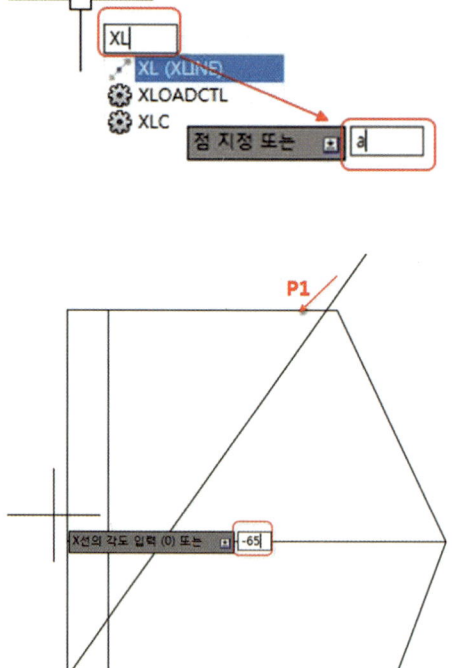

참조 객체는 이미지와 같이 P1점의 위치를 지정 후 "-65도"의 각도를 뽑습니다.

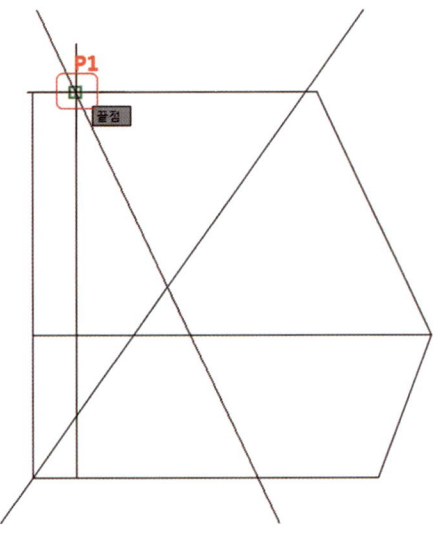

🔍 뽑은 객체를 P1 지점에 배치합니다.

16 잔여선을 정리합니다.

명령 : Fillet(f) ↵

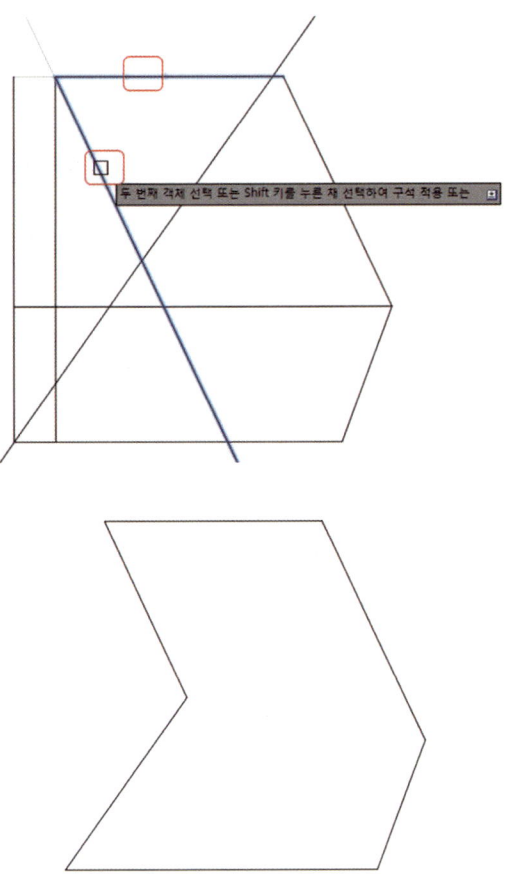

17 아래와 같이 객체를 평행복사합니다.

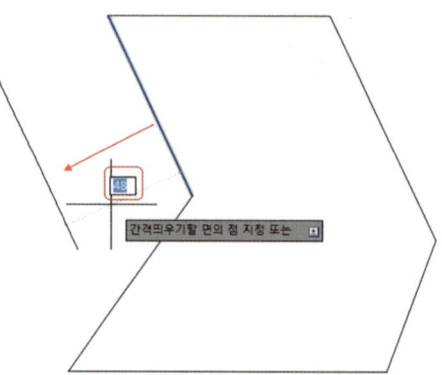

명령 : O ↵ OFFSET
현재 설정 : 원본 지우기=아니오 도면층=원본 OFFSETGAPTYPE=0 : 복사할 객체 선택
간격띄우기 거리 지정 또는 [통과점(T)/지우기(E)/도면층(L)] 〈통과점〉 : 48 ↵

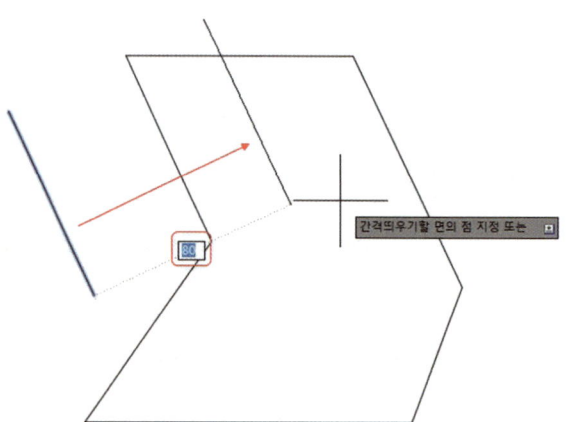

명령 : O ↵ OFFSET
현재 설정 : 원본 지우기=아니오 도면층=원본 OFFSETGAPTYPE=0 : 복사할 객체 선택
간격띄우기 거리 지정 또는 [통과점(T)/지우기(E)/도면층(L)] 〈통과점〉 : 80 ↵

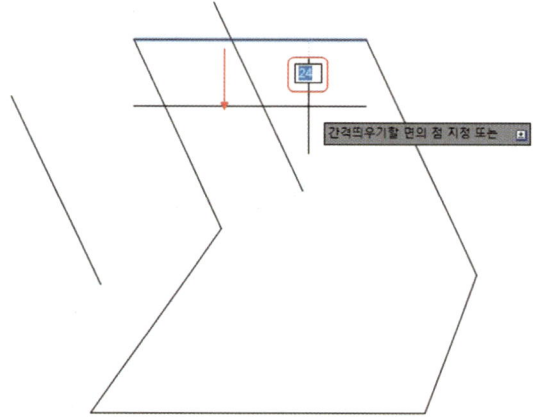

명령 : O ↵ OFFSET
현재 설정 : 원본 지우기=아니오 도면층=원본 OFFSETGAPTYPE=0 : 복사할 객체 선택
간격띄우기 거리 지정 또는 [통과점(T)/지우기(E)/도면층(L)] 〈통과점〉 : 24 ↵

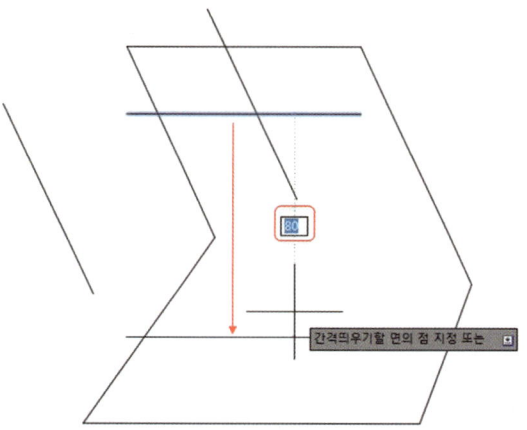

명령 : O ↵ OFFSET
현재 설정 : 원본 지우기=아니오 도면층=원본 OFFSETGAPTYPE=0 : 복사할 객체 선택
간격띄우기 거리 지정 또는 [통과점(T)/지우기(E)/도면층(L)] 〈통과점〉 : 80 ↵

18 Fillet(f) 명령어를 이용해 뽑은 선들을 정리합니다.

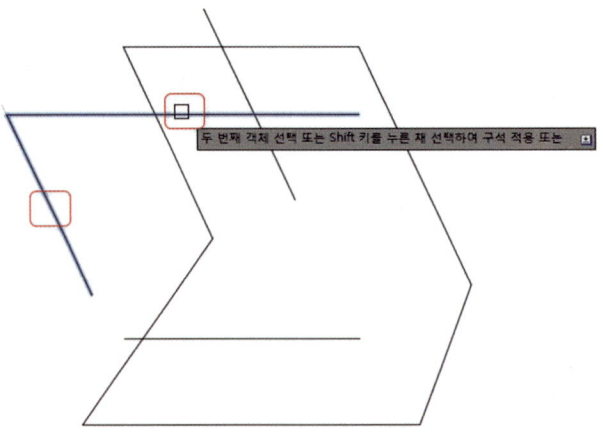

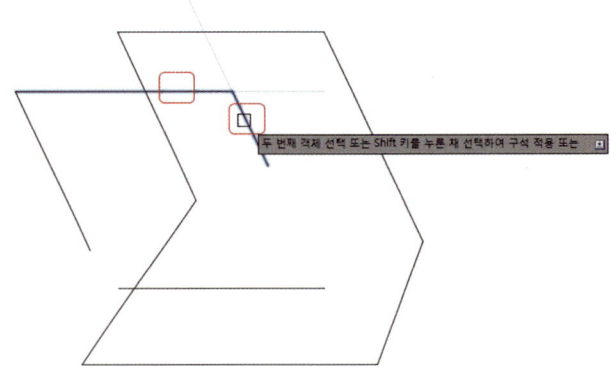

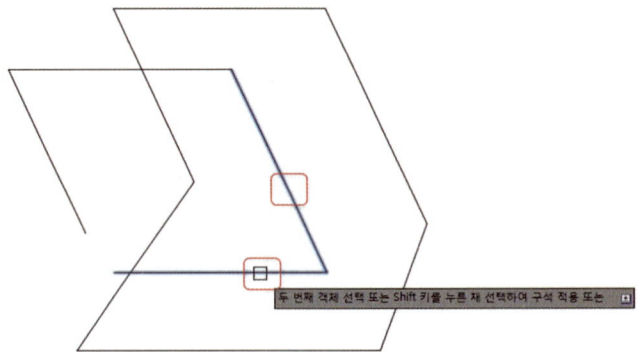

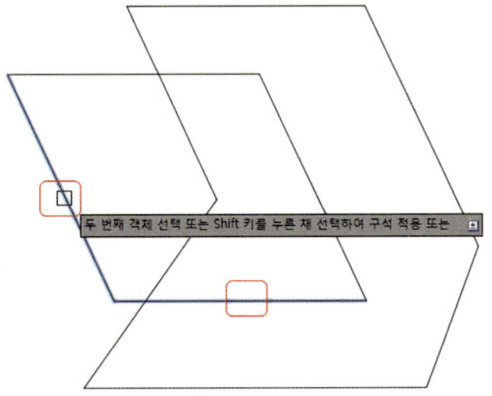

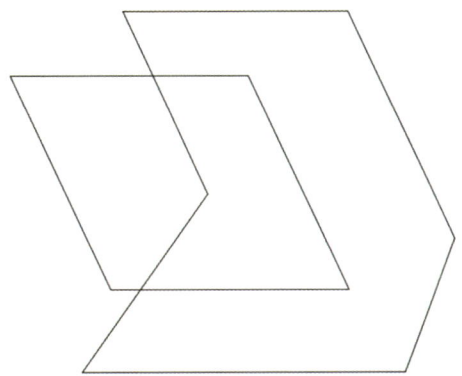

다음과 같이 정리합니다.

19 Front View의 끝점에서 Right View의 외곽을 뽑아줍니다.

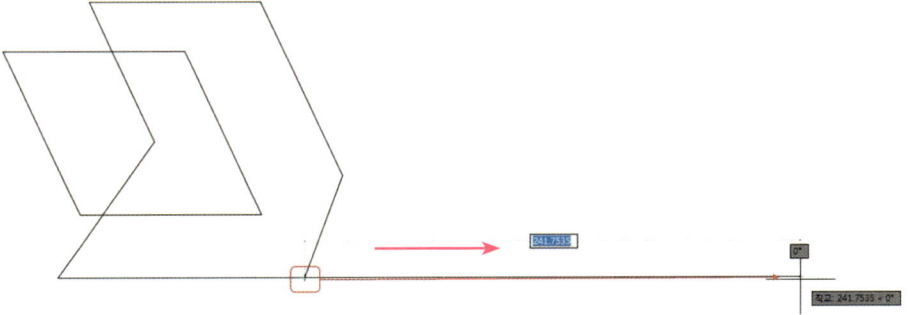

하단 모서리 점에서 선을 작성합니다.

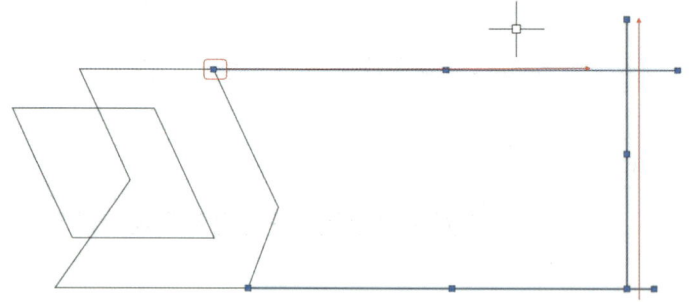

🔍 상단 모서리 점에서 선 작성 후 Right View의 외곽을 작성하기 위해 임의에 위치에서 세로 선을 작성합니다.

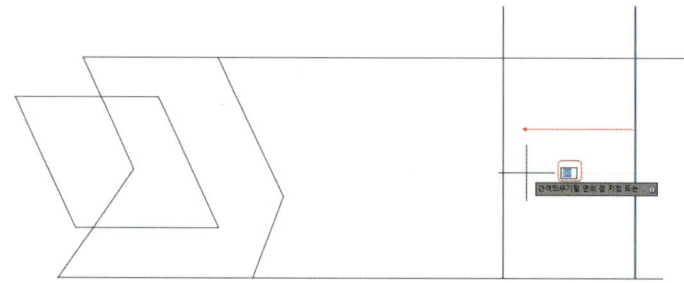

🔍 거리 값 "80"만큼 평행복사합니다.

```
명령 : O ↵ OFFSET
현재 설정 : 원본 지우기=아니오  도면층=원본  OFFSETGAPTYPE=0 : 복사할 객체 선택
간격띄우기 거리 지정 또는 [통과점(T)/지우기(E)/도면층(L)] <통과점> : 80 ↵
```

20 잔여선을 Fillet명령으로 정리합니다.

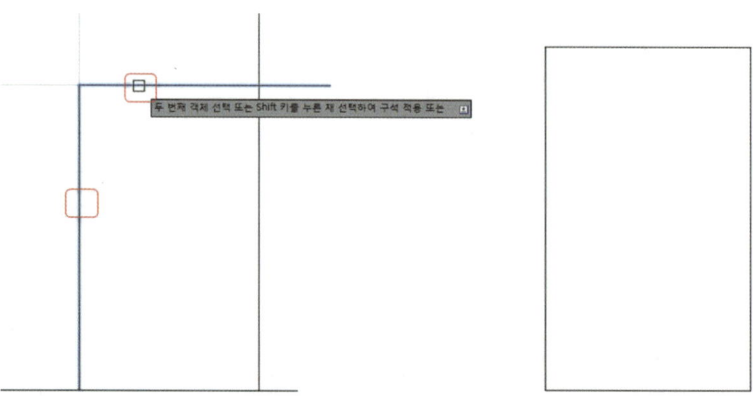

21 거리 값만큼 평행복사합니다.

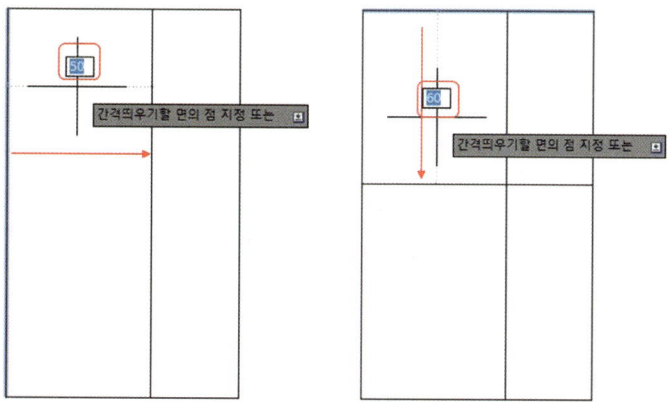

명령 : O ↵ OFFSET
현재 설정 : 원본 지우기=아니오 도면층=원본 OFFSETGAPTYPE=0 : 복사할 객체 선택
간격띄우기 거리 지정 또는 [통과점(T)/지우기(E)/도면층(L)] 〈통과점〉: 50 ↵

명령 : O ↵ OFFSET
현재 설정 : 원본 지우기=아니오 도면층=원본 OFFSETGAPTYPE=0 : 복사할 객체 선택
간격띄우기 거리 지정 또는 [통과점(T)/지우기(E)/도면층(L)] 〈통과점〉: 60 ↵

22 교차지점에서 만나는 선을 작성합니다.

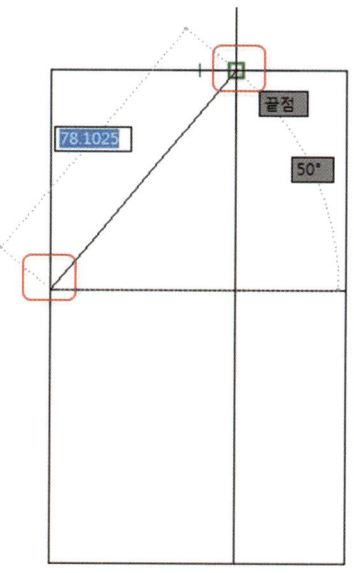

23 잔여선을 정리합니다.

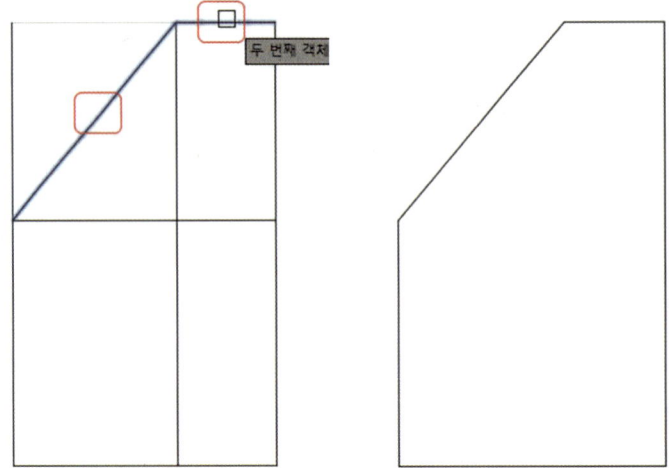

24 아래의 이미지와 같이 거리 값만큼 평행복사합니다.

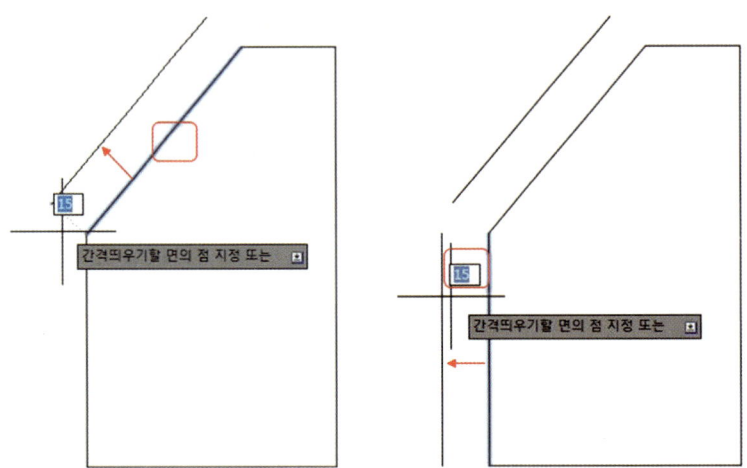

명령 : O ↵ OFFSET
현재 설정 : 원본 지우기=아니오 도면층=원본 OFFSETGAPTYPE=0 : 복사할 객체 선택
간격띄우기 거리 지정 또는 [통과점(T)/지우기(E)/도면층(L)] 〈통과점〉 : 15 ↵

25 Front View의 P1점과 P2점의 위치에서 선을 뽑아 Right View의 위치를 찾아줍니다.

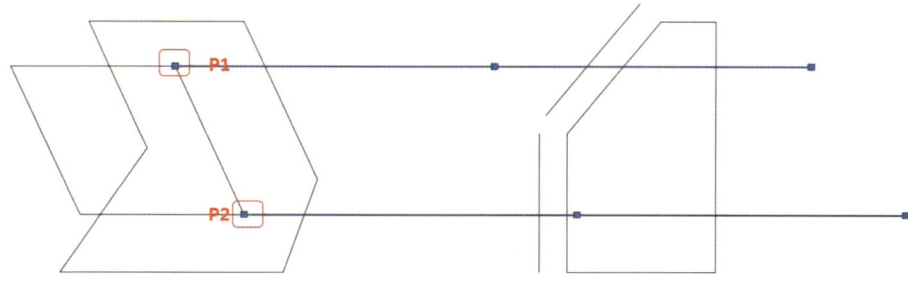

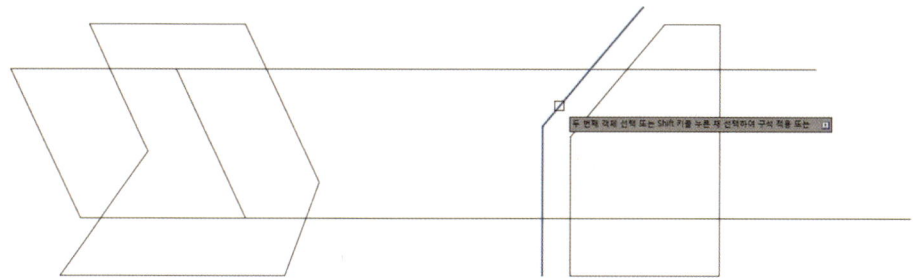

🔍 잔여선을 정리합니다.

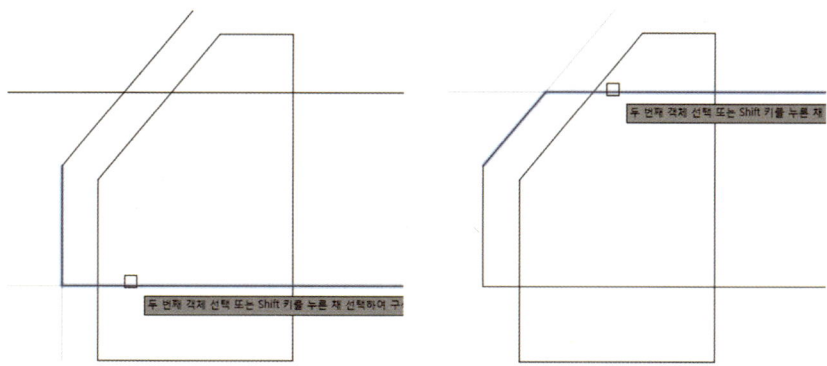

26 거리 값 "75"만큼 평행복사합니다.

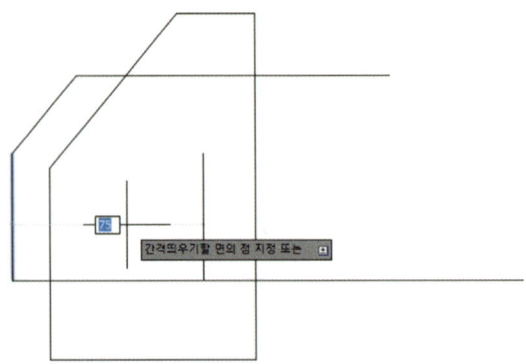

명령 : O ↵ OFFSET
현재 설정 : 원본 지우기=아니오 도면층=원본 OFFSETGAPTYPE=0 : 복사할 객체 선택
간격띄우기 거리 지정 또는 [통과점(T)/지우기(E)/도면층(L)] <통과점> : 75 ↵

27 잔여선을 정리합니다.

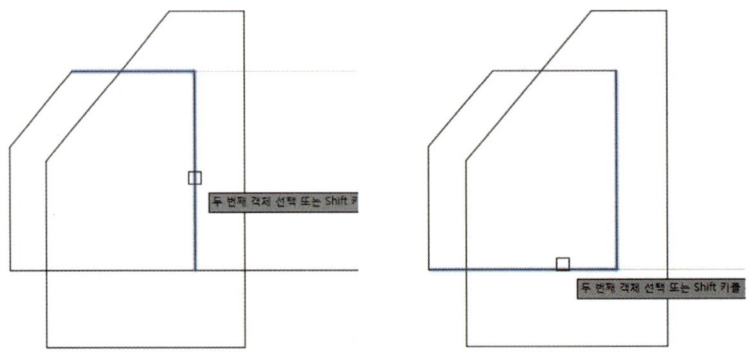

28 Top View의 외곽을 작도하기 위해 Front View의 외곽을 찾아 뽑아줍니다.

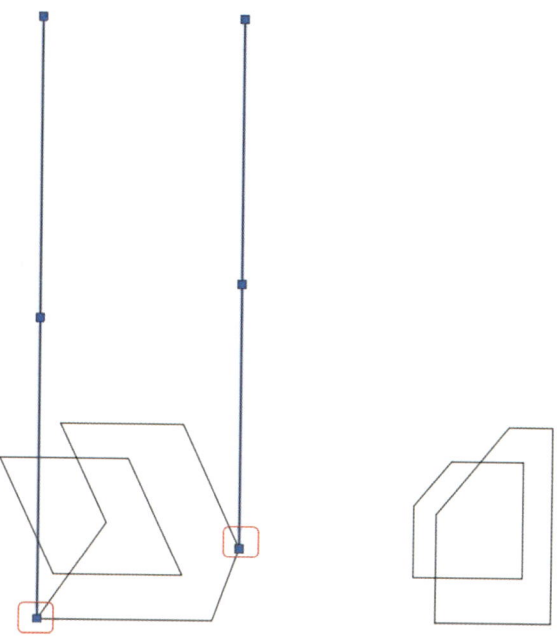

29 Right View의 외곽에서 아래 이미지와 같이 끝점을 뽑은 뒤 임의 점에서 가로선을 작도합니다.

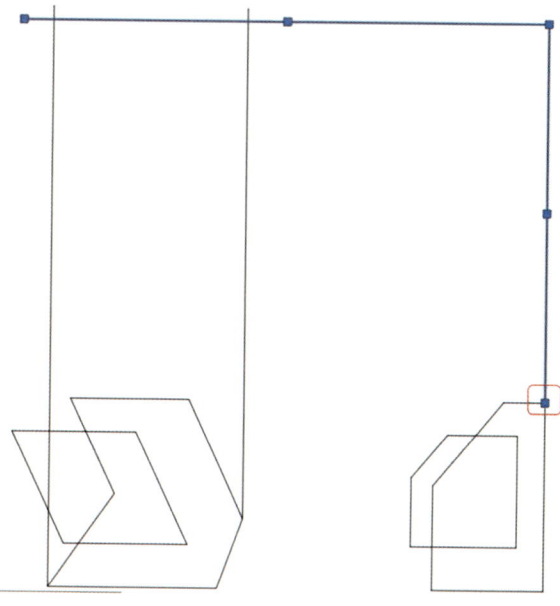

30 모서리의 교차점에 기준점을 작도하기 위해 45도 되는 선을 뽑아줍니다.

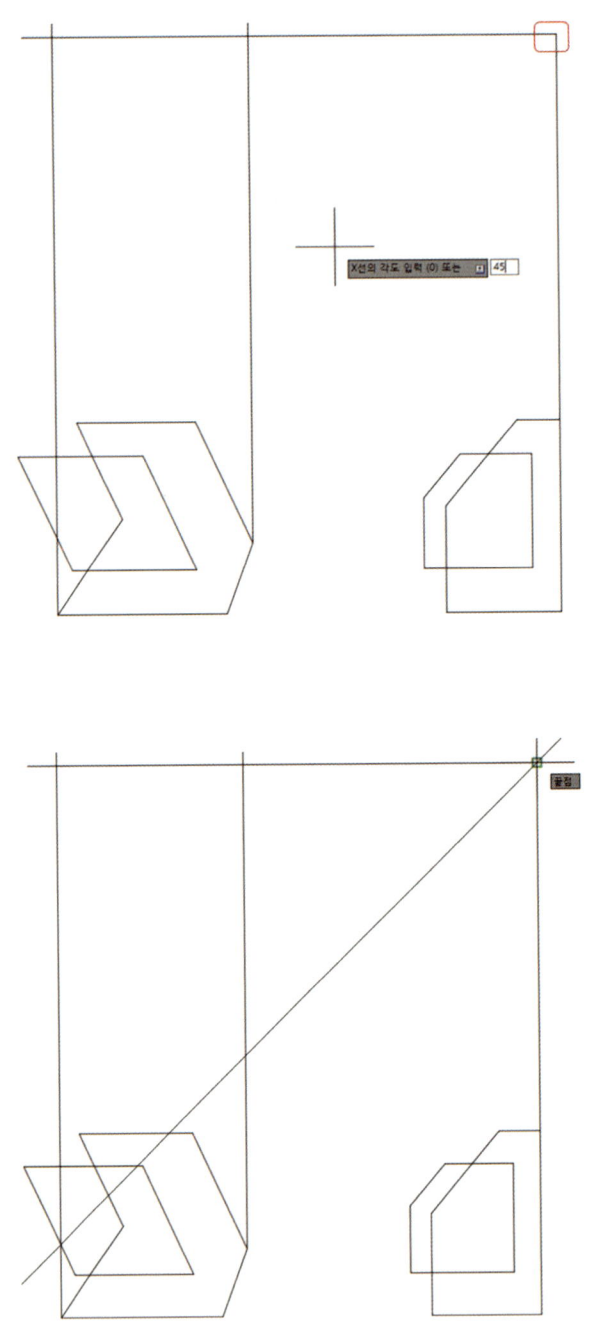

🔍 뽑은 선을 교차점에 지정합니다.

31 Right View의 외곽 끝점에 위치한 선을 뽑아줍니다.

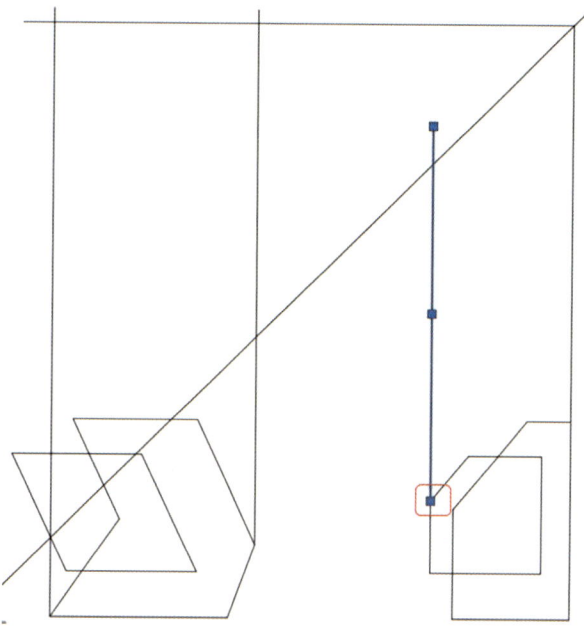

🔍 Line

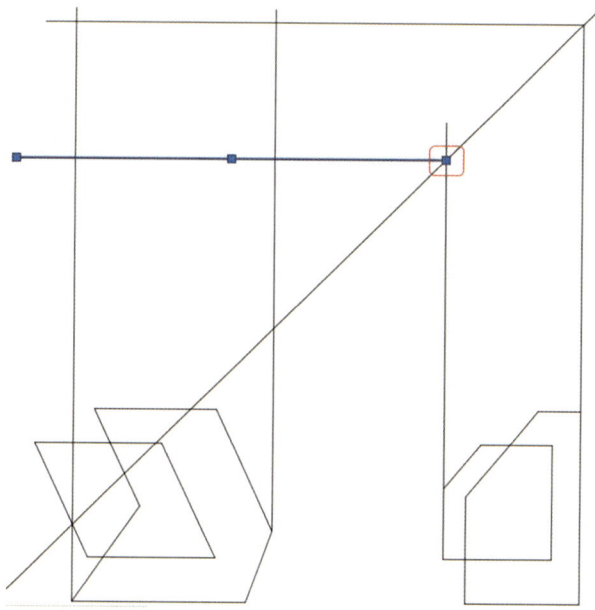

🔍 기준점에서 만나는 교차점에서 가로선을 작도합니다.

32 세로선을 기준으로 교차점을 절단합니다.

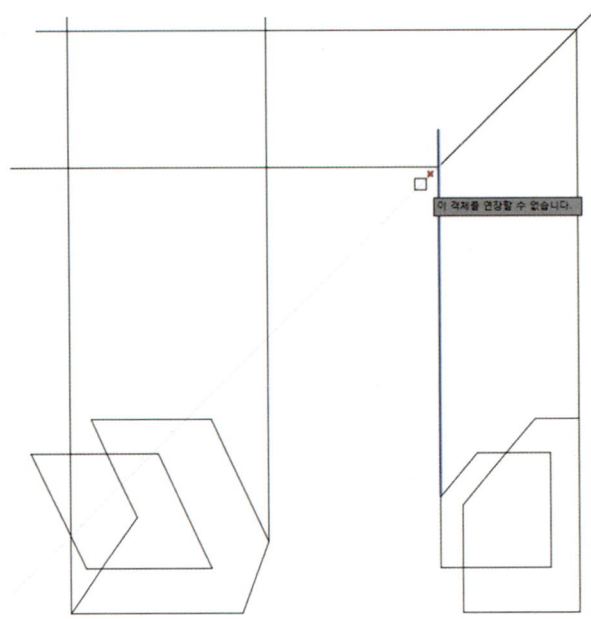

33 Top View의 외곽을 다음과 같이 정리합니다.

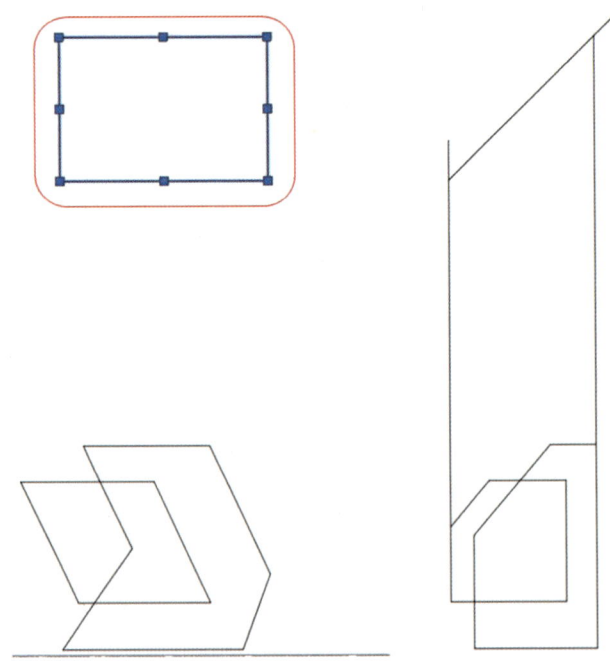

34 Right View에서 만나는 모서리 지점에서 찾은 기준점 위치에 Top View의 위치를 찾습니다.

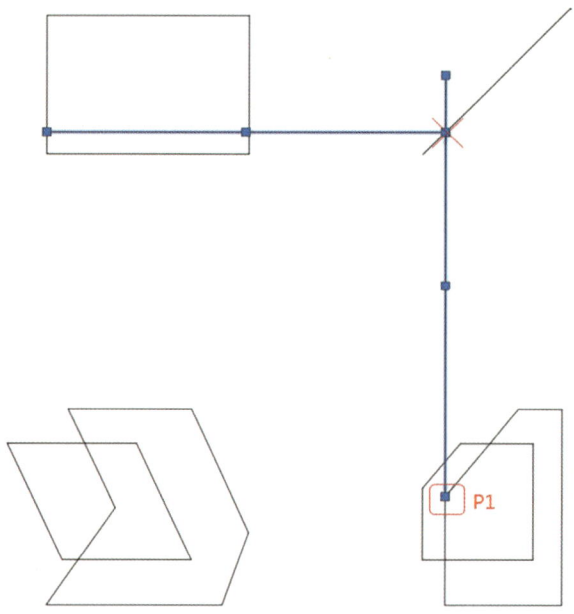

35 상대 객체를 지정한 후 잔여선을 절단합니다.

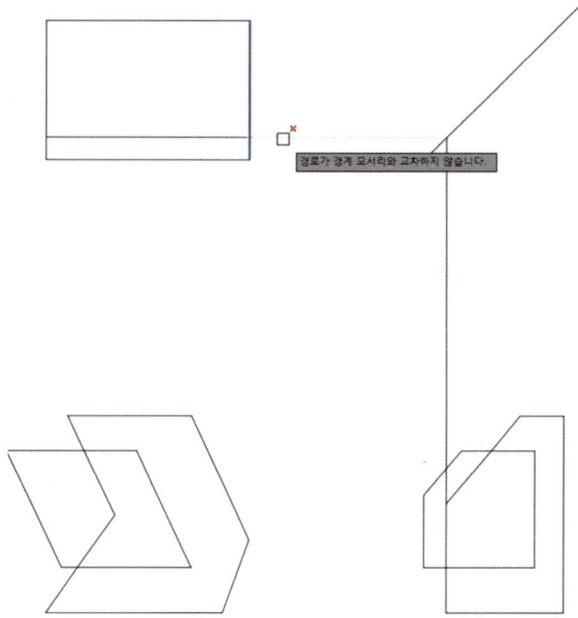

36 Right View에서 만나는 모서리 지점에서 찾은 기준점 위치에 Front View의 위치를 찾아줍니다.

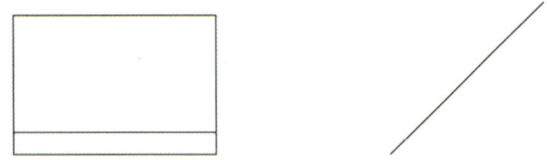

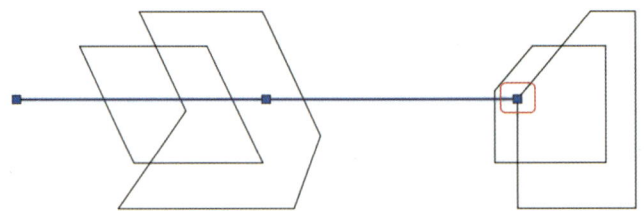

37 아래의 이미지와 같이 Top View의 위치를 뽑아줍니다.

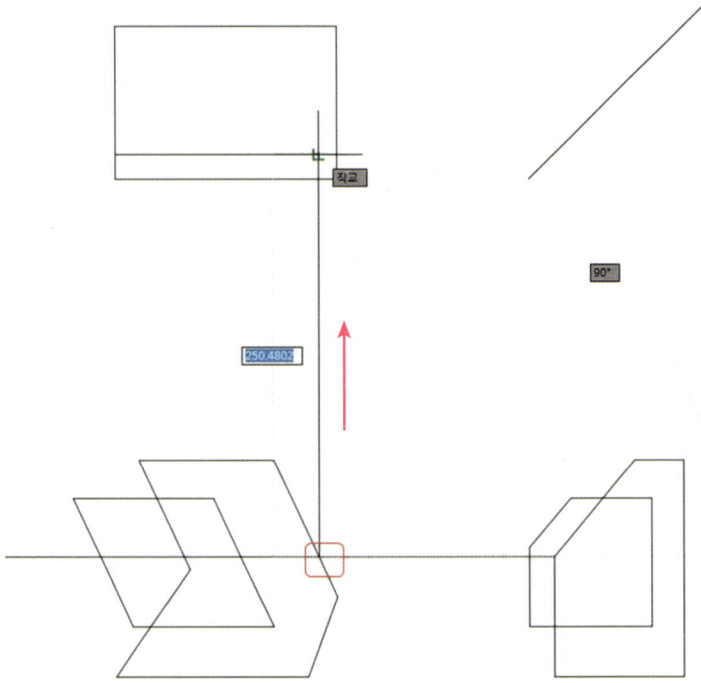

38 Front View 모서리에서 Top View의 위치를 뽑아줍니다.

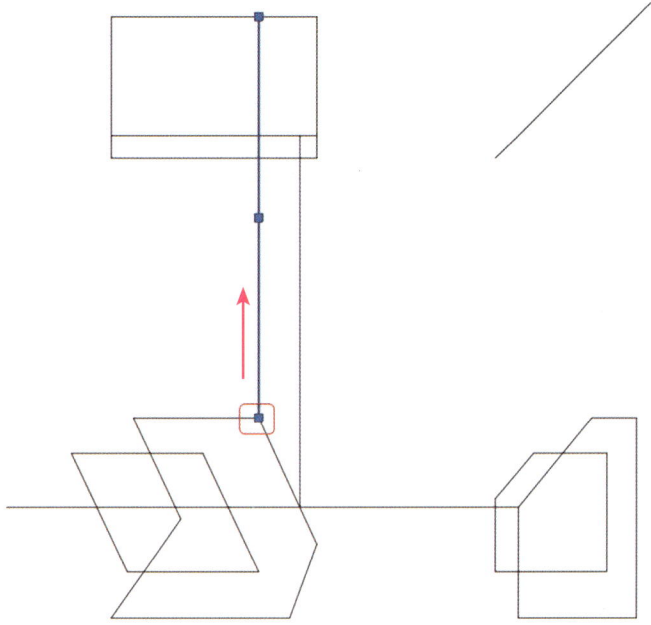

39 Right View 모서리 점에서 Top View의 위치를 뽑아줍니다.

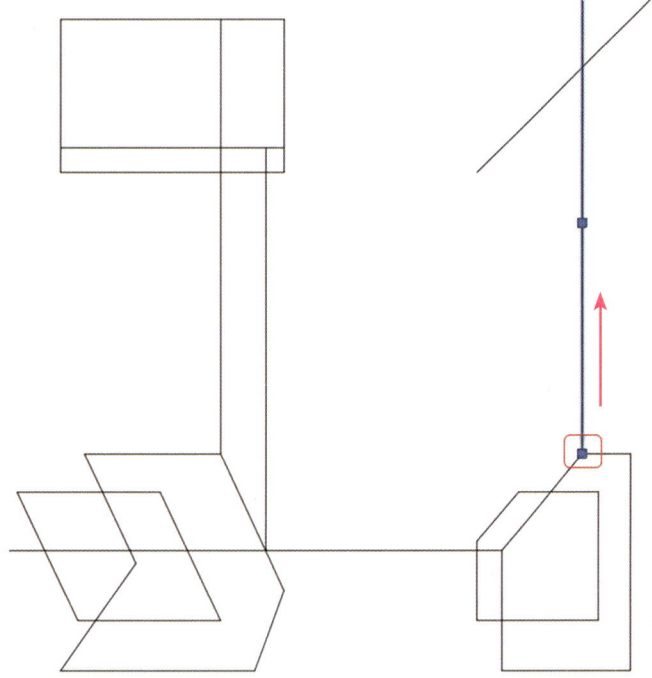

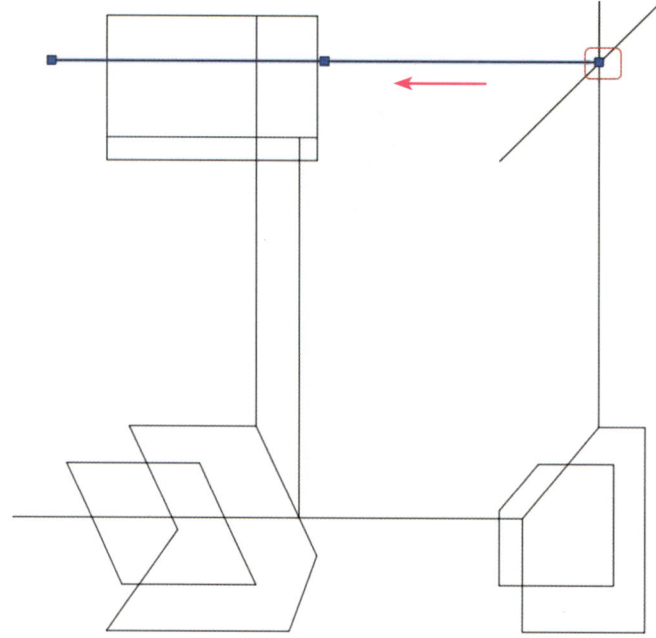

40 Top View에 만나는 교차점에 선을 뽑아줍니다.

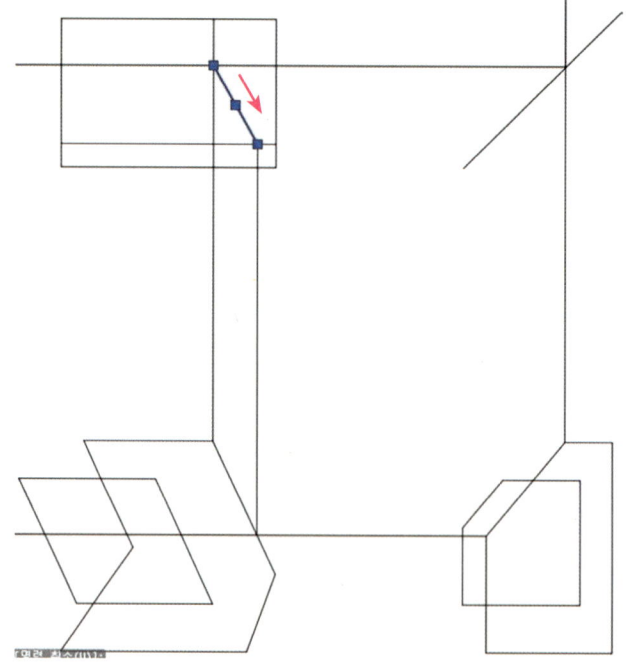

41 아래 객체와 같이 선을 평행복사합니다.

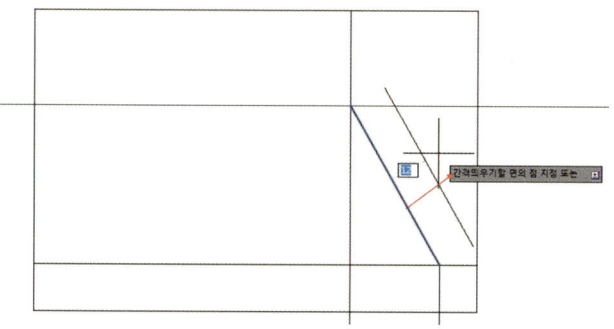

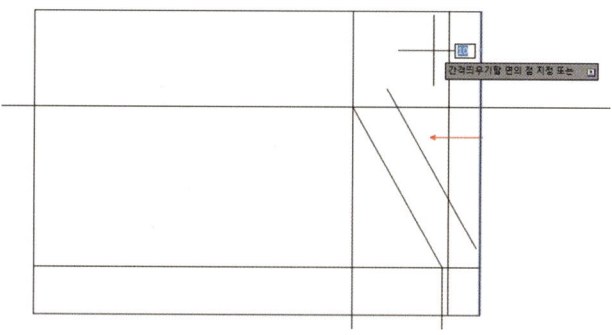

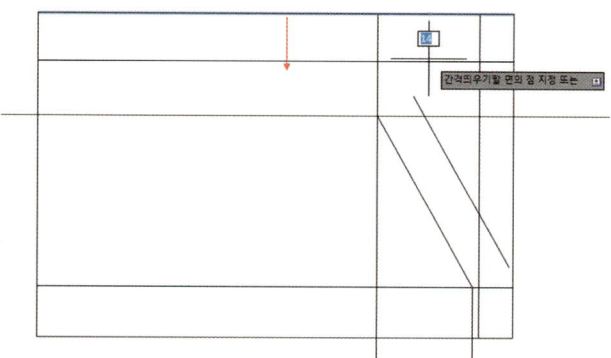

42 아래와 같이 잔여선을 정리합니다.

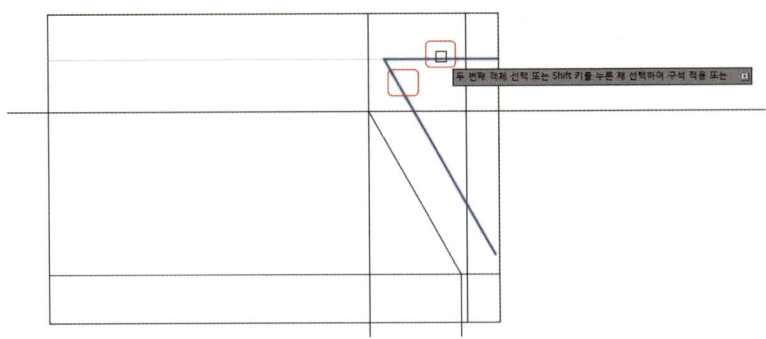

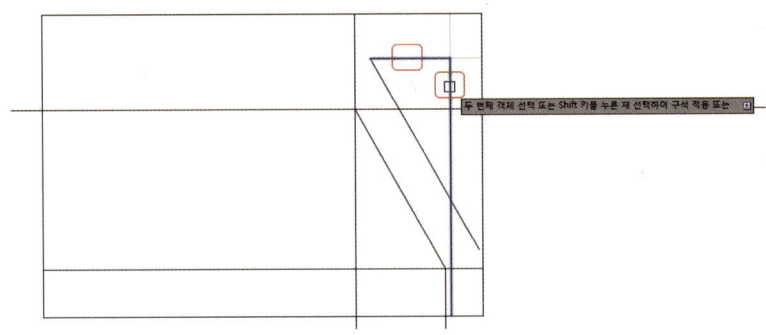

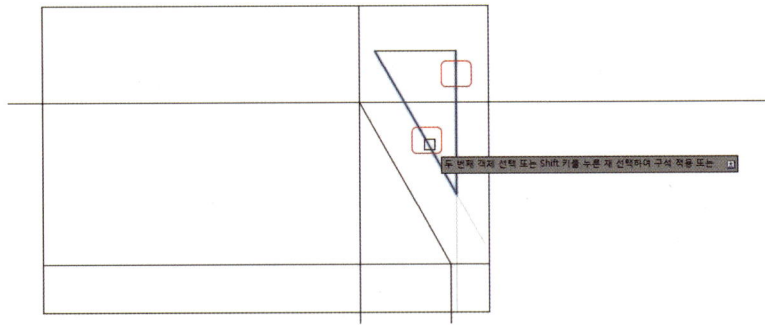

43 절단 명령어를 이용해 잔여선을 정리합니다.

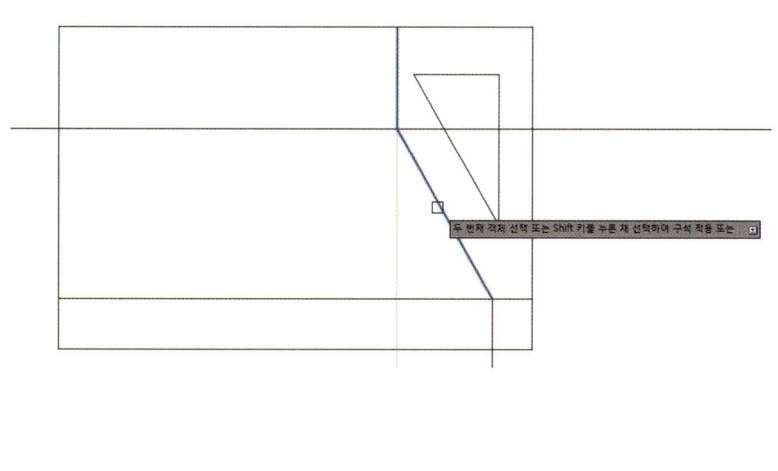

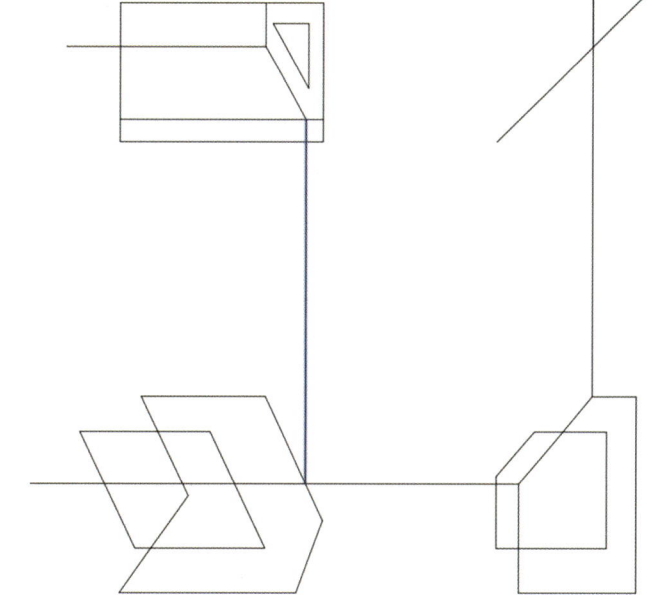

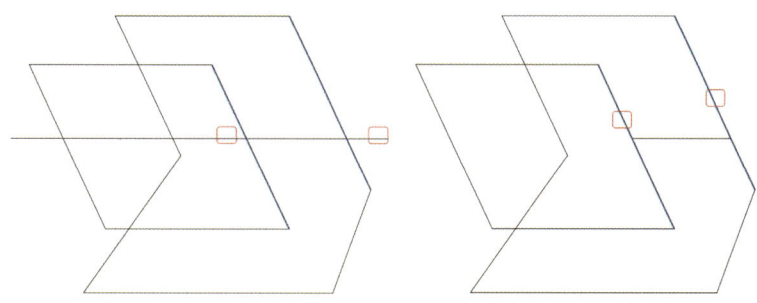

44 Right View의 끝점이 만나는 선을 뽑아 Front View의 위치를 찾아줍니다.

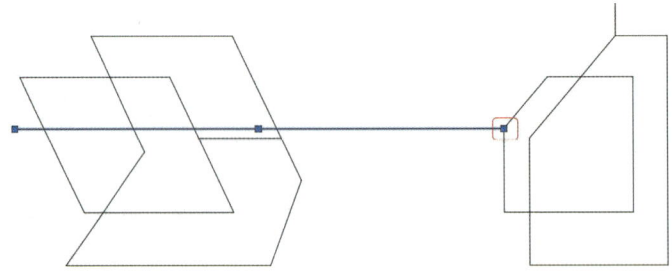

45 잔여선을 정리합니다.

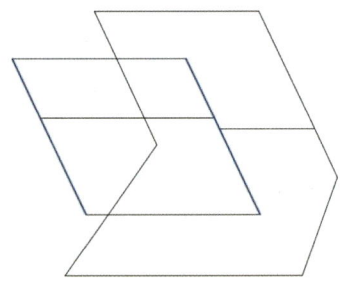

46 교차점을 기준으로 선을 끊어줍니다.

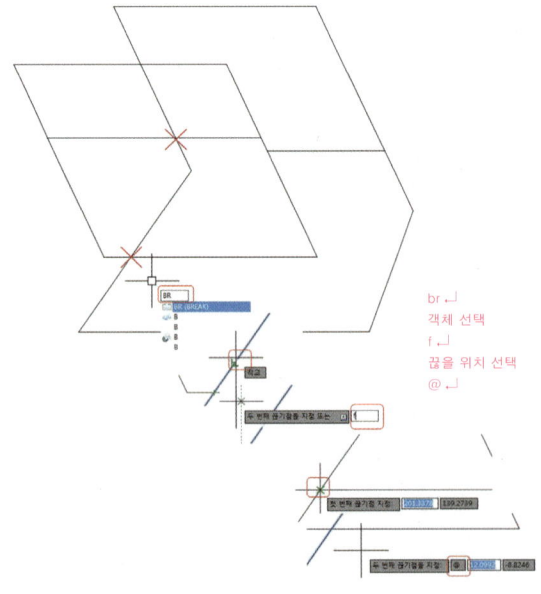

🔍 객체를 선택합니다.

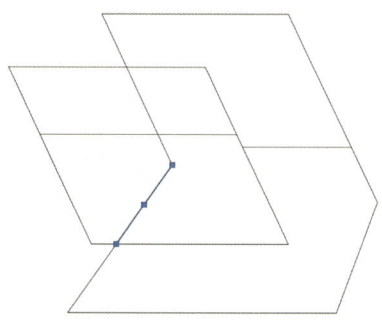

🔍 두 개로 분리된 것을 확인할 수 있습니다.

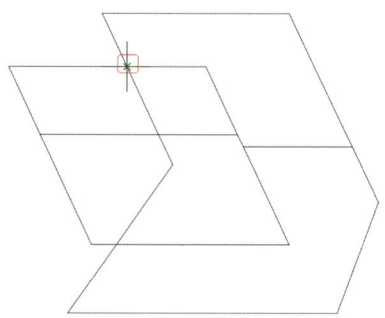

🔍 같은 방법으로 끊기 명령을 이용해 분리합니다.

47 분리된 선을 "hidden" 도면층으로 변경합니다.

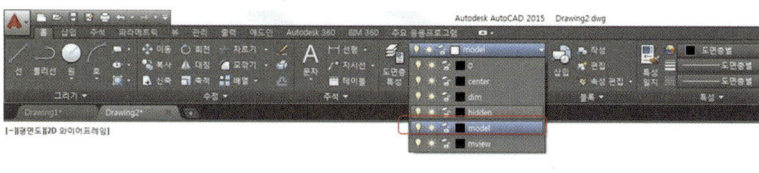

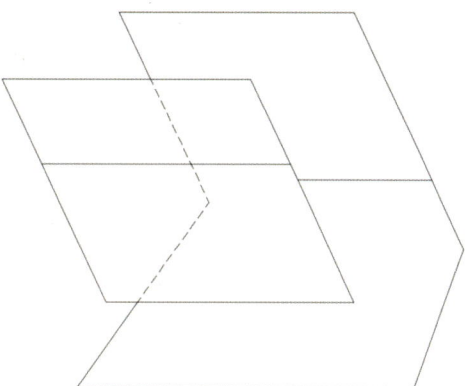

48 Top View의 끝점 위치에서 Front View의 위치를 찾아 작도합니다.

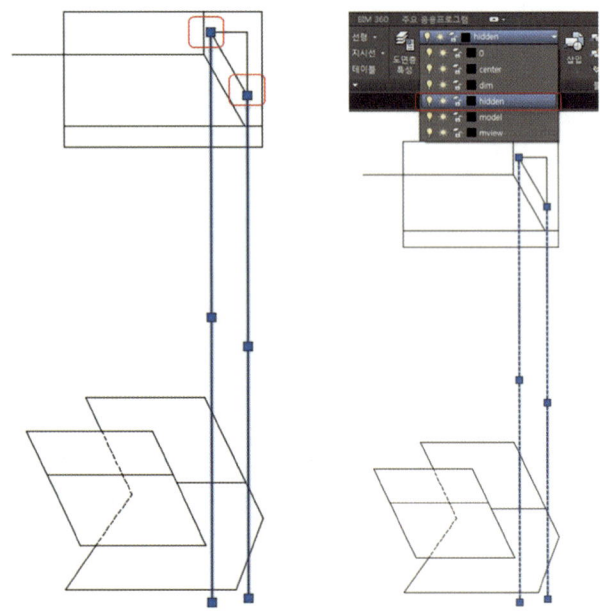

🔸 뽑은 선을 "hidden" 도면층으로 변경합니다.

49 잔여선을 정리합니다.

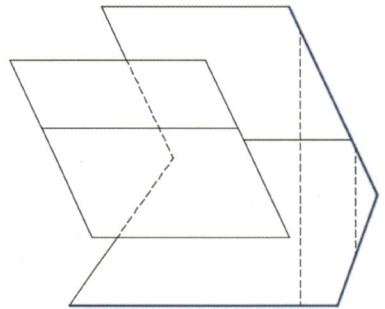

50 끊기 명령으로 위의 두 지점을 끊어줍니다.

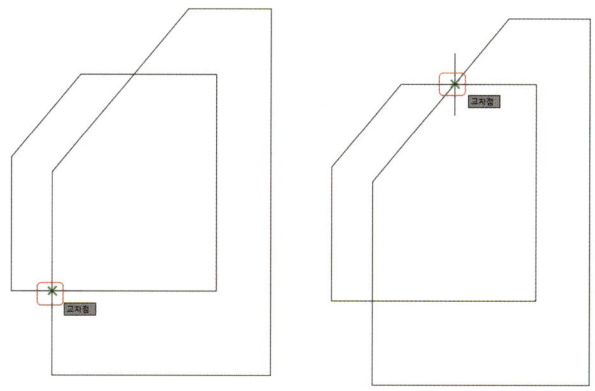

51 다음과 같이 분리된 객체를 "hidden" 도면층으로 변경합니다.

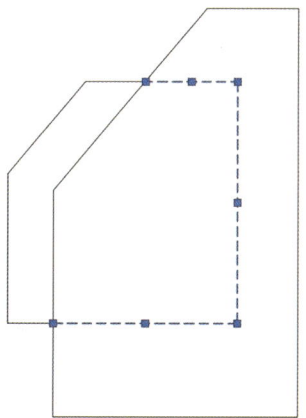

52 거리 값만큼 평행 간격복사를 합니다.

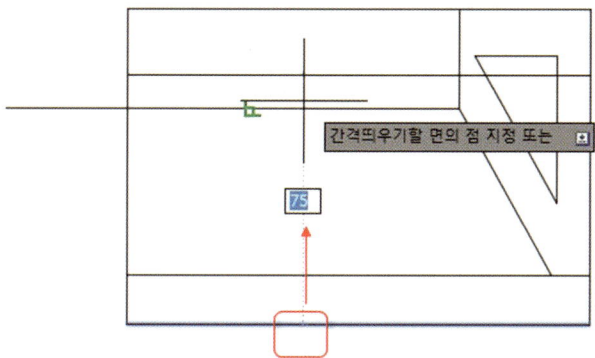

53 Front View의 끝점을 뽑아 Top View의 외곽을 작도합니다.

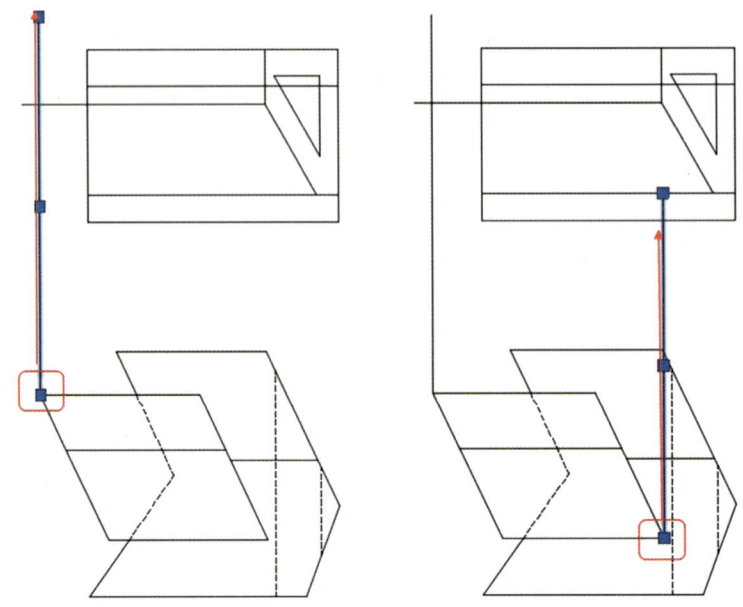

54 외곽의 잔여선을 정리합니다.

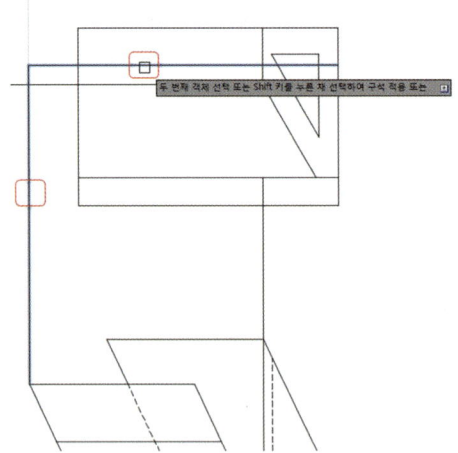

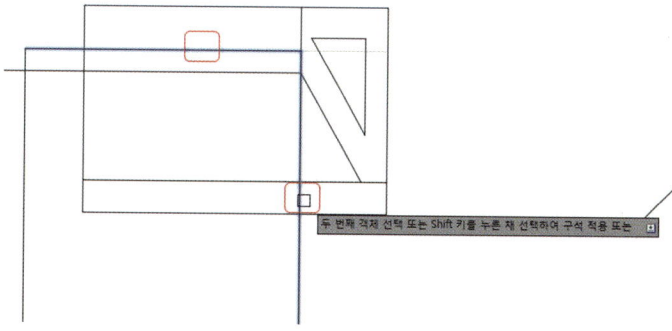

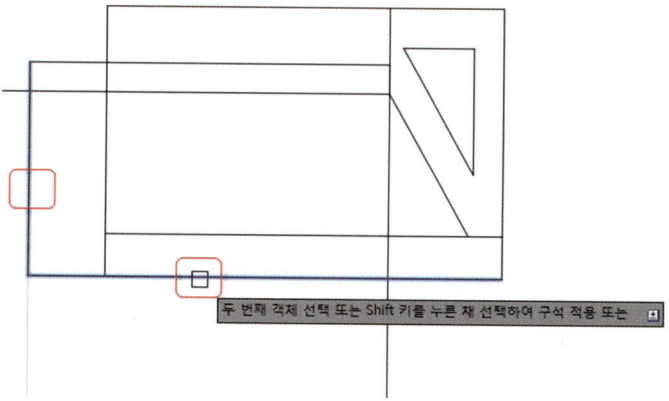

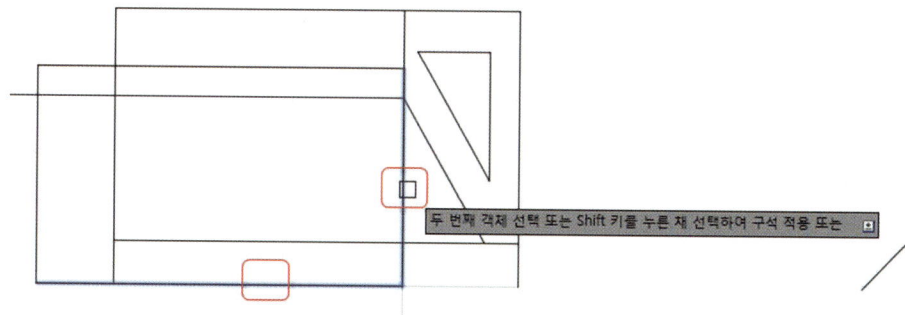

55 Front View의 위치를 찾아 Top View의 지점을 작도합니다.

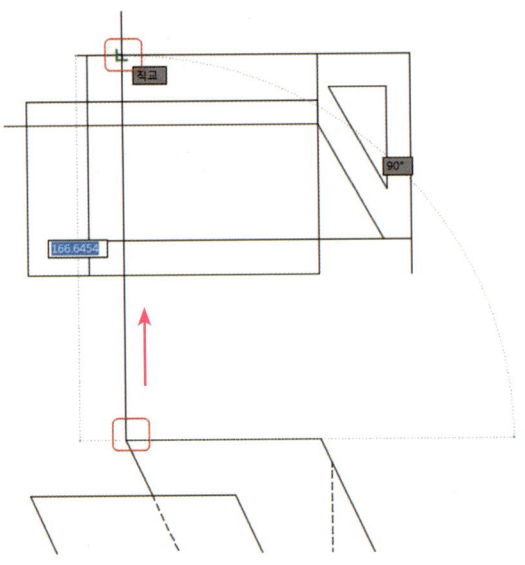

56 잔여선을 정리합니다.

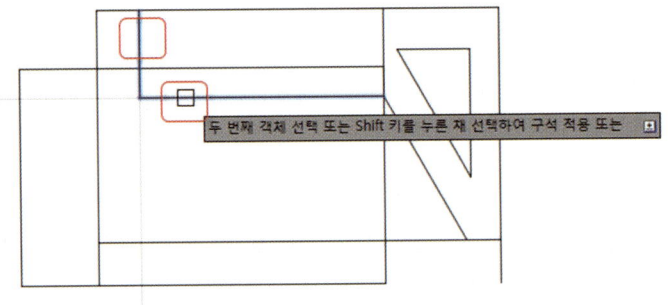

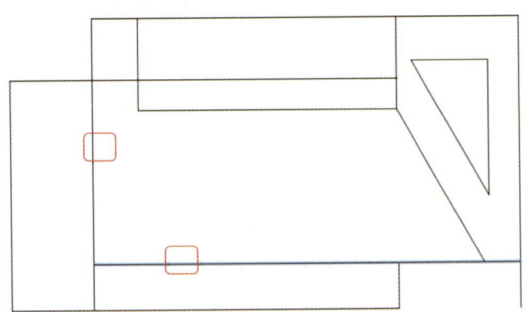

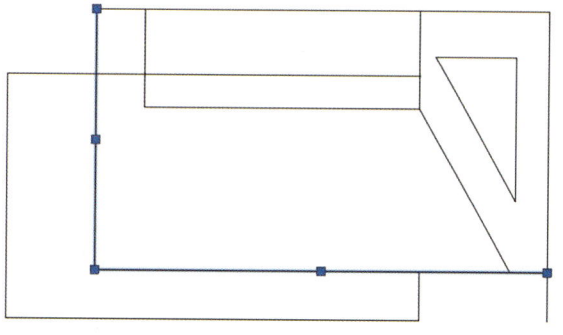

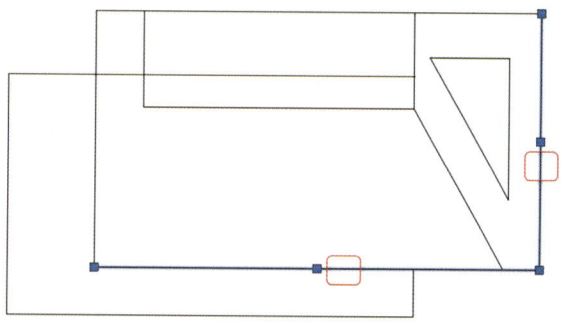

57 Right View의 지점을 교차점으로 뽑은 뒤 Top View의 위치를 뽑아줍니다.

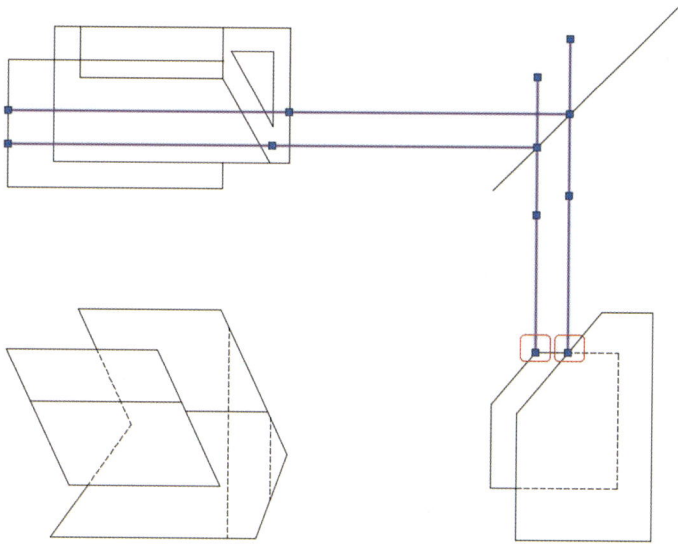

58 Front View의 지점을 교차점으로 뽑은 뒤 Top View의 위치를 뽑아줍니다.

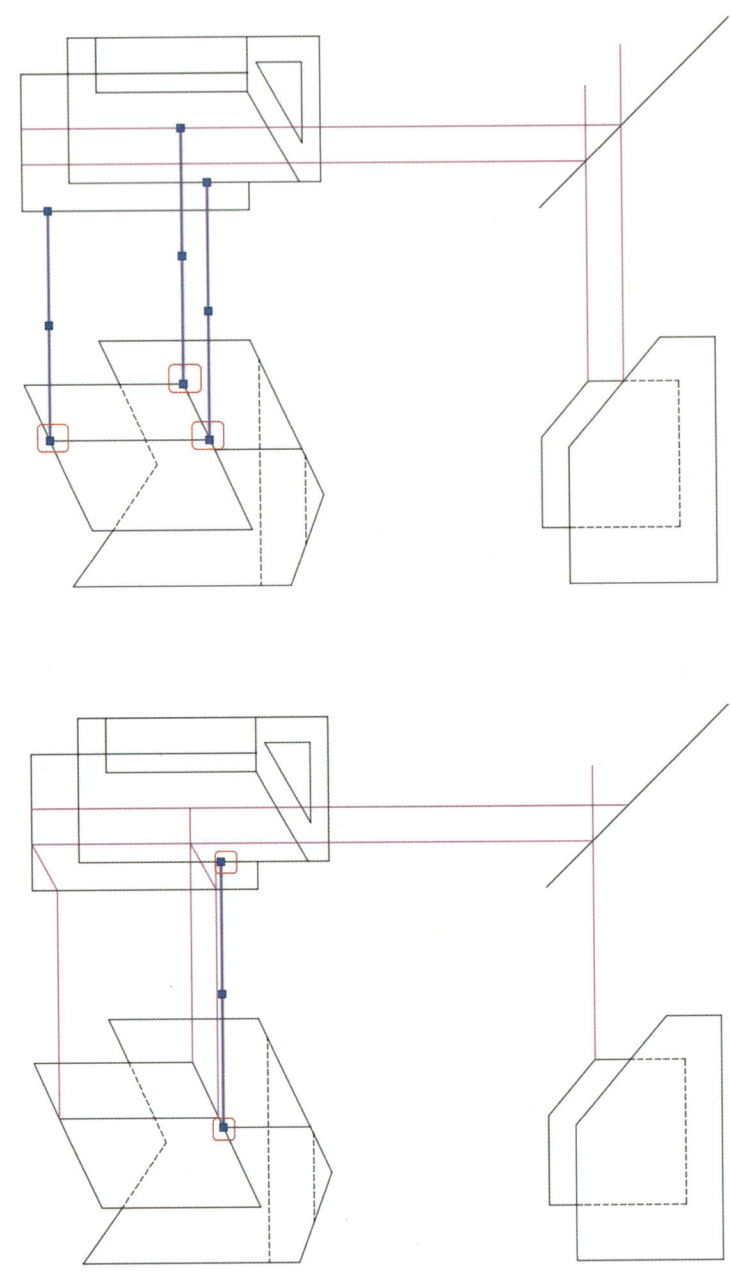

59 아래 이미지와 Front에서 뽑은 선을 작도합니다.

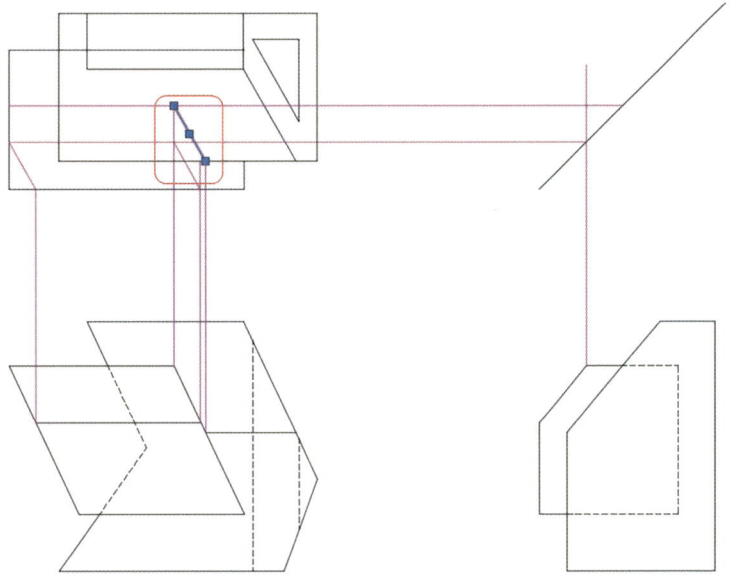

60 잔여선을 아래와 같이 절단합니다.

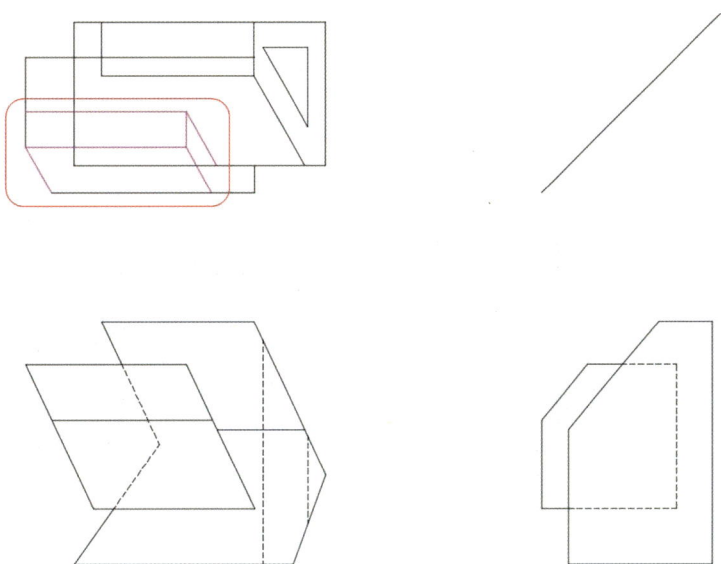

61 도면층을 구분하기 위해 Break(br)명령으로 선을 분리합니다.

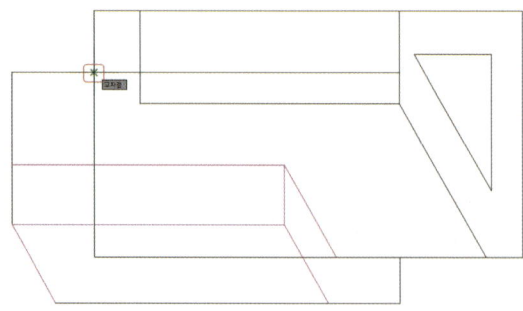

62 분리한 선을 "hidden" 도면층으로 변경합니다.

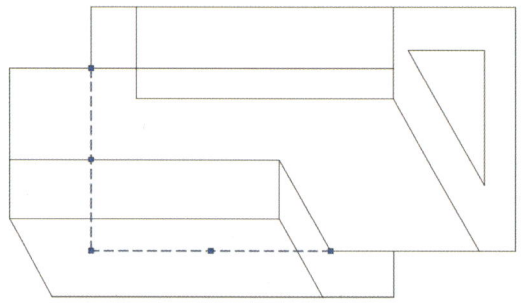

63 Front View에서 Top View의 지점을 뽑습니다.

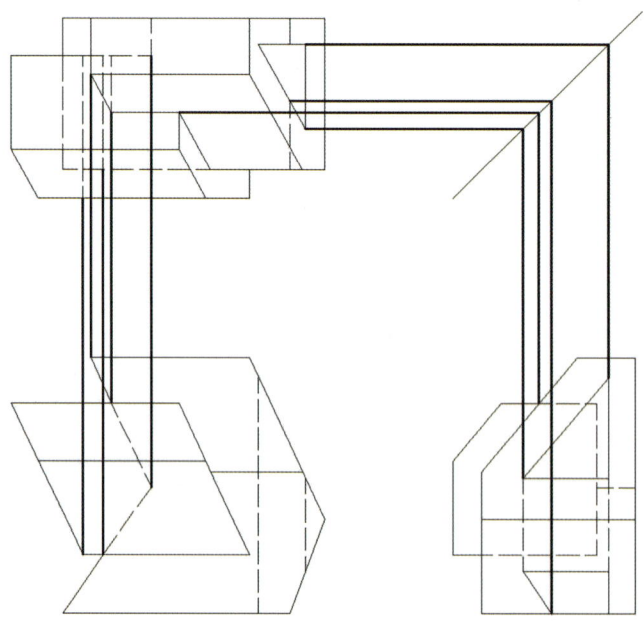

64 잔여선을 정리합니다.

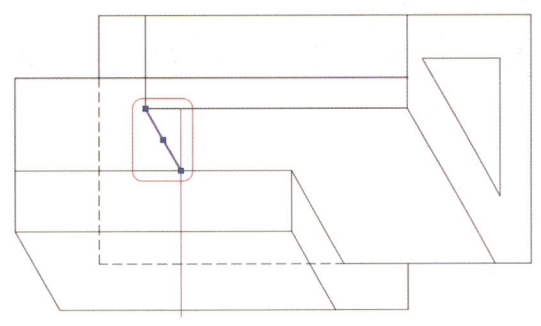

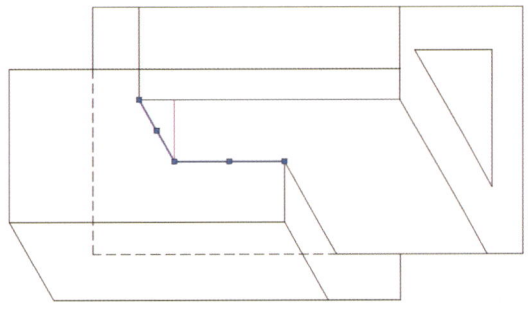

65 완성

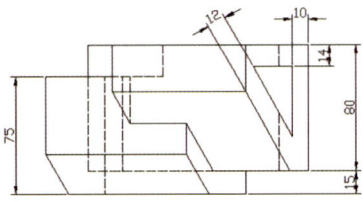

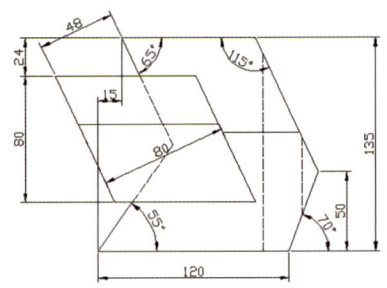
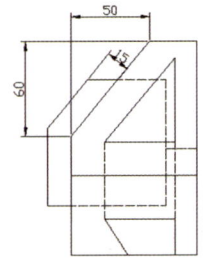

AutoCAD ATC 따라 하기(2007.9.8)

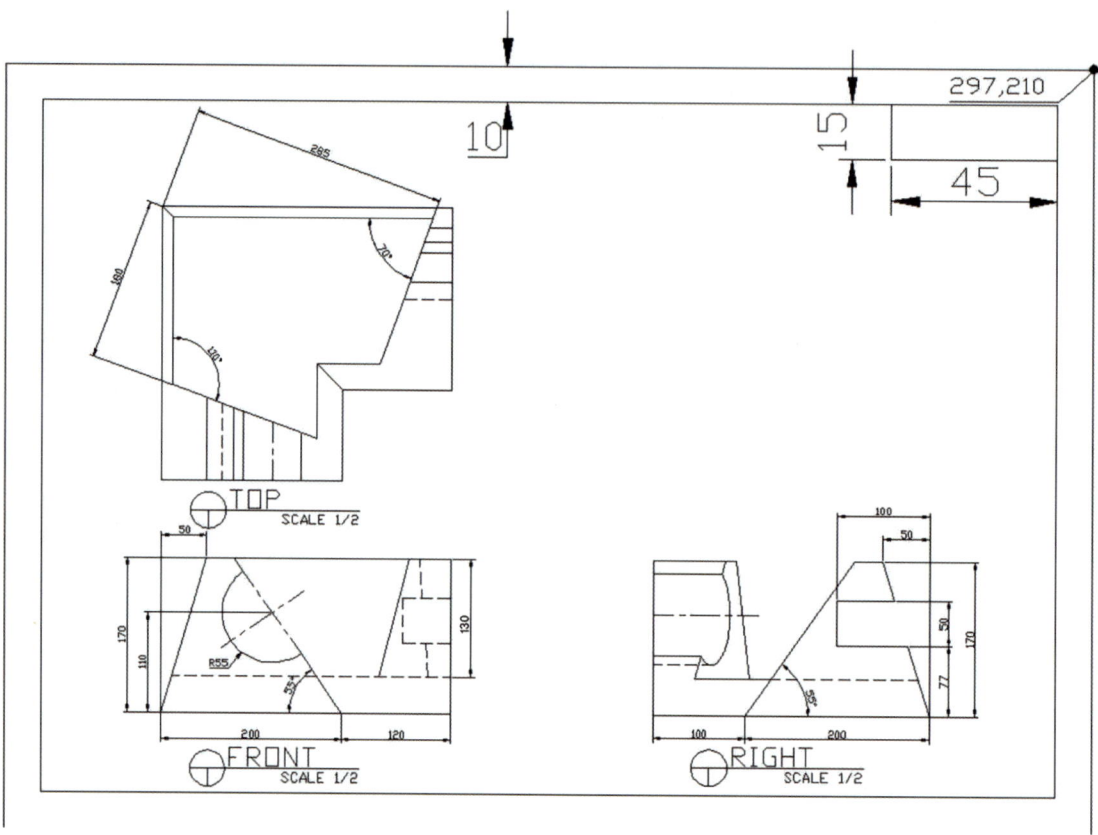

01 Limist로 작업영역을 설정해준 후 Layer로 도면층을 조건에 맞게 설정합니다.

02 작도하기 전 Model 도면층을 선택합니다.

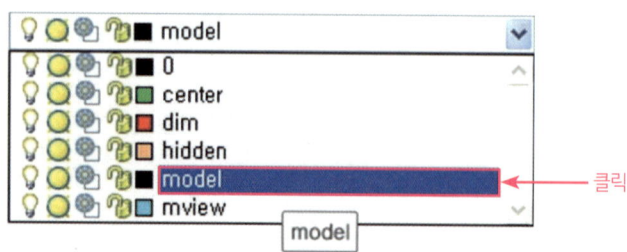

03 평면의 외곽인 @320, 170인 사각형을 작도합니다.

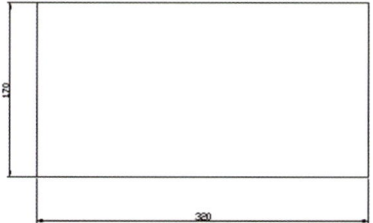

04 정면의 모서리 끝에 마우스를 갖다 댄 후 위로 틀어 평면의 외곽인 @320, 300인 사각형을 작도합니다.

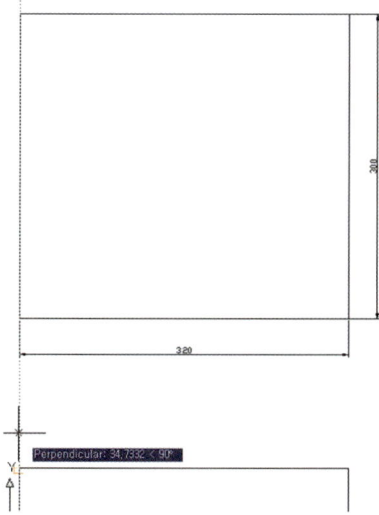

05 우측면도를 작도하기 위해 정면의 추적 선에 마쳐 @300, 170인 사각형을 작도합니다.

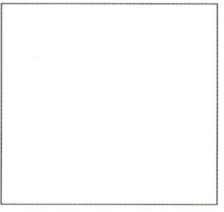

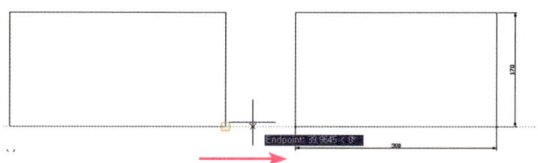

06 정면을 작도하기 위해 시험조건대로 선의 위치를 잡아준 뒤 P1점과 P2점이 만나는 선을 작도합니다.

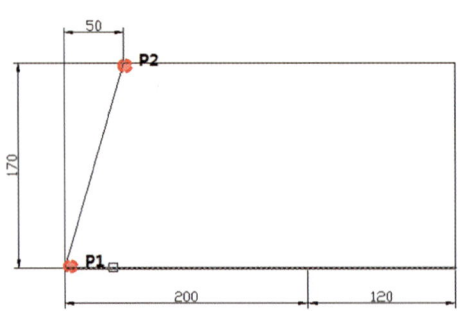

07 위의 참조 객체를 기준으로 각도 값이 −55도인 200 띄워진 위치에 클릭합니다.

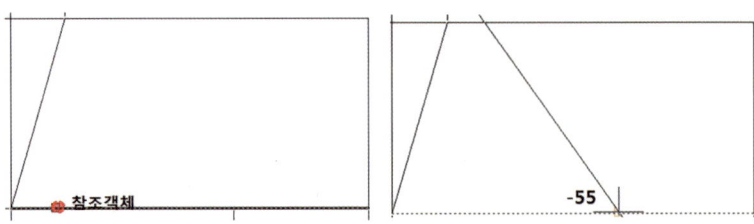

08 치수의 조건대로 위에서 아래로 130띄어진 위치에 평행복사합니다.

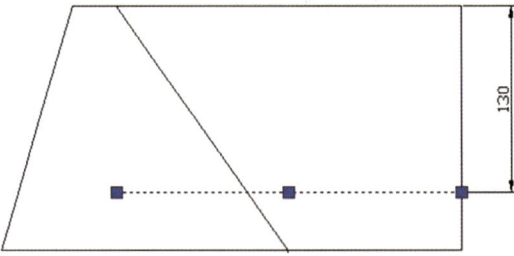

09 130 띄운 선이 짧으므로 P1의 객체만큼 연장시킵니다.

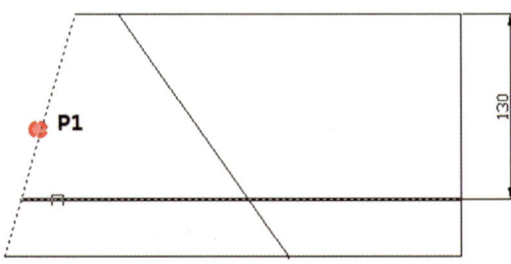

10 우측면도를 작도하기 위해 위의 조건대로 평행복사하여 위치를 잡아줍니다.

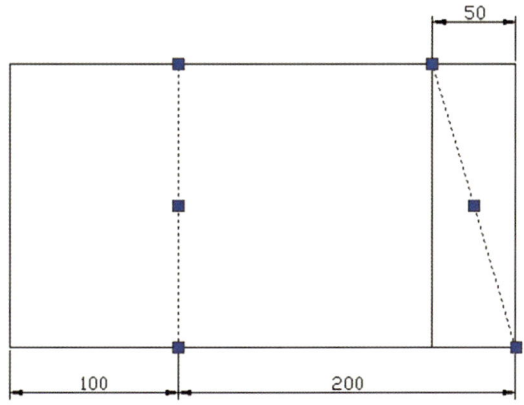

11 각도 값이 55도인 선을 뽑아 위의 끝점에 클릭합니다.

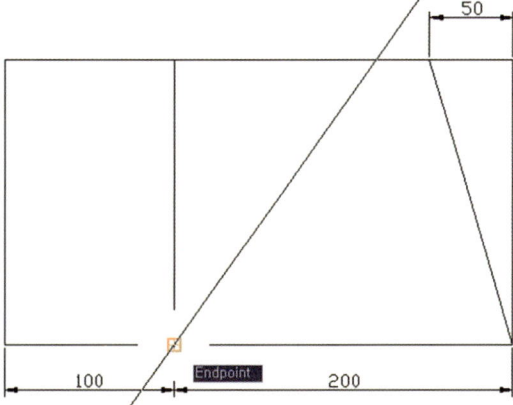

12 다음과 같이 불필요한 객체들은 지워 선을 정리합니다.

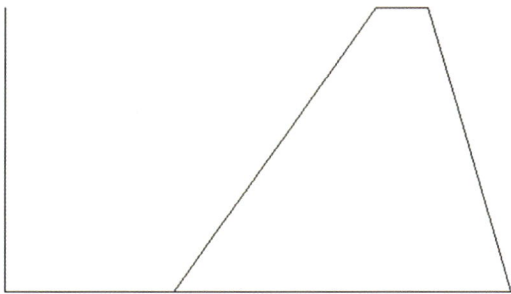

13 치수의 위치대로 평행복사하여 다음과 같이 안쪽에 뚫어진 부분을 작도한 뒤 오른쪽 예제처럼 선을 정리합니다.

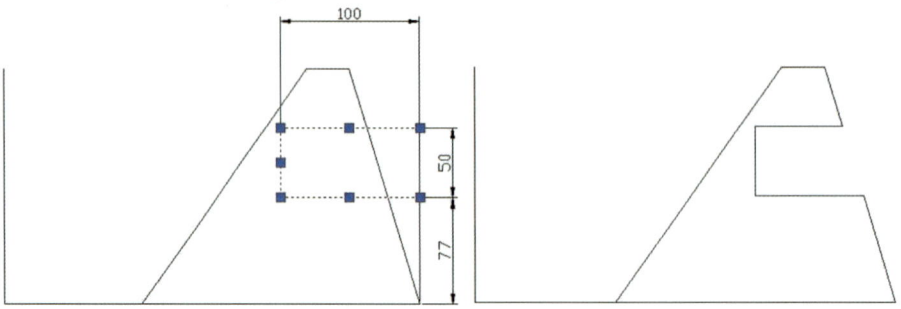

14 정면의 P1점의 위치에서 P2점으로 선을 연결합니다.

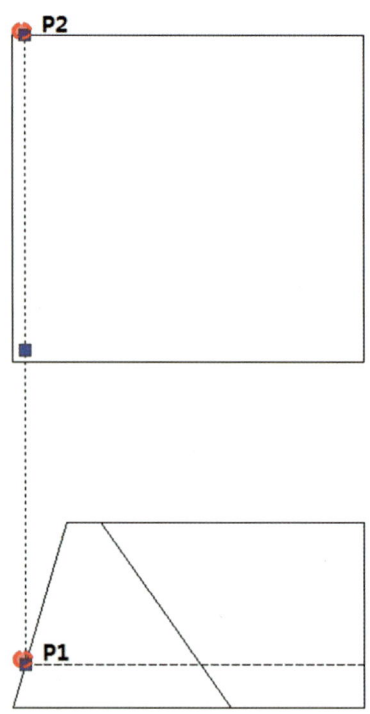

15 평면의 양쪽 끝점과 우측면도의 끝점을 연결하여 45도인 기준선을 작도합니다.

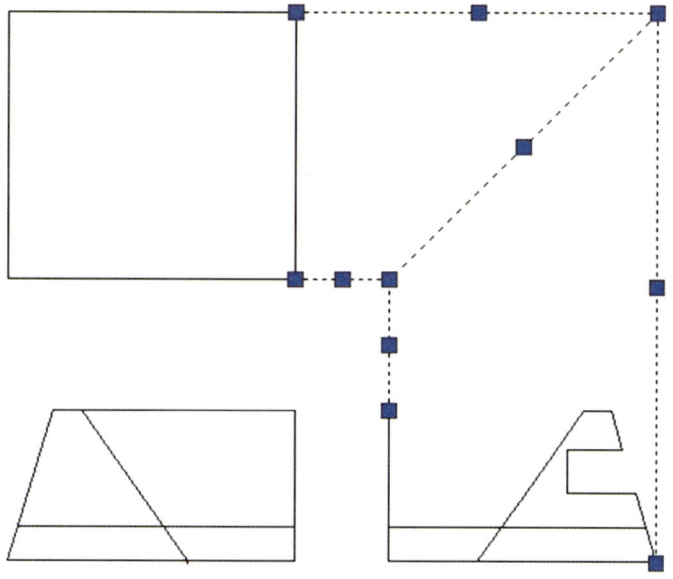

16 위와 같이 정면과 우측면도의 끝점을 잡고 평면의 위치를 잡아줍니다.

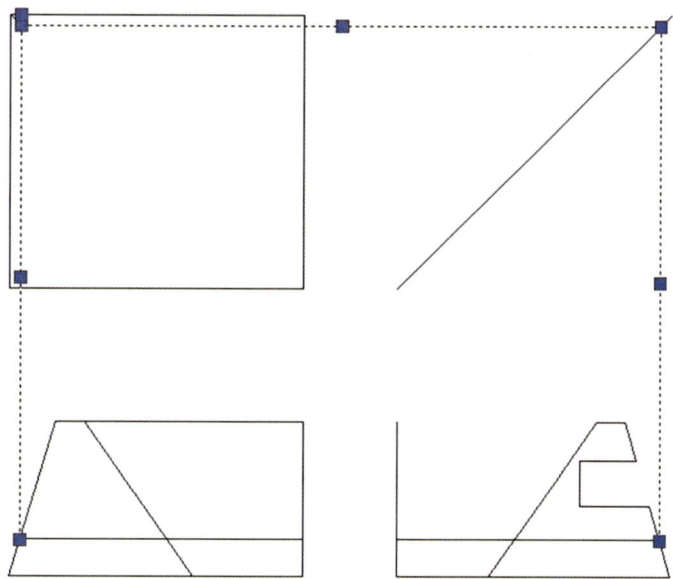

17 기준을 잡은 위치에서 위와 같이 꼭짓점과 꼭짓점이 만나는 선을 작도합니다.

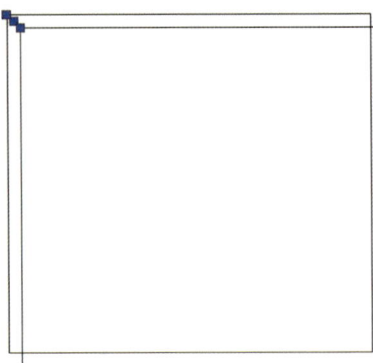

18 위와 같이 기울어진 부분의 안쪽과 바깥쪽 끝점을 올려 기준선을 잡아줍니다.

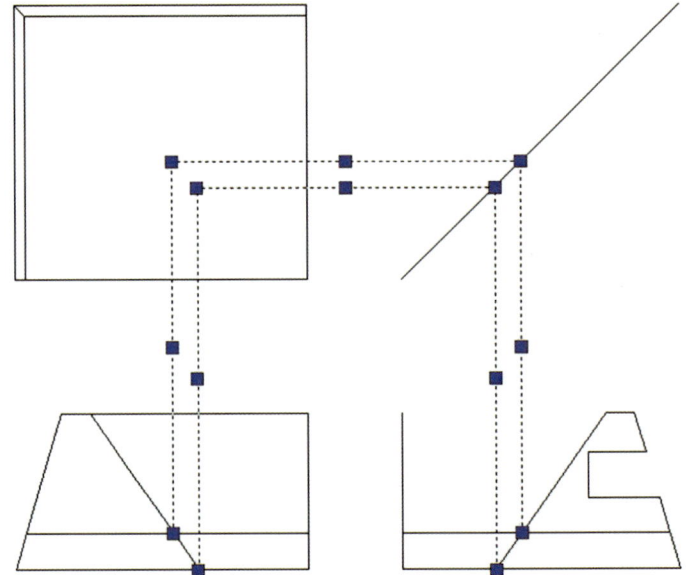

19 이번에도 꼭짓점과 꼭짓점이 만나는 선을 작도합니다.

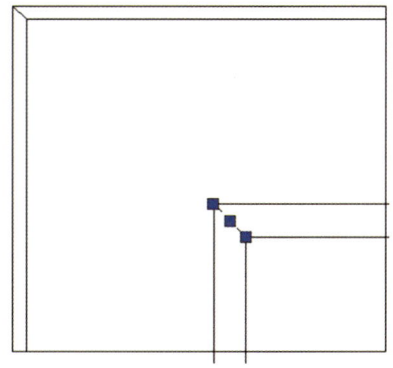

20 선택된 객체를 기준으로 바깥 객체들은 절단하여 선을 정리합니다.

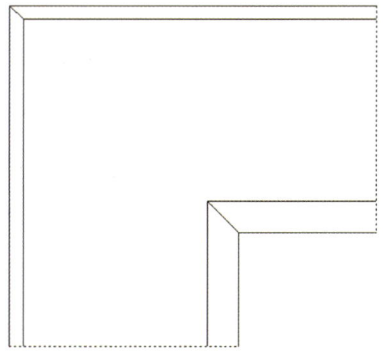

21 각도선을 뽑을 때 Xline을 이용하여 참조 객체를 기준으로 하는 −110도인 각도선을 뽑은 뒤 모서리 끝점에 위치시킵니다.

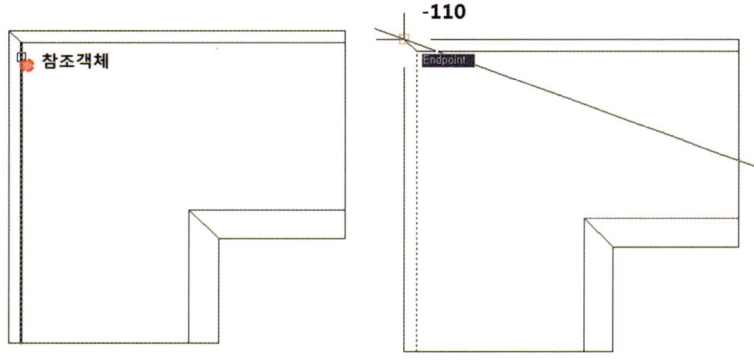

명령 : xl ↵
a ↵
객체 선택 : −110

22 위치한 선을 주어진 조건에 맞게 180만큼 평행복사합니다.

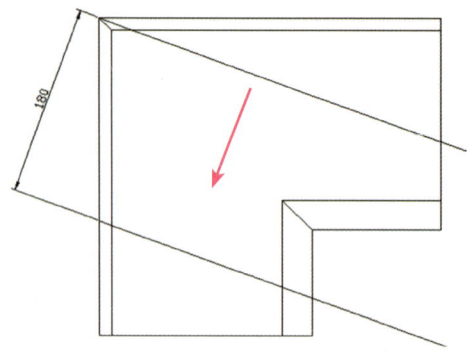

23 각도선을 뽑을 때 Xline을 이용하여 참조 객체를 기준으로 하는 70도인 각도선을 뽑은 뒤 모서리 끝점에 위치시킵니다.

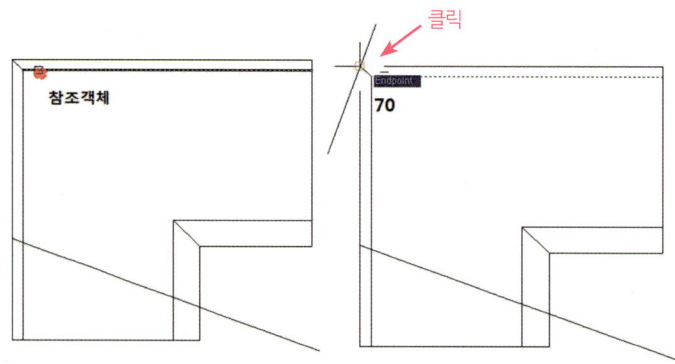

명령 : xl ↵
a ↵
객체 선택 : 70

24 객체를 285만큼 평행복사합니다.

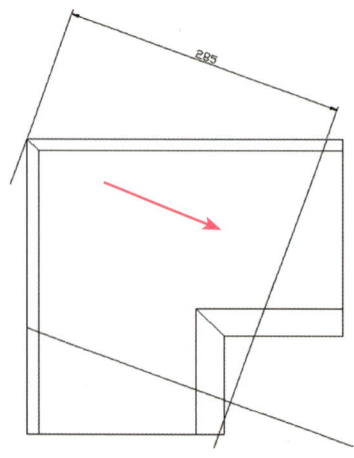

25 위와 같이 뽑은 선을 기준으로 불필요한 객체를 정리합니다.

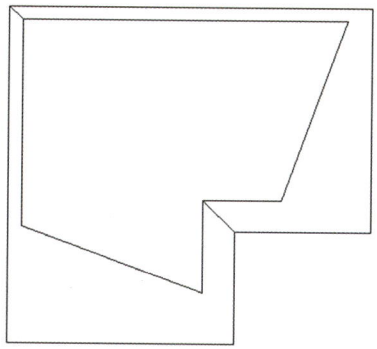

26 정면부분의 원을 작도하기위해 바닥에서 110만큼 평행복사합니다.

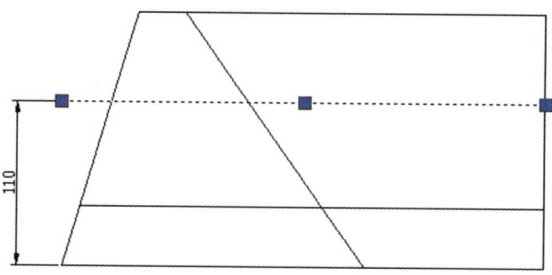

27 대각선과 위치를 뽑은 기준점 즉, P1점에서 반지름 값이 55인 원을 작도합니다.

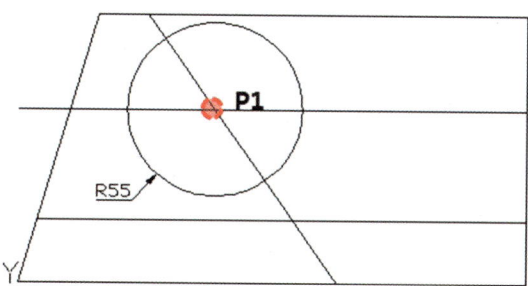

28 원의 안쪽에 있는 선을 위와 같이 나눈 뒤 Center 도면층으로 변환합니다.

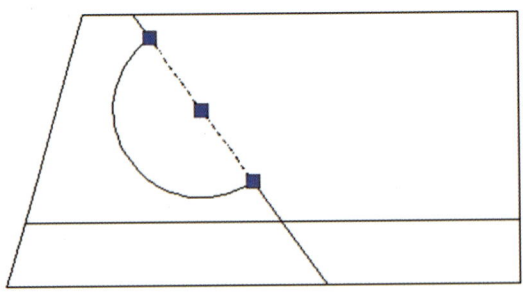

29 중심선을 90도만큼 회전하여 중심선이 조건에 맞게 나타나지도록 작도합니다.

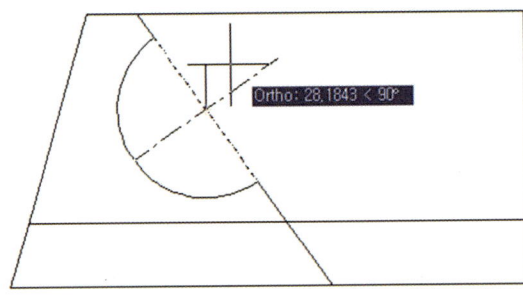

30 위와 같이 선을 도면층에 맞게 정리합니다.

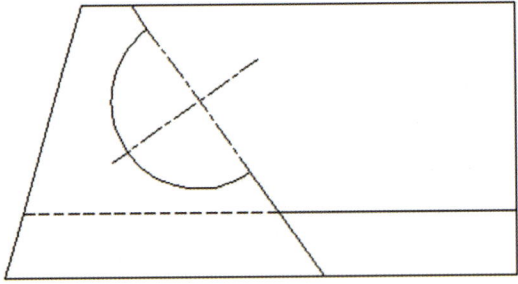

31 위와 같이 모서리의 끝점과 원의 끝점 중심선을 뽑아 평면의 위치를 잡아줍니다.

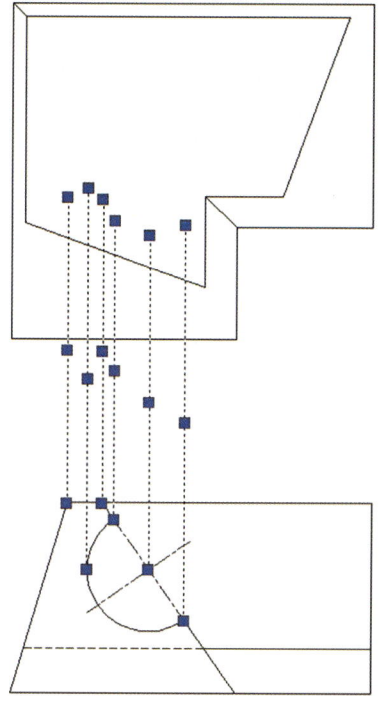

32 선택된 객체를 기준으로 바깥 객체들을 절단한 뒤 오른쪽 예제와 같이 도면층을 변환합니다.

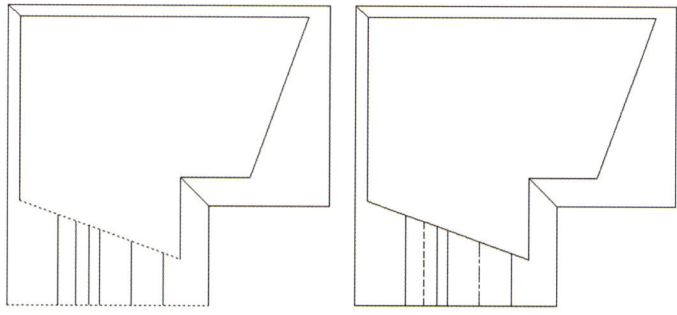

33 우측면도의 외곽선을 먼저 뽑아주고, 기준선에서 만나는 위치에서 평면의 위치로 선을 작도합니다.

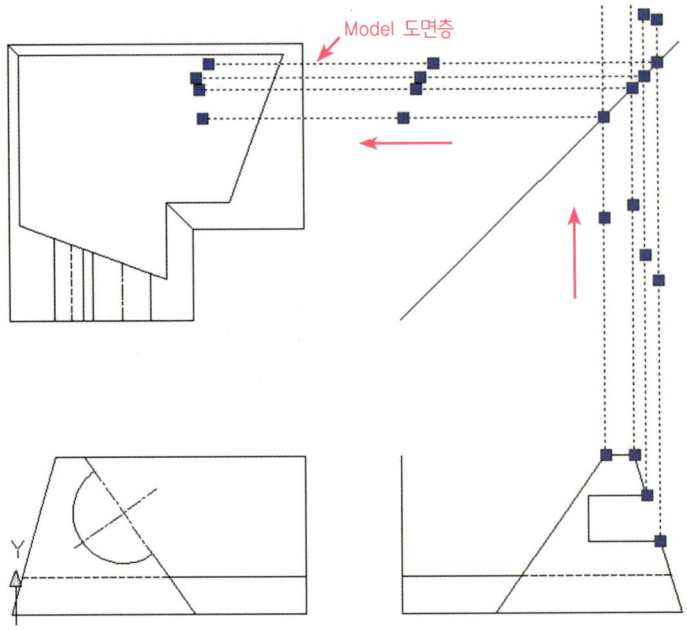

34 작도한 선을 정리한 뒤 위의 예제와 같이 안쪽은 숨은선의 끝점을 뽑아 평면의 위치로 뽑아냅니다.

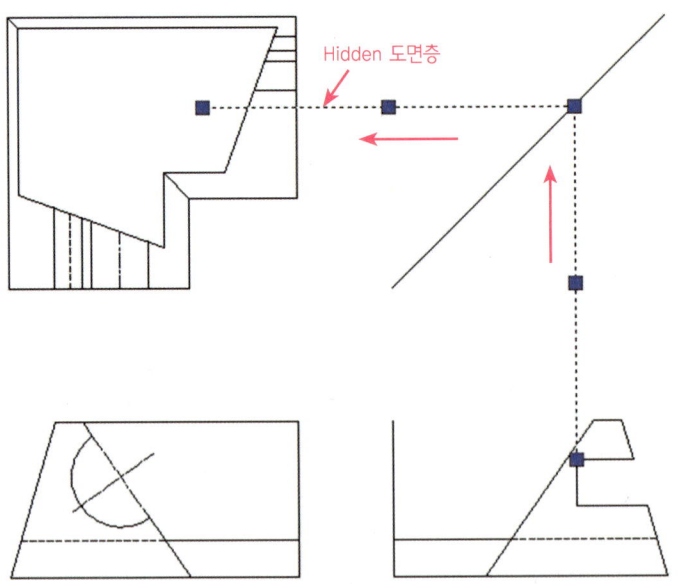

35 위의 선택된 객체를 기준으로 바깥 객체들을 절단합니다.

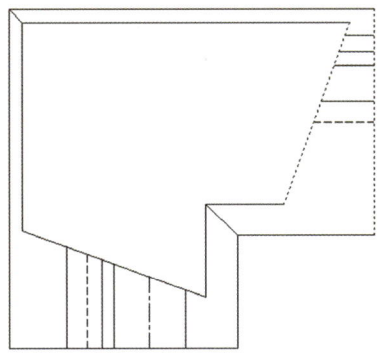

36 P1점에서 P2점으로 선을 내립니다.

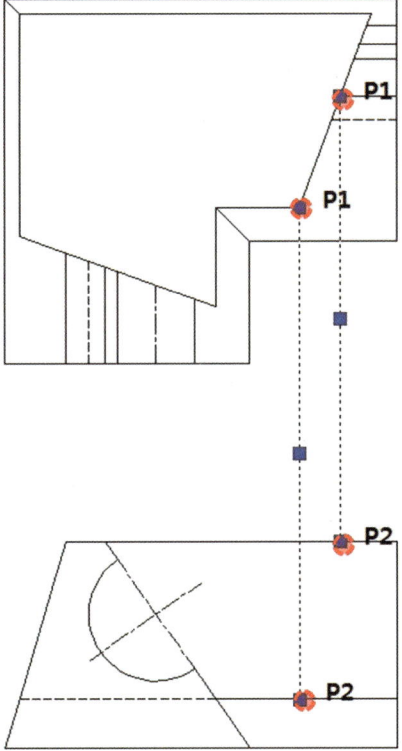

37 P1점에서 P2점으로 선을 작도합니다.

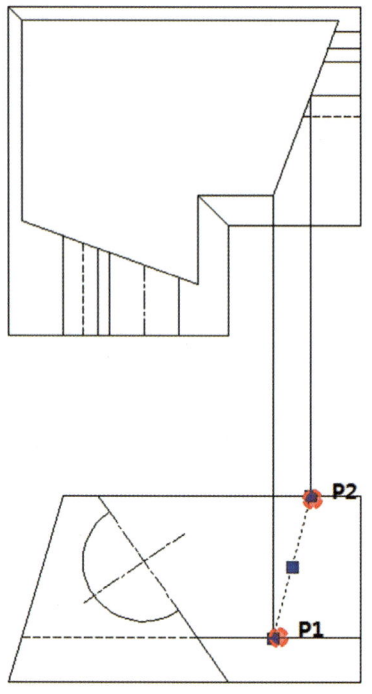

38 평면의 숨은 선을 내려주고 우측면도의 끝점을 잡아 위치를 잡아줍니다.

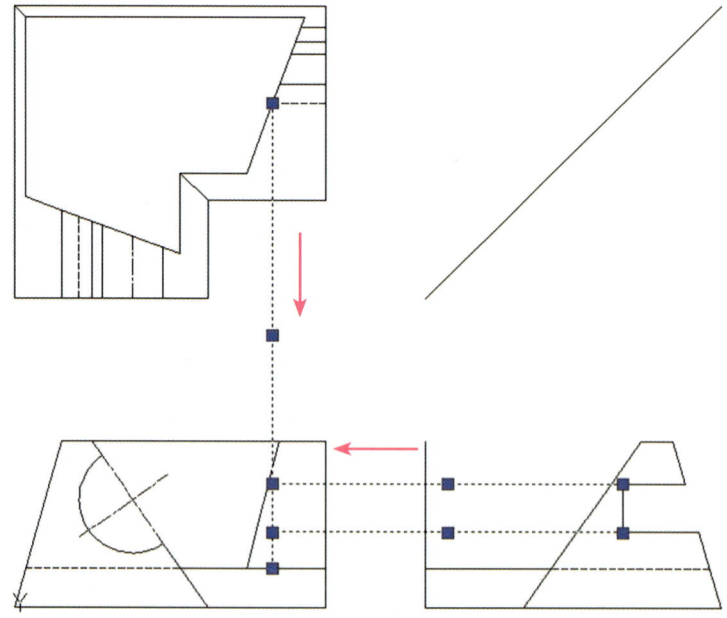

39 선을 정리한 뒤 위와 같이 끝점을 뽑아 대각선의 위치를 찾습니다.

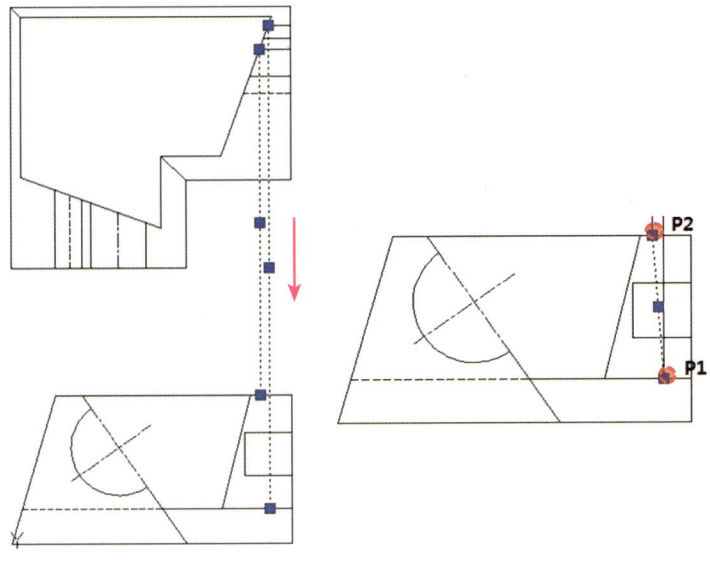

40 위와 같이 정면의 객체를 정리하여 완성시킵니다.

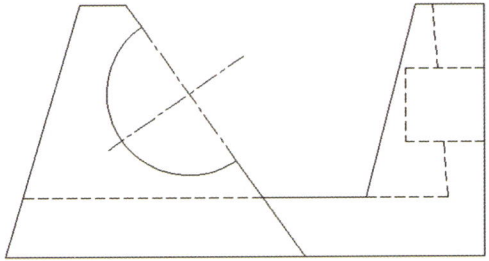

41 타원을 작도하기 위해 온전한 원을 작도합니다.

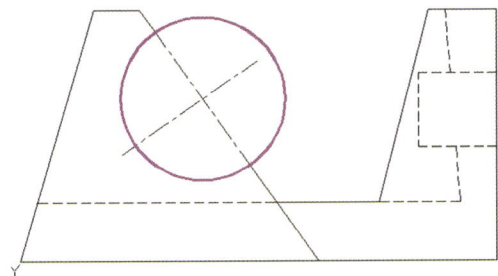

42 원을 기준으로하는 중심선을 평면과 우측면도의 위치에 뽑아줍니다.

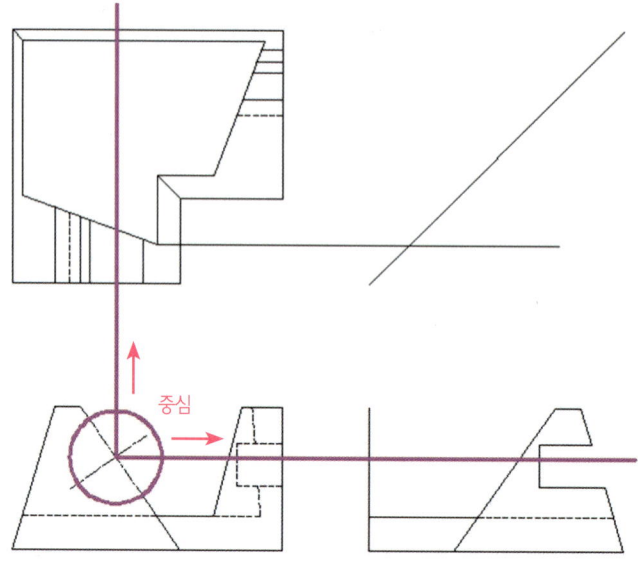

43 평면에서 중심선의 위치를 기준점으로 뽑아 우측면도의 위치에 내립니다.

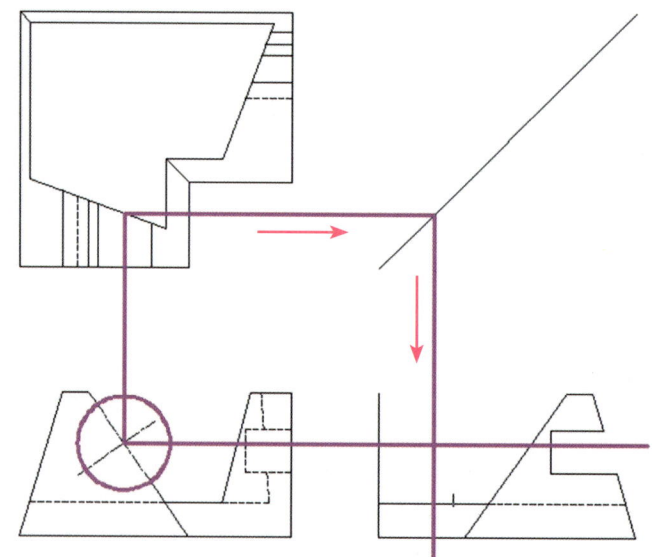

44 원의 사분점(외곽)부분을 평면과 우측면도의 위치에 뽑아줍니다.

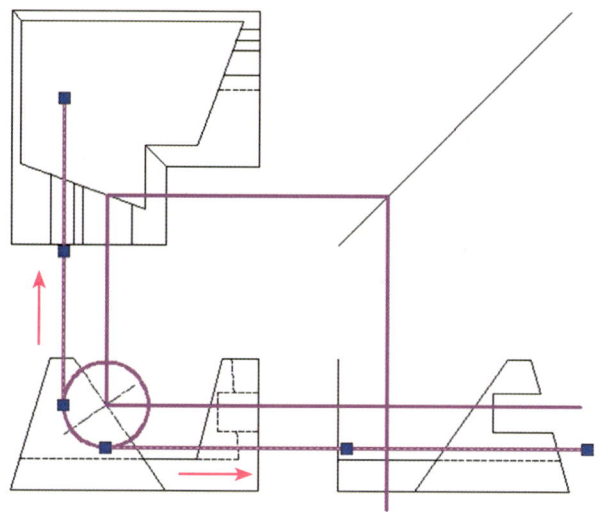

45 끝점이 만나는 위치에 기울기 값이 가진 평면의 위치에서 다시 기준점으로 뽑은 뒤 우측면도로 선을 내립니다.

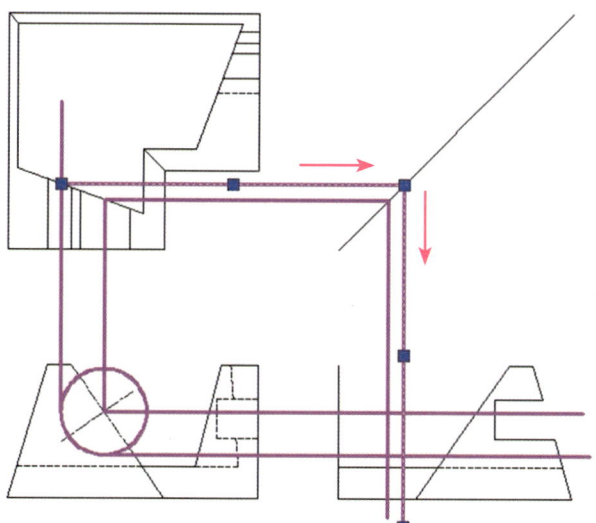

46 타원 명령을 이용하여 중심점을 먼저 찍고 끝점과 높이를 찍어주는 옵션을 선택하여 P점의 순서대로 찍어 완성시킵니다.

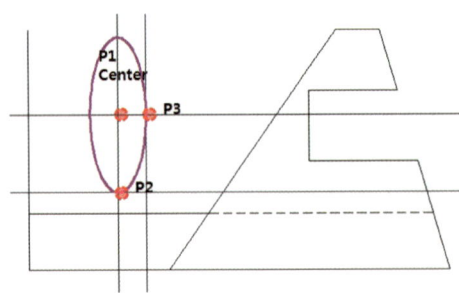

```
명령 : el ↵
c ↵
p1점 클릭
p2점 클릭
p3점 클릭
```

47 위와 같이 불필요한 객체들은 지워줍니다.

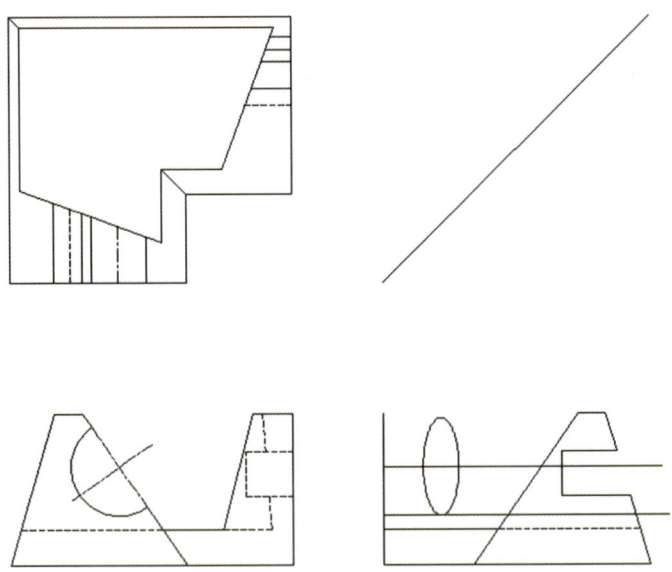

48 온전한 원을 지운 뒤 지워지고 남은 원의 끝점의 선을 뽑아냅니다.

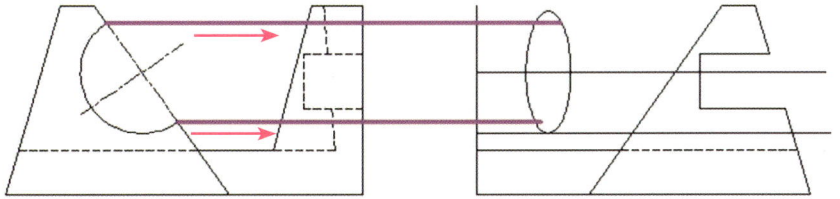

49 뽑은 선을 기준으로 위의 예제처럼 절단시켜 타원을 정리합니다.

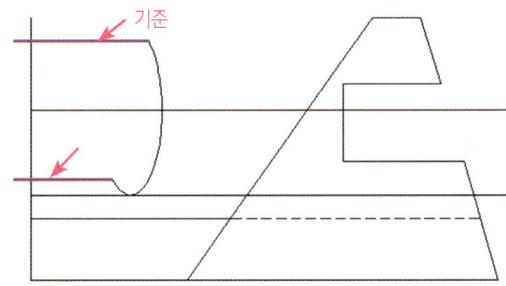

50 평면의 모서리 끝점의 기준점을 이용하여 우측면도에 선을 내립니다.

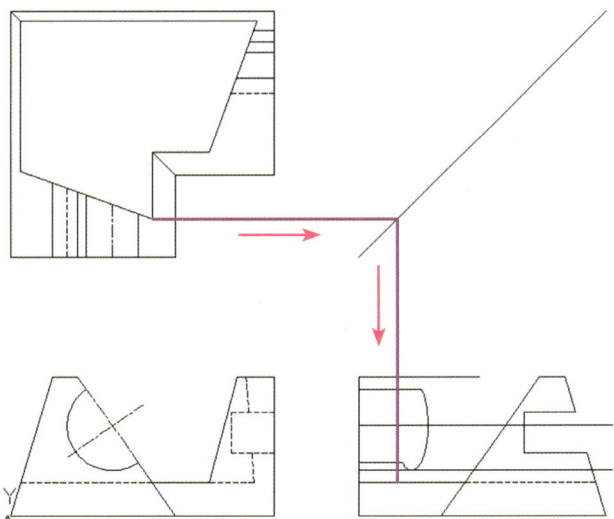

51 P1점과 P2점이 만나는 선을 작도합니다.

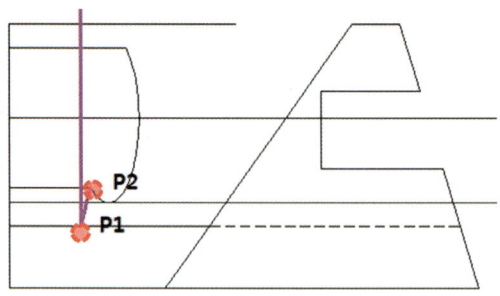

52 위의 예제와 같이 기준선을 뽑아 대각선의 위치를 찾아줍니다.

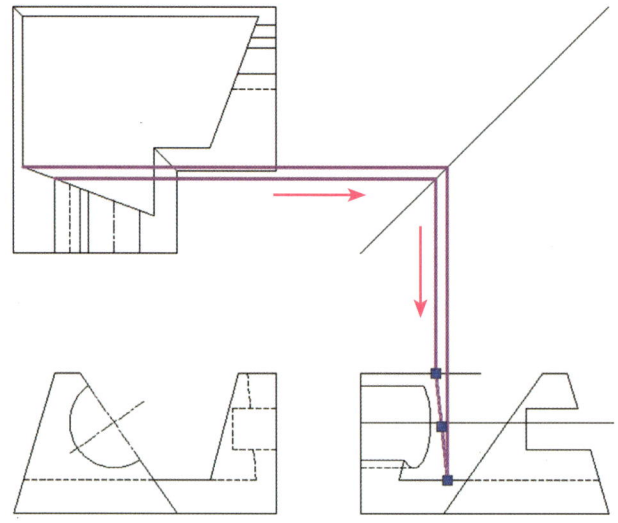

53 위의 예제와 같이 기준선을 뽑아 대각선의 위치를 찾아줍니다.

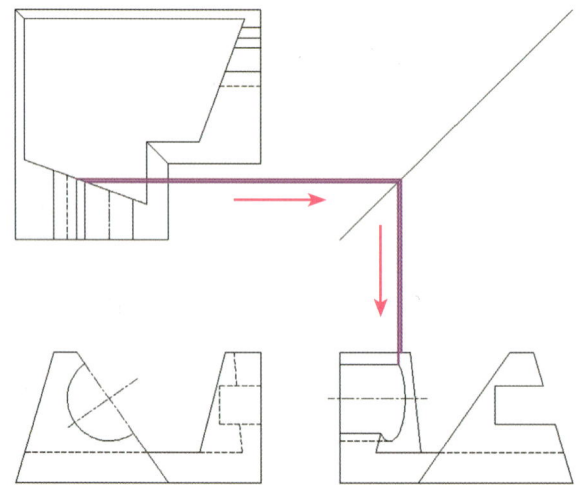

54 위와 같이 P1, P2점이 만나는 선을 작도합니다.

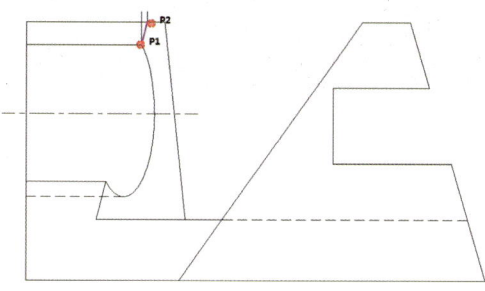

55 완성

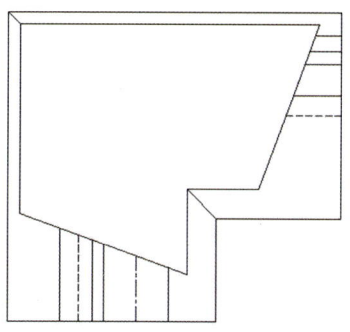

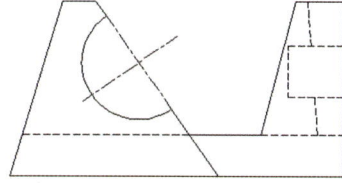
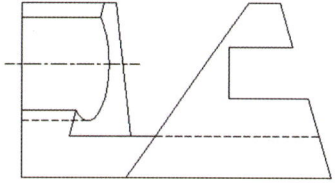

AutoCAD ATC 따라 하기(2010.1.23)

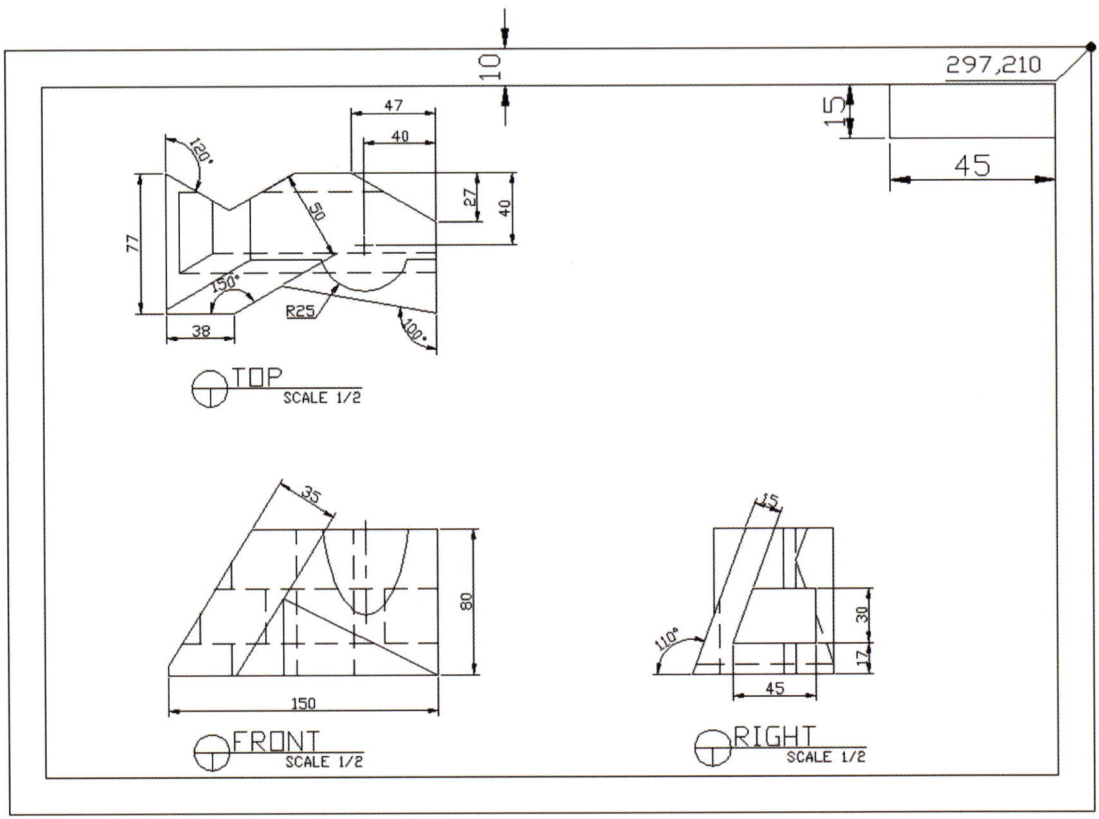

01 Limits 명령으로 작업영역을 설정해준 후 Layer 도면층 조건에 맞게 설정합니다.

02 작도 전 "Model" 도면층을 선택합니다.

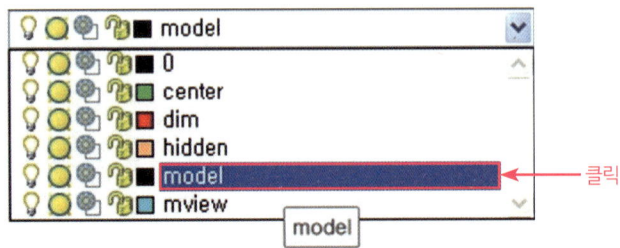

03 Front View에 사각형 명령으로 외곽을 작성합니다.

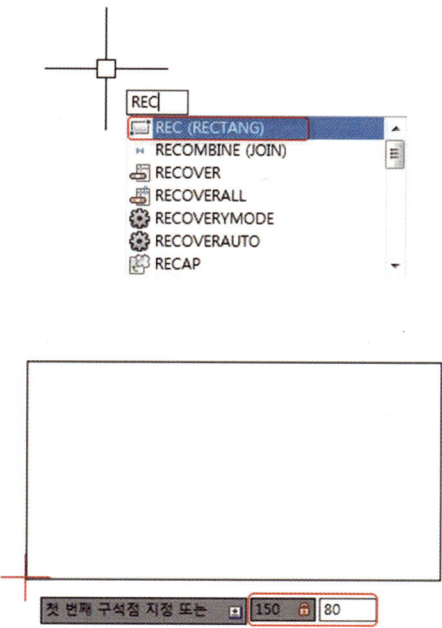

명령 : REC ↵ RECTANG
첫 번째 구석점 지정 또는 [모따기(C)/고도(E)/모깎기(F)/두께(T)/폭(W)] : 첫번째 점 지정
다른 구석점 지정 또는 [영역(A)/치수(D)/회전(R)] : @150, 80 ↵

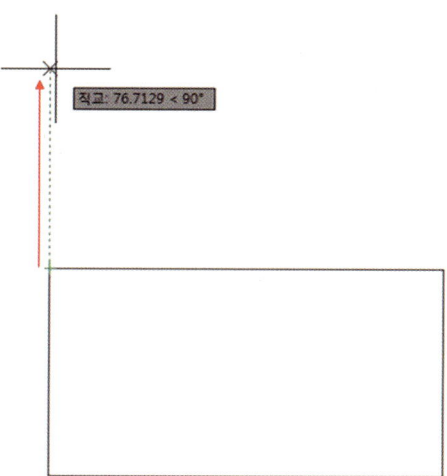

04 Top View를 작성하기 위해 Front View의 모서리에 추적을 이용해 같은 선상에서 사각형 외곽을 작성합니다.

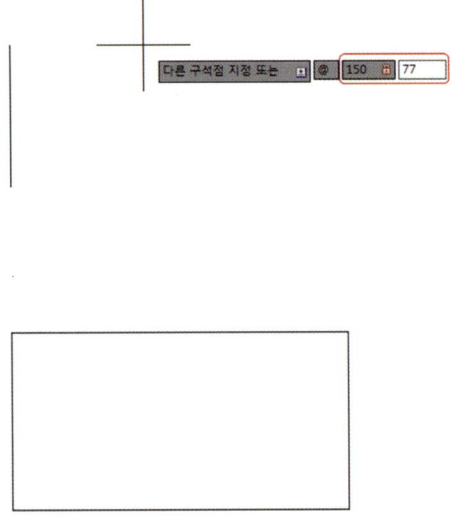

```
명령 : REC ↵ RECTANG
첫 번째 구석점 지정 또는 [모따기(C)/고도(E)/모깎기(F)/두께(T)/폭(W)] : 첫번째 점 지정
다른 구석점 지정 또는 [영역(A)/치수(D)/회전(R)] : @150, 77 ↵
```

05 Right View도 같은 방법으로 사각형 외곽을 작성합니다.

```
명령 : REC ↵ RECTANG
첫 번째 구석점 지정 또는 [모따기(C)/고도(E)/모깎기(F)/두께(T)/폭(W)] : 첫번째 점 지정
다른 구석점 지정 또는 [영역(A)/치수(D)/회전(R)] : @77, 80 ↵
```

06 작도한 외곽을 편집하기 위해 Explode(x)로 분해합니다.

명령 : X ↵ EXPLODE
객체 선택 : 사각형 선택
객체 선택 : ↵

07 Top View의 왼쪽 위치에서 거리 값 "38"만큼 평행복사합니다.

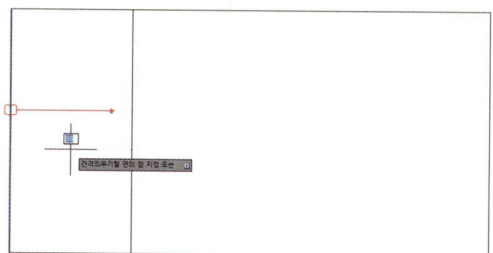

명령 : O ↵ OFFSET
현재 설정 : 원본 지우기=아니오 도면층=원본 OFFSETGAPTYPE=0
간격띄우기 거리 지정 또는 [통과점(T)/지우기(E)/도면층(L)] <통과점> : 38 ↵

08 Xline명령으로 각도 값을 뽑아줍니다.

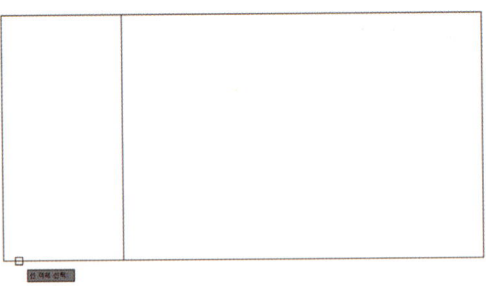

명령 : XL ↵ XLINE
점 지정 또는 [수평(H)/수직(V)/각도(A)/이등분(B)/간격띄우기(O)] : a ↵
X선의 각도 입력 (0) 또는 [참조(R)] : r ↵
선 객체 선택 : 아래 이미지와 같이 왼쪽 객체를 선택한다.

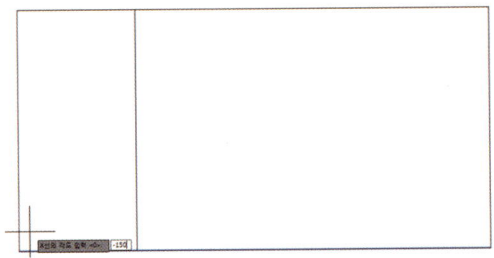

X선의 각도 입력 ⟨0⟩ : −150 ↵
각도 값 "−150"을 입력한다.

뽑은 각도 선을 아래 이미지의 위치에 배치합니다.

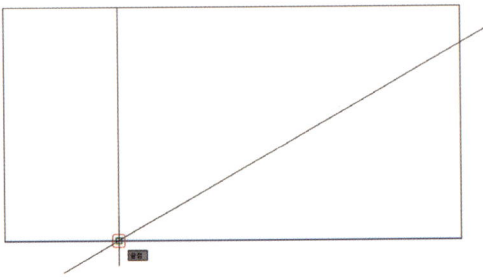

09 배치한 선을 거리 값 "50"만큼 평행복사합니다.

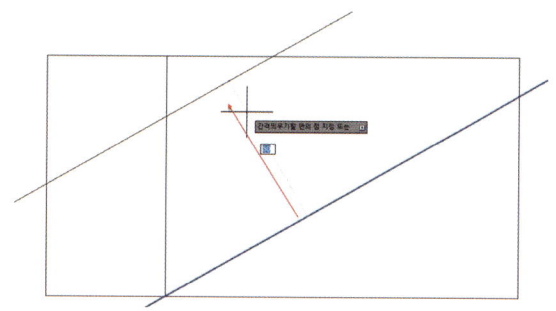

명령 : O ↵ OFFSET
현재 설정 : 원본 지우기=아니오 도면층=원본 OFFSETGAPTYPE=0
간격띄우기 거리 지정 또는 [통과점(T)/지우기(E)/도면층(L)] ⟨통과점⟩ : 50 ↵

10 각도선을 뽑아 배치합니다.

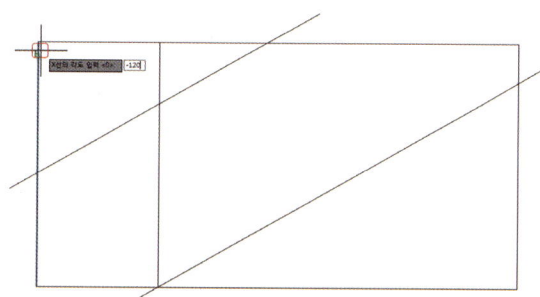

명령 : XL ↵ XLINE
점 지정 또는 [수평(H)/수직(V)/각도(A)/이등분(B)/간격띄우기(O)] : a ↵
X선의 각도 입력 (0) 또는 [참조(R)] : r ↵
선 객체 선택 : 아래 이미지와 같이 왼쪽 상단 위치를 선택한다.
X선의 각도 입력 ⟨0⟩ : -120 ↵
각도 값 "-120"을 입력한다.

11 뽑은 각도를 모서리에 배치합니다.

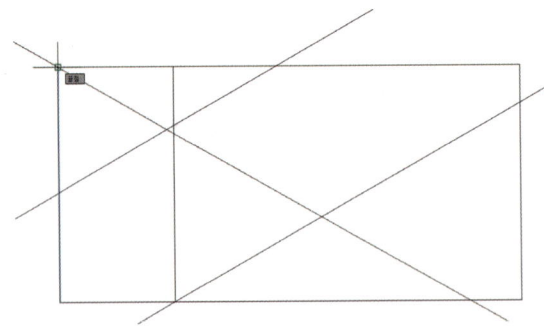

12 Fillet(f) 명령으로 잔여선을 정리합니다.

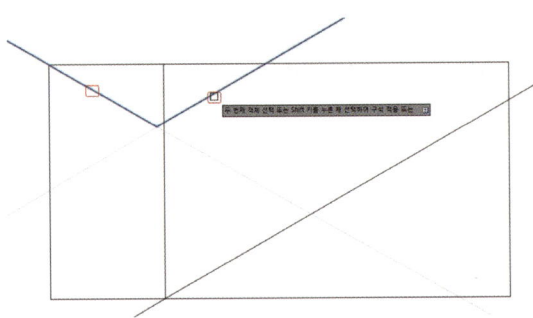

명령 : F ↵ FILLET
현재 설정 : 모드=자르기 반지름=0.0000
첫 번째 객체 선택 또는 [명령 취소(U)/폴리선(P)/반지름(R)/자르기(T)/다중(M)] : 객체 선택
첫 번째 객체 선택 또는 [명령 취소(U)/폴리선(P)/반지름(R)/자르기(T)/다중(M)] : 객체 선택

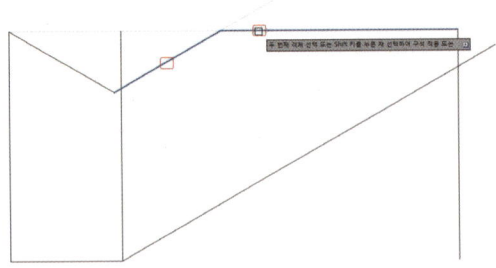

명령 : F ↵ FILLET
현재 설정 : 모드=자르기 반지름=0.0000
첫 번째 객체 선택 또는 [명령 취소(U)/폴리선(P)/반지름(R)/자르기(T)/다중(M)] : 객체 선택
첫 번째 객체 선택 또는 [명령 취소(U)/폴리선(P)/반지름(R)/자르기(T)/다중(M)] : 객체 선택

13 각도선을 뽑아 배치합니다.

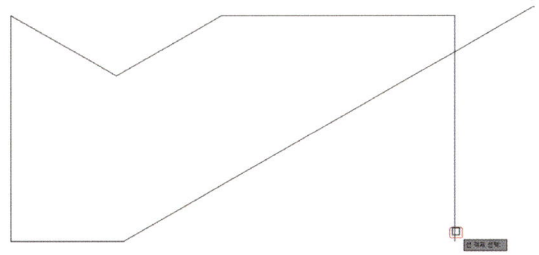

명령 : XL ↵ XLINE
점 지정 또는 [수평(H)/수직(V)/각도(A)/이등분(B)/간격띄우기(O)] : a ↵
X선의 각도 입력 (0) 또는 [참조(R)] : r ↵
선 객체 선택 : 아래 이미지와 같이 오른쪽 하단위치를 선택한다.

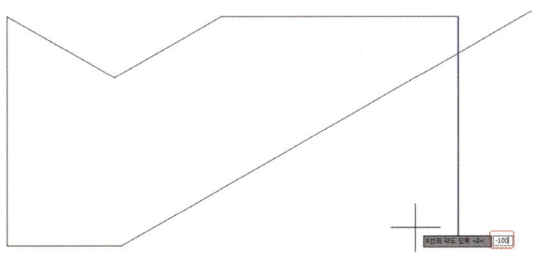

X선의 각도 입력 ⟨0⟩ : −100 ↵
각도 값 "−100"을 입력한다.

14 뽑은 각도를 모서리에 배치합니다.

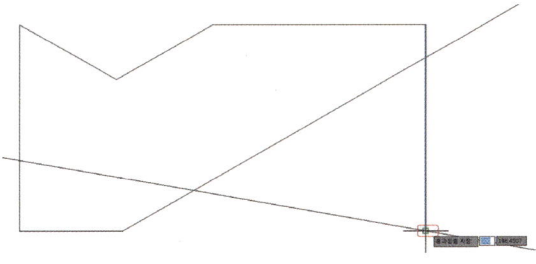

15 Fillet(f) 명령으로 잔여선을 정리합니다.

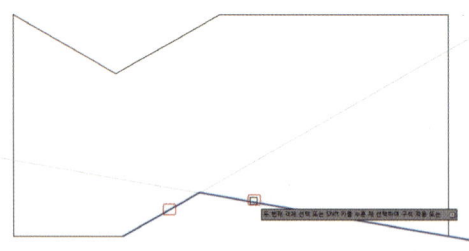

명령 : F ↵ FILLET
현재 설정 : 모드=자르기 반지름=0.0000
첫 번째 객체 선택 또는 [명령 취소(U)/폴리선(P)/반지름(R)/자르기(T)/다중(M)] : 객체 선택
첫 번째 객체 선택 또는 [명령 취소(U)/폴리선(P)/반지름(R)/자르기(T)/다중(M)] : 객체 선택

16 오른쪽 선을 거리 값 "47"만큼 평행복사합니다.

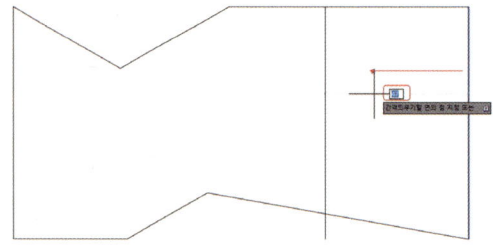

명령 : O ↵ OFFSET
현재 설정 : 원본 지우기=아니오 도면층=원본 OFFSETGAPTYPE=0
간격띄우기 거리 지정 또는 [통과점(T)/지우기(E)/도면층(L)] 〈통과점〉 : 47 ↵

17 상단선을 거리 값 "27"만큼 평행복사합니다.

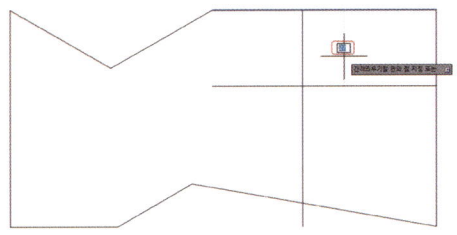

명령 : O ↵ OFFSET
현재 설정 : 원본 지우기=아니오 도면층=원본 OFFSETGAPTYPE=0
간격띄우기 거리 지정 또는 [통과점(T)/지우기(E)/도면층(L)] 〈통과점〉 : 27 ↵

18 평행복사로 뽑은 위치가 만나는 선을 이어줍니다.

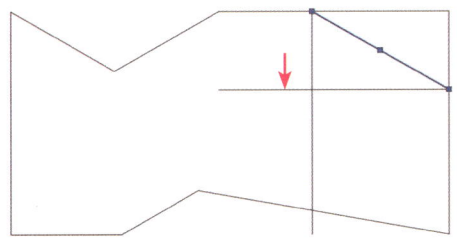

19 Fillet(f) 명령으로 잔여선을 정리합니다.

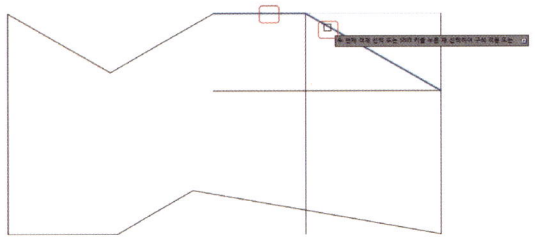

명령 : F ↵ FILLET
현재 설정 : 모드=자르기 반지름=0.0000
첫 번째 객체 선택 또는 [명령 취소(U)/폴리선(P)/반지름(R)/자르기(T)/다중(M)] : 객체 선택
첫 번째 객체 선택 또는 [명령 취소(U)/폴리선(P)/반지름(R)/자르기(T)/다중(M)] : 객체 선택

20 나머지 잔여선을 지워줍니다.

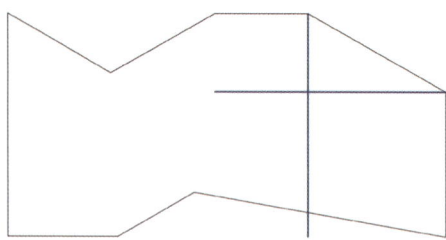

21 상단선을 거리 값 "40"만큼 평행복사합니다.

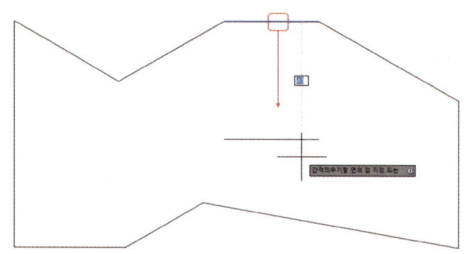

명령 : O ↵ OFFSET
현재 설정 : 원본 지우기=아니오 도면층=원본 OFFSETGAPTYPE=0
간격띄우기 거리 지정 또는 [통과점(T)/지우기(E)/도면층(L)] <통과점> : 40 ↵

22 오른쪽 선을 거리 값 "40"만큼 평행복사합니다.

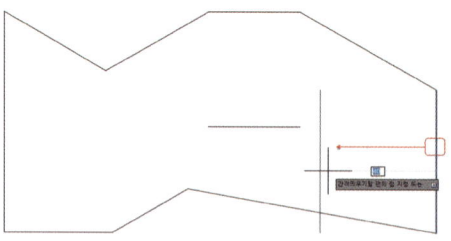

명령 : O ↵ OFFSET
현재 설정 : 원본 지우기=아니오 도면층=원본 OFFSETGAPTYPE=0
간격띄우기 거리 지정 또는 [통과점(T)/지우기(E)/도면층(L)] <통과점> : 40 ↵

23 상단에서 복사한 선이 짧으므로 끝점을 잡고 늘립니다.

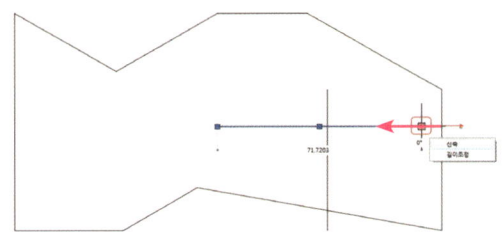

24 교차점으로부터 원을 작도합니다.

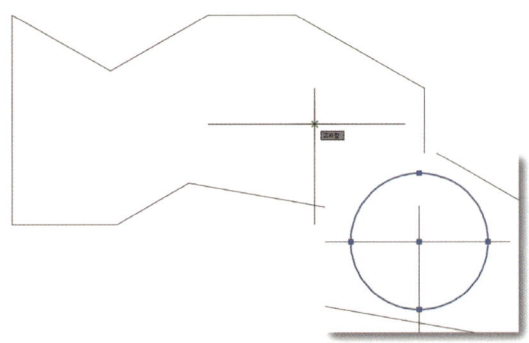

```
명령 : C ↵ CIRCLE
원에 대한 중심점 지정 또는 [3점(3P)/2점(2P)/Ttr – 접선 접선 반지름(T)] : 교차점 지정
원의 반지름 지정 또는 [지름(D)] : 25 ↵
```

25 기준선을 작성하기 위해 Top View의 모서리 점과 Right View의 모서리가 만나는 선을 작도합니다.

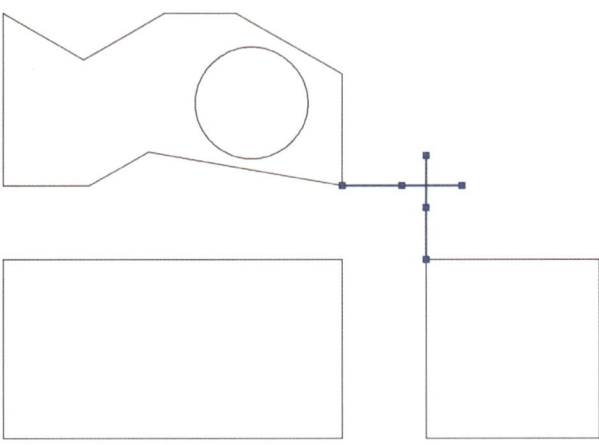

26 만나는 교차점으로부터 각도 값 "45"도 선을 배치합니다.

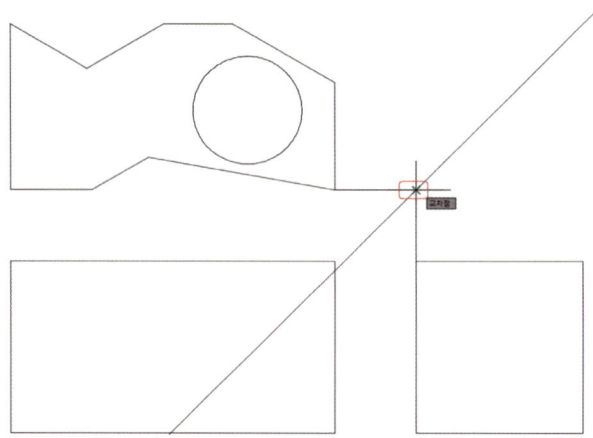

명령 : XL ↵ XLINE
점 지정 또는 [수평(H)/수직(V)/각도(A)/이등분(B)/간격띄우기(O)] : a ↵
X선의 각도 입력 (0) 또는 [참조(R)] : 45 ↵
교차점에 배치한다.

27 잔여선을 절단합니다.

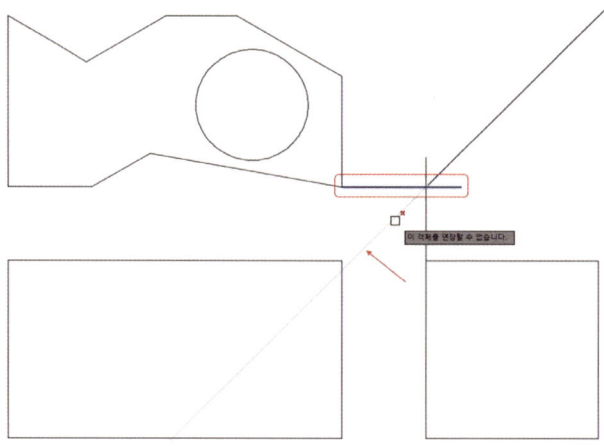

28 Right View의 각도 값을 뽑아줍니다.

명령 : XL ↵ XLINE
점 지정 또는 [수평(H)/수직(V)/각도(A)/이등분(B)/간격띄우기(O)] : a ↵
X선의 각도 입력 (0) 또는 [참조(R)] : r ↵
선 객체 선택 : 아래 이미지와 같이 오른쪽 하단위치를 선택한다.

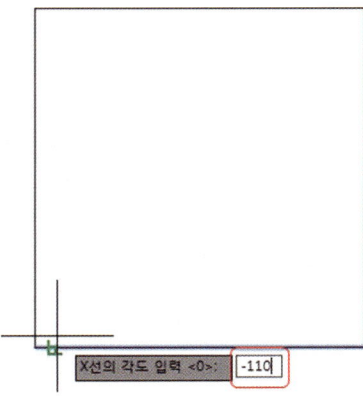

X선의 각도 입력 〈0〉 : −110 ↵
각도 값 "−110"을 입력한다.

29 왼쪽 모서리에 배치합니다.

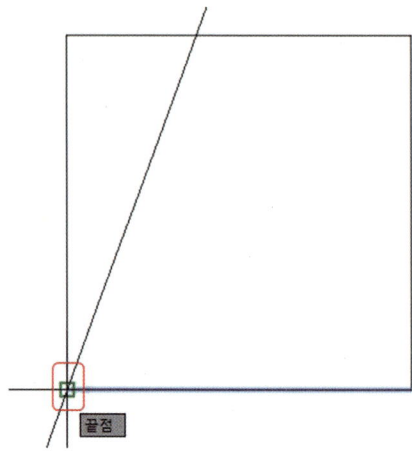

30 각도 값을 뽑은 선으로부터 거리 값 "15"만큼 평행복사합니다.

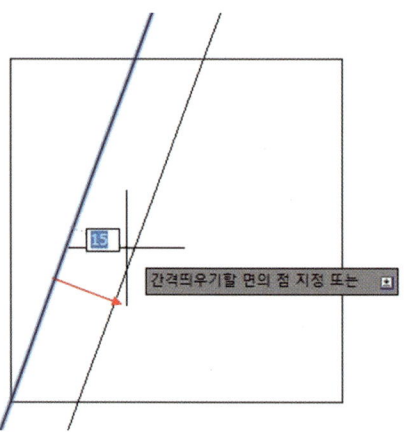

명령 : O ↵ OFFSET
현재 설정 : 원본 지우기=아니오 도면층=원본 OFFSETGAPTYPE=0
간격띄우기 거리 지정 또는 [통과점(T)/지우기(E)/도면층(L)] <통과점> : 15 ↵

31 하단 선으로부터 거리 값만큼 평행복사합니다.

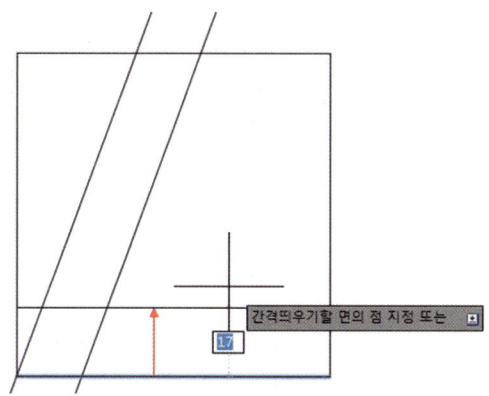

명령 : O ↵ OFFSET
현재 설정 : 원본 지우기=아니오 도면층=원본 OFFSETGAPTYPE=0
간격띄우기 거리 지정 또는 [통과점(T)/지우기(E)/도면층(L)] 〈통과점〉 : 17 ↵

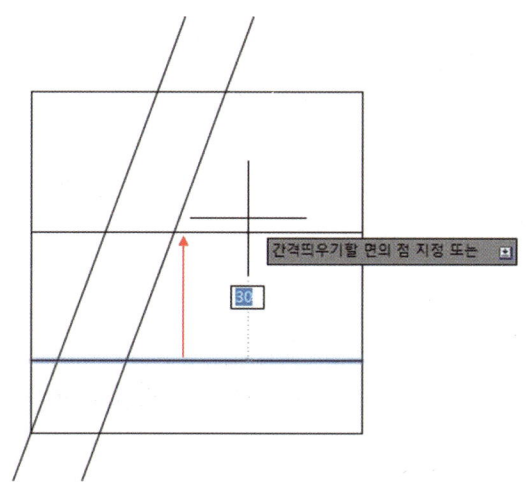

명령 : O ↵ OFFSET
현재 설정 : 원본 지우기=아니오 도면층=원본 OFFSETGAPTYPE=0
간격띄우기 거리 지정 또는 [통과점(T)/지우기(E)/도면층(L)] 〈통과점〉 : 30 ↵

32 교차점으로부터 선을 작도합니다.

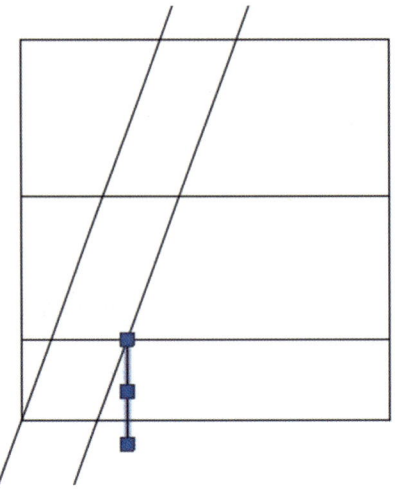

33 작도한 선으로부터 거리 값 "45"만큼 평행복사합니다.

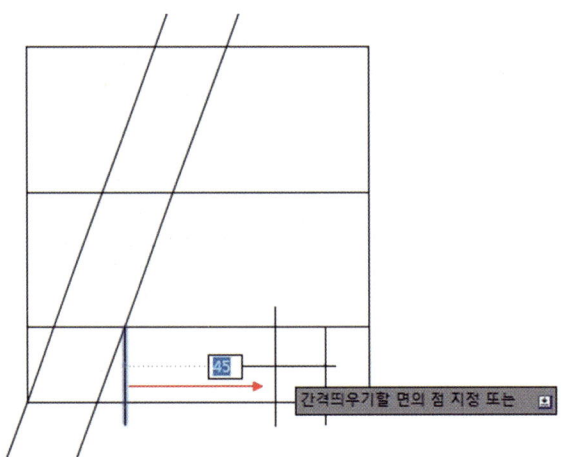

명령 : O ↵ OFFSET
현재 설정 : 원본 지우기=아니오 도면층=원본 OFFSETGAPTYPE=0
간격띄우기 거리 지정 또는 [통과점(T)/지우기(E)/도면층(L)] 〈통과점〉: 45 ↵

34 Fillet(f) 명령으로 잔여선을 정리합니다.

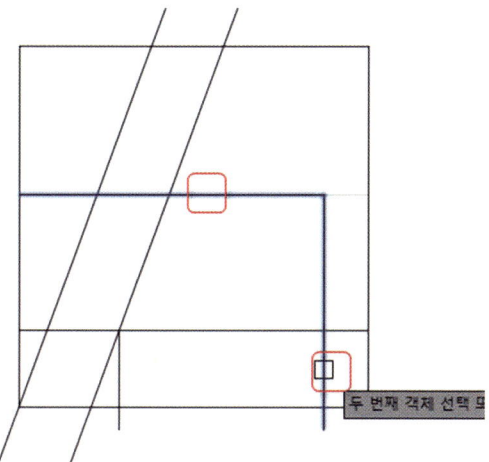

명령 : F ↵ FILLET
현재 설정 : 모드=자르기 반지름=0.0000
첫 번째 객체 선택 또는 [명령 취소(U)/폴리선(P)/반지름(R)/자르기(T)/다중(M)] : 객체 선택
첫 번째 객체 선택 또는 [명령 취소(U)/폴리선(P)/반지름(R)/자르기(T)/다중(M)] : 객체 선택

35 다음과 같이 정리되었습니다.

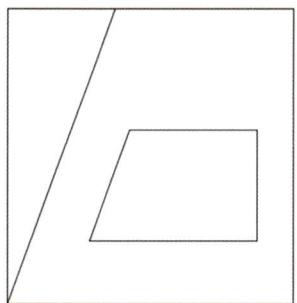

36 Top View의 모서리 위치로부터 Front View의 위치를 뽑아줍니다.

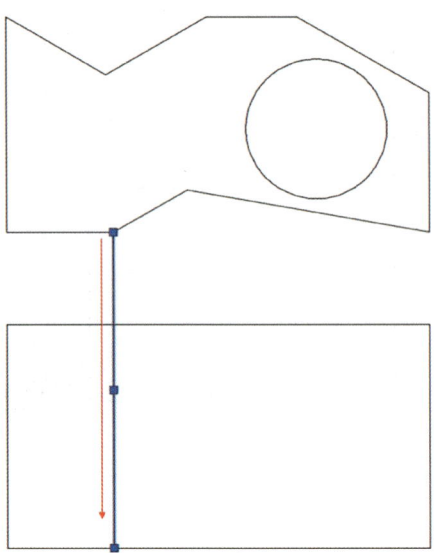

37 Top View의 위치 점을 기준선의 교차점이 지나도록 선을 작도합니다.

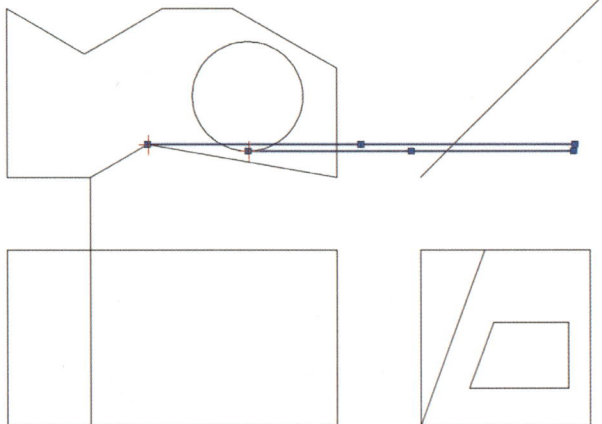

38 교차된 점으로부터 Right View의 위치를 뽑아줍니다.

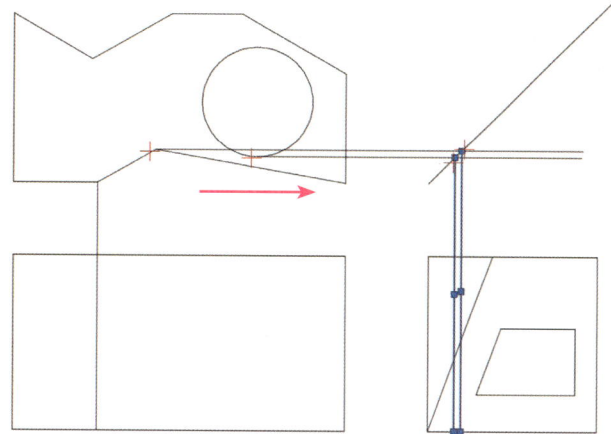

39 아래의 이미지와 같이 Trim(tr)과 Fillet(f) 명령을 이용해 잔여선을 정리합니다.

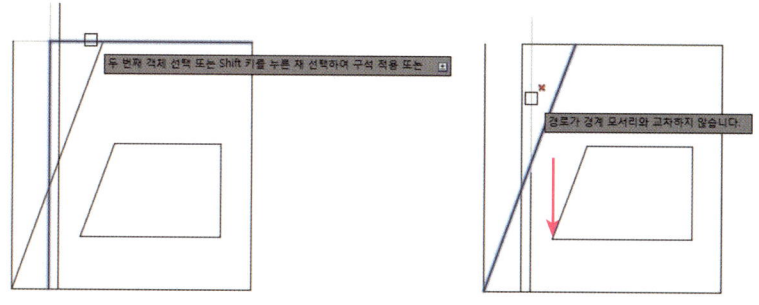

40 정리된 객체를 확인합니다.

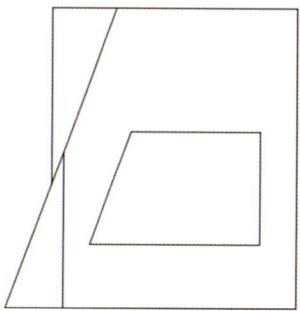

41 Top View의 모서리 점에서 Front View의 위치를 찾습니다.

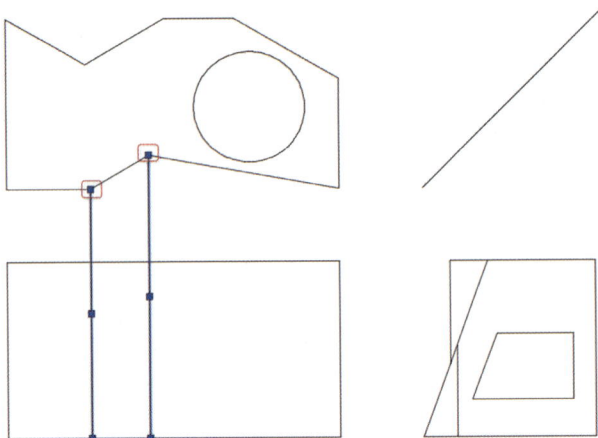

42 Right View의 위치 점에서 Front View의 위치를 찾습니다.

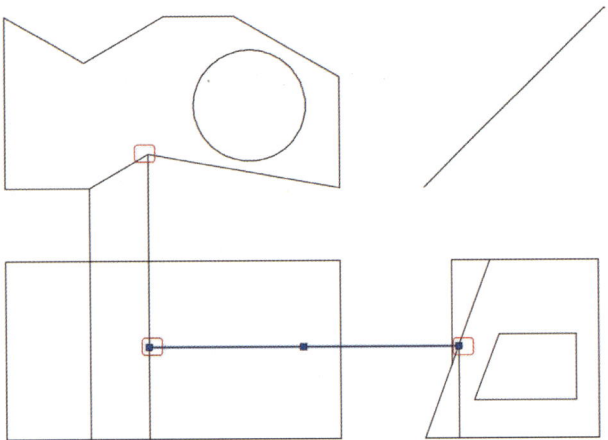

43 Front View의 찾은 위치가 만나는 선을 이어줍니다.

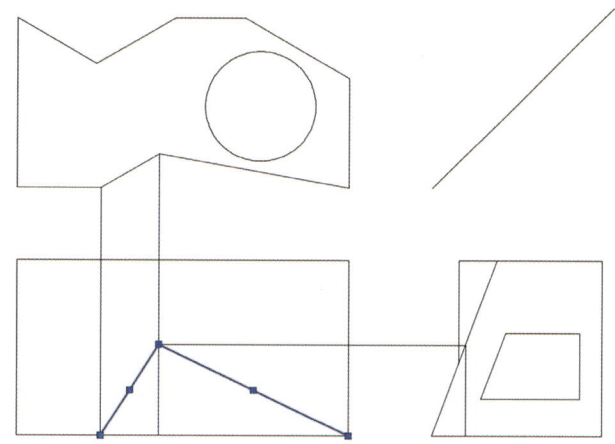

44 이어준 선 외의 잔여선을 정리합니다.

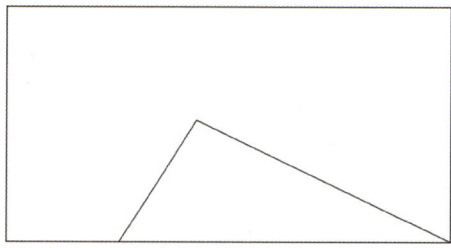

45 거리 값 "35"만큼 평행복사합니다.

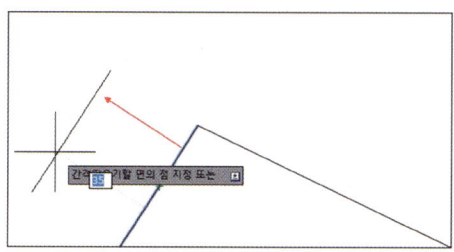

명령 : O ↵ OFFSET
현재 설정 : 원본 지우기=아니오 도면층=원본 OFFSETGAPTYPE=0
간격띄우기 거리 지정 또는 [통과점(T)/지우기(E)/도면층(L)] 〈통과점〉 : 35 ↵

46 Fillet(f) 명령으로 잔여선을 정리합니다.

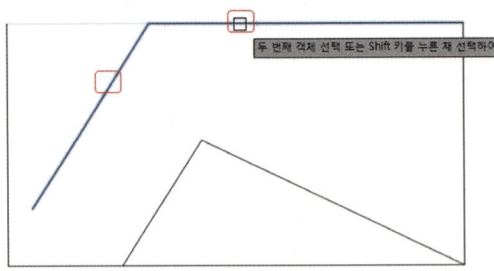

```
명령 : F ↵ FILLET
현재 설정 : 모드=자르기  반지름=0.0000
첫 번째 객체 선택 또는 [명령 취소(U)/폴리선(P)/반지름(R)/자르기(T)/다중(M)] : 객체 선택
첫 번째 객체 선택 또는 [명령 취소(U)/폴리선(P)/반지름(R)/자르기(T)/다중(M)] : 객체 선택
```

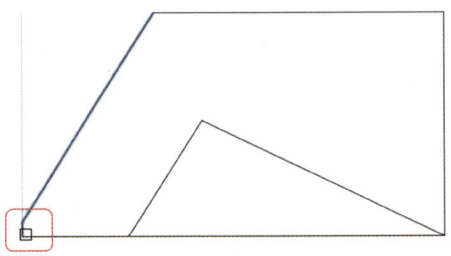

```
명령 : F ↵ FILLET
현재 설정 : 모드=자르기  반지름=0.0000
첫 번째 객체 선택 또는 [명령 취소(U)/폴리선(P)/반지름(R)/자르기(T)/다중(M)] : 객체 선택
첫 번째 객체 선택 또는 [명령 취소(U)/폴리선(P)/반지름(R)/자르기(T)/다중(M)] : 객체 선택
```

47 Front View의 모서리점에서 Right View의 위치를 찾습니다.

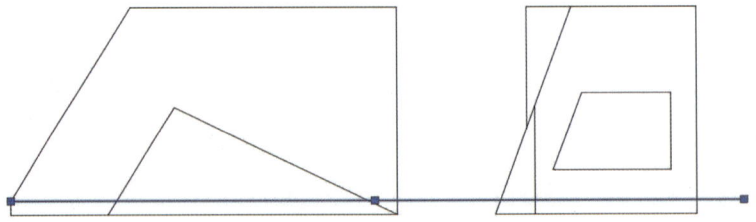

🔍 뽑은 선의 도면층을 "hidden"으로 변경합니다.

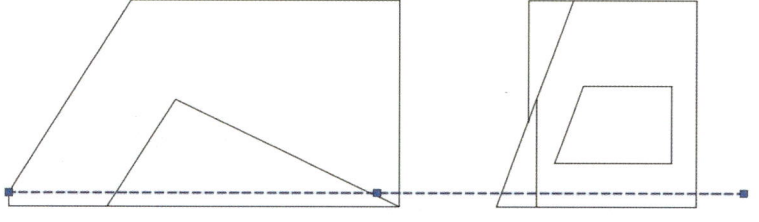

48 Right View의 모서리점에서 Front View의 위치를 찾습니다.

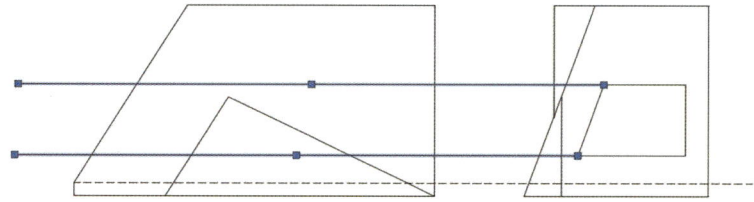

49 Front View의 위치점에서 Top View방향으로 선을 찾습니다.

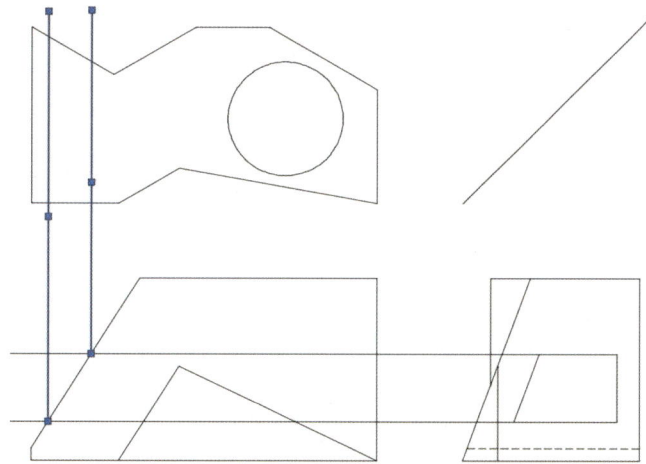

50 Right View 모서리점에서 기준선 방향으로 선을 작도합니다.

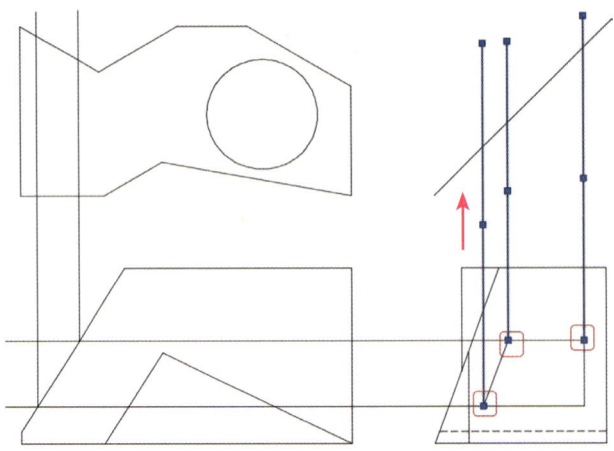

51 기준선에서 Top View 방향으로 선을 작도합니다.

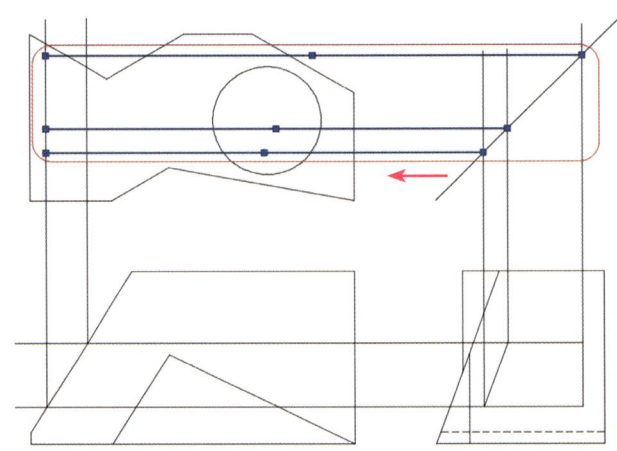

52 Tirm(tr) 명령으로 기준선으로부터 잔여선을 정리합니다.

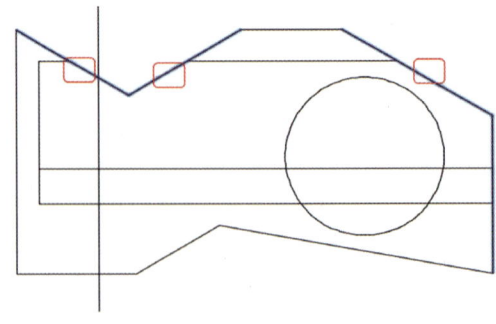

53 모서리점이 만나는 선을 이어줍니다.

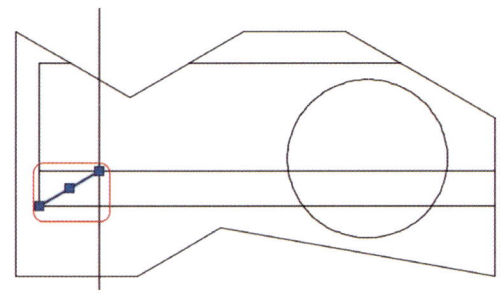

54 Front View의 잔여선을 정리합니다.

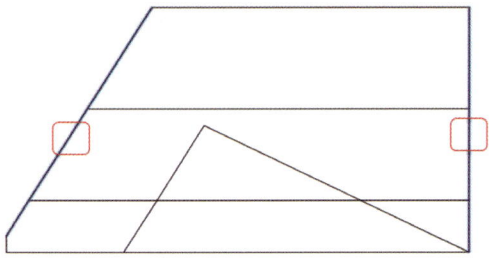

55 지금까지 작도한 View를 확인합니다. 잔여선은 정리하고 도면층을 변경합니다.

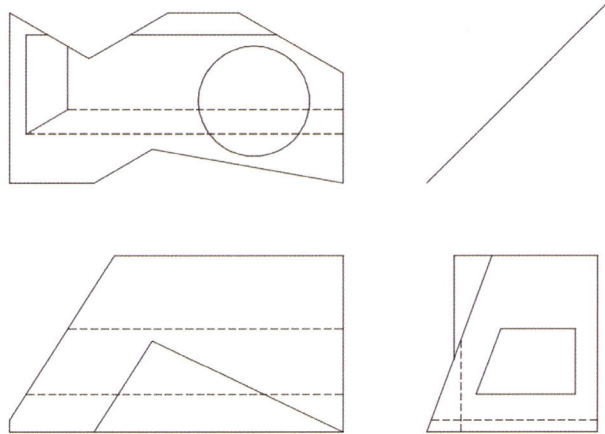

56 Top View에서 만나는 모서리점에서 Front View의 위치를 찾아 선을 뽑아줍니다.

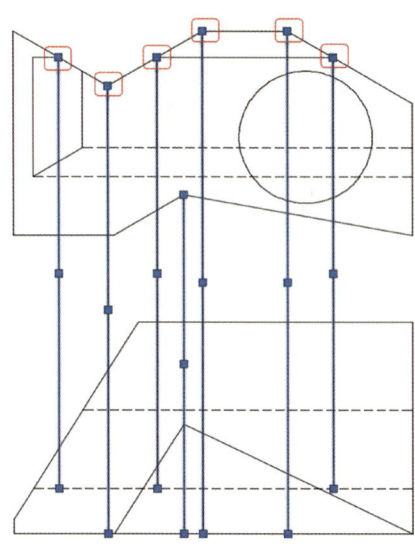

57 외곽선으로부터 잔여선을 정리합니다.

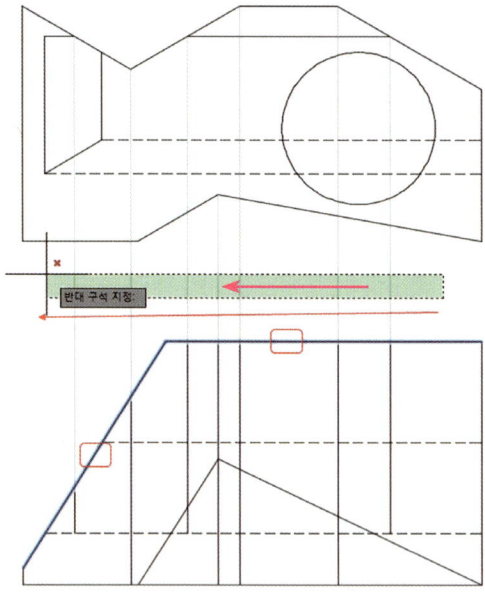

58 Trim(tr) 명령을 이용해 기준선으로부터 잔여선을 정리합니다.

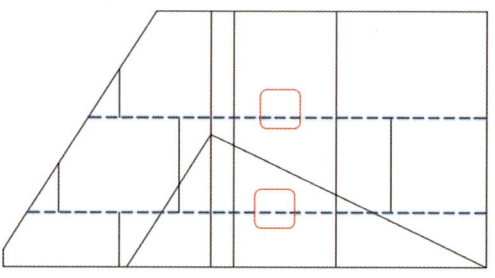

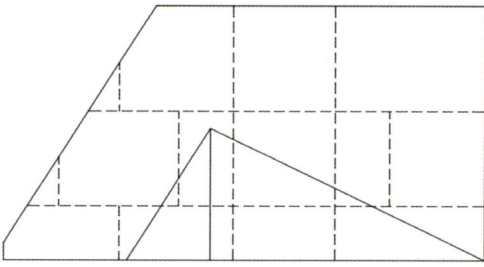

정리된 후의 Front View입니다.

59 Front View와 Right View의 모서리점으로부터 Top View의 위치를 뽑아줍니다.

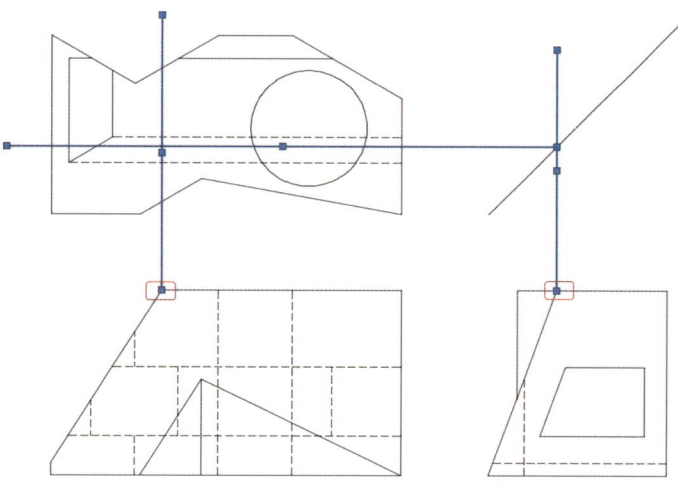

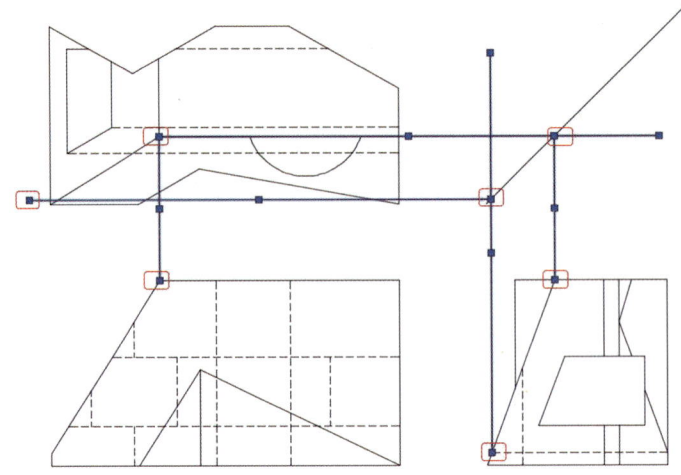

🔍 같은 방법으로 다음 Front View와 Right View의 모서리점으로부터 Top View의 위치를 뽑아줍니다.

60 Top View의 뽑은 선 외의 잔여선을 정리합니다.

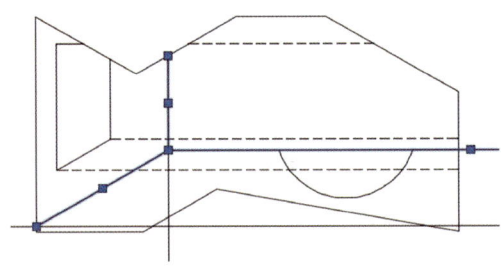

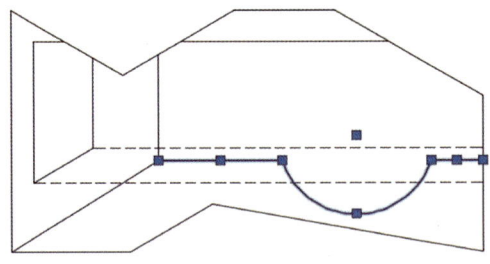

🔍 Trim으로 원의 안쪽선도 절단합니다.

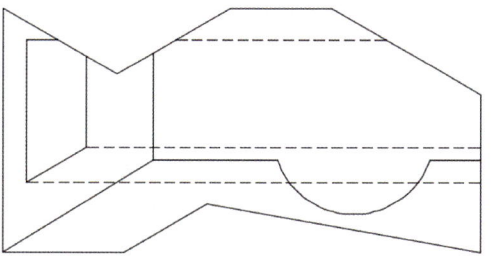

🔍 다음과 같이 정리되었습니다.

61 Top View와 Front View 위치가 만나는 Right View점의 위치를 뽑아줍니다.

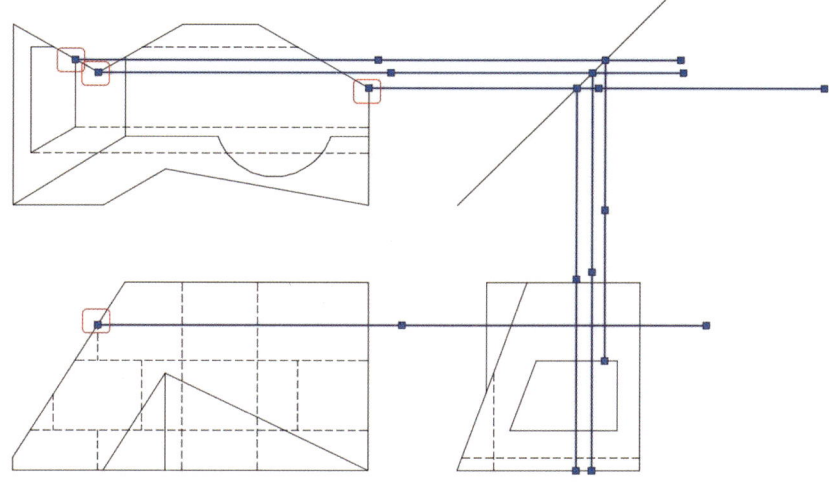

62 뽑은 선으로부터 만나는 선을 이어줍니다.

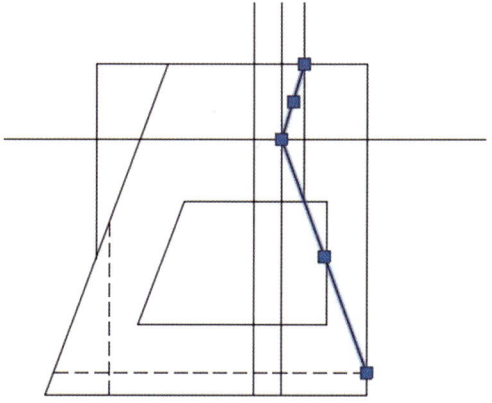

63 잔여선을 정리합니다.

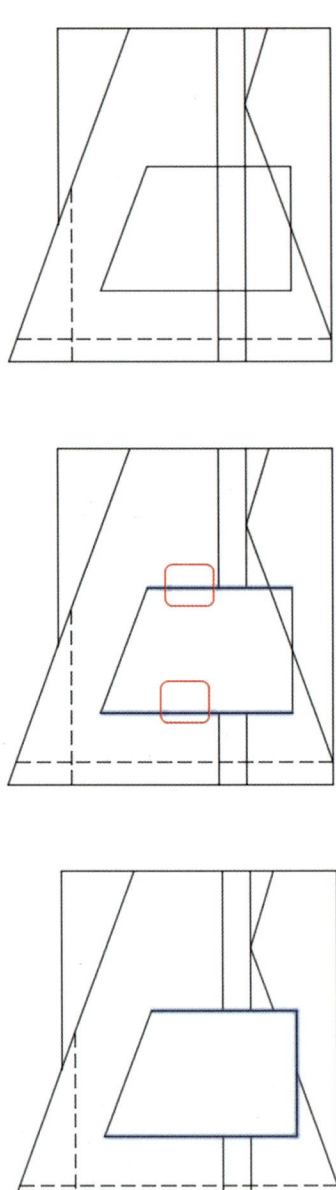

64 Front View의 타원을 작도하기 위해 Top View의 원을 다시 덮어 작도합니다.

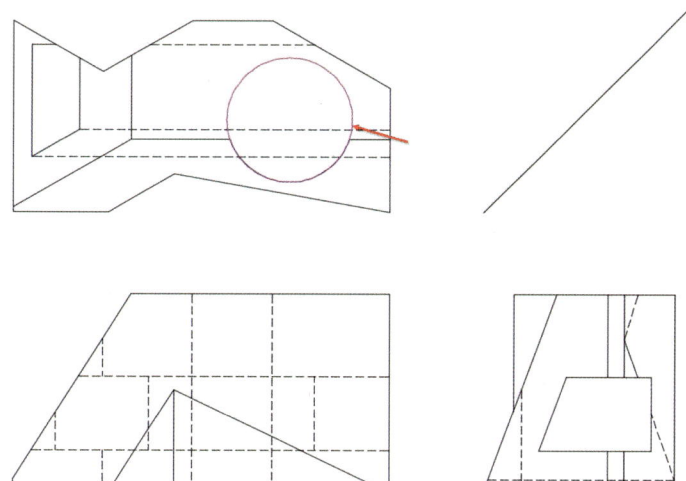

65 원의 중심선을 Front View와 Right View로 방향으로 위치를 뽑아줍니다.

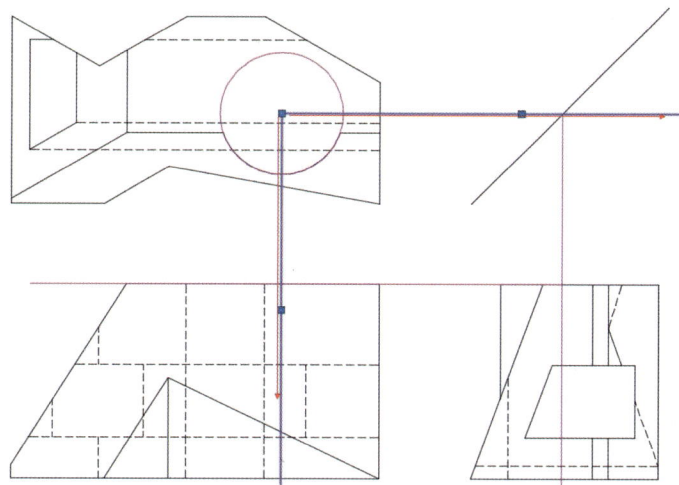

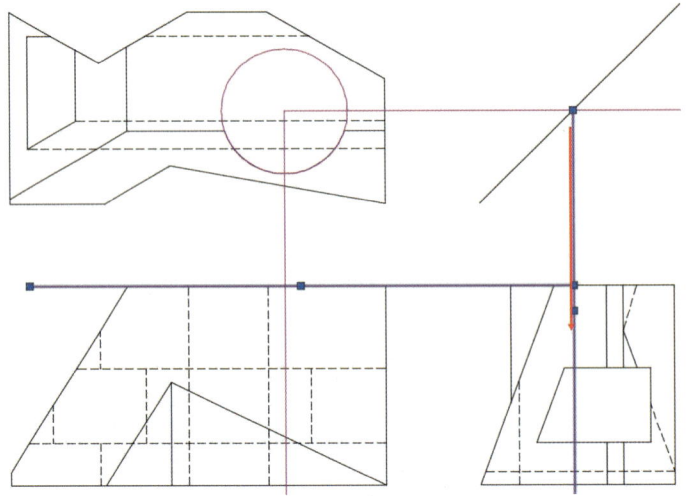

🔍 Right View의 중심선을 뽑기위해 기준선의 교차점에서 아래 방향으로 선을 내려 위치를 뽑아줍니다.

66 원의 사분점에서 Front View 방향으로 위치를 뽑아줍니다.

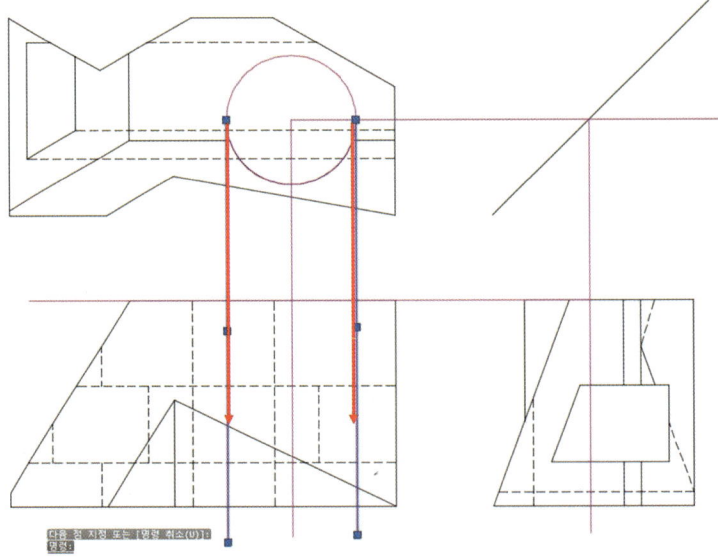

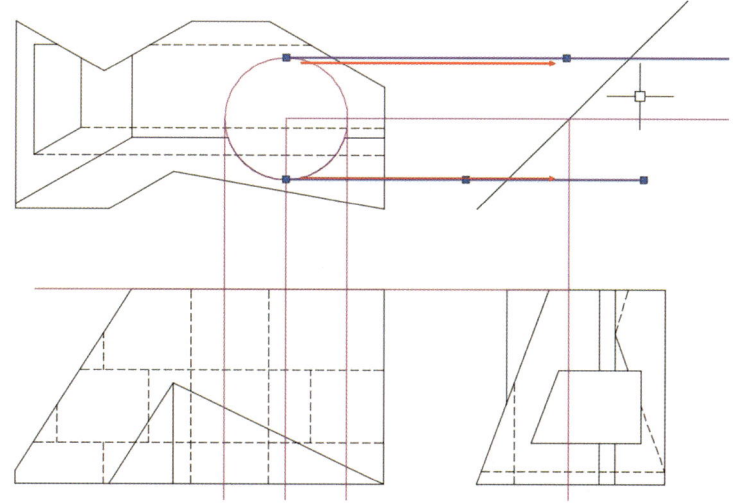

같은 방법으로 Right View의 위치를 뽑아줍니다.

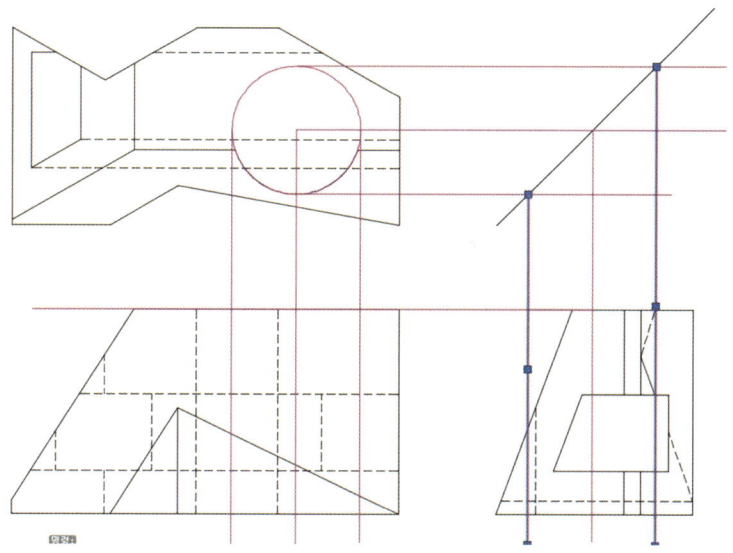

67 Right View의 중심선과 사분점 선의 위치를 Front View 방향으로 뽑아줍니다.

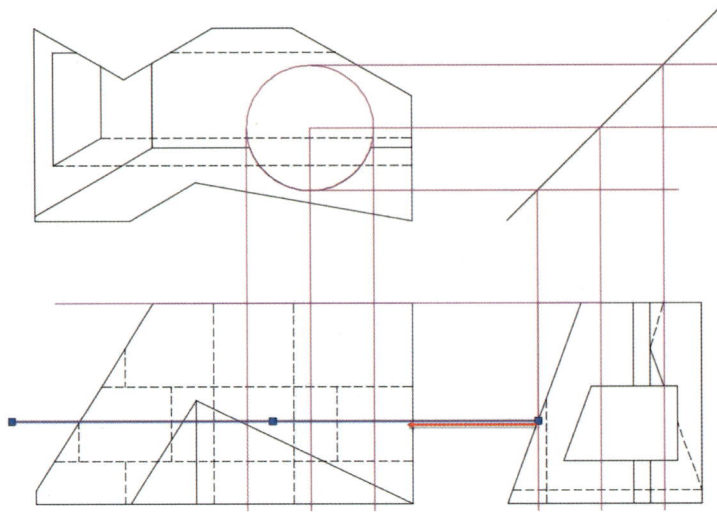

67.1 A점과 B점이 만나는 선을 뽑아줍니다.

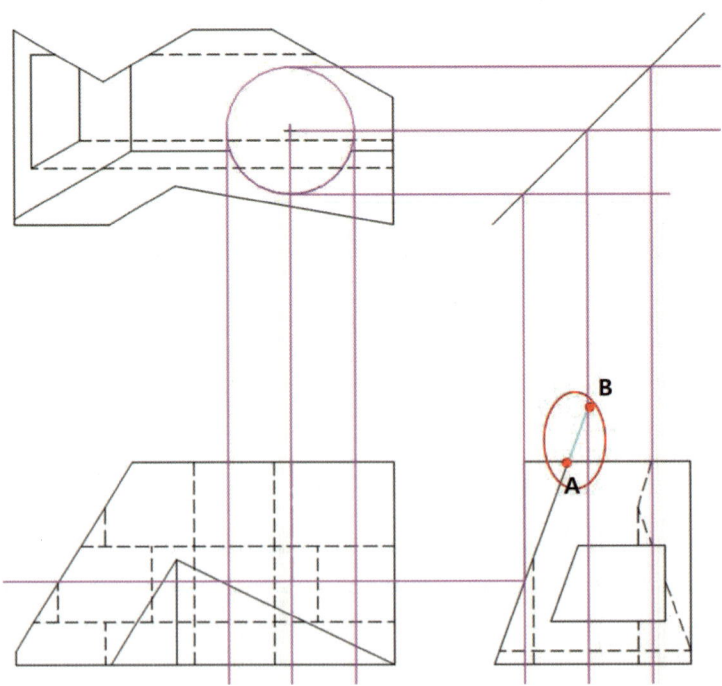

67.2 연장한 선(B점)으로부터 기준선을 뽑아줍니다.

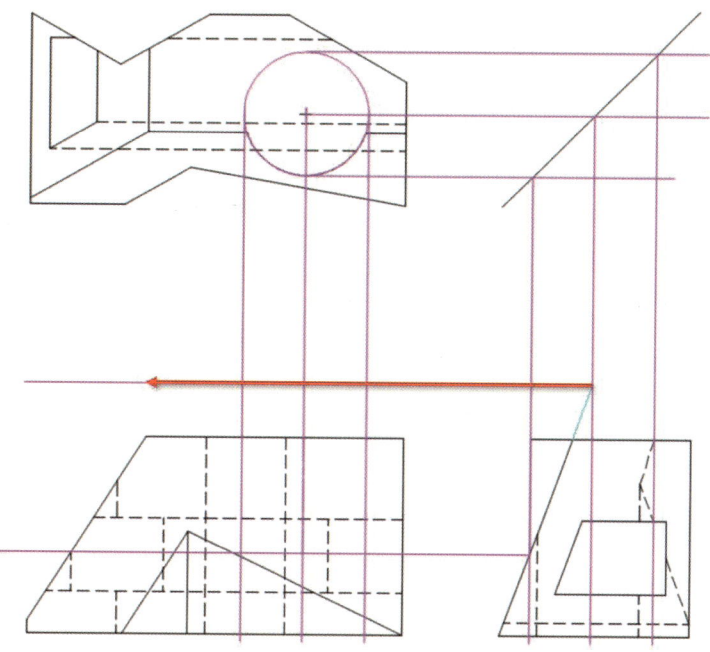

70 타원을 작도합니다.

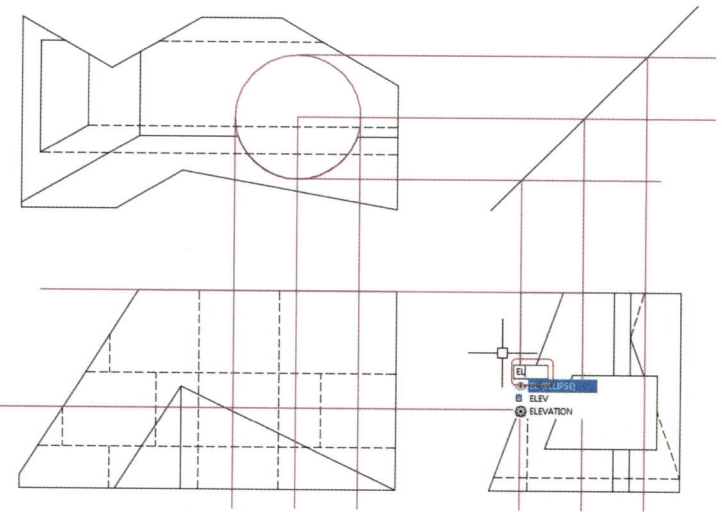

명령 : EL ↵ ELLIPSE

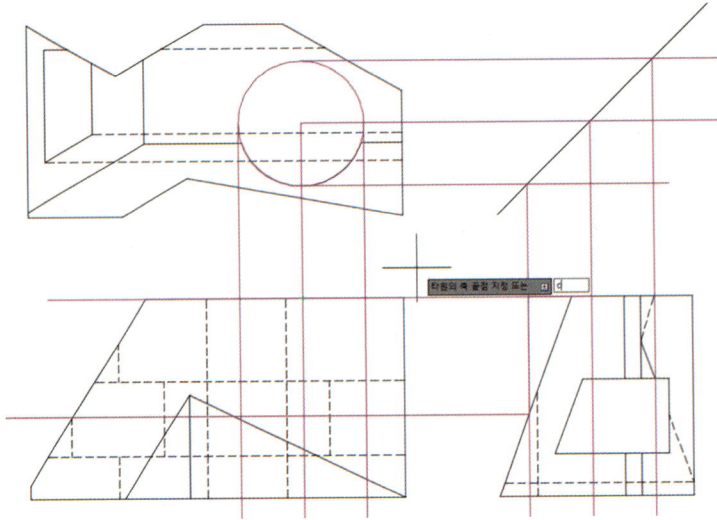

타원의 축 끝점 지정 또는 [호(A)/중심(C)] : c ↵

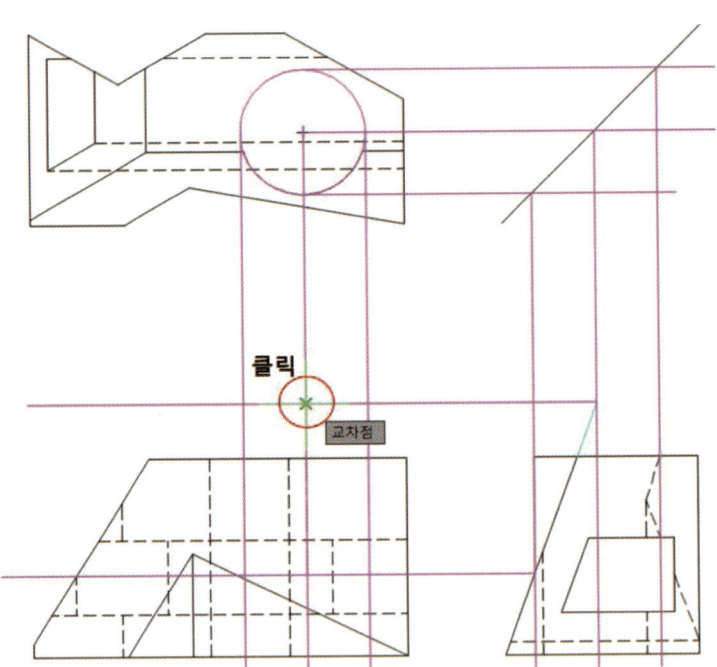

타원의 중심 지정 : 교차점을 지정합니다.

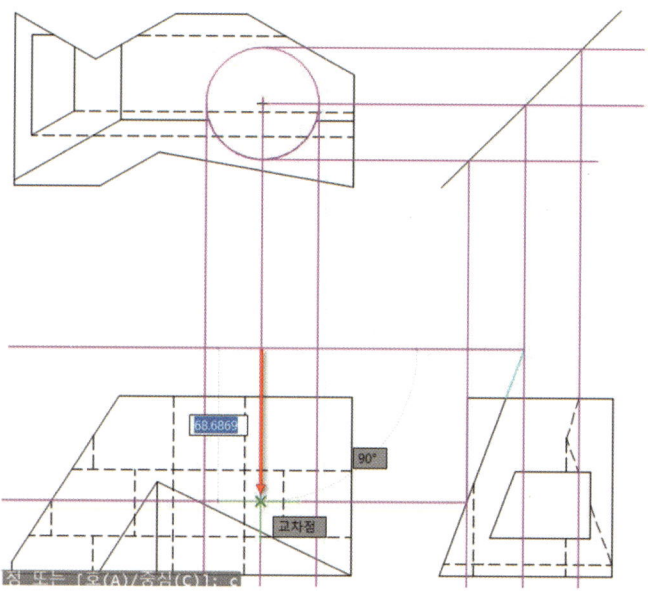

- 축의 끝점 지정 : 사분점의 위치를 지정합니다.(Right View에서 뽑은 사분점)

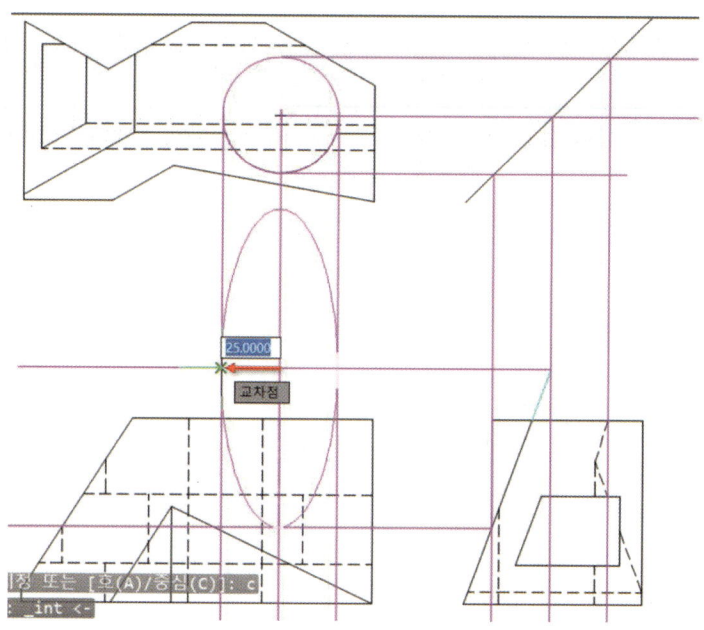

- 다른 축으로 거리를 지정 또는 [회전(R)] : 사분점의 위치를 지정합니다.(Top View에서 뽑은 사분점)

71 Front View의 타원이 완성되었습니다.

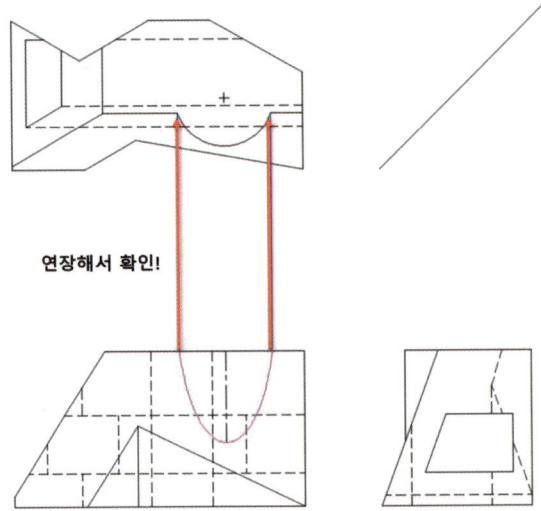

연장해서 확인!

72 중심선의 도면층을 "center"로 변경합니다.

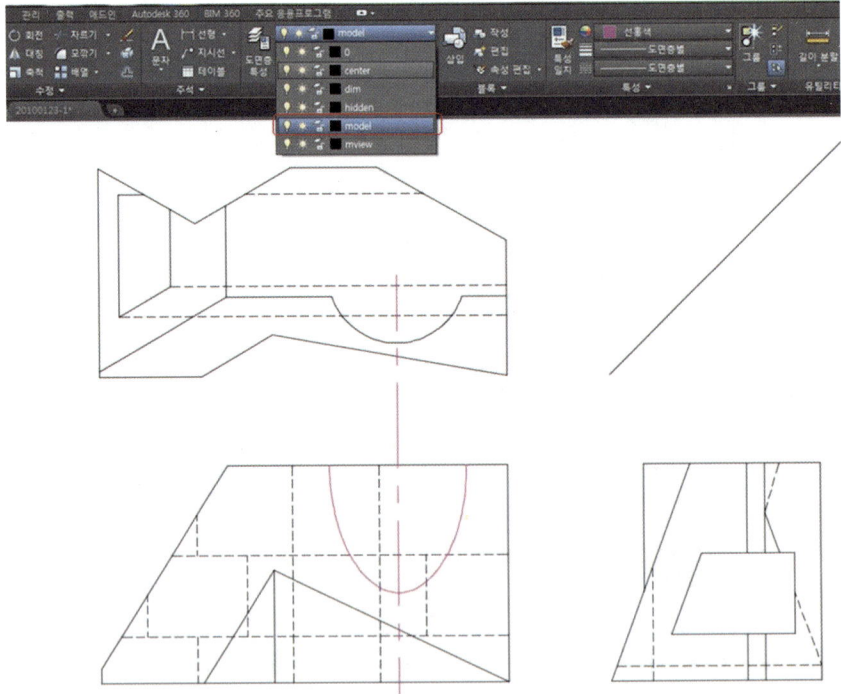

73 잔여선을 정리하며 빠진 객체는 없는지 확인합니다.(기준선도 지워줍니다.)

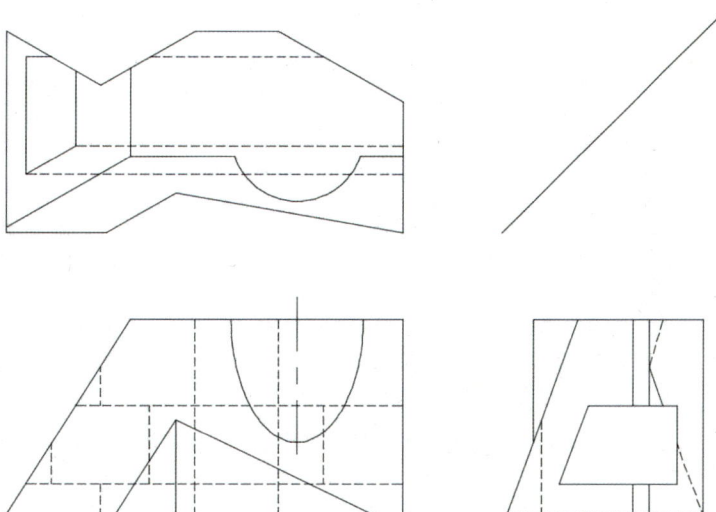

CHAPTER 06

| 01 | 정답 확인 방법

| 02 | 시험 제출하기 전 체크할 점

ATC 정답 확인 및 체크할 점

01 정답 확인 방법

정답 확인은 "cafe.naver.com/cadlove7778" 홈페이지에서 답안을 확인할 수 있습니다.

> 정답 파일은 카페 활동(연습 문제 풀이 후 숙제 올리기 등)을 통해 자동 등급이 올라가며 그 후 파일을 받을 수 있습니다.

1 Insert 명령어 입력

01 정답 파일 저장 후 insert명령으로 확인할 수 있습니다.

명령 : I ↵ INSERT

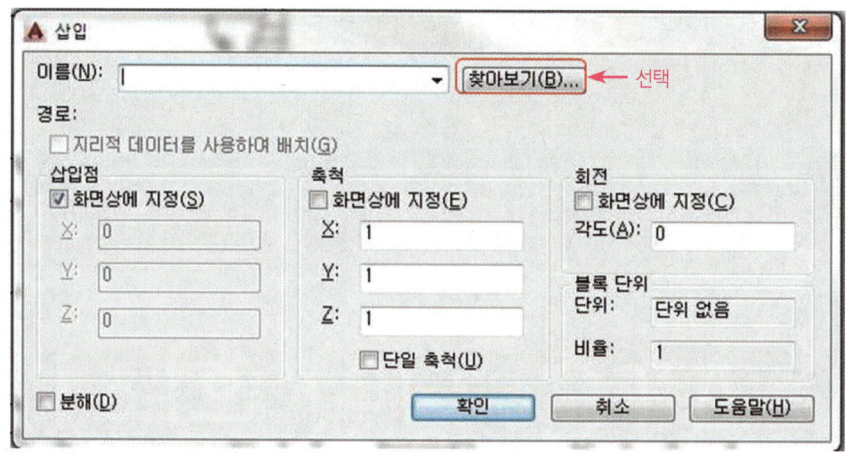

02 찾아보기 버튼을 누른 뒤 정답 파일을 선택해 불러옵니다.

03 파일이 삽입된 것을 확인할 수 있습니다.
삽입 점 영역 → 화면상에 지정 → 체크 → 확인 선택

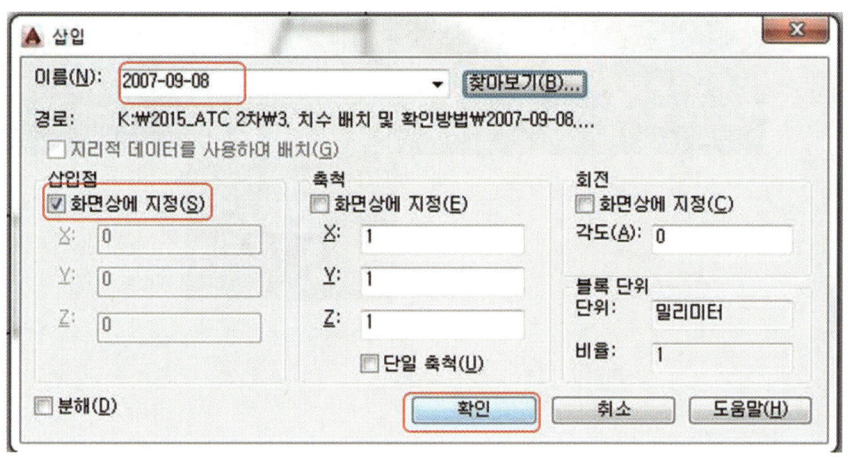

04 기준점으로 로드된 파일의 삽입할 위치를 지정합니다.

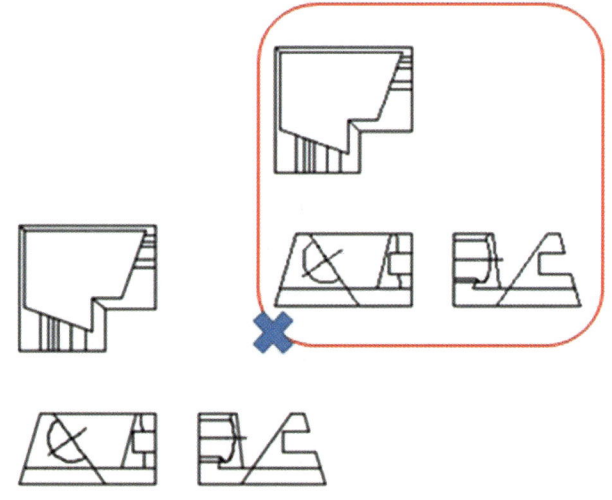

05 작도한 그림과 정답 파일을 구분하기 위해 객체를 선택 후 하늘색으로 변경합니다.

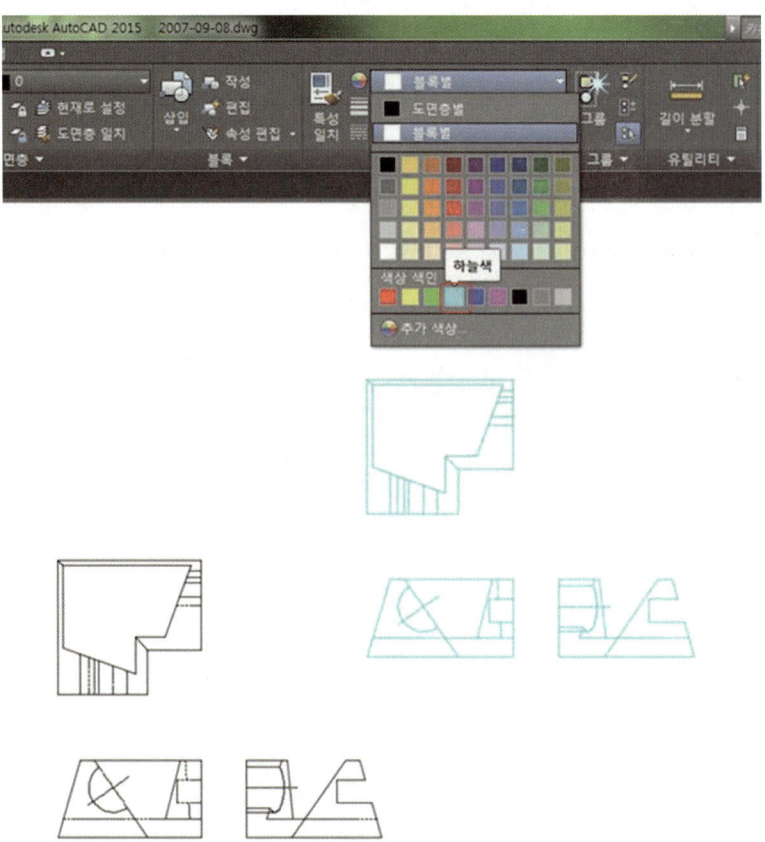

06 Block으로 묶여 있는 답안 파일을 explode(X)로 분해합니다.

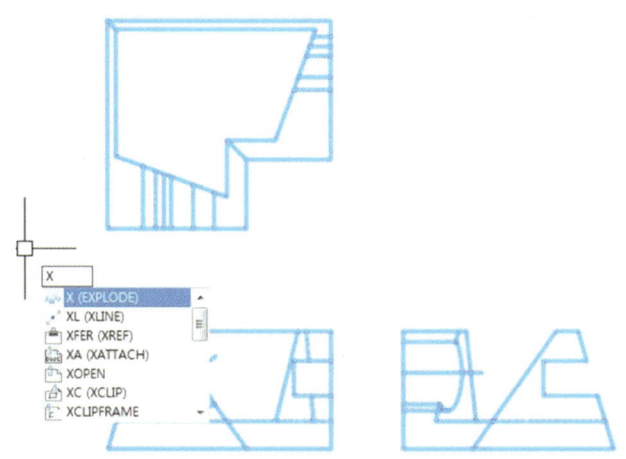

07 답안 파일을 이동(Move)하여 체크합니다.

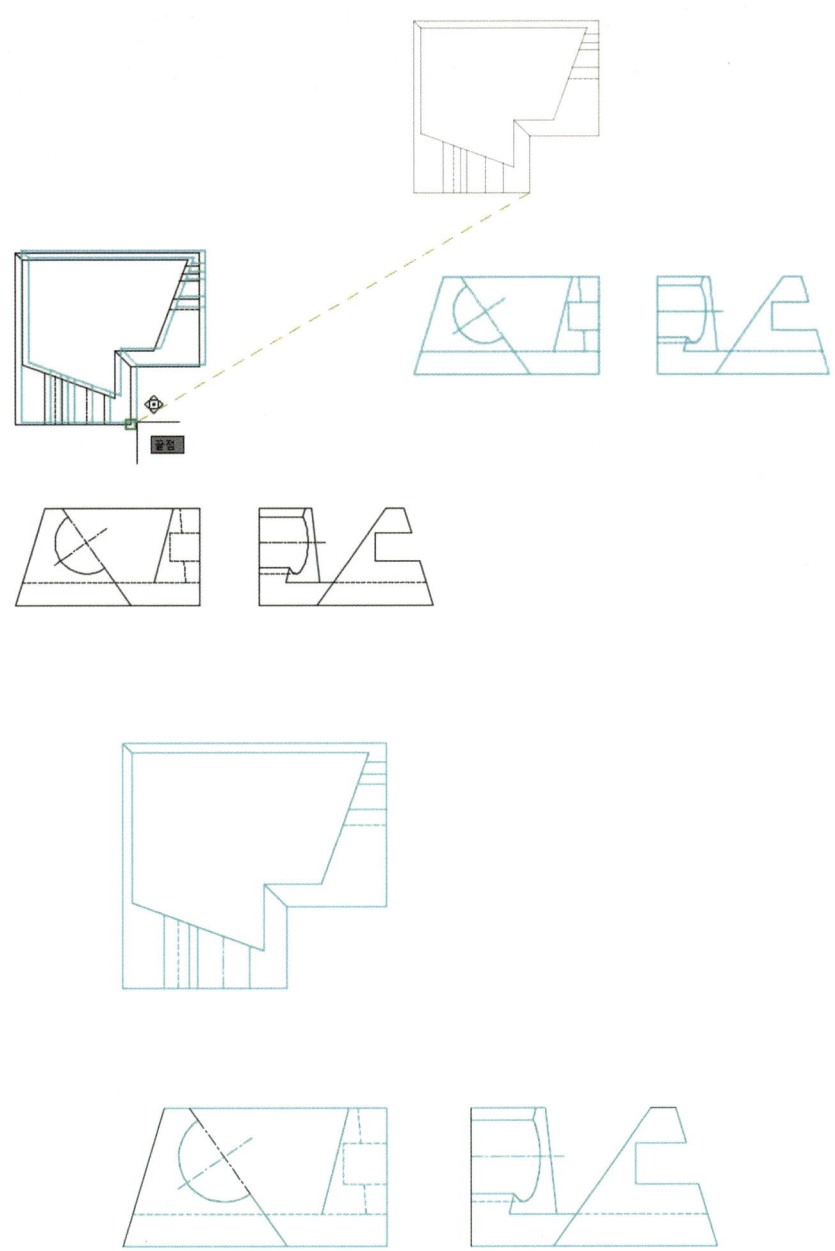

누락된 객체 또는 틀린 부분을 확인 후 수정합니다.

02 시험 제출하기 전 체크할 점

시험시간 90분의 시간은 넉넉한(연습을 많이 했을 경우) 시간입니다. 작도 후 바로 제출은 금물입니다. 잘못 작도한 부분을 꼼꼼히 체크하고 제출해야 합니다.
많은 시험 응시자들의 경우 작도 후 사소한 부분에서 체크를 못해 불합격되는 경우가 많습니다.
합격 점수는 60점이지만 선이 누락되거나 틀린 경우 25점 정도의 감점처리 또는 실격 처리되므로 확인하고 제출해야 한 번에 합격할 수 있습니다.

1 객체 또는 치수선의 누락

01 선의 누락(-16점)
중심선 또는 보조선 등을 작도하지 않고 제출하는 경우가 많습니다. 반드시 확인 후 제출합니다.

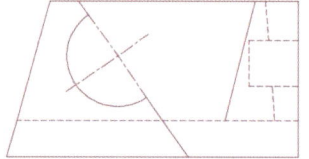 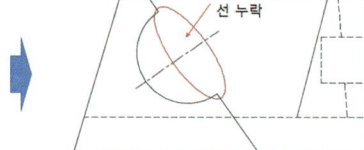

02 작도에 필요한 45도 보조선을 지우지 않은 경우(-16점)
작도시 보조선을 작성을 한 후 지우지 않고 제출하는 경우 감점이 -16점이나 되므로 확인 후 제출합니다.

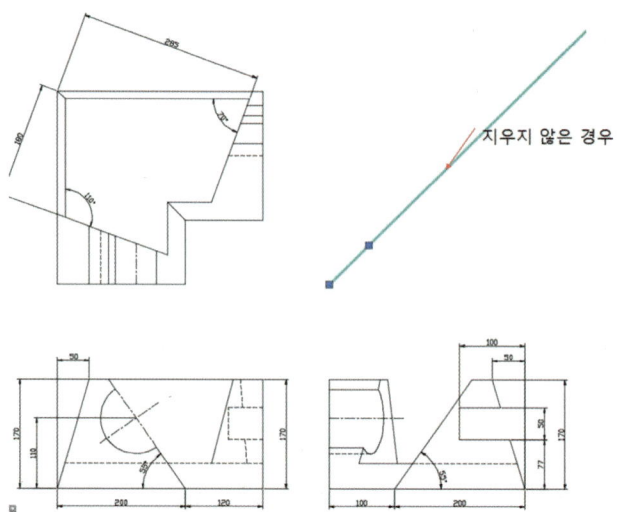

03 치수선의 누락

작도는 다 했지만 치수선을 빠트려 불합격이 되는 경우가 많습니다. 반드시 체크 후 제출합니다.

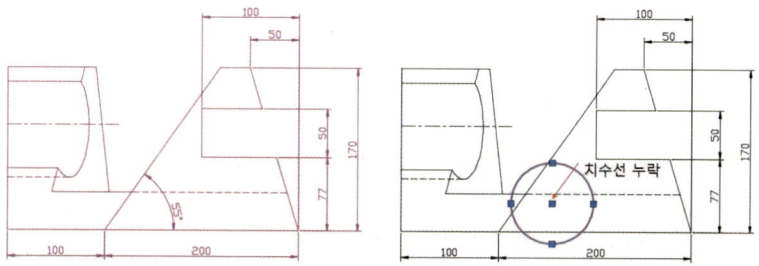

04 치수선의 분해

치수를 편집하기 위해 분해하는 경우가 있습니다. 감점 요소이므로 치수 편집하는 방법을 공부 한 후 편집해야 합니다.

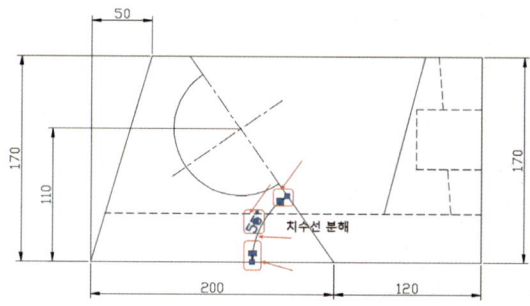

05 반지름 치수를 지름 치수로 기입하는 경우(-2점)

원의 치수 값이 반지름 값인지 지름 값인지 확인 후 배치해야 합니다.

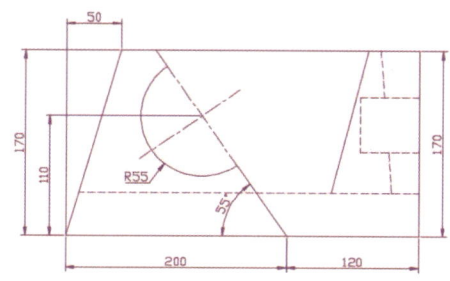 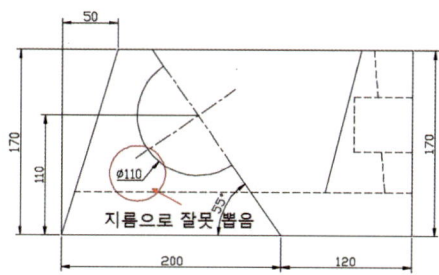

06 치수선 강제 설정이 다른 경우(-2점)

치수 설정 관리자의 맞춤 옵션 영역에 강제 치수선의 유무를 설정할 수 있습니다.

> 명령 : CH ↵ PROPERTIES

변경할 치수를 선택하면 관련 속성을 편집할 수 있습니다.

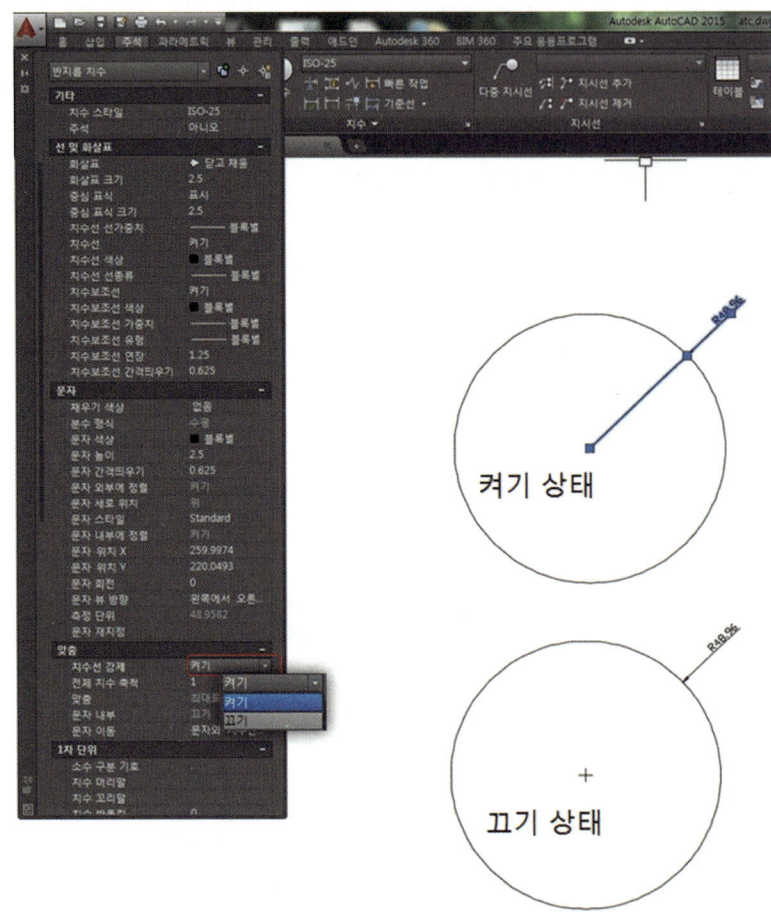

2 치수선을 잘못 배치한 경우

01 끝점을 잘못 선택한 경우(-24점)
치수 배치시 객체의 끝점에서 배치해야 합니다.

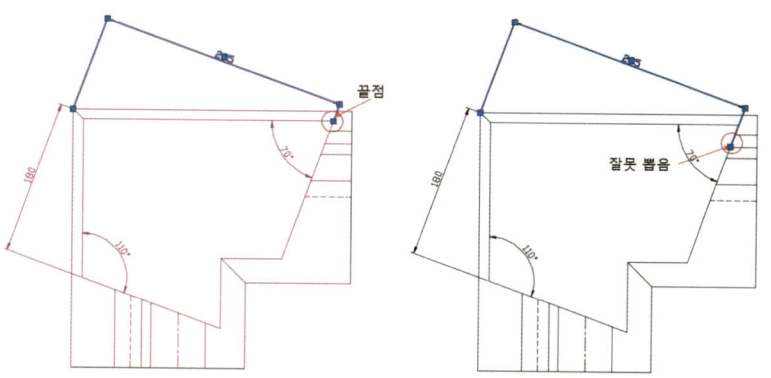

02 치수보조선이 겹친 경우
치수보조선이 객체와 겹치면 2점 감점이 됩니다. 특성 창에서 치수보조선 끄기로 변경해야 합니다.

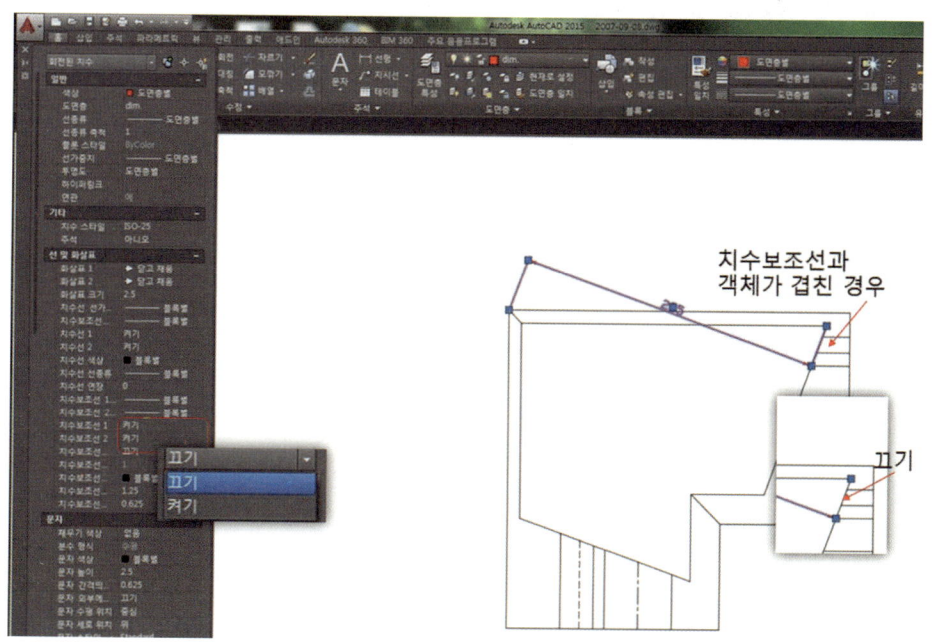

3 도면층(Layer)이 응시 조건대로 설정되지 않은 경우(-2점)

응시 조건에 나와 있는 도면 설정 값이 있습니다.

🔍 설정 값이 변경될 수 있으니 응시 전 "꼭" 확인 후 설정해야 합니다.

- 객체선(외형선) → MODEL
- 치수선 → DIM
- 은선 → HIDDEN
- 중심선 → CENTER
- 배치선 → MVIEW
- 그 외 객체 → 0
  (뷰 타이틀, 수험번호, 도곽)

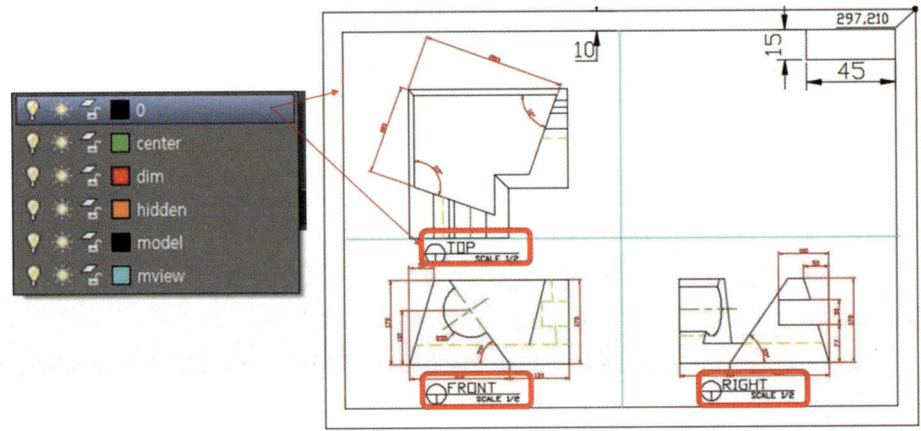

4 작업 공간을 잘못 작성한 경우(-10점)

01 모형(Model) 공간(개당 -4점, 3개 이상 -10점)
삼각투사법을 작도하는 공간입니다.

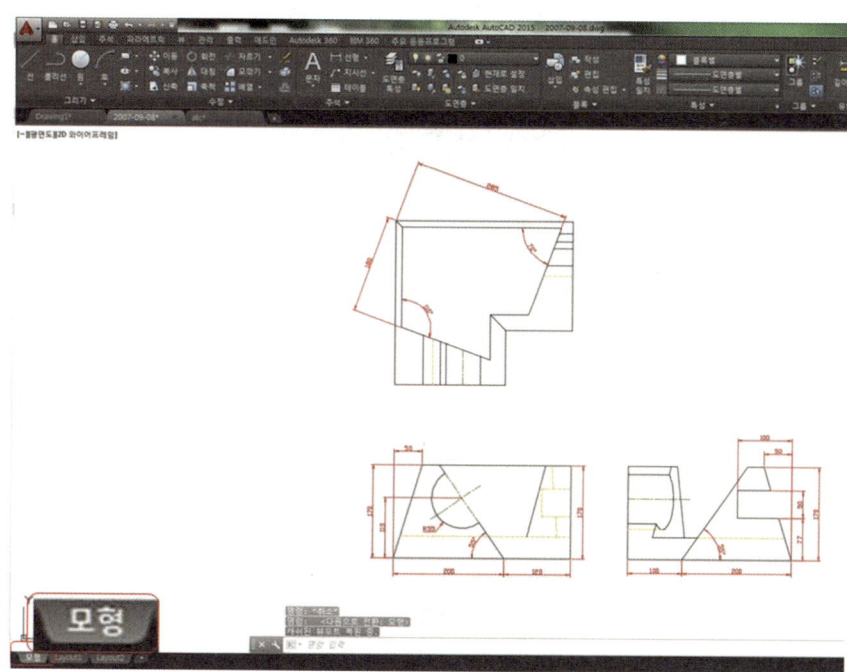

02 배치(Layout) 공간
삼각투상법 이외 객체를 작성합니다.
뷰 타이틀, 수험번호, 도곽(-10)

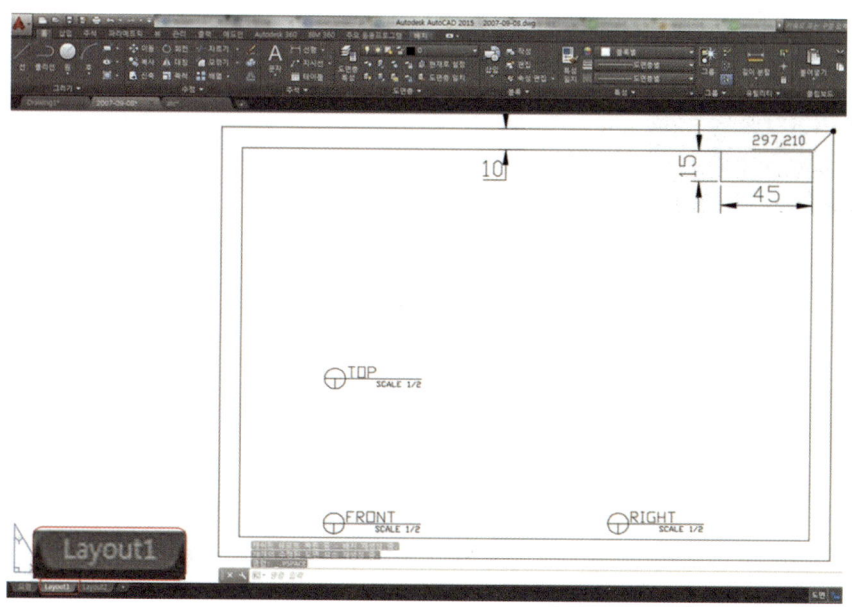

03 체크 방법

배치(Layout) 공간에서 Layer 중 0번을 동결(or 끄기)시켜 확인합니다.

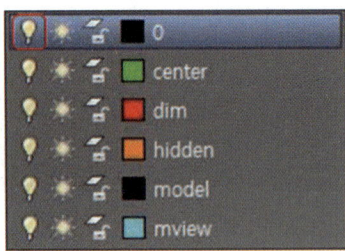

5 Mview 도면층을 동결이 아닌 끄기로 설정한 경우 (-3점)

최종 제출 전 도면층을 동결로 설정해야 합니다.

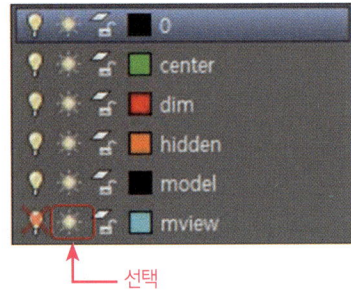

선택

6 뷰포트의 축척이 다른 경우 (개당 -3점, 최대 -10점)

배치 공간에서 작업영역(Limits)의 값을 설정해야 합니다.
0, 0 → 297, 210

명령 : LIMITS ↵
도면 공간 한계 재설정 :
왼쪽 아래 구석 지정 또는 [켜기(ON)/끄기(OFF)] 〈-20.0000, -7.5000〉 : 0, 0 ↵
오른쪽 위 구석 지정 〈277.0000, 202.5000〉 : 297, 210 ↵
명령 : Z ↵ ZOOM
윈도우 구석 지정, 축척 비율(nX 또는 nXP) 입력 또는
[전체(A)/중심(C)/동적(D)/범위(E)/이전(P)/축척(S)/윈도우(W)/객체(O)] 〈실시간〉 : a ↵

7 수험번호를 작성하지 않은 경우(-2점)

도곽 수험번호 작성 영역에 자신의 수험번호를 작성 후 제출해야 합니다.

8 선 종류의 축척이 잘못 설정되어있는 경우(-5점)

Line type의 축척(LTS) 값을 조정하여 중심선과 숨은 선이 시험 문제와 같이 설정 값을 변경해야 합니다. 실선으로 보이는 경우 감점됩니다.

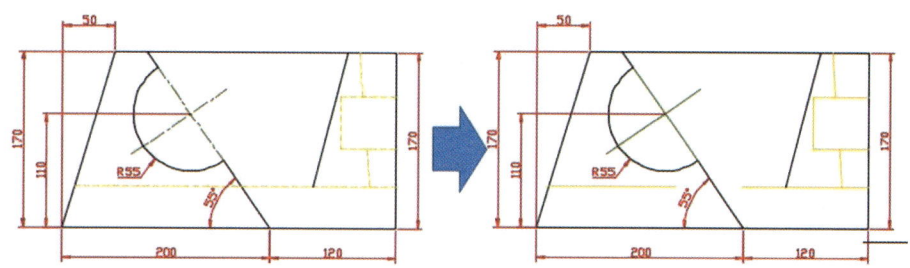

명령 : LTS ↵
LTSCALE 새 선종류 축척 비율 입력 〈0.5000〉: 0.5(이 값은 SCALE값에 따라 조절합니다.)

9 배치를 잘못 설정한 경우

01 평면도, 정면도, 측면도의 기준이 맞지 않은 경우(-6점)

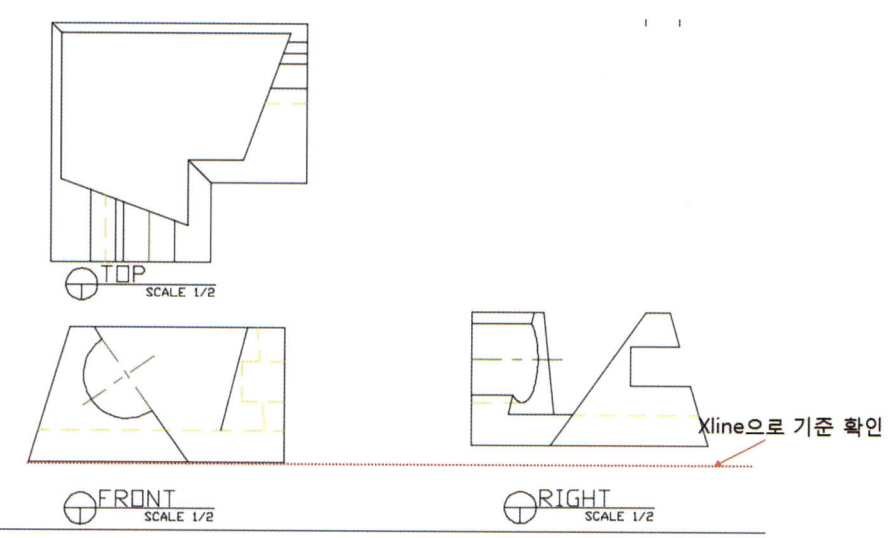

02 뷰포트에서 다른 도면이 보이거나 잘린 경우(-4점)

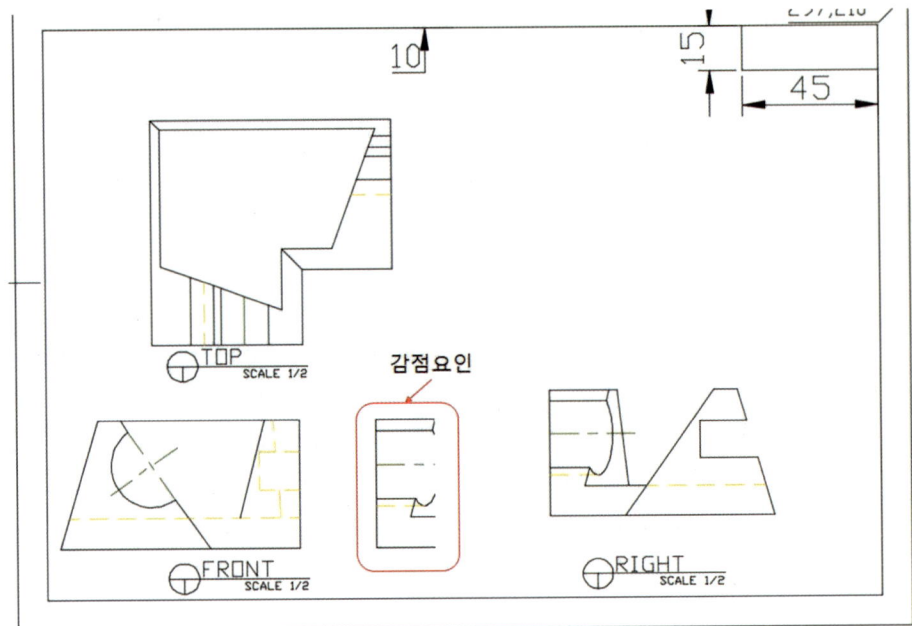

03 뷰타이틀이 외곽선에 벗어난 경우(-1점)

CHAPTER 07

00	AutoCAD ATC 기본개념 이해하기
01	시작하기 및 구성 / 예상 및 기출문제 풀어보기
02	객체 작성 / 예상 및 기출문제 풀어보기
03	객체 편집 / 예상 및 기출문제 풀어보기
04	문자 작성 및 편집 / 예상 및 기출문제 풀어보기
05	치수 기입 및 편집 / 예상 및 기출문제 풀어보기
06	블록의 속성 및 외부참조 / 예상 및 기출문제 풀어보기
07	배치와 플로팅 / 예상 및 기출문제 풀어보기
08	시험 접수 방법 / 예상 및 기출문제 풀어보기

AutoCAD ATC
기본개념 이해하기

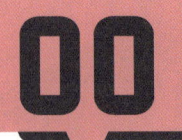

00 AutoCAD ATC 기본개념 이해하기

AutoCAD 1급 시험은 100% 실기시험으로 3D 모델링을 하는 시험입니다.

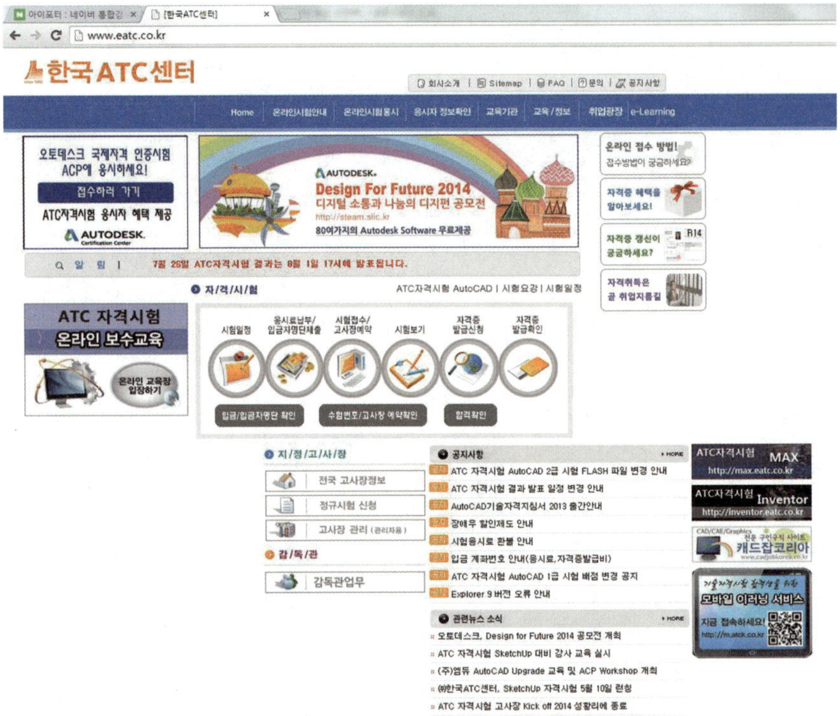

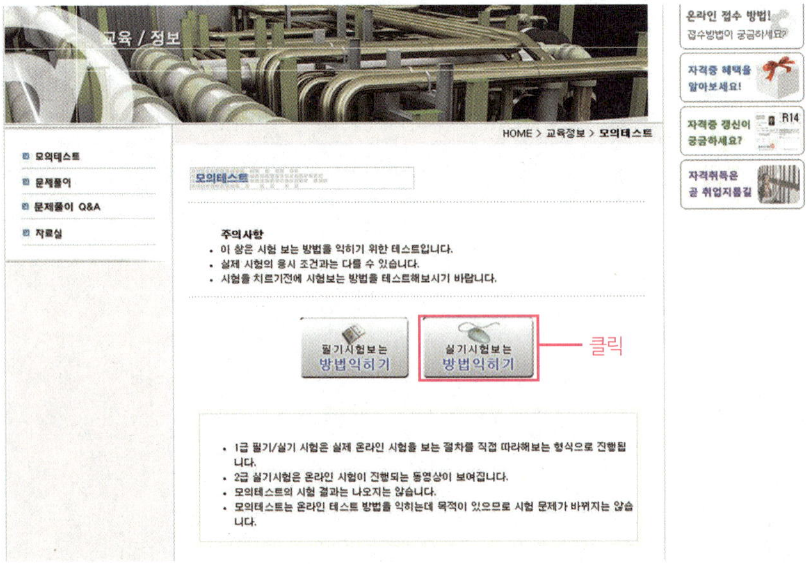

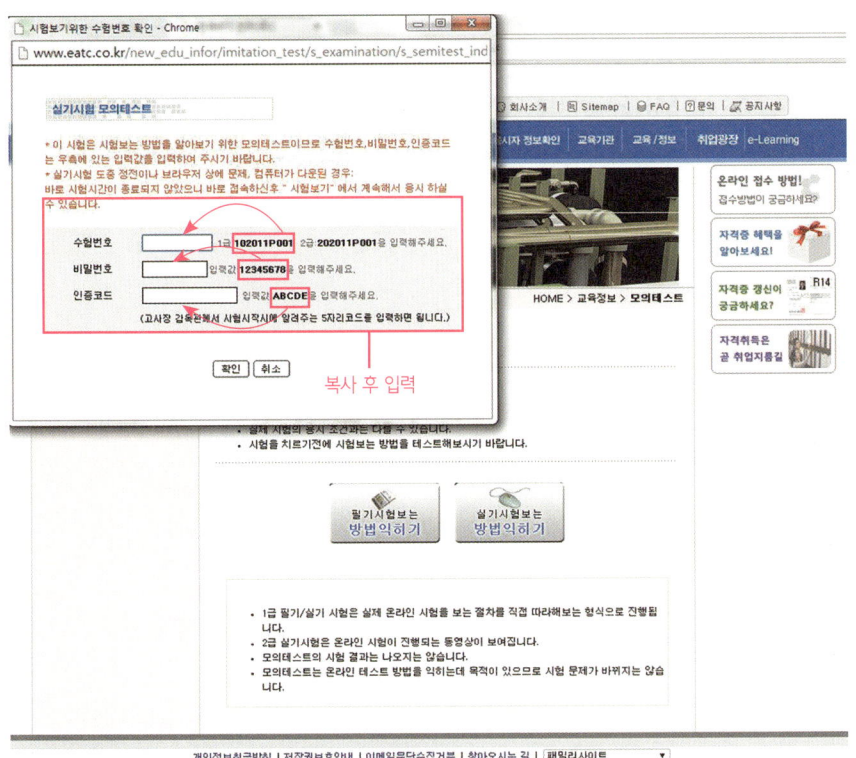

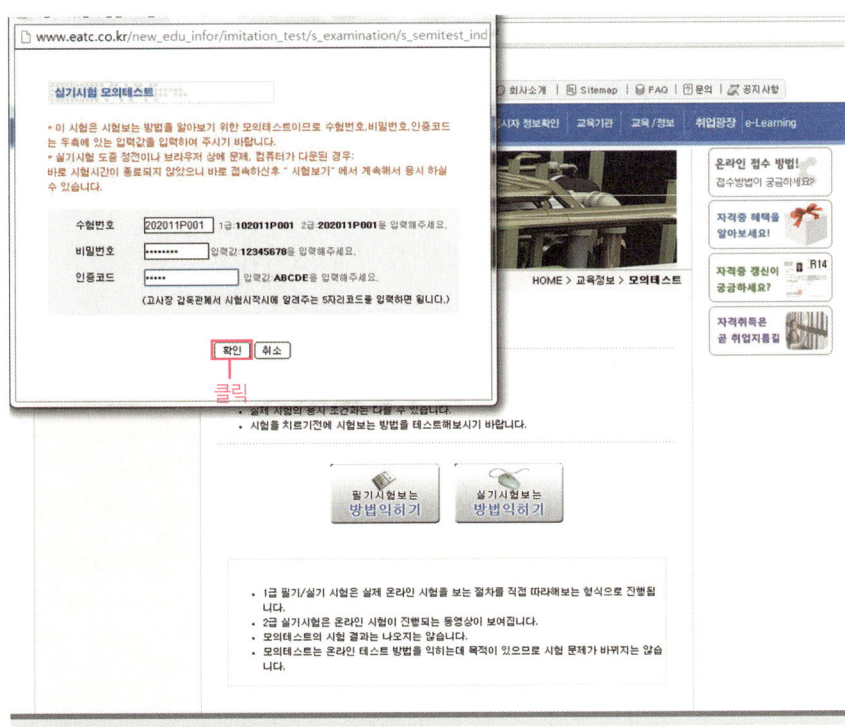

01 시작하기 및 구성

1 스냅(SNAP)

스냅은 키보드나 좌표 입력 장치(Cross Hair)로 정확한 점을 지정할 수 있는 기능으로 사용자가 간격을 설정하여 정확한 점을 지정할 수 있습니다.

스냅을 실행하기 위해서는 방법
- F9
- SNAPMODE
- Ctrl + B
- 상태표시줄의 스냅 버튼 클릭

2 모눈(GRID)

모눈(GRID) 기능은 작업영역에 벗어나지 않도록 모면 영역을 표시해주고 그리기 도구로 활용할 수 있는 기능으로 사용자가 설정 값을 변경할 수 있습니다.
작업영역이 변경되면 모눈의 영역도 변경되므로 인쇄시 영역을 정의하는 도구로 활용할 수도 있습니다.

스냅과 모눈을 간격을 동일한 값으로 설정하면 정확한 좌표점을 입력할 수 있습니다.

> 작업영역은 12, 9에서 모눈의 최소 간격인 0.0445까지 설정될 수 있으며, 보다 작을 경우 에러 메시지를 출력합니다. 또는 작업영역이 297, 210인 경우는 모눈간격의 최소 값이 0.2410 입니다.

키는 방법 - (F7, GRIDMODE, STATUS LINE의 모눈 선택)

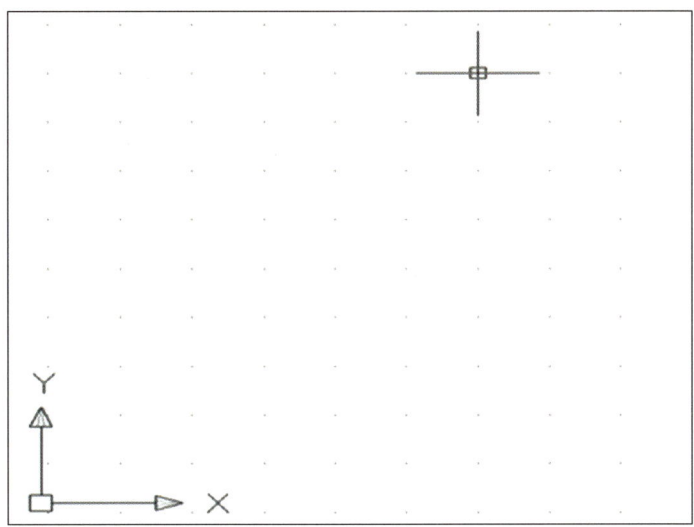

TIP
위와 같이 화면이 모눈종이처럼 표시 된 부분이 상태 표시줄의 모눈 기능으로 스냅과 간격을 달리할 수 있고, 같게 할 수 있습니다.

3 옵션(Options)

AutoCAD에서 사용자의 편의에 맞게 환경설정을 할 수 있습니다.

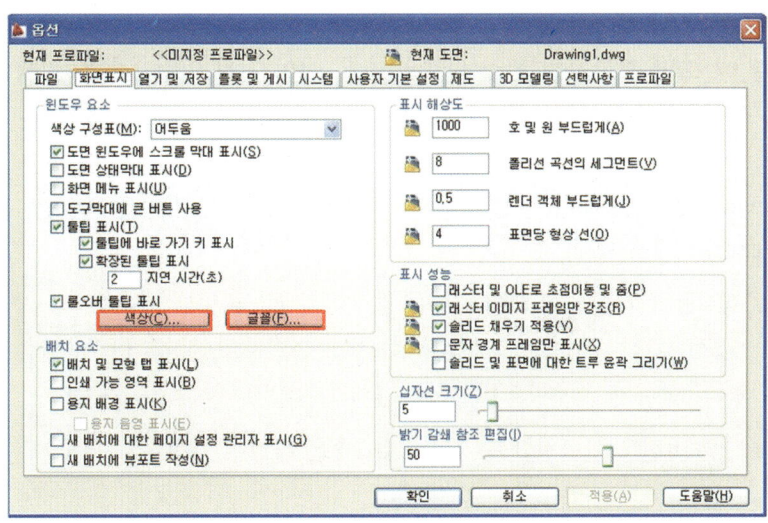

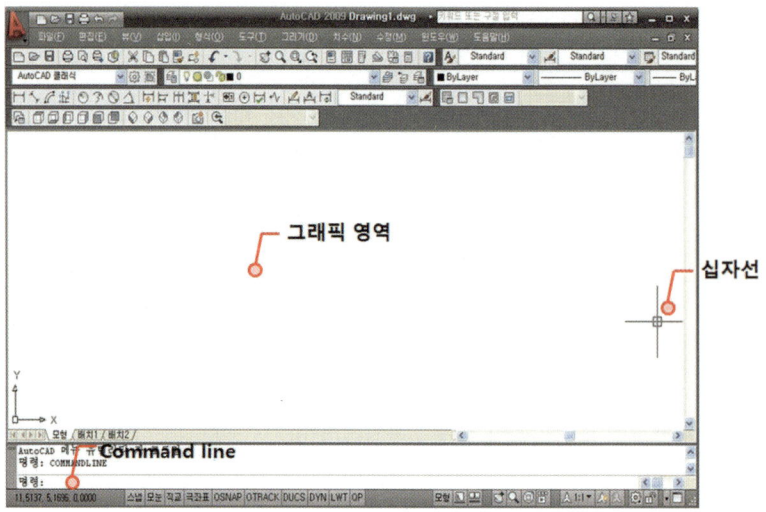

설정 가능한 옵션

- 그래픽 영역, 십자선(커서), Command line의 배경과 색상 글꼴 색상을 변경할 수 있습니다.
- 입/출력 장치 형태 및 드라이버 파일을 변경할 수 있습니다.
- 파일을 임시로 저장한 것 또는 외부 참조를 업로드할 수 있습니다.

4 Open, Save

01 확장자 파일

AutoCAD의 확장자 기본 파일은 DWG이다. 또는 DXF 파일, DXT 파일이 있습니다.

02 Open

파일을 열 때 도면 검색기를 통해 도면의 작은 이미지 보기로 파일을 검색할 수 있으며, 단일 드라이브나 드렉토리에 걸쳐 복수 드라이브상의 파일을 검색할 수 있습니다.(날짜를 참조하여 검색 가능)

Partial opne에서 도면에 외부 참조가 포함되어 있지만, 올리지 않으려면 "Unload all Xrefs on Open"을 check하면 됩니다.

AutoCAD 관련 파일 외에 다른 파일은 검색할 수 없습니다.

03 Save

저장할 때 다른 버전으로 변경할 수 있습니다.(높은 버전은 안됨)

5 명령어

이전 버전에 사용하던 LISP를 그대로 사용할 수 있습니다.

🔍 LISP → 캐드의 프로그램 일부, 라인이나 객체를 그리는 방법을 보관하는 파일

01 Undo(u)

바로 전에 사용한 명령을 취소하는 명령입니다.
- 특정 수의 동작을 한꺼번에 취소할 수 있습니다.
- 사용된 명령을 그룹으로 정의하여 취소할 수 있습니다.

02 OOPS

최근에 지워진 명령을 복원할 수 있습니다.

03 Vtoptions

Zoom 기능의 애니메이션을 사용할 수 있습니다. 시스템 변수를 설정하여 부드러운 Zoom 애니메이션 기능을 사용하지 않고, 속도를 조절할 수 있습니다.

🔍 Zoom – 전체 화면의 확대 축소 기능

04 Area

면적을 구하는 명령으로 영역을 포인트 점으로 선택하거나 객체(Object)로 선택하여 면적을 구할 수 있습니다.

05 단축 기능 정리

1) Ctrl + 0 → 화면정리

2) Ctrl + 1 → PROPERTIES(특성)

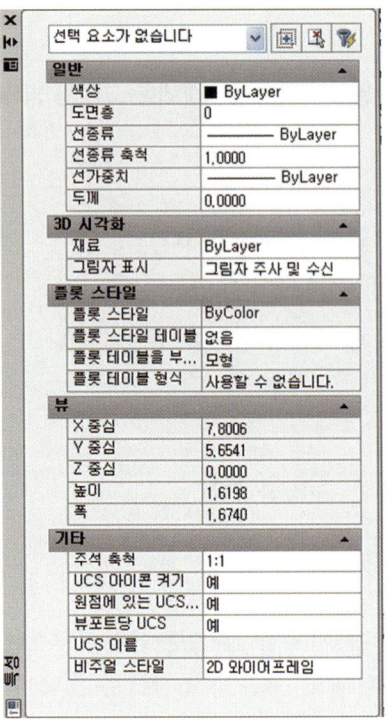

03) Ctrl + 2 → DESIGNCENTER

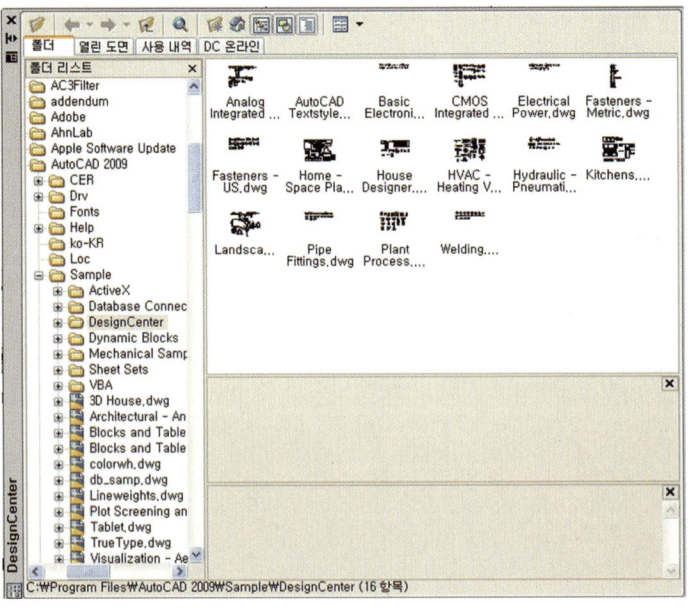

4) Ctrl + 3 → TOOL PALETTES

05) Ctrl + 4 → SHEET SET MANAGER

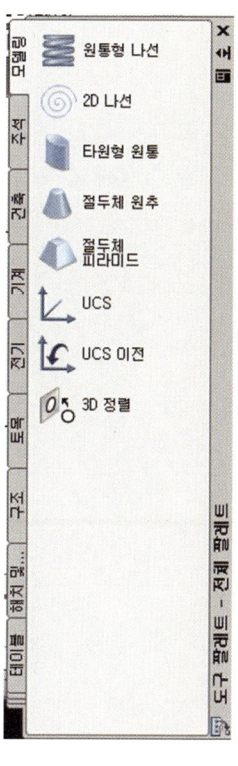

6) Ctrl + 5 → INFO PALETTE(팔레트정보)

7) Ctrl + 6 → DBCONNECT MANAGER

8) Ctrl + 7 → MARKUP SET MANAGER

9) Ctrl + 8 → QUICKCALC(계산기)

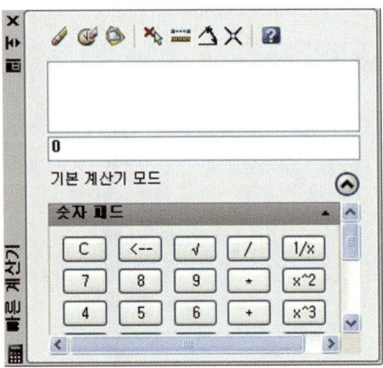

10) Ctrl + 9 → Command Line on / off(명령창)

11) Ctrl + 0 → 캐드화면을 정리하여 큰 창으로 볼 때 사용

> **TIP** AutoCAD에서 엔터 기능
>
> 1) Enter
> 2) Space Bar
> 3) 도면 영역에서 오른쪽 마우스 클릭

6 상태 표시줄

DYN-F12키를 누르면 On/Off가 가능합니다. 명령어를 입력하면 오른쪽 마우스에 입력됩니다.

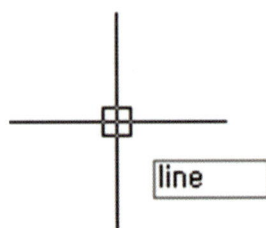

7 마법 상자

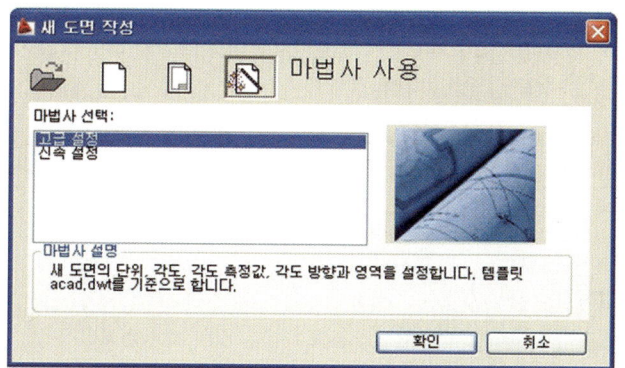

새로운 종이를 열 때 마법사 사용을 이용하여 단위, 각도, 척도 측정 값 등을 설정할 수 있습니다.

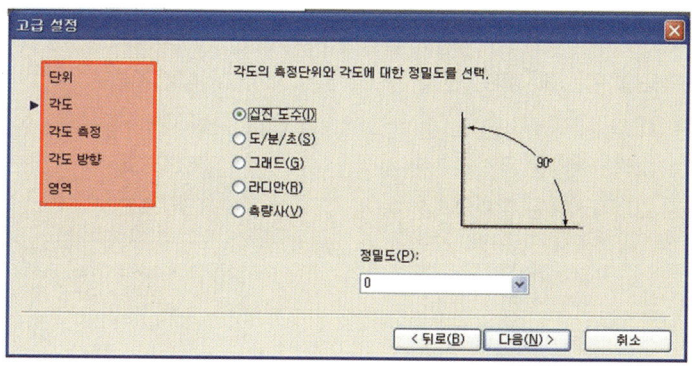

고급설정을 선택하면 기능에 단위, 각도, 각도 측정, 각도 방향, 영역을 설정할 수 있습니다.

8 GRIP

Grip(맞물림)은 선이나 객체를 선택하였을 때 나타나는 파란점으로 Grip이 켜져 있는 경우 좌표 입력 장치를 사용하여 맞물림으로 표시된 객체를 선택할 수 있습니다.
맞물림 표시는 선택된 객체 상의 위치를 조정합니다.

9 시스템 변수

신속 설정이나 고급설정 마법사에서 기본 설정을 변경할 때마다 AutoCAD의 시스템 변수는 자동으로 조정하며, Dimension system 변수에 대해서 Dimscale 시스템 변수가 1로 설정되어 있는 경우 치수 기입 변수에 대해서는 조정되지 않습니다.

변경되는 설정값	시스템 변수
첫 번째 모따기 거리	CHAMFERA
두 번째 모따기 거리	CHAMFERB
치수선 및 지시선 화살촉의 크기	DIMASZ
각도 치수를 표시할 소수점 자릿수	DIMADEC
각도 치수에 대한 각도 형식	DIMAUNIT
도넛의 내부 직경에 대한 기본 값	DONUTID
도넛의 외부 직경에 대한 기본 값	DONUTOD
해치 패턴 축척 요인	HPSCALE
사용자 정의 단순 패턴을 위한 해치 패턴 간격	HPSCACE
전역 선 종류 축척 요인	LTSCALE
현재 문자 유형으로 그려진 새로운 문자의 기본 간격	HPSPACE
현재 문자 유형으로 그려진 새로운 문자의 기본 높이	TEXTSIZE

10 각도

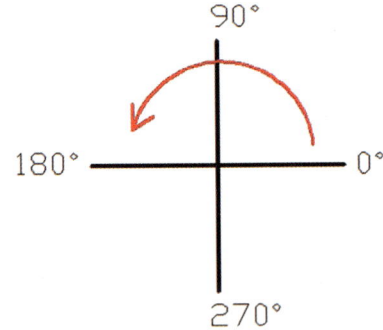

AutoCAD는 시계 반대 방향으로 인식합니다.

11 AutoCad에서의 오른쪽 마우스 기능

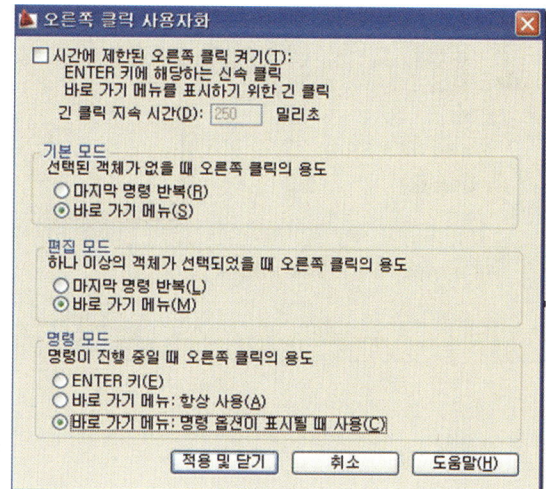

01 기본 모드

1) 이전에 실행했던 명령어 다시 반복 실행됩니다.

🔍 Enter키를 누르거나 Space Bar를 눌러도 마지막에 실행했던 명령어 실행됩니다.

2) 단축메뉴 창이 생성됩니다.

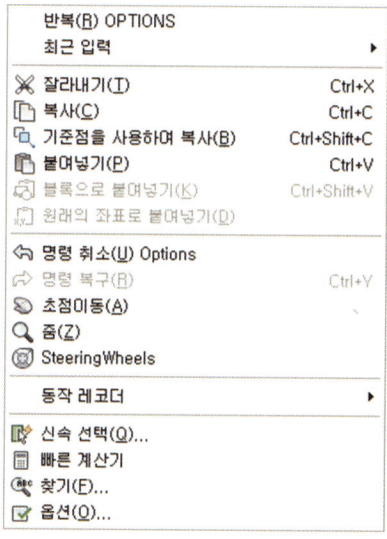

12 Start from Scratch 탭의 도면 사이즈

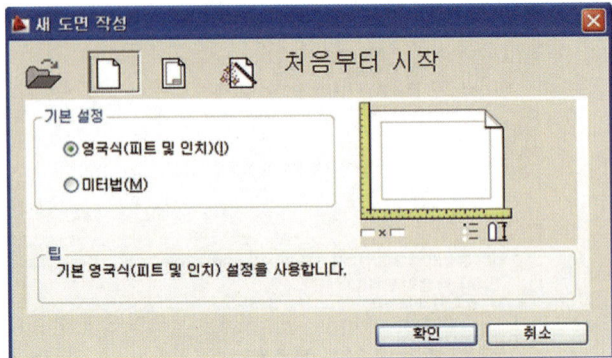

- 영국식 12×9(인치)
- 미터법 429×297(밀리미터) A4 사이즈

예상 및 기출문제 풀어보기

1. 다음 SNAP에 대한 설명 중 옳지 않은 것은?

  가. 스냅 간격을 모눈 간격과 달리할 수 있다.
  나. 좌표 입력 장치에 정확한 점을 지정할 수 있다.
  다. 스냅의 간격, 십자선의 이동은 모눈의 설정 값과는 상관없이 제한할 수 있다.
  라. X와 Y간격을 설정하여 정밀도를 조정할 수 있다.

2. 마법사에서 제공하는 경계와 제목 블록에 대한 설명입니다. 다음 중 옳은 것은?

  가. 기존 도면 양식 블록을 사용자 화하여 사용할 수 있다.
  나. 도면 양식 블록을 도면에 삽입하여 다음 정보를 추가할 수 없다.
  다. 사용자가 직접 도면 양식 블록을 작성할 수는 있지만 고급 설정 마법사에 추가할 수 없다.
  라. 도면 양식 블록을 삽입하려면 XREF 명령만을 사용해야 한다.

  > **해설** 마법사 블록기능에서 경계와 제목 블록을 사용자가 도면에 삽입·추가할 수 있다.
  > 새 도면을 열 경우 고급설정을 선택하면 도면 공간 자체에 제목블럭과 경계 삽입이 가능하다.

3. AutoCAD 윈도우에서 변경할 수 없는 것은?

  가. Command line의 배경 색상 글꼴 색상
  나. 십자선의 색상
  다. 화면 메뉴의 문자 색상
  라. 그래픽 영역 및 문자 영역의 배경 색상

  > **해설** 화면 메뉴의 문자 색상은 AutoCAD의 작업영역에 속하지 않는다.
  > 그 밖에 그래픽 윈도우 영역, 문자 윈도우 문자 색상, 윈도우 배경은 변경이 가능하며, 작업시 마우스(십자선 커서)의 크기나 색상 변경이 가능하다.

4. 다음은 각도 설정에 대한 설명이다. 옳은 것은?

  가. 각도의 기본 방향은 동쪽이며, 시계 방향으로 측정된다.
  나. 각도의 방향은 각도 측정을 시작하는 점과 각도가 측정되는 방향으로 조정된다.
  다. 각도의 기준 각도는 객체가 이루고 있는 기울기를 사용해서 변경될 수 없다.
  라. 각도 0의 기본 방향은 동, 서, 남, 북으로만 설정할 수 있다.

해설 기본 방향은 동쪽이면 시계 반대방향이다.

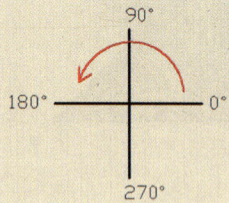

5. 다음 중 GRID를 키고, 끄는 방법으로 잘못된 것은?

   가. Gtrl + G
   나. F6
   다. GRIDMODE
   라. STATUS LINE의 모눈 선택

정답 1. 나 2. 가 3. 다 4. 나 5. 나

02 객체 작성

1 UCS 아이콘

2D 모형 공간	배치 공간	3D 공간

UCS 명령의 좌표 입력 방법은 절대 좌표에 의한 방법과 상대 좌표, 상대 극좌표에 의한 방법으로 총 세가지입니다. 순서는 X, Y, Z의 순입니다.

2D의 공간에서는 X축과 Y축의 값만 입력하면 되므로 X, Y까지만 입력합니다.

Vpoint 명령으로 1의 값은 보이는 시점, 0은 보이지 않는 시점으로 보이는 시점을 좌표의 순서대로 입력해 줄 수 있습니다.

a. 평면도 : 0, 0, 1	b. 정면도 : 0, −1, 0
c. 우측면도 : 1, 0, 0	d. 좌측면도 : −1, 0, 0

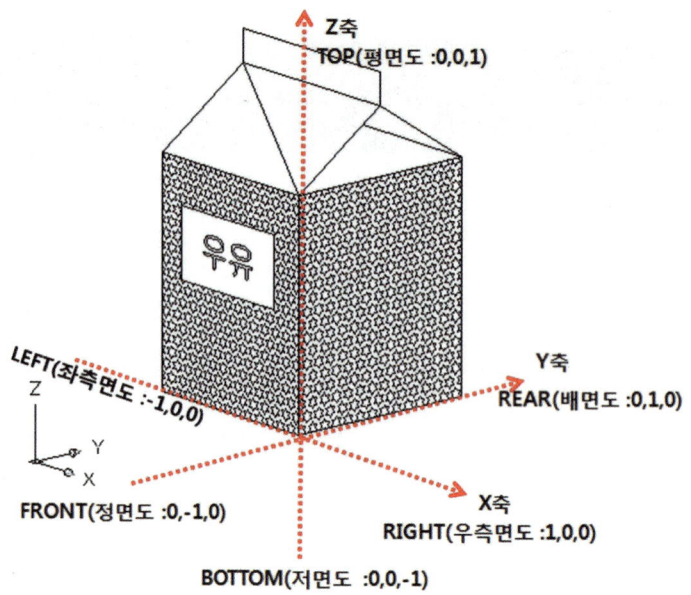

X축 : RIGHT(우측면도 : 1, 0, 0)　　　LEFT(좌측면도 : −1, 0, 0)
Y축 : FRONT(정면도 : 0, −1, 0)　　　REAR(배면도 : 0, 1, 0)
Z축 : TOP(평면도 : 0, 0, 1)　　　　　BOTTOM(저면도 : 0, 0, −1)

> **TIP**　UCS 편집 옵션
>
> a. 면(F)　　　b. 이름(NA)　　　c. 객체(OB)　　　d. 이전(P)
> e. 뷰(V)　　　f. 표준(W)　　　　g. X/Y/Z/Z축(ZA)

 부러진 연필 모양의 UCSICON은 X, Y 평면의 모서리가 관측 방향에 수직임을 나타냅니다.

2 직교 모드(ORTHO)

커서를 이동시킬 때 선의 수평이나 수직 축으로 작업할 수 있습니다. F8번을 켜서 On/Off할 수 있습니다.

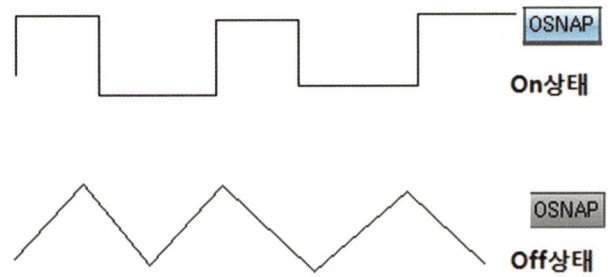

3 3Dface

면을 생성하는 명령으로 3차원의 폴리면으로 바꿔주는 명령어입니다.

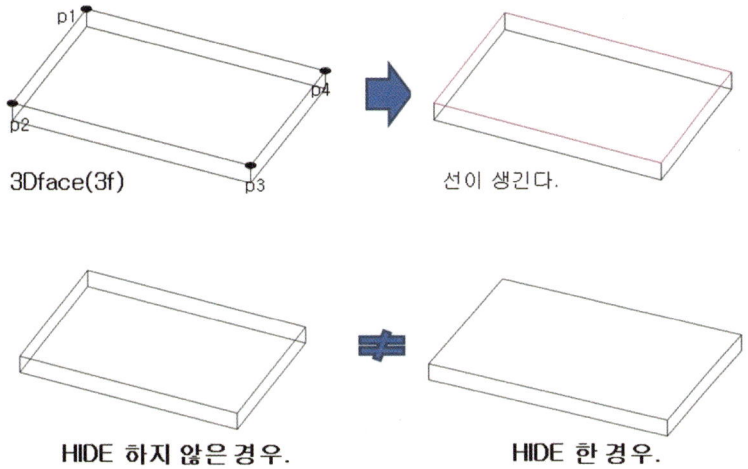

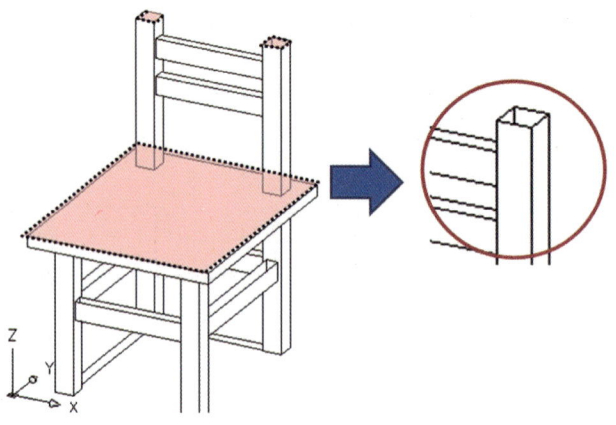

> **TIP**
> Regen(re)으로 객체를 재생성하여 hide를 빠져 나올 수 있습니다.

4 다중선(Mline)

2개 이상의 평행한 선들로 구성되는 다중선은 16까지 설정할 수 있습니다. 홀수의 개수를 가질 때 마개를 씌울 수 있는 경우 중심선은 연결되지 않습니다.
다중선은 편집이 안되기 때문에 Mledit로 편집합니다. 다중선을 Explode로 분해시키면 다중선이 일반선으로 변하므로 편집이 가능합니다.

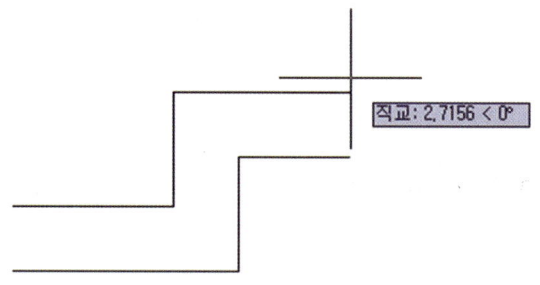

다중선의 자리 맞추기를 이용하여 커서의 위치를 설정할 수 있습니다. 옵션에 Scale을 설정하여 다중선의 폭을 지정할 수 있습니다.

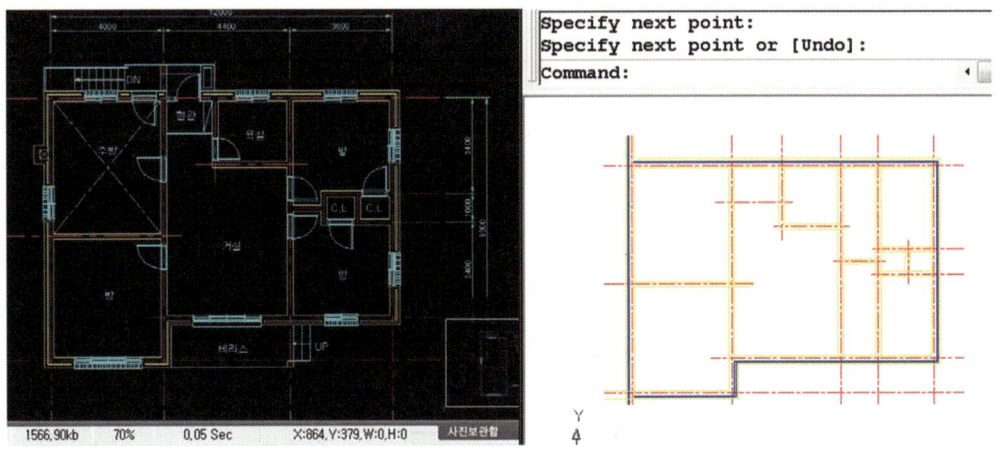

```
명령 : mline ↵
현재 설정값 : 자리맞추기=0, 축척=1.00, 스타일=STANDARD
시작점 지정 또는 [자리맞추기(J)/축척(S)/스타일(ST)] :        … p1
음 점 지정 또는 [닫기(C)/명령 취소(U)] :                    … p2
음 점 지정 또는 [닫기(C)/명령 취소(U)] :                    … p3
음 점 지정 또는 [닫기(C)/명령 취소(U)] :                    … p4
음 점 지정 또는 [닫기(C)/명령 취소(U)] : c
```

01 ML → Scale(s)

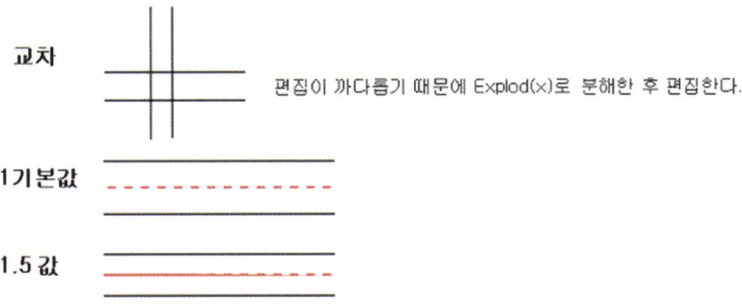

- Justification : 선의 정렬을 조정합니다.
- Scale : 다중선에 대한 폭의 축척을 조정합니다.
- Style : 다양한 선의 종류를 선택할 수 있습니다.
- Top : 벽체선의 윗 부분을 기준으로 그립니다.
- Zero : 밑 부분을 기준으로 그립니다.

02 ML → Justification(j)

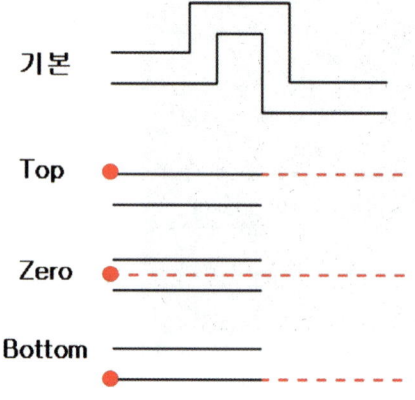

5 SURFACE

- Rulsurf : 두 객체의 사이를 메쉬로 작성합니다.

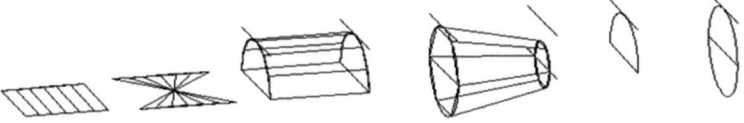

- TABsurf : 하나의 기준선을 경로로 곡선의 경로로 정의하고 평행 다각형의 메쉬를 생성합니다.

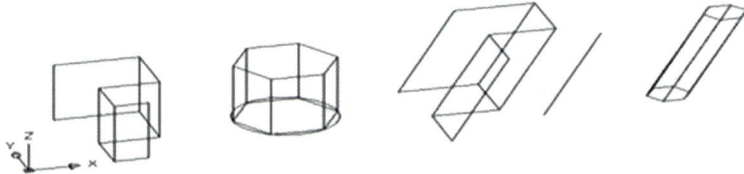

- Revsurf : 하나의 기준 축을 잡고 회전을 하면 메쉬를 생성합니다.

- Edgesurf : 4개의 객체와 모서리가 맞닿고 있는 조건에서 4개의 객체가 만나 메쉬를 생성합니다.

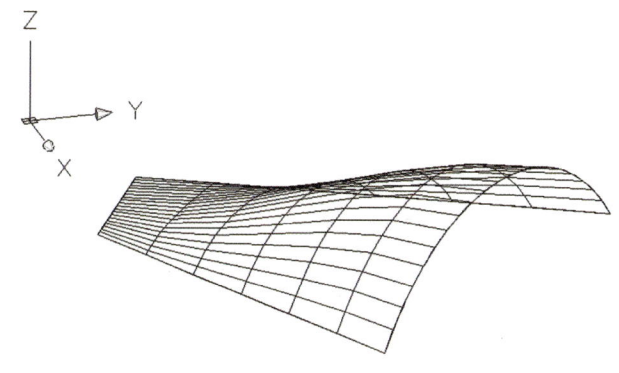

6 Extrude 돌출

2차원 도형에 대해 높이 값이나 경로를 따라 3차원 돌출된 도형의 높이와 각도를 입력하면 객체가 돌출됩니다.

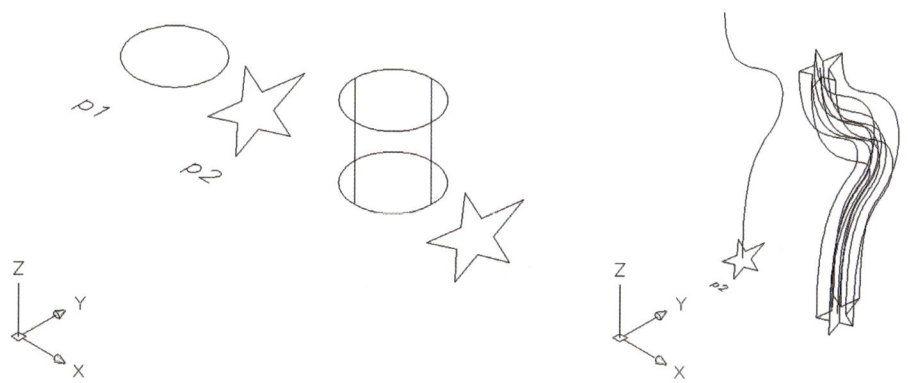

7 Slice

솔리드에 대한 도형을 평면을 사용하여 자르는 명령으로 주로 3Polint에 의해 잘려집니다.

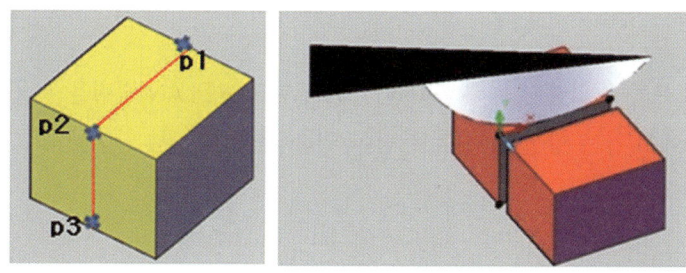

- 3point : 이동한 면을 기준으로 객체를 자릅니다.
- Both sides : 자르는 면을 기준으로 양쪽 모두 남겨놓습니다.
- Keep Both sides : 자르고 남은 부분을 지정합니다.

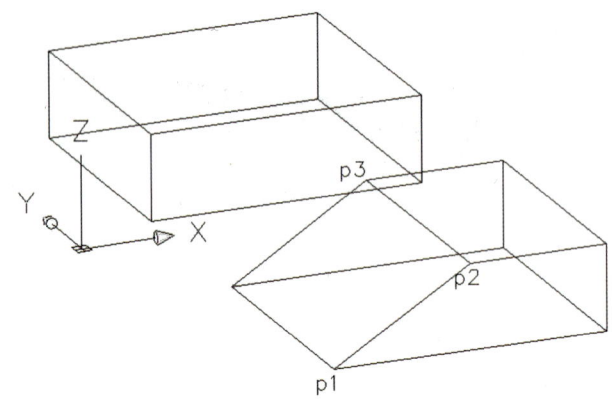

8 AutoCAD의 2006 이후 향상된 Hatch 기능

- 해치의 원점 조정 기능이 있습니다.
- 경계가 다 표시 되지 않아도 경계를 선택할 수 있습니다.
- 해치를 Trim으로 절단할 수 있습니다.
- 해치분리를 통해 단일 편집이 가능합니다.

9 모형 공간/도면 공간

01 모형 공간
- 임의의 점을 기준으로 도면을 관측할 수 있습니다.
- 선택된 관측 점에서 새로운 객체를 추가, 기존 객체를 편집하거나, 은선, 음영 뷰 또는 렌더 뷰를 생성할 수 있습니다.
- 평행 투영 또는 원근 뷰를 정의할 수 있습니다.

02 배치 공간
- 배치 공간 뷰를 정의하기 위해 VPOINT, DVIEW 또는 PLAN 명령을 사용할 수 없습니다.
- 배치 공간에서 뷰는 항상 평면 뷰로 남아 있습니다.

10 Wire Frame

AutoCAD는 세 가지 형태의 3D 모델링을 지원하는데 Wire-Frame, Surface, Solid Modeling이며, 각각의 형태는 고유의 작성 기법과 편집 기법을 가지고 있습니다.
와이어프레임 모형은 3D 객체의 골격 묘사입니다.

- 와이어프레임에는 표면이 없습니다.
- 객체의 모서리를 묘사하기 위한 점, 선 및 곡선만으로 구성되어 있습니다.
- 3D 공간의 임의의 지점에 2D 객체를 위치시켜 와이어프레임 모형을 작성할 수 있습니다.
- 3D 폴리선 및 스플라인과 같은 몇몇 3D 와이어프레임 객체가 제공됩니다.
- 와이어프레임 모형으로 구성된 각 객체는 독립적으로 그려지고 위치가 지정되기 때문에 이런 형태의 모델링은 종종 많은 시간이 소요될 수 있습니다.

11 ELEV

객체의 고도는 객체 기준이 그려져 있는 XY 평면의 Z의 높이 값입니다.
고도 0은 현재 UCS의 기준 XY 평면으로 양수의 고도는 이 평면의 위쪽에 있고, 음수의 고도는 아래쪽에 있습니다.
객체의 두께는 객체가 고도의 위 또는 아래로 돌출된 거리입니다.
양수의 두께는 위쪽으로 돌출하고, 음수의 두께는 아래쪽으로 돌출하며, 두께가 0이면 돌출되지 않았음을 나타냅니다. 고도가 0이고, 두께가 -1단위인 객체는 고도가 -1이고, 두께가 1단위인 객체와 동일하게 나타납니다.
Z 방향은 객체가 작성되었을 때의 UCS의 원점에 의하여 결정됩니다. 두께는 원, 선, 폴리선, 호 2D 솔리드 및 점과 같은 특정 형상 객체의 표시를 변경합니다.
THICKNESS 시스템 변수를 사용하여 객체의 두께를 설정할 수 있습니다. 돌출은 균일하게 객체에 적용됩니다. 단일 객체의 여러 점들은 서로 다른 두께를 가질 수 없습니다. 일단 객체의 두께를 설정하면, 평면뷰를 제외한 다른 어떤 뷰에서도 결과를 시각적으로 나타낼 수 있습니다.

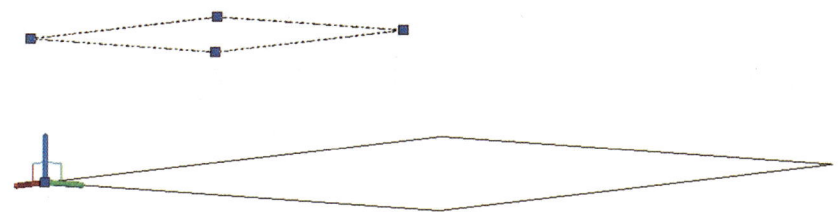

예상 및 기출문제 풀어보기

1. 다음중 좌표 값 X, Y, Z의 값을 0, -1, 0인 경우 보이는 시점으로 옳은 것은?

　가. 평면도　　　나. 정면도　　　다. 우측면도　　　라. 좌측면도

> 해설 ▶ 1은 보이는 점, 0은 보이지 않는 점이다. 좌표 값은 순서는 X, Y, Z이고, X는 오른쪽, -X는 왼쪽, Y는 뒤쪽, -Y는 앞쪽, Z는 위쪽, -Z는 아래쪽이다.

2. UCS 명령어 중 원점, X축, Y축을 선택하여 변경하는 옵션은 무엇인가?

　가. Origin　　　나. ZAxis　　　다. Entity　　　라. 3Point

> 해설 ▶ UCS에서 사용자가 세 점을 찍어 작업영역을 변경해주는 옵션은 3Point이다. 찍는 순서는 원점, X축, Y축으로 원점은 Z축으로 이해해도 좋다.

3. 좌표계에 대한 설명으로 잘못된 것은?

　가. 극좌표 : 마지막 점으로 거리와 각도로 좌표를 지정할 수 있다.

　나. 상대 좌표 : 마지막 점을 기준으로 X, Y 좌표를 지정할 수 있다.

　다. 절대 좌표 : 사용자가 임의의 점을 지정한 점을 원점 기준으로 좌표를 지정할 수 있다.

　라. 극 좌표는 원점으로 기준 좌표점을 지정할 수 있다.

> 해설 ▶ 절대 좌표는 말 그대로 절대 변하지 않는 좌표 값으로 임의의 점이 아닌 원래의 좌표 값으로 지정해줄 수 있다.

4. AREA 명령으로 폴리선을 이용하여 면적을 구하는 옵션은?

　가. Object　　　나. ADD　　　다. Union　　　라. Subtract

> 해설 ▶ 닫혀있는 객체일 경우 Polyline으로 객체가 묶여 있을 경우 Object를 선택하여 객체를 선택하여 면적을 구해줄 수 있다.

5. UCS ICON에 관한 설명으로 틀린 것은?

　가. 색상 변경할 수 있다.

　나. 크기를 변경할 수 있다.

　다. 형태를 변경할 수 있다.

　라. 라인타입을 변경할 수 있다.

6. 다음과 같이 Slice 명령으로 3Point로 절단시 올바르게 절단 된 경우는?

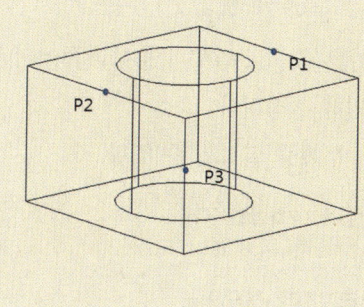

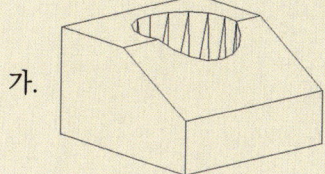
가.

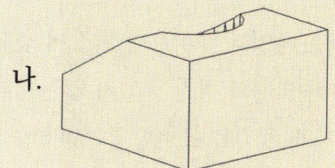
나.

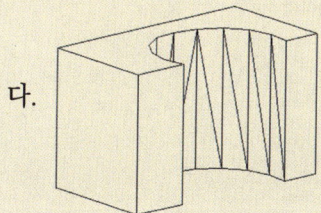
다.

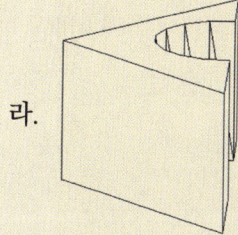
라.

해설 › 점이 찍힌 순서대로 칼이 지나가 잘린 부분을 생각해보자.

7. Pline에 대한 설명으로 틀린 것을 고르시오.

가. Pline은 Pedit 명령으로 일반 LINE을 Pline으로 변경할 수 있다.
나. Pline은 Pedit 객체를 분리할 수 있다.
다. 두께 값을 가지고 있는 Pline을 분해하면 두께 값이 유지된다.
라. Pline은 Pedit로 편집이 가능하다.

해설 › Pline은 두께 값을 줄 수 있다. 일반 Line은 두께 값을 줄 수가 없다.
Pline을 분해하면 일반 Line이 되므로 두께 값이 사라진다.

8. 모형공간에 대한 설명으로 옳지 않은 것은?

가. 객체를 임의점으로 관측할 수 있다.
나. 원근 뷰로 정의할 수 있다.
다. 객체를 추가하여 작도할 수 없다.
라. 은선이나, 음영, 렌더뷰로 생성할 수 있다.

해설 › 모형 공간에서 선택된 관측점에서는 새로운 객체를 추가하거나 객체를 편집할 수 있다.

9. ELEV에 대한 설명으로 틀린 것은?

　가. ELEV은 객체가 그려지는 X축의 높이 값이다.

　나. 양수로 입력하면 평면의 위쪽이고 음수로 입력하면 아래쪽에서 작업된다.

　다. Z축의 기준은 UCS의 원점에 의해 결정된다.

　라. THICKNESS의 변수로 객체의 두께를 설정할 수 있다.

　　해설　ELEV은 객체를 작업할 수 있는 고도 값으로 Z축의 값이다.

10. 3차원의 SOLID에 대한 설명으로 틀린 것은?

　가. 와이어프레임과 메쉬보다 편집이 쉽다.

　나. 모깎기(fillet)의 편집이 되지 않는다.

　다. 객체 전체 체적을 표현할 수 있다.

　라. 메쉬와 와이어프레임으로 변환할 수 있다.

　　해설　3차원의 Solid는 와이어프레임과 메쉬보다 편집이 쉽고 모깎기나 모따기의 수정이 가능하다.

정답　1. 나　2. 라　3. 다　4. 가　5. 라　6. 가　7. 다　8. 다　9. 가　10. 나

03 객체 편집

1 Arrar

배열을 해주는 명령으로 도면 작성시 선택된 객체를 원하는 간격으로 한 번에 원형 또는 수직 수평의 형태로 복사하여 배열합니다.

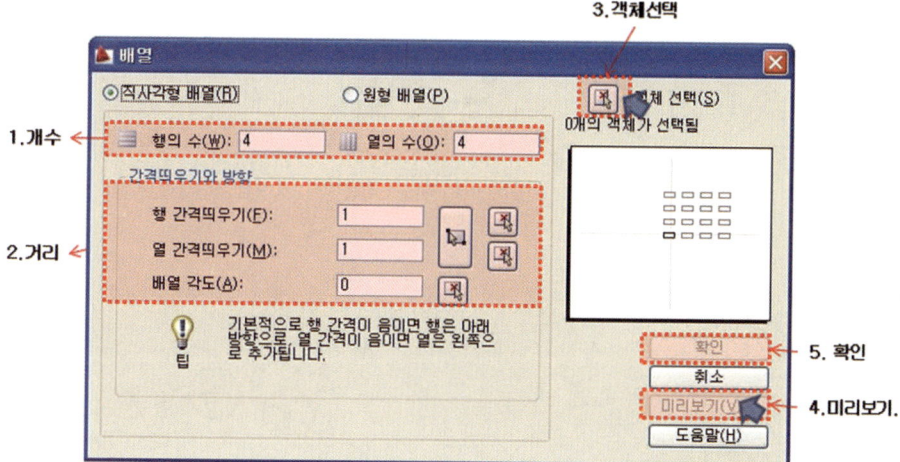

1) 직사각형 배열

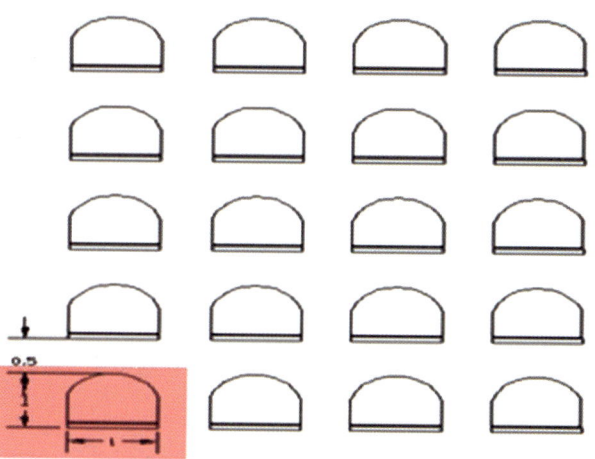

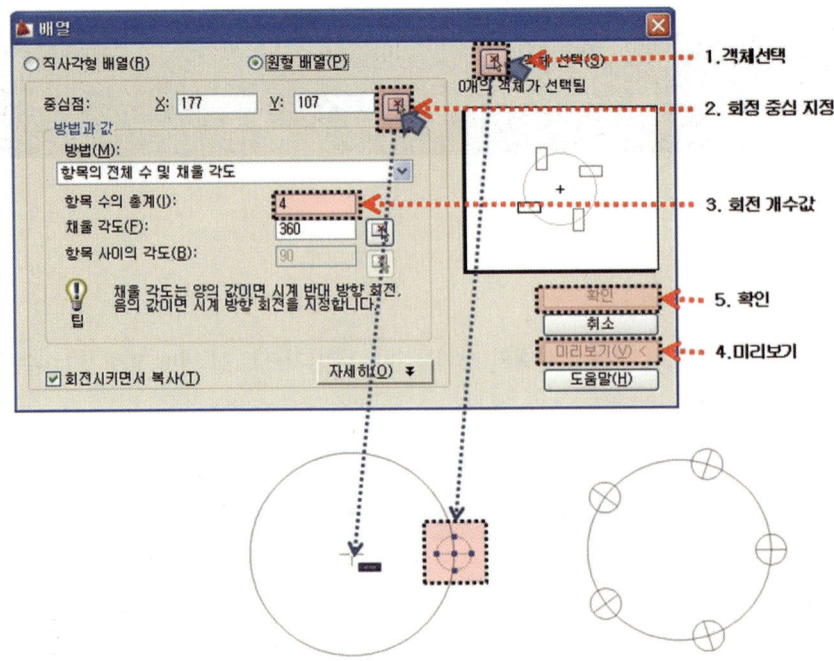

2) 원형 배열

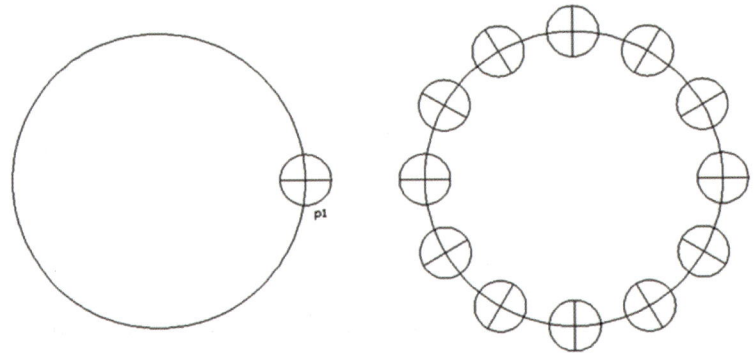

2 POINT

작성된 도형에 대한 점을 찍고, 위치를 잡아줍니다.
DDPTYPT을 이용하여 점의 모양을 변경할 수 있습니다.

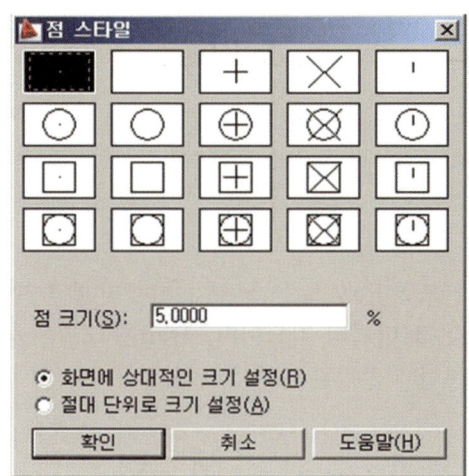

1) DIVIDE : 나눌 객체의 개수 값을 입력하여 일정한 간격으로 나눌 때 사용합니다.
2) MESURE : 나눌 객체의 거리 값을 이용하여 일정한 가격으로 나눌 때 사용합니다.

선을 등분할 수 있습니다.

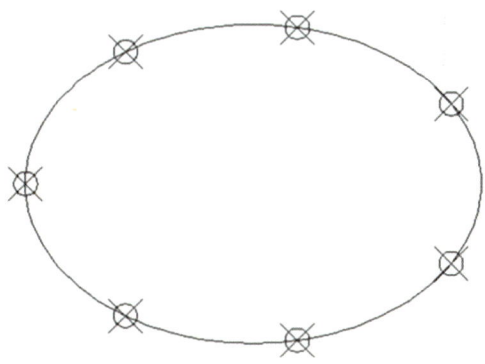

원을 등분할 수 있습니다.

3 Chamfer

작성된 도면에 대한 2개의 교차된 직선을 만나는 점에서 지정한 길이만큼 잘라 모따기를 수행하는 방법입니다.

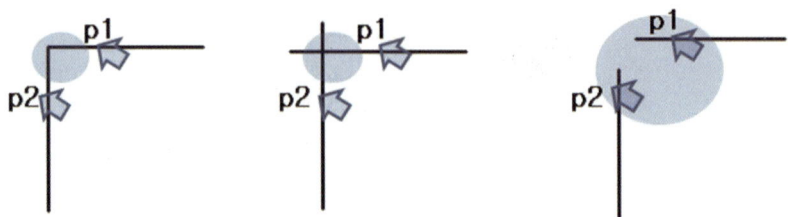

위의 명령에 사용된 기능을 보면 Polyline은 모따기를 한 번에 수행하고, Distance는 모따기에 대한 거리를 의미합니다. Angle은 모따기의 각도이며, Trim은 모따기를 수행하고 난 후 선택한 객체의 여부를 결정하고, Method는 현재 설정된 기본 값을 설정합니다.

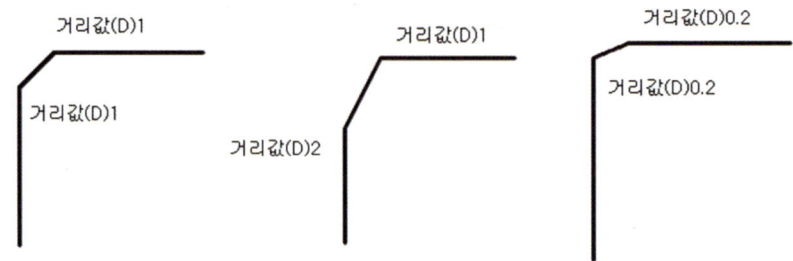

원본 객체를 편집하지 않고 모서리 부분만 편집합니다.

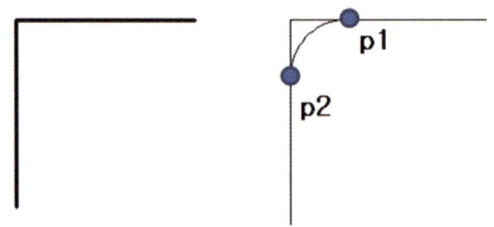

명령 : f FILLET ↵
현재 설정 값 : 모드=TRIM, 반지름=0.0000
첫 번째 객체 선택 또는 [명령취소(U)/폴리선(P)/반지름(R)/자르기(T)/다중(M)] : t ↵
자르기 모드 옵션 입력 [자르기(T)/자르지 않기(N)] 〈자르기〉 : n ↵
첫 번째 객체 선택 또는 [명령취소(U)/폴리선(P)/반지름(R)/자르기(T)/다중(M)] : r ↵
모깎기 반지름 지정 〈0.0000〉 : 1 ↵
첫 번째 객체 선택 또는 [명령취소(U)/폴리선(P)/반지름(R)/자르기(T)/다중(M)] : p1 ↵
두 번째 객체 선택 또는 Shift키를 누른 채 선택하여 구석 적용 : p2 ↵

4 Pedit

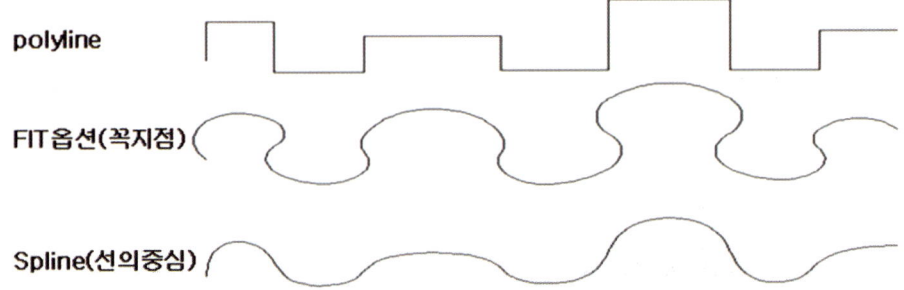

폴리선의 편집명령어인 Pedit는 2차원 및 3차원 폴리선, 직사각형 및 다각형과 3D 다각형 메쉬는 모든 폴리선의 변형이고, 폴리선과 동일한 방법으로 편집됩니다.
선, 호 또는 다른 폴리선의 끝이 맞닿아 있는 경우, 열린 폴리선에 결합시킬 수 있습니다.
선이 T 쉐이프에서 폴리선의 끝을 가로지르는 경우에는 객체는 결합될 수 없습니다. 두 개의 선이 Y 쉐이프에서 폴리선과 만나는 경우, 두 선 중 하나가 선택되어 폴리선과 결합됩니다.
폴리선은 닫기 및 열기와 각각의 정점을 이동, 추가 또는 삭제함으로써 편집할 수 있습니다.
두 정점간의 폴리선을 곧게하거나 선 종류를 전환하여 대쉬가 각 정점이 앞과 뒤에 나타나도록 할 수 있습니다. 전체 폴리선이 동일한 폭을 갖도록 설정하거나, 각 세그먼트의 폭을 조정할 수 있습니다.

5 LTS

Line Type Scale의 약자로 선의 간격을 편집해주는 명령입니다. 선의 종류를 구분하기 위해서 선의 종류를 선택해서 사용할 때 도면의 축척에 따라 화면이나 플로터로 출력시 선이 구별되지 않고 실선으로 나타나게 되는데 이때 선의 척도를 설정하여 원하는 선을 출력시킬 수 있습니다.

- LTS의 예

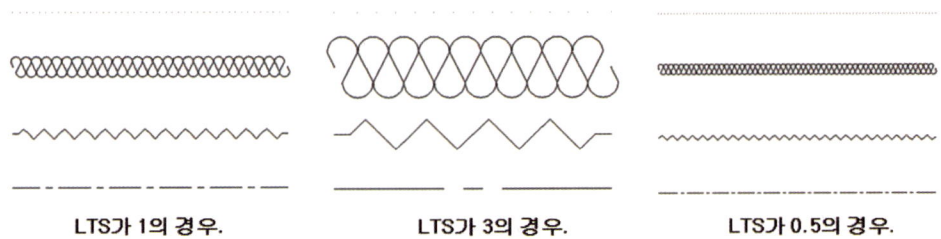

LTS가 1의 경우.　　　　LTS가 3의 경우.　　　　LTS가 0.5의 경우.

6 Fillter

도면을 작성할 때 원하는 조건을 만족시키는 객체를 선택할 수 있도록 하는 것으로 복잡한 도면을 작성할 때 효과적입니다.

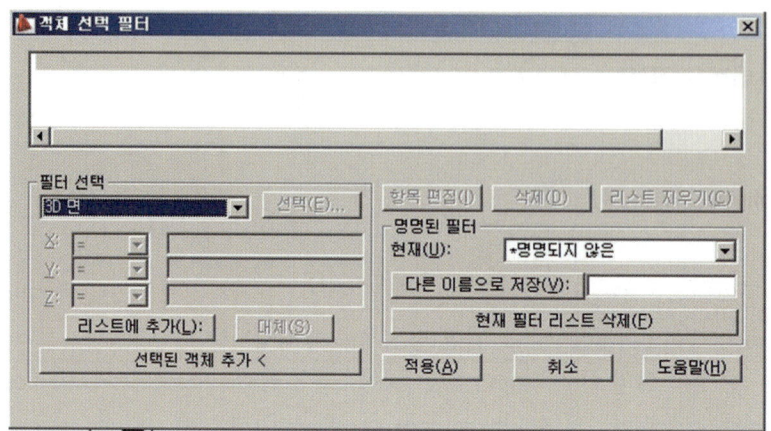

7 Change

도면을 작성할 때 이미 그려진 객체의 대한 속성을 변경시킬 수 있습니다.

〈특성〉

- 색상 – Color : 색상을 바꿉니다.
- 고도 – Elve : 고도를 바꿉니다.
- 도면층 – LYer : 도면층을 바꿉니다.
- 선종류 – LType : 선의 종류를 바꿉니다.
- 선간격 – itScale : 선의 크기를 바꿉니다.
- 선두께 – Thickness : 객체의 두께를 설정합니다.
- Change point : 선이나 원 등의 객체에 대한 점들을 옮길 수 있습니다.

8 LENTHEN

객체의 길이나 호에 대한 길이 사이각을 변경시킬 때 사용됩니다.

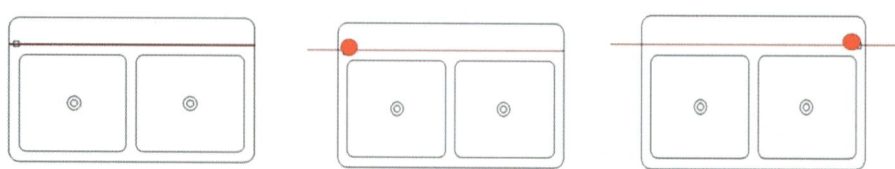

- DElta : 선택 점에서 가장 가까운 객체의 끝점으로부터 늘어날 길이가 됩니다. 이 경우 입력된 각도만큼 증가됩니다.
- Percent : 선택된 객체의 전체 길이에 대해 백분율을 설정합니다.
- Total : 선택된 객체의 길이와는 상관없이 길이를 설정합니다. 이 경우 각도와 길이를 입력하게 됩니다.
- Dynamic : Drag을 이용하여 동적인 길이를 설정합니다.

9 조회 명령

01 ID

사용자가 선택한 점의 X, Y, Z의 절대 좌표 축을 확인할 수 있습니다.

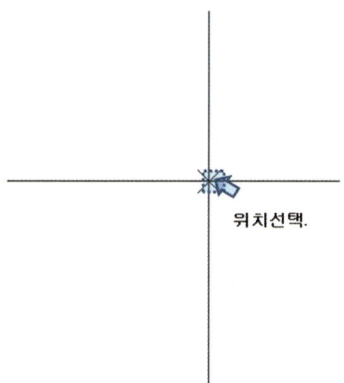

02 DIST

지정된 두 지점의 사이 거리와 각도를 표시합니다.

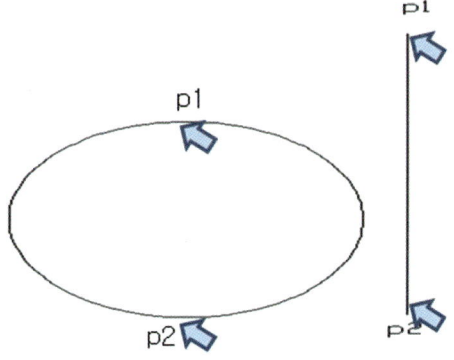

03 LIST

선택된 객체의 데이터 베이스 정보를 조사합니다.

```
C:\DOCUME~1\SONHIN~1\LOCALS~1\Temp\Drawing1_1_1_7054.sv$(으)로 자동 저장 ...
명령:
명령: area
첫 번째 구석점 지정 또는 [객체(O)/추가(A)/빼기(S)]:
다음 구석점을 지정하거나 전체에 대한 결과는 ENTER 키를 누르십시오:
다음 구석점을 지정하거나 전체에 대한 결과는 ENTER 키를 누르십시오:
다음 구석점을 지정하거나 전체에 대한 결과는 ENTER 키를 누르십시오:
다음 구석점을 지정하거나 전체에 대한 결과는 ENTER 키를 누르십시오:
면적 = 3.5384, 둘레 = 8.6261

명령: list
객체 선택: 1개를 찾음

객체 선택:      LINE    도면층: "0"
                        공간: 모형 공간
                 핸들 = 234
                 시작점, X=  38.1694  Y=  28.9416  Z=   0.0000
                 부터 점, X=  11.0119  Y=  28.9416  Z=   0.0000
                 길이 =  27.1575,  XY 평면의 각도 =     180
                 X증분 = -27.1575, Y증분 =   0.0000, Z증분 =   0.0000

명령:
```

04 DBLIST

현재 도면에 있는 모든 객체에 대한 데이터 베이스 정보를 페이지 단위로 출력시킵니다.

05 TIME

작성된 도면에 대한 날짜와 시간을 표시합니다.

현재 시간 :	2008년 12월 16일 화요일 오후 3 : 57 : 36 : 062
이 도면의 시간 :	
작성 :	2009년 12월 16일 화요일 오후 2 : 14 : 30 : 765
최종 업데이트 :	2009년 12월 16일 화요일 오후 2 : 14 : 30 : 765
전체 편집 시간 :	0일 01 : 43 : 05 : 312
경과 타이머(켜기) :	0일 01 : 43 : 05 : 297
다음 자동 저장 :	0일 00 : 01 : 19 : 718

06 STATUS

현재 작업 중인 도면의 환경에 관한 정보를 보여줍니다.
다음의 화면이 구성되면 사용자는 자신이 작업하고 있는 현재의 도면에 대한 환경이나 기타 정보를 확인할 수 있는데, 일반적으로 Snap 간격, Grid 간격, 현재 모델 영역, 작업 도면층, 현재 색상, 선 종류 등을 알 수 있습니다.

07 SYSWINDOWS

윈도우를 정렬합니다.

다음 옵션을 입력 하십시오[계단식 배열(C)/수평 배열(H)/수직 배열(V)/아이콘 정렬(A)] :

- Cascade : 윈도우를 계단식으로 정리합니다.
- TileHorzontal : 윈도우를 수평 타일식으로 정리합니다.
- TileVertical : 윈도우를 수직 타일식으로 정리합니다.
- Arrange icons : 윈도우 아이콘을 정리합니다.

08 AUDIT

작성된 도면에 대한 오류를 식별하고 평가합니다.

09 ABOUT

작성된 도면에 대한 버전과 일련번호에 관련된 정보를 디스플레이합니다.

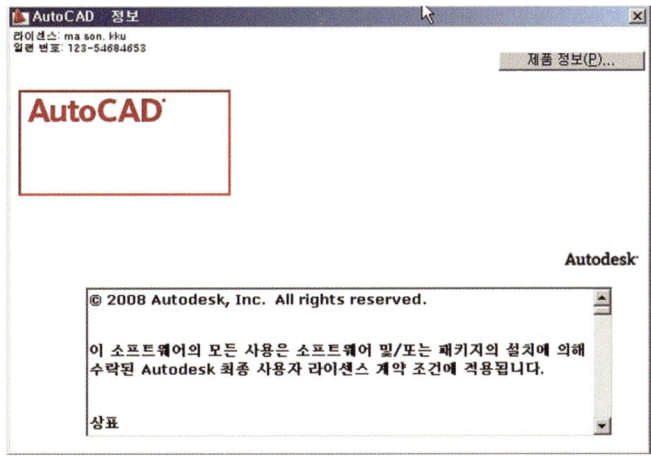

10 Dragmode

작성된 도면에 대한 드래킹을 ON/OFF합니다.

- On : 드래그가 필요할 때 드래그를 타이핑하면 됩니다.
- Off : 드래그를 사용하지 않습니다.
- Auto : 필요한 드래그를 자동으로 설정합니다.

11 Color

도면을 작성할 때 색상을 많이 사용하지는 않지만 디자인 등을 할 때는 효과적으로 사용할 수 있습니다. 또한 일반적인 도면을 작성하는 경우 선의 종류와 굵기에 따라 색상을 지정하여 사용할 수 있는데 125가지를 설정하여 사용할 수 있습니다.

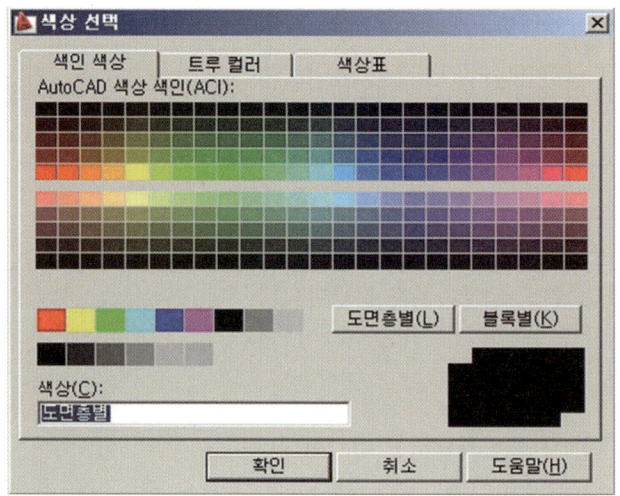

〈사용되는 색상과 표준 번호〉

- 1 : Red
- 2 : Yellow
- 3 : Green
- 4 : Cya
- 5 : Blue
- 6 : Magenata
- 7 : White

10 Layer

AutoCAD의 도면 작성에서 레이어란 투명한 종이로 생각할 수 있고, 도면 작성시 선의 형태를 외형선, 중심선, 해칭선, 문자 등으로 구별하여 용도에 따라 굵은 실선, 중간 실선, 가는 실선, 가는 일점 쇄선, 가는 이점 쇄선 등으로 구별됩니다. 이와 같이 AutoCAD에서 레이어 층을 이용하여 도면 작성을 편리하게 작업할 수 있으며, 잘 분리된 도면을 출력, 편집할 때 매우 유용합니다.

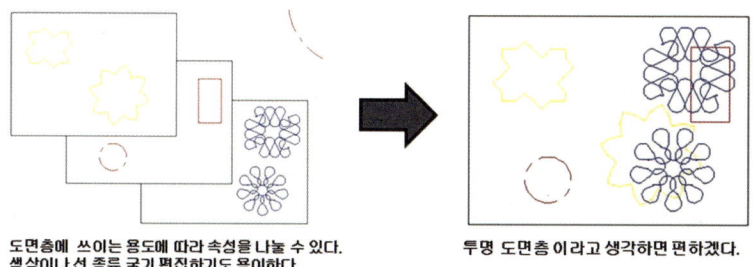

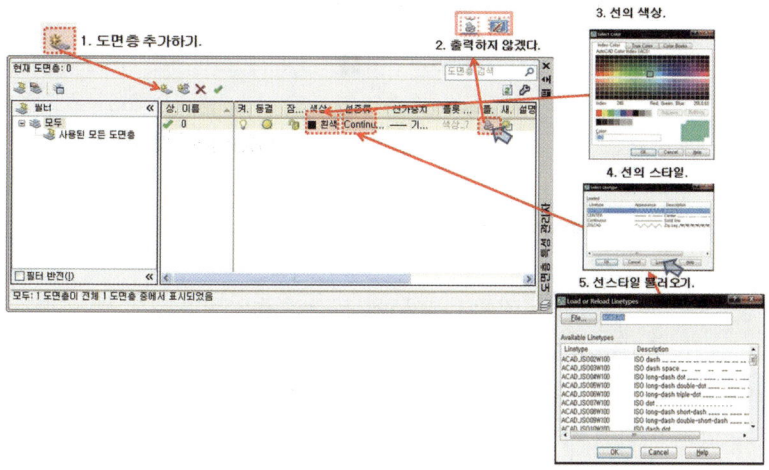

· Plot 그림 창

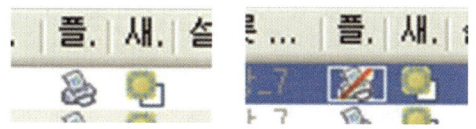

· Layer의 기능

위의 그림과 같이 Layer는 잠금 기능(편집이 안된다. Trim, break...)과 on, off 기능(안 보이게 숨겨주는 기능)이 있어서 사용자가 편리하게 작도할 수 있습니다.

11 Block

도면을 작성하는 경우 여러 도면의 객체를 묶어서 단일 도면 객체를 형성하는 것으로 많이 사용하는 그림들을 계속적으로 쓰고자 할 때 그림을 저장시켜 놓고 필요시 불러서 쓸 수 있도록 하는 기능이며 다음과 같은 특징을 가지고 있습니다.

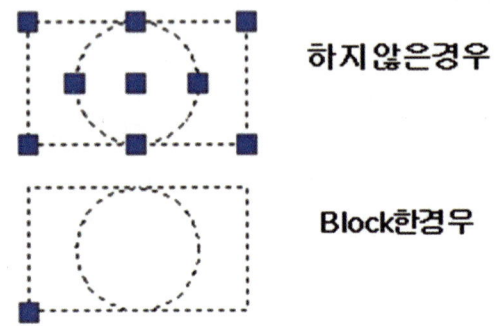

① 작업을 단순화시키고 조합화 시켜주기 때문에 시간이 절약됩니다.
② 사용자 라이브러리를 구성할 수 있기 때문에 도면 작업의 효율성이 높습니다.
③ 작성된 도면의 분량을 압축할 수 있기 때문에 파일의 크기가 절약됩니다.
④ 압축 효과가 있는 반면에 파일 공간을 그대로 이용할 수 있기 때문에 효율성이 좋습니다.

12 PURGE

현재 작업 중인 도면에서 사용되지 않은 블록이나 도면층, 글꼴 등에 대한 정보를 삭제합니다.

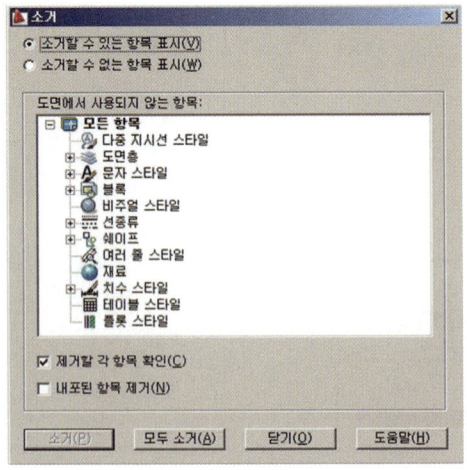

- 블록 : 현재 도면에서 사용하지 않은 블록을 지웁니다.
- 치수스타일 : 현재 도면에서 사용하지 Dimstyle을 지웁니다.
- 도면층 : 현재 도면에서 사용하지 도면층을 지웁니다.
- 플롯스타일 : 현재 도면에서 사용하지 않은 선을 지웁니다.
- 쉐이프 : 현재 도면에서 사용하지 않은 Shapes을 지웁니다.
- 문자 스타일 : 현재 도면에서 사용하지 않은 문자를 지웁니다.
- 여러 줄 스타일 : 현재 도면에서 사용하지 않은 Mline을 지웁니다.
- 모든 항목 : 현재 도면에서 사용하지 않은 모든 객체를 지웁니다.

13 DDATTDEF

AutoCAD에서 도면을 작성할 때 도면에 대한 속성을 정의합니다.
속성이란 AutoCAD에서 도면을 작성할 때 기존에 사용하고 있는 Block 명령의 기능을 향상시켜 주는 것을 말합니다. 도면 작성에 사용되는 블록은 그림으로만 저장하여 작업을 하기 때문에 속성에 관한 명령을 이용하면 기존에 있는 블록에 데이터를 입력하고 저장시킬 수 있다는 장점이 있으므로 효과적으로 이용할 수 있습니다. 그러므로 속성이라는 것은 현재 도면에 작성되어 있는 여러 가지 도형을 좀 더 효과적으로 관리할 수 있도록 제공하는 기능입니다.

14 APPLOAD

AutoCAD에서 AutoLISP로 작성된 파일에 대하여 사용자가 불러와서 사용할 수 있도록 합니다.

MVSETUP이 실행이 안될 경우에 Appload에서 불러와서 실행시킬 수 있습니다.

15 Hatch

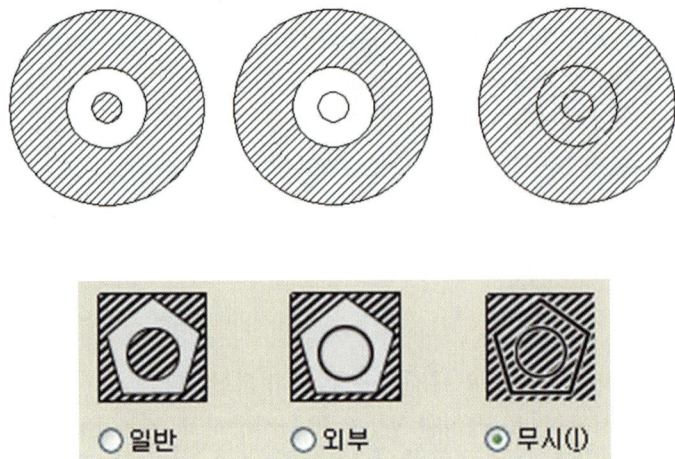

- 일반(NORMAL) : 가장 기본적인 형태로서 해치할 영역의 가장 바깥선에서 홀수번째의 영역이 해치되고, 짝수번째의 영역은 해치되지 않는 경우입니다.(2차 외곽선까지 해치하고, 2차와 3차 외곽선 사이는 공백으로 비우고 3차와 4차 외곽선을 해칭합니다.) 즉, 해치 라인을 바깥 선에서 안쪽 선으로 그리는데 다른 경계 부분을 만나면 다른 경계를 만들때까지 해칭을 하지 않습니다.
- 외부(OUTERMOST) : 영역의 외곽선 중 3차나 4차 등은 무시하고, 가장 바깥선에서 2차 외곽선의 사이만을 해칭합니다.
- 무시(IGNORE) : 영역의 2차, 3차, 4차 등의 외곽선은 모두 무시되고, 가장 바깥선의 내부에 모두 해칭합니다. 즉, 해치 도중 만나는 어떠한 경계도 무시합니다.

16 맞물림(Grip)

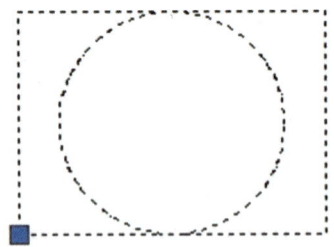

블록을 선택하면 삽입점의 맞물림이 켜집니다. 선택된 그룹은 블록의 삽입점과 같이 그룹과 연관 가능한 위치를 가지고 있지 않습니다. 블록의 삽입점은 도면에 블록을 삽입, 축척 및 회전을 가능하게 해줍니다.

맞물림을 사용하면 좌표 입력 장치를 사용하여 객체와 명령 선택을 조합할 수 있기 때문에 신속하게 편집할 수 있습니다. 맞물림이 켜져 있을 경우에는 편집하기 전에 원하는 객체를 선택해야 합니다.

맞로림을 사용하면 그래픽 커서 또는 키워드로 객체를 조작할 수 있으며 맞물림을 사용하면 메뉴의 사용을 줄일 수 있습니다.

커서는 이동된 맞물림 위로 스냅됩니다. 선택 세트에서 제거된 객체는 더 이상 강조되지 않지만 맞물림들은 계속 활성화된 상태로 남아있게 됩니다. ESC키를 눌러 맞물림을 선택 세트에서 제거합니다. 맞물림된 선택 세트에서 특정 객체를 제거하려면, 객체를 선택할 때 SHIFT키를 누릅니다.

GRIPBLOCK 시스템 변수는 블록 내에서의 맞물림 지정을 조정합니다. GRIPBLOCK이 1이면 맞물림은 블록 내의 모든 객체에 지정되며, GRIPBLOCK이 0이면 하나의 맞물림이 블록의 삽입점에 지정됩니다.

맞물림을 사용하여 편집하려면 기준점으로서 작동하는 맞물림을 선택해야합니다. 선택된 이 맞물림을 기준 맞물림이라 합니다. 신축, 이동, 회전, 축척 대칭 또는 맞물림 모드 중 하나를 선택합니다. 스페이스바 또는 키보드 단축키로 이 모드를 순환할 수 있습니다.

새로운 첫 번째 좌표 위치를 선택될 때 SHIFT키를 누르면 다중 복사 모드가 활성화됩니다. SHIFT키를 계속 누른 상태에서 화면의 다중 복사 점을 선택하면, 그래픽 커서는 선택한 처음 두 점을 기준으로 간격 띄우기 점에 스냅됩니다.

17 그룹(GROUP)

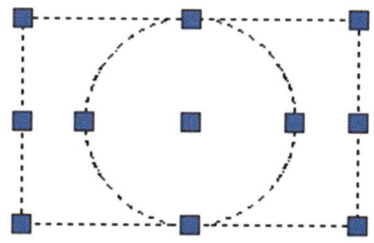

그룹이란, 외부참조로서 도면을 사용하거나 다른 도면에 삽입할 경우에 유지됩니다. 외부참조 또는 분해된 블록을 결합 및 분해할 때까지는 외부참조나 블록에 정의된 그룹에 직접 접근할 수 없습니다.

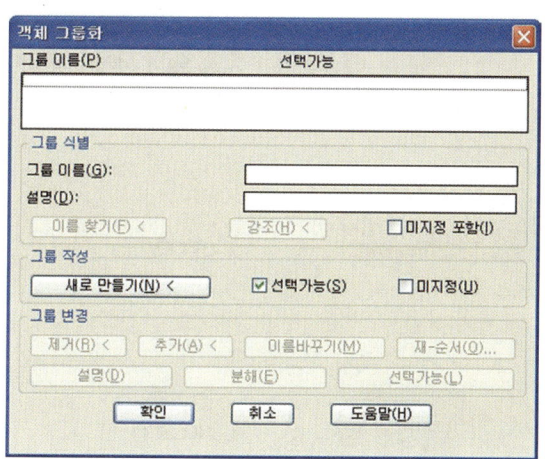

그룹이 선택 가능한 경우 그 구성 요소 중 하나를 선택하면 선택 기준을 만족하는 현재 공간에 있는

모든 구성 요소가 선택됩니다. 그룹을 선택하는 능력은 PICKSTYLE 시스템 변수에 의해서도 영향을 받는다. 그룹 선택에 대하여 PICKSTYLE을 끄는 경우 그룹 멤버를 개별적으로 선택할 수 있습니다. 그룹 작성시 그룹에 이름과 설명을 부여할 수 있습니다.
하나의 객체가 두 개 이상의 그룹의 구성 요소가 될 수 있습니다. 어느 때라도 그룹의 구성 요소를 추가 또는 제거할 수 있으며 그룹 이름을 바꿀 수 있습니다. 또한 그룹을 복사, 대칭 및 배열시킬 수도 있습니다.
그룹 구성 요소를 지운다는 것은 그 객체를 그룹 정의에서 삭제하는 것을 말합니다. 그룹 구성 요소가 삭제된 블록 안에 포함되어 있을 때, 객체는 도면에서 또한 그룹에서 삭제됩니다. 사용자는 그룹을 분해(DELETE)하여 그룹 정의를 제거할 수 있습니다. 그룹의 일부인 객체는 도면에 그대로 유지됩니다.
그룹의 구성 요소 순서, 그룹의 설명 그리고 그룹이 선택 가능한지의 여부를 변경할 수 있습니다. 그룹 구성 요소의 순서를 바꾸는데는 두 가지 방법이 있습니다. 그룹 구성 요소의 범위 또는 개별 구성 요소의 수치적 위치를 변경하거나 모든 구성 요소의 순서를 거꾸로 만드는 것입니다.
각 그룹의 첫 번째 객체의 번호는 1이 아니라 0입니다.

18 객체 선택 방법

- 마우스로 객체를 하나하나 선택합니다.
- All 옵션을 이용하여 화면에 있는 객체를 다 선택합니다.
- 마우스를 왼쪽에서 오른쪽 방향으로 드래그하여 영역안에 포함된 객체만 선택합니다.
- 마우스를 오른쪽에서 왼쪽 방향으로 드래그하여 영역에 걸치기만 한 객체도 선택합니다.
- Fence 옵션을 사용하여 울타리선을 지나는 모든 객체를 선택합니다.

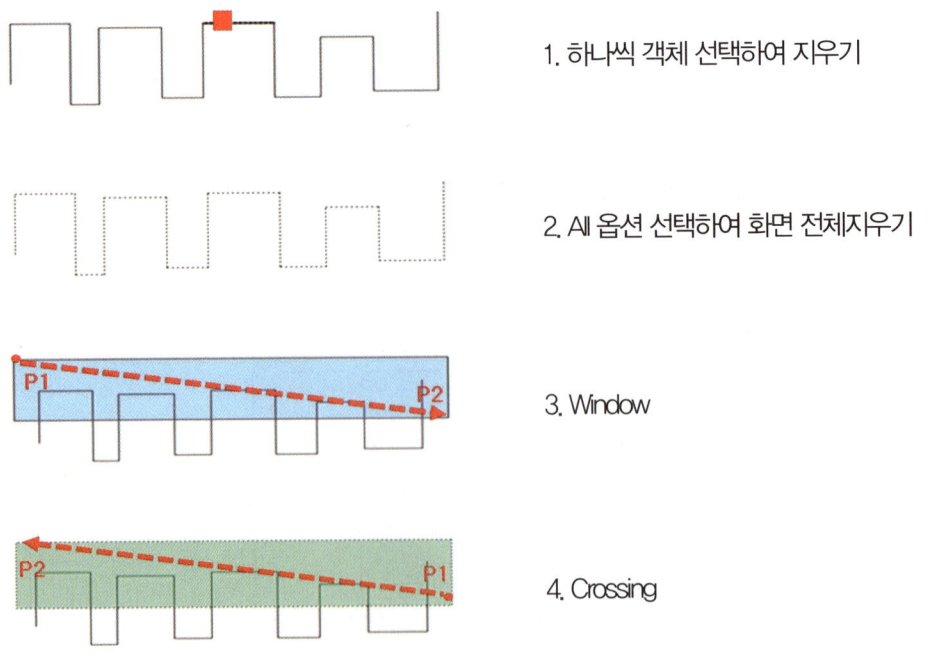

1. 하나씩 객체 선택하여 지우기
2. All 옵션 선택하여 화면 전체지우기
3. Window
4. Crossing

5. Fence

19 Measure, Divide

Measure, Divide는 객체를 POINT점으로 분할할 때 사용됩니다.

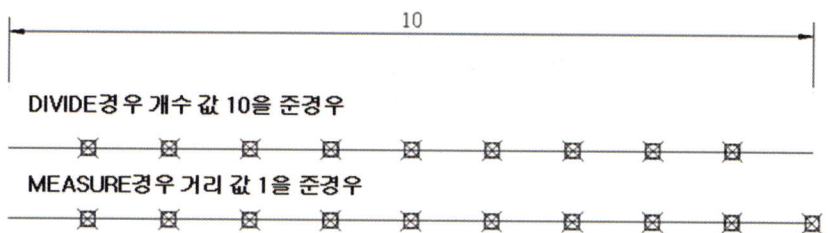

Measure는 분할할 입력 값을 선택한 점으로부터 거리 값으로 가까운 점으로부터 거리가 계산되어 분할해줍니다.

Divide는 분할할 개수(간격) 값으로부터 분할을 해줍니다.

20 POINT점

위치를 표시하기 위해 사용되거나 객체의 모양을 나타낼 때 사용됩니다.

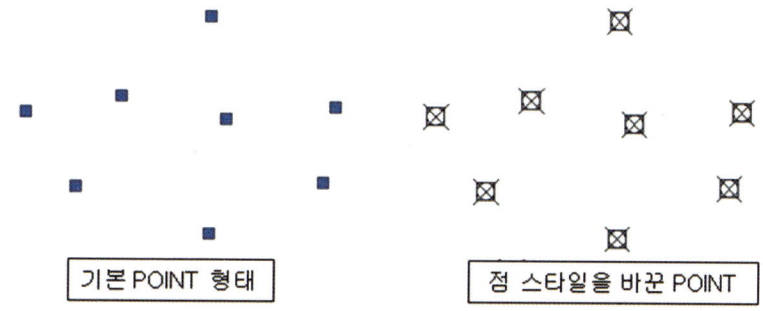

POINT의 형태는 점 스타일(DDPTYPE)의 종류 중 선택하여 변경해줄 수 있습니다.

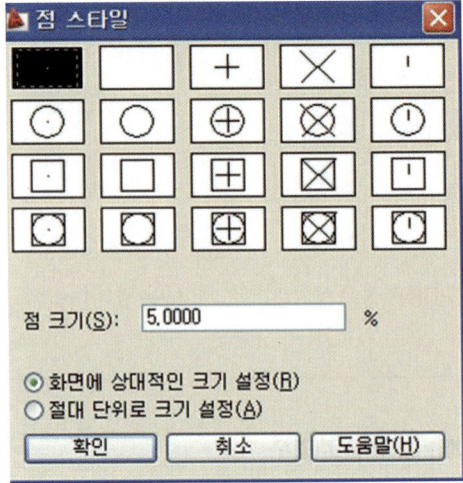

예상 및 기출문제 풀어보기

1. 도면 요소들을 선택하는 과정에서 원하지 않은 도면 요소가 추가 되었을 때 원하지 않은 부분만 따로 제거하기 위한 옵션은?

　가. Remove　　　나. Add　　　다. Previous　　　라. Undo

> 해설　Remove - 선택한 객체 중 제거할 때 이용
> Add - 선택한 세트에 객체를 추가할 때 이용
> Shift - 객체 선택시 Shift키를 누르면서 선택세트 객체를 제거할 수도 있다.

2. Strech 명령을 이용하여 객체를 선택하는 방법으로 옳은 것은?

　가. Crossing　　　나. Pick　　　다. All　　　라. window

> 해설　오른쪽에서 왼쪽으로 드래그해서 선택하는 방법으로 객체를 선택해야 원하는 부분을 늘릴 수 있다.

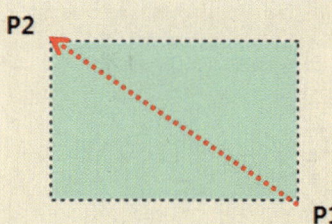

3. 쓸모없이 용량을 차지하고 있는 변수나 블록을 제거하여 용량을 줄이는 명령어는?

　가. Erase　　　나. Purge　　　다. Config　　　라. Delete

4. Purge로 지울 수 없는 것은?

　가. Layer　　　나. Wblock　　　다. Lintype　　　라. Textsytle

5. 다음 중 Fill 명령이 사용되지 않는 것은?

　가. Trace　　　나. Ellipse　　　다. Solid　　　라. Donut

6. 다음 해칭 스타일 옵션은 어떤 것인가?

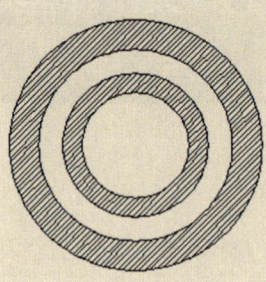

　　가. Outside　　　나. Normal　　　다. Lgonore　　　라. Outmost

7. 객체를 선택시 Crossing과 Window 기능을 선택하며 사용할 수 있는 것은?

　　가. Box　　　나. Fence　　　다. Auto　　　라. Multiple

8. 객체의 맞물림(GRIP)의 수가 틀린 것은?

　　가. 원 5개　　　나. 호 4개　　　다. 문자 2개　　　라. 선 3개

　　해설 ▶ 세워보자.

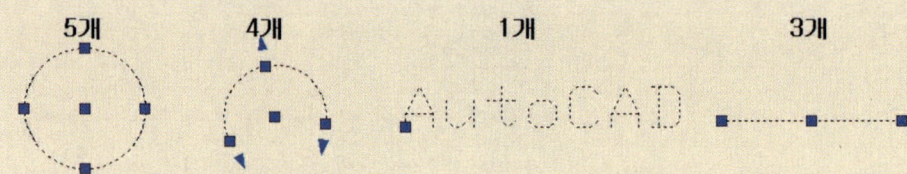

9. 그룹(GROUP)에 대한 설명으로 틀린 것은?

　　가. 그룹에 묶인 요소들을 추가·제거할 수 있다.
　　나. 그룹의 이름은 변경할 수 없다.
　　다. 그룹은 삭제되어도 객체는 도면에서 삭제되지 않는다.
　　라. Explode 명령으로 그룹 정의를 분해할 수 없다.

　　해설 ▶ 그룹은 객체를 따로따로 선택하거나 묶인 뒤에도 추가 제거할 수 있다. 그룹이 삭제되면 객체 또한 삭제된다.

10. 다음 중 AutoCAD에서 CLIPBOARD를 이용하는 명령과 단축키의 연결이 잘못 짝지어진 것은?

가. CutClip - Ctrl+X
나. CopyClip - Ctrl+C
다. CopyLink - Ctrl+Z
라. PasteClip - Ctrl+V

정답 1. 가 2. 가 3. 나 4. 나 5. 나 6. 나 7. 나 8. 다 9. 나 10. 다

04 문자 작성 및 편집

1 DTEXT (단축키 : dt)

작성된 도면에 간단한 문자를 입력하는 기능으로 사용할 수 있습니다.

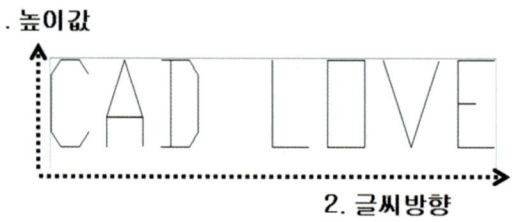

01 옵션에 대한 설명
- Justify : 글자의 정렬을 조절합니다.
- Align : 두 점 사이에 글자를 정렬합니다.
- Fit : 두 점 사이에 있는 글자를 정렬하여 높이를 가집니다.
- Center : 글자의 바닥을 기준으로 정렬합니다.
- Middle : 글자를 가로와 세로를 중심으로 정렬합니다.
- Right : 문자를 지정된 점의 기준선에서 오른쪽으로 정렬합니다.

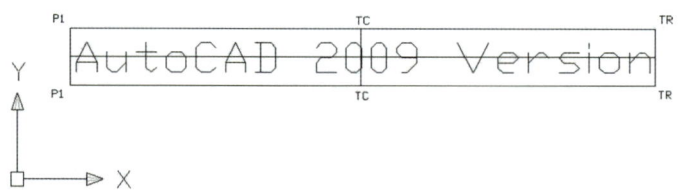

02 정렬의 종류
- **왼쪽 정렬** : 맨 위 왼쪽, 중간 왼쪽, 아래 왼쪽
- **중간 정렬** : 맨 위 중앙, 중간 중심, 아래 중심
- **오른쪽 정렬** : 맨 위 오른쪽, 중간 오른쪽, 아래 오른쪽

03 정렬시 단축 옵션 설명
- TL(top, left) : 위의 왼쪽 점을 기준으로 정렬합니다.
- TC(top, center) : 위의 중심점을 기준으로 문장을 입력합니다.
- TR(top, right) : 위의 오른쪽을 기준으로 입력합니다.
- ML(middle, left) : 문자를 왼쪽 중간을 기준으로 입력합니다.
- MC(middle, center) : 중간을 기준으로 가로와 세로 방향에서 입력합니다.
- MR(middle, right) : 문자를 오른쪽 중간을 기준으로 입력합니다.
- BL(bottom, left) : 문자를 기준선에 대해 지정된 점에서 중심에 입력합니다.
- BC(bottom, center) : 문자를 기준선에 대해 지정된 점에서 중심에 입력합니다.
- BR(bottom, right) : 문자를 오른쪽 아래를 기준으로 오른쪽으로 입력합니다.

04 문자의 설정 옵션
- Jusitify : 문자에 대한 정렬 위치를 설정합니다.
- Line spacing : 라인 간격을 설정합니다.
- Rotation : 문장의 회전각을 설정합니다.
- Style : 문자에 대한 유형을 설정합니다.
- Width : 문자 경계에 대한 폭을 설정합니다.

1) 특수 문자 입력
작성된 도면에 특수문자를 입력하고자 할 때는 다음과 같습니다.
- %%o : 글자 위에 윗줄을 칩니다. (AMX)
- %%u : 글자 밑에 밑줄을 칩니다. (AMX)
- %%d : 각도에 대한 기호를 표시합니다. (50°)
- %%p : 공차 기호를 표시합니다. (±50)
- %%c : 원에 대한 지름 기호를 표시합니다. (⌀50)
- %%% : 퍼센트 기호를 표시합니다. (%)
- %%nnn : 아스키코드의 문자를 출력합니다. (A)

글꼴은 각각의 문자 세트를 구성하는 문자들의 쉐이프를 정의합니다. AutoCAD에서는 AutoCAD의 자체 컴파일된 쉐이프(SHX) 글꼴 외에도 트루타입 글꼴을 사용할 수 있습니다.

단일 글꼴이 하나 이상의 유형에 의해 사용될 수 있습니다. 글꼴 형태가 있는 표준이 있다면, 사용자는 서로 다른 방법으로 표준 글꼴을 사용하는 유형들의 집합을 작성하기 위해 다른 유형 설정 값들을 수정할 수 있습니다.

사용자가 글꼴을 지정하면, AutoCAD는 첫 번째 이름이 보통 글꼴이고, (쉼표에 의해 분리되는) 두 번째 이름이 큰 글꼴이라고 가정합니다.

만일 사용자가 하나의 이름만을 입력하면, AutoCAD는 그것이 보통 글꼴이라고 가정하고, 연관된 큰 글꼴을 제거합니다. 다음의 표에 보여진대로 글꼴 파일 이름을 지정할 때 쉼표를 앞쪽이나 뒤쪽에 사용하면, 사용자는 다른 글꼴에 영향을 주지 않고 글꼴을 변경할 수 있습니다.

명령행에서 글꼴 및 큰 글꼴 지정하기

입력	지정
글꼴, 큰 글꼴	보통 글꼴과 큰 글꼴 모두 사용합니다.
글꼴	큰 글꼴은 변경하지 않고 보통 글꼴만 변경하여 사용합니다.
큰 글꼴	큰 글꼴만을 사용합니다.
글꼴	큰 글꼴이 있다면 제거되고 보통 글꼴만을 사용합니다.
엔터키(빈 응답)	변경 없음

쉼표를 포함한 긴 파일 이름은 글꼴 파일 이름으로 사용할 수 없습니다. 쉼표는 SHX 글꼴-큰 글꼴 상에 대한 구분문자로 해석되기 때문입니다.
다중 글꼴 또는 행이 필요 없는 짧은 항목의 경우에는 DTEXT나 TEXT를 사용해서 행 문자를 작성할 수 있습니다. 각각의 행은 엔터키를 쳐서 마치고, 하나 이상의 문자 행을 작성할려면 DTEXT를 사용하면 됩니다. 각각의 문자 행은 사용자가 재위치시키고, 형식을 다시 만들며, 수정할 수 있는 하나의 객체입니다.
문자를 입력하면 화면에 문자가 나타나지만 최종 위치에 표시되지는 않습니다. 만일 사용자가 이 명령행에 다른 점을 선택하면, 커서 상자는 그 점으로 이동하고 사용자는 계속해서 문자를 입력할 수 있습니다. 이 작동은 분리된 문자 객체를 작성합니다.
행 문자를 작성하는 경우, 사용자는 명령행에서 유형을 지정하고 정렬을 설정합니다. 정렬은 문자의 어떤 부분이 삽입점에 정렬될 것인지를 결정합니다. 유형은 기본 형식 특성을 설정합니다.
개별적인 단어와 문자에는 형식을 적용할 수 없습니다.

2 Mtext

길고 복잡한 내용을 입력하는 경우에는 MTEXT를 사용하여 다중행 문자를 작성할 수 있습니다.
다중행 문자는 지정된 폭에는 맞추어지지만 수직 방향으로는 길이 제한없이 연장될 수 있습니다.
다중행 문서 내에서는 개별적인 단어나 문자의 형식을 지정할 수 있습니다.
다중행 문자는 사용자가 지정한 폭 내에 맞는 문자 행이나 단락으로 구성되며 행 수에 제한을 받지 않습니다. 행의 수에 관계없이 단일 편집 세션에서 작성된 각 세트의 단락은 단일 객체를 형성하여 이동, 회전, 지우기, 복사, 대칭, 신축 또는 축척할 수 있습니다.
다중행 문자는 한 단락 내의 개별적인 문자, 단어 또는 절에 대하여 밑줄, 글꼴, 색상 및 문자 높이를 변경할 수 있습니다.
MTEXT로 작성된 다중행 문자 객체의 높이는 화면상의 경계 상자의 반대쪽 구석을 선택할 때 지정된 높이가 아닌, 문자의 양에 따라 달라집니다.
문자를 작성하기 전에 단락의 폭을 정의해야 합니다. 문자를 모두 입력하면, AtoCAD는 이 폭 한계 내에서 대화 상자에 입력된 문자를 삽입합니다. 문자 높이, 자리 맞추기, 회전 각도 및 유형을 문자 객체에 적용하거나 문자 형식을 선택된 문자에 적용할 수 있습니다.
자리 맞추기는 문자가 삽입될 위치를 문자 경계에 따라 결정합니다.

3 QTEXT

글자의 처리 속도를 빠르게하는 것으로 사용됩니다.

4 SPELL

도면에 작성된 문자의 철자가 제대로 입력되었는지를 검색하는 것으로 사용됩니다.

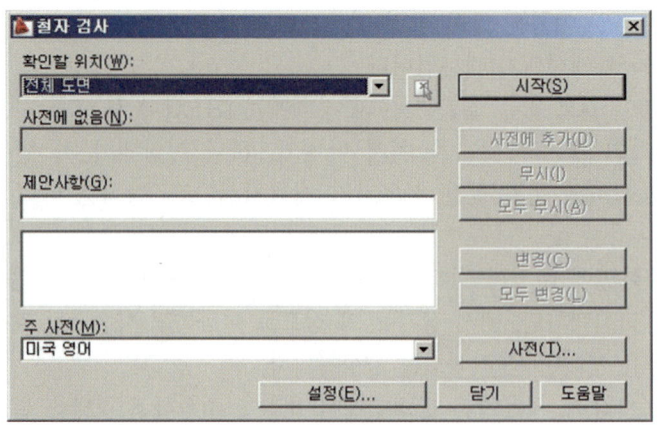

입력된 문장의 글자가 틀린 경우에는 위의 화면이 구성됩니다. 이 경우 수정할 수 있습니다. 만약 틀린 글자가 없으면 아래의 화면이 구성됩니다. 위의 화면에서 선택된 단어나 문장이 현재 선택 난에 나타나면 사용자가 원하는 사항을 이용할 수 있습니다.

5 FONTALT

도면 작성시 외부 데이터 베이스로부터 도면을 불러와서 사용하는 경우 도면에서 사용된 문자가 나타나지 않은 경우가 있습니다. AutoCAD 파일이 기본적으로 txt.shx이지만 글꼴을 대체하여 사용할 수 있도록 하는 것으로 사용됩니다.

6 DDEDIT

도면 작성시 입력된 문자를 수정하는 경우로 사용됩니다.
모든 다른 객체와 마찬가지로 행 문자 객체도 이동되고, 회전되며, 지우기 및 복사될 수 있습니다. 또한 사용자는 문자를 대칭시키거나 반전된 사본을 만들 수도 있습니다. 만일 문자를 대칭시킬 때 반전되지 않게 하려면 MIRRTEXT 시스템 변수를 0으로 설정하면 됩니다.
문자 객체에는 신축하기, 축척하기 및 회전하기를 위한 맞물림이 있습니다. 행 문자 객체는 기준선의 왼쪽 아래 구석과 정렬점에 맞물림을 가지고 있습니다. 명령의 효과는 사용자가 선택한 맞물림에 따라 달라집니다.
DDEDIT 및 DDMODIFY를 사용하여 행 문자를 변경할 수 있습니다. 행 문자와 함께 사용한 경우, DDEDIT는 내용만을 변경합니다. 그러나 DDMODIFY는 삽입점 및 유형, 자리 맞추기, 크기 및 방향 특성과 함께 내용을 변경합니다.

7 FIND

작성된 도면에서 문자를 찾거나 바꾸어 줍니다.

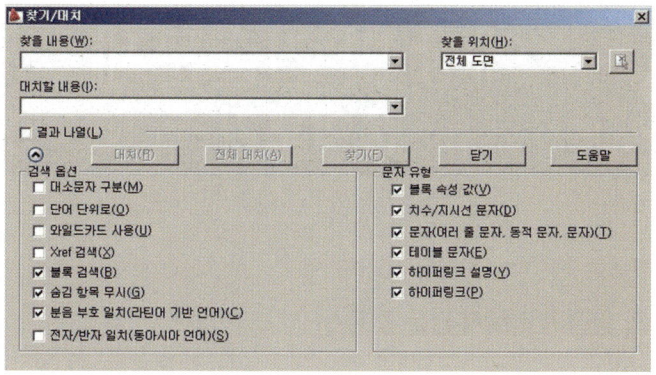

8 SCRIPT

도면에 있어서 도스의 배치 파일과 같은 역할을 수행합니다.

9 Mtexted

MTEXTED 시스템 변수가 .(마침표)인 경우에는 화살표만 나타나고 아무런 표시가 나타나지 않으며, INTERNAL로 설정할 경우에 마침표로 설정한 것과 다른 부분이 있다면 단지 선호사항 대화 상자에 표기가 되는 것뿐입니다.
INTERNAL로 설정된 경우 MTEXT 실행시 다중행 문서 편집기를 AutoCAD에서 지원하는 편집기를 사용한다는 것입니다. MTEXTED 시스템 변수를 사용자가 원하는 문서 편집기를 이용할 경우 경로 및 실행 파일을 지정할 수 있으며, 선호사항 대화 상자의 화살표를 더블 클릭하여 경로 및 파일을 찾을 수도 있습니다.

10 TEXTFILL

- 변수 : 0 → 글씨가 채워져서 출력됩니다.
- 변수 : 1 → 글씨가 채워지지 않고 출력됩니다.

예상 및 기출문제 풀어보기

1. 다음 중 특수문자의 연결이 바르지 않은 것은?

　가. %%d : 도 기호(°)　　　　　　　　나. %%p : 공차 기호(±)

　다. %%c : 지름 기호(∅)　　　　　　　라. %%o : Ohm 기호(Ω)

2. 문자 스타일(STYLE)의 특성을 변경할 수 없는 것은?

　가. 글꼴　　　나. 기울기　　　다. 문자의 폭 비율　　　라. 높이

　해설 문자 스타일

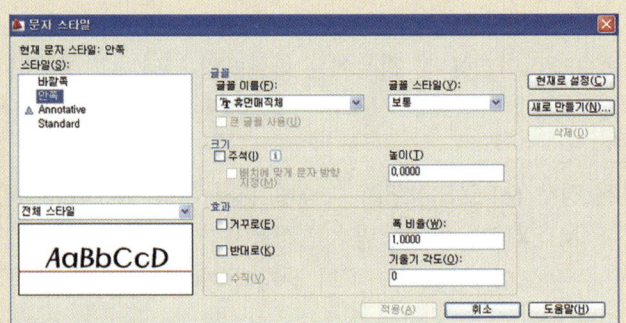

3. TEXT의 설명으로 바르지 않은 것은?

　가. TEXT 명령에 의해 작성된 각각의 행에 대해서 개별적인 위치를 지정할 수 있다.

　나. TEXT 명령에 의해 작성된 각각의 문자의 크기를 임의로 지정할 수 있다.

　다. 문자를 입력할 때, 문장이 완성되기 전에 입력되는 문자가 화면에 표시된다.

　라. TEXT 명령에 의해 작성된 각각의 행에 대해서 수정할 수 있다.

4. 문자를 입력할 경우 기본적인 정렬 방식은?

　가. 문자의 중간　　　　　　　　나. 문자의 왼쪽

　다. 문자의 왼쪽 아래　　　　　　라. 문자의 왼쪽 중간

5. 문자를 편집하고자 할 경우 사용되는 명령은?

　　가. STYLE　　　나. CHANGE　　　다. SHAPE　　　라. DDEDIT

6. MTEXT에 대한 설명으로 틀린 것은?

　　가. 선택한 영역안에 글씨가 입력되는 방법으로 영역 밖으로는 나가지 않는다.
　　나. 다중행 문자를 작성할 수 있다.
　　다. 수직방향으로 길이 제한없이 연장될 수 있다.
　　라. 문자를 작성시 다락의 폭을 정의해야 한다.

7. 외부 문서를 AutoCAD에 삽입시 옳지 않은 것은?

　　가. 삽입된 문자는 현재 사용 중인 유형에 의해 사용된다.
　　나. 확장자가 txt 또는 rtf인 파일일 경우 도면끌기를 할 수 있다.
　　다. 가져온 문서 파일의 크기는 제한이 없다.
　　라. 사용자는 ASCII 또는 RTF 문자를 도면에 삽입하기 위해 끌기를 할 수 있다.

　　해설▶ 가져온 문서 파일은 최대 16KB이다.

8. 다음 중 철자 검색시 부정확하다는 메시지를 나타내는 특수문자는?

　　가. -(하이픈)　　나. #(샵)　　다. ~(틸트)　　라. ^(고깔)

9. TEXT의 글꼴을 변경하고자 할 때 사용하는 명령어는?

　　가. STYLE　　　나. CHANGE　　　다. SHAPE　　　라. DDEDIT

10. 문자의 행 간격의 단일 간격은 어느것인가?

　　가. 문자 높이의 1.66배　　　나. 문자 높이의 1.80배
　　다. 문자 높이의 1.54배　　　라. 문자 높이의 1.86배

정답　**1.** 라　**2.** 라　**3.** 나　**4.** 나　**5.** 라　**6.** 가　**7.** 다　**8.** 라　**9.** 가　**10.** 가

05 치수 기입 및 편집

1 DDIM

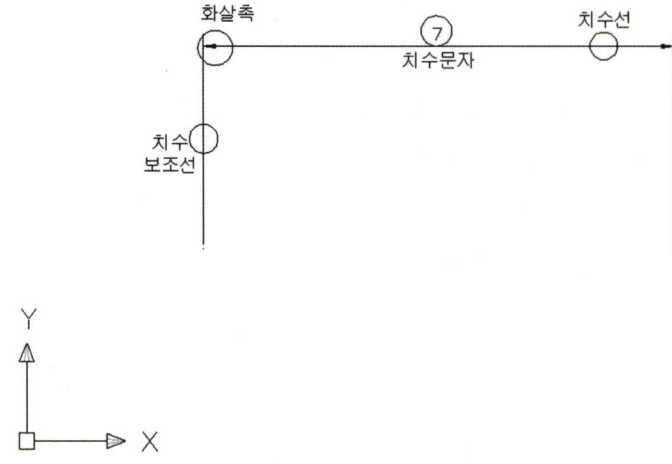

치수선을 뽑기 전이나 후에 DDIM 명령을 이용하여 치수기입에 대한 모든 정보를 변경할 수 있습니다.

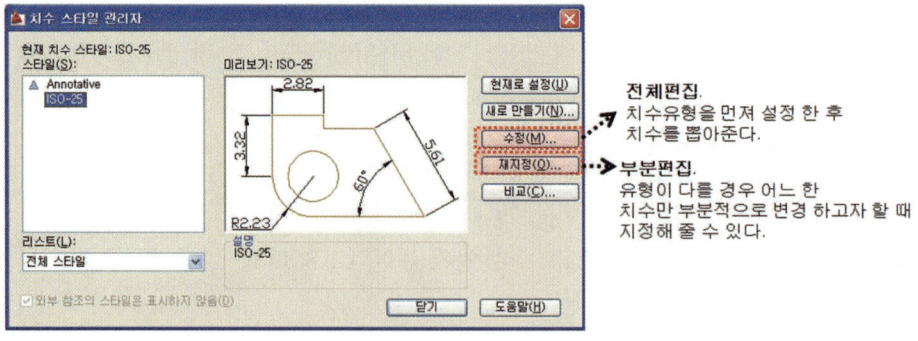

치수(유형) 스타일 : 모든 치수는 현재 유형을 사용하여 작성되며 치수를 작성하기 전에 유형을 정의 또는 적용하지 않는 경우 기본 유형인 STANDARD가 적용됩니다. 치수 기입 시스템 변수는 DDIM 대화 상자의 설정 값에 의하여 조정됩니다.

2 DIMSCALE

DIMSCALE은 치수의 크기에 영향을 미치는데 치수 문자, 화살촉, 치수 보조선, 원점 간격 띄우기와 같이 전체적으로 영향을 미치기 때문에 도면 영역이 커졌을 경우에 같은 비율로 일일이 편집을 해주지 않아도 됩니다.

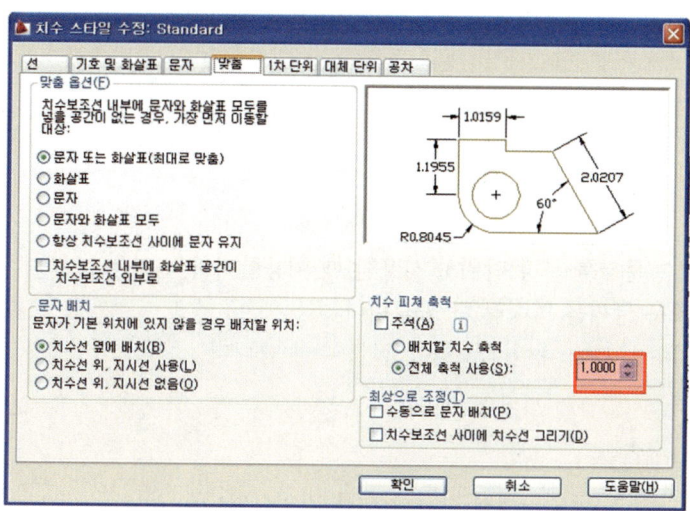

3 치수선의 종류

01 DIMLINEAR

도면 작성시 가로와 세로에 대한 치수를 기입합니다.

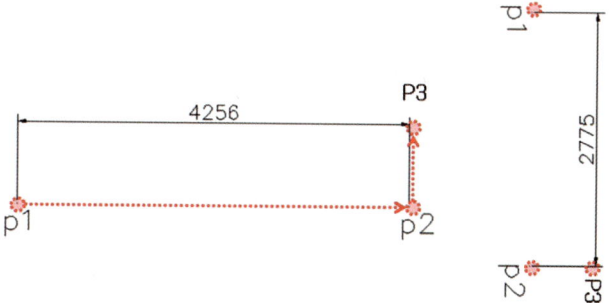

02 DIMALIGNED

도면 작성시 치수 기입 모드에서 정렬된 직선 치수를 기입합니다.

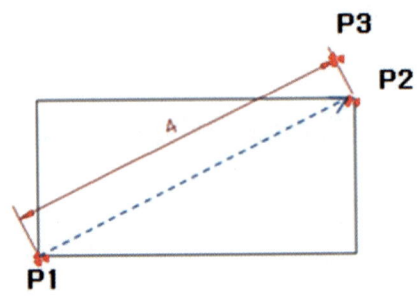

- Mtext : 치수 문자를 문장 단위로 사용할 때 이용합니다.
- Text : 새로운 글씨를 입력할 수 있습니다.
- Angle : 치수 문자에 대한 각도를 조절할 수 있습니다.

03 DIMANGULAR

도면 작성시 치수 기입 모드에서 각도 치수를 기입합니다.

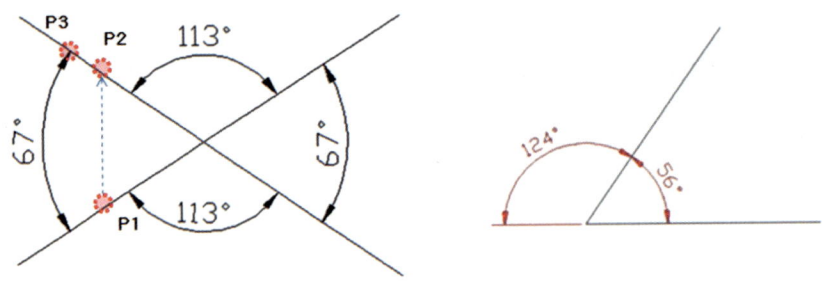

아래의 예제 도면의 치수를 뽑아낼 수 있습니다.

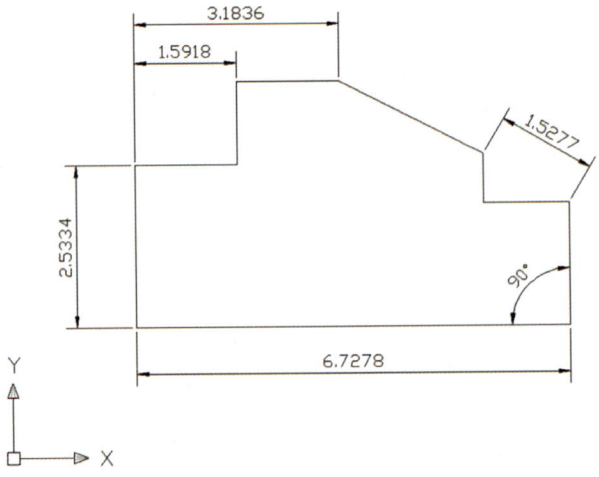

04 DIMBASELINE

도면 작성시 다중치수 기입으로 이전 치수 또는 치수의 기준선으로부터 연속적인 치수를 기입합니다.

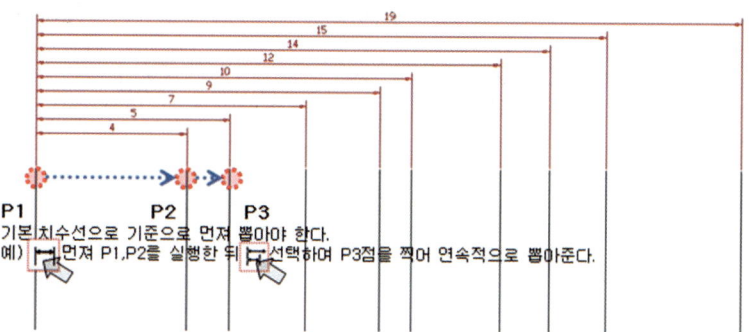

- Horizontal : 치수를 가로 형식으로 작성합니다.
- Vertical : 치수를 세로 형식으로 작성합니다.
- Rotated : 치수선에 대한 각도를 조절합니다.

05 원인 경우

06 DIMCENTER

도면 작성시 원 또는 호의 중심점을 표시해 주는 명령으로 어떤 방법으로 표시할 것인지와 크기를 어느 정도로 할 것인지에 대해 지정합니다.

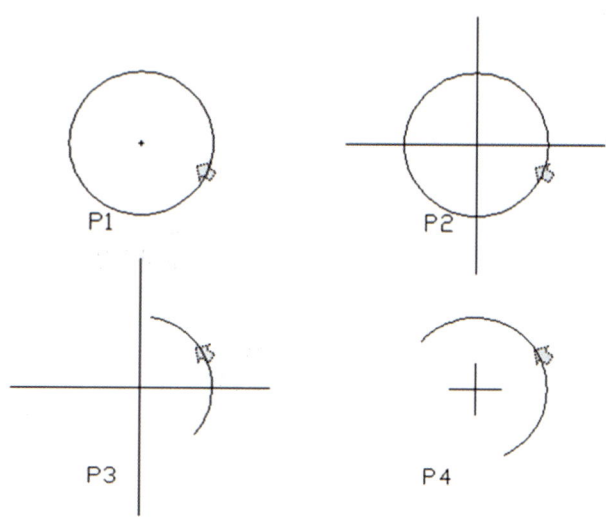

07 DIMRADIUS와 DIMDIAMETER

도면 작성시 원이나 호의 반지름과 지름에 대한 치수를 기입합니다.

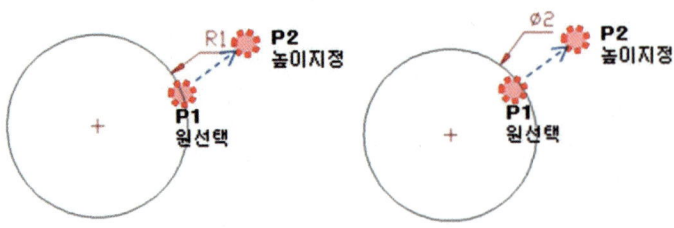

08 DIMCONTINUE

도면 작성시 평행하게 연속된 치수를 기입할 때 사용합니다.

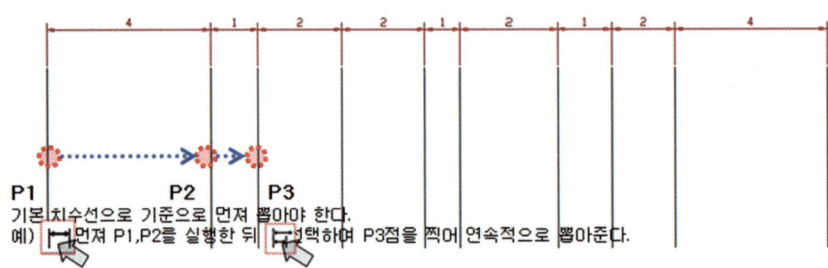

09 DIMORDINATE

도면 작성시 원점으로부터 거리를 치수로 지정하는 명령으로 UCS 아이콘을 객체의 특징위치로 이동한 후 특정 점을 선택하여 치수를 기입합니다.

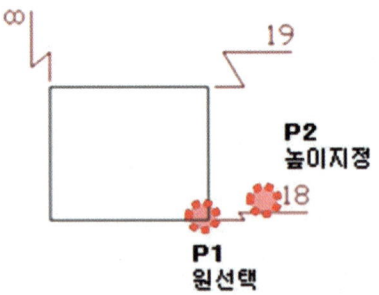

10 DIMOVERRIDE 재지정(O)...

도면 작성시 치수에 대한 시스템 변수를 다시 지정합니다.

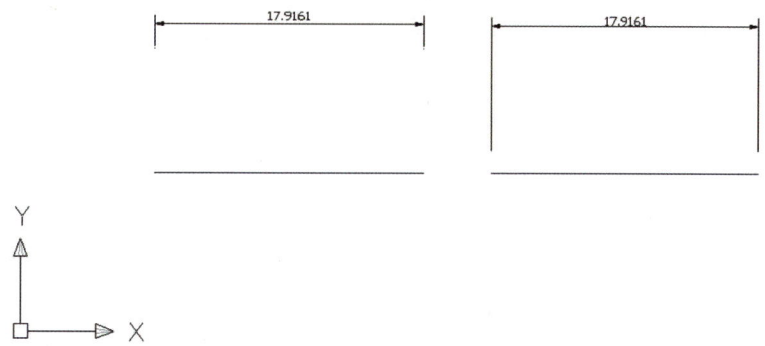

11 LEADER

도면 작성시 지시선 치수를 기입하는데, 치수가 아니라 어떤 부분에 지시 사항을 입력하고 싶을 때 사용하는 지시선과 주석을 입력할 수 있도록 해줍니다.

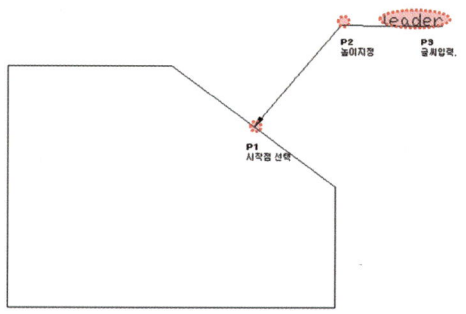

4 화살촉의 종류

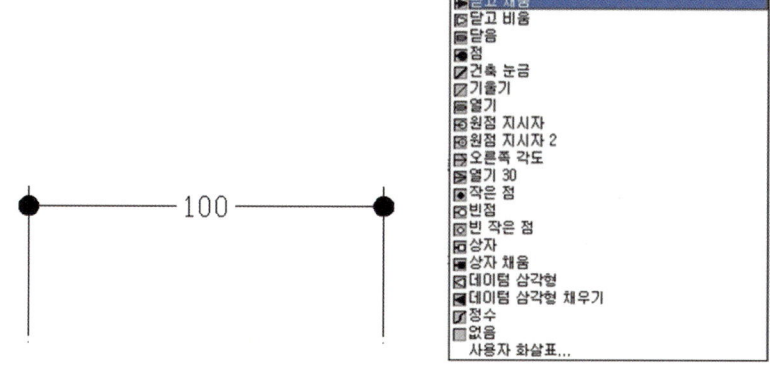

위의 사용되는 화살촉은 블록(점)입니다.

- DIMBLK는 양쪽의 화살촉 형태가 동일한지를 조정합니다.
- DIMBLK1과 DIMBLK2는 첫 번째와 두 번째 화살촉 형태가 다르면 조정합니다.
- DIMASZ는 화살촉 갈고리 선 크기를 조정합니다(DIMSAH가 켜져있을 때).
- AutoCAD는 화살촉 대신 17개의 블록을 제공하고 있습니다.
- DIMTSZ은 TICK MARK를 사용할 때 쓰이는 시스템 변수입니다.
- DIMTIX는 치수 보조선 내에 문자를 넣고자할 때 사용되는 시스템 변수입니다.

5 특수 문자

퍼센트 기호를 연속으로 지정하여 다음에 오는 문자를 특수문자로 표현할 수 있습니다. 하지만 모든 문자 폰트에서 되는 것은 아닙니다.

- %%O : 뒤에 오는 문자열의 윗줄을 표시합니다.
- %%U : 뒤에 오는 문자열의 밑줄을 표시합니다.
- %%D : 각도 기호를 표시합니다.
- %%P : 치수의 공차(Plus/Minus) 기호를 표시합니다.
- %%C : 치수의 지름 기호(∅)를 표시합니다.
- %%% : 퍼센트 기호(%)를 표시합니다.

6 치수 기입의 3가지 기본 형태

- 선형, 반지름, 각도

7 STATUS

도면에서 현재 사용 중인 치수 스타일의 변수 설정 값의 상태를 확인해줍니다.
명령창에 입력하게 되면 현재 도면의 범위, 다양한 도면 모드와 매개 변수의 설정 값, 남은 물리적 메모리 디스크 공간 등의 도면의 정보를 출력할 수 있습니다.

예상 및 기출문제 풀어보기

1. DDIM 명령으로 수정할 수 없는 것은?
   가. 치수선, 문자, 치수보조선 등의 색상
   나. 도면에 그려진 치수 문자의 내용
   다. 치수의 표현 형태
   라. 도면공간에서 그려지는 치수의 축척

2. 지시순에 대한 설명으로 잘못된 것은?
   가. 주석을 회전시키면 지시선, 갈고리선도 회전한다.
   나. 지시선은 TRIM과 EXTEND를 위한 모서리로 사용할 수 있다.
   다. 지시선은 TRIM 및 EXTEND될 수 있다.
   라. 지시선을 축척시키면 갈고리 선과 주석은 축척되지 않는다.

3. DIMSCALE 값을 주었을 때 변화되지 않는 것은?
   가. 공차
   나. 측정된 길이
   다. 중심 표식의 크기
   라. 좌표나 각도

4. 특수문자에 대한 설명중 맞지 않은 것은?
   가. %%P - 공차 기호 기입
   나. %%U - 밑줄 긋기
   다. %%D - 각도 기호 기입
   라. %%% - 어떠한 기호도 기입되지 않음

5. AutoCAD 2006버전 이후로 추가된 치수 기입방식은?
   가. 선형(Linear)
   나. 호 길이(Arc Length)
   다. 세로좌표(Qrdinate)
   라. 기울기(Qblique)

정답 1. 나 2. 다 3. 다 4. 라 5. 나

06 블록의 속성 및 외부참조

1 도면의 속성

① 도면 파일은 데이터 베이스 소프트웨어의 속성 정보를 추출하여 함께 사용할 수 있습니다.
② AutoCAD도면에서 속성 정보를 추출하여 분리된 문자 파일을 작성한 후 데이터베이스 소프트웨어와 함께 사용할 수 있습니다.
③ 속성정보를 추출해도 도면에는 영향을 미치지 않습니다.

2 템플릿 파일

① 템플릿 파일에는 속성 꼬리표와 연관된 모든 정보가 포함됩니다.
② 사용자가 템플릿 파일을 작성한 후에, 어떤 속성 정보를 도면에서 추출할 것인지를 결정하기 위하여 그 파일이 사용됩니다.
③ 템플릿 파일의 각 필드는 도면에서 정보를 추출합니다.
④ 템플릿 파일의 각 행은 추출 파일에 기록될 하나의 필드를 지정하는데, 여기에는 필드 이름, 필드의 문자 폭 및 수치 정밀도가 포함됩니다. 추출 파일의 각 레코드에는 템플릿 파일에 의해 주어진 순서대로 지정된 모든 필드가 들어 있습니다.
⑤ 템플릿 파일에는 최소한 하나의 속성 꼬리표 필드가 있어야 합니다. 속성 꼬리표 필드는 추출 파일에 포함될 속성, 즉 블록을 결정합니다.
⑥ 블록이 지정된 속성의 전부가 아닌 일부를 포함하는 경우, 존재하지 않는 속성 값은 공백(문자의 경우) 또는 0(수치의 경우)으로 채워집니다. 지정된 속성 중 아무것도 포함하지 않는 블록 참조는 추출 파일에서 제외됩니다. 각 필드는 템플릿 파일에서 두 번 이상 나타날 수 없습니다. 템플릿 파일에는 주석 필드가 포함될 수 없습니다.
⑦ 꼬리표 이름이 템플릿 파일에 지정된 필드 이름과 일치하는 경우에만 속성이 추출됩니다. DDATTEXT는 다음 형식 중 하나를 사용해서 속성 정보를 추출합니다.

3 쉼표 구분 파일(CDF) 형식

① 도면의 각 블록 참조를 위해 하나의 레코드를 포함하고 있는 파일을 만듭니다.
② 쉼표는 각 레코드의 필드를 분리하고 작은 따옴표는 문자 필드를 묶습니다.
③ 일부 데이터베이스 응용프로그램에서는 이 형식을 직접 읽을 수 있습니다.

4 빈칸 구분 파일(SDF) 형식

① 도면의 각 블록 참조를 위해 하나의 레코드를 포함하고 있는 파일을 만듭니다.
② 각 레코드의 필드는 고정된 폭을 가지고 있으며 필드 분리 문자와 문자열 구분 문자를 사용하지 않습니다.

5 도면 교환 파일(DXF) 형식

① 블록 참조, 속성 및 end-of-sequence 객체만을 포함하고 있는 AutoCAD 도면 교환 파일 형식의 부분 집합을 만듭니다.
② DXF 형식 추출은 템플릿을 필요로 하지 않습니다. .dxx 확장자 파일은 출력 파일과 보통의 DXF 파일을 구분합니다.
③ DDATTEXT 명령으로 속성 정보를 추출할 수 있습니다.

6 INDEXCTL 시스템변수

① 0으로 설정된 경우 색인이 작성되지 않습니다. 1로 설정된 경우 도면층 색인이 작성됩니다. 2로 설정된 경우 공간 색인이 작성됩니다. 3으로 설정된 경우 도면층·공간 색인 모두 작성되어 도면과 함께 저장됩니다.
② 도면파일이 저장시 도면층, 공간 또는 도면층 공간 색인여부를 결정합니다.
③ 도면층 및 공간 색인을 사용하며 AutoCAD가 외부참조를 요청하여 올리기할 때 성능이 증가하여 도면크기가 증가해 저장되는데 시간이 늘어납니다.

7 외부 참조

① 항상 호스트 도면에 저장되어 도면을 효율적으로 관리하는 방법입니다.
② 호스트 도면이 열릴때 참조되고 도면의 크기가 줄어듭니다. 따라서 외부참조를 사용하면 도면 성능을 크게 향상시킬 수 있습니다.
③ 부착된 외부참조는 다른 도면을 사용하여 도면을 작성하는 것을 도와주기 위한 것입니다.
④ 외부참조기능 : 원하는 만큼 사본부착 가능. 축적, 회전 기능 가능하고, 종석된 도면층 선, 종류 특성 조정 가능합니다.
⑤ 기호 테이블 이름은 31문제로 제한되어 가능한 이름이 짧아야 합니다.
⑥ 사용자는 도면이 다른 도면에 외부참조로 부착될 때 도면에 부착한 외부참조 도면과 항상 현재 도면에서 가시적이기 때문에 도면의 크기가 증가하지 않습니다.
⑦ 도면을 보관하고 외부 참조가 변경되지 dskgrp하기 원하는 경우 도면에 외부 파일을 결합하는 것이 유용합니다.

⑧ (B의 도면층이 포함된) A도면 안에 XREDFF(외부 참조)명령을 이용하여 C라는 도면을 부착시키면
→ A도면안에는 C라는 도면이 존재하며 결합시킨 후에도 블록으로 존재합니다.
 (B의 도면층)이 부착된 경우 A|B로 변경되며, 결합시키면 A "0" B로 변경됩니다.
⑨ 속성의 문자들은 INVISIBLE로 지정하여 숨길 수 있습니다.

8 XCLIP

① 외부참조를 삽입 후 참조된 객체를 자르기 경계를 정의할 수 있습니다.
② 잘려진 외부참조의 영역은 보이지 않게 됩니다.
③ 잘려진 외부참조는 재지정하여 복구할 수 있습니다.
④ 모체의 외부참조가 잘리면 그곳에 포함된 외부참조도 잘려집니다.
⑤ 분해(EXPLODE)한 외부참조는 현재 도면요소로 만들 수 없습니다.
⑥ 자르기 프래임이 (1)로 설정된 경우 객체의 일부로 선택되어 출력될 수 있습니다.
⑦ 자르기를 할 때 사각형 윈도우나 다각형 경계, 닫혀지지 않은 폴리선 방법으로 영역을 설정할 수 있습니다.(걸침 사각형 윈도우는 안됩니다.)

9 Attribute (속성)

① 데이터를 텍스트 파일로 추출하기 위한 명령으로 사용자가 문자나 다른 에이트를 블록에 부착할 수 있도록 상호적인 레이블이나 꼬리표를 제공합니다.
② 변수 속성을 가지고 있는 블록을 삽입할 때 블록과 함께 저장할 데이터를 입력하도록 프롬프트 합니다.
③ 속성은 숨기기가 가능하나 출력되지는 않으나 속성정보를 도면파일에 저장되고 DDATTEXT와 ATTEXT에 의하여 추출 파일에 기록됩니다.
④ 속성은 문제 데이터를 기반으로 TEXT 명령을 사용할 때 적용되는 규칙들이 속성에도 그대로 적용됩니다.(문자, 스타일, 크기 등 자리 맞춤 가능합니다.)
⑤ 데이터 형태는 쉼표 구분파일(CDF), 빈칸 구분파일(SDF), 도면 교환파일(DXF) 형식 중 하나를 사용하여 정보를 추출합니다.

10 XREF와 INSERT

① 외부참조(XREF) : 현재 도면에 다른 도면을 링크되어 원래 도면을 변경할 때 갱신되어 최근 편집 상태를 반영합니다. 하지만, 현재 도면의 파일 크기를 증가시키지 않으면 분해될 수 없습니다. 블록 참조에서처럼 도면에 부착된 외부참조를 내포할 수 있습니다.
② 삽입(INSERT) : 모든 연관된 형상과 블록 정의는 현재 도면 데이터베이스에 저장되어 원래의 도면이 변경되어도 삽입된 도면은 갱신되지 않습니다.

11 블록(BLOCK)

① 전체 도면을 다른 도면에 삽입할 때 삽입된 도면은 다른 블록 참조와 같이 취급됩니다.
   삽입된 외부 파일의 WCS는 현재 도면의 UCS 평면에 평행하기 정렬됩니다.
   - WCS : 현재 도면의 현재 UCS의 XY평면에 평행하게 정렬됩니다. 따라서 외부 파일로부터 블록 참조를 삽입하기 전에 UCS를 설정하면 공간의 어느 방향에서라도 삽입 가능합니다.
② 도면 공간의 객체를 포함하고 있는 도면을 삽입하면 현재 도면의 도면 공간에 객체가 삽입됩니다.
③ 도면은 도면 공간이나 모형 공간에 삽입될 수 있습니다.
④ 도면 삽입 후 원래 도면을 변경해도 삽입된 블록에는 영향이 없습니다.
⑤ 삽입된 도면이 도면 공간 객체를 포함하고 있으면 그 객체는 현재 도면의 블록 정의에 포함될 수 없습니다.
⑥ 다른 도면의 도면 공간 객체를 사용하려면 원래 도면을 연 후 BLOCK을 사용하여 도면 공간 객체를 블록으로 정의합니다.
⑦ 도면은 도면 공간이나 모형 공간에 삽입될 수 있습니다.

12 VERIFY

데이터를 도면에 삽입하기 전에 그 값을 확인하여 편집할 수 있도록 해주는 역할을 합니다.

13 BLOCKICON

AutoCAD의 예전 버전인 R14 또는 그 이전인 릴리스로 작성한 블록의 이미지를 생성하기 위해 미리보기 이미지를 생성하는 명령어입니다.

14 Retain 블록의 정의(BLOCK DEFINITION)

현재의 도면의 블록으로 선택된 객체를 원래 상태로 유지하기 위해 지정해야 할 항목입니다.

15 BASE

블록이나 외부참조로 삽입되는 도면의 기준점은 기본값으로 0, 0, 0입니다. 이 점을 사용자가 기준점으로 바꾸고자 할 때 사용하는 명령어입니다.

16 MINSERT

MINSERT는 블록을 불러들일 때 개수와 간격을 한 번에 지정하여 불러오는 명령으로 한 번 가져오면 편집이 되지 않습니다. 다른 INSERT나 DDINSERT로 가져온 명령과 달리 편집이 되지 않기 때문에 REFEDIT 명령을 사용하여 편집할 수 없습니다.

예상 및 기출문제 풀어보기

1. 다음 중 속성의 정보를 추출하는 형식 중 각 레코드의 필드를 쉼표로 구분하는 것은?

　가. SDF 형식　　　　　　　　　나. CDF 형식
　다. BIN 형식　　　　　　　　　라. DXF 형식

　해설 쉼표 구분 파일(CDF), 빈칸 구분 파일(SDF), 도면 교환 파일(DXF) 형식

2. 다음 중 속성의 정보를 추출하는 형식 중 템플릿을 필요로 하지 않는 것은?

　가. SDF 형식　　　　　　　　　나. CDF 형식
　다. BIN 형식　　　　　　　　　라. DXF 형식

3. 다음 중 속성의 정보를 추출하는 형식 중 각 레코드의 필드가 고정된 폭을 가지고 있는 것은?

　가. SDF 형식　　　　　　　　　나. CDF 형식
　다. BIN 형식　　　　　　　　　라. DXF 형식

4. 다음 중 INDEXCTL 시스템 변수의 설명으로 옳지 않은 것은?

　가. 도면 파일이 저장될 때, 도면층, 공간 또는 도면층 및 공간 색인 여부를 결정한다.
　나. 1로 설정된 경우, 공간 색인 및 도면층 색인이 모두 작성된다.
　다. 2로 설정된 경우, 공간 색인이 작성된다.
　라. 0으로 설정된 경우, 색인이 작성되지 않는다.

　해설 0은 색인 작성되지 않는다. 1은 도면층 색인 작성된다. 2는 공간 색인이 작성된다.

5. 도면 파일이 저장될 때, 도면층 및 공간 색인을 작성하려고 한다. 이때, INDEXCTL 시스템 변수의 설정 값으로 옳은 것은?

　가. 0　　　　　　　　　　　　　나. 1
　다. 2　　　　　　　　　　　　　라. 3

6. 다음은 외부참조 부착에 대한 내용이다. 틀린 것은?

    가. 호스트(HOST) 도면이 열릴 때마다 외부참조된 도면의 변경사항을 표시할 수 있다.

    나. 외부참조는 다른 외부참조를 포함할 수 없다.

    다. 외부참조에 정의된 종속 도면층 및 선 종류 특성을 변경할 수 있다.

    라. 종속된 외부참조 도면층 이름의 길이는 31자를 초과할 수 없다.

7. 도면을 보관하고 외부참조가 변경되지 않게 하기를 원하는 경우에 가장 적당한 것은?

    가. 외부참조를 도면에 부착시킨다.

    나. 외부참조를 도면에 중첩시킨다.

    다. 외부참조를 도면에 결합시킨다.

    라. 부착, 중첩 및 결합 중 아무거나 사용해도 된다.

    [해설] 결합된 외부참조는 변경되지 않는다.

8. B는 도면층을 포함한 A라는 도면을 C라는 도면에 XREF 명령을 이용해서 부착시킨 다음 결합을 시켰을 때, 다음 설명 중 옳은 것은?

    가. 결합시킨 후에도 A 도면은 B 도면에 외부참조로 존재한다.

    나. 결합시키기 전 / 후의 C 도면층의 이름은 부착시키기 전과 동일하다.

    다. 부착된 상태에서 B 도면층의 이름은 XREF|B로 변경된다.

    라. 결합시킨 후에 B 도면층의 이름은 A"0"B로 변경된다.

9. 다음 중 외부참조 자르기에 대한 설명으로 옳지 않은 것은?

    가. 외부참조는 잘려진 후에도 잘려지지 않은 부분에 대해서 편집할 수 있다.

    나. 잘려진 외부참조에 대해 자르기 경계를 재지정하여 잘려진 부분을 복구할 수 있다.

    다. 잘려진 외부참조를 분해(EXPLODE)하여 현재 도면요소로 만들 수 있다.

    라. 모체의 외부참조가 잘리면 그 곳에 포함된 외부참조도 잘려진다.

    [해설] 외부참조는 분해 편집이 되지 않는다.

10. 다음 중 블록 및 외부참조를 자르기를 하려고 할 때, 자르기 경계로 사용할 수 없는 것은?

    가. 사각형 윈도우   나. 다각형 경계

    다. 닫혀지지 않은 폴리선   라. 걸침 사각형 윈도우

    [정답] 1. 나 2. 라 3. 가 4. 나 5. 라 6. 나 7. 다 8. 라 9. 다 10. 라

07 배치와 플로팅

1 축척(SCALE)

① 도면을 출력하기 전 출력할 때 설정할 수 있으므로 도면의 크기를 축척설정하지 않아도 됩니다.
- 축척율 계산(1피트 = 12인치)
  - 축척 비율 1/4인치 = 1피트(1/4" = 12") → 1 = 12 × 4 → 1 = 48(축척율은 48입니다.)
  - 축척 비율 1/8인치 = 1피트(1/8" = 12") → 1 = 12 × 8 → 1 = 96(축척율은 96입니다.)
  - 축척 비율 1/12인치 = 1피트(1/12" = 12") → 1 = 12 × 12 → 1 = 240(축척율은 240입니다.)

도면의 한계를 계산하기 위해서 용지 크기에 축척 요인을 곱해주면 됩니다. 도면이 완성되면 어떤 축척으로도 플롯할 수 있고, 도면의 서로 다른 뷰를 다른 축척으로 플롯할 수도 있습니다. 도면의 객체 축척에 영향을 주지 않고 용지 공간 뷰를 배치 및 축척할 수 있습니다.

② 1UNIT을 1mm로 작업을 했을 경우 축척율이 적용되지 않습니다.
③ 출력되는 문자의 높이가 2.0mmdlfEo 적용된 축척율이 1/100이므로 돔녀에 작성된 문자의 높이는 2.0×100=200unit(mm)가 됩니다.
④ 1unit을 1cm로 환상하여 작업한 것은 도면 작업 자체에서 1/10축척으로 작업한 것과 같습니다.
⑤ 1/10도면을 1/50으로 출력하기 위해 도면에서 1/5 배율의 축적을 적용해야 합니다.
⑥ 주어진 문제에서 출력된 문자의 높이가 2.0mm로 출력이 되었으면 도면에 작성된 문자의 높이는 축척율이 적용된 1/5를 거꾸로 급해주면 도면의 문자 크기가 됩니다.

2 플로팅(Plot)

① PLOT 명령시 대화상지의 표시는 CMDDIA 시스템 변수에 의해 조정됩니다.
② FILEDIA 시스템 변수는 도면의 열기 및 저장시 나타나는 대화상자를 조절합니다.
③ ✓ 0　　💡 ○ 🐷 ■ 흰색　Continu... ── 기... 색상_7 🚫

위의 이미지와 같이 출력시 플로팅이 🚫 OFF로 선택되어 있으면 출력되지 않습니다.

④ 아래와 같이 출력시 선의 색상을 선택하여 선의 두께를 조정할 수 있습니다.

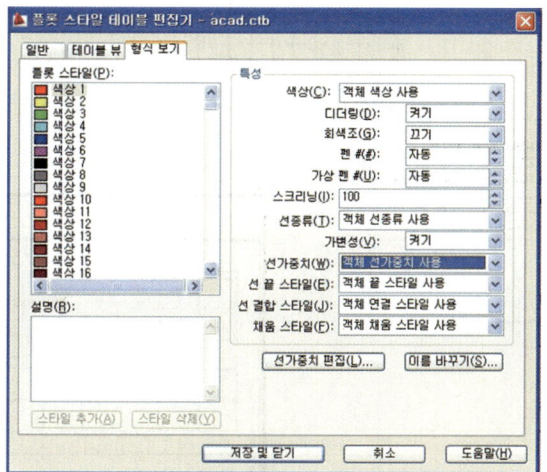

⑤ 아래와 같이 출력시 도면대신 파일(PDF)로 출력이 가능합니다.

3 모델공간(MS) / 도면공간(PS)

AutoCAD에는 두 가지 작업공간이 있는데 도면을 그리기 위한 MODEL SPACE(모델) 공간과 도면을 배치하기 위한 PAPER SPACE(도면) 공간입니다.
모델 공간에서 사용할 수 없는 명령어 → Mview, Solview, Vplayer 등
도면 공간에서 사용할 수 없는 명령어 → VPORTS, DVIEW(PSPODE 상태) 등

4 Mview

① Mview는 Model view의 약자로 모델 공간에서 작업한 객체를 도면 공간으로 볼 수 있도록 가져와주는 명령어입니다. Mview 명령어로 가져온 객체 안에서 MS 공간과 PS 공간으로 전환 가능합니다.
② 사용자는 기본적인 도면이나 모형을 작성하는 모형 공간에 있게 됩니다. 여러 타일식 포트가 화면에 표시되어 있으면 하나의 뷰포트에서 편집한 결과는 다른 모든 뷰포트에도 영향을 미칩니다.

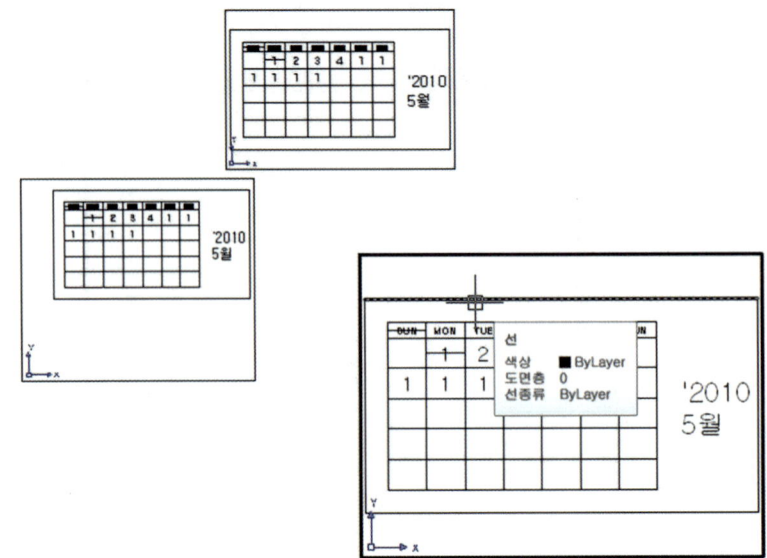

③ 각 뷰포트에 대해 배율, 관측점, 모눈 및 스냅을 개별적으로 설정할 수 있습니다. 도면 공간에서 부동 뷰포트는 객체로 다루어지므로 적절한 배치를 작성하기 위해 이동하거나 크기를 바꿀 수 있습니다. 타일식 뷰포트일 때는 단일 모형 공간 뷰만 플로팅하는 제약을 받지 않으므로 부동 뷰포트가 어떻게 배열되어 있든지 플롯할 수 있습니다.
④ 도면 공간에서는 모형 자체에는 영향을 주지 않고 제목 블록이나 주석과 같은 객체를 도면 공간뷰에 직접 그릴 수 있습니다.
    부동 뷰포트는 객체로 취급되므로 도면 공간에서 모형을 편집할 수는 없습니다. 부동 뷰포트의
⑤ 모형에 접근하려면 도면 공간에서 모형 공간으로 전환해야 합니다. 그러므로 전체적인 배치를 보면서 모형에 대해 작업할 수 있습니다. 부동 뷰포트에서의 편집 기능과 뷰 변경 기능은 타일식 뷰포트와 거의 똑같지만 개별적인 뷰에 대한 조정 기능이 더 많습니다.
⑥ 다른 뷰포트에는 아무 영향없이 도면층을 동결하거나 끌 수 있고 전체 뷰포트 화면표시를 켜거나 끌 수도 있습니다.
⑦ 뷰포트 간의 뷰 정렬과 전체 배치에 대한 상대적인 뷰를 축척할 수 있습니다.

5 VPLAYER

다른 뷰포트에는 영향을 주지 않고 현재 뷰포트와 이후의 부동 뷰포트의 도면층을 동결하거나 해동 할 수 있습니다. 동결된 도면층은 보이지 않을 뿐만 아니라 재생성되거나 플롯되지도 않습니다.
해동은 도면 가시성을 복원합니다. VPLAYER 명령을 사용하여 현재 뷰포트의 도면층을 동결 또는 해동할 수 있습니다.

6 TEXTFILL

CADLOVE

내부에 채워진 글씨를 이미지로 보이게 해주는 시스템 변수로 트루타입 글꼴은 항상 채워진 채로 도면에 표시되지만, 플롯할 때에는 TEXTFILL 시스템 변수에 의하여 채워질 것인지의 여부가 조정됩니다. 기본 값으로 TEXTFILL은 1로 설정되어 채워진 글꼴로 플롯됩니다.

7 3Dface

3DFACE로 선을 숨은 선으로 처리하여 면을 만들고 출력하게 되면 선은 보이지 않게 됩니다. 3차원 물체에서 숨은 선을 제거하고자 하면 MVIEW의 HIDEPLOT을 ON으로 뷰포트를 선택하여 출력을 하게 되면 은선이 제거되어 출력됩니다.

8 Paper Space

AutoCAD에서 제공하는 두 가지 작업 공간(모형 공간, 도면 공간)을 전환하는 시스템 변수는 TILEMODE 입니다.

- TILEMODE = 0(OFF)인 경우 PAPER SPACE에서 작업을 할 수 있습니다.
- TILEMODE = 1(ON)인 경우 MODEL SPACE에서 작업을 할 수 있습니다.

PAPER SPACE와 MODEL SPACE는 서로 다른 GRID, SNAP, LIMITS, ZOOM 등을 다르게 표현할 수 있습니다.
PAPER SPACE는 말 그대로 출력된 종이와 같다고 생각하면 됩니다.
PAPER SPACE는 MODEL SPACE와는 달리 두 가지 MODE가 있습니다.
PSPACE : 실질적인 도면 공간이라고 생각하면 됩니다.
MSPACE : 도면 공간에서 TILEMODE를 전환하지 않고 모델 공간에 있는 객체에 대해서 편집이 가능합니다. MSPACE를 사용하기 위해서 즉, MODEL SPACE 상태의 객체를 화면에 나타내기 위해서 MVIEW 명령을 이용하여 뷰포트를 구성할 수 있습니다.

9 Psetupin

다른 이름으로 저장한 뒤, 다른 도면에서 사용하기 위해 불러오는 명령입니다.

10 뷰포트 축척 잠금 (DISPLAY LOCKED)

도면 공간에서 뷰포트 축척 잠금(DISPLAY LOCKED)했을 때 VPOINT, ZOOM, DVIEW 등 작동할 수 있습니다.

11 SCREENING

출력된 용지에 잉크를 적게 뿌려 흐리게 나타나게 되는 방법입니다.

12 Vports

도면에 3Daus, 메쉬, 돌출 객체, 곡면 또는 솔리드가 포함된 경우 출력시 선택된 뷰포트에 가려진 선을 출력되지 않도록 하는 명령입니다.
도면 공간에 부동 뷰포트, 비직사각형을 작성할 수 있습니다. MVEIW의 명령어와 동일하게 사용 가능합니다.

13 특성

출력시 유형으로 재지정할 수 있는 객체의 특성으로 색상(COLOR), 선 가중치(LWT), 선 종류(LTYPE)을 할 수 있습니다.

14 MVSETUP

한 부동 뷰포트에 다른 부동 뷰포트의 객체를 정렬하기 위한 명령입니다.

15 LAYOUT

용지의 인쇄 가능한 영역 내에서 도면의 뷰를 사용하여 용지에 대한 작업을 시뮬레이트하는 것입니다.

16 출력하고자 할 때 플롯 유형의 순서

플롯 유형 정의 → 플롯 유형 테이블 부착 → 객체나 도면층에 플롯 유형 지정

17 PC3 파일

용지나 기타 출력 매체뿐 아니라 플로터와 플로터의 모든 설정 값에 대한 정보가 들어있는 파일입니다.

18 .ctb 파일

플롯 유형 중 색상 종속 플롯 유형 테이블이 저장되는 파일입니다.

19 .stb 파일

플롯 유형 중 명명된 플롯 유형 테이블이 저장되는 파일입니다.

20 선 끝 유형 옵션

Butt, Square, Round

21 선 채움 유형 옵션

Solid, Crosshatch, Diamods

22 플로터 추가 마법사 방법

① 파일메뉴에서 플로터 관리자를 클릭하여 선택합니다.
② 도구 메뉴에서 마법사를 클릭한 다음 플로터 추가를 클릭합니다.
③ Window 제어판에서 Autodesk Plotter Manager를 더블클릭합니다.

23 뷰포트의 최대 개수

도면 공간에서 작동될 수 있는 64개입니다.

예상 및 기출문제 풀어보기

1. 다음 중 플로팅에 관한 설명 중 옳지 않은 것은?

   가. 플로팅시 Off된 레이어의 선은 출력되지 않는다.
   나. Plot 명령시 대화 상자가 나타나지 않는 경우 Filedia 변수를 조절한다.
   다. 선의 두께는 엔티티의 Color로 조정된다.
   라. 도면대신 파일 형태로도 출력이 가능하다.

   > **해설** FILEDIA 시스템 변수는 도면의 열기 및 저장할 때 나타나는 대화 상자를 조절한다.

2. AutoCAD에서 작업 공간은 무엇이 있는가?

   가. 모델 공간과 도면 공간
   나. 작업 공간과 도면 공간
   다. 모델 공간과 출력 공간
   라. 작업 공간과 출력 공간

3. 3Dface로 면을 생성하였을 때 HIDE 명령으로 선을 (off)하여 출력하면 어떻게되는가?

   가. 3DFACE에 가려진 선은 출력되지 않는다.
   나. 선은 다른 색상으로 출력된다.
   다. 선은 PLOT에서 숨겨지지 않는다.
   라. 선은 또 다른 하나의 블록으로 저장된다.

4. Paper Space에 대한 설명 중 틀린 것은?

   가. Tilemode가 Off되어 있는 상태에서만 사용할 수 있다.
   나. Paper Space와 Model Space는 각각 다른 Limits를 가질 수 있다.
   다. Tilemode가 Off되어 있을 경우 Model Space는 사용할 수 없다.
   라. Paper Space에서 각각의 View는 Scale을 따로 지정할 수 있다.

5. 출력할 때 용지에 잉크를 적게 뿌려 객체화면이 흐리게 나타나게 되는 방법은?

　가. VPORTS/OFF　　　　　　　나. HIDEPLOT
　다. VPORTS/LOCK　　　　　　라. SCREENING

6. 용지의 배치, 인쇄 가능영역을 보여주는 것은?

　가. MVIEW　　　　　　　　　나. VPORTS
　다. MVSETUP　　　　　　　　라. LAYOUT

7. 플롯 유형 중, 명명된 플롯 유형 테이블은 어떤 파일에 저장이 되는가?

　가. .stb 파일　　　　　　　　　나. PC3 파일
　다. .ctb 파일　　　　　　　　　라. PC2 파일

8. 도면출력시 도면 이름, 도면 제작 날짜, 도면 영역, 축척 등을 실제 도면에는 추가하지 않고 플롯 결과에만 추가시키는 명령어는?

　가. ePlot　　　　　　　　　　　나. Web Publish
　다. Plotstamp　　　　　　　　　라. Plot to file

9. 새로운 출력장비를 추가할 때 사용하는 명령어는?

　가. Plottermanager　　　　　　나. Stylesmanager
　다. Pagesetup　　　　　　　　라. ePlot

10. 문자 내부를 채워지게 해주는 시스템 변수는?

　가. FILLTEXT
　나. TEXTFILL
　다. HATCH
　라. QTEXT

정답 1. 나　2. 가　3. 다　4. 다　5. 라　6. 라　7. 가　8. 다　9. 가　10. 나

08 시험 접수 방법

1 AUDIT

도면상의 Error를 조사하고 교정할 수 있는 명령입니다.

2 확장자 중 Menu 구성 확장자명

MNC, CUI, MNL

3 .lin

선 종류의 라이브러리 파일 확장자명입니다.

4 DXFIN

DXF 파일을 AutoCAD Drawing Editor로 읽어들이는 명령입니다.

5 매크로 작성시 취소(Cancel) → (^C)의미입니다.

6 확장자

① *.lsp : AutoLISP 프로그램 파일
② *.unt : AutoCAD에서 사용되는 단위 정의
③ *.sld : 슬라이드 파일
④ .unt : AutoCAD에서 사용되는 단위 정의
⑤ .plt : 플로터 출력 파일
⑥ .pat : AutoCAD에서 사용되는 해치 패턴 정의
⑦ acad.pgp : AutoCAD의 명령 및 외부명령들의 약어 정의해 두는 파일
⑧ DCL : 대화상자 정의파일
⑨ DXF : 도면 교환파일
⑩ PGP : 프로그램 매개 변수 파일

7 Savetime

일정 시간마다 자동 저장시켜 주는 명령어로 자동 저장시 자동으로 저장이 실행될 때 파일의 이름은 Savetime, 현재의 도면 .SV$입니다.

8 좌표 필터

좌표 연산을 가능하게 하는 기능으로 임시적으로 다른 좌표 값들을 무시하면서 한 번에 하나의 좌표 값을 지정할 수 있습니다.
객체 스냅과 함께 사용되면, 점 필터는 다른 점의 위치를 찾아내기 위해 기존의 객체로부터 좌표 값들을 추출할 수 있습니다.
점 필터를 지정하면 다음 입력이 X나 Y값, 또는 XY 좌표 값과 같이 특정한 좌표 값으로 제한됩니다. 3D 모형의 경우에는 Z값도 지정할 수 있습니다. 첫 번째 값을 지정하고 나면, 나머지 값들에 대한 프롬프트가 표시됩니다.

9 STATUS

현재 도면에 관련된 드로잉 한계, 디폴트 값, 모드 등과 같은 전반적인 정보를 알 수 있는 명령으로 현재 도면에 대한 일반적인 정보를 표시할 수 있습니다.
- 다양한 도면 모드와 매개 변수의 설정 값
- 남은 물리적 메모리와 디스크 공간

10 Object Filter

객체를 선택할 때 객체의 정보 중 공통점을 지닌 물체를 가장 효과적으로 선택하기 위한 도구로 색상과 같은 특성이나 필터 리스트를 사용한 객체 형태로 선택 세트를 제한할 수 있습니다.
- 필터 리스트에 이름을 부여하고 파일에 저장하면 필터 리스트를 반복해서 사용할 수 있습니다.
- 필터링은 도면층이 가지고 있는 특성이 아닌 객체에 명백히 지정된 색상 또는 선 종류만을 인식합니다.

11 Blipmode

화면에 선택점에 대한 흔적표시를 설정해주는 시스템변수로 켜져있으면 선택점은 위치에 나타납니다.

12 광원

점 광원은 광원의 위치로부터 모든 방향으로 빛을 방출하며, 밝기는 감소율에 따라 거리에 대해 점점 감소합니다.

일반적인 조명 효과를 내려면 점 광원을 사용합니다.
지역화된 영역을 채우기 위한 주변 광원의 대안이 점 광원입니다.
거리 광원은 한 방향으로 평행한 광선들을 균일하게 내보냅니다.
광선은 광원으로 사용자가 지정한 점의 양면으로 무한히 연장되어 비칩니다.
거리 광원의 밝기는 거리가 멀어져도 줄어들지 않습니다.
거리 광원의 방향은 위치보다 더욱 중요합니다.

- 광원의 "뒤쪽"에 있는 객체를 포함한 모든 객체들이 비추어집니다.
- 거리 광원은 도면 밖에 있는 듯이 작용합니다.
- 혼동을 피하려면 거리 광원을 모형의 범위에 위치시키는 것이 좋습니다.

13 재질정의

① **색상/패턴** : 색상은 객체가 반사하는 기본 색상으로서 분산 반사라고도 합니다. 값과 색상 조정을 사용하여 색상을 조정할 수 있습니다. 패턴으로 만들려면, 비트맵 혼합 영역을 사용하면 됩니다.

② **주변** : 주변의 설정 값은 주변 광원에서 반사되는 색상을 결정합니다. 주변 광원 설정이 너무 강하면 렌더링 결과가 퇴색되는 경향이 있습니다.

③ **반사** : 반사 설정 값은 거울 반사라고 하는 것에 강조되어 반사하는 부분의 색상을 결정합니다. 값과 색상 조정으로 색상을 조절할 수 있습니다. 윤이 나는 금속과 같이 광택이 있는 표면은 좁은 방향으로 빛을 반사합니다. 구나 원통형 객체에 빛이 비치면 객체의 가장 광택이 나는 부분이 강조됩니다.

④ **거칠기** : 거칠기의 설정 값은 반사된 강조 크기를 결정합니다. 거칠기란 윤을 잘 낸 강철공 베어링과 사포로 문지른 것과의 차이와 비슷합니다. 부드러운 표면, 즉 거친 표면이 적을수록 강조된 부분이 작으므로 거칠기 값이 낮아질수록 강조 크기가 작아집니다. 거칠기 값은 반사에 값을 입력하지 않으면 아무 효과가 없습니다.

⑤ **투명** : 투명을 설정하면 객체 전체 또는 일부를 투명 또는 반투명하게 할 수 있습니다. 0에서 1.0까지 재질의 투명도를 조절할 수 있습니다. 투명은 렌더링에 걸리는 시간을 증가시킵니다.

⑥ **굴절** : 굴절을 설정하면 투명 재질의 굴절률을 설정할 수 있습니다. 굴절 값은 투명도에 값을 입력해야 효과가 있습니다.

⑦ **융기 맵** : 융기 맵을 설정하면 융기 맵 객체의 광도를 결정할 수 있습니다. 융기 맵 값은 객체 표현의 높이의 외관상 변화로 해석됩니다.

예상 및 기출문제 풀어보기

1. 다음 보기 중 AutoCAD 2006 이후 추가된 기능이 아닌 것은?
   가. Quick Calc(계산기)
   나. Cui(사용자 환경)
   다. Sheet Set(시트 세트)
   라. Visual Effect Settings(시각 효과 설정)

2. 도구 팔레트에 기본적으로 포함되어 있는 탭이 아닌 것은?
   가. 명령 도구
   나. ISO 해치
   다. 견본 사무실 프로젝트
   라. 블록 만들기

3. 다음은 시트 세트의 전자 전송에 대한 설명이다. 잘못 설명된 것은?
   가. 전송 옵션에는 전송과 함께 전자 메일 보내기를 할 수 있다.
   나. 작성된 도면의 글꼴을 포함할 수 있다.
   다. 첨부된 외부참조는 Bind될 수 없다.
   라. 파일과 폴더를 현재의 상태로 유지할 수 있다.

4. 시트 세트에서 전자 전송시 전송 패키지 유형이 아닌 것은?
   가. *.ZIP
   나. 폴더
   다. *.EXE
   라. *.DWT

5. 다음 중 광원으로부터 거리가 멀어짐에 따라 빛의 밝기가 감소하는 광원들로 구성된 것은?
   가. 주변 광원, 점 광원
   나. 거리 광원, Spot Light
   다. 점 광원, Spot Light
   라. 주변 광원, 거리 광원

6. 메쉬(Mesh)의 구성요소로 적합하지 않은 것은?

　가. 접선　　　　나. 정점　　　　다. 모서리　　　　라. 면

7. 렌더링을 실감나게 하기 위해 객체에 재질을 적용할 수 있다. 다음 중 재질을 적용하는 단계로 적당한 것은?

　가. 재질 정의 → 재질 가져오기 → 재질 부착
　나. 재질 가져오기 → 재질 정의 → 재질 부착
　다. 재질 가져오기 → 재질 부착 → 재질 정의
　라. 재질 정의 → 재질 부착 → 재질 내보내기

> **해설** 렌더링을 더욱 실감나게 하려면, 작성하는 모형의 표면에 강철이나 플라스틱과 같은 재질을 적용할 수 있다.
> 개별적인 객체, 특정 AutoCAD 색상 색인(ACI) 번호, 블록 또는 도면층을 가진 모든 객체에 재질을 부착할 수 있다.
>
> 〈재질을 사용하는 단계〉
> - 색상, 반사 또는 침체도를 포함한 재질 정의하기
> - 도면의 객체에 재질 부착하기
> - 재질 라이브러리에서 재질을 가져오거나 라이브러리로 재질 내보내기

8. 새로운 재질을 정의하려고 한다. 다음 중 재질의 속성에 대한 설명으로 잘못된 것은?

　가. 색상(COLOR) : 객체가 반사하는 기본적인 색상이다.
　나. 주변(AMBIENT) : 주변 광원에서 반사되는 색상을 결정한다.
　다. 반사(REFLECTION) : 강조되어 반사하는 부분의 색상을 결정한다.
　라. 거칠기(ROUGHNESS) : 반사 값이 없을 때 가장 효과가 크게 나타난다.

9. 길이 분할 및 등 분할에 대한 설명 중 옳은 것은?

　가. 동일한 길이로 세그먼트를 분할하기 위해서 MEASURE를 사용한다.
　나. DIVIDE로 분할하면 각 세그먼트의 길이는 모두 똑같다.
　다. 세그먼트의 길이로 분할하기 위해서 DIVIDE를 사용한다.
　라. 분할해야 할 수로 분할하기 위해서 MEASURE를 사용한다.

10. 다음 중 선택점에 대한 흔적 표시의 생성 여부를 결정하는 시스템 변수는?

　가. Blipmode　　나. Gridmode　　다. Gripmode　　라. Pointmode

> **해설** 세그먼트의 길이를 지정하려면, MEASURE를 사용한다.
> 균등한 세그먼트의 수를 지정하려면, DIVIDE를 사용한다.

정답　1. 다　2. 라　3. 다　4. 라　5. 다　6. 가　7. 가　8. 라　9. 나　10. 가

CHAPTER 08

| 00 | ATC 1급 시험에 자주 쓰이는 명령어 정리
| 01 | ATC 1급 무조건 따라 하기
| 02 | ATC 1급 무조건 따라 하기
| 03 | ATC 1급 무조건 따라 하기
| 04 | ATC 1급 무조건 따라 하기
| 05 | ATC 1급 무조건 따라 하기
| 06 | AutoCAD 1급 시험 답안 입력 방법

AutoCAD ATC
1급 완벽대비(실습 문제)

ATC 1급 시험에 자주 쓰이는 명령어 정리

1 자주 쓰이는 명령어 익히기

01 UCS ICON의 활용

UCS ICON은 상태에 따라 위와 같이 변환됩니다.
기본 작업 공간은 X, Y축인 2D 작업 공간이며, 3D 작업시에 Z축만 추가되어 X축과 Y축에서 작업해야 하는 것은 변함없습니다.

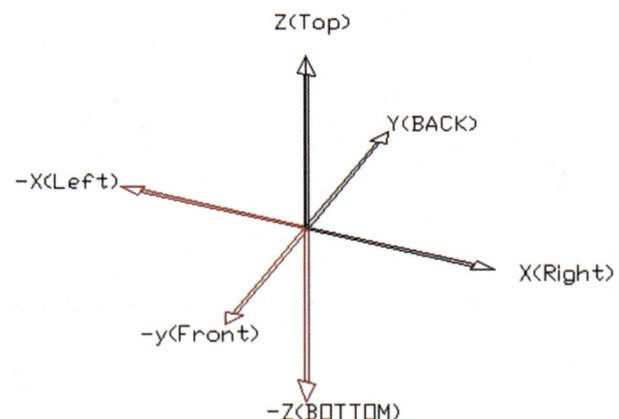

UCS공간에서 까만색 영역은 +축이며 빨간색 영역은 -축을 설명하고 있습니다.
기본적으로 -축은 UCS ICON이 생략되어져 있습니다.
정리하면 X축, Y축, Z축 중에 작도할 수 있는 축은 X축과 Y축입니다.
Z축은 높이 공간으로 작도는 불가능하며 작도시 UCS ICON의 X축과 Y축을 돌려서 변환해야 합니다.

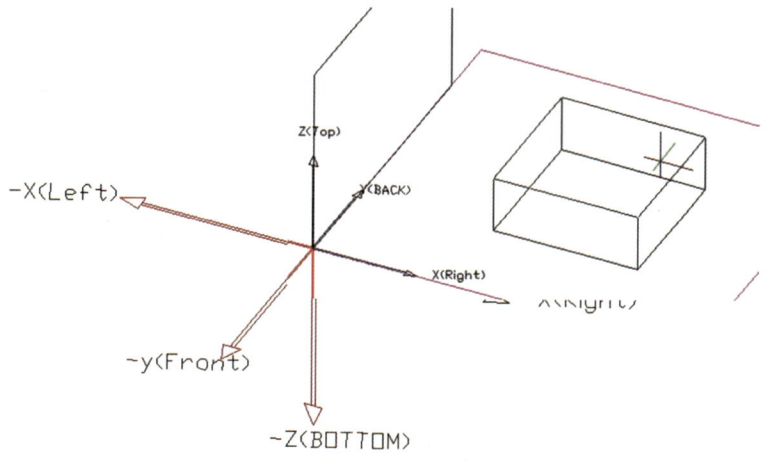

02 Vpoint 보는 시점 전환방법

Vpoint는 view point의 약자로 보는 시점(사용자가 보는 축)을 설정하는 방법입니다.
AutoCAD에서는 "0"(off)을 보이지 않게 설정하며, "1"(on)은 보이도록 설정하는 방법입니다.("2"는 더 많이 보이게 설정 가능)

〈축에 따른 시점 정리〉
- X축(1, 0, 0)
- Y축(0, 1, 0)
- Z축(0, 0, 1)
- -X축(-1, 0, 0)
- -Y축(0, -1, 0)
- -Z축(0, 0, -1)
- 가장 많이 보는 축(1, -2, 1)

뷰 도구막대를 열어보는 시점을 변경해 줄 수 있습니다.(X축과 Y축이 보는 시점에 같이 변환되므로 유의해야 합니다.)

03 Extrude(ext) 객체를 덩어리로 돌출하기

돌출시키는 명령으로 닫혀 있는 객체인 경우 솔리드 덩어리로 돌출시킬 수 있습니다.
분리된 객체를 돌출할 경우 면으로 돌출되므로 덩어리로 인식하지 못해 편집이 어렵습니다.

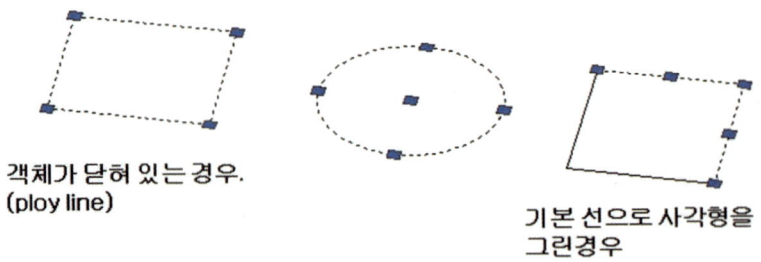

닫힌 객체(Pine, Circle)로 돌출한 덩어리와 분리된 객체로 돌출한 면을 와이어프레임 뷰로 비교할 수 있습니다.

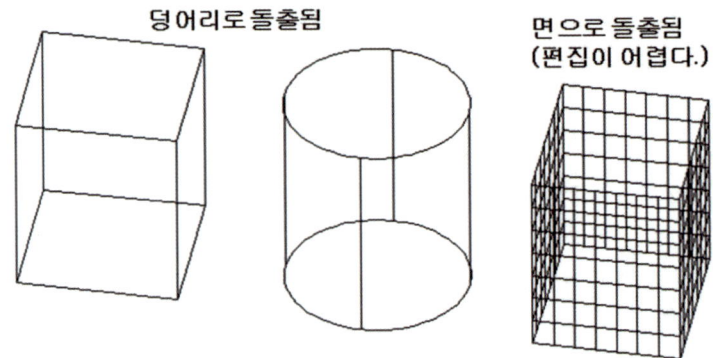

덩어리(solid) 객체는 편집이 가능하지만 면(face)은 편집이 어렵습니다.

03-1 Extrude의 돌출 옵션

1) 방향(D) 방법

사용자가 돌출의 시작점과 방향인 두 점을 찍어 설정해주는 방법입니다.

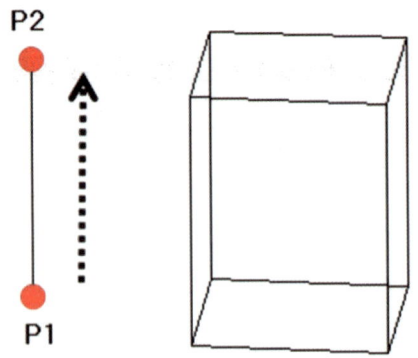

명령 : EXTRUDE ↵
돌출할 객체 선택 : 돌출할 객체 선택
돌출의 높이 지정 또는 [방향(D)/경로(P)/테이퍼 각도(T)] <1.8213> : d ↵
　　　　　　　　　　　　　　　　　　　　　　　　　　　　… 방향 선택
방향의 시작점 지정 : P1점 선택
방향의 끝점 지정 : P2점 선택

2) 경로(P) 방법

사용자가 돌출 경로를 가진 객체를 선택해 설정해주는 방법입니다.

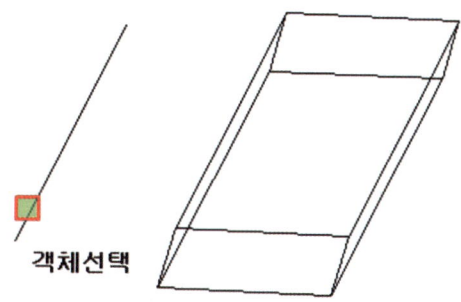

명령 : EXTRUDE ↵
돌출할 객체 선택 : 돌출할 객체 선택
돌출의 높이 지정 또는 [방향(D)/경로(P)/테이퍼 각도(T)] <1.8213> : p ↵　… 경로 선택
돌출 경로 선택 또는 [테이퍼 각도(T)] : 돌출 경로를 가진 객체 선택
다음과 같이 선을 따라 객체가 돌출된 것을 확인할 수 있습니다.

3) Pedit(pe)로 묶어주기

선이 꼬여 있으면 덩어리로 돌출시킬 수 없기 때문에 꼬인 선을 절단 후, 객체를 묶어준 후 돌출합니다.

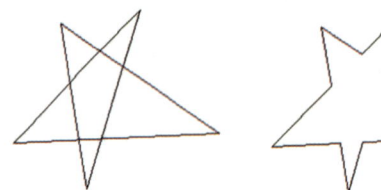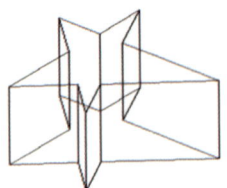

명령 : pe PEDIT ↵
폴리선 선택 또는 [다중(M)] : P1 객체 선택
선택된 객체가 폴리선이 아님
전환하기를 원하십니까 ↵ <Y> Y ↵
옵션 입력 [닫기(C)/결합(J)/폭(W)/정점 편집(E)/맞춤(F)/스플라인(S)/비곡선화(D)/선종류생성(L)/명령 취소(U)] : j ↵
객체 선택 : 나머지 묶을 객체 선택
반대 구석 지정 : 10개를 찾음 ↵, ↵ 엔터를 두 번한다.

04 Solid modeling

솔리드 덩어리인 경우 다양한 편집을 해줄 수 있습니다.

1) Slice(sl)

덩어리 객체를 다음의 순서로 자를 수 있습니다.
객체를 칼이 닿는 부분이라고 생각하고 세 점을 찍어줘야 합니다.

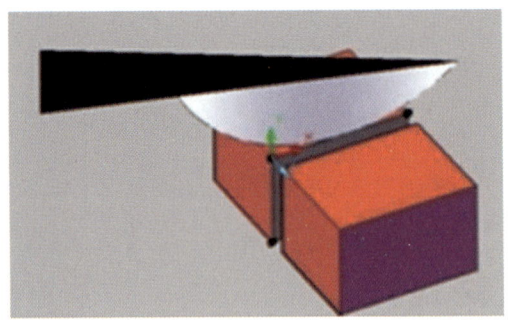

```
명령 : SLICE ↵                                               … 명령어 입력
슬라이스할 객체 선택 : 1개를 찾음                               … 객체 선택 ↵
슬라이싱 평면의 시작점 지정 또는 [평면객체(O)/표면(S)/Z축(Z)/뷰(V)/XY(XY)/YZ(YZ)/
ZX(ZX)/3점(3)] <3점> : 3 ↵
 평면 위의 첫 번째 점 지정 : P1점 클릭
평면 위의 두 번째 점 지정 : P2점 클릭
평면 위의 세 번째 점 지정 : P3점 클릭
원하는 면 위의 점 지정 또는 [양쪽 면 유지(B)] <양쪽(B)> : b ↵  두 개로 나눌 수 있다.
```

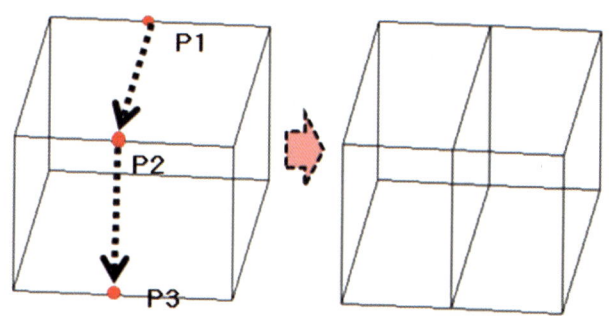

2) Union, Subtract, Intersect

두 개의 객체의 경우 합집합, 차집합, 교집합을 할 수 있습니다.

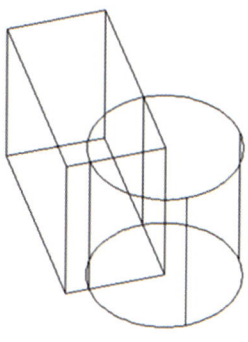

2개의 덩어리 객체

사각형 덩어리와 원기둥의 덩어리 객체를 겹쳐서 편집합니다.

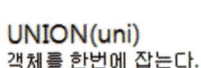 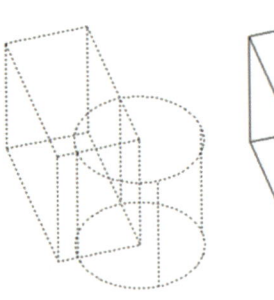 

UNION(uni)
객체를 한번에 잡는다.

명령어 : Union ↵
합집합할 객체를 한 번에 잡고 엔터를 한다.
두 개의 객체가 합집합된 것을 확인할 수 있다.

 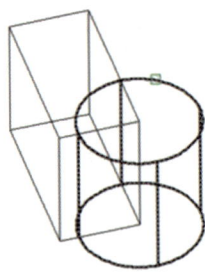 

SUBTRACT(su)
원본 객체에서
빠질 객체를 선택

명령어 : Subtract ↵
차집합할 객체를 선택 후 엔터로 인식한다.
뺄 객체를 선택 후 엔터로 완료한다.
먼저 선택한 객체에서 두 번째 선택한 객체가 차집합된 것을 확인할 수 있다.

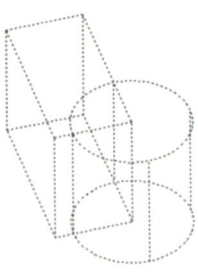 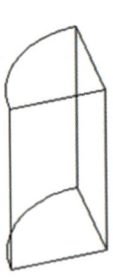

INTERSECT(in)
객체를 한번에 잡는다.

명령어 : INTERSECT ↵
교집합할 객체를 동시에 선택 후 엔터로 완료한다.
두 개의 객체에서 교차되는 객체만 남고 교집합된 것을 확인할 수 있다.

3) Revolve

객체를 선택 후 기준점으로부터 회전되며 덩어리로 완성되는 기능입니다.
(객체는 닫힌 객체여야 합니다.)

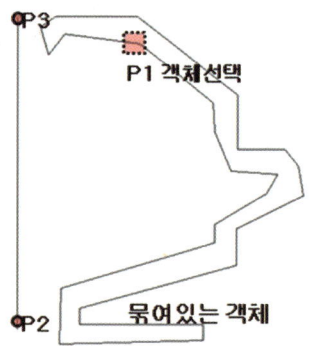

명령 : rev REVOLVE ↵
회전할 객체 선택 : 1개를 찾음 ↵ … P1 객체 선택
축 시작점 지정 또는 다음에 의해 축 지정 [객체(O)/X/Y/Z] <객체(O)> : P2 기준점 클릭
축 끝점 지정 : P3 끝점 클릭
회전 각도 지정 또는 [시작 각도(ST)] <360> : 360 ↵

〈완성〉

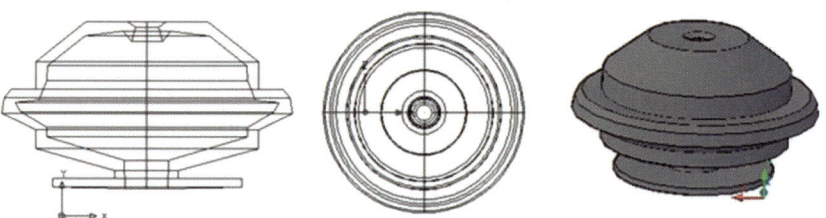

〈연습해 보기〉

05 은선 설정 방법

와이어프레임 뷰의 경우 은선이 보입니다. Hide 설정하게 되면 은선은 안 보이게 설정해주는 명령어입니다.

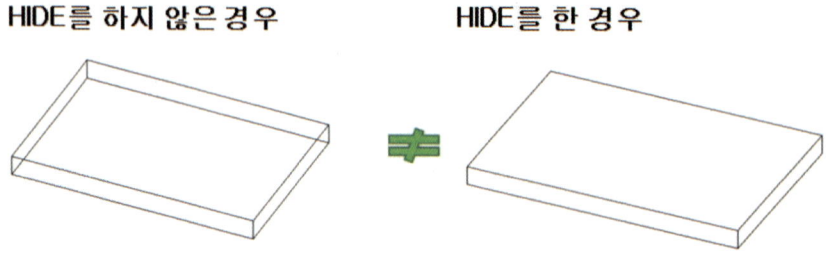

명령어 : Hide ↵ (단축키 : hi)

Regen(re)으로 객체를 재생성하여 hide를 빠져 나올 수 있습니다.

06 거리 값 구하는 방법

3Dpolyline(3p)은 3D상에서 Pline을 그릴 수 있는 명령어입니다.
AutoCAD ATC 1급 시험에 거리 값을 구해야하는 경우 3Dpoly 명령으로 선을 작도 후 거리 값을 조회하면 됩니다.
List(li)명령은 거리 값을 조회할 때 쓰이는 명령으로 면적이나 객체의 속성도 조회할 수 있습니다.
AutoCAD ATC 1급 시험에서 원하는 답은 거리 값이므로 List로 3DpolyLine을 선택하여 거리 값을 조회 후 답을 입력합니다.

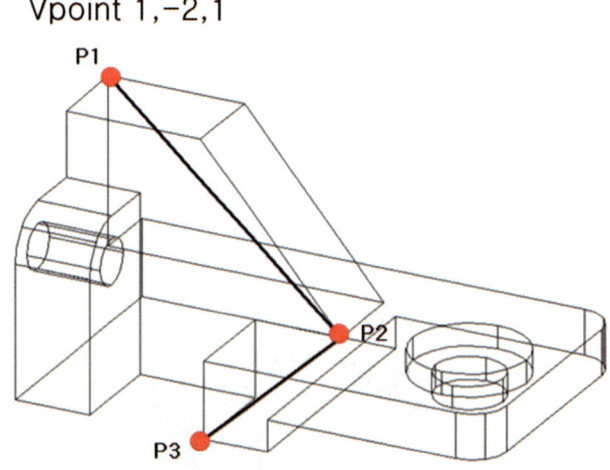

1) 시점 변경하기

명령 : -vp ↵ VPOINT
관측점 지정 또는 [회전(R)] 〈나침판과 삼각대 표시〉 : 1, -2, 1 ↵

… 조건에 나온 시점으로 변경

2) 3Dpolyline(3p)로 선그리기

명령 : 3p ↵ 3DPOLY
폴리선의 시작점 지정 : P1점 클릭
선의 끝점 지정 또는 [명령 취소(U)] : P2점 클릭
선의 끝점 지정 또는 [명령 취소(U)] : P3점 클릭

3) 조회하기

명령어 : list ↵
조회할 객체 선택하면 아래와 같이 조회 창이 나옵니다.

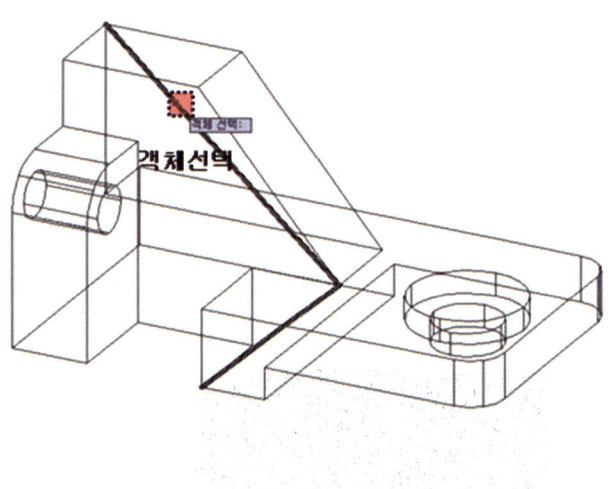

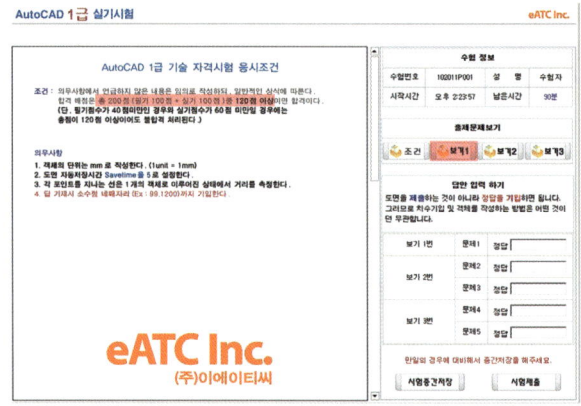

길이 값 소수점 넷째자리까지 답을 입력하면 됩니다.

07 AutoCAD 1급 답안 입력 방법
〈ATC 1급 도면을 따라 작도합니다.〉

응시 조건을 확인 후 보기 1을 선택하면 2D 도면과 3D 화면이 나타납니다.

스크롤을 내리면 확인을 할 수 있습니다. 다 그린 뒤 문제 정답에 소수점 4짜리까지 입력하면 됩니다.

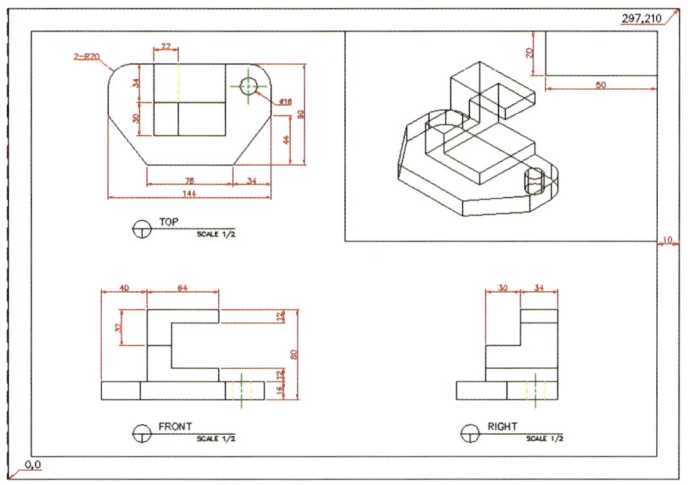

1) 2D상의 평면도를 작도합니다.

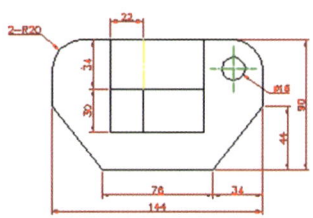

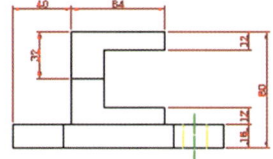

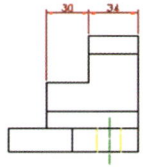

2) 다 완성 후 DIM LAYER는 동결시켜 안 보이게 합니다.(치수선은 작도시 배치하지 않아도 됩니다.)

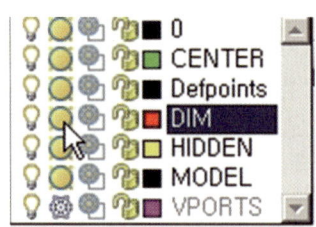

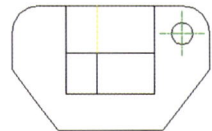

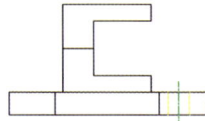
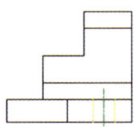

3) BOUNDARY(BO) 명령으로 SOLID로 올리고자하는 부분의 영역을 잡아줍니다.

새로운 영역을 잡아주기 위해 LAYER를 새로 만들어주면 설정하기 편합니다.

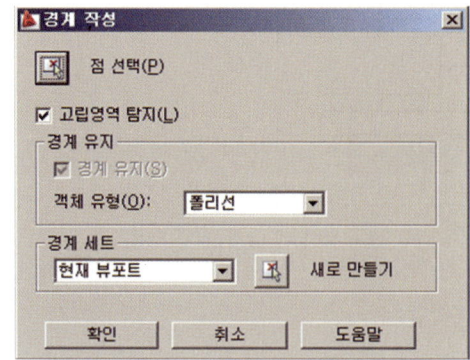

점 선택을 누른 뒤 아래 예제와 같이 영역이 점으로 선택한 부분을 찍어서 만들어 줍니다.

4) VPOINT(VP) 명령으로 관측점을 다음과 같이 변경해줍니다.

명령 : VP ↵ DDVPOINT

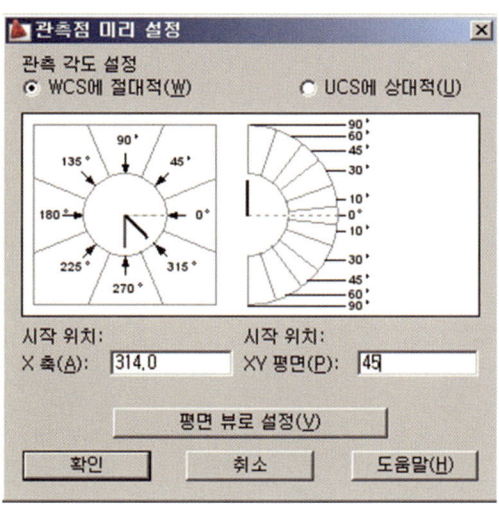

다음과 같이 작업영역이 바뀐 것을 확인할 수 있습니다.

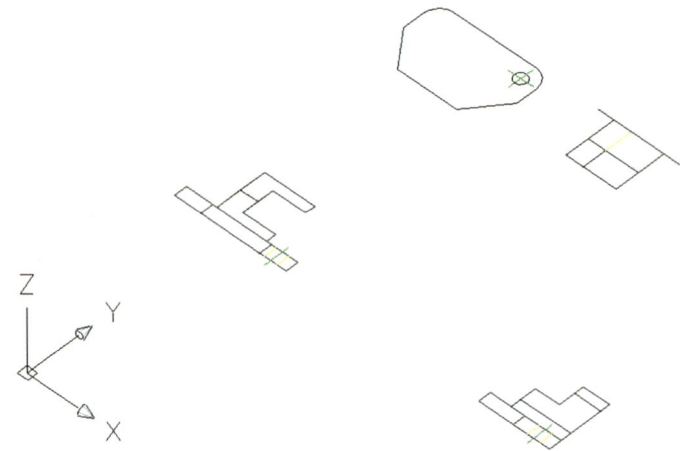

5) SOLID를 쉽게 만들어 주기 위해 UCS 아이콘을 변경하여 보는 시점으로 변경해줍니다.

```
명령 : UCS ↵
UCS의 원점 지정 또는 [면(F)/이름(NA)/객체(OB)/이전(P)/뷰(V)/표준(W)/X/Y/Z/Z축(ZA)]〈표준(W)〉: G↵
옵션 입력 [평면도(T)/밑면도(B)/정면도(F)/배면도(BA)/좌측면도(L)/우측면도(R)]〈평면도〉: R↵ …
                                                                우측면도 선택
```

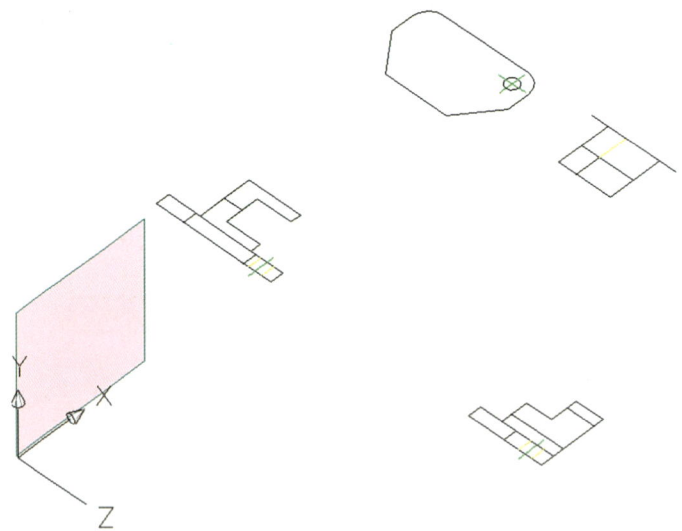

변경 후 FRONT, RIGHT 부분을 세워줍니다.

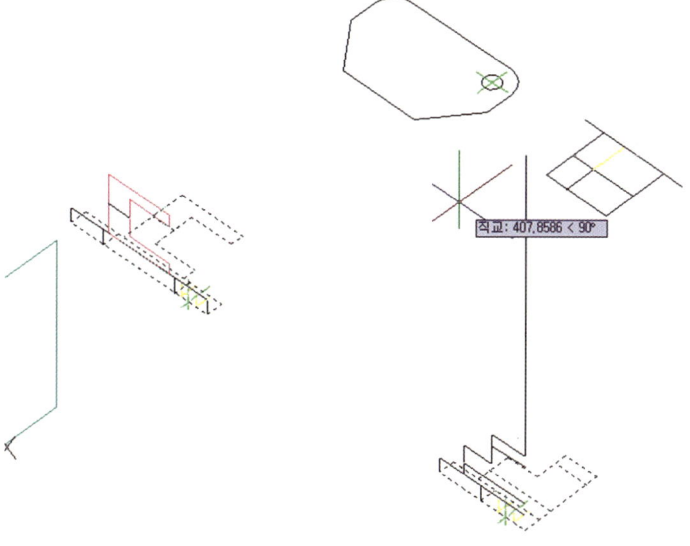

```
명령 : RO ↵ ROTATE
객체 선택 : 반대 구석 지정 : 19개를 찾음                    … FRONT VIEW선택
객체 선택 : 반대 구석 지정 : 14개를 찾음, 총 33             … RIGHT VIEW 선택
객체 선택 :
기준점 지정 :                                              … 객체의 밑부분 선택
회전 각도 지정 또는 [복사(C)/참조(R)] <0> :        … 90° 또는 마우스를 위로 찍어준다.
```

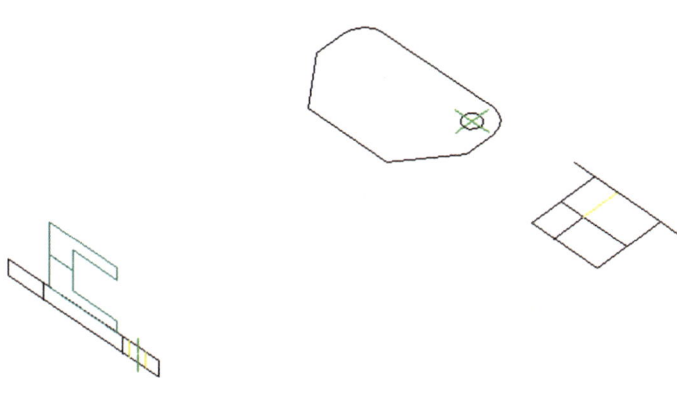

6) RIGHT를 회전시켜주기 위해 UCS를 한번 더 회전시켜 줍니다.

명령 : UCS ↵ … 명령어 입력
UCS의 원점 지정 또는[면(F)/이름(NA)/객체(OB)/이전(P)/뷰(V)/표준(W)/X/Y/Z/Z축(ZA)]
〈표준(W)〉 : … ↵ 엔터 두 번

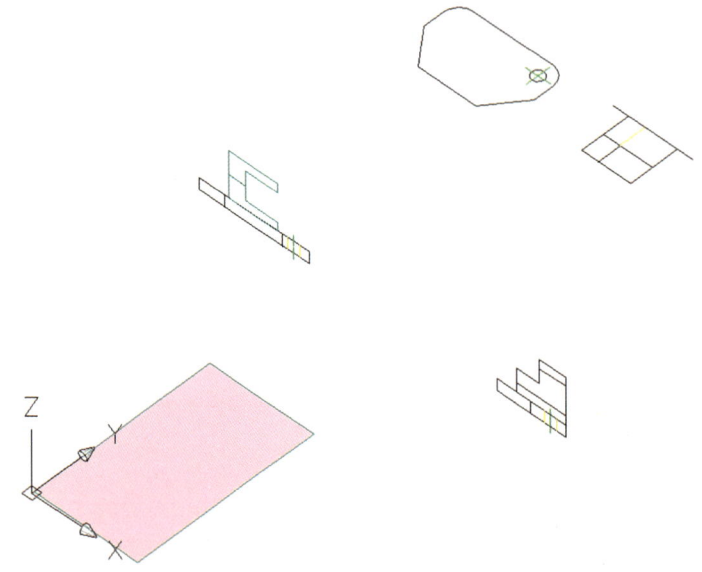

UCS의 X, Y축이 바닥을 향하게 변경된 것을 확인할 수 있습니다.
RIGHT 객체를 우측면도로 회전합니다.

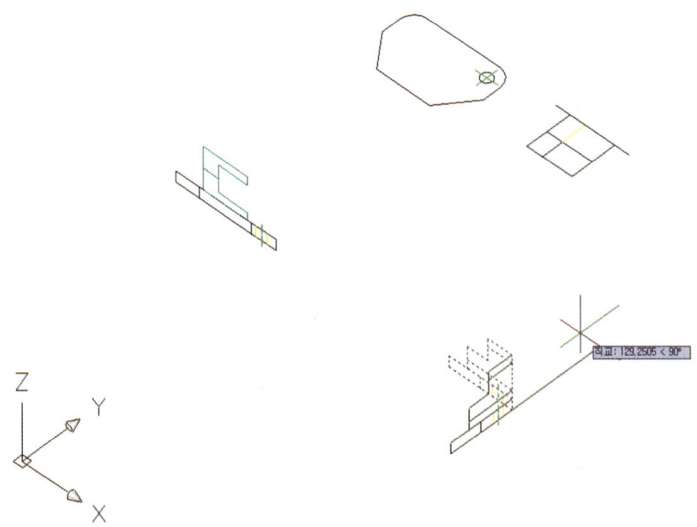

명령 : RO ↵ ROTATE	… 명령어 입력 ↵
객체 선택 : 반대 구석 지정 : 14개를 찾음	… 우측면도 선택 ↵
객체 선택 :	
기준점 지정 :	
회전 각도 지정 또는 [복사(C)/참조(R)] 〈90〉 :	… 90° 입력 또는 마우스로 지정

7) 돌출시킬 위치를 선택해 완성합니다.

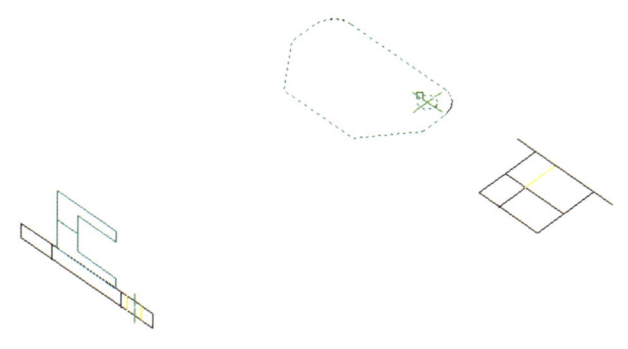

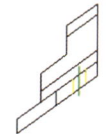

TOP 객체의 외곽선과 원을 선택합니다.

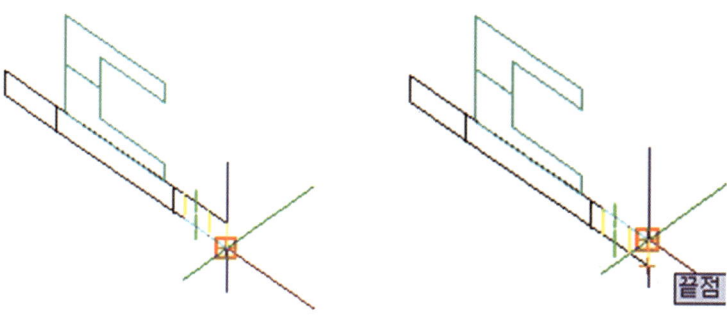

높이 값은 FRONT 객체의 아래 수직선을 선택합니다.

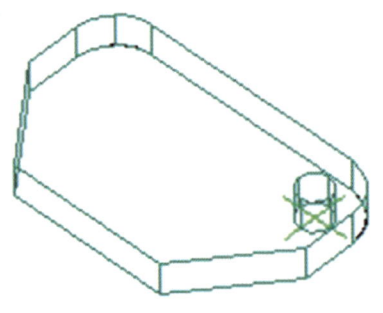

두 개의 객체가 돌출된 것을 확인할 수 있습니다.

8) 확인을 하기 위해 보는 뷰를 "개념"으로 바꿨습니다.

명령 : SUBTRACT ↵   … 밖에 객체 선택

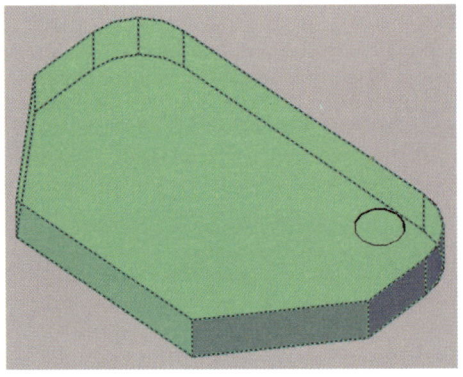

객체 선택 : 1개를 찾음 ↵
객체 선택 : 제거할 솔리드인 안쪽 원기둥 선택 ↵

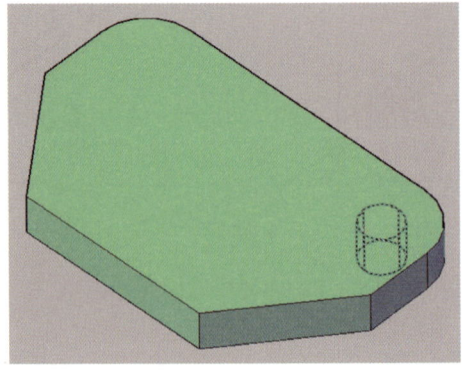

객체 선택 : 1개를 찾음
객체 선택 :

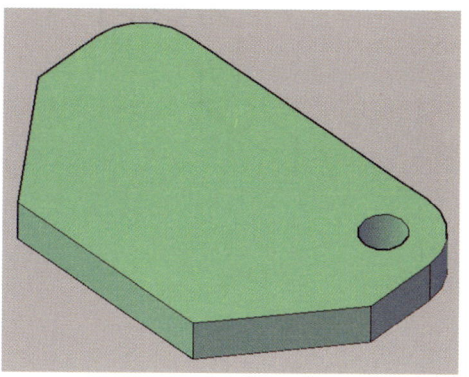

다음과 같이 안쪽 원기둥 부분이 뚫려 있는 것을 확인할 수 있습니다.

9) FRONT 객체의 윗부분을 선택합니다.

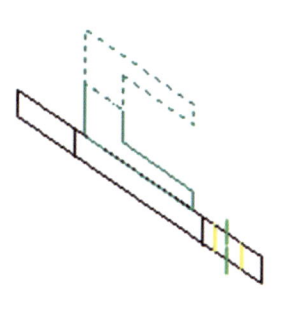
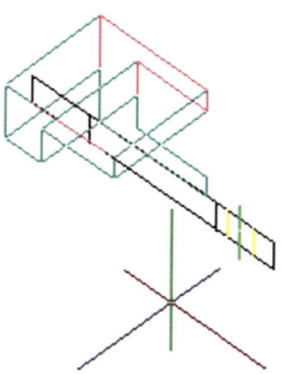

명령 : EXT ↵ EXTRUDE
현재 와이어프레임 밀도 : ISOLINES=4
돌출할 객체 선택 : 1개를 찾음
돌출할 객체 선택 :   … FRONT 위에 객체 선택
돌출의 높이 지정 또는 [방향(D)/경로(P)/테이퍼 각도(T)] <-144.6602> : P
돌출의 높이 지정 또는 [방향(D)/경로(P)/테이퍼 각도(T)] <-144.6602> : P ↵ 돌출 경로 선택

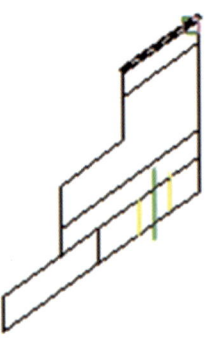

RIGHT의 윗 선을 선택합니다.

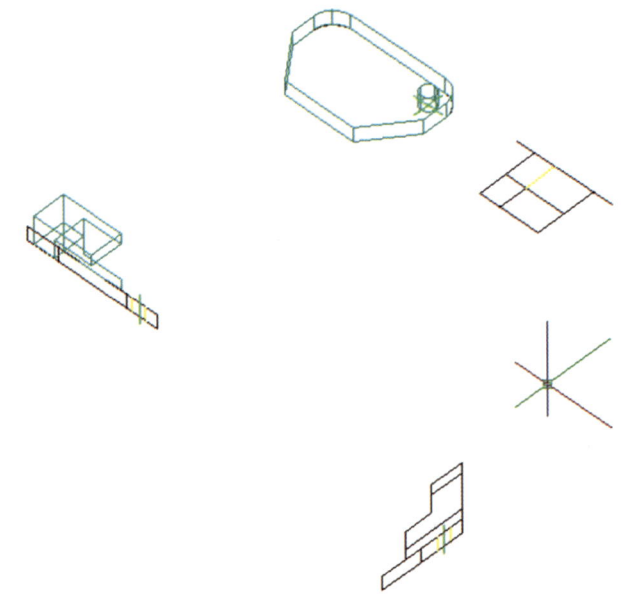

10) FRONT 객체의 아랫부분을 같은 방법으로 돌출합니다.
지금 실행시킨 아랫부분 객체를 선택합니다.

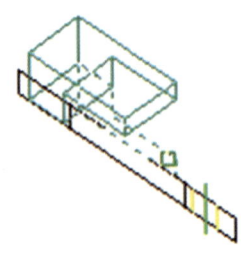 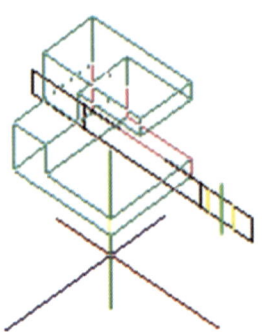

```
명령 : EXT ↵ EXTRUDE                                            … 명령어 입력
돌출할 객체 선택 :                                               … 두번째 객체 선택
돌출의 높이 지정 또는 [방향(D)/경로(P)/테이퍼 각도(T)] <57.0407> : P ↵   … 경로선택
```

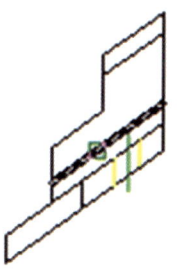

RIGHT객체의 세 번째 선 선택

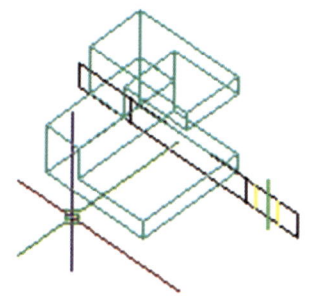

다음과 같이 완성된 것을 확인할 수 있습니다.

11) 완성된 것을 MOVE(M)로 이동시켜 완성합니다.

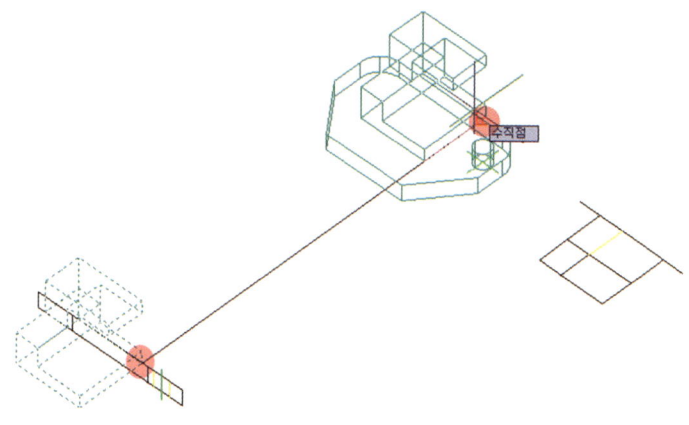

FRONT의 객체를 선택한 뒤 MOVE로 수직선상에 갖다두어 이동시킵니다.

```
명령 : M ↵ MOVE                                              … 명령어 입력
객체 선택 : 1개를 찾음, 총 2                                   … FRONT 객체 선택
객체 선택 :
기준점 지정 또는 〈변위〉 :                                    … 객체의 아래 모서리부분 선택
두 번째 점 지정 또는 〈첫 번째 점을 변위로 사용〉 :             … 수직점 잡힐 때 선택
명령 :
```

12) 보는 스타일을 변경하여 확인할 수 있습니다.

시각화의 개념으로 선택합니다.

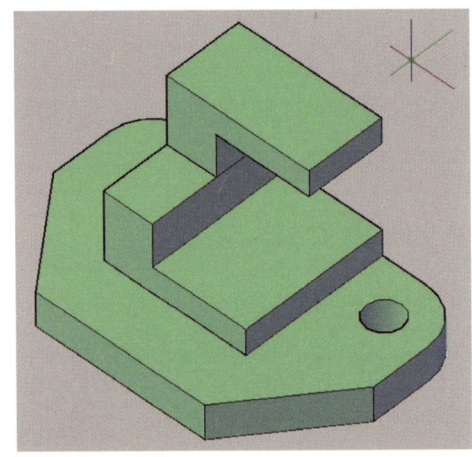

완성 되었습니다. 시험에서 요하는 부분은 이 객체의 정해진 POINT점의 길이 값입니다.
3DPOLY 명령을 이용해야만 3D에서 사용할 수 있습니다.

```
명령 : 3DPOLY ↵
폴리선의 시작점 지정 :                                        … P1점 선택
선의 끝점 지정 또는 [명령 취소(U)] :                          … P2점 선택
선의 끝점 지정 또는 [명령 취소(U)] :                          … P3점 선택
선의 끝점 지정 또는 [닫기(C)/명령 취소(U)] :
명령 :
```

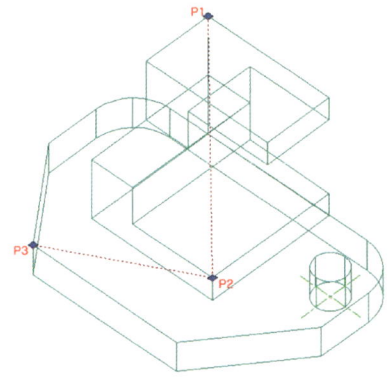

13) LIST 명령으로 POLY선을 조회하여 길이 값을 확인합니다.

명령 : LIST ↵

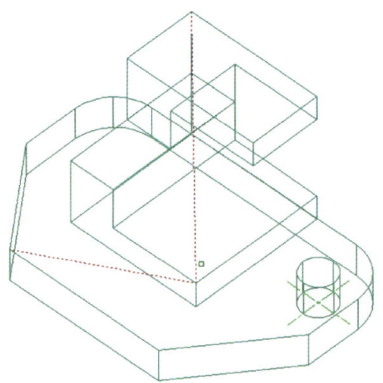

폴리선을 선택합니다.

```
편집(E)
객체 선택:
        POLYLINE   도면층: "B0"
                   공간: 모형 공간
        색상: 1 (빨간색)    선종류: "BYLAYER"
        핸들 = a0e
    열기 공간
    면적 3792.1055
    길이  180.0146
        VERTEX   도면층: "B0"
                 공간: 모형 공간
        색상: 1 (빨간색)    선종류: "BYLAYER"
        핸들 = a10
    공간
    예 점, X=  48.9729  Y= 422.2541  Z=  80.0000
        VERTEX   도면층: "B0"
                 공간: 모형 공간
        색상: 1 (빨간색)    선종류: "BYLAYER"
        핸들 = a11
    공간
    예 점, X= 112.9729  Y= 358.2541  Z=  28.0000
        VERTEX   도면층: "B0"
                 공간: 모형 공간
        색상: 1 (빨간색)    선종류: "BYLAYER"
        핸들 = a12
계속하려면 Enter 키를 누르십시오.
명령:
```

다음과 같이 대화상자가 뜨면 길이 값을 확인하면 됩니다. 대화상자 내용을 보면 다음과 같습니다.

POLYLINE 도면층 : "B0"
공간 : 모형 공간
색상 : 1(빨간색)   선종류 : "BYLAYER"
핸들 = a0e
열기 공간
면적 3792.1055
길이 180.0146

VERTEX 도면층 : "B0"
공간 : 모형 공간
색상 : 1(빨간색)   선종류 : "BYLAYER"
핸들 = a10
공간
에 점, X = 48.9729   Y = 422.2541   Z = 80.0000

VERTEX 도면층 : "B0"
공간 : 모형 공간
색상 : 1(빨간색)   선종류 : "BYLAYER"
핸들 = a11
공간
에 점, X = 112.9729   Y = 358.2541   Z = 28.0000

VERTEX 도면층 : "B0"
공간 : 모형 공간
색상 : 1(빨간색)   선종류 : "BYLAYER"
핸들 = a12

14) 여기서 길이 180.0146값을 정답에 입력하면 됩니다.

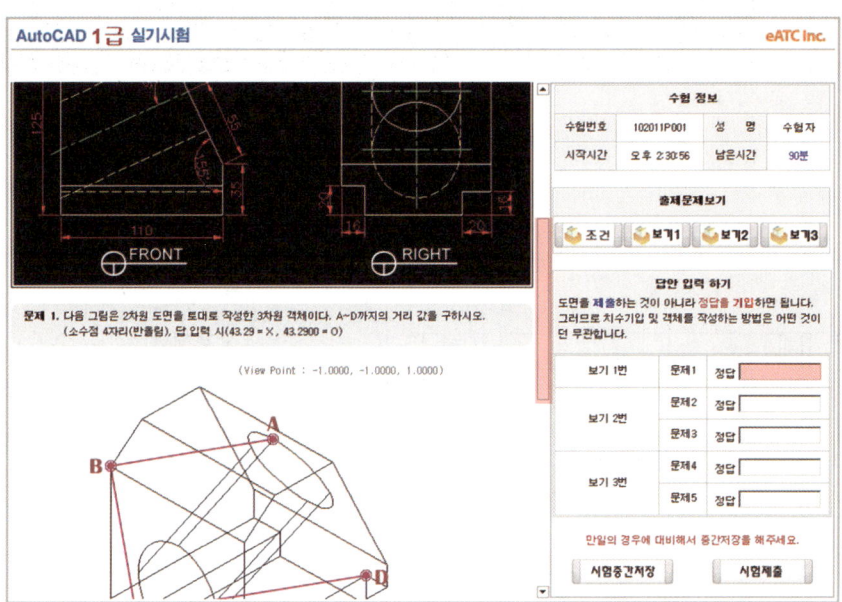

01 ATC 1급 무조건 따라 하기

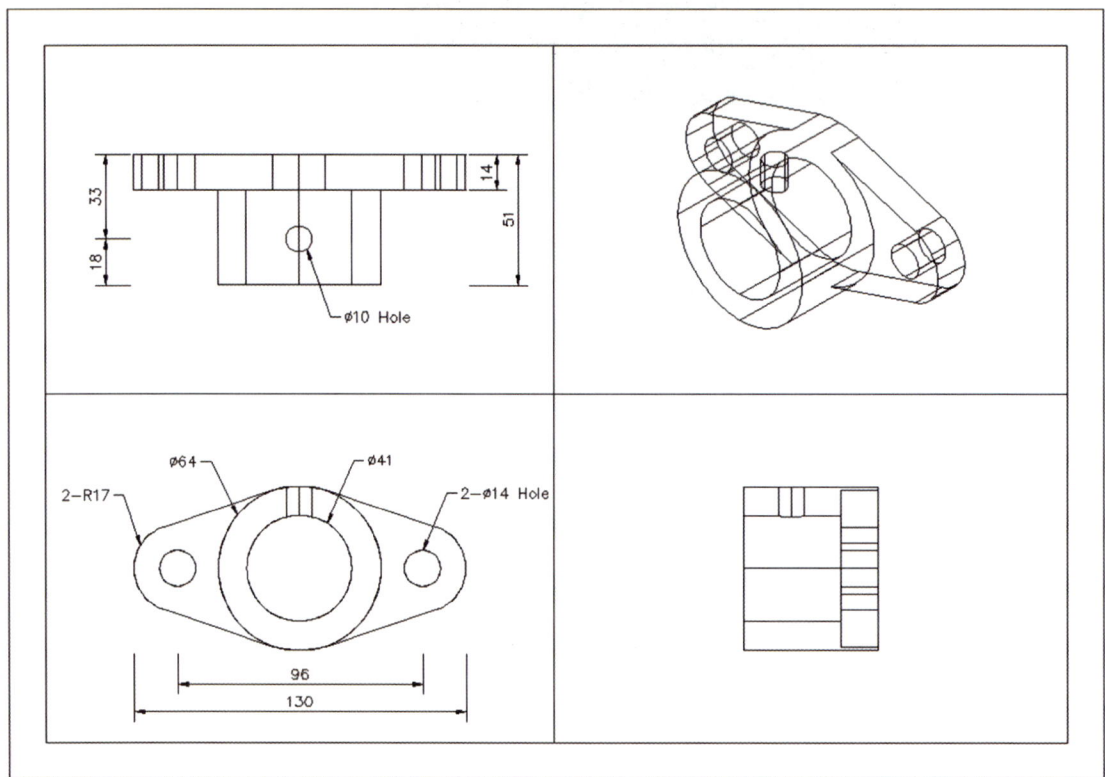

01 작업영역을 FRONT view로 변경합니다.

02 FRONT의 외곽의 기준을 잡기위해 사각형을 그려줍니다.

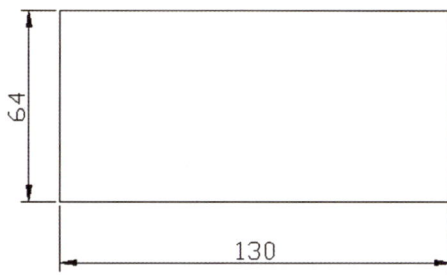

03 아래의 예제와 같이(굵은 선) 기준을 잡아줍니다.

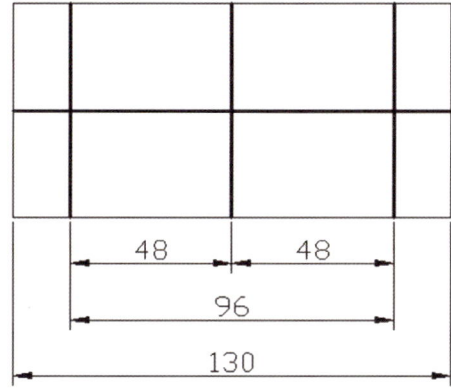

04 기준 잡은 위치를 토대로 Circle(C)를 그려줍니다.

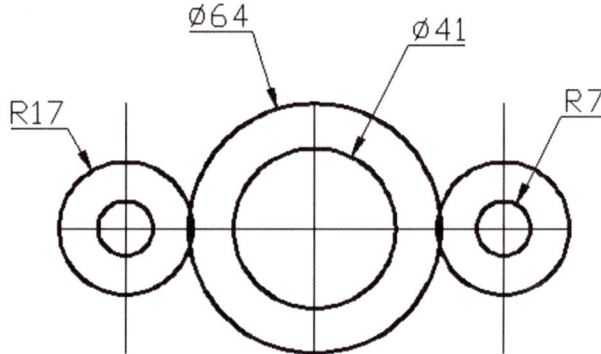

05 원과 원의 근처 점을 잡아 접선을 그려줍니다.

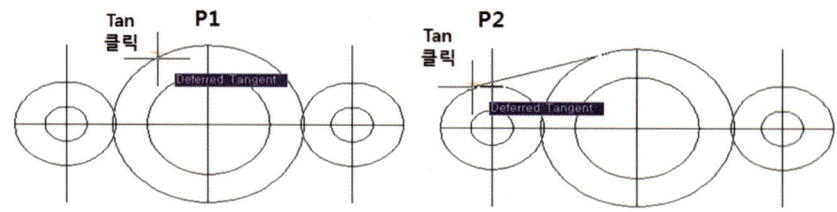

나머지들도 작도한 후 완성합니다.

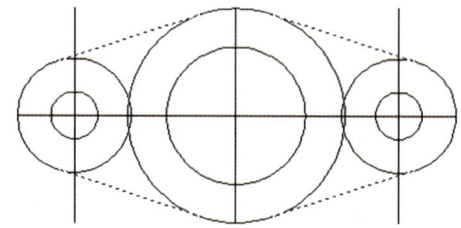

06 Trim으로 안쪽부분을 다음과 같이 절단합니다.

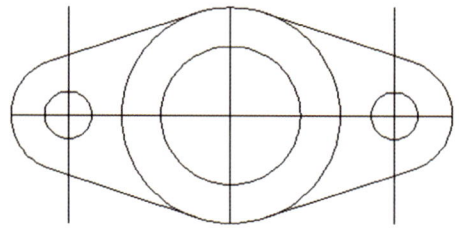

07 영역을 잡아서 묶어줍니다.

08 시점을 변경합니다.

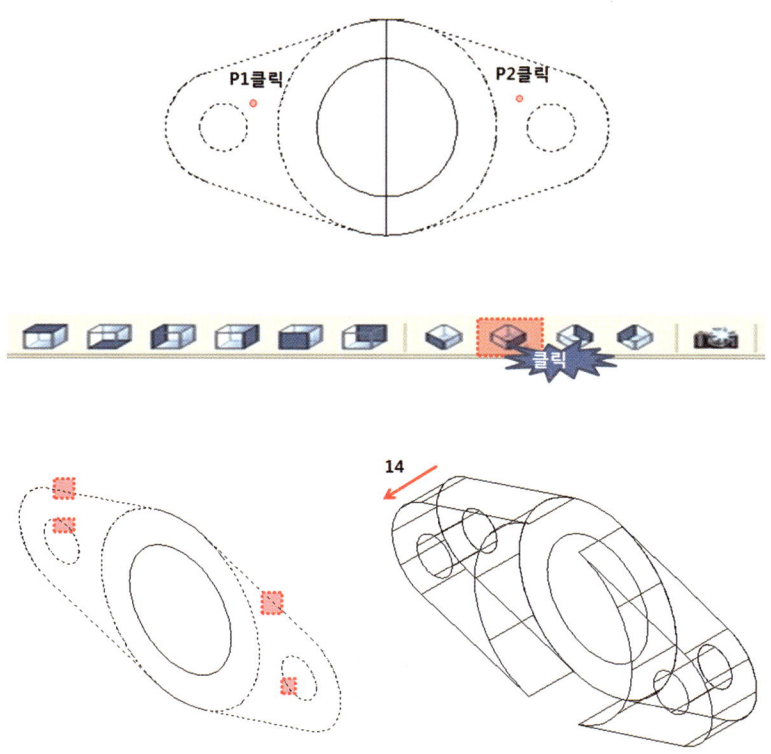

Extrude(ext)로 위의 객체를 다음과 같이 "14" 높이 값으로 돌출시켜줍니다.

09 안쪽의 2개의 원을 51 높이 값으로 Extrude(ext)합니다.

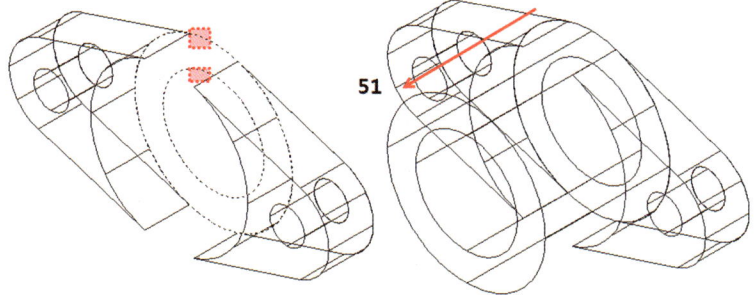

10 UCS ICON을 TOP으로 변경합니다.

11 원의 위치를 잡기 위해 위와 같이 18만큼 선을 그려준 위치의 끝점을 잡아 반지름이 5인 원을 그려줍니다.

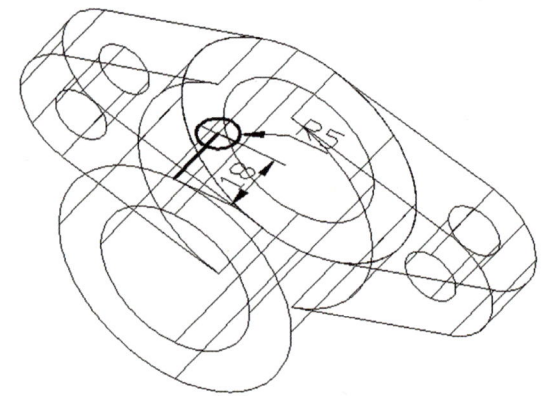

12 그린 원을 -30만큼 Extrude(ext)합니다.

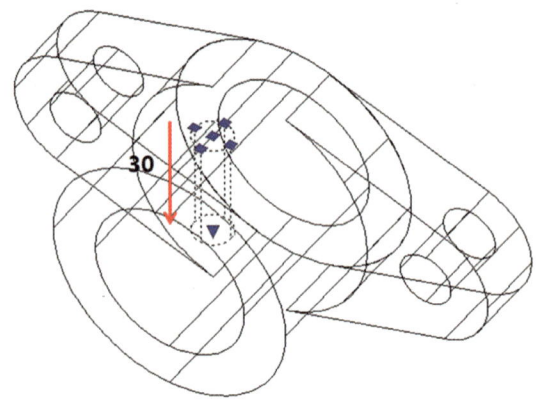

지금까지 작도한 부분을 HIDE(hi)한 모습입니다.

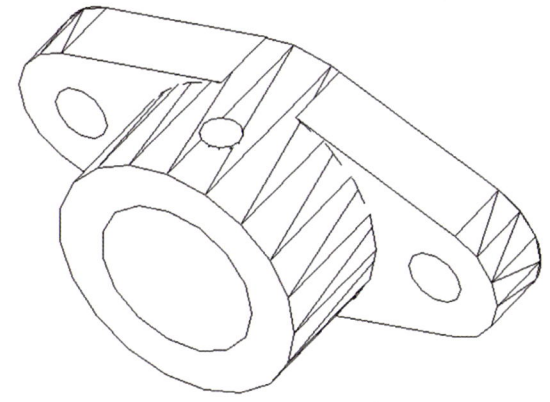

13 다음과 같이 객체를 UNION으로 합쳐줍니다.

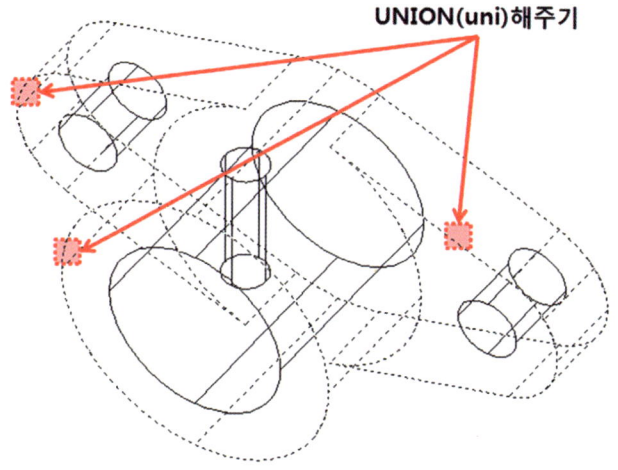

14 차집합(su) 14번에 합집합해 준 객체에서 안쪽의 객체들을 빼줍니다.

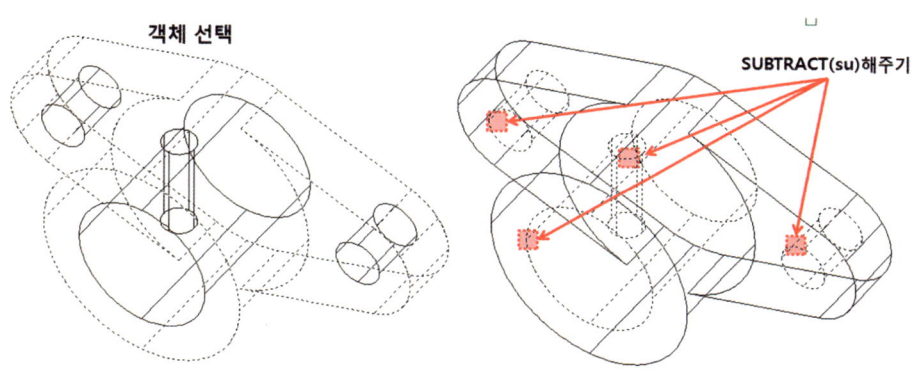

15 완성

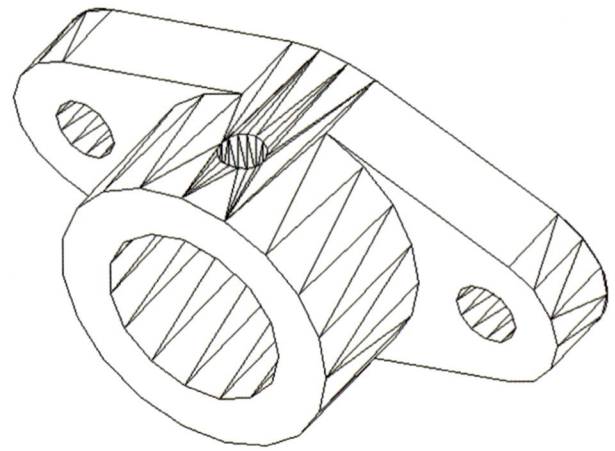

ATC 1급 무조건 따라 하기

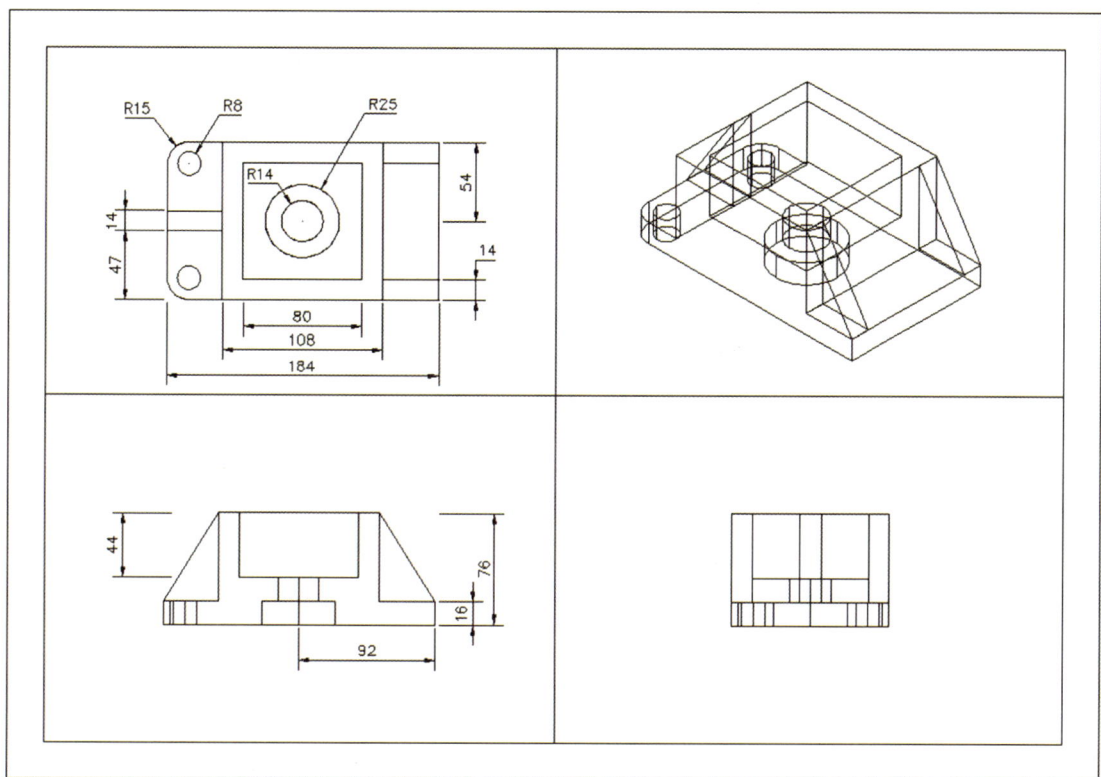

01 작업영역을 TOP view로 변경합니다.

02 TOP view의 외곽 184, 108인 사각형을 작도합니다.

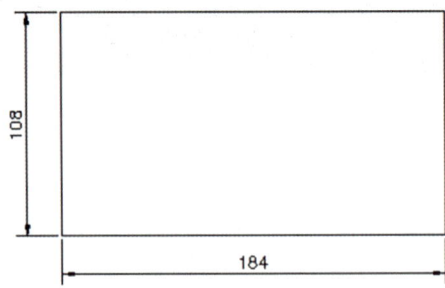

03 안쪽 사각형과 원을 완성시켜 줍니다.

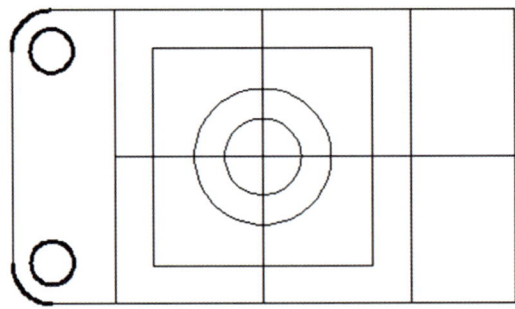

굵은 선의 부분을 찾아서 14의 간격을 띄어 작도하여 줍니다.

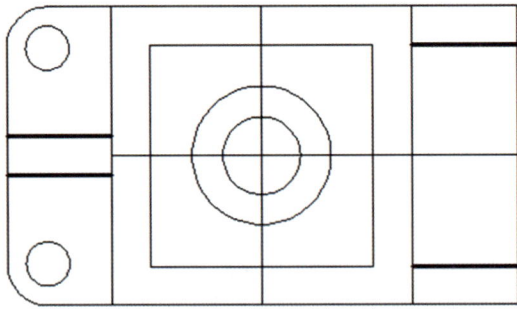

04 Pedit(pe)명령어로 외곽 부분의 선을 묶어줍니다.

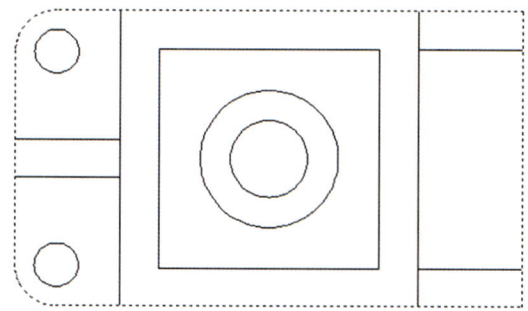

```
Pe ↵
객체 선택
Y ↵
J ↵
나머지 묶을 객체 선택 ↵ ↵
```

05 안쪽은 손쉽게 Boundary(bo)로 영역을 잡아줍니다.

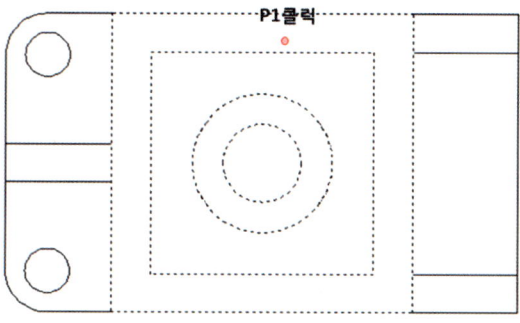

06 바깥쪽 객체는 16만큼 돌출, 안쪽 사각형은 76만큼 돌출하여 줍니다.

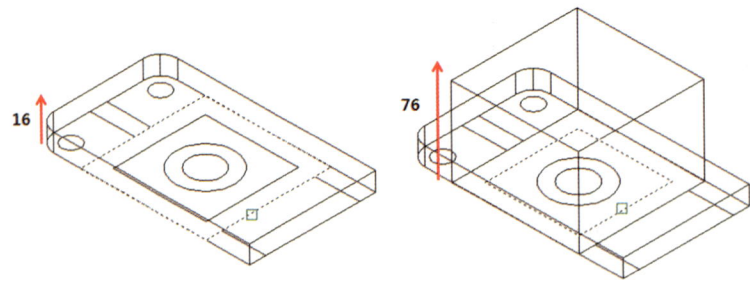

07 안쪽의 사각형을 위로 다음과 같이 이동합니다.

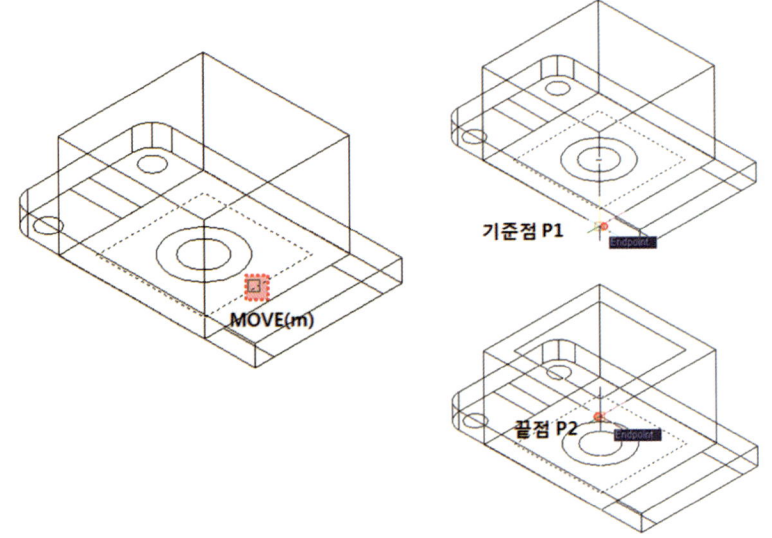

08 이동시킨 객체를 −44 Extrude(ext)해 줍니다.

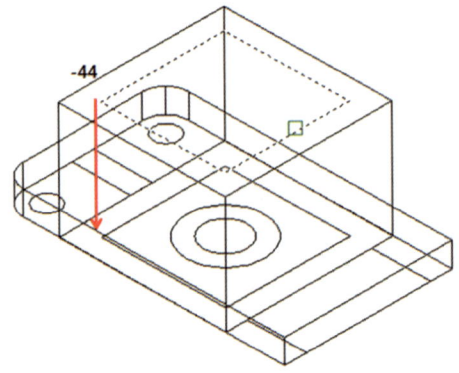

09 안쪽 큰 원은 16의 높이 값을 작은 원은 임의로 30만큼 Extrude(ext) 돌출시켜 줍니다.

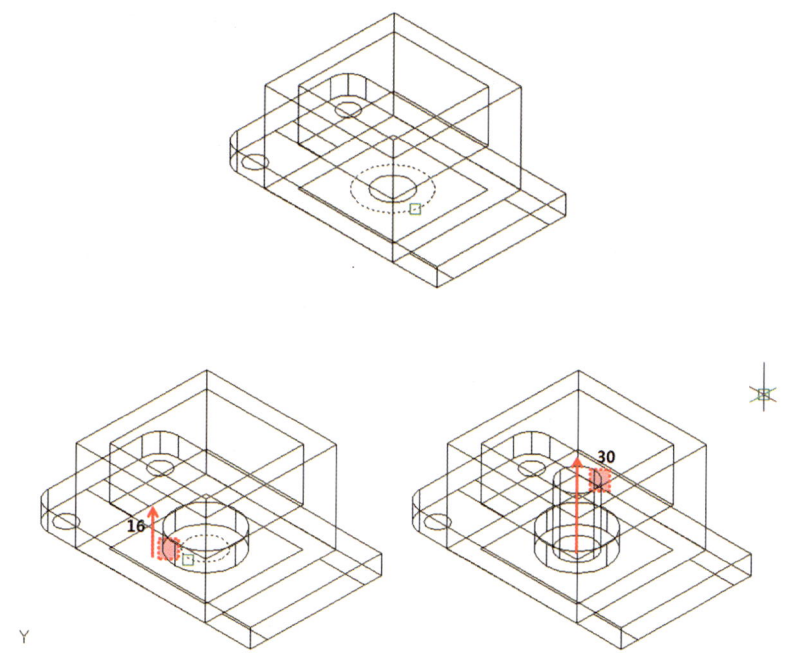

10 선택된 작은 두 개의 원도 임의 값인 30만큼 Extrude(ext)합니다.

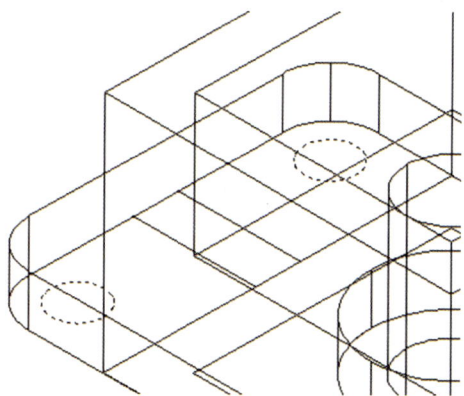

11 외곽 객체들을 합집합(uni) 합니다.

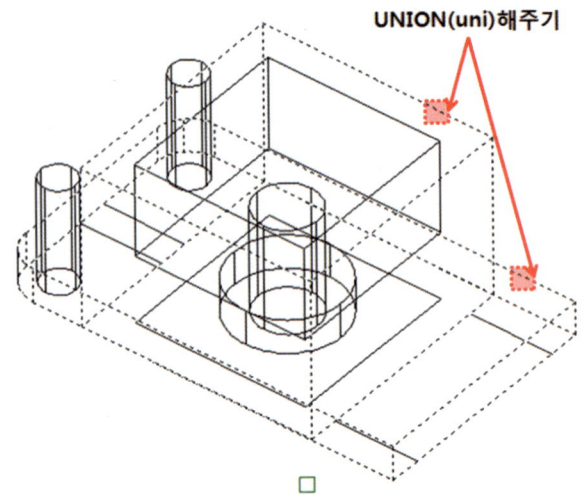

12 합쳐준 객체에서 안쪽의 객체들을 빼줍니다.

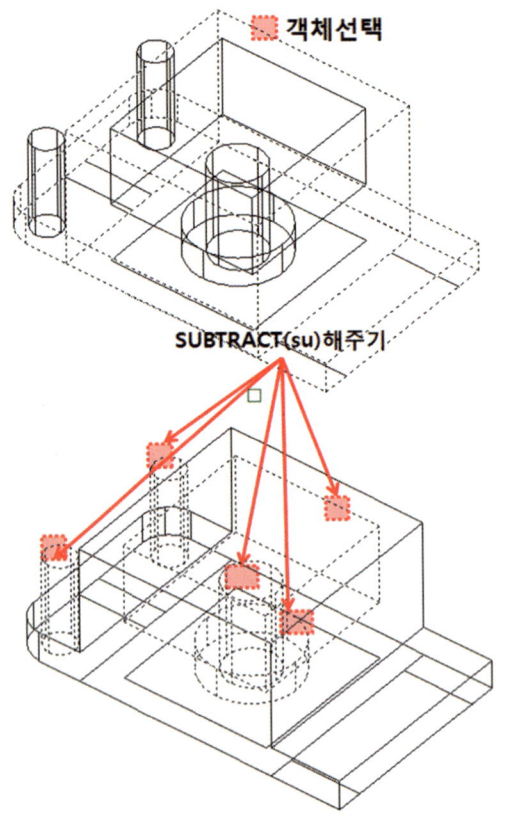

13 UCS의 옵션의 3점을 선택하여 순서대로 찍어준 후 Pine으로 작도하여 줍니다.

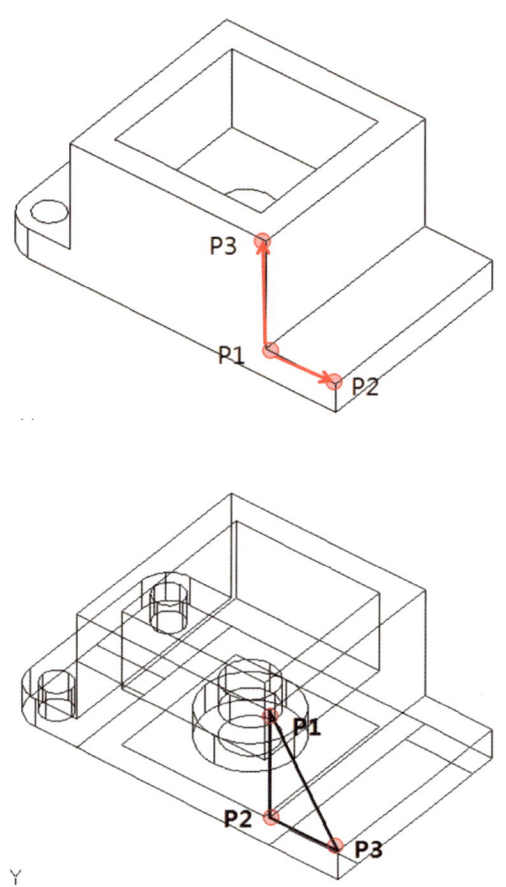

14 위치를 잡아줄 기준선을 그려준 뒤 13번과 같은 방법으로 그린 사각형을 기준점으로 이동시켜 줍니다.(move)

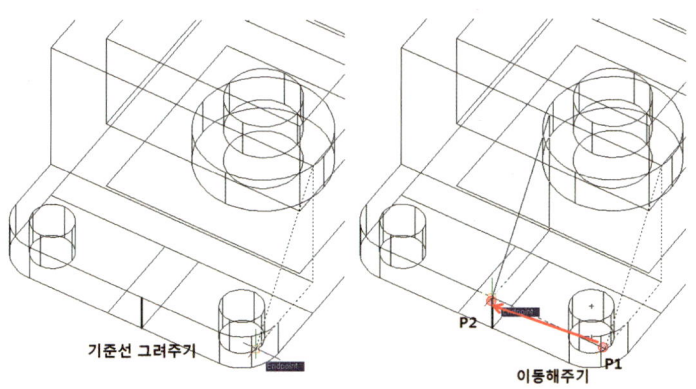

15 이동한 객체를 17 높이 값으로 Extrude(ext) 합니다.

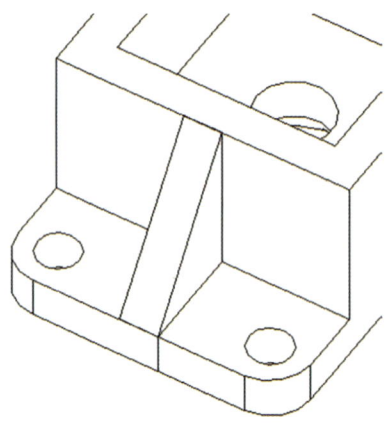

16 오른쪽 부분도 17만큼 돌출시켜 줍니다.

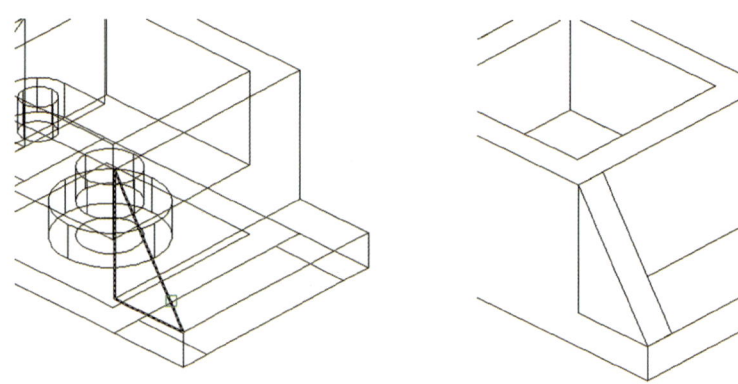

17 돌출시켜준 객체를 Copy하여 완성시켜 줍니다.

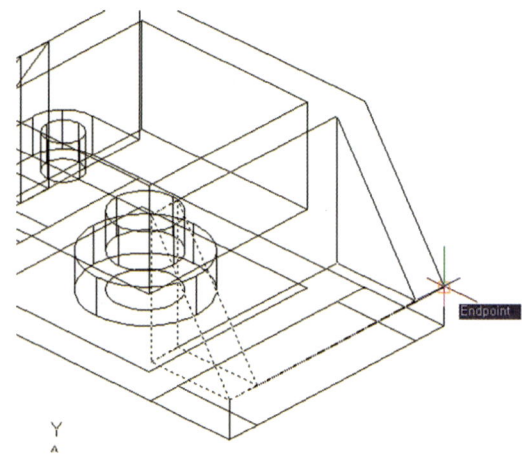

18 완성한 객체를 UNION(uni)하여 합쳐줍니다.

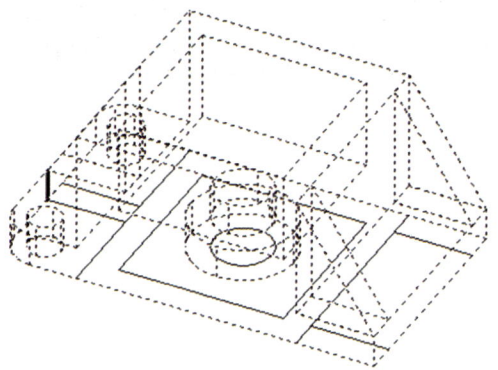

19 완성한 객체를 이동시켜서 잔여 객체가 있는지 확인하고 있으면 지우는 명령(e)을 지워줍니다.

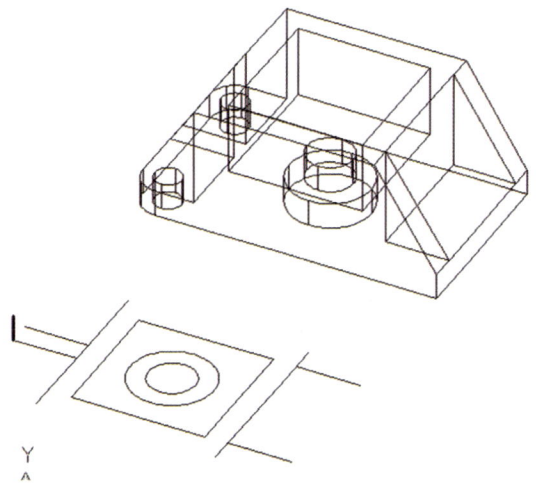

20 완성

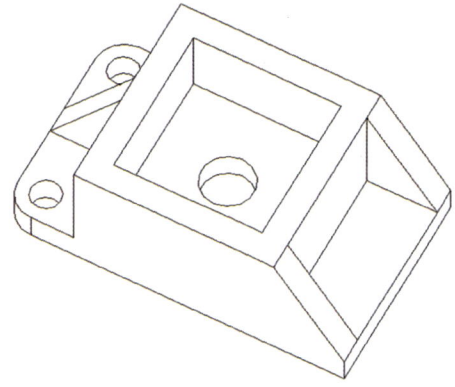

03 ATC 1급 무조건 따라 하기

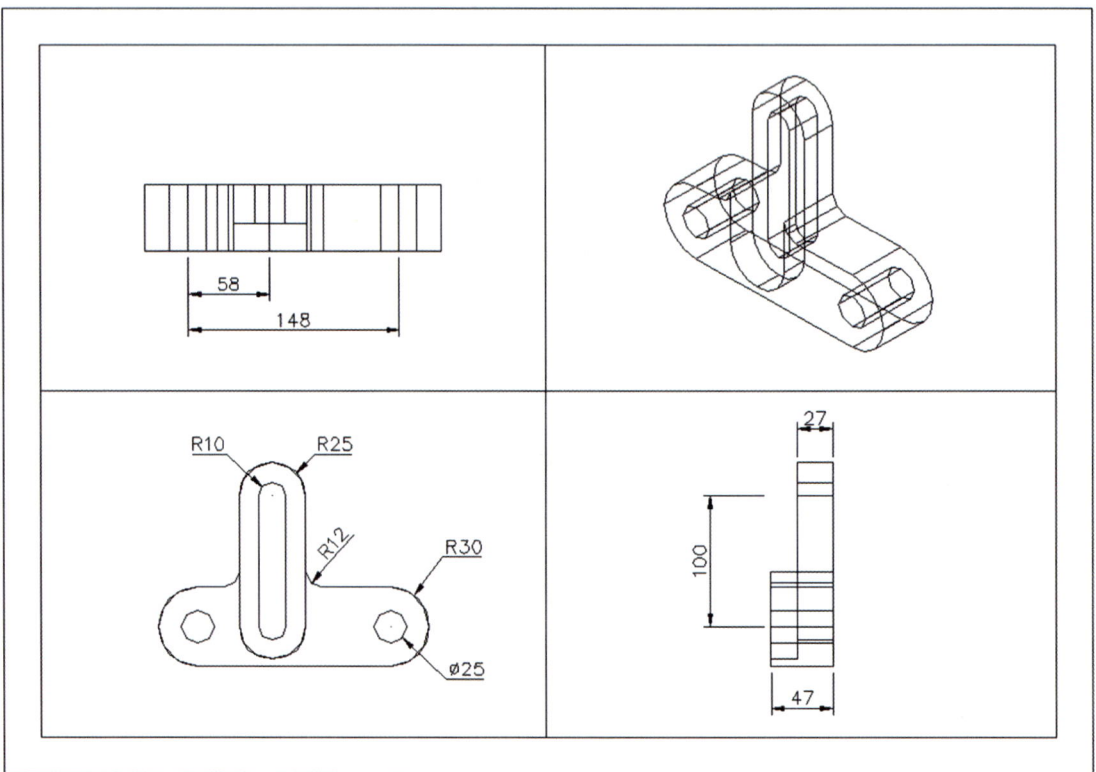

01 작업영역을 FRONT view로 변경합니다.

02 정면에 @148, 100인 사각형을 작도합니다.

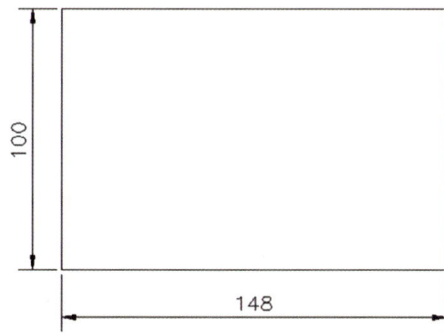

03 치수를 참고로 왼쪽에서 오른쪽으로 58만큼 평행복사합니다.

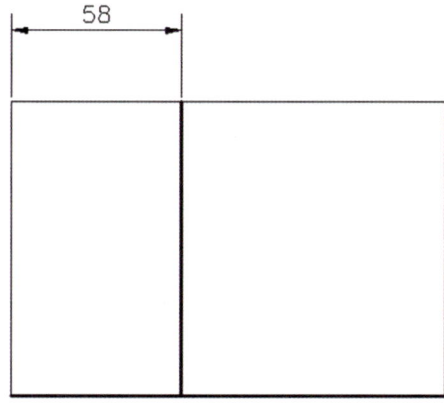

04 다음과 같이 정면의 치수대로 작도합니다.

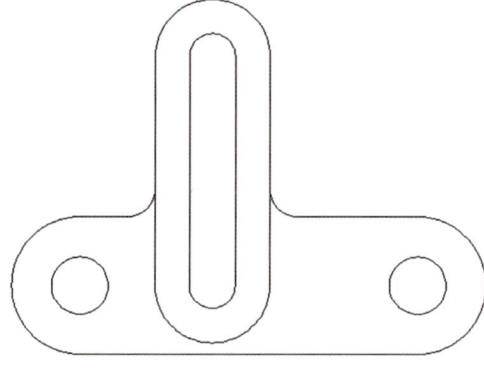

05 Boundary(bo) 명령을 이용하여 다음과 같이 객체의 안쪽을 Pline화 합니다.

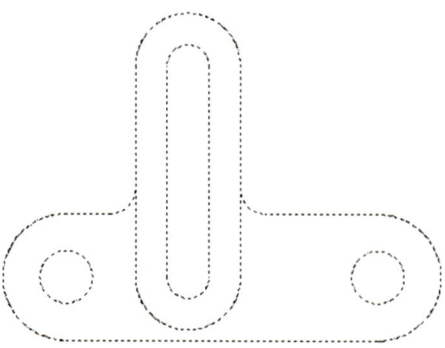

06 아래쪽의 객체를 선택하여 47만큼 돌출합니다.

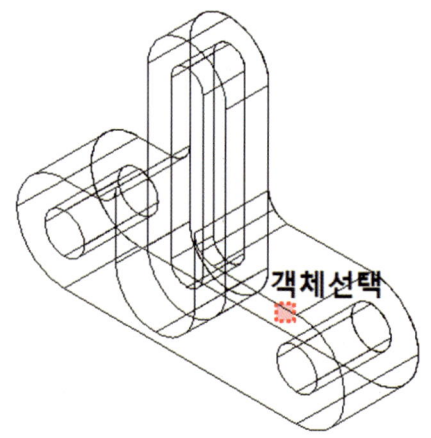

07 P1의 객체에서 P2의 객체를 차집합을 합니다.

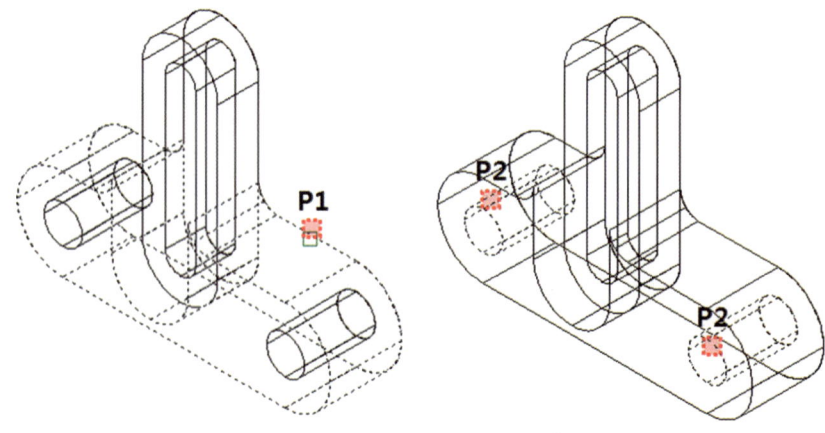

08 P1의 객체를 선택하여 27의 값으로 돌출합니다.

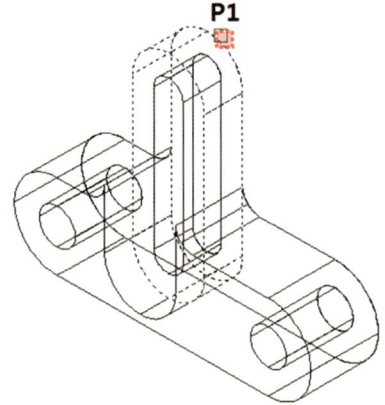

09 그 뒤 P1의 객체에서 P2의 객체를 차집합을 합니다.

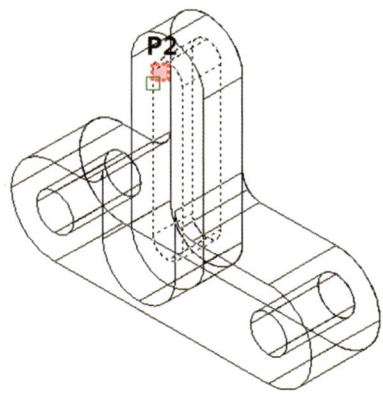

10 완성

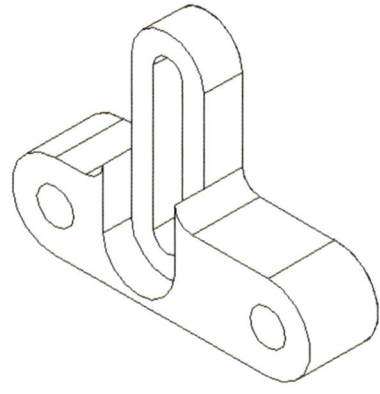

ATC 1급 무조건 따라 하기

01 먼저 반지름이 50인 원을 작도합니다.

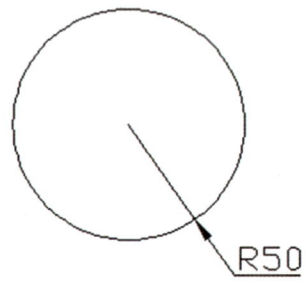

(정면에서의 총 거리가 100이므로)

명령 : c ↵ CIRCLE
원에 대한 중심점 지정 또는 [3점(3P)/2점(2P)/Ttr – 접선 접선 반지름(T)] : 중심점 클릭!!
원의 반지름 지정 또는 [지름(D)] : 50 ↵

02 원을 기준으로 외접인 8각형을 그려준다.

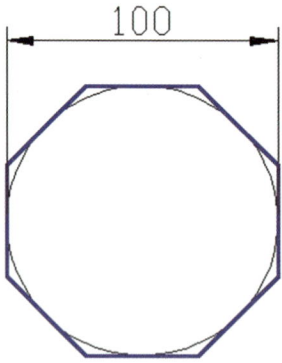

```
명령 : pol ↵
POLYGON 면의 수 입력 <8> : 8 ↵
다각형의 중심을 지정 또는 [모서리(E)] : 중심선 클릭
옵션을 입력 [원에 내접(I)/원에 외접(C)] <C> : c ↵
원의 반지름 지정 : 50 ↵
```

03 안쪽의 원을 그려줍니다.

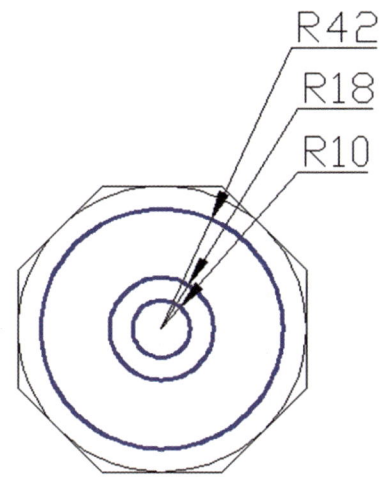

```
명령 : CIRCLE ↵
원에 대한 중심점 지정 또는 [3점(3P)/2점(2P)/Ttr - 접선 접선 반지름(T)] : 중심점 클릭!!
원의 반지름 지정 또는 [지름(D)] <50.0000> : 10 ↵
명령 : CIRCLE ↵
원에 대한 중심점 지정 또는 [3점(3P)/2점(2P)/Ttr - 접선 접선 반지름(T)] : 중심점 클릭!!
원의 반지름 지정 또는 [지름(D)] <10.0000> : 18 ↵
명령 : CIRCLE ↵
원에 대한 중심점 지정 또는 [3점(3P)/2점(2P)/Ttr - 접선 접선 반지름(T)] : 중심점 클릭!!
원의 반지름 지정 또는 [지름(D)] <18.0000> : 42 ↵
```

04 중심축 기준으로 offset(o) 60을 잡아줍니다.

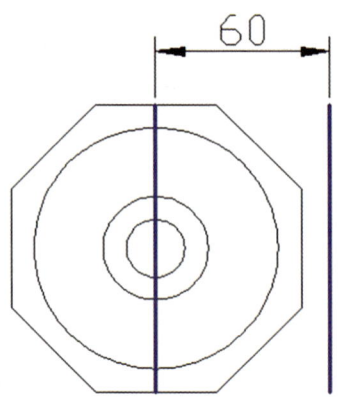

명령 : l LINE ↵
첫 번째 점 지정 : 수직선 위에 클릭!!
다음 점 지정 또는 [명령 취소(U)] : 아래 수직선 클릭!!

명령 : o OFFSET ↵
간격띄우기 거리 지정 또는 [통과점(T)/지우기(E)/도면층(L)] 〈통과점〉 : 60 ↵
간격띄우기할 객체 선택 또는 [종료(E)/명령취소(U)] 〈종료〉 : 오른쪽으로 마우스 클릭!!

05 가로중심을 기준으로 24씩 offset(o) 합니다.

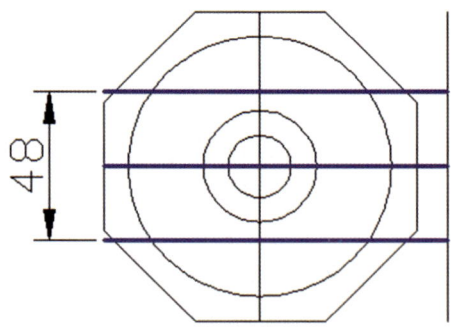

명령 : l LINE ↵ 가로선 중심 클릭!!
첫 번째 점 지정 : 가로선 끝 클릭!!

```
명령 : o OFFSET ↵
간격띄우기 거리 지정 또는 [통과점(T)/지우기(E)/도면층(L)] <60.0000> : 24 ↵
간격띄우기할 객체 선택 또는 [종료(E)/명령취소(U)] <종료> : 위쪽 클릭!!
간격띄우기할 면의 점 지정 또는 [종료(E)/다중(M)/명령취소(U)] <종료> : 중심가로선 선택 한다.
간격띄우기할 객체 선택 또는 [종료(E)/명령취소(U)] <종료> : 아래쪽 클릭!!
```

06 선을 정리한 뒤 위와 같이 객체를 pedit(pe) 묶어줍니다.
(선을 묶기 위해선 아래와 같이 꼭지점이 맞닿아 있어야 합니다.)

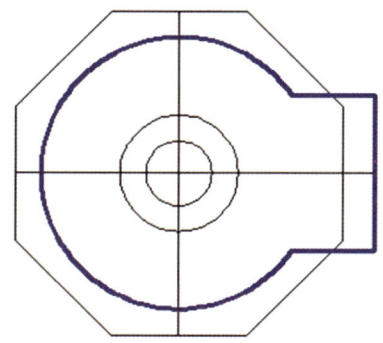

```
명령 : PEDIT ↵
객체 선택
전환하기를 원하십니까? ↵ <Y> y ↵
옵션 입력 [닫기(C)/결합(J)/폭(W)/정점 편집(E)/맞춤(F)/스플라인(S)/비곡선화(D)/선종류생성(L)/명령 취소(U)] : j ↵
객체 선택 : 반대 구석 지정 : 4개를 찾음                    … 묶을 객체 선택 ↵
↵ 엔터 한번 더!! 해야 실행된다.
```

07 FRONT VIEW(정면) 필요한 부분만 그립니다.
회전시킬 객체와 완성 객체서 빠질 사각형만 작도해줍니다.

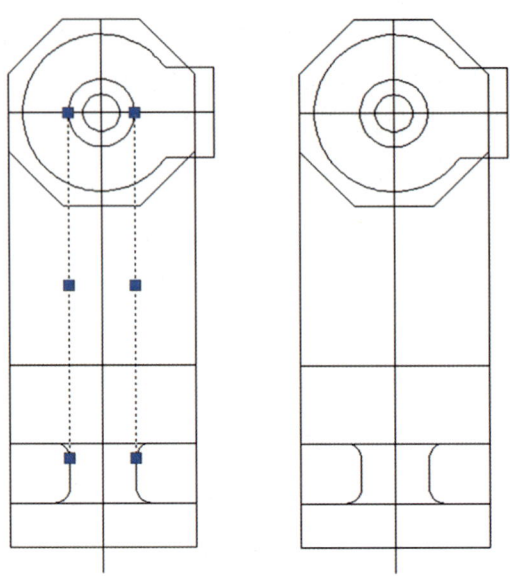

08 필요없는 선은 지워줍니다.(erase)

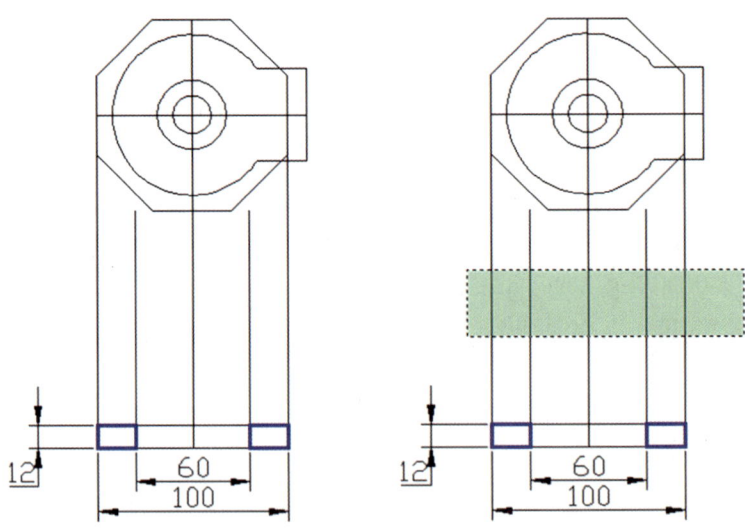

명령 : e ERASE ↵
객체 선택 : 반대 구석 지정 : 5개를 찾음 ↵

09 회전시키고자 하는 객체를 묶어줍니다.

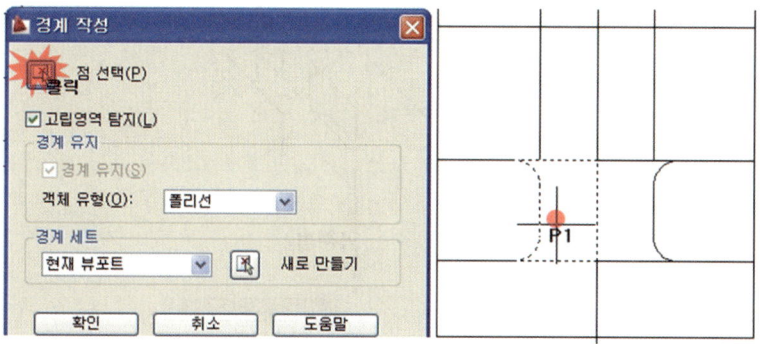

명령 : bo ↵ BOUNDARY

10 UCS ICON을 변경하여 FRONT부분을 보이는 바와 같이 세워줍니다.

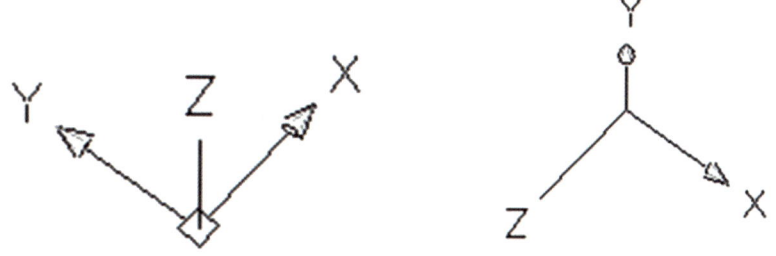

TOP View인 UCS를 LEFT View로 변경합니다.

명령 : ucs ↵
현재 UCS 이름 : *표준*
UCS의 원점 지정 또는 [면(F)/이름(NA)/객체(OB)/이전(P)/뷰(V)/표준(W)/X/Y/Z/Z축(ZA)]
〈표준(W)〉: g ↵
옵션 입력 [평면도(T)/밑면도(B)/정면도(F)/배면도(BA)/좌측면도(L)/우측면도(R)]〈평면도〉: l ↵
명령 : UCS ↵
현재 UCS 이름 : *좌측면도*
UCS의 원점 지정 또는 [면(F)/이름(NA)/객체(OB)/이전(P)/뷰(V)/표준(W)/X/Y/Z/Z축(ZA)]
〈표준(W)〉: *취소*

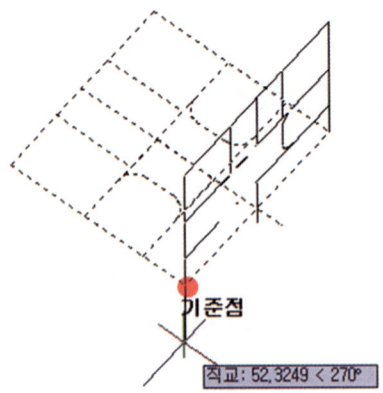

회전하여 세워줍니다.

```
명령 : ro ↵ ROTATE
객체 선택 :
기준점 지정 :
회전 각도 지정 또는 [복사(C)/참조(R)] <270> : 270 ↵
```

11 다음의 객체를 선택하여 Extrude(ext)명령으로 24만큼 돌출시킵니다.

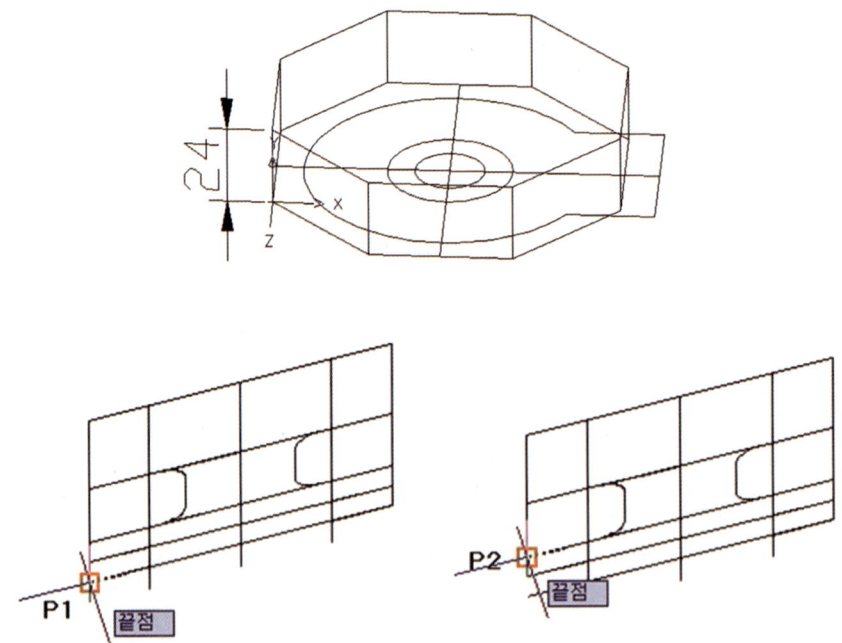

```
명령 : ext EXTRUDE ↵
돌출할 객체 선택 : 객체 선택
돌출의 높이 지정 또는 [방향(D)/경로(P)/테이퍼 각도(T)] : D ↵          … 방향 선택
시작 높이 P1 클릭
끝점 높이 P2 클릭
```

12 나머지 객체를 96만큼 이동합니다. (move)

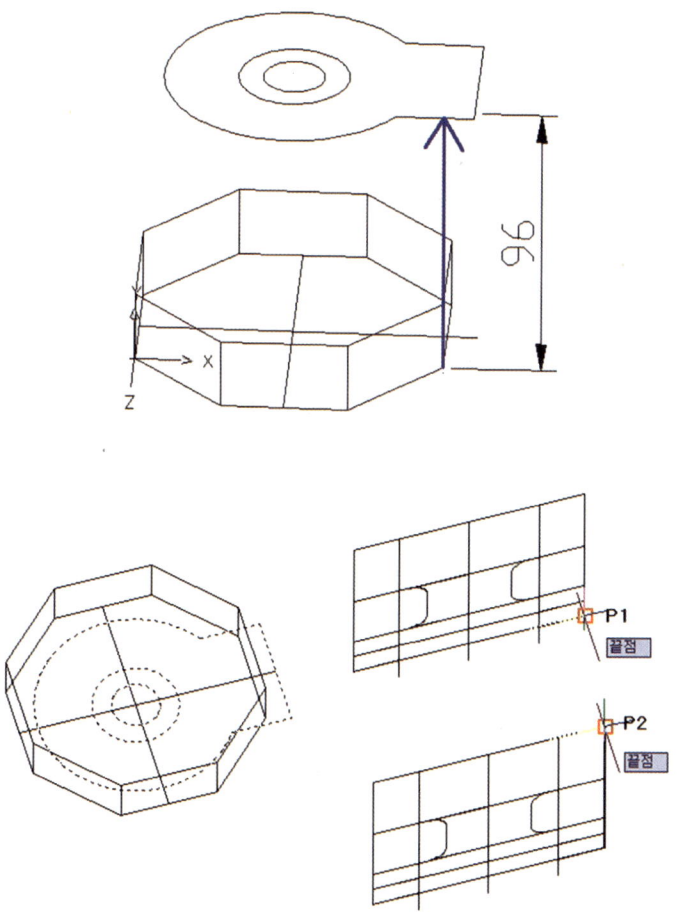

```
명령 : m MOVE ↵
객체 선택 : 이동할 객체 선택!! (위의 객체 3개)
기준점 지정 또는 [변위(D)] 〈변위〉 : 기준위치로 아래 부분 클릭!!
두 번째 점 지정 또는 〈첫 번째 점을 변위로 사용〉 : 96 높이값 입력(0, 0, 96) 혹은 마우스를 위로 틀어서 96 ↵
```

13 이동한 2개의 작은 원을 (extrude:ext) 아래로 돌출합니다.

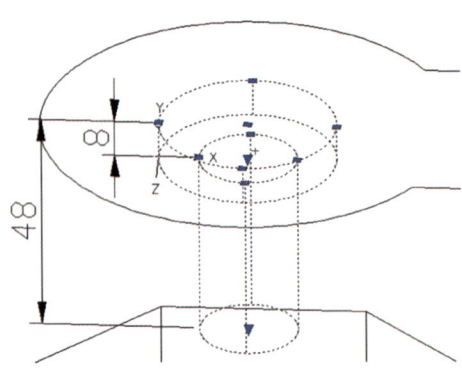

명령 : ext EXTRUDE ↵
돌출할 객체 선택 : 큰 원 선택!! 1개를 찾음 객체 선택
돌출의 높이 지정 또는 [방향(D)/경로(P)/테이퍼 각도(T)] <48.0000> : -48 ↵
… 돌출 높이 아래로 돌출한다.

명령 : EXTRUDE ↵
돌출할 객체 선택 : 1개를 찾음 … 큰 원 선택
돌출의 높이 지정 또는 [방향(D)/경로(P)/테이퍼 각도(T)] <-48.0000> : -8 ↵
… 돌출 높이 입력

14 다음과 같이 외곽부분을 42만큼 아래로 Extrude(ext) 돌출시켜줍니다.

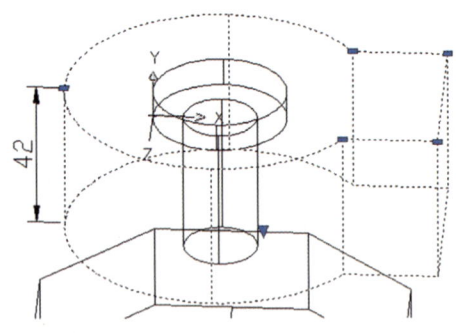

명령 : ext EXTRUDE ↵
돌출할 객체 선택 : 1개를 찾음 … 외곽 객체 선택
돌출의 높이 지정 또는 [방향(D)/경로(P)/테이퍼 각도(T)] <-8.0000> : -42 ↵
… 돌출 높이 입력

15 Revolve 명령으로 객체를 회전시켜줍니다.

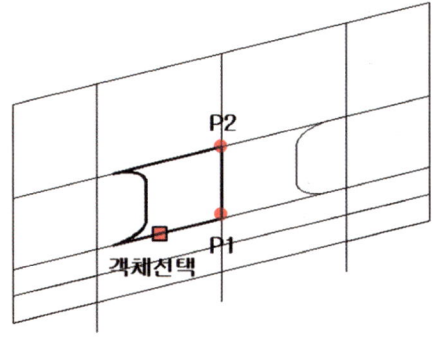 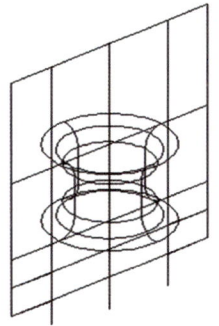

명령 : rev REVOLVE ↵
회전할 객체 선택 : 1개를 찾음   … 객체 선택
축 시작점 지정 또는 다음에 의해 축 지정 [객체(O)/X/Y/Z] 〈객체(O)〉 : P1점 클릭
축 끝점 지정 : P2점 클릭
회전 각도 지정 또는 [시작 각도(ST)] 〈360〉 : 360 ↵

16 완성된 객체를 이동시켜줍니다.

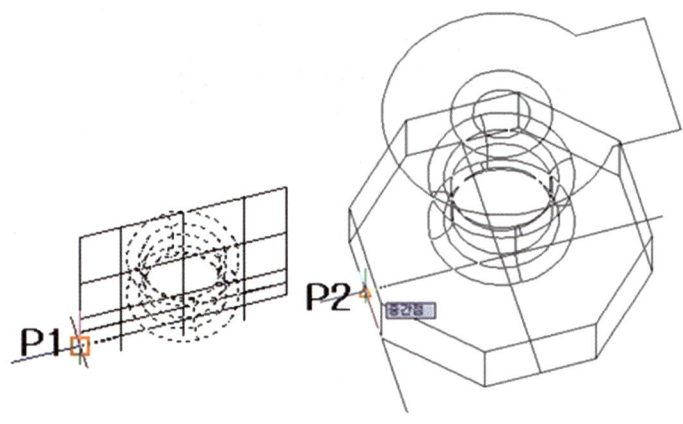

명령 : M move ↵   … 명령어 입력
시작점 : P1 기준점 클릭
끝점 : P2 끝점 클릭

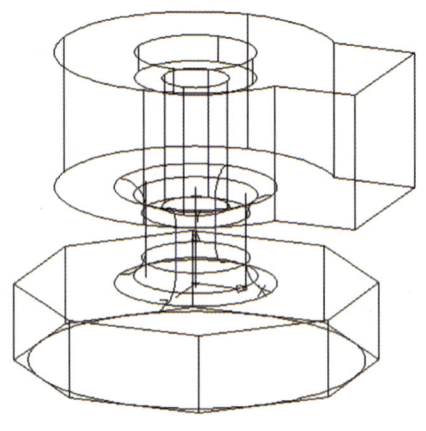

다음과 같이 덩어리가 생성되었을 것입니다.

17 생성된 객체와 다음의 외곽 객체를 합쳐줍니다.

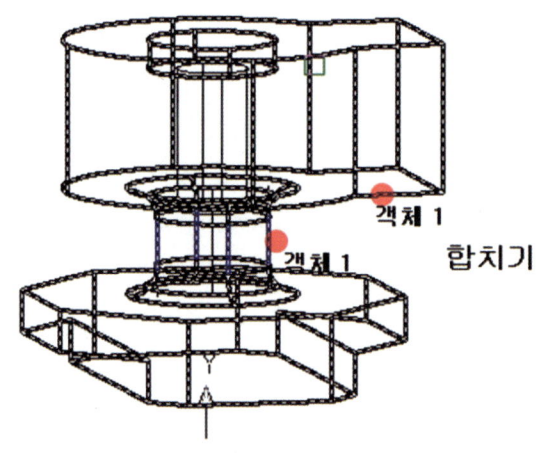

명령 : uni UNION ↵
객체 선택 : 객체 1, 객체 2 선택   … 외곽 객체 선택
객체 선택 : 1개를 찾음, 총 2   … 생성된 객체 선택
객체 선택 : ↵ 마무리

18 다음과 같이 되었습니다.

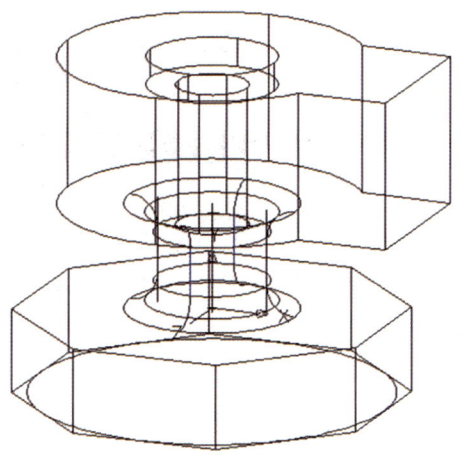

19 객체를 돌출시킵니다.

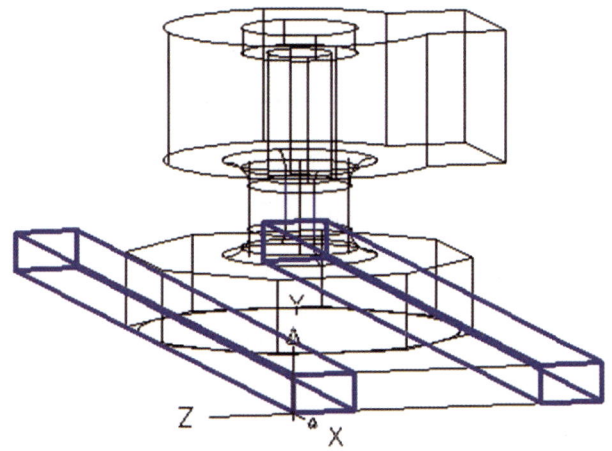

명령 : ext EXTRUDE ↵
돌출할 객체 선택 :   … 사각형 두 개를 선택한다.
돌출의 높이 지정 또는 [방향(D)/경로(P)/테이퍼 각도(T)] ⟨0⟩ : 돌출 높이 값 200 입력

20 차집합 명령으로 덩어리를 빼줍니다.

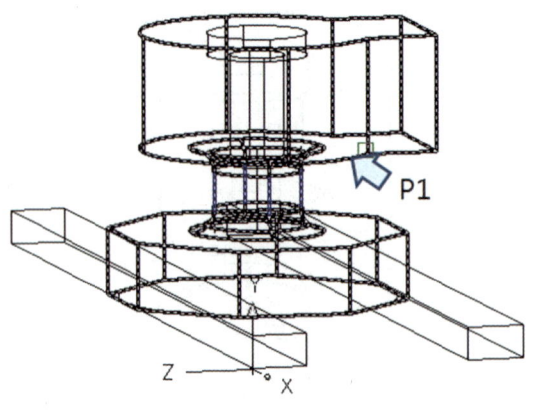

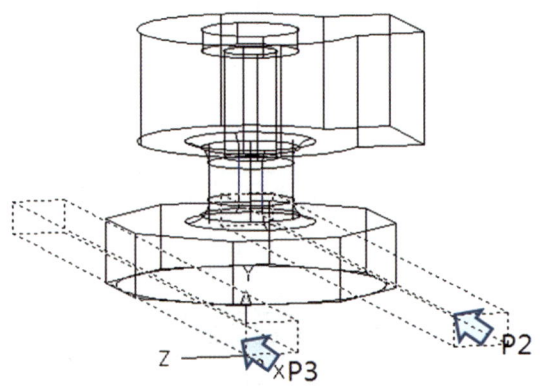

```
명령 : su ↵
객체 선택 : 1개를 찾음                                          … P1 객체 선택
객체 선택 : 제거할 솔리드와 영역을 선택                        … P2, P3 객체 선택
객체 선택 : 1개를 찾음, 총 2
객체 선택 : ↵
```

21 다음과 같이 빠졌습니다.

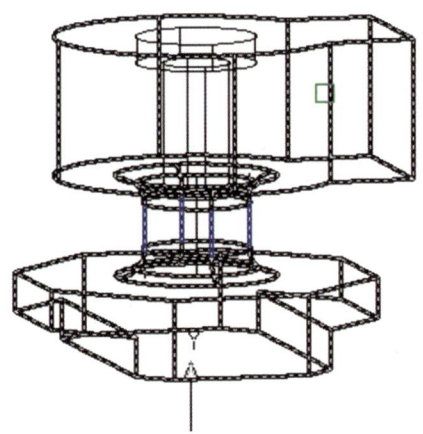

22 P1 객체에서

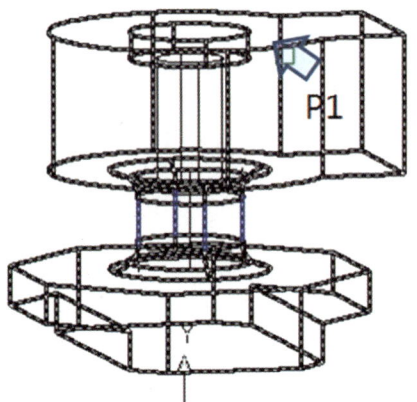

P2의 객체와 P3 객체를 빼줍니다.

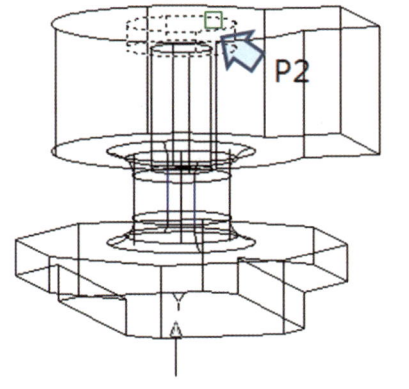 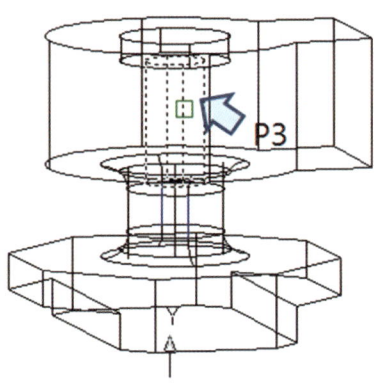

```
명령 : su SUBTRACT ↵
객체 선택 : 1개를 찾음                                    … P1 객체 선택 ↵
객체 선택 : 제거할 솔리드와 영역을 선택
객체 선택 : 1개를 찾음                                    … P2, P3 객체 선택
객체 선택 : 1개를 찾음, 총 2
객체 선택 : ↵ 마무리
```

23 TOP, FRONT, RIGNT에서 본 모습입니다.

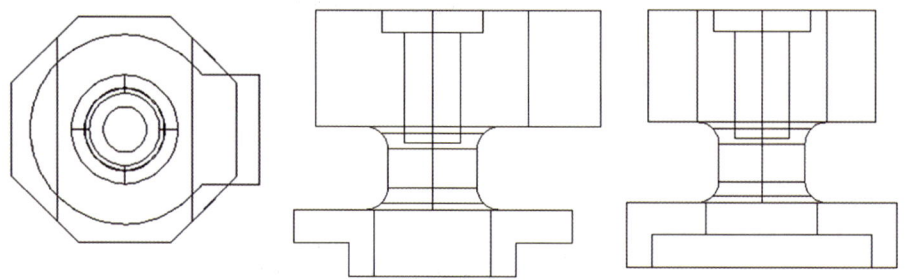

24 완성

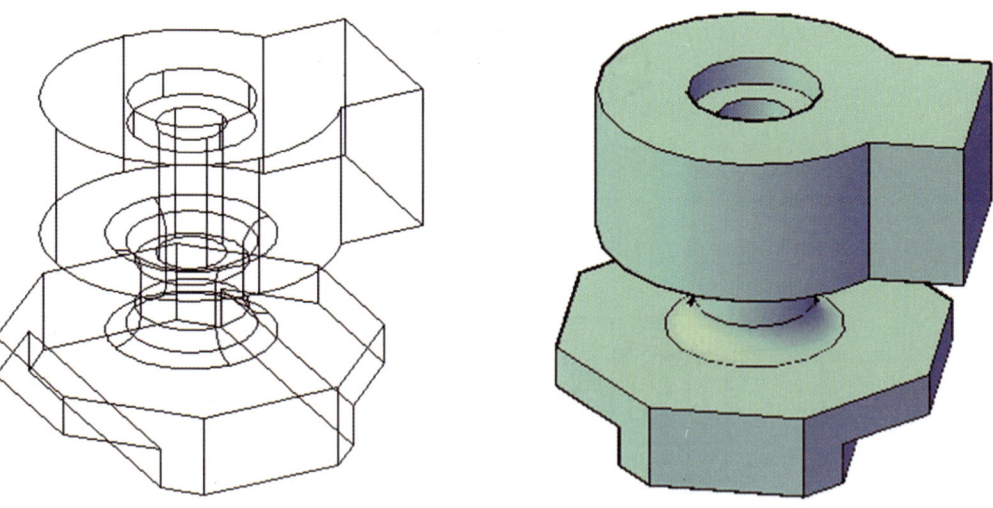

05 ATC 1급 무조건 따라 하기

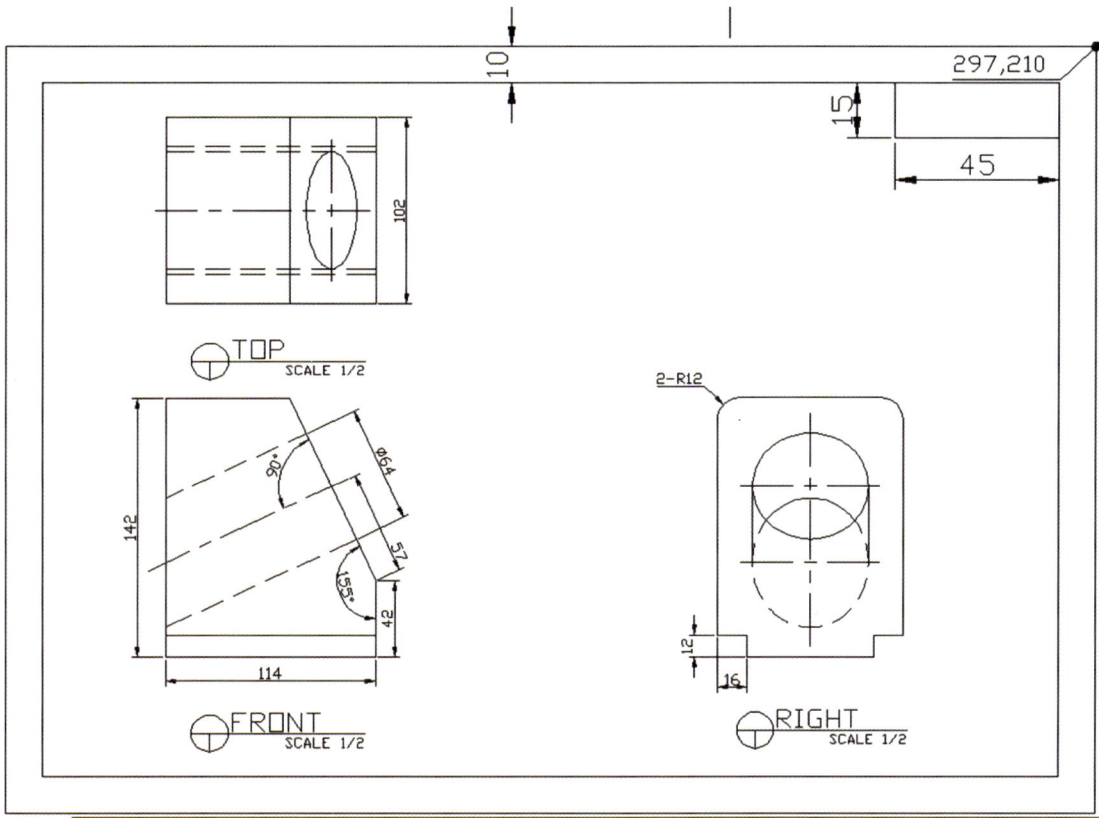

01 작업영역을 FRONT view로 변경해줍니다.

02 정면의 외곽을 잡기 위해 @114, 142인 사각형을 작도합니다.

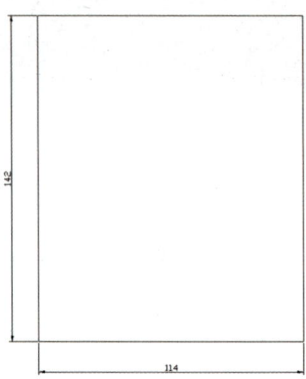

03 정면부분을 치수에 맞게 작도한 뒤 외곽을 Pline으로 묶어 덩어리로 돌출될 수 있도록 작도합니다.

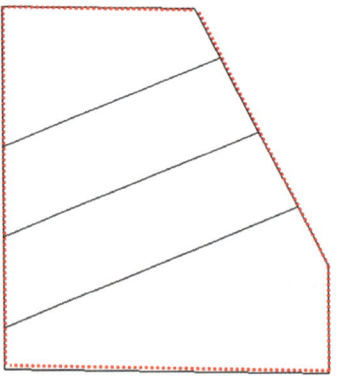

04 객체를 102의 높이 값만큼 돌출합니다.

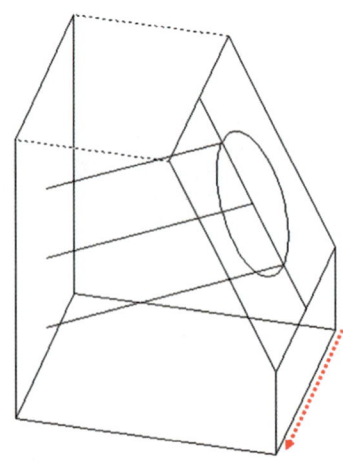

05 선택된 모서리 부분을 Fillet 명령으로 12 반지름 값만큼 모깎기합니다.

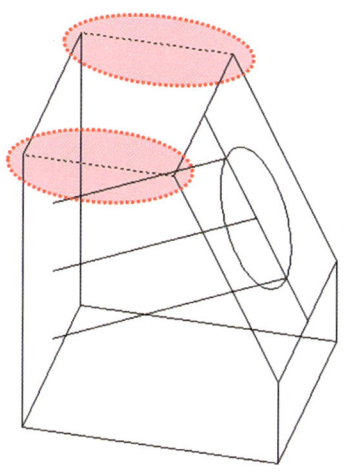

```
명령 : f FILLET ↵
현재 설정 값 : 모드=TRIM, 반지름=0.0000
첫 번째 객체 선택 또는 [명령취소(U)/폴리선(P)/반지름(R)/자르기(T)/다중(M)] : r ↵
모깎기 반지름 지정 〈0.0000〉 : 12 ↵
첫 번째 객체 선택 또는 [명령취소(U)/폴리선(P)/반지름(R)/자르기(T)/다중(M)] : 모서리 클릭
모깎기 반지름 입력 〈5.0000〉 : ↵
모서리 또는 [체인(C)/반지름(R)] : 다른 객체 선택
모서리 또는 [체인(C)/반지름(R)] : ↵
2개의 모서리(들)이(가) 모깎기를 위해 선택됨
```

06 UCS ICON을 기울어진 부분에서 작업할 수 있도록 이동합니다.
3점 옵션을 선택해 P점의 순서대로 선택한 뒤 원의 중심을 잡아 반지름 값이 32인 원을 작도합니다.

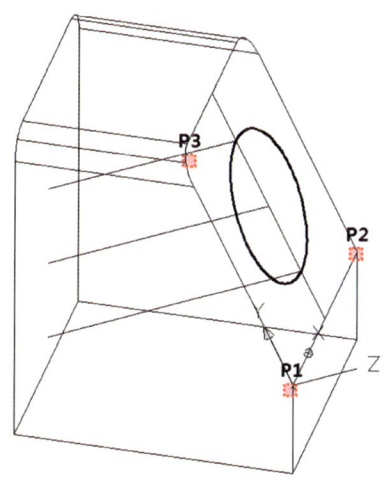

명령 : ucs ↵
현재 UCS 이름 : *표준*
UCS의 원점 지정 또는 [면(F)/이름(NA)/객체(OB)/이전(P)/뷰(V)/표준(W)/X/Y/Z/Z축(ZA)] <표준(W)> : 3↵
새로운 원점 지정 <0, 0, 0> : P1점 클릭
X-축 양의 구간에 있는 점 지정 <1.0000, 0.0000, 0.0000> : P2점 클릭
UCS XY 평면의 양의 Y 부분에 있는 점 지정 <1.0000, 0.0000, 0.0000> : P3점 클릭

07 원을 아래와 같이 돌출합니다.(돌출 높이는 임의 값 약 200 ↵)

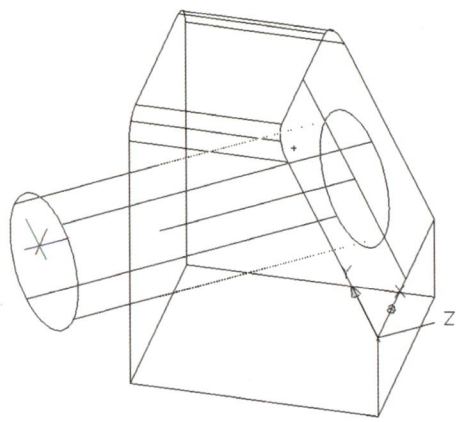

명령 : ext EXTRUDE ↵
현재 와이어 프레임 밀도 : ISOLINES = 4
돌출할 객체 선택 : 1개를 찾음
돌출할 객체 선택 : 돌출 객체 선택
돌출의 높이 지정 또는 [방향(D)/경로(P)/테이퍼 각도(T)] <173.9807> : 임의 돌출 값 200 ↵

08 UCS ICON을 기울어진 부분에서 작업할 수 있도록 3점 옵션을 선택합니다.
P점의 순서대로 선택한 뒤 원의 중심을 잡아 반지름 값이 32인 원을 작도합니다.

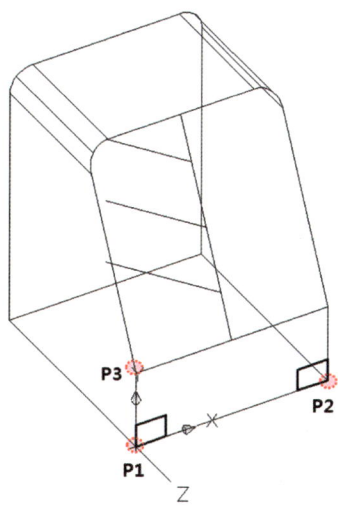

명령 : ucs ↵
현재 UCS 이름 : *표준*
UCS의 원점 지정 또는 [면(F)/이름(NA)/객체(OB)/이전(P)/뷰(V)/표준(W)/X/Y/Z/Z축(ZA)] <표준(W)> : 3 ↵
새로운 원점 지정 <0, 0, 0> : P1점 클릭
X축 양의 구간에 있는 점 지정 <1.0000, 0.0000, 0.0000> : P2점 클릭
UCS XY 평면의 양의 Y 부분에 있는 점 지정 <1.0000, 0.0000, 0.0000> : P3점 클릭

09 모서리 위치에서 @16, 12인 사각형을 작도합니다.

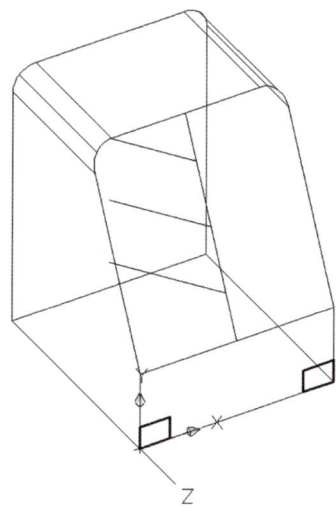

```
명령 : rec RECTANG ↵
첫 번째 구석점 지정 또는 [모따기(C)/고도(E)/모깎기(F)/두께(T)/폭(W)] : 모서리 끝점 클릭
다른 구석점 지정 또는 [영역(A)/치수(D)/회전(R)] : @16, 12 ↵
```

10 아래와 같이 P1의 객체에서 P2의 객체를 차집합합니다.

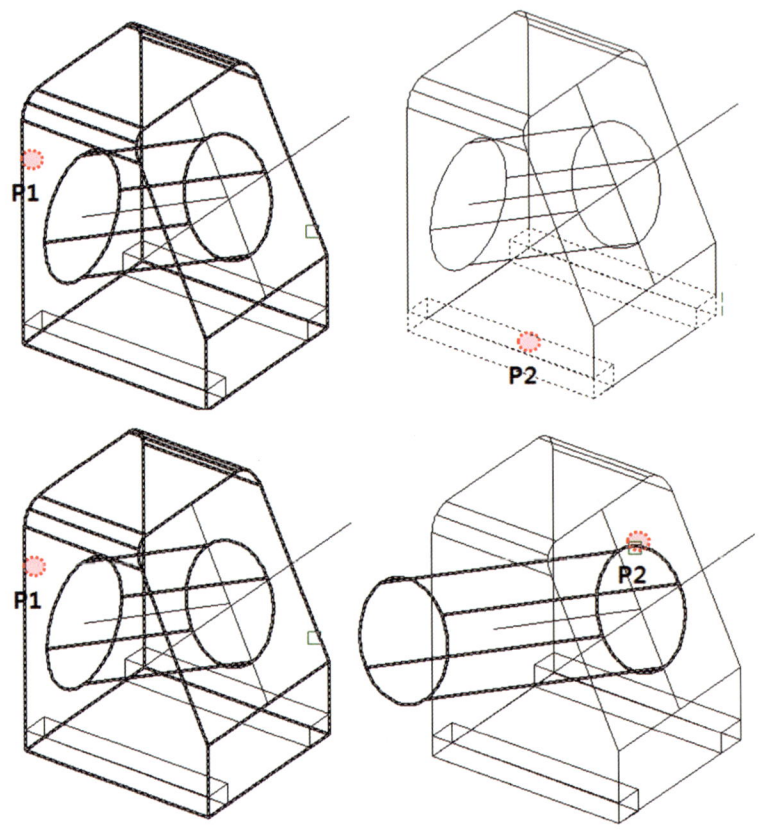

```
명령 : su SUBTRACT ↵
기본 솔리드와 영역을 선택
객체 선택 : 1개를 찾음                                              … P1 객체 선택
객체 선택 : 제거할 솔리드와 영역을 선택
객체 선택 : 1개를 찾음                                              … P2 객체 선택
객체 선택 : ↵
```

11 다음과 같이 완성된 것을 확인할 수 있습니다. 불필요한 객체들은 지워줍니다.

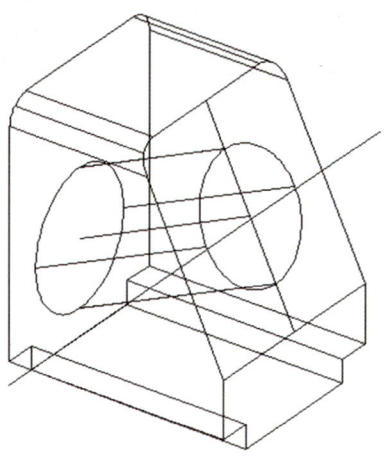

06 AutoCAD 1급 시험 답안 입력 방법

AutoCAD 1급 시험은 AutoCAD 2급 시험과는 달리 언급하지 않은 내용을 임의로 작성할 수 있습니다.
즉, Layer를 따로 만들어주지 않아도 됩니다.

합격 배점은 총 200점(필기 100점 + 실기 100점) 총 120점 이상이면 합격입니다.
출제 문제는 총 3문제로 3개의 객체를 완성시키면 됩니다.

01 객체 단위는 mm로 작성합니다.

02 도면 자동 저장시간은 savetime을 5분으로 설정합니다.

03 3D 객체의 시험조건에 나오는 위치를 지나는 포인트 선을 1개의 객체로 작도하여 거리를 측정합니다.

04 답은 소수점 넷째짜리까지 기입합니다.

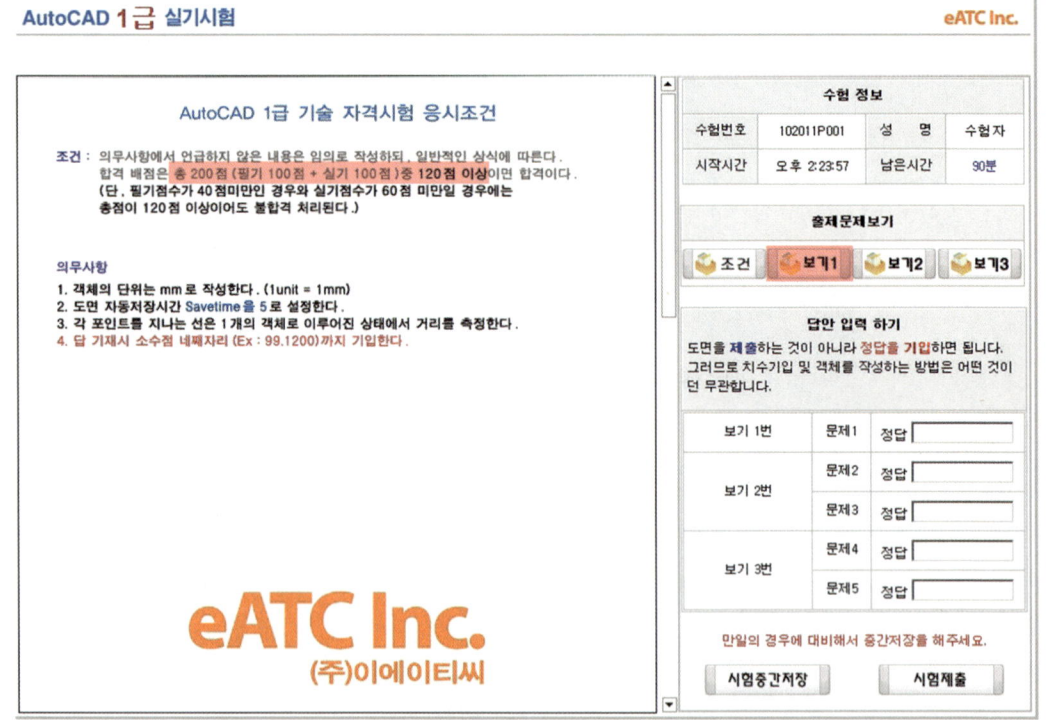

응시 조건을 읽은 뒤 "보기 1"을 선택하면 2D 도면과 3D 화면이 나타납니다.

스크롤을 내리면 확인을 할 수 있습니다. 다 그린 뒤 문제 정답에 소수점 4짜리까지 입력하면 됩니다.

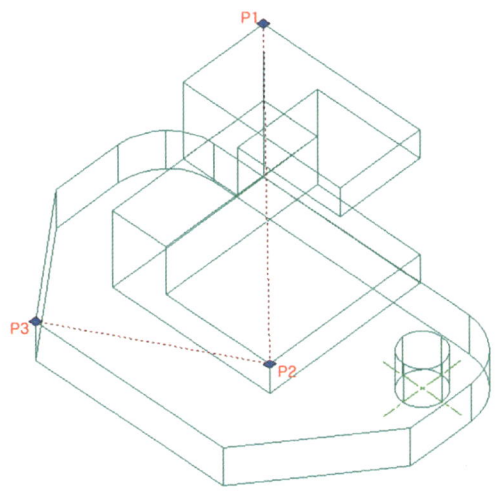

05 위와 같이 3D객체가 완성되었다면 3Dpoly 명령으로 P1, P2, P3점을 지나는 1개의 선을 작도합니다.

06 LIST 명령으로 거리 값을 조회합니다.

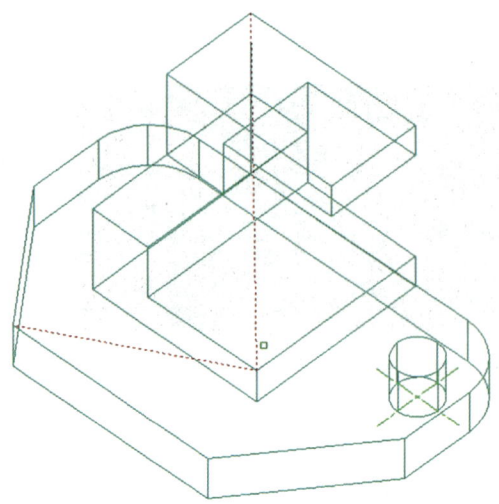

대화상자가 뜨면 길이 값을 확인합니다.

POLYLINE   도면층 : "BO"
　　　　　　공간 : 모형 공간
　　　　색상 : 1 (빨간색)　　선종류: "BYLAYER"
　　　핸들 = a0e
　　　열기 공간
　　　면적 3792.1055
　　　길이 180.0146

　　VERTEX　　도면층 : "BO"
　　　　　　공간 : 모형 공간

　　　　색상 : 1(빨간색)　　선종류 : "BYLAYER"
　　　　핸들 = a10
　공간
　　에 점, X=48.9729　Y=422.2541　Z=80.0000

　　　VERTEX　　도면층 : "BO"
　　　　　　　　공간 : 모형 공간
　　　　색상 : 1 (빨간색)　　선종류 : "BYLAYER"
　　　　핸들 = a11
　공간
　　에 점, X=112.9729　Y=358.2541　Z=28.0000

　　　VERTEX　　도면층 : "BO"
　　　　　　　　공간 : 모형 공간
　　　　색상 : 1 (빨간색)　　선종류 : "BYLAYER"
　　　　핸들 = a12

07 길이 "180.0146" 값을 정답 1에 입력하면 됩니다.

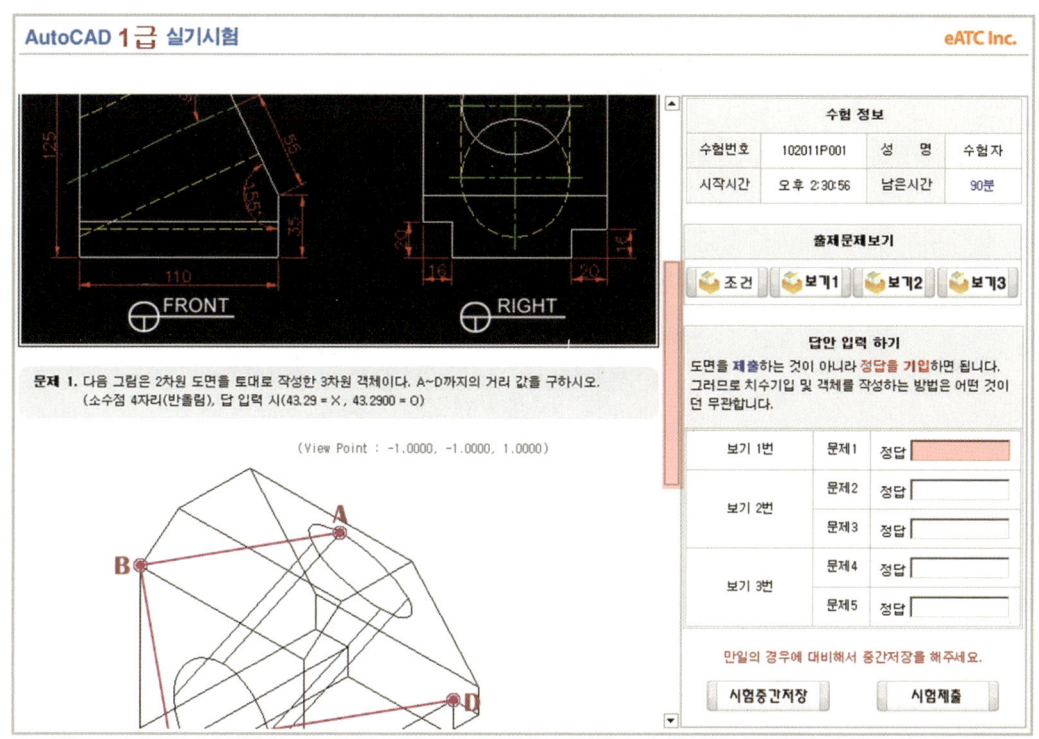

ATC 자격증 프로젝트 따라하기-1·2급

초 판 1쇄	2011년 1월 10일
초 판 2쇄	2012년 3월 2일
초 판 3쇄	2013년 3월 5일
개정 1판 발행	2015년 3월 9일
개정 2판 발행	2016년 8월 10일
개정 3판 1쇄	2017년 3월 1일
개정 3판 2쇄	2017년 10월 31일
개정 3판 3쇄	2019년 1월 10일

저자　　손미나
발행인　　조규백
발행처　　도서출판 구민사
　　　　　　(07293) 서울특별시 영등포구 문래북로 116. 604호(문래동3가 46. 트리플렉스)
전화　　(02) 701-7421(~2)
팩스　　(02) 3273-9642
홈페이지　　www.kuhminsa.co.kr

신고번호　　제2012-000055호 (1980년 2월 4일)
ISBN　979-11-5813-291-0 13000

값 28,000원

※ 낙장 및 파본은 구입하신 서점에서 바꿔드립니다.
※ 본서를 허락없이 부분 또는 전부를 무단복제, 게재행위는 저작권법에 저촉됩니다.